Adobe photoshop CS5
para fotógrafos digitais

Adobe photoshop CS5
para fotógrafos digitais

Scott Kelby

Tradução
Jorge Ritter

Revisão Técnica
Mônica Machado Carvalho
Professora da Escola Panamericana de Arte e Design

São Paulo

Brasil Argentina Colômbia Costa Rica Chile Espanha Guatemala México Peru Porto Rico Venezuela

© 2012 by Pearson Education do Brasil
© 2011 by Scott Kelby
Tradução autorizada da edição original em inglês
The Adobe Photoshop CS5 Book for Digital Photographers, de Scott Kelby
publicada pela Pearson Education, Inc., sob o selo New Riders

Todos os direitos reservados. Nenhuma parte desta publicação poderá ser reproduzida ou transmitida de qualquer modo ou por qualquer outro meio, eletrônico ou mecânico, incluindo fotocópia, gravação ou qualquer outro tipo de sistema de armazenamento e transmissão de informação, sem prévia autorização, por escrito, da Pearson Education do Brasil.

Diretor editorial: Roger Trimer
Gerente editorial: Sabrina Cairo
Editor de aquisição: Brunno Barreto
Coordenadora de produção editorial: Thelma Babaoka
Preparação: Luciane Helena Gomide
Revisão: Renata Gonçalves e Christiane Gradvohl Colas
Capa: Alexandre Mieda, sob projeto original de Jessica Maldonado
Fotos da capa: Scott Kelby
Diagramação: Triall Composição Editorial Ltda.

Composto em Cronos e Helvetica pela Kelby Media Group, Inc.
Photoshop é uma marca comercial registrada da Adobe Systems, Inc.
Macintosh é uma marca comercial registrada da Apple, Inc.
Windows é uma marca comercial registrada da Microsoft Corp.

ESTE PRODUTO NÃO É ENDOSSADO OU PATROCINADO PELA ADOBE SYSTEMS INCORPORATED, EDITORA DO ADOBE PHOTOSHOP CS5.

Dados Internacionais de Catalogação na Publicação
(CIP)(Câmara Brasileira do Livro, SP, Brasil)

Kelby, Scott
 Adobe Photoshop CS5 para fotógrafos digitais / Scott Kelby ; tradução Jorge Ritter; revisão técnica Mônica Machado Carvalho. — São Paulo: Pearson Education do Brasil, 2012.

 Título original: The Adobe Photoshop CS5 book for digital photographers.
 ISBN 978-85-64574-01-4

 1. Adobe Photoshop   2. Computação gráfica – Programa de computador   3. Fotografia – Técnicas digitais   4. Processamento de imagens – Técnicas digitais   I. Carvalho, Mônica Machado.   II. Título.

11-06691   CDD-006.686024775

Índices para catálogo sistemático:

1. Técnicas digitais para fotógrafos: Adobe Photoshop CS5: Programas:
Computação gráfica   006.686024775

Marcas comerciais
Os nomes de empresas e produtos mencionados neste livro são marcas comerciais ou registradas de seus respectivos proprietários. Todos os termos mencionados neste livro conhecidos como marcas comerciais ou marcas de serviços estão em letras maiúsculas. A Pearson Education do Brasil não pode atestar a exatidão dessas informações. A utilização de um termo neste livro não deve ser considerada como afetando a validade de qualquer marca comercial ou marca de serviço.

Aviso e nota de isenção de responsabilidades
Este livro foi escrito com o objetivo de fornecer informações sobre o Photoshop para fotógrafos digitais. Todos os esforços foram feitos para torná-lo o mais completo e preciso possível, mas não há nenhuma garantia implícita. As informações fornecidas são tal "como são".
O autor e a Pearson Education do Brasil não terão nenhuma obrigação ou responsabilidade com relação a qualquer pessoa ou entidade quanto a perdas ou danos provenientes das informações que o acompanha.

2011
Direitos exclusivos para a língua portuguesa cedidos a
Pearson Education do Brasil,
uma empresa do grupo Pearson Education
Rua Nelson Francisco, 26 – Limão
Cep: 02712-100 São Paulo – SP
Tel.: (11) 2178-8686 – Fax: (11) 2178-8688
e-mail: vendas@pearson.com

*Para meu filho, Jordan. Estou impressionado
e orgulhoso demais do jovem incrível
que você se tornou. Meu, você é o cara!*

AGRADECIMENTOS

Após escrever livros por 12 anos, ainda acho que a parte mais difícil é fazer os agradecimentos. E, sem dúvida alguma, ela me toma mais tempo do que qualquer outra parte do livro. Para mim, acho que é por se tratar do momento em que coloco no papel o quão verdadeiramente grato me sinto por estar cercado de amigos tão bons, uma equipe de trabalho incrível e uma família que verdadeiramente torna minha vida feliz. É por isso que é tão difícil. E também sei por que leva tanto tempo — você digita muito mais devagar com lágrimas nos olhos.

Para minha extraordinária esposa, Kalebra: estamos casados há 21 anos, e você continua impressionando a mim e a todos à sua volta. Nunca encontrei uma pessoa mais piedosa, mais amorosa, mais engraçada e mais genuinamente bela, e sou tão abençoado por tê-la como companheira nesta jornada na vida, como a mãe de meus filhos, minha sócia nos negócios, minha piloto particular, tradutora de chinês e melhor amiga. Você é verdadeiramente o tipo de mulher para quem são escritas as canções de amor, e, como qualquer pessoa que me conheça vai lhe dizer, eu sou, sem dúvida alguma, o homem mais sortudo na Terra.

Para meu filho Jordan: é o sonho de todo pai ter uma relação com seu filho como a que tenho com você, e sinto muito orgulho do jovem brilhante, querido e criativo que você se tornou. Mal posso esperar para ver as coisas incríveis que a vida reserva para você, e só queria que soubesse que vê-lo amadurecer tem sido uma das maiores alegrias de minha vida.

Para minha preciosa garotinha Kira: você foi abençoada de uma maneira muito especial, porque é um pequeno clone de sua mãe, o que é a coisa mais incrível que eu poderia ter-lhe desejado. Vejo todos os dons dela refletidos em seus olhos, e, apesar de você ainda ser jovem demais para ter ideia do quão abençoada é por ter Kalebra como sua mãe, um dia — assim como Jordan — você saberá.

Para meu irmão mais velho Jeff, que sempre foi e sempre será um herói para mim. Grande parte de quem sou e onde estou se deve a sua influência, orientação, seu cuidado e amor enquanto eu crescia. Obrigado por me ensinar a sempre tomar o melhor caminho, por saber sempre a coisa certa a ser dita, no momento certo, e por ter tanto de nosso pai em você.

Sou incrivelmente afortunado por ter parte da produção de meus livros feita em casa por minha própria equipe no Kelby Media Group, liderado por meu amigo e diretor de criação de longa data, Felix Nelson, sem dúvida a pessoa mais criativa que já conheci. Ele está cercado por algumas das pessoas mais talentosas, incríveis, ambiciosas e realmente brilhantes com quem já tive a honra de trabalhar, e graças a Deus ele teve a visão de contratar Kim Doty, minha editora e a única razão por eu não ter caído no chão em posição fetal após escrever dois livros seguidos, *Lightroom 3* e *CS5*. Kim é uma pessoa muito organizada, otimista e focada, que me mantém calmo e no caminho certo. E, não importa quão dura seja a tarefa à frente, ela sempre diz: "Ah, essa é fácil!", e convence a todos de que vai dar tudo certo, e então isso se concretiza. Não sei nem como dizer como sou grato a ela por ser minha editora, e a Felix por tê-la encontrado. Acho que pessoas brilhantes simplesmente atraem pessoas brilhantes.

Trabalhando com Kim, temos Cindy Snyder, que incansavelmente testa tudo que escrevo para ter certeza de que não deixei nada de fora, para que você seja capaz de fazer as coisas que estou ensinando (o que, com um livro de Photoshop, é uma necessidade absoluta). Ela é como uma armadilha pela qual nada passa se não funcionar exatamente como eu disse que funcionaria.

O visual do livro é obra de uma designer incrível, um dínamo de criatividade e uma pessoa que me faz sentir muito afortunado por fazer o design de meus livros — Jessica Maldonado. Ela sempre acrescenta aquele algo a mais que dá um toque especial para o livro, e passei a confiar de tal maneira em suas ideias e intuição que simplesmente a deixo fazer seu trabalho. Obrigado, Jess!

Tenho uma enorme dívida de gratidão com minha assistente executiva e mulher-maravilha, Kathy Siler. Ela administra todo um lado da minha vida profissional e grande parte de nossas conferências e o faz de maneira que eu tenha tempo para escrever os livros, passar um tempo com minha família e ter uma vida fora do trabalho. Ela é uma parte tão importante do que faço que não sei como fiz qualquer coisa um dia sem ela. Obrigado, obrigado, obrigado. Isso significa mais para mim do que você pode imaginar.

Obrigado a meu melhor amigo, nosso diretor operacional e pai de duas garotas gêmeas, Dave Moser, primeiro por cuidar da questão financeira de nossos projetos de livros, mas principalmente por sempre cuidar de mim.

Obrigado a todos na New Riders e Peachpit, e em particular a meu editor legal demais, Ted Waitt (que é um fotógrafo de mão cheia e uma peça vitalmente importante em tudo que faço no "mundo dos livros"), à minha incrível editora Nancy Aldrich-Ruenzel, ao especialista em marketing Maven Scott Cowlin, à diva do marketing Sara Jane Todd e a toda a equipe da Pearson Education que se esforça para ter certeza de que estamos sempre trabalhando em prol dos melhores interesses de meus leitores, que estamos sempre tentando melhorar ainda mais nossos livros e que trabalhamos duro para ter certeza de que meu trabalho chegue ao maior número possível de mãos.

Obrigado a meus amigos na Adobe: Kevin Connor, John Nack, Mala Sharma, John Loiacono, Terry White, Cari Gushiken, Julieanne Kost, Tom Hogarty, Dave Story, Bryan Hughes, Thomas Nielsen, Russell Preston Brown, e à incrível equipe de engenharia da Adobe (não sei como vocês conseguem fazer isso). E, antes que me esqueça: Barbara Rice, Jill Nakashima, Rye Livingston, Addy Roff, Bryan Lamkin, Jennifer Stern, Deb Whitman e Karen Gauthier.

Obrigado ao "pessoal do Photoshop": Dave Cross, RC Concepcion e Corey Barker, por proporcionarem retornos tão importantes para o desenvolvimento deste livro. E uma especial saudação para Matt Kloskowski por todas as suas contribuições e ideias para esta edição, que a tornaram muito melhor; sou muito grato por ter seus conselhos e sua amizade. Gostaria de agradecer a todos os fotógrafos capazes e talentosos que me ensinaram tanto através dos anos, incluindo: Moose Peterson, Joe McNally, Anne Cahill, Vincent Versace, Bill Fortney, David Ziser, Helene Glassman, Kevin Ames, e Jim DiVitale.

Obrigado a meus mentores, cuja sabedoria e exigência me ajudaram imensuravelmente, incluindo John Graden, Jack Lee, Dave Gales, Judy Farmer e Douglas Poole.

E, acima de tudo, gostaria de agradecer a Deus e a Seu filho Jesus Cristo, por terem me conduzido à mulher de meus sonhos, por terem nos abençoado com dois filhos incríveis, por me darem a possibilidade de ganhar a vida fazendo algo que realmente adoro, por sempre estarem de braços abertos quando preciso deles, por me abençoarem com uma vida maravilhosa, plena e feliz e uma família tão calorosa e amorosa que a compartilha comigo.

SOBRE O AUTOR

Scott Kelby

Scott é editor e cofundador da revista *Photoshop User*, editor-chefe da revista *Layers* (a revista sobre "como usar" de tudo que seja Adobe) e comanda o programa em vídeo semanal de alta audiência *Photoshop User TV*, além de ser coapresentador do programa em vídeo semanal *D-Town TV*, para fotógrafos DSLR. É presidente da Associação Nacional de Profissionais de Photoshop (NAPP), a associação comercial para usuários Adobe® Photoshop®, e é presidente da companhia de treinamento, educação e publicação, Kelby Media Group, Inc. Scott é fotógrafo, designer e um premiado autor de mais de 50 livros, incluindo *The Adobe Photoshop Lightroom 3 Book for Digital Photographers, Photoshop Down & Dirty Tricks, The Photoshop Channels Book, The iPhone Book, The iPod Book* e *The Digital Photography Book*, v. 1, 2 e 3. Por seis anos seguidos, Scott foi honrado com a distinção de ser o autor número 1 em vendas de todos os livros de tecnologia e computadores no mundo, em todas as categorias. Seu livro, *The Digital Photography Book*, v. 1, é hoje o mais vendido sobre fotografia digital de todos os tempos. Seus livros foram traduzidos para dezenas de línguas diferentes, incluindo chinês, russo, espanhol, coreano, polonês, taiwanês, francês, alemão, italiano, japonês, holandês, sueco, turco e português, entre outras, e ele foi agraciado com o importante prêmio Benjamin Franklin Award. Scott é diretor de treinamento do Adobe Photoshop Seminar Tour e diretor técnico de conferência da Photoshop World Conference & Expo. Contribui para uma série de cursos on-line e DVDs Adobe Photoshop, no site <KelbyTraining.com>, e vem treinando usuários Adobe Photoshop desde 1993. Para mais informações sobre Scott, visite seu blog diário, *Photoshop Insider*, em <www.scottkelby.com>.

SUMÁRIO

CAPÍTULO 1   1
Minisséries
Usando o Mini Bridge do Photoshop CS5

Obtendo suas fotos usando Mini Bridge 2
Vendo suas fotos em Mini Bridge 4
Usando modo de revisão de tela cheia para encontrar suas
    melhores fotos rapidamente 8
Escolhendo e ordenando suas fotos 10
Encontrando suas fotos por meio do *Searching* 14
Personalizando o visual do Mini Bridge 16
Dicas matadoras de Photoshop 17

CAPÍTULO 2   21
WWF Raw
Os fundamentos do Camera Raw

Trabalhando com o Camera Raw 22
Escolhendo a versão certa de processo (não para novos usuários) 25
Saudades do visual JPEG? Tente aplicar um perfil de câmera 26
Os ajustes essenciais: balanço de branco 28
Os ajustes essenciais 2: exposição 32
Deixando que o Camera Raw corrija automaticamente suas fotos 37
Acrescentando "estalo" (ou suavização) para suas imagens
    usando o controle *Clarity* 38
Consertando fotos iluminadas por trás acrescentando *Fill Light* 40
Ajustando o contraste usando curvas 42
Cortando e endireitando 46
Dicas matadoras de Photoshop 50

CAPÍTULO 3   53
Justiça Raw
Camera Raw — além do básico

Processamento duplo para criar o incaptável 54
Editando múltiplas fotos de uma só vez 58

SUMÁRIO

Incrementando a nitidez em Camera Raw 61
Corrigindo automaticamente problemas de lentes 66
Consertando aberrações cromáticas (aquela margem colorida
   na borda) 72
Vinheta de borda: como consertá-la e como acrescentá-la para
   obter efeito... 74
As vantagens do formato DNG da Adobe para fotos RAW 78
Ajustando ou mudando as gamas de cores 80
Removendo manchas, pontos, marcas etc............................82
Calibrando para sua câmera em particular..........................85
Reduzindo o ruído em fotos ruidosas............................... 86
Configurando a resolução, o tamanho de imagem, o espaço
   de cor e a profundidade de bits............................... 89
Dicas matadoras de Photoshop 92

CAPÍTULO 4   95
Ajuste de atitude
Ferramentas de ajuste do Camera Raw

Dodging, burning e ajustando áreas individuais de sua foto 96
Retocando retratos em Camera Raw 103
Consertando céus (e outras coisas) com o filtro graduado.......... 106
Efeitos especiais usando Camera Raw............................. 108
Dicas matadoras de Photoshop 112

CAPÍTULO 5   115
O grito do corte
Como redimensionar e cortar fotos

Duas questões rápidas sobre lidar com o Photoshop CS5........... 116
Cortando fotos.. 118
Cortando para um tamanho específico........................... 122
Criando suas próprias ferramentas de corte personalizadas......... 124
Tamanhos personalizados para fotógrafos 126
Redimensionando fotos de câmeras digitais 128

SUMÁRIO

Salvando e redimensionando automatizados. 131
Redimensionando para impressões em tamanho pôster. 133
Endireitando fotos tortas 136
Tornando suas fotos menores (downsizing) 137
Redimensionando partes de sua imagem usando
   "Content-Aware Scalling" 140
Dicas matadoras de Photoshop 142

CAPÍTULO 6 — 145
Jonas vê em cores
Segredos de correção de cores

O que fazer antes de corrigir as cores de qualquer imagem 146
Correção de cores usando curvas. 147
As vantagens do Adjustment Layers 156
Ajustando o contraste com a ferramenta de ajuste Target 160
O truque que os profissionais usam para tornar a correção de cores
   algo simples 163
O truque incrível do Dave para encontrar o cinza neutro. 165
Ajustando tons de pele RGB usando a TAT 168
Criando vibrance fora do Camera Raw 170
Mantendo uma ótima cor ao enviar fotos por e-mail
   ou colocar na Web. 171
Dicas matadoras de Photoshop 172

CAPÍTULO 7 — 175
Preto & Branco
Como criar imagens P & B incríveis

Convertendo para P & B usando Camera Raw 176
A técnica P & B de alto contraste favorita do Scott. 179
Split tone. 183
Duotones para turbinar sua criatividade. 185
Quadritones para melhorar imagens 186

SUMÁRIO

Criando os seus próprios Presets de um clique..................... 188
Se você está realmente falando sério sobre P & B, então
 pense nisto... 189
Dicas matadoras de Photoshop................................... 190

CAPÍTULO 8   **193**

Nós somos HDR
Criando imagens HDR

Configurando a câmera para fotografar HDR 194
Criando imagens HDR em Photoshop CS5......................... 197
Criando imagens HDR fotorrealistas.............................. 206
Incremento de nitidez de High Pass para imagens HDR............ 208
Efeito de tom HDR para imagem única........................... 210
Lidando com fantasmas no Merge do HDR Pro................... 214
Consertando problemas de bordas em suas fotos HDR............ 216
Técnica de acabamento HDR para aquele visual de brilho
 "Photomatix".. 218
Dicas matadoras de Photoshop................................... 220

CAPÍTULO 9   **223**

Probleminhas
Consertando problemas comuns

Três maneiras para consertar a cor de fotos em ambientes internos ...224
Quando o tema está nas sombras................................ 226
Consertando fotos com um céu cinzento sem graça 229
Usando as ferramentas Dodge e Burn............................ 233
Consertando problemas de profundidade de campo............... 237
Consertando reflexos em óculos 241
Consertando fotos em grupo mais facilmente 246
Consertando olheiras escuras 251
A maneira mais rápida de redimensionar pincéis (além disso,
 você pode mudar a dureza).................................... 253

SUMÁRIO

Fazendo seleções realmente difíceis, como cabelo	255
Consertando fotos com flash na locação	263
Removendo turistas mais facilmente	265
Consertando problemas causados pela lente da câmera	269
Removendo distrações usando o recurso Content-Aware Fill	274
Dicas matadoras de Photoshop	278

CAPÍTULO 10 — 281
Efeitos colaterais
Efeitos especiais para fotógrafos

Usando o Lab Color para realçar cores monótonas	282
Visual moderno de retrato dessaturado	286
Visual de alto contraste	291
Conseguindo aquele visual sujo de alto contraste direto do Camera Raw	295
Efeito de filtro Skylight	297
O visual esmaecido antigo	299
Fotos panorâmicas fáceis de se conseguir	303
Transforme sua foto em uma pintura	307
Dicas matadoras de Photoshop	311

CAPÍTULO 11 — 315
Afie seus dentes
Técnicas para incrementar a nitidez

Fundamentos das técnicas para incrementar a nitidez	316
Incrementando a luminosidade	323
Usando a ferramenta de incremento de nitidez atualizada do CS5	330
Quando optar pelo Smart Sharpen Filter	332
Incremento de nitidez High Pass	335

SUMÁRIO

Incremento de nitidez de saída — Output Sharpening —
em Camera Raw 337

Dicas matadoras de Photoshop 338

CAPÍTULO 12 — 341
Impressão de qualidade
Impressão passo a passo e gerenciamento de cores

Configurando o espaço de cores da câmera......................... 342
Resolução para impressão 343
Configurando o espaço de cor do Photoshop...................... 344
Incrementando a nitidez para impressão 347
Mandando suas imagens para serem impressas em um
laboratório fotográfico 348
Você tem de calibrar seu monitor antes de continuar 349
O outro segredo para conseguir impressões de qualidade
profissional 352
Fazendo a impressão (finalmente, tudo se encaixa)................ 357
Realizando soft proof em Photoshop............................. 363
O que fazer se a impressão ainda não casa com
a imagem de sua tela.. 364
Dicas matadoras de Photoshop 366

CAPÍTULO 13 — 369
Fluxo de trabalho
O passo a passo de meu fluxo de trabalho

Meu fluxo de trabalho de fotografia digital em Photoshop CS5 370

ÍNDICE REMISSIVO — 378

Adobe Photoshop CS5 para fotógrafos digitais

Sete coisas que você deve saber antes de ler este livro

É realmente importante para mim que você tire o máximo deste livro, e eu posso ajudá-lo a transformar esse sonho em realidade. Leia estes sete lembretes agora para não se arrepender mais tarde. Por exemplo, é aqui que você vai saber onde baixar algo importante e, se pular esta parte, eventualmente vai me enviar um e-mail perguntando como fazer isso, mas então já estará realmente impaciente e, bem... o tempo vai fechar. Podemos evitar este transtorno (e muitos outros) se você reservar dois minutos agora e ler esta seção. Prometo que valerá a pena.

(1) Não precisa ler o livro na ordem

Projetei este livro para que você possa ir direto à técnica que quer aprender. Explico tudo à medida que avanço, passo a passo, então se quiser remover manchas de uma imagem RAW, vá à página 82, e logo aprenderá tudo sobre isso. Escrevi o livro em uma ordem lógica para aprender CS5, mas não deixe isso limitar sua vontade — vá direto à técnica que queira aprender e lembre-se: você sempre pode voltar atrás, revisar e pesquisar outros assuntos.

(2) Pratique com as mesmas fotos que usei no livro

À medida que avançar na leitura e chegar a uma técnica como "Criar Imagens HDR em Photoshop CS5", talvez você não tenha um conjunto de fotos HDR consigo, mas, disponibilizo as imagens para serem baixadas e facilitar a aprendizagem. Acesse <www.kelbytraining.com/books/cs5> (era sobre isso que eu falava quando avisei que você sentiria falta dessa informação se fosse direto ao Capítulo 1). Aliás, a razão de ser das fotos exibidas nesta parte é puramente estética, pois as páginas ficariam vazias sem imagens (mas, se quiser, pode ler a história dessas fotos em <www.scottkelby.com/blog/2010/archives/10105>).

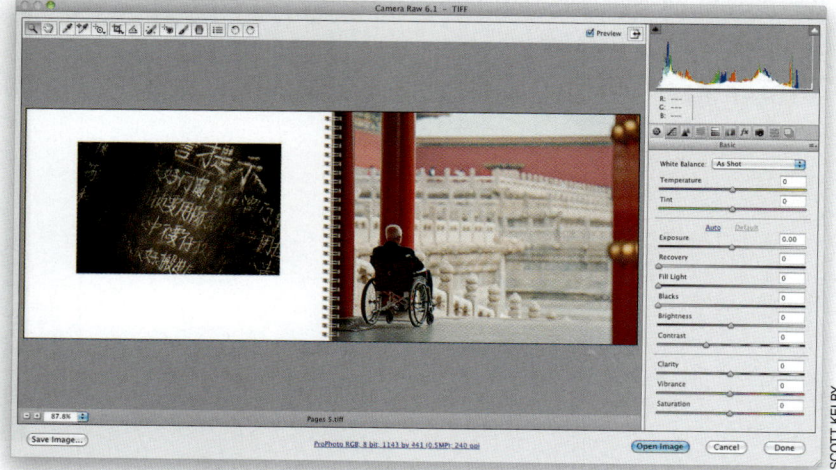

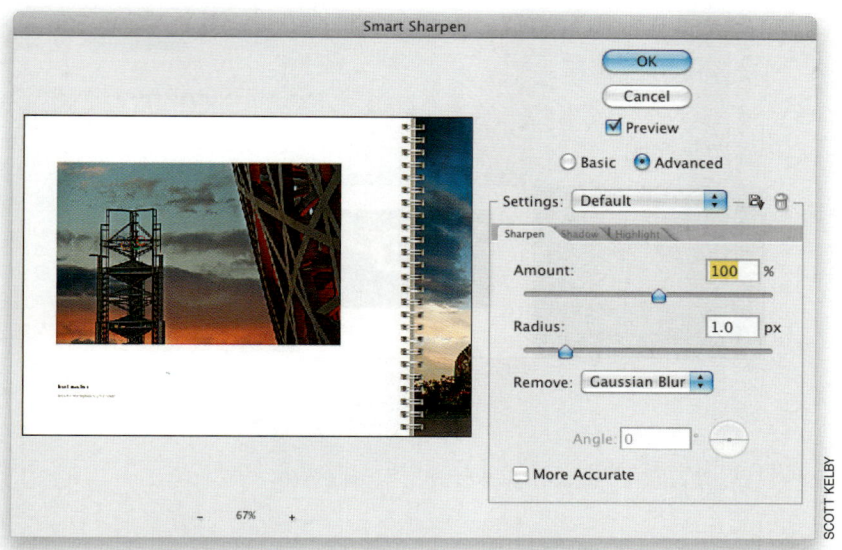

(3) As introduções de cada capítulo não são o que parecem ser

As introduções fornecem ao leitor um rápido descanso mental e, honestamente, não têm quase nada a ver com o conteúdo do capítulo. Na verdade, elas não têm nada a ver com nada, mas escrever esses textos peculiares tornou-se uma espécie de tradição para mim (faço isso em todos os meus livros); portanto, se você é uma pessoa "séria", pule essas partes e vá direto ao capítulo, pois elas vão lhe dar nos nervos. Entretanto, as breves introduções no início de cada projeto individual, no topo da página, são muito importantes. Se você as pular, pode perder informações que não serão mencionadas no projeto em si. Assim, se por acaso estiver trabalhando em um projeto e pensar "Por que estamos fazendo isso?", provavelmente você tenha pulado a introdução. Então, tenha certeza de lê-la antes de seguir ao Passo um. Isso fará a maior diferença, vá por mim.

(4) Há funções no Photoshop CS5 e no Camera Raw que fazem a mesma coisa

Há um painel de Correções de Lente no Camera Raw e um filtro de Correções de Lente no Photoshop quase idênticos. Então algumas coisas são vistas duas vezes no livro (nem todo mundo quer usar o Camera Raw, portanto cubro ambos os programas). À medida que avançar na leitura e pensar "Isto me soa familiar...", já sabe por quê? Aliás, em meu próprio fluxo de trabalho, se puder fazer a mesma tarefa em Camera Raw ou em Photoshop, sempre escolho o Camera Raw, porque é mais rápido (não há barras de progresso em Camera Raw) e não é destrutivo (e posso mudar o que fiz mais tarde).

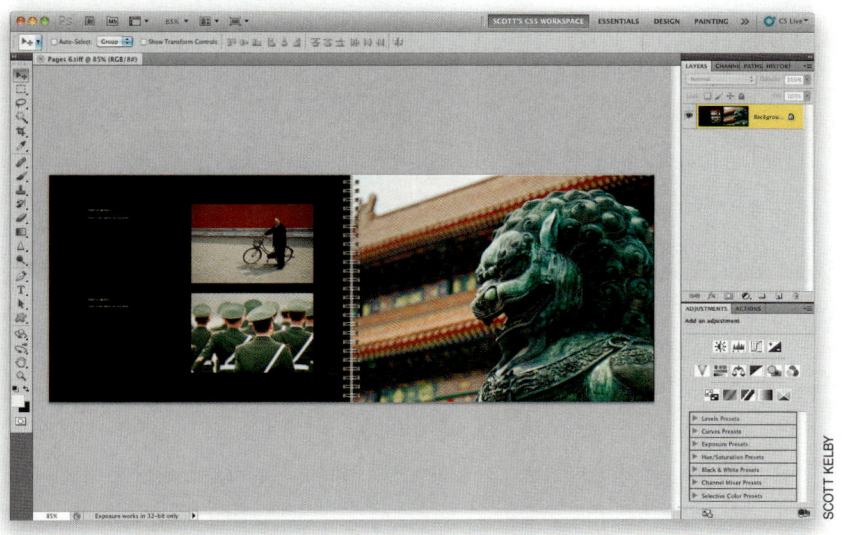

(5) Incluí um capítulo sobre meu fluxo de trabalho CS5, mas não leia no começo

Ao final do livro, incluí um capítulo especial detalhando meu próprio fluxo de trabalho CS5, mas, por favor, não o leia até terminar o resto do livro, pois você precisa dominar os conceitos básicos, e lá não são dadas todas as explicações (ou seria um capítulo realmente muito longo).

(6) Onde está o material sobre Bridge?

Em CS5, uma versão de Bridge é inserida no próprio Photoshop, chamada "Mini Bridge" (não estou inventando isso), e faz cerca de 85% das coisas que o recurso "Big Bridge" faz (na verdade, a Adobe o denominou de Adobe Bridge). Isso é ótimo, porque agora você não precisa sair do Photoshop e abrir outro aplicativo para encontrar suas imagens e trabalhar com elas. Assim, já que o Mini Bridge é parte do CS5, começo o livro com um capítulo falando sobre ele. Então, o que a Adobe fez com o Big Bridge em CS5? Bem, não muito, apenas acrescentou dois recursos/detalhes novos (o que nos dá uma boa ideia sobre o futuro do Bridge, hum?). De qualquer maneira, o capítulo sobre Mini Bridge substituiu os antigos Bridge aqui no livro, mas como alguns de vocês podem ainda usar o Big Bridge por um tempo (pelo menos até se apaixonarem pelo Mini Bridge), atualizei os capítulos e os coloquei na Web para você baixar de graça em <www.kelbytraining.com/books/cs5>.

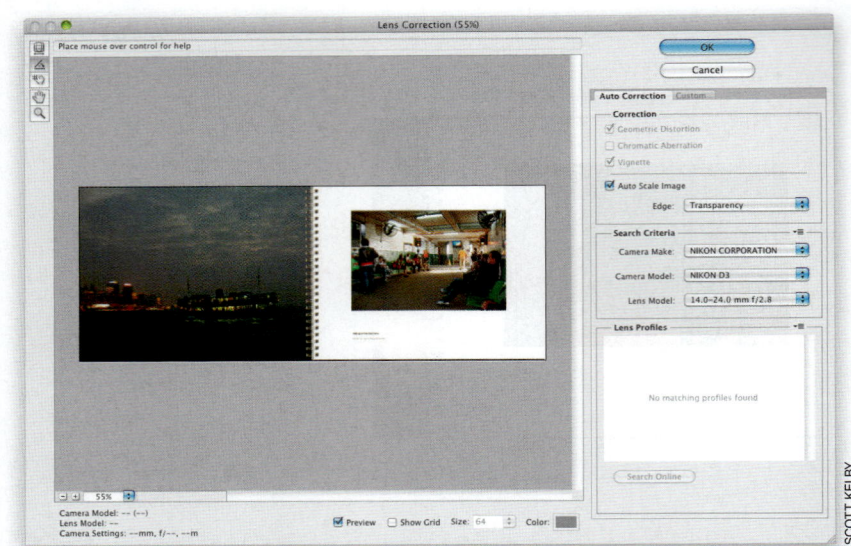

(7) Fiz um vídeo bônus especial só para você

O vídeo trata de uma série de técnicas diferentes para layouts criativos de fotos. Chamo o vídeo de "Como mostrar seu trabalho", e ele pode ser encontrado em <www.kelbytraining.com/books/cs5>.

(8) Este livro inclui minhas "Dicas matadoras de Photoshop"

Ôpa, achei que eram apenas *sete lembretes*. Bem, considere este oitavo um bônus, porque é sobre outro bônus que acrescentei exclusivamente para esta edição CS5 do livro. Ao fim de cada capítulo, coloquei uma seção especial denominada "Dicas matadoras de Photoshop" (assim chamadas em homenagem ao livro de mesmo nome que escrevi alguns anos atrás com Felix Nelson). São aquelas dicas que poupam nosso tempo, salvam nosso emprego, do tipo "cara, pena que eu não sabia disso antes". Aquelas que nos fazem sorrir, assentir e então querer ligar para todos os amigos e "colocá-los a par" de seu novo *status* como guru de Photoshop. Essas dicas são um adendo a todas as outras que já aparecem nos capítulos (dicas nunca são demais, certo? Lembre--se: aquele que sair do jogo com mais dicas, vence!). Então, estes foram os sete ou oito lembretes aos quais você dedicou alguns minutos de seu tempo para ler e agora deve estar muito agradecido por tê-lo feito. OK, a parte fácil acabou — vire a página e vamos ao trabalho.

Fotógrafo Scott Kelby | Velocidade de obturador: 1/160 sec | Distância focal: 200mm | Diafragma: f/14

Minisséries
usando o mini bridge do photoshop cs5

Se você está lendo esta abertura do capítulo (e a propósito, você está), é seguro presumir que você já leu o aviso sobre essas aberturas na introdução do livro (aliás, ninguém lê aquela parte, então se você a leu ganha 500 pontos de bônus e uma chance de jogar mais tarde em nossa rodada-relâmpago). De qualquer maneira, se você leu e está aqui agora, não deve estar achando nada demais, sabendo muito bem de antemão que essas aberturas têm pouco valor instrucional (ou literário) de qualquer tipo. Bem, assim que você virar a página, jogarei sério com você, e as brincadeiras terminarão. Seremos só nós dois, e na maior parte do tempo gritarei com você (coisas como: "Não, não — você está mexendo demais na nitidez, seu banana!" e "Você está brincando comigo? Você chama aquilo de um ajuste de curvas?" e "Quem derramou meu *cappuccino*?" e por aí afora). Então, apesar de sermos amiguinhos agora, isso tudo termina quando você virar a página, porque então vamos arregaçar as mangas de verdade. Por isso, se você é do tipo "caxias", que acha que piadas não têm lugar em um livro sério de ensino, então você pode: (a) virar a página e entrar na disciplina e na ordem que você quiser, ou (b) se você não tem certeza, pode responder a este rápido questionário que vai lhe ajudar a perceber os primeiros sinais de aviso de alguém que deve pular todas as outras aberturas de capítulos e se concentrar no aprendizado (e gritos) "de verdade". Questão nº 1: quando foi a última vez que você usou a palavra "nanar" em uma frase que não estivesse se referindo diretamente a um bebê? Foi: (a) Em uma reunião de recursos humanos de manhã cedo? (b) Assistindo a uma apresentação de um vídeo institucional? (c) Ouvindo um discurso de seu chefe? Ou (d) você não disse essa palavra de maneira significativa desde seus três anos de idade. Se você chegou a tentar responder esta questão, dou minha permissão para que você leia o resto das aberturas dos capítulos. Oh! Aliás: nana nenê. (Hehe!)

Adobe Photoshop CS5 | para fotógrafos digitais

Obtendo suas fotos usando Mini Bridge

Lá nos idos do Photoshop 7, tínhamos um recurso que eu adorava, chamado File Browser, que deixava você acessar suas imagens direto de dentro do Photoshop. Bem, quando surgiu o Photoshop CS um ano e meio depois, eles tiraram o File Browser e nos deram o Adobe Bridge, mais potente. O fato de ele ser mais potente foi ótimo, mas eu o odiava, pois era um programa totalmente separado, e agora eu tinha de deixar o Photoshop para obter minhas imagens. Ainda bem que no Photoshop CS5 há o Mini Bridge, de maneira que não precisamos mais deixar o Photoshop (e uma salva de palmas!).

Passo um:
Por padrão, o Mini Bridge fica logo à esquerda do painel Color (ele é mostrado circulado aqui em vermelho), e para torná-lo visível você só precisa clicar diretamente nele (1) e ele aparece (como visto aqui). Você também pode inicializá-lo a partir da barra de tarefas no topo da janela (2) clicando no botão Mini Bridge (também circulado em vermelho). Quando ele aparece, clique no botão Browse Files, e ele vai lançar o "Big Bridge" (como eu chamo o Adobe Bridge em tamanho grande) em segundo plano (você não o verá, mas o Mini Bridge na realidade precisa que o Big Bridge esteja aberto para fazer seu trabalho. Mas repito: isso acontece em um segundo plano, de maneira que você não o verá mesmo).

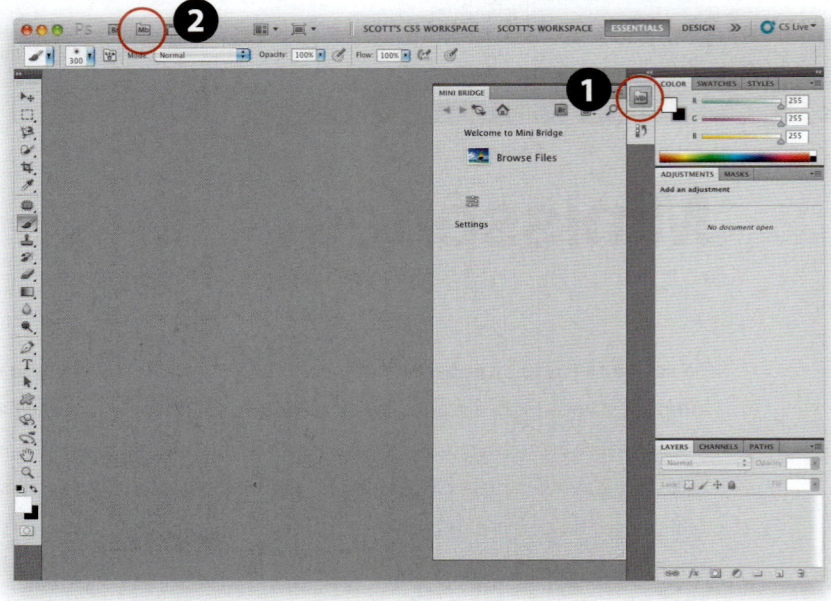

Passo dois:
Uma vez que o Big Bridge tenha sido inicializado em segundo plano, o Mini Bridge aparecerá. No topo, há o diretório Navigation, em que você pode encontrar o caminho para as fotos no seu computador. Aqui, eu cliquei em minha pasta Pictures, e, abaixo, no diretório Content, há uma lista das pastas que eu tenho dentro de Pictures. Para ver o que há dentro de uma delas, você simplesmente clica duas vezes em qualquer uma.

Adobe Photoshop CS5 | para fotógrafos digitais

Passo três:
Se você conectou uma câmera ou leitor de cartão de memória ao seu computador, você também pode acessar as imagens nele clicando em Computer no topo à direita, e então, no diretório Content, descer até ver seu cartão de memória (como mostrado aqui). Se você clicar duas vezes nele, verá as fotos no seu cartão de memória (embora talvez tenha de clicar duas vezes repetidamente para procurar nas pastas do seu cartão de memória e obter suas fotos). Uma vez que você as conseguiu, poderá abri-las diretamente do seu cartão, mas, sinceramente, eu não recomendaria trabalhar a partir dele. Esta é uma receita para o fracasso — já ouvi incontáveis histórias de pessoas que tiveram seu cartão de memória corrompido ao trabalharem diretamente a partir dele. Por isso, evito usá-lo, a não ser que esteja realmente desesperado (com um prazo estourado para enviar uma única imagem).

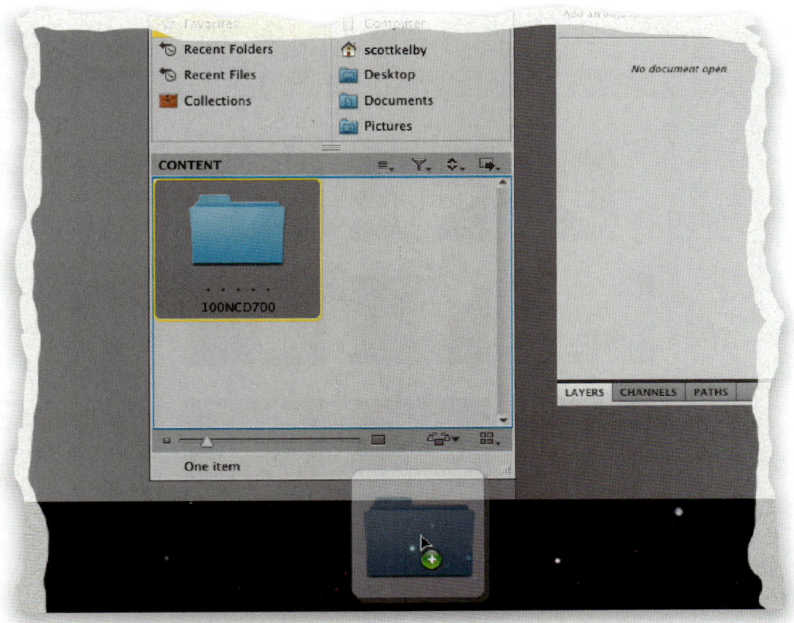

Passo quatro:
Em vez disso, recomendo que você baixe as imagens para seu computador, e então use o Mini Bridge para acessá-las (o que é muito mais seguro, pois agora você terá as imagens no seu computador e um *backup* no seu cartão de memória). Para isso, pressione e segure a tecla Option (PC: Alt) e arraste a pasta de imagens do painel do Mini Bridge até seu desktop ou Finder (PC: Windows Explorer); dessa forma, ele copia as imagens para seu disco rígido. Ou você pode escolher o Big Bridge, e então entrar no menu File do Bridge e escolher **Get Photos From Camera**. (*Nota:* para aprender mais sobre o Big Bridge, baixe os dois capítulos bônus gratuitos disponíveis no website listado na introdução.)

Adobe Photoshop CS5 | para fotógrafos digitais

Vendo suas fotos em Mini Bridge

Ok, agora que você descobriu o Mini Bridge e copiou suas imagens para seu computador, vamos colocá-lo para trabalhar e descobrir qual estilo de Mini Bridge funciona melhor para seu fluxo de trabalho (felizmente, você consegue configurá-lo da maneira que achar melhor), e como usá-lo rapidamente para encontrar e ver as imagens que você importou (ou aquelas que já estão em seu computador).

Passo um:
Por padrão, o Mini Bridge é configurado em um layout alto e fino, como o que você vê aqui, mas você pode tornar o painel do Mini Bridge maior passando seu controle deslizante sobre sua borda esquerda até torná-lo uma seta de dois lados e, então, clicando e arrastando o seu lado esquerdo (como mostrado na seta vermelha).

Passo dois:
Aqui eu arrastei o painel para a esquerda de maneira que você possa ver mais imagens em tamanho reduzido. Para aumentar as imagens reduzidas, arraste o controle deslizante Thumbnails para a direita (ele é mostrado circulado em vermelho). Além disso, depois de encontrar as imagens com que quero trabalhar, normalmente escondo o diretório Navigation (assim posso ver mais imagens reduzidas) ao clicar no pequeno X branco no seu canto superior direito (você pode vê-lo no Passo um).

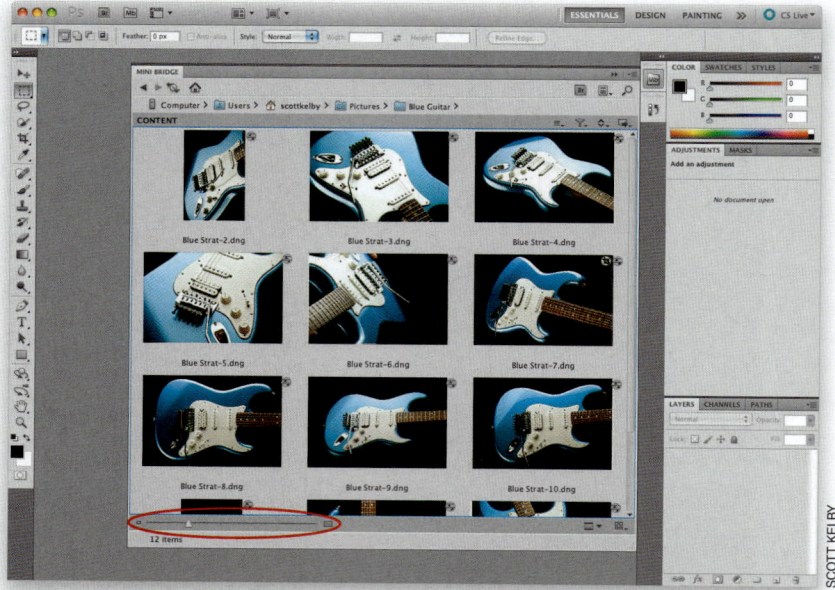

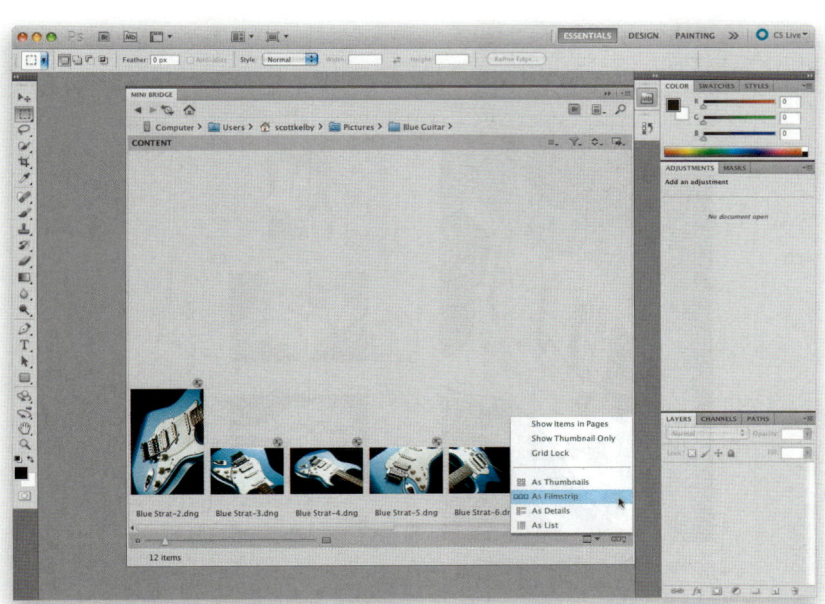

Passo três:
O padrão de exibição é As Thumbnails (Como Imagens Reduzidas), mas há outras opções: As Filmstrip (Como tira de filme), que põe as imagens ao longo da parte inferior ou ao lado (conforme o tamanho do painel do Mini Bridge); As Details (Como Detalhes), que exibe imagens reduzidas com alguns dados à sua direita (tamanho do arquivo, classificação, tipo e por aí afora); e As List (Como Lista), que lista as imagens em linha vertical como um Finder (PC: Windows Explorer). Nunca usei o modo de exibição As List. Aqui, escolhi As Filmstrip (clique no ícone View na parte inferior à direita do diretório Content — são quatro quadrados), o que para mim não tem utilidade alguma, pois você desperdiça todo o espaço acima dele, mas, no próximo passo, verá como torná-lo bastante útil.

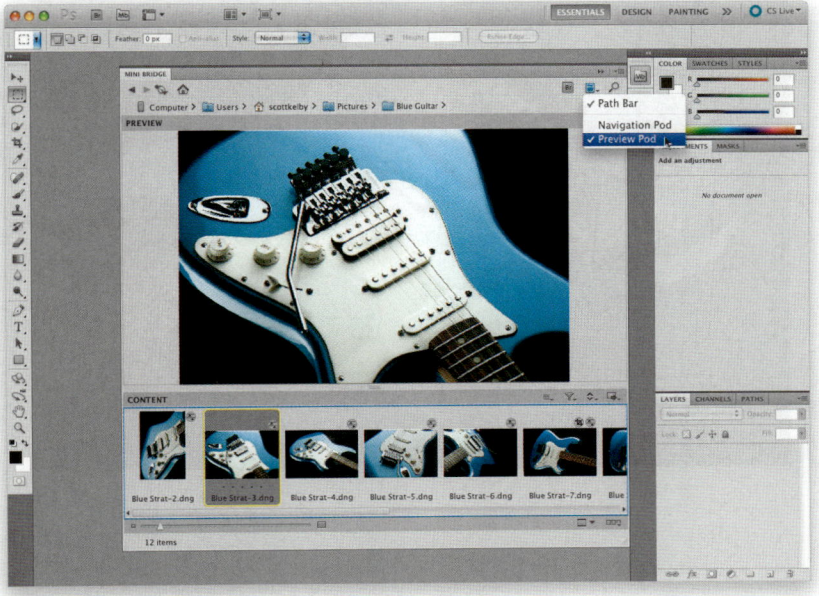

Passo quatro:
Clique no ícone parecido com uma tira de filme no topo do Mini Bridge, e, quando o menu aparecer, escolha **Preview Pod** (não sei por que a Adobe começou a usar o termo 'pod' [diretório] para essas seções, mas até gosto). Assim que o diretório Preview ficar visível, As Filmstrip faz sentido, pois, quando você clica em uma imagem reduzida na tira de filme, uma pré-exibição maior aparece acima dele (dependendo de quão largo você deixou seu painel do Mini Bridge ao arrastá-lo — se estiver muito estreito, ele vai aparecer ao lado esquerdo com sua tira de filme à direita. Isso funciona se as fotos estiverem na orientação retrato, porque você terminará com pré-exibições maiores. Fotos horizontais têm pré-exibições maiores quando a tira de filme está na parte de baixo). Para fechar o diretório Preview, clique no o X no canto superior direito.

Continua

Passo cinco:
Você pode escolher o tamanho do diretório Preview (deixei o Mini Bridge mais largo aqui, para poder vê-lo quando o diretório Preview está ao lado, e não acima). Você vê aquela barra que separa as imagens reduzidas do diretório Preview? Clique e arraste-a para dar mais (ou menos) espaço para as imagens reduzidas, ou para redimensionar o diretório Preview.

DICA: Fazendo um zoom localizado
Se o diretório Preview está visível, para fazer um zoom localizado clique uma vez na imagem no Preview Pod e ele fará um zoom direto onde você clicou. Clique mais uma vez para retroceder o zoom.

Passo seis:
Agora que mostrei esse ótimo truque do diretório Preview, conto porque talvez você nunca o utilize: no momento que quiser uma pré-exibição grande de uma imagem reduzida, pressione a **barra de espaço** e conseguirá uma enorme pré-exibição de tela cheia (como visto aqui). Você pode usar as teclas Seta Esquerda e Direita do teclado para aumentar com zoom outras imagens reduzidas para uma tela cheia como essa. Quando terminar, pressione a tecla **Esc** do teclado, ou pressione a barra de espaço de novo. (Está vendo? Eu disse que você não precisaria usar muito este recurso do Preview.)

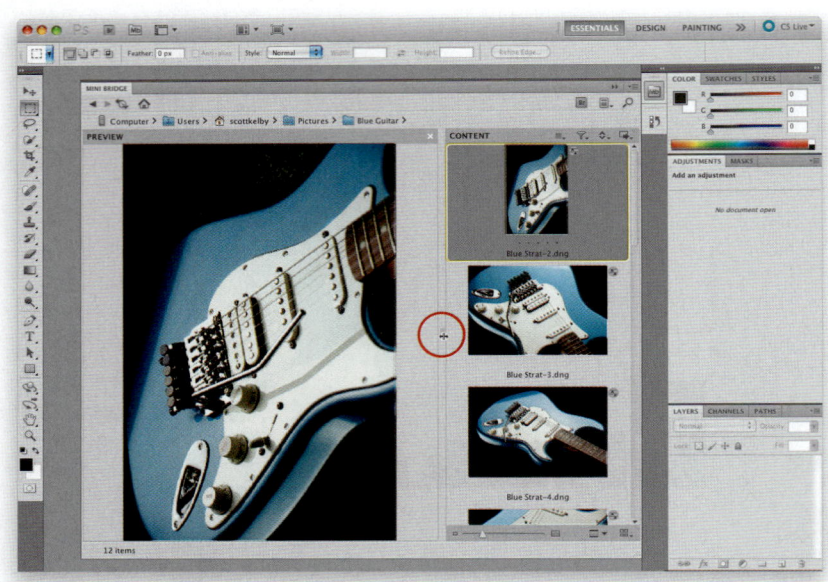

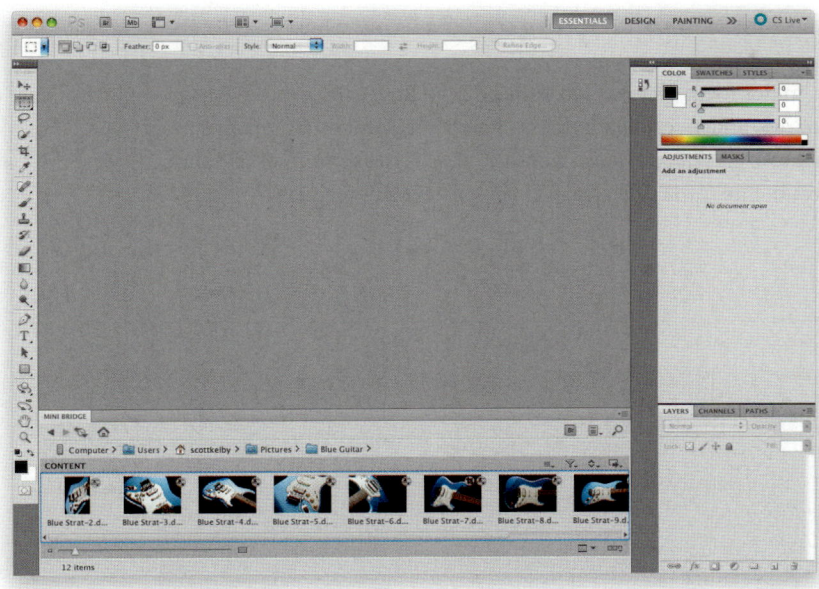

Passo sete:
Ok, agora que você sabe quais são suas opções, gostaria de mostrar como configuro meu próprio Mini Bridge. Eu o coloco próximo à parte inferior da janela (como visto aqui). Você verá as vantagens disso no próximo passo, mas, por ora, aqui está como colocá-lo ali embaixo: clique na aba do painel do Mini Bridge e arraste-o para a parte inferior da tela até aparecer uma fina linha azul — o que é um aviso de que ele está pronto para ser "atracado". É isso. Apenas o deixe, e ele ficará posicionado ali. Então, configuro meu modo de exibição para **As Thumbnails** (do menu pop-up do ícone View no canto inferior direito do diretório Content).

Passo oito:
Aqui apresento duas razões por que gosto de deixá-lo nessa posição: (1) Para fazê-lo sair do caminho, clique duas vezes na aba do Mini Bridge, e ele some até se tornar apenas uma barrinha cinza ao longo da parte inferior da tela. Essa área na parte inferior é provavelmente a menos usada de sua tela (o espaço de lado a lado é mais valioso). E (2), já que eu também uso o Lightroom, ter essa tira de filme ao longo da parte inferior me proporciona um visual e uma sensação similares ao do Lightroom, então me sinto em casa. (Além disso, se você está vindo do Photoshop Elements para Photoshop CS5, até certo ponto é como a Element's Project Bin, de maneira que talvez goste do Mini Bridge ali também.) Você pode fazer uma tentativa e, se não gostar, arraste aquela aba da parte inferior e ela se desprenderá, estão poderá colocá-la onde quiser (ou mesmo tê-la como sua própria janela flutuante).

Adobe Photoshop CS5 | para fotógrafos digitais

Usando modo de revisão de tela cheia para encontrar suas melhores fotos rapidamente

Um dos meus recursos favoritos do Mini Bridge é o modo Review, porque é aí que o Mini Bridge realmente parece grande! Ao tornar suas imagens muito maiores na tela, ele o ajuda muito a encontrar suas melhores fotos, e o modo Review realmente torna muito mais fácil escolher somente suas melhores fotos.

Passo um:
Para ver as imagens no modo Review do Mini Bridge, certifique-se de que nenhuma imagem foi selecionada ou todas as desejadas foram selecionadas (clique Command [PC: Ctrl] nelas), escolha **Review Mode** do menu pop-up do ícone Preview à direita em Content). Se tiver menos de quatro imagens, elas não aparecerão na versão de slides em carrossel do modo Review, como visto no próximo passo — aparecerão apenas em modo Preview de tela cheia (bocejo).

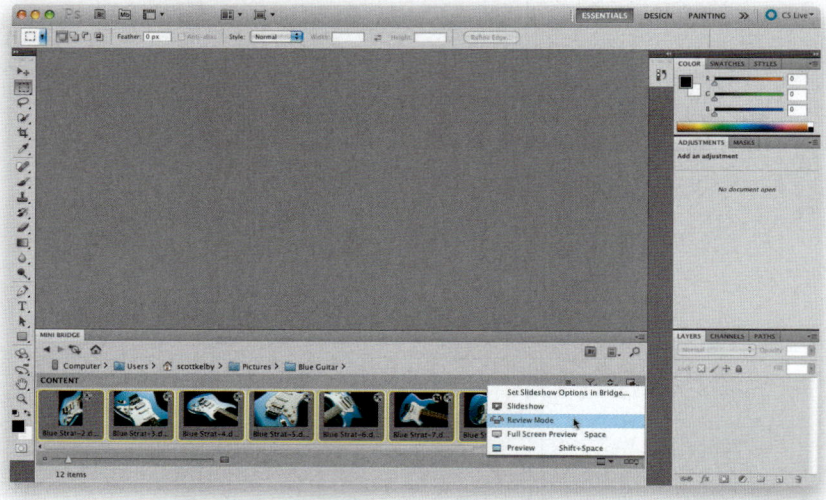

Passo dois:
Quando escolher o Review Mode, ele entrará com um modo de exibição de tela cheia com suas imagens em uma rotação tipo carrossel. Esse modo é ótimo porque temos uma apresentação de slides muito boa na tela. Você pode usar as **teclas da seta esquerda e direita** do teclado para movimentar as fotos ou os botões de setas no canto da tela. Para abrir a imagem da frente em Photoshop, pressione a letra **O**. Para abrir a foto da frente em Adobe Camera Raw, pressione **R**. Para abrir todas as imagens em Camera Raw, pressione **Option-R (PC: Alt-R)**. Para sair do modo Review, pressione a **tecla Esc**. Se esquecer um desses atalhos, pressione **H**.

Passo três:
A segunda razão para usar o modo Review é porque o ajuda a selecionar apenas suas melhores fotos de uma seção. Como fazer isso: digamos que você tem cinco ou seis fotos similares, ou fotos de um tema similar (neste caso, uma guitarra), e quer encontrar a melhor dentre elas. Comece clicando Command (PC: Ctrl) nessas fotos (em Content) para escolhê-las, e entre no modo Review. À medida que você se movimenta pelas fotos (usando as teclas da Seta Esquerda e Direita no teclado) e vê uma que não será cortada, pressione **a tecla da seta para baixo** (ou clique em Down Arrow na tela) e a foto será removida da tela. Faça isso até chegar à imagem final.

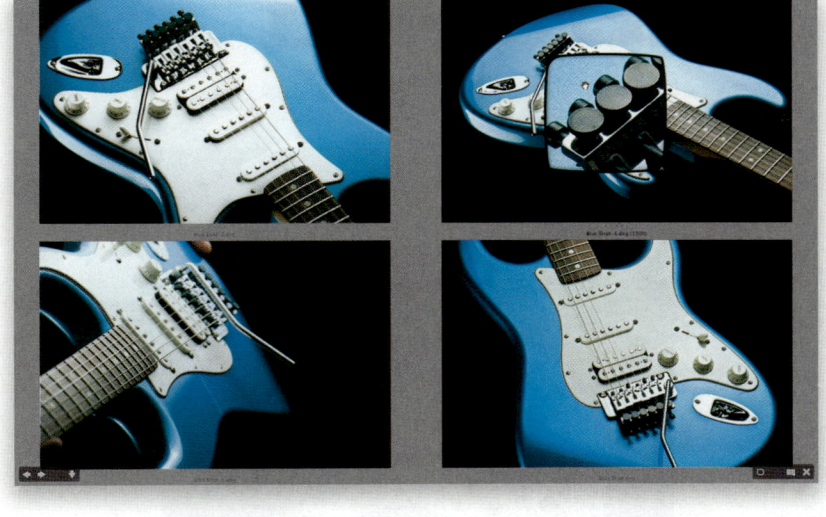

Passo quatro:
Como mencionei, quando você tem menos de cinco imagens, não consegue mais a exibição de carrossel. Em vez disso, ela parece mais com o modo Preview comum — é apenas a tela cheia (como visto aqui). No modo Review, você pode fazer um zoom direto sobre uma área em particular usando Loupe embutido (Lupa). Mova o cursor sobre a parte que deseja ver mais de perto e clique para levar a Lupa até ela (como mostrado aqui, na imagem de cima à direita). Para movê-la, clique e segure dentro da lupa e a arraste para onde quiser. Para fazê-la desaparecer, clique uma vez dentro dela. Quando limitar as fotos com que vai ficar, poderá dar-lhes uma estrela de classificação (ou cinco estrelas pressionando **Command-5 [PC: Ctrl-5]**). Mais sobre este assunto na próxima página.

Adobe Photoshop CS5 | para fotógrafos digitais

Escolhendo e ordenando suas fotos

Ah! Finalmente chegamos à parte divertida — escolher suas fotos. Nós costumamos ter a mesma meta aqui: descobrir rapidamente quais são as melhores fotos da seção (as fotos com que você ficará), marcando-as como suas melhores fotos, e, então, separando-as do resto, de maneira que elas fiquem a apenas um clique de distância quando você precisar delas. Dessa maneira, você pode vê-las como apresentações de slides, colocá-las na Web, enviá-las para um cliente para serem avaliadas ou prepará-las para impressão.

Passo um:
Quando você vir suas imagens no Mini Bridge, via de regra elas estarão classificadas pelo nome do arquivo, assim é bastante provável que a primeira foto que você tenha tirado apareça no canto superior à esquerda do diretório Content, ou na extremidade esquerda da tira de filme. Eu digo que é "bastante provável" porque há exceções (se você tirou múltiplas fotos em câmeras diferentes, ou fotografou em cartões de memória diferentes etc.), mas o mais provável é que elas apareçam como primeira foto em primeiro lugar. Se você quiser mudar a maneira como elas são ordenadas, clique no ícone Sort (ele aparece como setas para cima e para baixo) no canto direito superior do diretório Content, e um menu pop-up de opções aparecerá (como visto aqui).

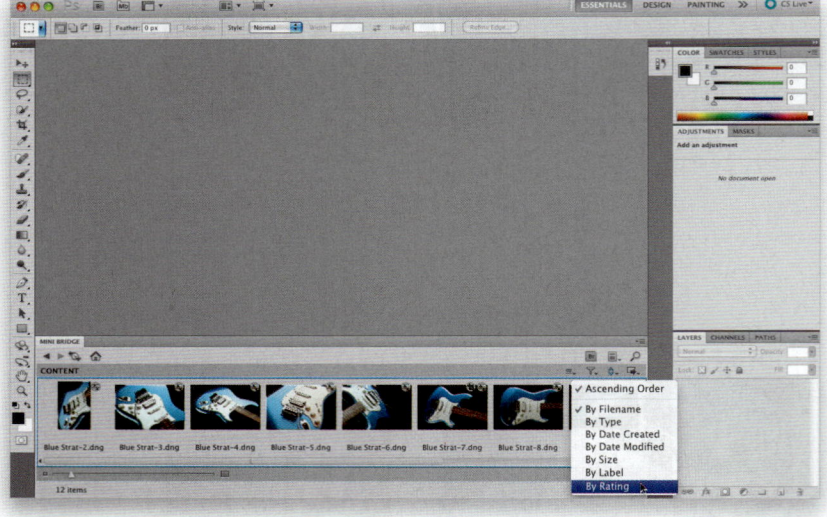

Passo dois:
Vamos começar classificando rapidamente suas fotos para separar do resto do grupo aquelas com que você ficará. Primeiro, eu troco para um modo de exibição que seja melhor para a tomada de decisões, como o modo Full Screen Preview (escolha qualquer foto e pressione a **barra de espaço**) ou o modo Review (nós acabamos de fazer isso). Agora, use as **teclas de seta esquerda e direita** no seu teclado e movimente-se pelas imagens em tela cheia.

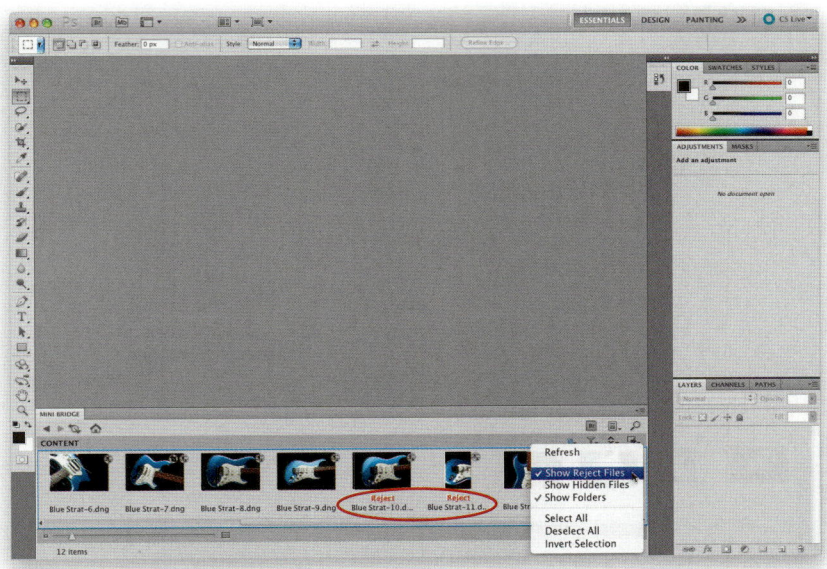

Passo três:
Provavelmente, o método mais popular para escolher suas imagens é classificá-las usando uma a cinco estrelas do Mini Bridge (as melhores recebem cinco estrelas). Dito isso, tentarei convencê-lo a usar um sistema mais rápido e eficiente. Vamos começar descobrindo as fotos ruins. Ao ver uma foto realmente ruim (fora de foco, escura, com pessoas de olhos fechados etc.), pressione **Option-Delete (PC: Alt-Delete)** para marcá-la como Reject (Rejeição). A palavra Reject aparece em vermelho no canto inferior esquerdo após selecioná-lo no modo Full Screen Preview, abaixo da foto no modo Review e abaixo da versão reduzida (circulada em vermelho aqui). Esse recurso não as deleta; apenas as marca como Rejects. *Nota:* o Mini Bridge exibe as Rejects ao lado das outras fotos, mas se não quiser vê-las pode escondê--las. Vá ao menu pop-up do ícone Select e escolha **Show Reject Files**.

Passo quatro:
Quando você vê uma foto que queira manter (para imprimir ou mostrar a um cliente etc.), pressione **Command-5 (PC: Ctrl-5)** para marcá-la com cinco estrelas, o que aparecerá abaixo da foto selecionada (circulada aqui em vermelho). Este é o exercício: veja as fotos e quando encontrar uma que valha a pena, pressione Command-5; e quando uma foto for muito ruim, pressione Option-Delete para marcá--la como Reject. E para o restante das fotos, você não faz nada. Então, por que não usar todo o sistema de classificação por estrelas? Por que ele leva tempo demais (vou explicar a razão no próximo passo).

Continua

Passo cinco:
Aqui está a razão por que não recomendo usar todo o sistema de classificação por estrelas: o que você vai fazer com suas imagens de duas estrelas? Elas não são ruins o suficiente para serem deletadas, então ficamos com elas, certo? E as de três estrelas? O cliente também não as verá, mas ficamos com elas. E as fotos de quatro estrelas (aquelas que não são boas o suficiente para serem cinco estrelas)? Nós as mantemos também. Percebe? Por que perder tempo classificando uma foto com duas, três ou quatro estrelas se você ficará com ela de qualquer forma? As únicas fotos com que realmente nos preocupamos são aquelas que queremos fora do computador (elas têm problemas e apenas desperdiçam espaço no disco) e as melhores daquela seção. Assim, tão logo você as tenha analisado e classificado, livre-se dessas pragas. Clique e segure em Filter Items by Rating no canto superior direito do diretório Content (ele parece com um funil) e escolha **Show Rejected Items Only** (como mostrado aqui) para ver só os Rejeitados.

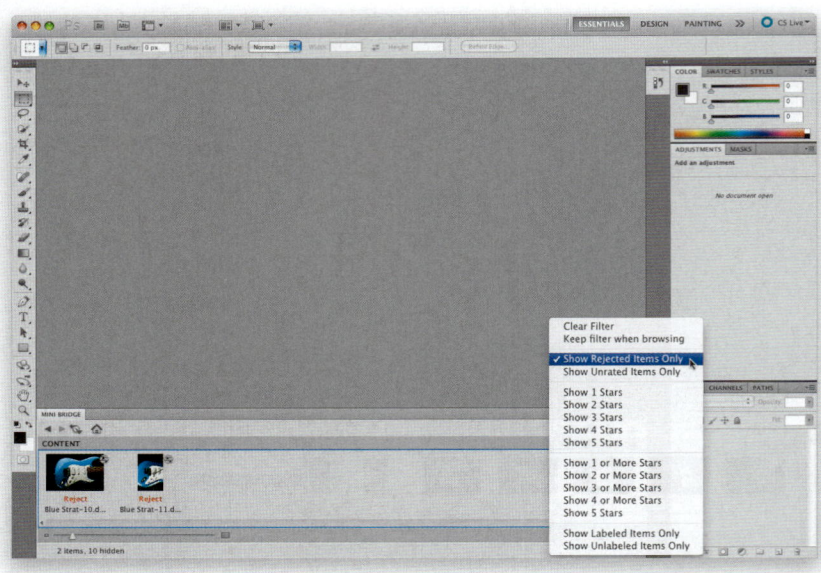

Passo seis:
Agora clique Command (PC: Ctrl-clique) em todos os itens Rejeitados, então pressione a barra de espaço para abri-los em Full Screen Preview, e pressione **Command-Delete (PC: Ctrl-Delete)** sobre cada um para movê-los para Trash (PC: Recycle Bin). Em seguida, vá novamente para Filter Items by Rating no menu pop-up, mas dessa vez escolha **Show 5 Stars** (como mostrado aqui) para que somente aquelas fotos com que você vai ficar — suas imagens de cinco estrelas — estejam visíveis no Mini Bridge.

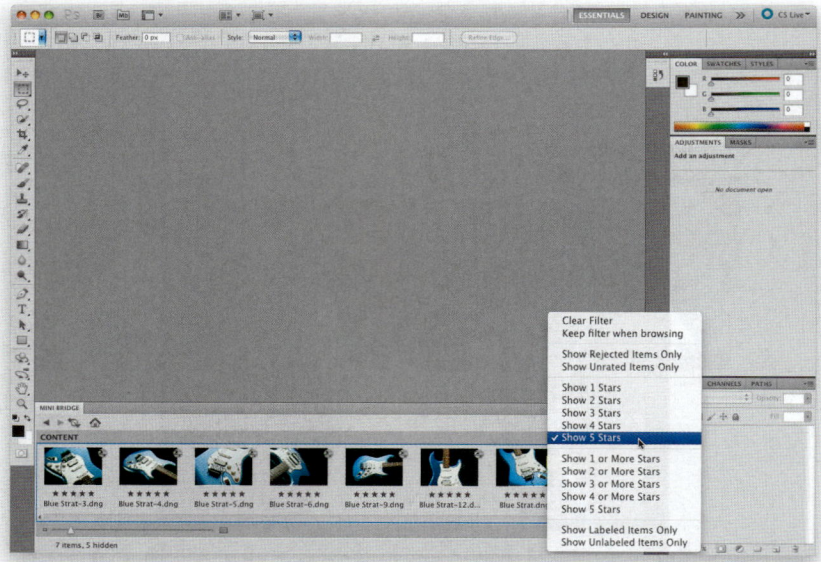

Passo sete:
Neste ponto, queremos configurar as coisas de maneira que, no futuro, essas fotos de cinco estrelas estejam somente a um clique de distância a qualquer momento, e para isso usamos coleções (que estão armazenadas no Big Bridge). Como isso funciona: escolha todas as suas fotos cinco estrelas e, então, entre no modo Review. Você verá um botão no canto inferior direito (à esquerda do botão X [Fechar], circulado aqui em vermelho). Clique ali, e uma caixa de diálogo aparecerá, na qual você poderá nomear e salvar sua imagem para uma coleção. Digite "5-Star Guitars" e clique no botão Save.

DICA: Removendo rótulos de classificações e rejeição
Para remover uma classificação de estrela de uma foto, bastar clicar na foto e, então, pressione **Command-0 (zero; PC: Ctrl-0)**. Você pode usar o mesmo atalho para remover o rótulo Reject.

Passo oito:
Quando você clicar no botão Save, uma coleção com apenas aquelas fotos será salva. Agora, essas fotos (as melhores da seção) estarão a apenas um clique de distância — basta clicar no ícone Panel View (o ícone central no topo à direita do Mini Bridge — mostrado circulado aqui em vermelho) e escolher **Navigation Pod** do menu pop-up para tornar o diretório de navegação visível novamente. Então, no canto mais à esquerda do diretório Navigation, clique em Collections e, depois, na coleção 5-Star Guitars (como mostrado aqui), e apenas aquela seção de fotos cinco estrelas aparecerá.

Encontrando suas fotos por meio do *Searching*

O Mini Bridge tem uma função de busca que lhe permite usar o recurso de busca embutido no seu computador (como o recurso de busca Spotlight do Mac ou Busca do Windows), ou você pode usar a Bridge Advanced Search, que tem uma potência mais parecida com a do Big Bridge. A seguir apresentamos como ela funciona.

Passo um:
Se você clicar no ícone da lupa no canto superior direito do painel do Mini Bridge, uma caixa de diálogo de busca aparecerá. Nela você tem três opções no menu pop-up para realizar a busca: (1) você pode usar o recurso de busca embutido no seu computador para buscar nele todo (o que é surpreendentemente prático) ou (2) só na pasta atual (current folder). Ou (3), você pode usar um recurso de busca Bridge padrão (Standard bridge) – que busca apenas o nome do arquivo e quaisquer palavras-chave embutidas – para estreitar a busca somente em sua pasta atual.

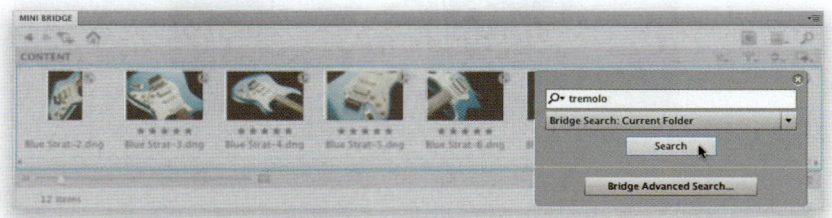

Passo dois:
Na imagem do Passo um, digitei a palavra-chave "tremolo" e escolhi o recurso de busca Bridge básico da pasta atual. O Mini Bridge exibiu os resultados dessa busca, que, no caso, foram apenas duas imagens com uma clara visão de toda a pasta (como visto aqui). Para sair dos resultados de busca e retornar a sua pasta de imagens anterior, basta clicar no Botão Back (a seta esquerda) no canto superior esquerdo do painel do Mini Bridge.

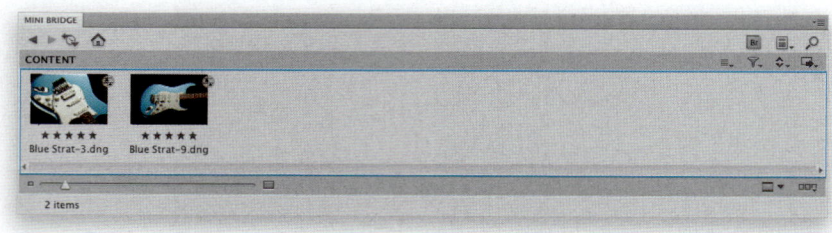

Adobe Photoshop CS5 | para fotógrafos digitais

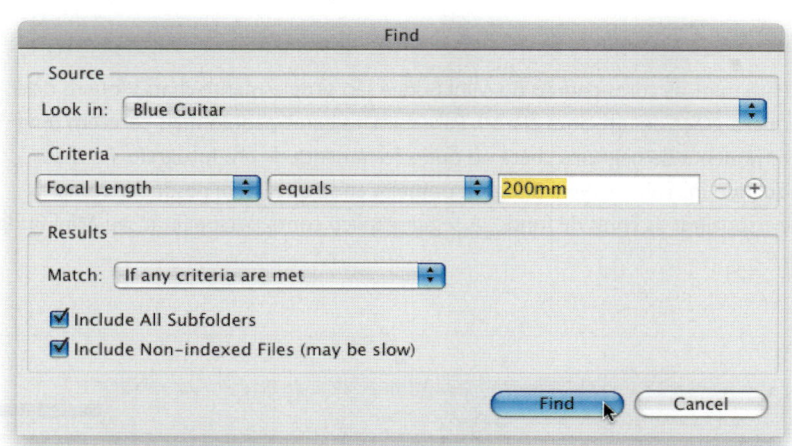

Passo três:
Se você quiser mais poder de busca, clique no botão de Bridge Advanced Search na parte inferior da caixa de diálogo de busca, e a caixa de diálogo Find surgirá, visto aqui. Você escolhe onde a busca será realizada no menu pop-up Source Look In (por padrão, ele inclui a pasta Pictures, quaisquer locais favoritos que você tenha salvo no Big Bridge e seu desktop). Você escolhe o que buscar usando os menus pop-up Criteria, e para fazer busca, clique e mantenha pressionado o primeiro menu pop-up (trata-se de uma lista impressionante, incluindo uma busca por todos os dados EXIF embutidos na foto quando você a tirou).

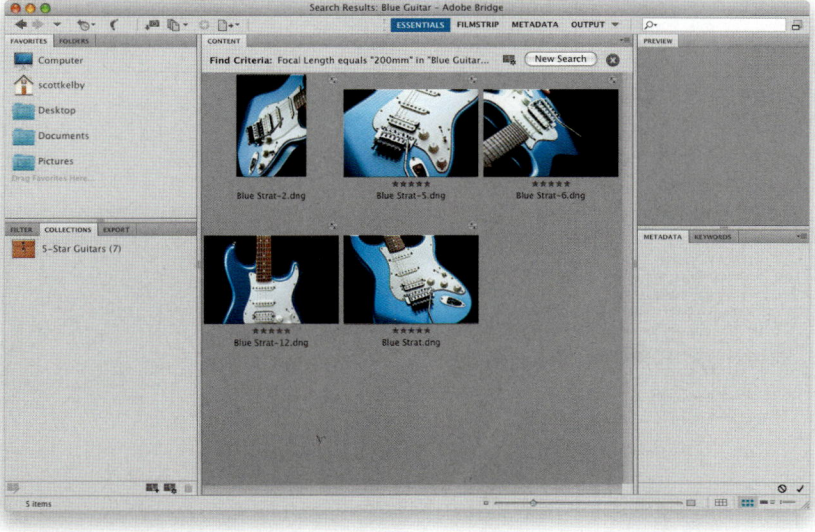

Passo quatro:
Quando clica em Find, os resultados da busca são exibidos no painel Content do próprio Big Bridge (como visto aqui), e você pode abrir qualquer imagem diretamente no Photoshop (clique duas vezes nelas) ou em Camera Raw (se forem imagens RAW, abrirão automaticamente em Camera Raw primeiro; se não, você pode abrir imagens JPEG ou TIFF em Camera Raw clicando nelas e, então, pressionando **Command-R [PC: Ctrl-R]**. É fácil de lembrar — apenas pense "R" para "RAW").

DICA: Deletando fotos em Mini Bridge
Você pode fazer isso indo para o modo Full Screen Preview e pressionando Delete (Mac ou PC). Uma caixa de diálogo perguntará se quer rejeitar ou deletar o arquivo. Se você pressionar **Command-Delete (PC: Ctrl-Delete)**, ele automaticamente a colocará em Trash (PC: Recicle Bin), e seguirá para a próxima imagem.

Adobe Photoshop CS5 | para fotógrafos digitais

Personalizando o visual do Mini Bridge

Para mim, as cores-padrão do Mini Bridge são simplesmente chatas (quero dizer, qual a graça de um cinza-claro?). Para mim, as cores-padrão mais parecem uma ferramenta de negócios chata do que a ferramenta de um fotógrafo. Por isso, quando inicializei o Mini Bridge, a primeira coisa que fiz foi pesquisar como personalizar as cores de fundo. A seguir explico como personalizar seu Mini Bridge.

Passo um:
Este é o visual-padrão para o Mini Bridge, o que explica bastante minha opinião (acima) sobre por que mudar as cores de fundo e fazer que ele parecesse mais com um aplicativo de fotografia do que de negócios. Para personalizar o Mini Bridge, vá para o menu *flyout*, no canto bem de cima à direita do painel do Mini Bridge, e escolha **Settings** (como mostrado aqui). Quando as informações de Settings aparecerem, clique em Appearance para ativar os controles.

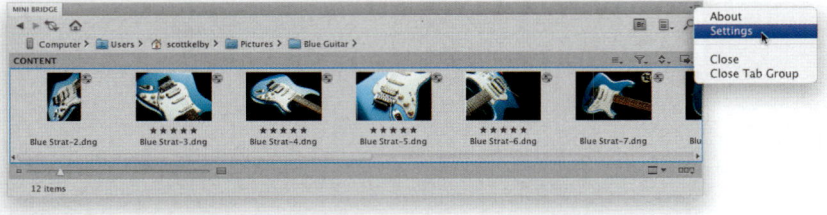

Passo dois:
Quando os controles de Appearance aparecerem, arraste o controle deslizante de User Interface Brightness um pouco para a direita, o que dá à principal interface do painel e diretório Navigation um visual cinza-escuro legal, como mostrado aqui na parte de baixo. Nesse ponto, os diretórios Content e Preview ainda têm aquele fundo cinza-claro, e para mudá-lo você deve arrastar o controle deslizante Image Backdrop um pouco para a direita também (geralmente, quero algum contraste entre a interface do usuário e o fundo, então costumo tornar o fundo mais escuro — ou mesmo preto — arrastando-o bem para a direita). É isso — agora pressione o botão Back (a seta esquerda no topo) duas vezes e suas cores novas estão no lugar.

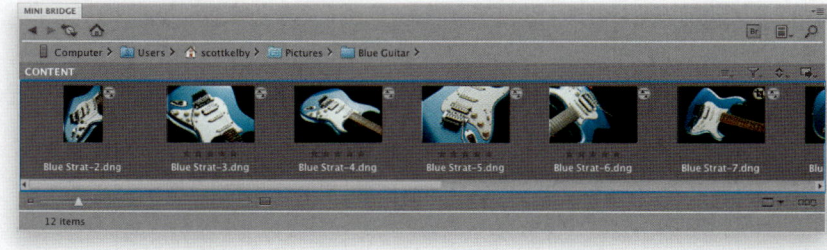

Adobe Photoshop CS5 | para fotógrafos digitais

Dicas matadoras de Photoshop

Sincronizando Mini Bridge com Big Bridge
Se quiser sincronizar o Adobe Bridge (eu o chamo de "Big Bridge") e o Mini Bridge (de maneira que ambos exibam as mesmas imagens ao mesmo tempo), comece em Mini Bridge e clique no ícone Go to Adobe Bridge no canto superior à direita do painel. Isso inicializa o Big Bridge, onde você precisará clicar o ícone Return to Adobe Photoshop (é um pequeno bumerangue) próximo ao canto superior esquerdo da janela, e ele o manda de volta (como um bumerangue) para o Photoshop. Agora, ambos, Mini Bridge e Big Bridge, exibirão a mesma pasta de imagens. Para desabilitar a sincronização, pressione **Command-Option-O (PC: Ctrl-Alt-O)** para trocar de aplicações e escolher uma pasta nova, ou mudar as aplicações usando o Dock (em um Mac) ou a barra de tarefas (em um PC).

Vendo um Preview maior em Mini Bridge
Se você está com imagens reduzidas em Mini Bridge e quer uma pré-exibição maior da sua imagem selecionada (mas não uma pré-exibição de tela cheia), pressione **Shift-Barra de Espaço**, e o Mini Bridge exibirá o maior tamanho possível dentro do diretório Preview (esta dica é mais prática do que parece, vale tentar). Clique no botão Close no canto inferior à direita e a feche.

Pare com a loucura de ficar passando fotos
Se você não quer perder tempo no Mini Bridge, no menu pop-up do ícone View do Mini Bridge (no canto inferior à direita do painel), escolha **Show Items in Pages**. Ele exibirá o maior número possível de imagens reduzidas que conseguir encaixar no diretório Content no tamanho que estiver. Porém, para ver o restante das fotos nessa pasta, você deverá usar os botões de seta esquerda/direita no canto inferior à direita do diretório. Cada vez que você clica, uma nova página de imagens reduzidas aparece. Faça uma tentativa (funciona melhor do que parece).

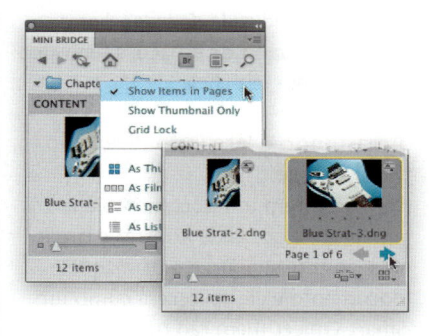

Vendo só as Thumbnails
Quando estou procurando a imagem certa, tento reduzir minhas distrações ao mínimo. Se você também é assim, escolha **Show Thumbnail Only** do menu pop-up do ícone View no canto inferior à direita do painel Mini Bridge. Isso esconde o nome do arquivo, classificações de estrelas ou qualquer outra distração, para você se concentrar nas imagens.

Usando o Mini Bridge do Photoshop CS5 | Capítulo 1 | 17

ular
Dicas matadoras de Photoshop

Vendo vídeos DSLR em Mini Bridge
Se você importou um vídeo HD que foi filmado em DSLR, pode exibi-lo previamente usando Mini Bridge. Clique na imagem reduzida do videoclipe e pressione a **barra de espaço**, e seu vídeo aparecerá em tela cheia.

Arrastando e largando direto do Mini Bridge
Se você já tem um documento aberto em Photoshop, pode arrastar e largar imagens do Mini Bridge para aquele documento e ele aparecerá como um Smart Object (nem tão ruim!). Se a foto estiver em formato RAW, ela abre em Camera Raw primeiro, e depois quando você clicar em OK. Minha dica de arrastar e largar favorita é esta: você não precisa ter um documento já aberto. Arraste e largue a imagem do Mini Bridge direto na área central onde seu documento estaria normalmente, e ele abrirá sua foto em uma nova janela de imagem. Você tem de tentar isso! (Se estiver usando um Mac, precisa ter o Application Frame aberto [no menu Windows] para que funcione. Se não o tiver, sua imagem será copiada para seu desktop.)

Poupando tempo no modo Review
Mencionei que, se você está no modo Review do Mini Bridge (ver página 8) e encontrar uma imagem com a qual queira trabalhar, pressione **R** para abrir a imagem em Camera Raw (não importa se é uma imagem RAW, um JPEG, ou um TIFF), e se você quiser abrir um JPEG, TIFF, ou mesmo um PSD, do modo Review diretamente para o Photoshop, pressione **O**, mas você também pode clicar com o botão direito do mouse na imagem e escolher **Open** do pop-up, e ela abre direto. Você pode fazer outras coisas a partir desse menu pop-up, como acrescentar um rótulo de cor para sua imagem, ou acrescentar uma classificação de estrela, ou girar o arquivo.

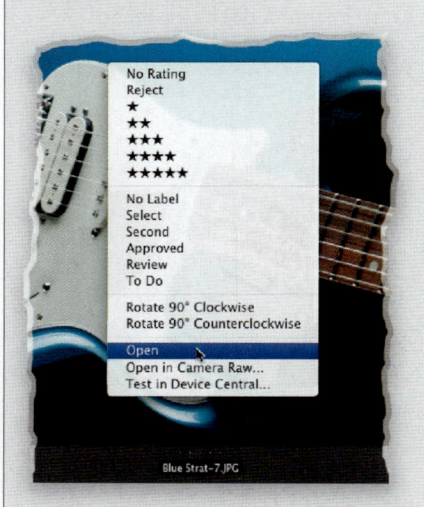

Acessando as preferências do Mini Bridge
Existem algumas opções para o funcionamento do Mini Bridge (e apresentação). Basta clicar no ícone da Home Page no canto superior esquerdo no painel do Mini Bridge e, depois, no ícone Settings. Aqui, você pode escolher suas cores para o Mini Bridge (sob as configurações Appearance), e também como o Mini Bridge vai interagir com o Big Bridge (sob as configurações de Bridge Lauching), ou resetar suas configurações.

Atalhos escondidos de apresentações de slides
Se você selecionar um grupo de imagens em Mini Bridge e escolher **Slideshow** do menu pop-up do ícone Preview (no canto inferior à direita do painel), terá uma apresentação de slides em tela cheia, com avanço automático completo com transições. Mas há alguns atalhos escondidos que você pode usar enquanto ele estiver em funcionamento. Por exemplo: pressione a **tecla R** para fazer uma pausa na apresentação de slides e abrir a foto que é exibida em Camera Raw (pressione a **barra de espaço** para retomar a apresentação de slides assim que terminar com o Camera Raw); pressione a **tecla Period** para acrescentar uma classificação de uma estrela; duas vezes para duas estrelas, e por aí em diante; pressione a **tecla de colchete esquerdo** para girá-la no sentido anti-horário, e a **tecla de colchete direito** para girá-la no sentido horário; pressione a **tecla L** para fazer aparecer a caixa de diálogo de

Adobe Photoshop CS5 | para fotógrafos digitais

Dicas matadoras de Photoshop

Slideshow Options (mostrado aqui); e pressione a **tecla + (sinal de mais)** para aproximar o zoom, e a **tecla – (sinal de menos)** para afastá-lo. Os números **1–5** acrescentam classificações de estrelas, e **6–9**, rótulos de cores. Por fim, pressione a **tecla H** para abrir uma lista dos atalhos de apresentação de slides.

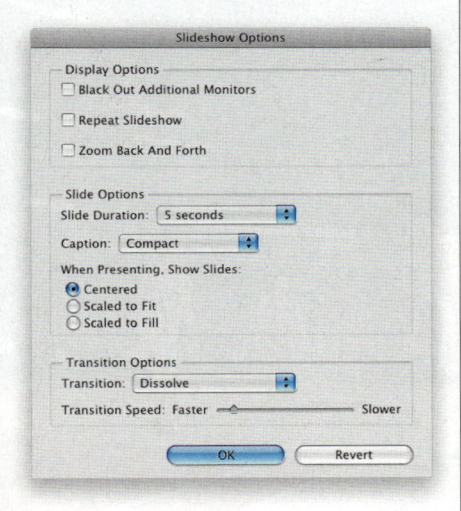

A Path Bar está viva
A Path Bar, que mostra o caminho para a pasta que você está vendo no momento, não serve apenas para enfeitar — ela está viva —, o que significa que você pode clicar em qualquer uma das pastas no caminho e pular para ela.

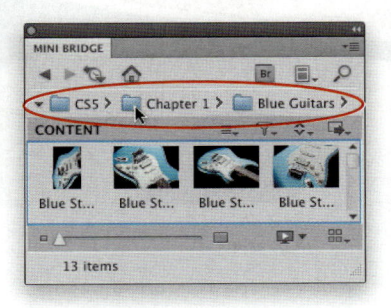

Esconda o painel Preview
Ok, tecnicamente, a Adobe os chama de diretórios (não painéis), mas não há uma razão para ter o diretório Preview visível em Mini Bridge, porque ele simplesmente toma espaço. Se você quiser ver uma pré-exibição de imagem, use a dica que eu mostrei anteriormente — pressione **Shift-barra de espaço**, e a imagem será mostrada temporariamente no diretório Preview, ou pressione a **barra de espaço** e verá a imagem pré-exibida em tela cheia. Resumindo, desabilite o Preview Pod do menu *pop-up* do ícone Panel View (o ícone central no canto superior à direita do painel) e use esse tempo para algo mais.

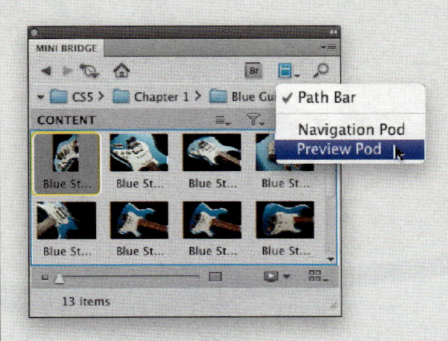

Acrescentando favoritos ao Mini Bridge
Como você faz para que suas pastas favoritas sejam acrescentadas ao diretório Navigation do Mini Bridge, para que fiquem a apenas um clique de distância? Clique no ícone Go to Adobe Bridge no topo do painel para pular para o Big Bridge; então, no painel Folders (no canto superior à esquerda), encontre a pasta que você quer tornar sua favorita. Quando a encontrar, clique com o botão direito do mouse nela e escolha *Add to Favorites* do menu pop-up; então, clique no ícone Return to Adobe Photoshop (o ícone em forma de bumerangue no canto esquerdo superior da janela) para voltar para o Photoshop. Agora você verá aquela pasta acrescentada à sua lista de favoritos no Mini Bridge.

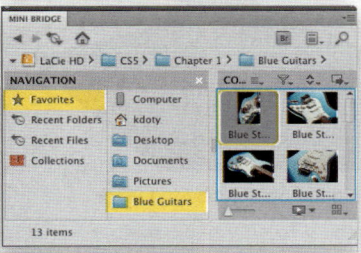

Usando o Mini Bridge do Photoshop CS5 | Capítulo 1 | 19

Fotógrafo Scott Kelby | Velocidade de obturador: 1/640 sec | Distância focal: 10.5mm | Diafragma: *f*/2.8

Capítulo 2 Os Fundamentos do Camera Raw

WWF Raw
os fundamentos do camera raw

Bem, na versão em língua inglesa deste livro, você provavelmente reconhecerá no mesmo instante o título do capítulo "WWF Raw" da série de TV norte-americana incrivelmente popular *Wasabi with Fries Raw* (apesar de que na Alemanha ela é chamada *Weinerschnitzel Mit Fischrogen Raw*, e na Espanha ela é simplesmente chamada *Lucha Falsa*, o que traduzido literalmente para o inglês significa "Lunch Feet")[1]. De qualquer maneira, tem sido uma tradição minha, há uns 50 livros, nomear os capítulos em homenagem ao título de um filme, de uma música, ou programa de TV, e embora "WWF Raw" possa não ser o nome ideal para um capítulo sobre fundamentos do Camera Raw, ele certamente é melhor do que minha segunda escolha, "Raw Meat" (em homenagem ao filme de 1972 estrelando Donald Pleasence. A sequência, *Steak Tartare*, de tão ruim, foi lançada direto para o DVD em 1976, quase 20 anos antes de os DVDs serem inventados, o que é bastante extraordinário para um filme cuja versão francesa foi chamada *Boeuf Gâté Dans la Toilette*, com o ator francês Jean-Pierre Pommes Frites no papel principal de Marcel, o garoto com rosto de cão). De qualquer maneira, descobrir filmes, programas de TV e títulos de músicas com a palavra "raw" não é tão fácil quanto parece, e já que este livro não tem um, nem dois, nem três, mas... bem, sim, na realidade ele tem três capítulos sobre Camera Raw, terei de fazer uma pesquisa séria que ganhe de "WWF Raw", que não seja "Raw Meat", e não use o mesmo nome que eu usei lá na edição CS4 deste livro, que foi "Raw Deal" (do filme de 1986, no qual estrelava o governador da Califórnia, Arnold, de *Happy Days*. Como se pode notar portanto, esta foi uma vaga referência ao sujeito que fazia o papel do proprietário do café-restaurante no programa de comédia dos anos 1970, *Happy Days*, no qual estrelavam Harrison Ford e Marlon Brando). Mas o que eu mal posso esperar para ver é como as pessoas que editam as versões estrangeiras dos meus livros farão para traduzir esta introdução. *C'est magnifique*, amigos!

---

[1] Trocadilho intraduzível. Jogo de humor *nonsense* com sucessivas traduções errôneas. (N.T.)

Adobe Photoshop CS5 | para fotógrafos digitais

Trabalhando com o Camera Raw

Apesar de o Camera Raw do Photoshop ter sido originariamente criado para processar fotos tiradas no formato RAW de sua câmera, você também pode usá-lo para processar suas fotos em JPEG e TIFF. Uma grande vantagem de usar o Camera Raw — de que muitas pessoas não se dão conta — é que é simplesmente mais fácil e mais rápido fazer suas imagens parecerem boas usando Camera Raw do que qualquer outro método. Os controles do Camera Raw são simples, instantâneos e totalmente reversíveis, o que é difícil de ser batido. Mas, primeiro, você precisa colocar suas imagens no Camera Raw para serem processadas.

Abrindo Imagens RAW:
Tendo em vista que o Camera Raw foi projetado para abrir imagens RAW, se você clicar duas vezes em uma dessas imagens (seja em Mini Bridge ou apenas em uma pasta em seu computador), o Photoshop será inicializado e aquela imagem RAW abrirá em Camera Raw (seu nome oficial completo é Camera Raw Photoshop, mas aqui no livro vou chamá-lo simplesmente pela forma resumida "Camera Raw", porque... bem... é assim que eu o chamo). *Nota*: se você clicar duas vezes no que sabe ser uma imagem RAW e ela não abrir em Camera Raw, verifique se você tem a última versão do Camera Raw — imagens de câmeras recentemente lançadas precisam das últimas versões do Camera Raw para reconhecer seus arquivos RAW.

Abrindo imagens JPEG e TIFF do Mini Bridge:
Se você quer abrir uma imagem JPEG ou TIFF do Mini Bridge, é fácil: clique com o botão direito do mouse nela e, do menu pop-up, escolha **Open in Camera Raw**.

22 | Capítulo 2 | Os fundamentos do Camera Raw

Adobe Photoshop CS5 | para fotógrafos digitais

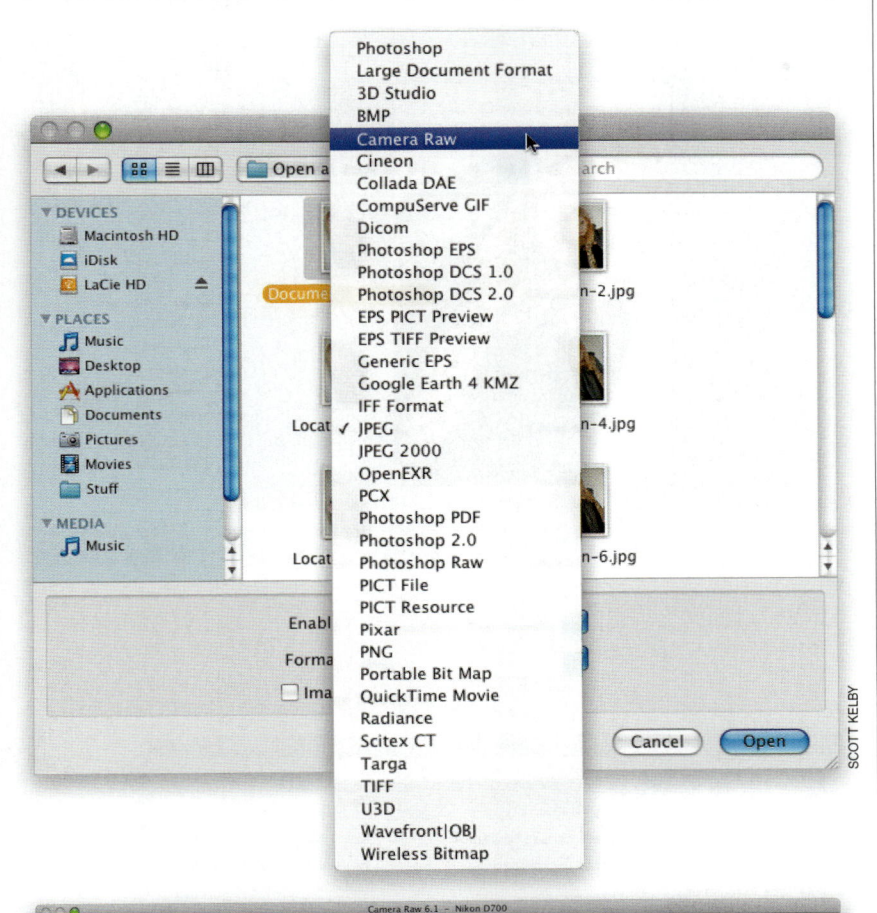

Abrindo imagens JPEG e TIFF de seu computador:

Se você quer abrir uma imagem JPEG ou TIFF de seu computador, então deve fazer o seguinte: em um Mac, vá ao menu File do Photoshop e escolha **Open**. Quando a caixa de diálogo Open aparecer, clique na sua imagem JPEG (ou TIFF, mas vamos usar um JPEG como exemplo) e, no menu pop-up, Format, ele vai dizer JPEG. Você precisa clicar e segurar naquele menu pop-up Format e nele escolher **Camera Raw**, como mostrado aqui. Então, clique no botão Open, e sua imagem JPEG abrirá em Camera Raw. No Windows, simplesmente vá ao menu File do Photoshop e escolha **Open As**, então navegue seu caminho até aquela imagem JPEG ou TIFF, mude o menu pop-up Open As para **Camera Raw** e clique Open.

Abrindo múltiplas imagens:

Você pode abrir múltiplas fotos RAW em Camera Raw selecionando-as primeiro (seja em Mini Bridge ou em uma pasta em seu computador), e clicando duas vezes em qualquer uma delas, então todas se abrirão em Camera Raw e aparecerão em uma tira de filme do lado esquerdo da janela do Camera Raw (como visto aqui). Se as fotos são JPEGs ou TIFFs, em Mini Bridge, selecione-as primeiro, então troque para o modo Review e pressione **Option-R (PC: Alt-R)**. Se elas estão em uma pasta em seu computador, você precisará usar o Mini Bridge para abri-las também (simplesmente use a Barra Path no Mini Bridge para navegar para onde estão essas imagens e então as selecione, troque para o modo Review e pressione Option-R).

Continua

Os fundamentos do Camera Raw | Capítulo 2 | 23

Editando imagens JPEG e TIFF em Camera Raw:

Uma questão a respeito de editar JPEGs e TIFFs em Camera Raw: quando você faz ajustes para um JPEG ou TIFF e clica no botão Open Image, ele abre sua imagem em Photoshop (como você esperaria). Entretanto, se você só quer salvar as mudanças que fez em Camera Raw sem abrir a foto em Photoshop, clique no botão Done (como mostrado aqui), e suas mudanças serão salvas. Mas há uma grande diferença entre editar imagens JPEG ou TIFF e uma imagem RAW. Se clicar o botão Done, você afetará os pixels reais do JPEG ou TIFF, mas, se for uma imagem RAW, isso não acontecerá (o que é outra grande vantagem de fotografar em RAW). Se você clicar o botão Opem Image e abrir o seu JPEG ou TIFF em Photoshop, abrirá e editará a imagem real também. Só para você saber.

Os dois Cameras Raws:

Aqui está outra questão que você precisa saber: na realidade existem dois Cameras Raw — um no Photoshop e um em separado no Bridge. A vantagem de ter dois Cameras Raw surge quando você processa (ou salva) muitas fotos RAW — pode processá-las na versão do Bridge, enquanto trabalha em algo mais no Photoshop. Se perceber que está usando o Camera Raw do Bridge com muita frequência, então você provavelmente pressionará **Command-K (PC: Ctrl-K)** para abrir as Preferências (Preferences) do Bridge, para então clicar em General à esquerda e assinalar na caixa de diálogo Double-ClickEdits Camera Raw Settings in Bridge (como mostrado aqui). Agora, clicando duas vezes em uma foto, você abre fotos RAW no Camera Raw do Bridge, em vez de no Photoshop.

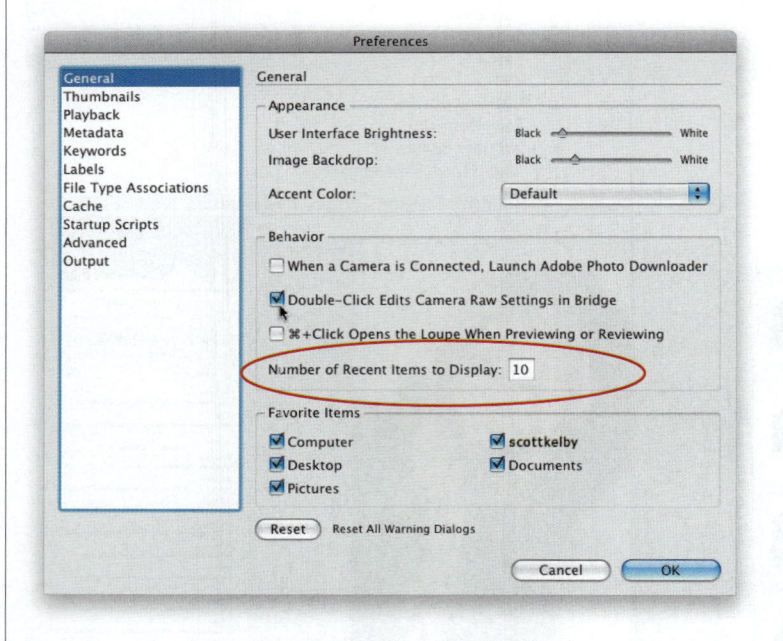

Adobe Photoshop CS5 | para fotógrafos digitais

OK, esta parte é somente para aqueles que têm usado o Camera Raw em versões anteriores de Photoshop (CS4, CS3 e por aí afora), porque se esta for a primeira vez que você o usa, isto não o afetará de maneira alguma, de modo que você pode pular esta parte. Eis a razão: no Photoshop CS5, a Adobe melhorou dramaticamente a matemática por trás de como ela processa a redução de ruído, o incremento de nitidez e a vinheta pós-corte para imagens RAW. Se você tem imagens RAW editadas em versões anteriores do Camera Raw e as abre em CS5, terá uma escolha a fazer (embora eu ache uma escolha fácil).

Escolhendo a versão certa de processo (não para novos usuários)

Passo um:
Quando você abre no Camera Raw 6 do CS5 uma imagem RAW previamente editada em Camera Raw de uma versão anterior de Photoshop (como CS4 ou CS3), verá um aviso no canto inferior direito da área Preview (um ponto de exclamação, circulado em vermelho aqui). Ele o avisa que a imagem ainda está sendo processada usando o velho algoritmo de processamento do Camera Raw lá de 2003, mas você tem a opção de atualizar a imagem para usar o processamento novo, melhorado, chamado Process Version 2010 ("Versão de Processo 2010").

Passo dois:
Para atualizar sua foto RAW previamente editada para Process Version 2010, você pode clicar no ponto de exclamação (que é a maneira mais rápida e fácil) ou no ícone de Camera Calibration (terceiro ícone a partir da direita no topo da área do painel) e escolher **2010 (Current)** do menu pop-up Process no topo do painel (eu só faria dessa maneira se estivesse cobrando pela hora). Agora, se a imagem não teve nenhum incremento de nitidez aplicado, ou redução de ruído, ou vinheta pós-corte, você não vai notar uma mudança; do contrário, ficará impressionado como ela parecerá melhor agora.

Os fundamentos do Camera Raw | Capítulo 2 | 25

Saudades do visual JPEG? Tente aplicar um perfil de câmera

Se você já se perguntou por que as imagens RAW ficam bem no LCD de sua câmera, mas parecem monótonas quando você as abre em Camera RAW, é porque o que vê em seu LCD é uma pré-exibição JPEG (mesmo que você fotografe em RAW), e sua câmera automaticamente acrescenta a correção de cores, nitidez etc. a elas. Quando você fotografa em RAW, você diz para a câmera: "Desligue toda aquela parafernália de cores e nitidez — deixe a foto intocada, que vou processá-la depois". Mas se você quiser que o visual processado JPEG seja um ponto de partida para sua edição de fotos RAW, perfis de câmera podem deixá-lo próximo disso.

Passo um:

Clique no ícone Camera Calibration (o terceiro ícone a partir da direita) próximo do topo da área do Panel e, na seção de Camera Profile, clique e segure no menu pop-up Name e você verá uma lista de perfis de câmeras disponíveis para sua câmera em particular (os dados EXIF embutidos são lidos de maneira que ele sabe qual marca de câmera você usa). Por exemplo, se você fotografa com uma Nikon, verá uma lista de estilos de fotos da própria câmera que você poderia ter aplicado à sua imagem se tivesse tirado a foto no modo JPEG, como visto aqui (se você fotografa em RAW, o Camera Raw ignora esses perfis da própria câmera, conforme explicado antes). Se você fotografa com uma Canon, verá uma lista ligeiramente diferente, mas ela se comporta do mesmo modo.

Passo dois:

O perfil padrão será o Adobe Standard. Agora, pergunte a si mesmo: "A palavra 'padrão' algum dia já quis dizer 'craque'?". Normalmente, não — razão pela qual eu sugiro que você tente diferentes perfis nesta lista e veja de quais deles você gosta. No mínimo, eu o mudaria para **Camera Standard**, pois acho que em geral proporciona um ponto de partida melhor (como visto aqui).

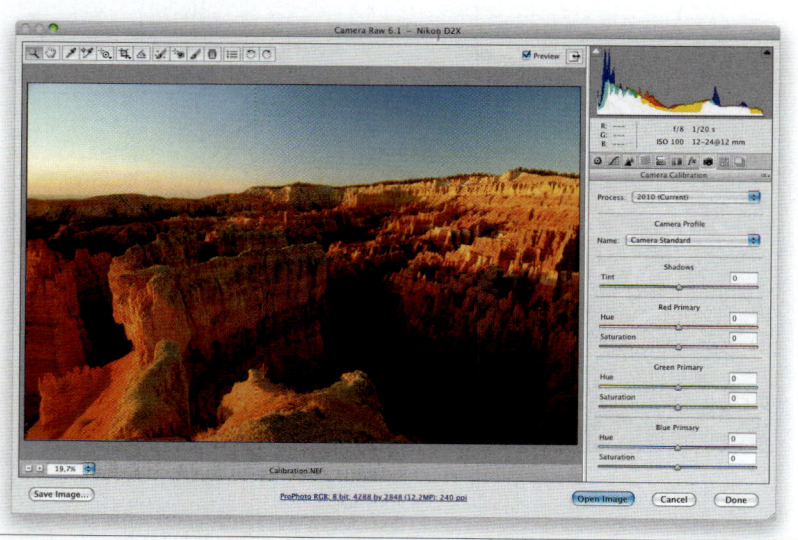

Adobe Photoshop CS5 | para fotógrafos digitais

Passo três:

Dependendo da foto que você editar a Camera Standard pode não ser a escolha certa, mas, como fotógrafo, essa é uma decisão que você tem de tomar (cabe a você decidir qual escolha lhe parece melhor). Costumo usar a Camera Standard, a Camera Landscape ou a Camera Vivid para imagens tiradas com uma Nikon, porque acho que a Landscape e a Vivid são as mais parecidas com os JPEGs que vejo no LCD da minha câmera. Porém, mais uma vez, se você não fotografa com uma Nikon, a Landscape ou a Vivid não serão escolhas disponíveis (as Nikon têm oito estilos de fotos, e as Canon, seis). Se você não usa Canon ou Nikon, terá somente a Adobe Standard e, possivelmente, Camera Standard, para escolher, mas você pode criar seus próprios perfis personalizados usando o recurso de DNG Profile Editor gratuito, disponibilizado pela Adobe em <http://labs.adobe.com>.

Passo quatro:

Aqui, temos uma exibição antes/depois com apenas uma diferença: eu escolhi a Camera Vivid (como mostrado no menu pop-up no Passo três). Novamente, essa opção é projetada para repetir as aparências de cores que você poderia ter escolhido na câmera. Então, se você quer que o Camera Raw lhe proporcione um visual semelhante, faça uma tentativa com esse perfil de câmera. Além disso, já que o Camera Raw lhe permite abrir mais de uma imagem de cada vez (de fato, você pode abrir centenas delas de cada vez), você poderia abrir várias, clicando no botão Select All que aparece no canto superior à esquerda da janela, mudando o perfil de câmera para a primeira imagem selecionada, e, então, todas as outras terão o mesmo perfil automaticamente aplicado. Agora você só precisa clicar no botão Done.

Antes: usando o perfil padrão Adobe Standard

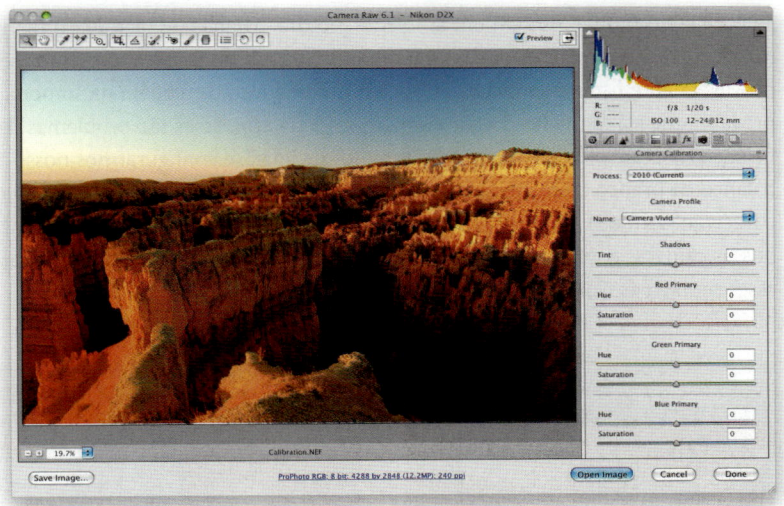

Depois: usando o perfil Camera Vivid

Os fundamentos do Camera Raw | Capítulo 2 | 27

Adobe Photoshop CS5 | para fotógrafos digitais

Os ajustes essenciais: balanço de branco

Se você já tirou uma foto em um ambiente interno, há chances de que ela tenha saído amarelada, a não ser que você a tenha tirado em um escritório e, então, ela provavelmente ficou esverdeada. Se você tirou uma foto de alguém na sombra, é provável que ela tenha ficado com uma tonalidade azul. Esses são problemas de balanço de branco com os quais não teremos de lidar, se configurarmos nosso balanço de branco de maneira apropriada na câmera (as fotos simplesmente parecerão normais). Contudo, considerando que quase todos nós fotografamos com nossas câmeras configuradas no Auto White Balance, invariavelmente enfrentaremos esses problemas. Sorte nossa podermos consertá-las facilmente.

Passo um:

Ajustar o balanço de branco é normalmente a primeiríssima coisa que faço em meu próprio fluxo de trabalho do Camera Raw, porque conseguir o balanço de branco certo eliminará 99% de seus problemas de cores logo de saída. No topo do painel Basic (do lado direito da janela do Camera Raw), estão os controles de White Balance. Se você olhar à direita das palavras "White Balance", você verá um menu pop-up (circulado em vermelho), e por padrão ele lhe mostra o balanço de branco "As Shot" (você está vendo o balanço de branco que configurou em sua câmera quando tirou a foto). Para esta foto, eu tinha meu balanço de branco configurado para Auto para fotografar na rua, e então adentrei o *lobby* do hotel, onde a tirei; por isso o balanço de branco está tão equivocado.

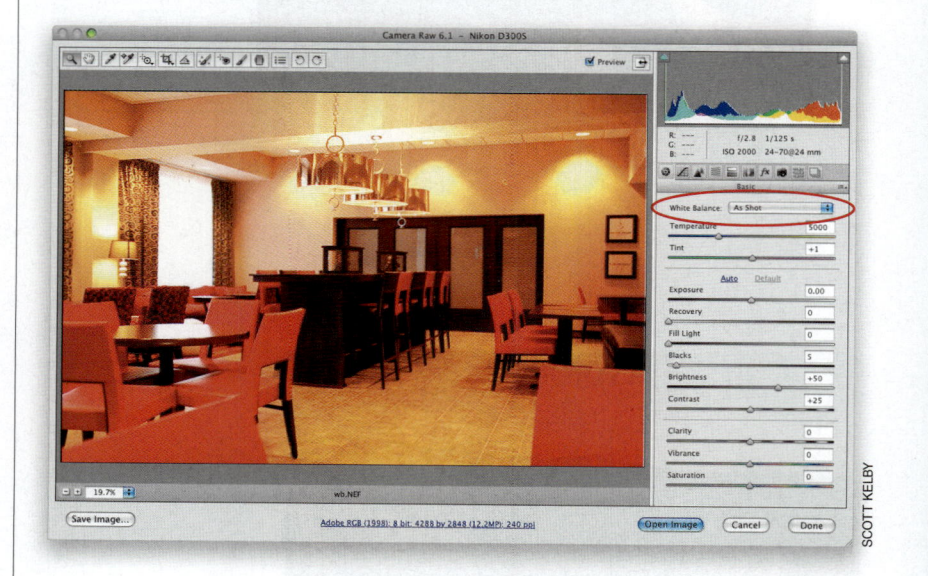

28 | Capítulo 2 | Os fundamentos do Camera Raw

Adobe Photoshop CS5 | para fotógrafos digitais

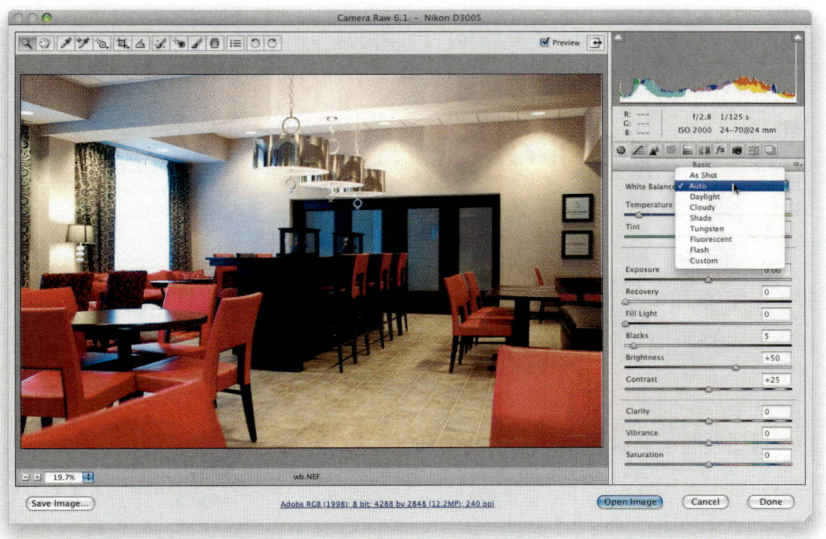

Passo dois:
Há três maneiras de mudarmos o balanço de branco na foto, e a primeira é escolher um dos pré-ajustes de White Balance que já vêm na câmera. Muitas vezes, basta você fazer isso para corrigir as cores da imagem. Clique no menu pop-up de White Balance e você verá uma lista de configurações de balanço de branco que poderia escolher na câmera. Opte pelo pré-ajuste que mais combine com a situação de iluminação original (se a tirou na sombra de uma árvore, escolha o pré-ajuste Shade). Aqui, tentei cada pré-ajuste, e o Auto pareceu o melhor — ele removeu a tonalidade amarelada. Também tentei Tungsten e ficou interessante. É por isso que não faz mal nenhum tentar cada pré-ajuste e escolher o melhor. (*Nota:* você só terá esta lista completa de pré-ajustes de balanço de branco com imagens RAW. Com JPEGs ou TIFFs, suas únicas escolhas são As Shot ou Auto balanço de branco).

Passo três:
O segundo modo é usar os controles deslizantes Temperature e Tint abaixo do menu de pré-ajuste White Balance. As barras por trás desses controles são codificadas com cores para você ver para qual lado arrastá-los e conseguir cada cor. Gosto de usar os pré-ajustes da própria câmera para chegar perto (como ponto de partida), e então, se minha cor está azul demais ou amarela demais, arrasto o controle na direção oposta. Aqui, o Auto pré-ajuste estava próximo, mas deixou a imagem um pouco azul, então arrastei o controle deslizante Temperature na direção do amarelo e o Tint na direção magenta para dar mais brilho aos vermelhos (como mostrado aqui).

Continua

Passo quatro:

Vejamos mais duas questões rápidas sobre configurar manualmente seu balanço de branco usando os controles deslizantes Temperature e Tint: se você movimentar um controle deslizante e decidir que, no fim, você não queria movimentá-lo, apenas clique duas vezes diretamente no próprio "ponto" do controle deslizante, e ele vai retornar para sua posição anterior. Aliás, eu com frequência só ajusto o controle deslizante Temperature, e raramente tenho de tocar no controle deslizante Tint. Para reconfigurar o balanço de branco para onde ele estava quando você abriu a imagem, escolha As Shot do menu pop-up de White Balance (como visto aqui).

Passo cinco:

O terceiro método é o meu favorito: configurar o balanço de branco usando a ferramenta de White Balance (I). Talvez este seja o recurso mais preciso, pois faz uma leitura do balanço de branco da própria foto. Você só precisa clicar na ferramenta White Balance no topo à esquerda (circulado em vermelho aqui) e, depois, em algo na sua foto que deveria ser cinza-claro (isso mesmo — você configurou corretamente o balanço de branco ao clicar em algo que é cinza--claro). Então, pegue a ferramenta e clique uma vez em uma área sombreada clara no vidro, na porta dos fundos (como mostrado aqui), e ela configura o balanço de branco para você. Se você não gosta da aparência, basta clicar em uma área cinza-clara diferente.

DICA: Rápida reconfiguração do White Balance

Para reconfigurar seu balanço de branco para a configuração As Shot, clique duas vezes na ferramenta de White Balance no alto, na barra de ferramentas.

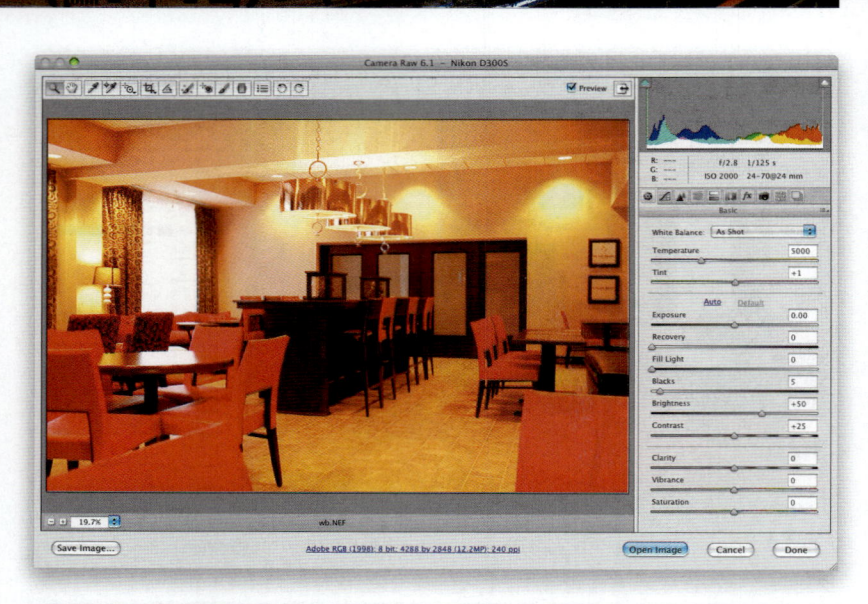

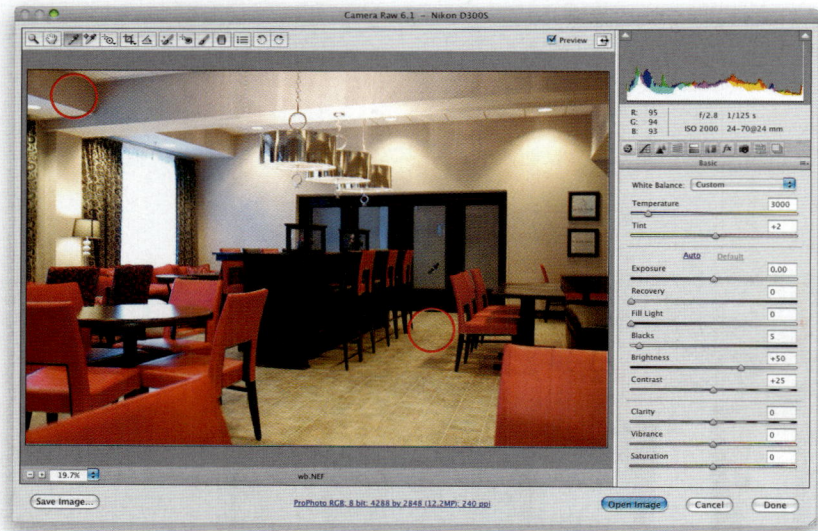

Passo seis:

Bem, eis a questão: apesar poder lhe proporcionar um balanço de branco absolutamente preciso, não significa que ele ficará bom. O balanço de branco é uma decisão criativa, e a questão mais importante é que sua foto fique boa para você. Então, não se deixe levar por aquela ideia "Eu não gosto da aparência deste balanço de branco, mas sei que ele está preciso", que acaba derrubando algumas pessoas. Configure seu balanço de branco de maneira que ele pareça certo para você. Você é o fotógrafo. É a sua foto, então faça com que ela fique da melhor forma possível. Precisão não é sinônimo de bom. Aliás, você pode clicar com o botão direito do mouse sobre sua imagem para acessar o menu pop-up White Balance (como mostrado aqui).

Passo sete:

Aqui, temos um exemplo antes/depois para que você veja a diferença que a configuração correta do balanço de branco proporciona (aliás, você pode ver um rápido antes/depois de sua edição de balanço de branco pressionando a letra **P** em seu teclado para ligar/desligar o Preview).

DICA: Usando o cartão de amostra

Para ajudá-lo a encontrar aquela cor cinza-clara neutra em suas imagens, eu incluí um cartão de amostra no fim deste livro (ele é perfurado, de maneira que você pode destacá-lo), e ele tem uma área de amostra de cinza-claro para balanço de branco do Camera Raw especial. Então, abra esta imagem em Camera Raw e clique na ferramenta de White Balance no cartão de amostra para instantaneamente configurar seu balanço de branco. Agora aplique o mesmo balanço de branco para todas as outras fotos tiradas sob a mesma luz (mais sobre como fazer isto em seguida, no próximo capítulo).

Antes: O balanço de branco As Shot possui uma tonalidade amarelada.

Depois: Com um clique na ferramenta White Balance, tudo se transforma.

Adobe Photoshop CS5 | para fotógrafos digitais

Os ajustes essenciais 2: exposição

O próximo item que arrumo (após ajustar o balanço de branco) é a exposição da foto. Alguns poderiam argumentar que este é o ajuste mais essencial de todos, mas, se a foto parece azul demais, ninguém vai notar se ela está subexposta um terço de ponto. Por isso, verifico o balanço de branco e depois me preocupo com a exposição. Em geral, penso a exposição como três fatores: altas luzes, sombras e meios-tons. Neste tutorial, vou abordar esses três, que no Camera Raw são: exposição (altas luzes), pontos pretos (sombras) e brilho (meios-tons).

Passo um:

O controle deslizante Exposure afeta a exposição total da foto (arrastado para a direita, torna sua exposição total mais clara; para a esquerda, fica mais escura). Mas não comece ainda a arrastar o controle Exposure, porque há algo a fazer antes: cortar as altas luzes (áreas da foto que ficam tão brilhantes que perdem todos os detalhes). Por sorte, o Camera Raw traz avisos de corte de altas luzes, para você não perder detalhes da alta luz. Primeiro, olhe para o histograma desta foto no topo à direita da janela. Vê o triângulo branco sólido no canto superior à direita? É um aviso de que algumas partes da foto apresentam corte de alta luz.

Passo dois:

Se quiser ver quais áreas que devem apresentam corte de alta luz (para ver se são áreas uniformes com se preocupar), desloque o controle deslizante sobre o triângulo de aviso de alta luz, clique nele, e as áreas com corte de alta luz aparecerão em vermelho (como mostrado aqui). O aviso veja-suas-áreas-que-apresentam-corte-de-alta-luz permanecerá por um tempo enquanto você faz os ajustes. Clique no pequeno triângulo de realce novamente (ou pressione a letra O do teclado) para ligar/desligar o recurso.

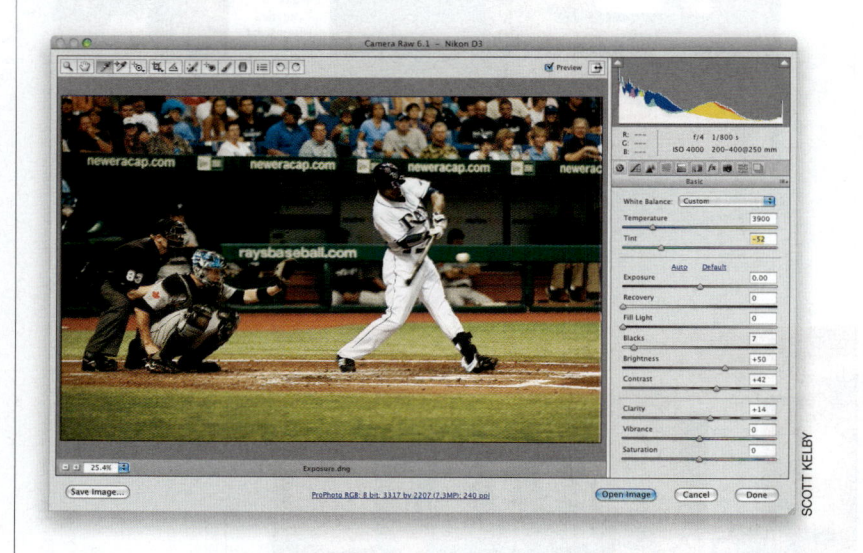

Capítulo 2 | Os fundamentos do Camera Raw

Adobe Photoshop CS5 | para fotógrafos digitais

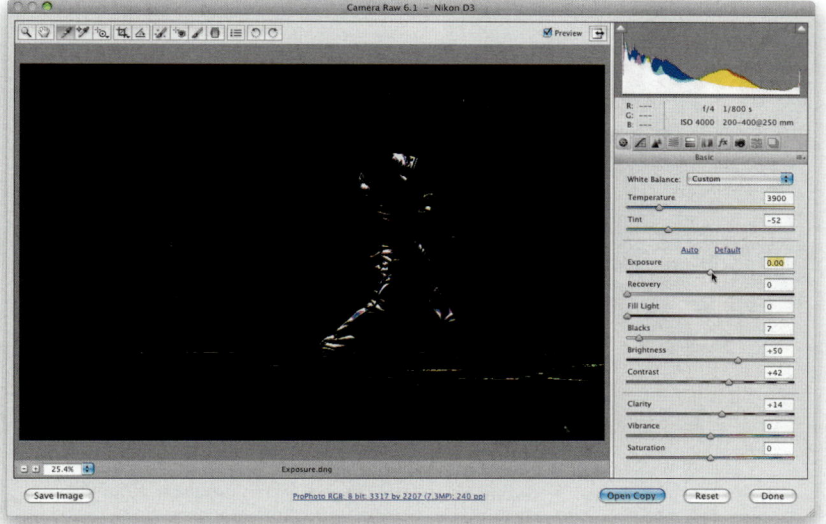

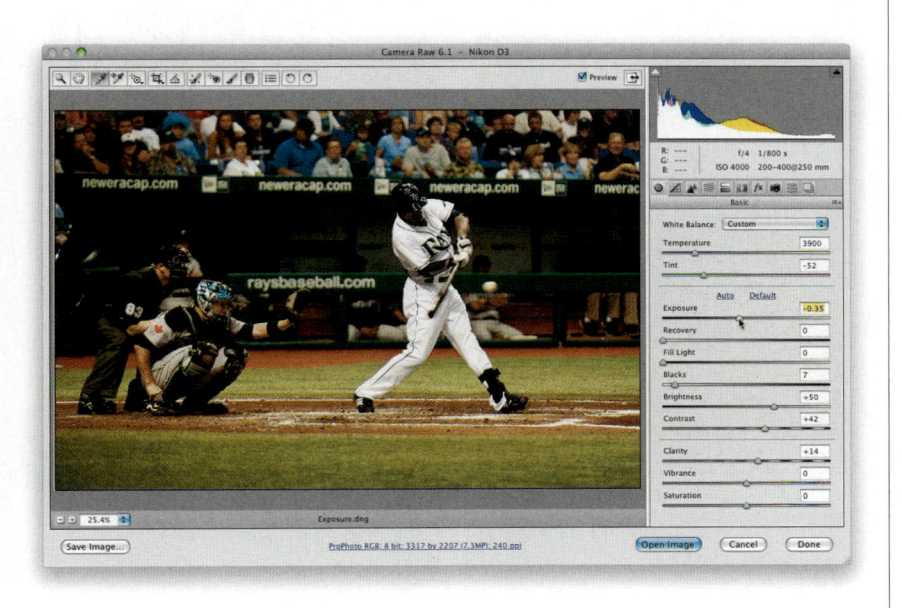

Passo três:
Se você não gosta do aviso vermelho ou se tem uma foto com muita cor vermelha que deixa os avisos pouco visíveis, há outro tipo que você pode usar. Pressione e segure a tecla Option (PC: Alt) e clique e segure o controle Exposure. Isso deixa sua área de pré-exibição preta, e quaisquer áreas com corte de alta luz aparecerão em sua cor, como vistas aqui (assim, se o canal Azul apresenta corte de alta luz, você verá azul; se partes do canal Verde mostram corte de alta luz, verá áreas de verde; mas o pior é ver áreas em branco sólido, que significa que todas as cores mostram corte de alta luz). Este aviso ficará ligado enquanto você arrastar o controle Exposure e mantiver a tecla Option pressionada. Algumas coisas sempre terão corte de alta luz, como uma foto com o sol visível, ou um destaque especular sobre o para-choque cromado de um carro, mas não há problema, elas não têm detalhe. Nós só estamos preocupados em recuperar áreas que apresentam detalhes importantes.

Passo quatro:
Já sabemos como descobrir um problema de corte de alta luz, vejamos como resolvê-lo. Se ele acontece quando as coisas ficam brilhantes demais, arraste o controle Exposure para a esquerda até os avisos sumirem. Aqui, baixei a exposição (arrastando o controle Exposure para a esquerda) até que o aviso de corte de alta luz desaparecesse, mas esta é uma má troca. Resolvemos um problema (cortes de alta luz), mas agora temos outro, que pode ser pior (uma foto subexposta). Há algo simples que podemos fazer e que mantém a exposição total onde precisamos, além de evitar cortar as altas luzes ao mesmo tempo.

Continua

Os fundamentos do Camera Raw | Capítulo 2 | 33

Adobe Photoshop CS5 | para fotógrafos digitais

Passo cinco:
Comece arrastando o controle deslizante Exposure até que a exposição pareça certa para você (aqui a exposição parecia boa para mim, mas algumas áreas importantes de alta luz estavam apresentando cortes, como mostrado no Passo três). Agora, arraste o controle deslizante Recovery (localizado logo abaixo do controle deslizante Exposure) para a direita; quando você fizer isso, apenas as altas luzes realmente muito brilhantes serão retiradas (recuperadas) do corte de alta luz. Continue arrastando até que o aviso de corte de alta luz branco se torne um preto sólido (como o mostrado aqui), e você conseguiu! Aliás, você pode usar o mesmo truque de pressionar e segurar a tecla Option (PC: Alt) enquanto arrasta o controle deslizante Recovery, e a tela ficará preta, revelando apenas as áreas com corte de alta luz. À medida que você arrasta o controle deslizante para a direita, na realidade você verá desaparecer as áreas com corte de alta luz. Agora, você tem a sua exposição total onde você a quer e, ao mesmo tempo, você tem detalhes em todos as altas luzes. Legal, não?

Passo seis:
Em seguida, eu ajusto as áreas de sombra usando o controle deslizante Blacks. Arrastando-o para direita, aumenta-se o montante de preto nas áreas de sombra mais escuras de sua foto. Arrastando-o para a esquerda, abrem-se (clareiam-se) as áreas de sombra. Eu troquei as fotos aqui para lhe mostrar um exemplo melhor de como o controle deslizante Blacks funciona.

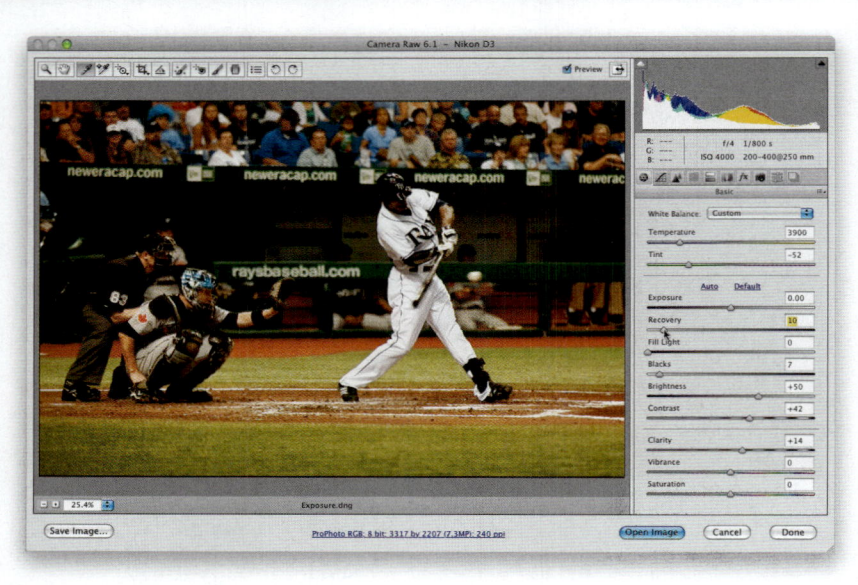

34 | Capítulo 2 | Os fundamentos do Camera Raw

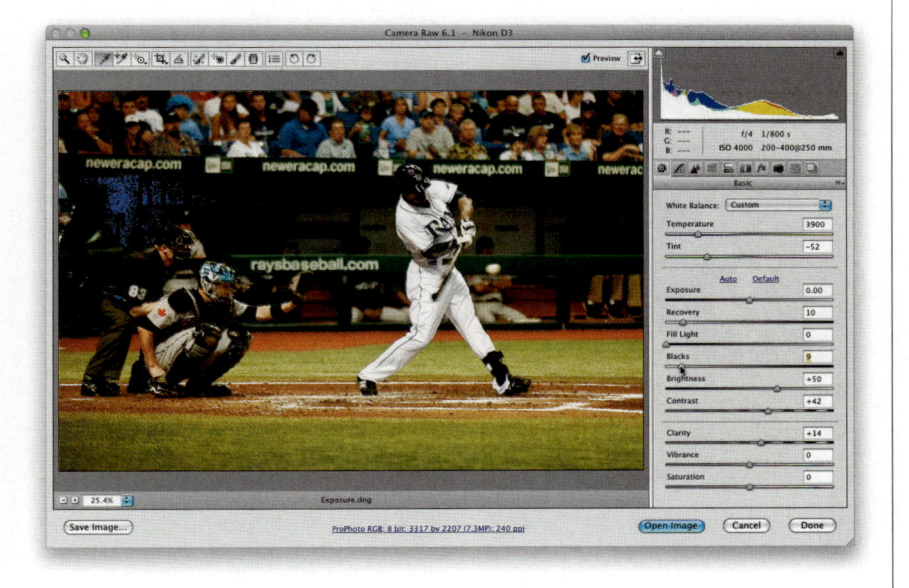

Passo sete:
Aumentar os pontos pretos em geral satura as cores em sua foto, então, se você tem uma foto desbotada (como mostrada no passo anterior), arraste o controle Blacks para a direita até a cor e a profundidade voltarem (como aconteceu aqui). Compare com o original do passo anterior e verá a diferença que esse comando faz com uma foto desbotada. OK, vamos voltar para a foto de beisebol e seguir a partir dali.

Passo oito:
Embora minha maior preocupação seja cortar as altas luzes, há também o aviso de corte de sombras que mostra quando certas áreas se tornaram tão escuras que perderam todos os detalhes de sombras. Esse aviso é o triângulo no topo à esquerda do histograma. Se você mover o cursor sobre ele e clicar, as áreas de preto sólido vão aparecer em azul brilhante (como visto aqui). Se há corte de sombra, a única solução é arrastar o controle Blacks para a esquerda e, assim, reduzir a quantidade de pontos pretos nas sombras, mas em geral isso deixa a foto com o contraste baixo. Então, evito reduzir a quantidade de pontos pretos abaixo da configuração-padrão de cinco, a não ser que seja mesmo necessário (aqui, as áreas de corte são apenas sombras, sem detalhe importante, então as ignoro). Mas esta é minha opinião. Você pode usar o mesmo truque de pressionar e segurar a tecla Option (PC: Alt) com o controle Blacks. Isso funciona da maneira oposta ao aviso de corte de alta luz; em vez disso, a área de pré-exibição aparece como um branco sólido, e as áreas que apareçam como preto sólido terão perdido detalhes; na verdade, terão se tornado preto sólido.

Continua

Passo nove:
O próximo controle deslizante abaixo é Brightness. Tendo em vista que você já ajustou as altas luzes (controle deslizante Exposure) e as sombras (controle deslizante Blacks), o controle deslizante Brightness ajusta todo o resto (eu relaciono este controle deslizante ao controle deslizante de meios-tons no ajuste Levels do Photoshop, de maneira que isso pode ajudá-lo a compreender como este controle deslizante difere dos controles deslizantes Expposure ou Blacks). Dos três principais ajustes (Exposure, Blacks e Brightness), este é o que eu menos gosto — quando o uso, costumo simplesmente arrastar bem pouco para a direita para abrir algum detalhe do meio--tom. Mas, neste caso, eu o arrastei um pouco para a esquerda para fazer com que a foto não parecesse tão brilhante. Não há avisos para meios-tons, mas, se você empurrar o controle deslizante o suficiente para a direita, verá algum corte de alta luz.

Passo dez:
Se você mesmo não se sente confortável fazendo esses ajustes, sempre pode dar uma chance para o Camera Raw clicando o botão Auto (é a palavra sublinhada Auto, mostrada circulada em vermelho). Quando você clica em Auto, sua foto fica melhor, ou não. Se ela não ficar, apenas pressione **Command-Z (PC: Ctrl-Z)** para desfazer o ajuste Auto e, então, tente corrigir você mesmo, usando os controles deslizantes Exposure, Blacks e Brightness. Aqui, eu cliquei no botão Default (à direita do botão Auto) para reconfigurar o Camera Raw para seus próprios padrões e, então, cliquei no botão Auto. Neste caso, a foto parece um pouco brilhante para mim, e por isso é importante aprender — para que você mesmo faça essas correções.

Adobe Photoshop CS5 | para fotógrafos digitais

Deixando que o Camera Raw corrija automaticamente suas fotos

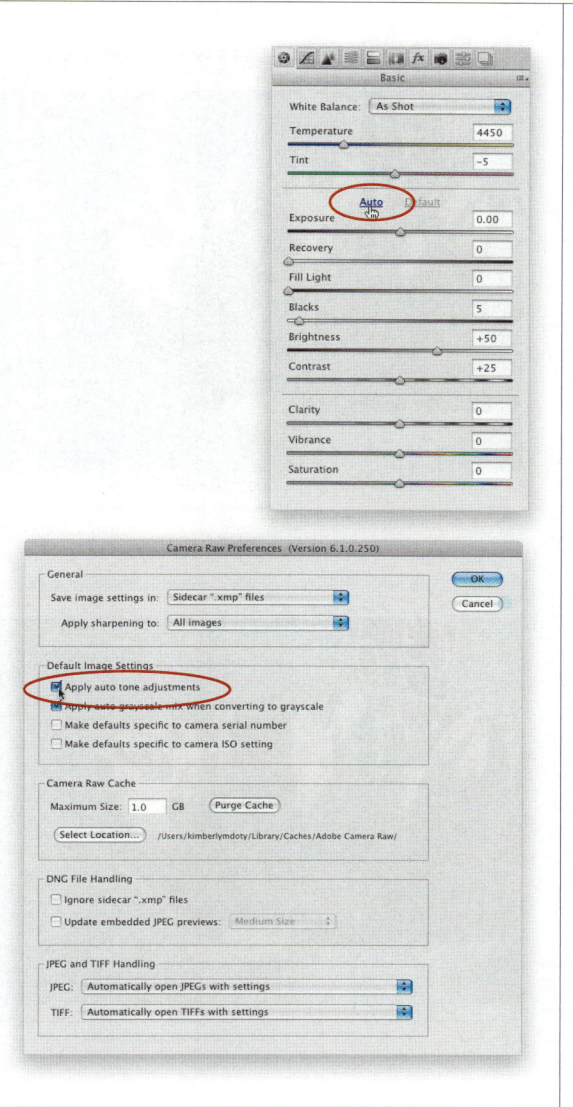

Se você não está bem à vontade em ajustar manualmente cada imagem, como eu mencionei no fim do último tutorial, o Camera Raw vem com uma função automática de um clique que tenta corrigir toda a exposição de sua imagem (incluindo sombras, preenchimento de luz, contraste e recuperação), e, neste ponto na evolução do Camera Raw, ele realmente faz um bom trabalho. Se você gosta dos resultados, pode configurar as preferências do Camera Raw de maneira que todas as fotos, ao abrir o Camera Raw, sejam autoajustadas usando este mesmo recurso.

Passo um:
Uma vez que você tenha uma imagem aberta no Camera Raw, pode deixá-lo tentar configurar a exposição total (usando os controles no painel Basic) para você, clicando no botão Auto (mostrado circulado em vermelho aqui). Nas versões mais antigas do Camera Raw, este recurso de correção Auto era... bem... digamos que não era uma maravilha, mas ele ficou muito melhor desde então, e hoje em dia faz um trabalho bastante decente (sobretudo se você estiver em dúvida e sem saber o que fazer). Clique nele e veja como fica a imagem. Se ela não ficar boa, apenas pressione **Command-Z (PC: Ctrl-Z)** para desfazê-la.

Passo dois:
Você pode configurar o Camera Raw para que desempenhe automaticamente um ajuste Auto Tone cada vez que você abrir uma foto. Apenas clique no ícone Preferences na barra de ferramentas do Camera Raw (é o terceiro ícone a partir da direita), e, quando aparecer a caixa de diálogo, vá para Apply Auto Tone Adjustments (mostrado circulado aqui) e, então, clique em OK. Agora, o Camera Raw vai avaliar cada imagem e tentar corrigi-la. Se você não gostar das correções tonais, só precisa clicar no botão Default, que aparece à direita do botão Auto (o botão Auto já estará cinza porque já terá sido aplicado).

Os fundamentos do Camera Raw | Capítulo 2 | 37

Adobe Photoshop CS5 | para fotógrafos digitais

Acrescentando "estalo" (ou suavização) para suas imagens usando o controle Clarity

Este é um de meus recursos favoritos em Camera Raw, e, sempre que eu o mostro em uma aula, ele nunca deixa de promover "Oooohs" e "Ahhhhs." Acho que é porque, apesar de ser um simples controle deslizante, faz muito para dar aquele "estalo" em sua imagem. O controle deslizante Clarity (bem denominado) basicamente aumenta o contraste de meio-tom de maneira a proporcionar à sua foto mais vigor e impacto, sem realmente incrementar a nitidez da imagem (assim como determinados ajustes Curves em Photoshop podem dar esste estalo e vigor suas fotos).

Passo um:

O controle Clarity está na parte inferior do painel Básico no Camera Raw, acima dos controles Vibrance e Saturation. (Apesar de seu nome oficial ser Clarity, eu ouvi que os engenheiros da Adobe pensaram nomeá-lo "Punch",[2] pois achavam que acrescentava vigor à imagem.) Para ver os efeitos do Clarity, primeiro dê um zoom de 100% clicando duas vezes na ferramenta de Zoom na barra de ferramentas (ela parece com uma lupa). Aqui, eu fiz um zoom de somente 50% para que você pudesse ver mais da imagem.

Passo dois:

Usar o controle Clarity não poderia ser mais fácil. Arraste o controle para a direita para aumentar o estalo (contraste de meio-tom) na imagem (compare as imagens de cima e de baixo mostradas aqui). Quase todas as que eu processo recebem entre +25 e +50 de Clarity. Se houver muitos detalhes, como a vista de uma cidade, ou a foto de uma paisagem, ou algo com pequenos detalhes como uma motocicleta (ou folhas e flores), uso um Clarity alto como +75 a +80, como visto aqui. Se for uma natureza mais suave, como o retrato de uma criança, em geral não aplico Clarity algum.

---

[2] Literalmente "soco", mas denota também vigor, ímpeto (N. T.).

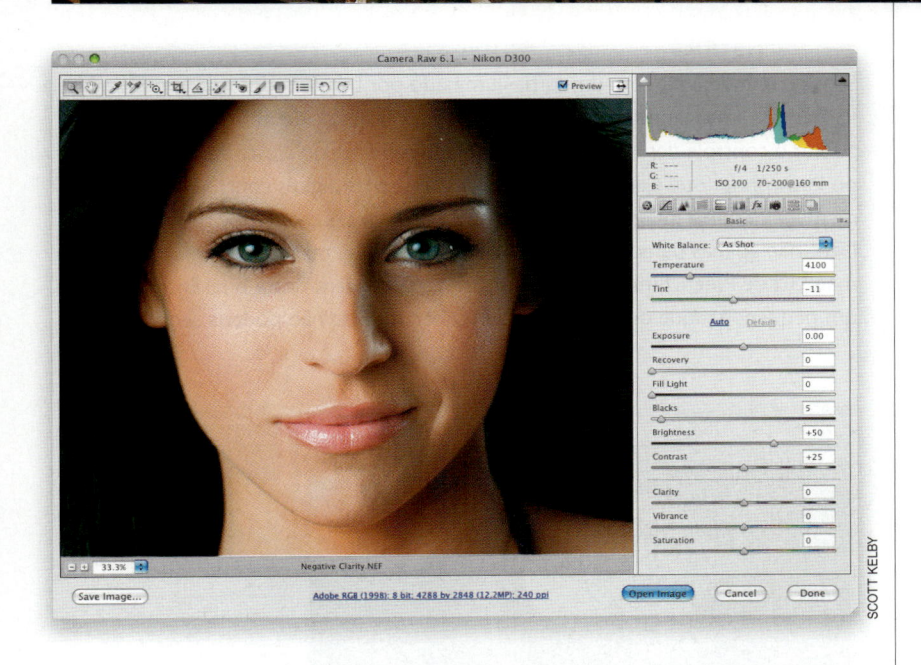

Passo três:
Você também pode usar o controle Clarity ao contrário — para suavizar a pele. Isso é chamado acrescentar Clarity negativo, o que significa que você pode aplicar menos do que 0 (zero) para reduzir o contraste de meio-tom, proporcionando-lhe um efeito de suavização. Por exemplo, aqui, temos uma imagem original sem qualquer Clarity negativo aplicado.

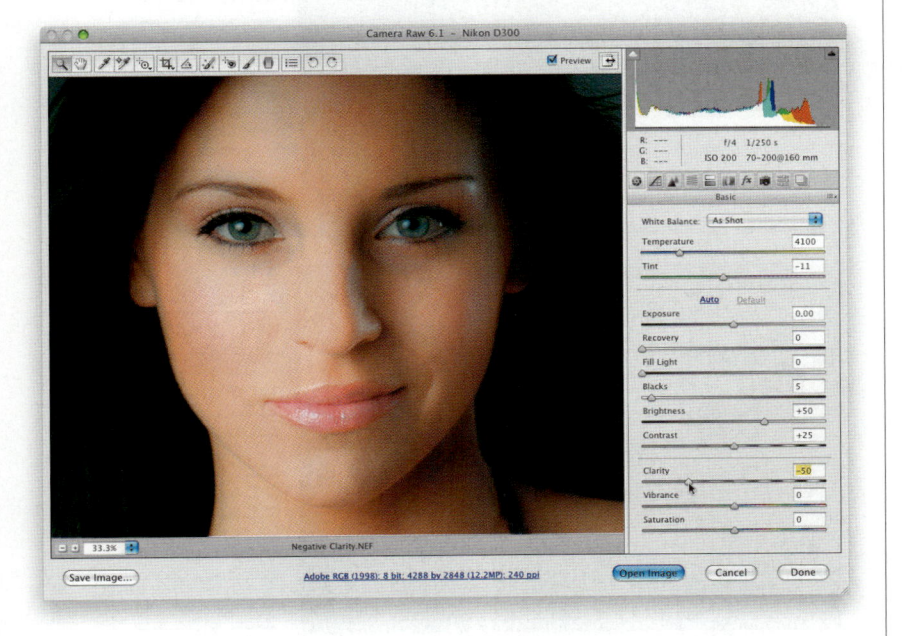

Passo quatro:
Agora, arraste o controle deslizante Clarity para a esquerda (o que lhe dá um montante negativo de Clarity), e a pele de nossa modelo parece mais suave. Todo o resto da imagem parece mais suave também, então ocorre uma suavização geral, mas, no Capítulo 4, sobre o Adjustment Brush, você aprenderá a aplicar a suavização somente à pele de sua modelo (ou qualquer outra coisa que precise ser suavizada), e manter o resto da imagem nítida.

Adobe Photoshop CS5 | para fotógrafos digitais

Consertando fotos iluminadas por trás acrescentando Fill Light

Se você tem de lidar com um tema iluminado por trás (e todos nós temos de fazer isso de vez em quando, seja intencionalmente ou por acidente), então você vai adorar o controle deslizante Fill Light. Diferentemente do ajuste Shadow/Highlight no Photoshop (que exige certa "ginástica" e o uso de alguns controles deslizantes de maneira que a imagem não pareça falsa e "leitosa"), o controle deslizante Fill Light não apenas parece mais natural, como, por essa razão, permite a você aplicar mais Luz de Preenchimento, e, ainda, assim sua imagem ficará boa. Entretanto, há um pequeno truque que você precisará saber, mas ele não poderia ser mais fácil.

Passo um:
Aqui, temos uma imagem bem típica, na qual o tema, fotografado perto do pôr do sol, está iluminado por trás com o sol se pondo, e, embora você possa ver alguns detalhes, as áreas em detalhe do tema estão em sua maior parte nas sombras.

Passo dois:
Arrastar o controle deslizante Fill Light para a direita abre as áreas sombreadas nas partes central e inferior, além de revelar os detalhes que antes estavam escondidos nas sombras (como vistos aqui).

Capítulo 2 — Os fundamentos do Camera Raw

Passo três:

Se você precisa arrastar o controle deslizante Fill Light um pouco para a direita (como fiz aqui), vai ter um problema: as sombras mais profundas podem começar a "desbotar". Quando preciso fazer muitas alterações, arrasto o controle Blacks para a direita um pouco para trazer de volta a riqueza e saturação de cor nas áreas de sombras mais profundas. Agora, há uma diferença se você trabalha com imagens RAW ou JPEG/TIFF. Com imagens RAW, a configuração-padrão para Blacks será cinco, e você só precisa movê-los para sete ou oito (como mostrado aqui). Entretanto, em imagens JPEG ou TIFF,? seu padrão é zero, e eu prefiro arrastá--las um pouco mais longe. É claro que toda imagem é diferente, mas você não deveria mover o controle Blacks muito longe (quanto mais longe você mover o controle Fill Light para a direita, mais terá de compensar com a ferramenta Blacks).

Antes: O tema está nas sombras.

Depois: Utilizando Fill Lights e adicionando Blacks.

Passo quatro:

Aqui, temos uma imagem antes/depois com duas edições aplicadas: (1) arrastei o controle Fill Light até 50, e (2) arrastei o controle Blacks até oito.

DICA: Desfeitos múltiplos

Este é um daqueles pequenos recursos que poucos usuários conhecem, mas o Camera Raw tem seu próprio recurso Undo embutido. Para usá-lo, pressione **Option-Command-Z (PC: Ctrl-Alt-Z)**, e ele desfaz suas edições uma a uma. E, diferentemente do recurso de desfazer do History do Photoshop, ele não é limitado a 20 ações.

Adobe Photoshop CS5 | para fotógrafos digitais

Ajustando o contraste usando curvas

Quando se trata de acrescentar contraste a uma foto, eu procuro evitar o controle deslizante Contrast no painel Basic do Camera Raw o máximo possível, porque ele é espaçoso e ineficaz demais. Então, quando você for criar contraste, tente, em vez disso, a Tone Curve, e você nunca mais voltará para aquele controle deslizante espaçoso e ineficaz que é espaçoso e ineficaz demais.

Passo um:
Depois de fazer todos os ajustes de exposição e tom no painel Basic, pule o controle deslizante Contrast e clique no ícone Tone Curve (segundo ícone da esquerda). Há dois tipos de curvas disponíveis: a Point e a Parametric. Começaremos com a curva Point. Clique na caixa Point no topo do painel. Aqui está a foto sem o contraste adicionado na curva Point (observe que o menu pop-up acima da curva está configurado para Linear, que é uma curva uniforme, não ajustada). *Nota*: se você fotografar em RAW, por padrão a curva será configurada em Medium Contrast (pois sua câmera não acrescentou nenhum contraste). Se você fotografar em JPEG, a configuração será Linear, o que significa que nenhum contraste foi acrescentado (em JPEG, sua câmera já o acrescentou. Veja na página 26 mais sobre esse assunto).

Passo dois:
Se quiser mais contraste, escolha **Strong Contrast** do menu pop-up Curve (como mostrado aqui), e verá quanto contraste a mais esta foto tem agora, comparado com o Passo um. A diferença é que as configurações Strong Contrast criam uma curva mais pronunciada, e, quanto mais pronunciada, mais contraste cria.

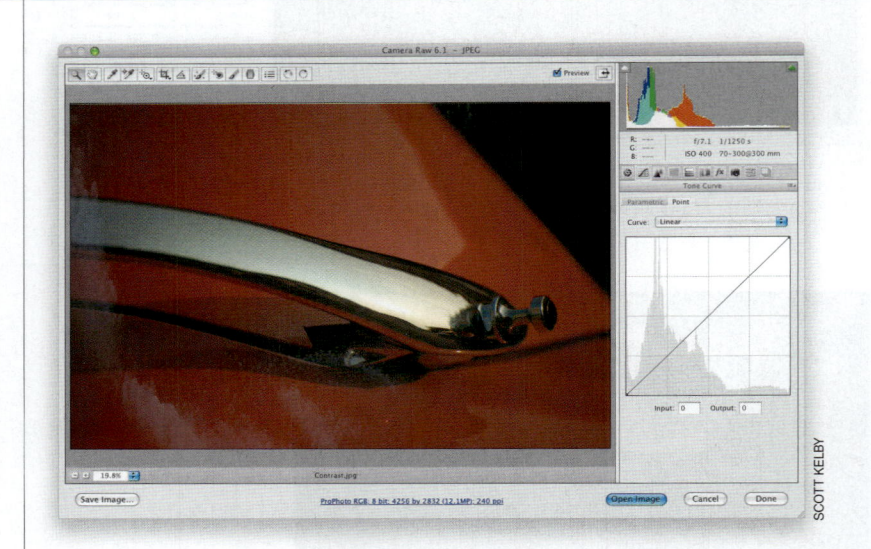

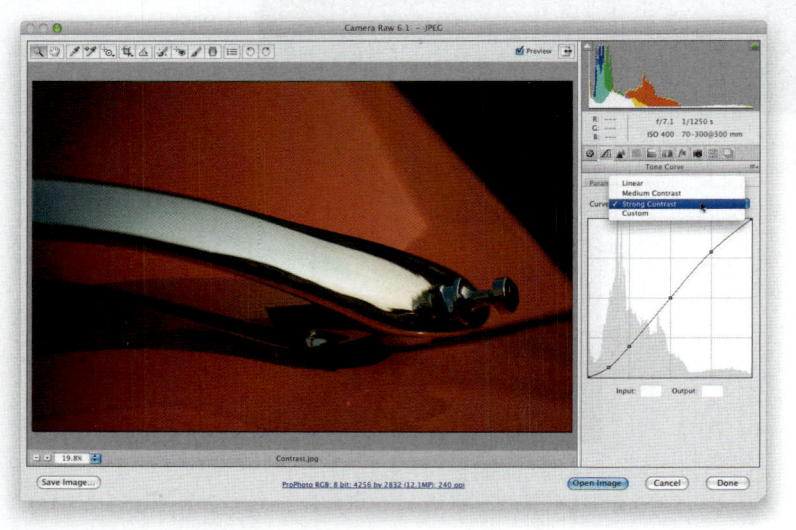

Adobe Photoshop CS5 | para fotógrafos digitais

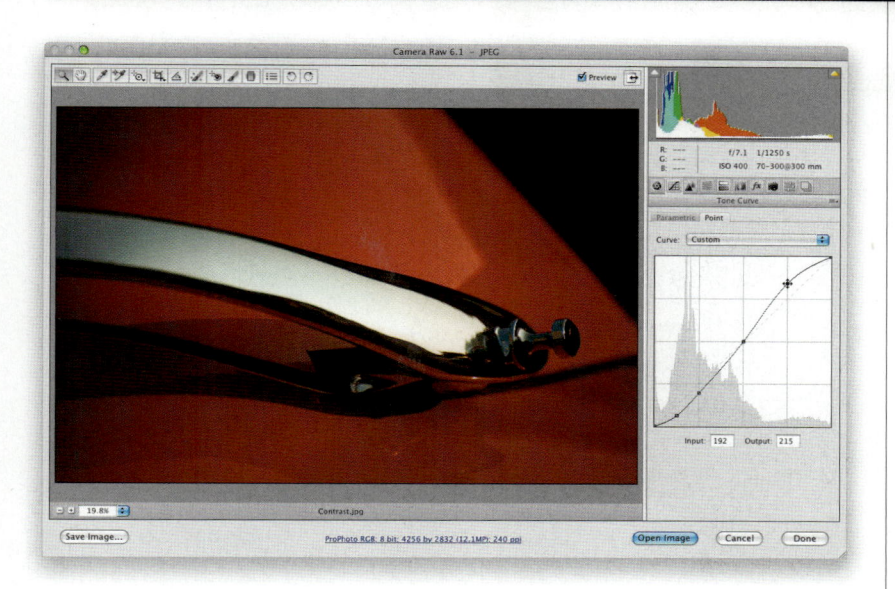

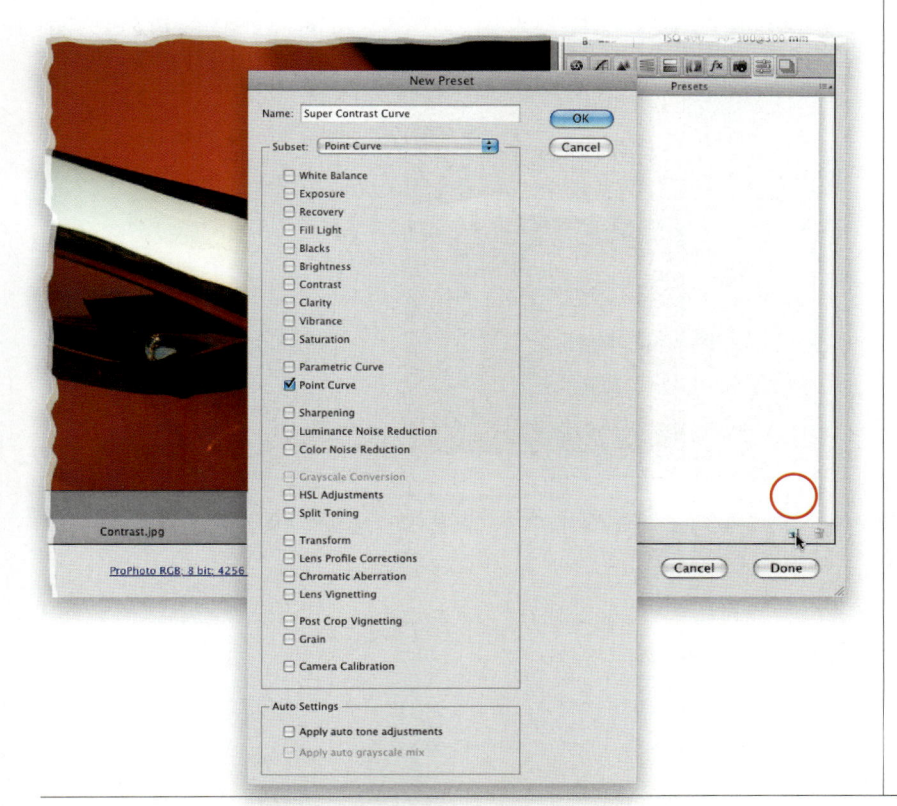

Passo três:
Se você está familiarizado com Curves do Photoshop e quer criar sua própria curva personalizada, comece escolhendo qualquer uma das curvas pré-ajustadas. Para isso, clique e arraste os pontos de ajuste sobre a curva ou use as **teclas de Setas** para movê-las (acho mais fácil clicar em um ponto, e então usar as teclas de Setas para Cima e para Baixo no teclado em mover aquela parte da curva para cima e para baixo). Se você preferir começar do zero, escolha **Linear** no menu pop-up Curves, o que lhe proporcionará uma curva uniforme. Para acrescentar pontos de ajuste, clique ao longo da curva. Para remover um ponto, clique e o arraste para fora da curva (arraste-o rapidamente, como se estivesse tirando um curativo).

Passo quatro:
Se você criar uma curva que deseje aplicar novamente a outras fotos, você pode salvá-la como um Preset. Para isso, clique no ícone Presets (o segundo ícone a partir da direita) no topo da área Panel para trazer o painel Presets. Em seguida, clique no ícone New Preset (que parece com o ícone Create New Layer do Photoshop) bem embaixo no painel. Isso traz a nova caixa de diálogo Presets (mostrada aqui). Se você só quiser salvar esta configuração de curva, no menu pop-up Subset, escolha **Point Curve**, e ele torna indisponível todas as caixas de diálogo para todas as outras configurações disponíveis como presets, além de deixar apenas a caixa de diálogo Point Curve disponível (como mostrado aqui). Dê um nome ao seu preset (eu chamei o meu de "Super Contrast Curve) e clique OK.

Continua

Os fundamentos do Camera Raw | Capítulo 2 | 43

Passo cinco:
Se você não se sente à vontade em ajustar a curva Point, tente a curva Parametric, que o deixa trabalhar sua curva usando controles deslizantes que a ajustam para você. Clique na caixa Parametric e você verá quatro controles deslizantes que comandam quatro áreas diferentes da curva. Porém, antes de começar a acioná-los, saiba que os ajustes que você faz aqui são acrescentados a tudo que você tenha feito na caixa Point Curve (se você tiver feito qualquer coisa lá primeiro).

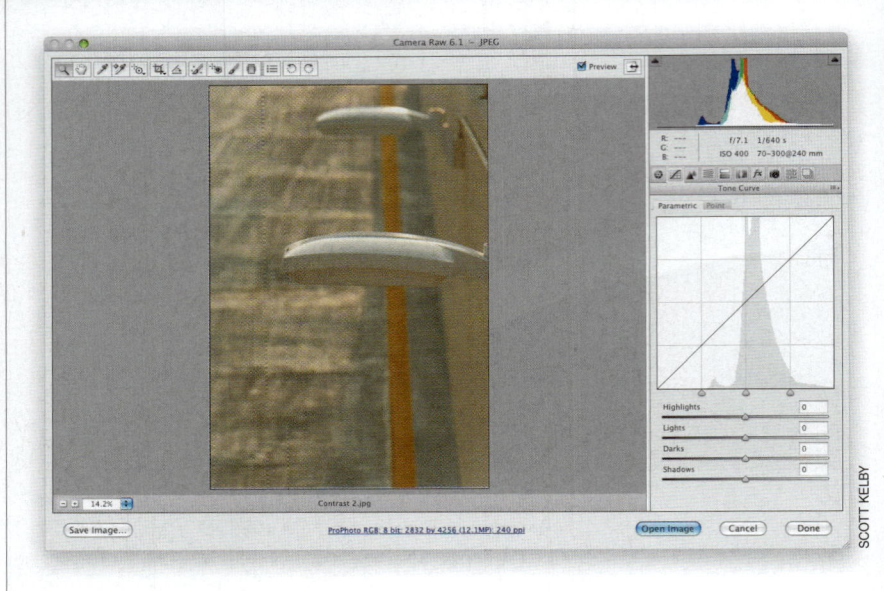

Passo seis:
O controle deslizante Highlights comanda a área de alta luz da curva (o topo da curva), e, arrastando-o para a direita, a curva arqueia para cima, tornando as altas luzes mais brilhantes. Logo abaixo está o controle deslizante Lights, que cobre a próxima gama mais baixa de tons (a área entre os meios-tons e as altas luzes). Arrastando-o para a direita, esta parte da curva se torna mais pronunciada, e os meios-tons superiores aumentam. Os controles deslizantes Blacks e Shadows fazem praticamente a mesma coisa para os meios-tons mais baixos e áreas de sombras mais profundas. Mas lembre-se: arrastar o controle deslizante para a direita abre essas áreas, de maneira que, para criar contraste, você arrastaria ambos para a esquerda. Aqui, para criar um contraste realmente de impacto, eu arrastei ambos os controles deslizantes Highlights e Lights para a direita, e os controles deslizantes Blacks e Shadows para a esquerda.

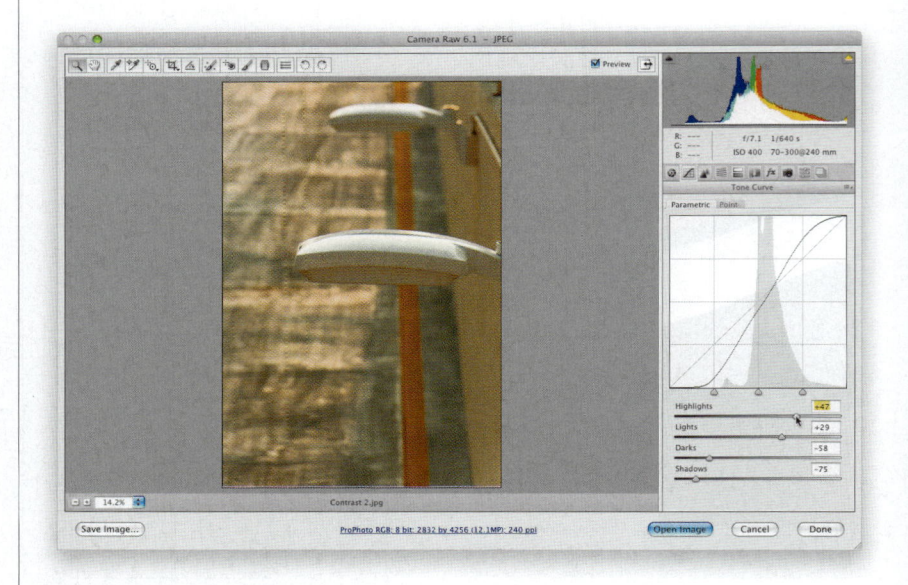

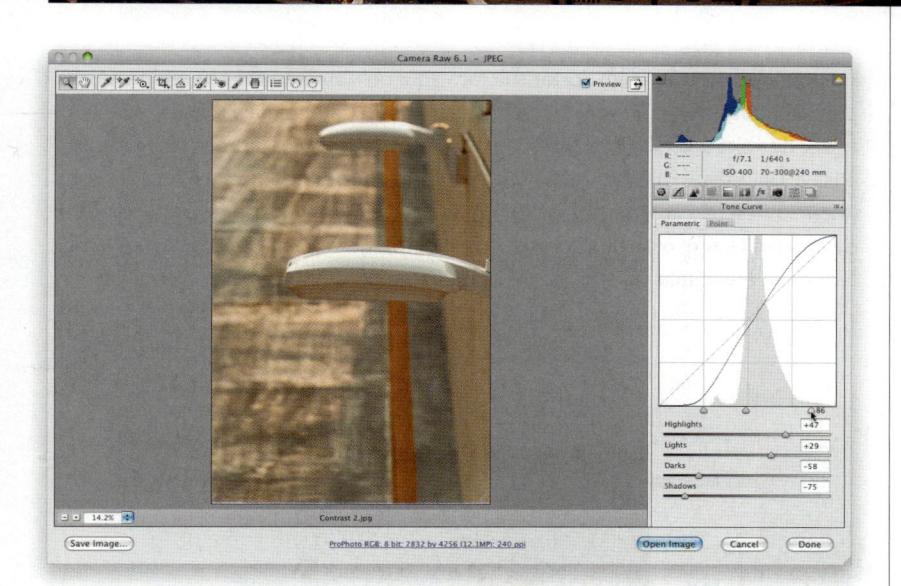

Passo sete:
Outra vantagem da curva Parametric é que você pode usar os controles divisores de região (sob a curva) para escolher quão ampla será a extensão que cada um desses controles cobrirá. Então, se você mover o divisor da região mais à direita (mostrado aqui), ele expandirá a área controlada pelo controle deslizante Lights. Agora o controle deslizante Highlights tem menos impacto, achatando a parte superior da curva, e o contraste é reduzido. Se, em vez disso, arrasto esse mesmo controle divisor de região de volta para a esquerda, ele expande a área do controle Highlights, o que aprofunda a curva e aumenta o contraste.

Passo oito:
Se tudo isso o assusta um pouco, tenho uma ferramenta certa: ela é chamada de TAT (Ferramenta de Ajuste Focado, do inglês *Targeted Adjustment Tool*), e você a encontrará na barra de ferramentas no topo da janela (é a quinta a partir da esquerda, mostrada circulada aqui). Mova a ferramenta sobre a parte da imagem que queira ajustar e arraste-a para cima para clarear aquela área, ou para baixo para escurecê-la (isso move a parte da curva que representa aquela parte da imagem). Muitos fotógrafos adoram a TAT, então não deixe de tentar, porque ela deixa a área escolhida mais clara (ou escura). Contudo, uma advertência deve ser feita: esta ferramenta não ajusta somente aquela área de sua foto — ela ajusta a curva em si. Então, dependendo da imagem, outras áreas podem ficar mais claras/escuras; por isso, fique de olho nesse detalhe enquanto faz os ajustes. No exemplo mostrado, cliquei e a arrastei para cima para clarear a área sombreada, e a curva fez o ajuste para isso acontecer automaticamente.

Cortando e endireitando

Há uma boa vantagem em cortar sua foto aqui no Camera Raw, em vez de no próprio Photoshop CS5: você pode retornar para o Camera Raw mais tarde e trazer de volta a versão não cortada da imagem. Isso ocorre também para fotos JPEG e TIFF, desde que não tenha sobrescrito o arquivo JPEG ou TIFF original. Para evitar sobrescrevê-los, quando salvar o JPEG ou TIFF no Photoshop, mude o nome do arquivo (assim, o original permanece intacto). Com as imagens RAW, você não tem de se preocupar com isso, porque ela não o deixa sobrescrever o original.

Passo um:

A ferramenta Crop (**C**) é a sexta a partir da esquerda na barra. Por padrão, ela funciona de maneira semelhante à Crop do Photoshop (você clica e a arrasta em torno da área que quer manter), mas oferece recursos que o Photoshop não oferece, como uma lista de proporções de corte pré-ajustados. Para acessá-la, clique e segure na ferramenta Crop, e um menu pop-up aparecerá. A configuração Normal lhe proporciona o corte "livre". Entretanto, se você escolher um dos pré-ajustes de corte, ele será restrito a uma proporção específica. Por exemplo, escolha a proporção 2 para 3, clique e a arraste para fora, e verá que ela mantém a mesma proporção de aspecto de sua foto original não cortada.

Passo dois:

Aqui está a borda de corte de proporção 2 para 3 arrastada sobre a imagem. A área a ser cortada aparece obscurecida, e a área clara dentro da borda é como sua foto cortada final parecerá. Se quiser ver a versão cortada antes de sair do Camera Raw, troque por outra ferramenta. (*Nota*: se você estabelecer determinada borda de corte e quiser trocar de orientação, clique no canto inferior à direita e a arraste para baixo e para a esquerda para trocar de largura para altura, ou para cima e para a direita para trocar de altura para largura.)

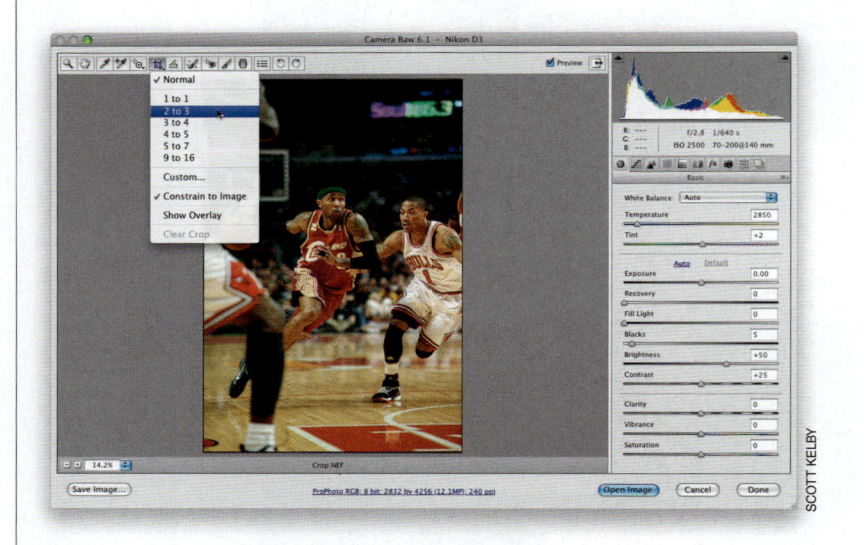

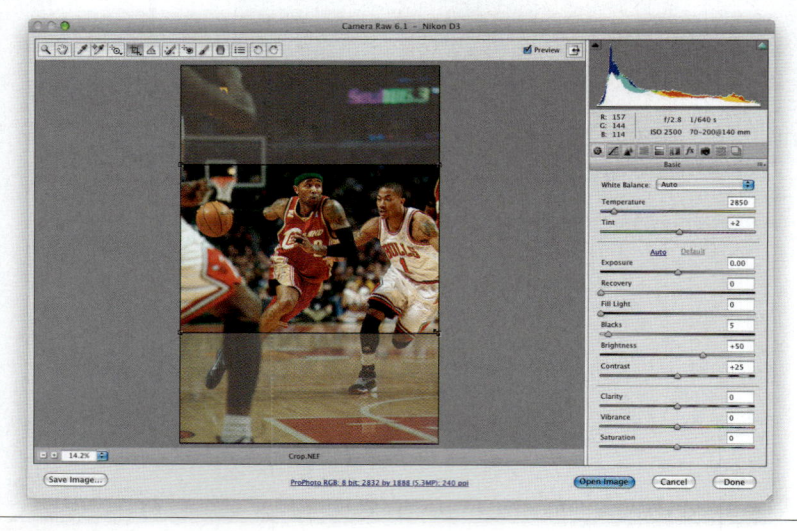

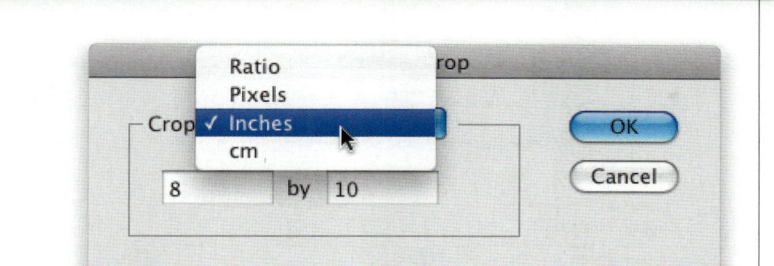

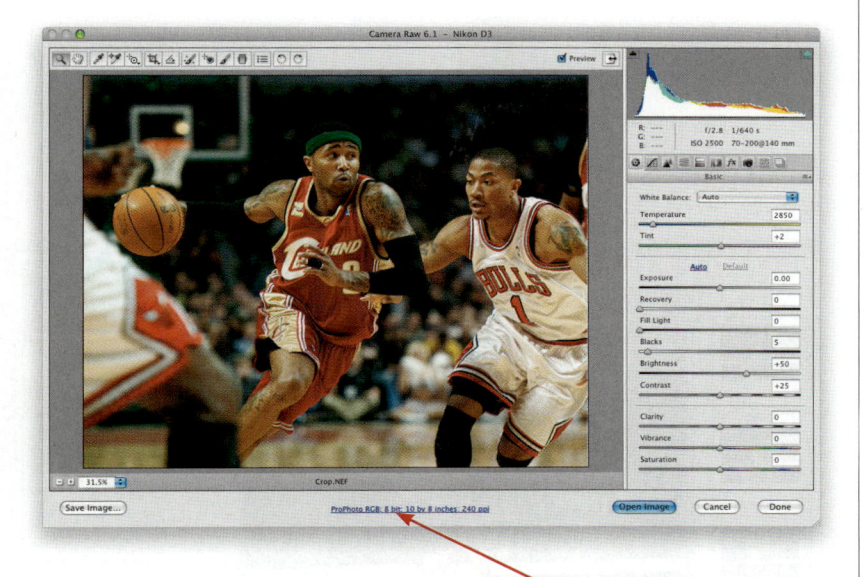

Passo três:

Se reabrir a foto cortada em Camera Raw, verá a versão cortada. Para trazer de volta a borda cortada, clique na ferramenta Crop. Para remover todo o corte, pressione **Esc** ou **Delete (PC: Backspace)** do teclado (ou escolha **Clear Crop** do menu pop-up da ferramenta Crop). Se quiser que sua foto seja cortada para um tamanho exato (como 8x10", 13x19" etc.), escolha **Custom** do menu pop-up da ferramenta Crop e a caixa de diálogo que você vê aqui vai surgir. Você pode cortar por polegadas, pixels ou centímetros.

Passo quatro:

Aqui, vamos criar um corte personalizado, para que a foto fique com 8x10", então escolha Inches do menu pop-up Crop e digite o tamanho personalizado. Clique OK, clique e arraste para fora a borda de corte, e a área interior será de exatamente 8x10". Clique em qualquer outra ferramenta na barra ou pressione **Return (PC: Enter)**, e você verá a imagem final de 8x10" (como visto aqui). Se clicar no botão Open Image, a imagem será cortada para suas especificações e aberta no Photoshop. Se, em vez disso, clicar no botão Done, o Camera Raw fechará e a foto ficará intocada, mas a borda de corte será mantida para o futuro.

DICA: Vendo o tamanho da imagem

O tamanho da foto (e outras informações) é exibido sob a área de pré-exibição do Camera Raw (texto em azul). Quando arrastar para fora uma borda de corte, as informações de tamanho se atualizam automaticamente para exibir as dimensões da área de corte selecionada no momento.

Continua

Passo cinco:

Se você salvou uma foto cortada em JPEG ou TIFF do Camera Raw (com o botão Done), a única maneira de trazer de volta essas áreas cortadas é reabrindo a foto em Camera Raw. Entretanto, se você clicar no botão Save Image e escolher **Photoshop** do menu pop-up Format, uma nova opção chamada Preserve Cropped Pixels aparecerá. Se você acionar essa caixa de diálogo antes de clicar em Save, quando abrir a foto cortada em Photoshop, ela aparecerá cortada, mas a foto estará em um layer separado (não achatado, no layer Background). Então, a área cortada ainda está ali — ela simplesmente oferece a área de imagem visível. Você pode trazer essa área cortada de volta clicando e arrastando sua foto dentro da área de imagem (use a ferramenta Move [V] para clicar e arrastar a foto para a direita ou esquerda e entenderá).

Passo seis:

Se você tem várias fotos similares que precisa cortar da mesma maneira, vai adorar isto: selecione todas as fotos que quer cortar em Camera Raw (seja em Mini Bridge ou no computador) e, então, abra todas em Camera Raw. Quando você abre múltiplas fotos, elas aparecem com uma tira de filme vertical ao longo do lado esquerdo do Camera Raw (como mostrado aqui). Clique no botão Select All (acima do diapositivo) e corte a foto selecionada como quiser. À medida que aplicar o corte, olhe para a tira de filme e verá todas as imagens reduzidas se atualizarem com as novas instruções de corte. Um ícone Crop bem pequeno também aparecerá no canto inferior esquerdo de cada imagem reduzida, mostrando-lhe que essas fotos foram cortadas em Camera Raw.

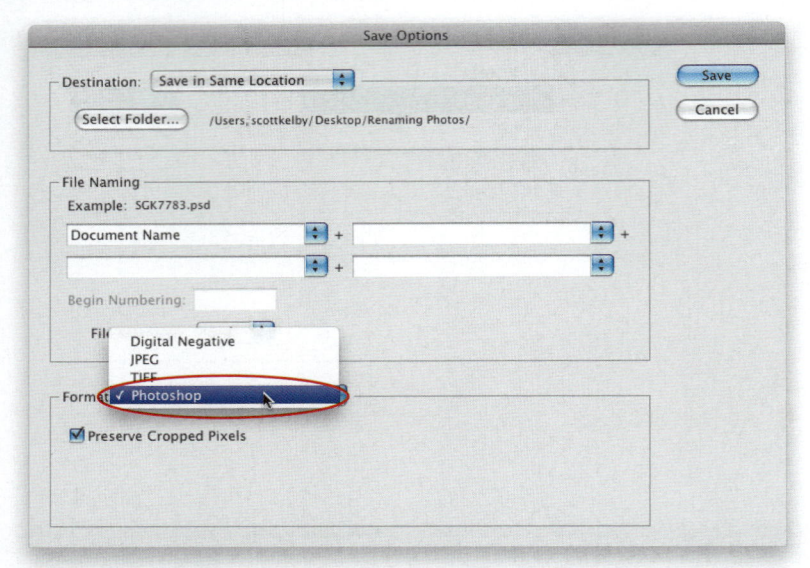

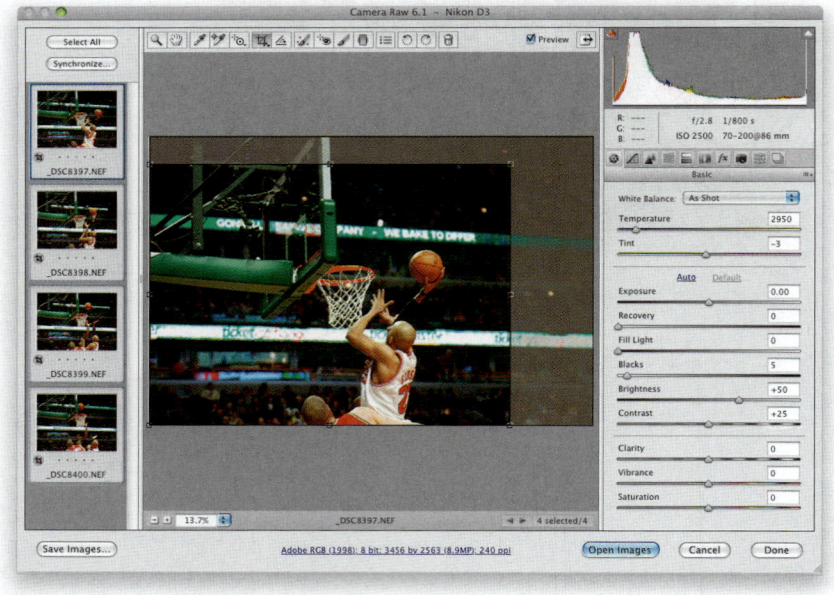

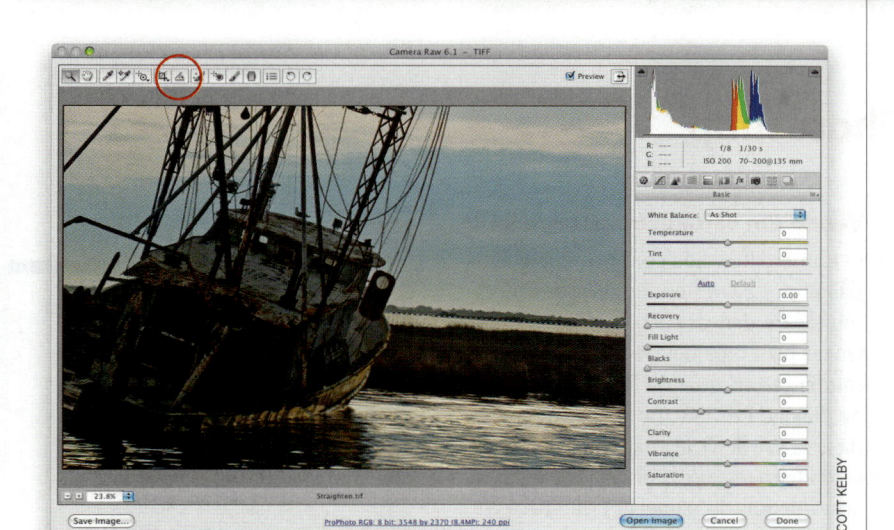

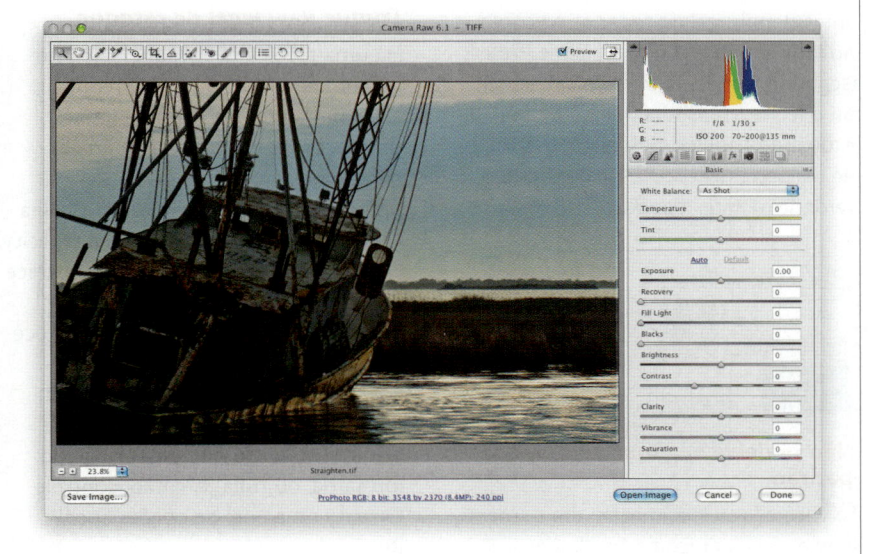

Passo sete:
Outra forma de corte é endireitar suas fotos com a ferramenta Straighten. Ela é parecida com a ferramenta Crop porque gira a borda de corte, de maneira que, quando você abre a foto, ela está endireitada. Na barra de ferramentas do Camera Raw, escolha a ferramenta Straighten (imediatamente à direita da ferramenta Crop e mostrada circulada aqui em vermelho). Agora, clique e a arraste ao longo da linha horizontal na foto (como mostrado aqui). Quando soltar o botão do mouse, uma borda de corte aparecerá; ela é automaticamente girada o necessário para endireitar a foto (como mostrado no Passo oito).

Passo oito:
De fato, você não verá a foto endireitada até trocar de ferramentas, pressionar **Return (PC: Enter)** ou abrir a foto no Photoshop (o que significa que, se clicar Save Image ou Done, o Camera Raw fechará e a informação usada para endireitar a foto será salva com o arquivo. Então, se você reabrir o arquivo em Camera Raw, verá a versão endireitada e não saberá que um dia ela foi torta). Se, em vez disso, você clicar em Open Image, a foto endireitada abrirá em Photoshop. Novamente, se for uma foto RAW (ou um JPEG ou TIFF e você clicou no botão Done), poderá retornar para o Camera Raw e remover a borda de corte para conseguir a foto não cortada original de volta.

DICA: Cancelando sua ação de endireitar
Se quiser cancelar a ação de endireitar, pressione a **tecla Esc** no teclado, e a borda de endireitar irá embora.

Adobe Photoshop CS5 | para fotógrafos digitais

Dicas matadoras de Photoshop

Pulando completamente a janela de Camera Raw

Se você já aplicou um conjunto de medidas a uma foto RAW, não precisa usar a janela de edição do Camera Raw toda vez que abrir um arquivo. Pressione e segure a tecla Shift quando clicar duas vezes no arquivo RAW em Mini Bridge, e a imagem abrirá no Photoshop, com o último conjunto de edições aplicado, pulando a janela do Camera Raw. Se não aplicou nenhuma medida no Camera Raw, ele abrirá com seus padrões aplicados. De qualquer maneira, poupa muito tempo.

Classifique suas imagens em Camera Raw

Você não precisa estar em Mini Bridge para acrescentar ou mudar classificações de estrelas. Se tiver várias imagens abertas, faça direto em Camera Raw. Pressione **Command-1, -2, -3 (PC: Ctrl-1, -2, -3)**, para acrescentar classificações de estrelas (até cinco). Você também pode clicar nos cinco pontinhos abaixo das imagens reduzidas na tira de filme à esquerda.

Vendo um verdadeiro antes/depois

O Camera Raw lida com pré-exibições painel por painel, então, se você fizer muitas mudanças no painel Basic, trocar para o painel Detail e fizer mudanças ali, quando fechar a caixa de diálogo Preview (no topo à direita da área Preview), ela não lhe dará um verdadeiro antes/depois. Apenas um antes/depois do painel em que você está no momento, o que não lhe dá um verdadeiro antes/depois da edição de sua imagem. Para conseguir um antes/depois real de todas as edições no Camera Raw, clique no ícone Presets (segundo ícone à direita da área Panel) ou o ícone Snapshots (mais à direita), e, quando habilitar/desabilitar a caixa de diálogo Preview, ela lhe mostrará o verdadeiro antes/depois.

Não se deixe enganar pelo botão-padrão

Se você editou sua imagem em Camera Raw e, decidiu recomeçar, clique no botão Default no painel Basic (à esquerda do botão Auto) e a imagem retornará para sua forma original. Ou vá para o menu *flyout* do Camera Raw e escolha **Camera Raw Defaults**. Pressione a seguir a tecla Option (PC: Alt), e o botão Cancel mudará para Reset.

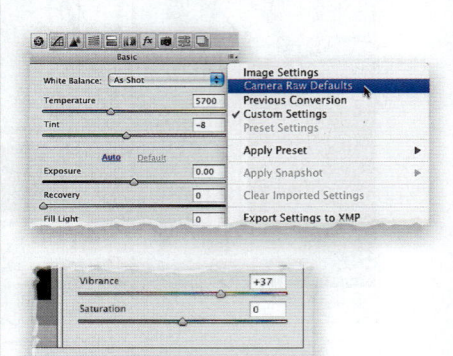

Truque Raw legal de retoque

Há uma técnica de retoque bastante comum em Photoshop que reduz áreas brilhantes no rosto de uma pessoa, basta usar o Healing Brush para remover o ponto que estiver brilhando — sob o menu Edit, escolha Fade Healing Brush e diminua a Opacity. Um pouco do brilho retorna, ele parece mais com uma alta luz do que um brilho (isso funciona muito bem). Você pode fazer algo similar em Camera Raw quando usar a ferramenta Spot Removal (configurada para Heal) ao remover o ponto que está brilhando (ou sarda, ou ruga) e, então, controle Opacity no painel de opções Spot Removal.

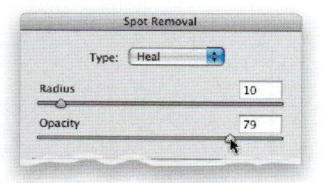

50 | Capítulo 2 | Os fundamentos do Camera Raw

Adobe Photoshop CS5 | para fotógrafos digitais

Dicas matadoras de Photoshop

Deletando múltiplas imagens enquanto edita em Camera Raw

Se tiver mais de uma imagem aberta em Camera Raw, pode marcar as que quiser deletar selecionando-as (na tira de filme do lado esquerdo do Camera Raw) e, depois, pressionando Delete no teclado. Um "X" vermelho aparecerá sobre elas. Quando finalizar o Camera Raw, clique botão Done, e as imagens marcadas serão movidas para Trash (PC: Recicle Bin). Para remover a marca, selecione as imagens e pressione a tecla Delete novamente.

Consiga uma área de pré-exibição maior

Se você tem várias imagens abertas em Camera Raw e precisa de mais espaço para ver a pré-exibição da imagem selecionada, clique duas vezes no pequeno divisor que separa a tira de filme da área Preview. Assim, a tira de filme torna-se menor no canto esquerdo, oferecendo uma pré-exibição maior. Para trazê-lo de volta, clique duas vezes no divisor e ele reaparece.

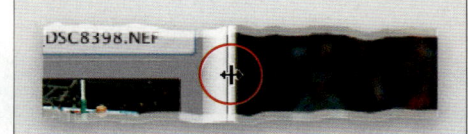

Corte restringido é aqui

Em CS5, aumentou-se a capacidade de cortar, mas manteve-se a mesma proporção de aspecto da imagem original. Clique e segure a ferramenta Crop na barra de ferramentas do Camera Raw e do menu pop-up que aparecer, escolha **Constrain to Image**.

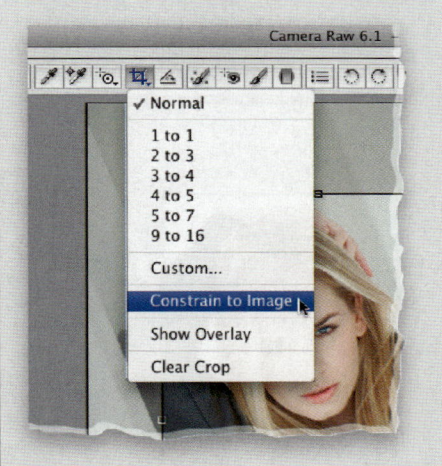

Corte de regra de terças-partes é aqui

Esta a Adobe emprestou do programa irmão do Camera Raw, o Photoshop Lightroom, porque (como no Lightroom), você pode fazer a Grade de "Rule-of-Thirds" (regra dos terços) aparecer sobre sua borda de corte a qualquer momento clicando e segurando a ferramenta Crop e, então, escolhendo **Show Overlay**.

Pule para o modo de tela cheia em Camera Raw

Se quiser ver a imagem em Camera Raw no maior tamanho possível, pressione a **tecla F**, e o Camera Raw expandirá para o modo Full Screen, com a janela enchendo seu monitor, proporcionando-lhe uma exibição maior.

Atalho para ver o incremento de nitidez

O melhor aumento de zoom para ver o incremento de nitidez em Camera Raw é a visão de 100%, e a maneira mais rápida para se chegar lá é clicando duas vezes na ferramenta Zoom.

Ajuda para o conserto de aberrações cromáticas

Se tiver uma imagem na qual há mais de uma aberração cromática (o que é bastante comum), isto pode tornar as coisas mais fáceis: quando estiver consertando a primeira cor, pressione e segure a tecla Option (PC: Alt) antes de começar a arrastar o controle deslizante. Isso isola aquele controle de cor e deixa você se concentrar no conserto de uma cor por ora.

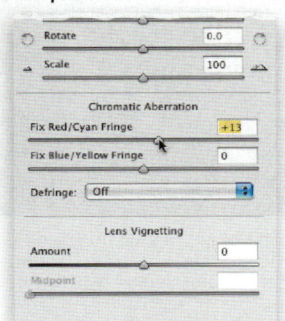

Fotógrafo Scott Kelby   Velocidade de obturador: 1/400 sec | Distância focal: 20mm | Diafragma: ƒ/8

Capítulo 3 Camera Raw — além do básico

Justiça Raw
camera raw — além do básico

Quando pesquisei no Banco de Dados de Filmes da Internet (IMDb, do inglês *Internet Movie Database*) em busca de filmes ou programas de TV contendo a palavra "Raw", fiquei agradavelmente surpreso ao descobrir quantas possibilidades eu tinha de fato. Optei pelo filme *Raw Justice* de 1994, mas não quero que você pense nem por um minuto que fui de alguma maneira influenciado pelo fato de a estrela do filme ser Pamela Anderson. Isso seria superficial demais. Como qualquer fã sério de cinema, fui atraído por esse filme pela mesma razão que a maior parte do público: o ator Robert Hays (quem poderia esquecer seu papel no filme *Nicky's Birthday Camera* de 2007 ou em *Trenchcoat*, dirigido por Michael Tuchner). É claro, o fato de que Stacey Keach estava no filme foi só a cereja no bolo, mas todo mundo sabe que a verdadeira estrela era Hays. Entretanto, o que achei mais enigmático foi isto: o pôster do filme é totalmente dominado por Pamela Anderson em uma foto colorida grande ocupando três quartos do espaço em um vestido preto bem pequenino, botas de cano alto e segurando uma pistola ao lado. Por outro lado, no fundo aparecem apenas as cabeças dos demais atores em PB. Tenho de admitir que isso me deixa estupefato porque, embora a Pamela Anderson seja uma ótima atriz — uma das melhores, na verdade —, sinto que eles estavam tentando nos enganar para assistirmos ao filme pensando que o destaque seria a Pamela Anderson, quando na realidade seu foco seria a sensação das telas, o ator Hays. Isso se chama "jogar uma isca" (embora você provavelmente esteja mais familiarizado com os termos como "jogar verde para colher maduro"). De qualquer maneira, acho que apesar de *Raw Justice* ser um grande título para um capítulo sobre ir além dos conhecimentos básicos do Camera Raw, não há uma justiça de verdade no fato de que esse belíssimo clássico da cinematografia moderna tenha sido lançado direto como DVD.

Adobe Photoshop CS5 | para fotógrafos digitais

Processamento duplo para criar o incaptável

Por melhores que sejam as câmeras digitais hoje em dia, quando falamos em exposição, o olho humano ganha de goleada delas. É por isso que tiramos tantas fotos no contra luz, porque a olho nu podemos ver o tema sem problemas (nosso olho se ajusta). Mas, quando abrimos a foto, o tema está basicamente em silhueta. Ou que tal os pores do sol, nos quais temos de escolher qual parte da cena focaremos — o chão ou o céu —, porque a câmera não pode ser exposta aos dois? Bem, a seguir veremos como usar o Camera Raw para superar essa limitação de exposição.

Passo um:
Abra a foto que você quer processar duplamente. Neste exemplo, a câmera está exposta de maneira apropriada para o primeiro plano, então o céu está todo estourado. É claro, nossa meta é criar algo que nossa câmera não consegue — uma foto em que tanto o interior quanto o exterior estejam expostos apropriadamente. Para tornar as coisas mais fáceis, abra essa imagem como um Smart Object no Photoshop, então pressione e segure a tecla Shift, e o botão Open Image na parte de baixo vai mudar para Open Object. Clique naquele botão para abrir esta versão da foto no Photoshop como um Smart Object (você verá a vantagem disso em apenas um minuto).

54 | Capítulo 3 | Camera Raw — além do básico

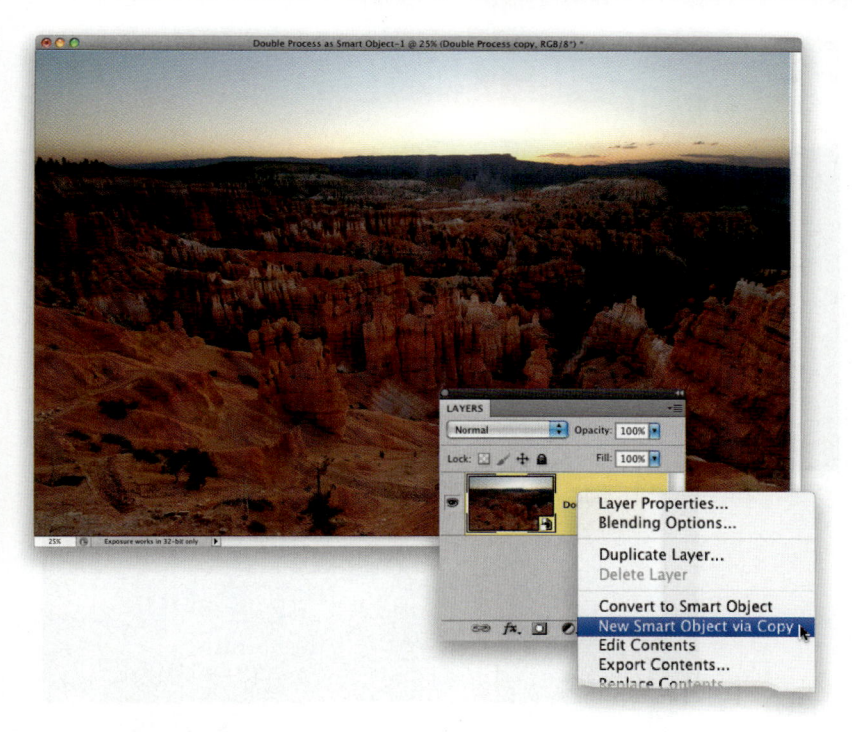

Passo dois:

Sua imagem vai abrir no Photoshop como um Smart Object (você verá que a imagem reduzida de layer tem um pequeno ícone de página no canto inferior à direita). Agora, precisamos de uma segunda versão dessa imagem — uma que possamos expor para o céu. Se você só duplicar o layer, não vai funcionar, porque ele estará vinculado ao layer original, e quaisquer mudanças que você fizer no layer duplicado também serão aplicadas ao original. Então, para superar essa questão, vá ao painel Layers, clique com o botão direito do mouse no layer e, no menu pop-up que aparecer, escolha **New Smart Object**. Isso vai lhe dar um layer duplicado, mas rompe com o vínculo.

Passo três:

Agora clique duas vezes nesta imagem reduzida do layer duplicado, e ela abre esta imagem duplicada em Camera Raw. Aqui, você vai expor para o céu, sem qualquer consideração sobre o primeiro plano (ele vai ficar realmente escuro, mas ninguém se importa — você já tem uma versão com ele apropriadamente exposto no próprio layer em separado). Então, arraste o controle deslizante Exposure bem para a esquerda, até que o céu pareça apropriadamente exposto (eu também aumentei as configurações Recovery, Blacks e Vibrance). Agora, clique em OK.

Continua

Adobe Photoshop CS5 | para fotógrafos digitais

Passo quatro:
Você agora tem duas versões da foto (como visto aqui), cada uma em diferentes camadas — a mais clara exposta para o primeiro plano no layer de baixo, e a versão mais escura no layer diretamente acima —, e eles estão perfeitamente alinhados, um em cima do outro.

DICA: Sempre abra suas imagens como objetos inteligentes
Se você sempre quer que as imagens processadas em RAW abram como Smart Objects, clique no link Workflow options na parte de baixo do diálogo do Camera Raw (o texto azul abaixo da área de Preview), e, quando o diálogo aparecer, acione Open em Photoshop como Smart Objects.

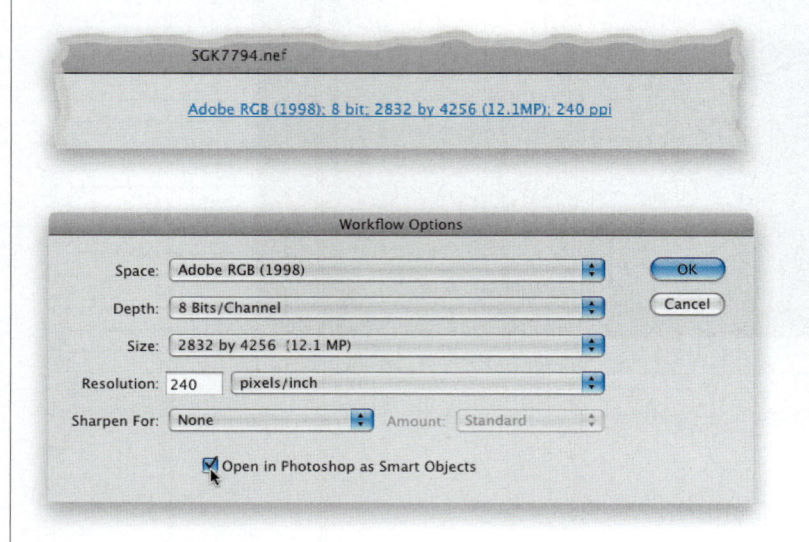

Adobe Photoshop CS5 | para fotógrafos digitais

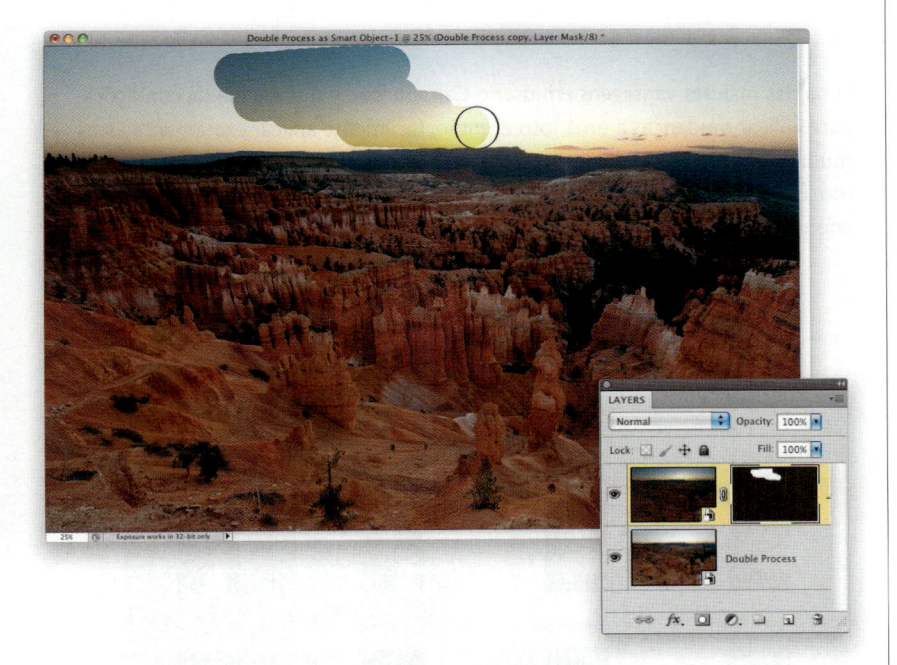

Passo cinco:
Agora, vamos combinar essas duas imagens usando uma máscara de layer. No painel Layers, pressione e segure a tecla Option (PC: Alt), e clique no ícone Add Layer Mask na parte de baixo do painel. Isso adiciona uma máscara preta sobre o layer com a foto exposta para o céu, então você só vê a imagem mais clara no layer de fundo (como visto aqui). Pressione a letra **B** para a ferramenta Brush, clique no ícone Brush na barra de opções e escolha um pincel de tamanho médio e borda dura do Brush Picker (isso evita que você pinte fora das linhas). Pressione a letra **D** para configurar a cor do primeiro plano em branco, e comece a pintar sobre as áreas da foto que devem ficar mais escuras (neste caso, o céu). À medida que você pinta de branco diretamente sobre a máscara escura, é revelada a versão mais escura por baixo da máscara. Abaixo, um antes/depois.

Antes

Depois

Camera Raw — além do básico | Capítulo 3 | 57

Adobe Photoshop CS5 | para fotógrafos digitais

Editando múltiplas fotos de uma só vez

Uma das maiores vantagens em usar o Camera Raw é que ele lhe dá condições para aplicar mudanças a uma foto e, então, facilmente aplicar exatamente essas mudanças a uma série de outras fotos similares tiradas no mesmo cenário próximo. É uma forma de automação embutida, e ela pode poupar um tempo incrível enquanto edita suas fotos.

Passo um:
A chave para isso funcionar é que as fotos editadas tenham sido todas feitas em condições de iluminação similares, ou tenham algum problema similar. Neste caso, as fotos foram tiradas em um jogo de basquete em um ginásio, e há uma luz verde sobre elas devido à iluminação da quadra. Em Mini Bridge, selecione as imagens que você quer editar (clique em uma, pressione e segure a tecla Command [PC: Ctrl], então clique em todas as outras). Se forem imagens RAW, clique duas vezes em qualquer uma e elas abrirão em Camera Raw, mas se forem imagens JPEG ou TIFF, você precisará selecioná-las, trocar para o modo Review e pressionar **Option-R (PC: Alt-R)**.

Passo dois:
Quando as imagens abrirem em Camera Raw, você verá uma tira de filme do lado esquerdo da janela com todas as imagens que selecionou. Há dois modos de se fazer isso e, embora nenhum esteja errado, acho que o segundo é mais rápido. Começaremos com o primeiro: clique em uma imagem na tira de filme, e faça quaisquer ajustes a fim de deixar a imagem legal (eu mexi no balanço de branco para que ele não ficasse tão verde).

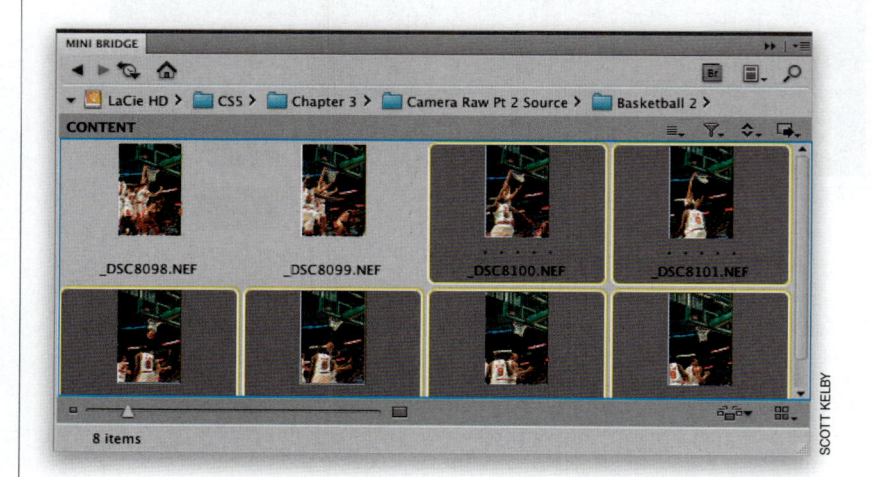

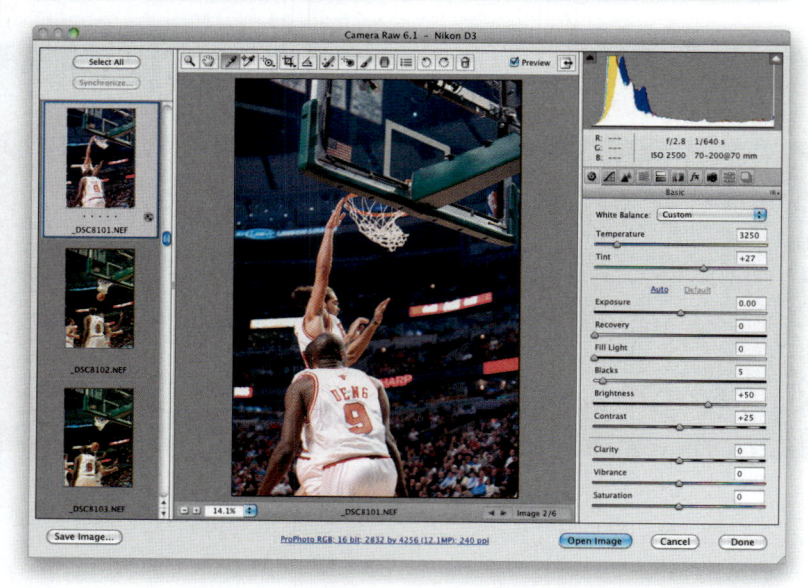

Adobe Photoshop CS5 | para fotógrafos digitais

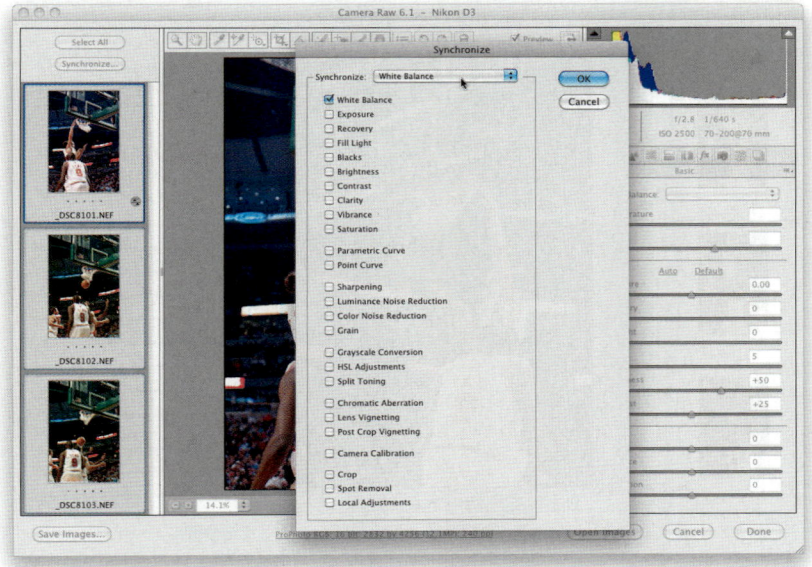

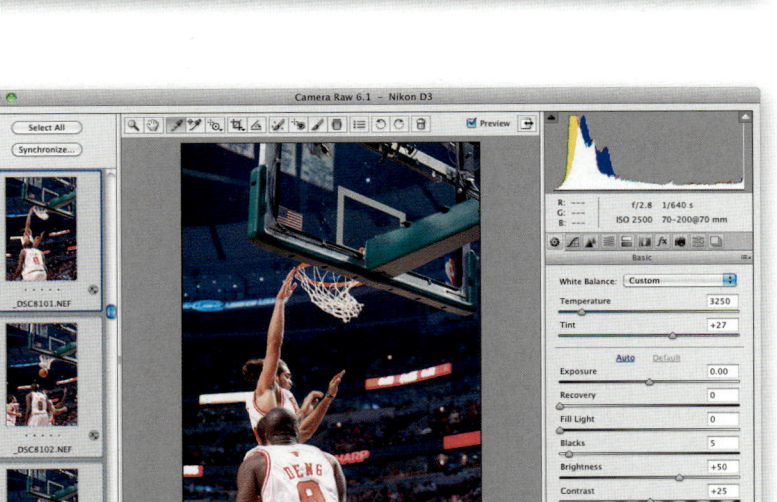

Passo três:
Assim que tiver uma das fotos como deseja, clique no botão Select All no topo da tira de filme para selecionar todas as fotos (apesar de ele selecionar o resto delas, você vai notar que a imagem editada é a "mais selecionada", com uma borda destacada em torno dela). Clique no botão Synchronize (logo abaixo do botão Select All) para trazer o diálogo de Synchronize (visto aqui). Você verá uma lista de todas as coisas que poderia copiar desta foto "mais selecionada" e aplicar ao resto das fotos selecionadas. Escolha White Balance do menu pop-up no topo, e o resto ficará desmarcado, deixando somente a caixa de diálogo White Balance.

Passo quatro:
Quando você clicar no botão OK, ele vai aplicar as configurações White Balance da foto "mais selecionada" a todas as outras (se você olhar na tira de filme, verá que todas as fotos tiveram seu balanço de branco ajustado). OK, por que não gosto desse método? Apesar de ele funcionar, são necessários muitos cliques, decisões e caixas de diálogos, razão pela qual prefiro o segundo método.

DICA: Editando fotos selecionadas
Se você só quer que determinadas fotos sejam afetadas, e não todas as que estão abertas em Camera Raw, então, na tira de filme, clique em Command (PC: Ctrl-click) apenas nas fotos que você quer que sejam afetadas e clique no botão Synchronize.

Continua

Camera Raw — além do básico | Capítulo 3 | 59

Passo cinco:
No segundo método, assim que abrir o Camera Raw, clique no botão Select All para selecionar todas as suas imagens, então vá em frente e faça suas mudanças. À medida que você alterar sua foto "mais selecionada", todas as outras serão atualizadas com essas novas configurações quase instantaneamente, então você não precisa lembrar quais configurações aplicou — quando mover um controle deslizante, todas as imagens receberão o mesmo tratamento, sem precisar do diálogo Synchronize. Tente ambos os métodos e veja de qual você gosta, mas se sentir necessidade de velocidade, vai precisar muito mais do segundo.

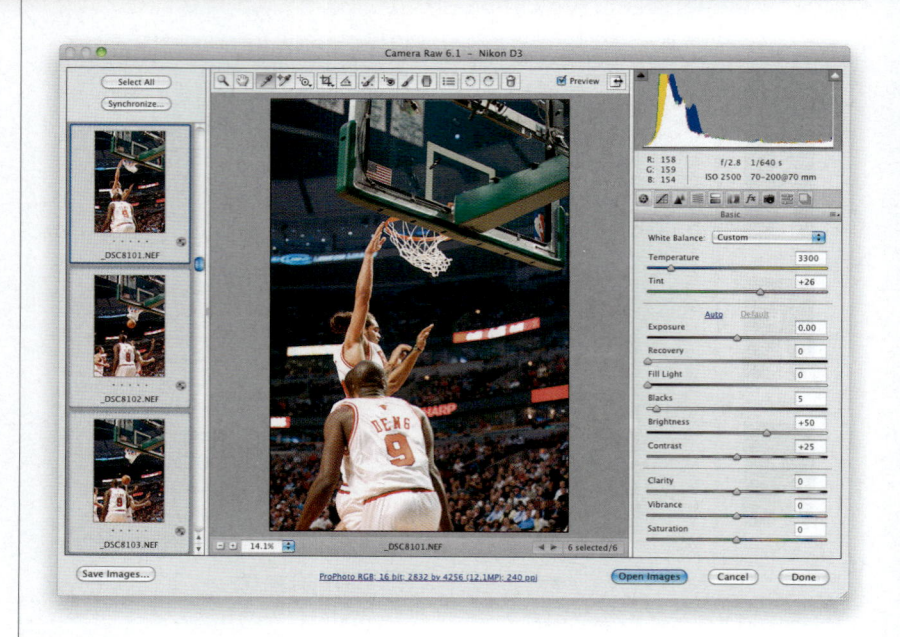

Adobe Photoshop CS5 | para fotógrafos digitais

Incrementando a nitidez em Camera Raw

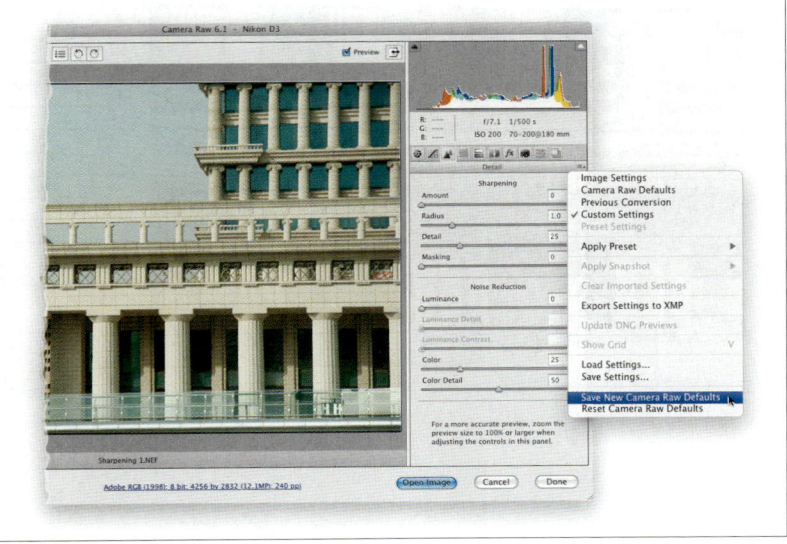

Se você fotografar em JPEG, a câmera digital incrementará a nitidez da imagem e nenhum incremento de nitidez será aplicado automaticamente pelo Camera Raw. Mas se fotografar em RAW, dirá à câmera para ignorar aquele incremento, e é por essa razão que, quando trazemos uma imagem RAW para o Camera Raw, por padrão, é aplicado um incremento chamado "incremento de nitidez de captura". No meu fluxo de trabalho, incremento a nitidez duas vezes: uma vez aqui, no Camera Raw, e outra antes de produzir a imagem final do Photoshop. A seguir, aplicaremos o incremento de nitidez em Camera Raw.

Passo um:
Quando abrir uma imagem RAW em Camera Raw, por padrão, ele aplica um montante de incremento de nitidez à sua foto (não aos JPEGs ou TIFFs, apenas a imagens RAW). Você pode ajustar essa quantidade (ou desligá-la se quiser) clicando no ícone Detail ou com o atalho do teclado **Command-Option-3 (PC: Ctrl-Alt-3)**. No topo do painel está a seção Sharpening, na qual você pode ver que o incremento de nitidez já foi aplicado à foto. Se não quiser nenhum incremento neste estágio, clique e arraste o controle deslizante Amount para a esquerda a fim de baixar o montante de incremento de nitidez a 0 (zero), e ele será removido.

Passo dois:
Se quiser desligar o incremento de nitidez padrão automático (para que esse incremento seja aplicado somente se você o adicionar), configure o controle deslizante Sharpening Amount para 0 (zero), vá para o menu *flyout* do Camera Raw e escolha **Save New Camera Raw Defaults**. As imagens RAW tiradas com aquela câmera não terão sua nitidez incrementada automaticamente.

Continua

Camera Raw — além do básico | Capítulo 3 | 61

Adobe Photoshop CS5 | para fotógrafos digitais

Passo três:
Antes de entrarmos na questão do incremento de nitidez, há mais uma coisa que você vai querer saber: se não quiser o incremento de nitidez aplicado, mas gostaria de ver como ficaria a imagem com ele, você pode incrementar a nitidez somente da pré-exibição, e não do arquivo. Pressione **Command-K (PC: Ctrl-K)** com o Camera Raw aberto, e no diálogo do Camera Raw Preferences, escolha **Preview Images Only** no menu pop-up Apply Sharpening To (como mostrado aqui), então clique em OK para salvar como seu padrão. Agora, o incremento de nitidez afeta só a pré-exibição que você vê aqui em Camera Raw, mas, quando abrir o arquivo no Photoshop, o incremento de nitidez não será aplicado.

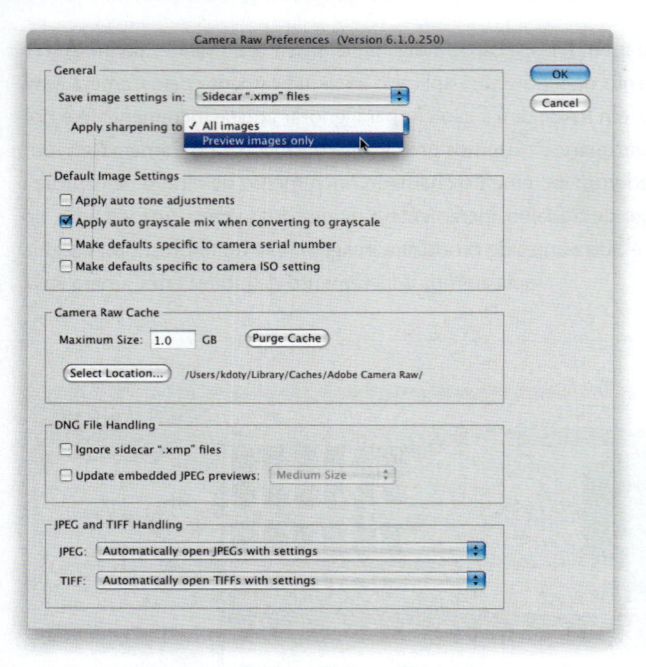

Passo quatro:
Nas versões anteriores do Camera Raw, você tinha de ver a imagem a 100% para notar quaisquer efeitos do incremento de nitidez. Foram feitas alterações no CS5, então não é tão necessário estar em uma visão de tamanho 100%, mas ainda assim ela me parece reproduzir a visão mais precisa do incremento de nitidez. A maneira mais rápida de se pular para aquela visão 100% é clicar duas vezes diretamente na ferramenta Zoom na barra de ferramentas (mostrada circulada aqui). (*Nota:* você verá uma mensagem sobre fazer o zoom para 100% na parte inferior do painel Detail, mas ela desaparecerá após executar esse comando.)

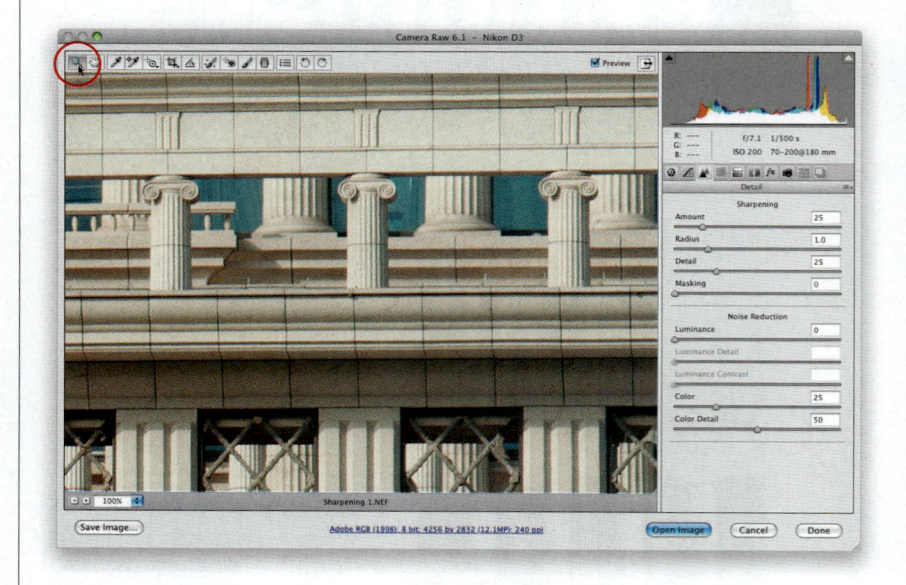

62 | Capítulo 3 | Camera Raw — além do básico

Adobe Photoshop CS5 | para fotógrafos digitais

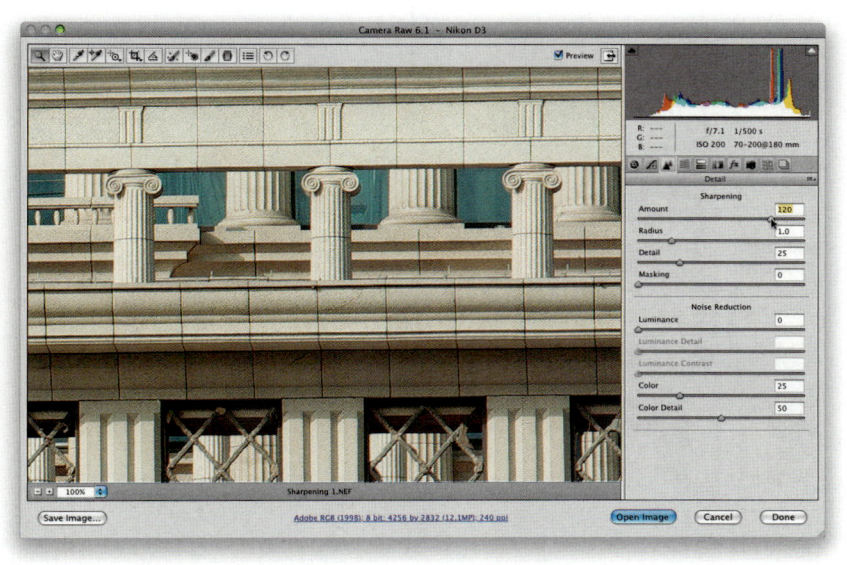

Passo cinco:
Falando uma obviedade, arrastar o controle deslizante Amount para a direita aumenta o montante de incremento de nitidez. Compare a imagem mostrada aqui com aquela no Passo quatro (na qual o montante de Sharpening Amount foi estabelecido para o padrão de 25), e verá como a imagem parece mais nítida agora que o arrastei para 120.

DICA: Deixando o Camera Raw em tela cheia
Para fazer o Camera Raw exibir uma imagem em tela cheia, clique no ícone Full Screen à direita da caixa de diálogo Preview, no topo da janela.

Passo seis:
O próximo controle é o do Radius, que determina até que ponto o incremento de nitidez é aplicado a partir das bordas para que a nitidez seja incrementada na foto. Este recurso é bem parecido com o controle de raio no filtro Unsharp Mask do Photoshop, razão pela qual o padrão é 1 (e o deixaremos assim a maior parte do tempo). Uso menos do que um Radius (raio) de 1 se a foto será usada somente em um website, na edição de um vídeo, ou em algum lugar em que esteja em um tamanho ou resolução pequenos. Uso um Radius de mais de 1 quando a imagem está tremida e precisa de algum incremento de nitidez de "emergência". Se você aumentar o montante de Radius acima de 1 (diferentemente do filtro Unsharp Mask, só pode chegar a 3 aqui), cuidado, pois, se for muito acima de 1, sua foto pode começar a parecer falsa e nítida demais. Você quer que a foto pareça nítida, não artificialmente nítida, então tome cuidado.

Continua

Camera Raw — além do básico | Capítulo 3 | 63

Adobe Photoshop CS5 | para fotógrafos digitais

Passo sete:
O próximo controle logo abaixo é o Detail, que determina quanto das áreas de borda são afetadas pelo incremento de nitidez. Você aplicará montantes mais baixos de Detail se a foto estiver ligeiramente tremida, e mais altos se quiser trazer textura e detalhe. Então, quanto Detail você aplicará depende do tema cuja nitidez está incrementando. Uma imagem com bastante textura na pedra é candidata ideal para um montante alto de Detail (o mesmo ocorre com a maioria das paisagens, panoramas de cidades, fotos de motos — temas com muitas bordas), por isso arrastei o controle para a direita (até 78), quando o detalhe apareceu na pedra.

Passo oito:
Mudarei de fotos para mostrar o controle Masking, que é fácil e, para muitas pessoas, se tornará inestimável, pois quando você incrementa a nitidez, ela é aplicada a toda a imagem. Mas, e se você tiver uma imagem com áreas que gostaria que fossem mais nítidas, e outras mais suaves, que ficassem como estão (como a foto aqui, em que se deseja manter a pele da modelo suave, mas seus olhos, lábios etc. nítidos)? Se não estivéssemos no Camera Raw, você poderia aplicar o filtro Unsharp Mask para um layer duplicado, incrementar sua nitidez e pintar sobre (cobrir) essas áreas mais suaves, certo? É mais ou menos isso que o Masking faz no Camera Raw — quando você o arrasta para a direita, o montante de incremento de nitidez é reduzido nas áreas que não estão nas bordas. A configuração-padrão de Masking de 0 incrementa a nitidez para toda a imagem. Conforme você arrasta o controle para a direita, as áreas que não estão nas bordas são mascaradas (protegidas) e não têm sua nitidez incrementada.

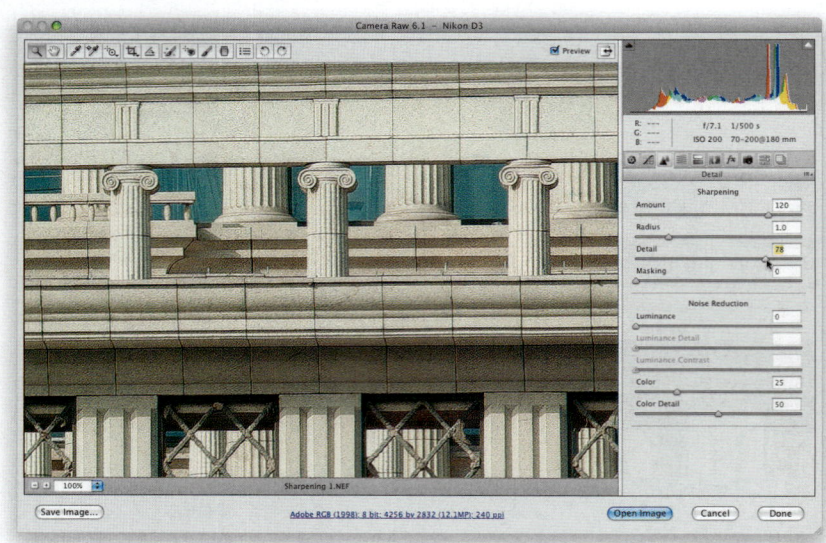

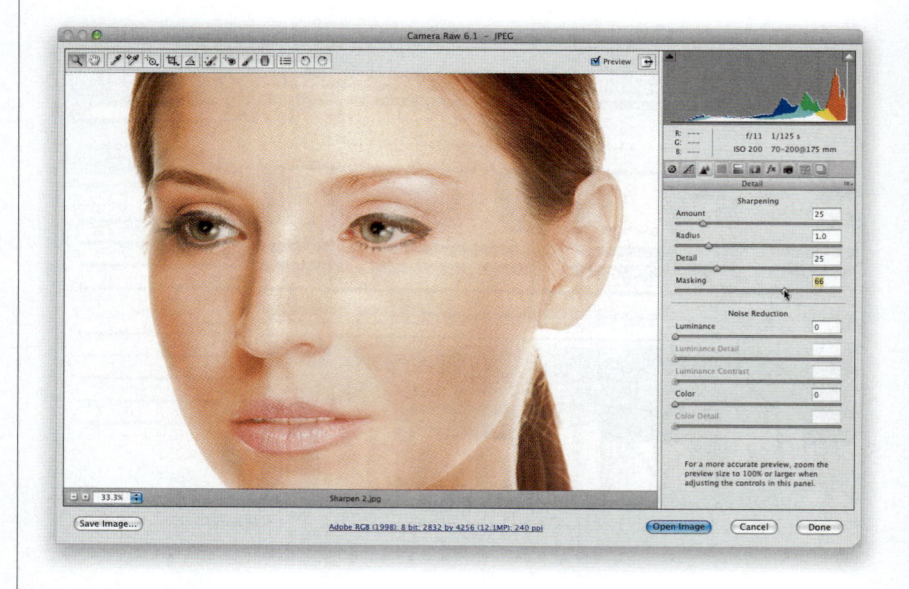

64 | Capítulo 3 | Camera Raw — além do básico

Adobe Photoshop CS5 | para fotógrafos digitais

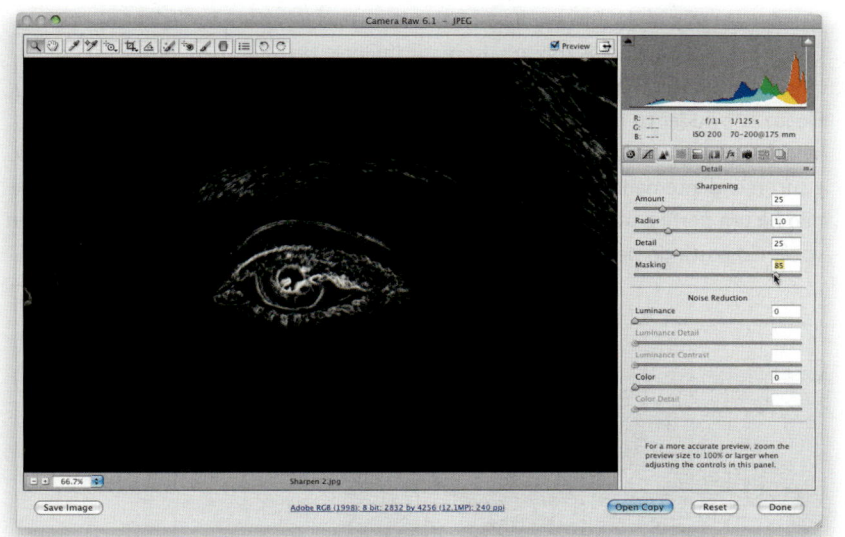

Passo nove:

Todos os controles deslizantes na seção Sharpening do painel Detail lhe fornecem uma pré-exibição real do que o incremento de nitidez está afetando — pressione e segure a tecla Option (PC: Alt) à medida que arrasta o controle; sua tela ficará em escala de cinza, e as áreas afetadas aparecerão como áreas de bordas na área Preview. Isso é útil para compreender o Masking, então pressione e segure a tecla Option e arraste-o para a esquerda. Quando está configurado para 0, a tela torna-se branco sólido (o incremento de nitidez está sendo aplicado a tudo). À medida que arrastar o controle para a direita, a pré-exibição mostra somente as partes da foto que têm sua nitidez incrementada. Se arrastar o controle deslizante até 100, verá que apenas as bordas mais óbvias estão recebendo o incremento de nitidez.

Passo dez:

Temos um antes/depois da foto do prédio, primeiro sem nenhum incremento de nitidez (Antes), e outra com uma dose de nitidez aplicada (Depois) usando as configurações Amount: 120, Radius: 1, Detail: 78, Masking: 0. Para ver seu próprio antes/depois, pressione a letra **P** para ligar/desligar o Preview.

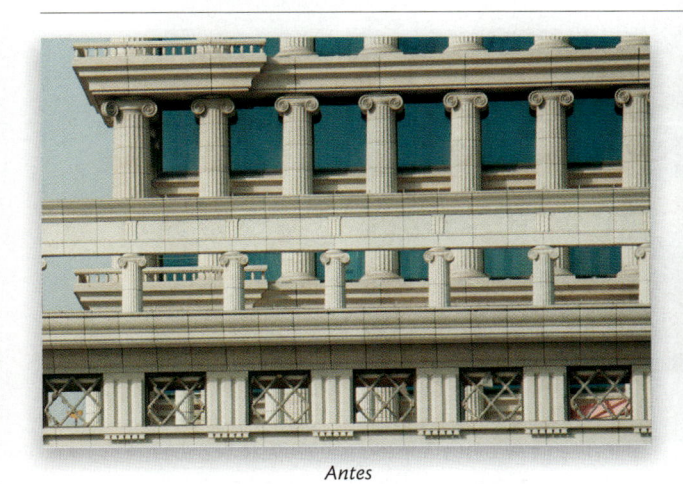

Antes

Depois

Camera Raw — além do básico | Capítulo 3

Corrigindo automaticamente problemas de lentes

Versões anteriores do Camera Raw traziam recursos de correção de lentes, mas no CS5 o Camera Raw pode aplicar automaticamente correções para problemas de lentes comuns (como a distorção de barril ou a de alfineteira, ou vinheta de borda). Ele faz isso ao ler os dados de câmera embutidos (para saber qual a câmera e a lente que você usou), e aplica um perfil para consertar o problema. O Camera Raw é surpreendentemente rápido, e é necessária apenas uma caixa de diálogo, mas e se não há um perfil para sua câmera/lente, ou não há dados EXIF para sua imagem, ou você não gosta do perfil? Você vai aprender tudo isso.

Passo um:
Abra a imagem com um problema de lente em Camera Raw (do Mini Bridge, clique duas vezes na foto se for RAW, ou, se for JPEG ou TIFF, clique com o botão direito do mouse nela e escolha **Open in Camera Raw**). Se você já estiver usando Photoshop por um tempo, sabe que há um filtro de Lens Correction no menu Filter do Photoshop. Eles atualizaram isso com os mesmos recursos que os da versão do Camera Raw, mas é melhor corrigir aqui porque: (1) ela não é destrutiva e (2) é mais rápida. Eu sempre conserto os problemas de lente aqui, em vez de usar o filtro de Photoshop.

Passo dois:
Clique no ícone Lens Corrections (o quinto a partir da direita no topo da área Panel) e na aba Profile, acione a caixa de diálogo Enable Lens Profile Corrections. É provável que você tenha acertado em cheio. Bum! Está resolvido. Isso porque ele olha os dados de câmera embutidos na foto para descobrir qual câmera e lente você usou, então procura em seu banco de dados interno por um perfil daquela lente, e conserta a foto. Se não conseguir encontrar um perfil, o Camera Raw avisará na parte inferior do painel (como visto no próximo passo).

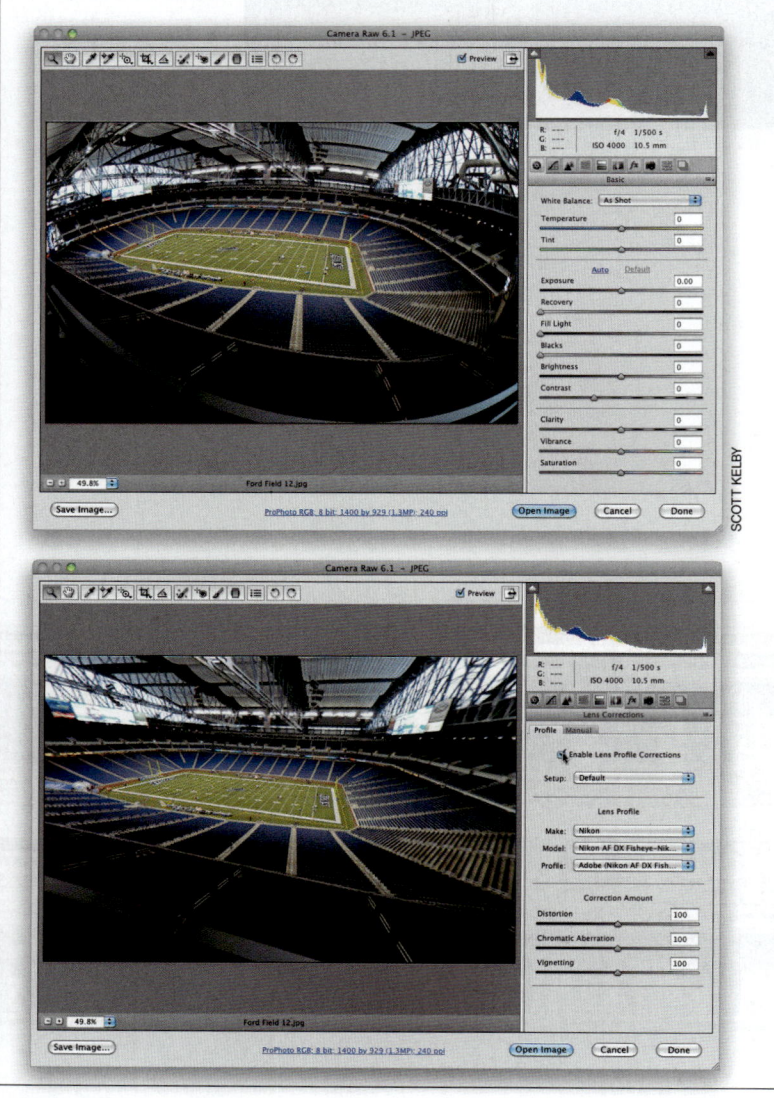

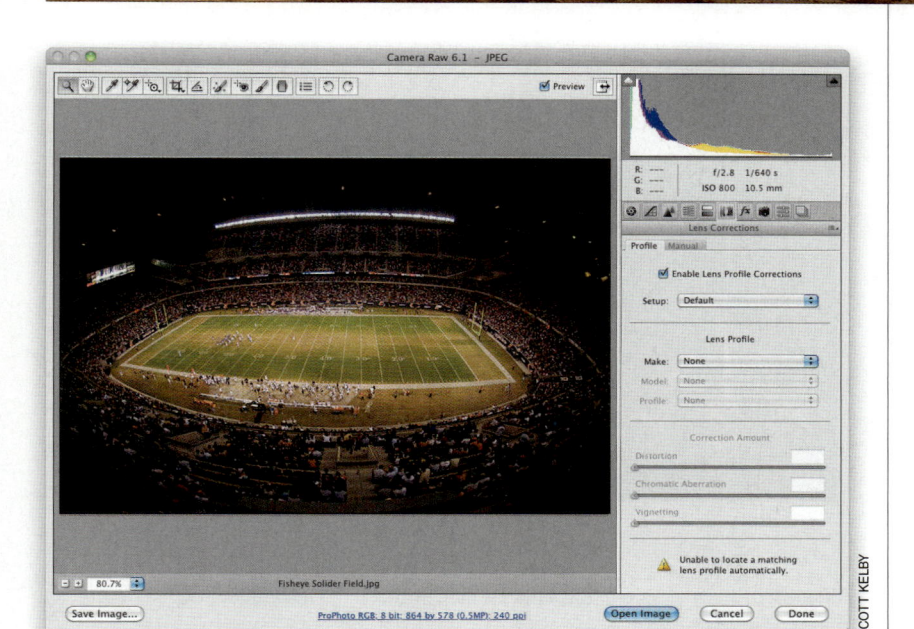

Passo três:

Então, o que acontece quando você abre uma foto e não consegue encontrar um perfil automaticamente, ou a imagem não tem nenhum dado EXIF embutido (por exemplo, se você está tentando consertar uma imagem escaneada, ou uma imagem que você copiou e colou de outro documento)? Dê uma olhada na foto ao lado. O Camera Raw não conseguia encontrar um perfil; então, na seção Lens Profile, o campo Make é configurado para None e os menus pop-up de Model e Profile são colocados em tom cinza, indisponíveis. Isso significa que você tem de informar qual equipamento usou para tirar a foto (se souber), ou terá de chutar da melhor maneira possível (se não souber).

Passo quatro:

Fotografo com câmeras Nikon, portanto, do campo Make eu escolhi Nikon, e, logo, ela fez o resto: encontrou uma lente compatível e arrumou a foto (olhe para o campo — agora ele está reto). Porém, não é sempre 100% certo que o Camêra Raw terá a combinação correta de lente, então ele apresenta uma lista de lentes que considera ser as certas. Você pode clicar no menu pop-up Model e ver uma lista de possíveis lentes também. Pode tentar qualquer uma das outras lentes listadas ali e ver se ele proporciona um melhor resultado do que a que você escolheu (ele faz um trabalho surpreendentemente bom, então uso a que ele escolheu, mas de vez em quando encontro uma lente naquela lista de que gosto mais, mesmo sabendo que não é a lente que usei de verdade).

Continua

Adobe Photoshop CS5 | para fotógrafos digitais

Passo cinco:
Nossas duas últimas imagens foram tiradas com uma lente olho de peixe de 10,5 mm, mas agora temos uma situação em que o problema da lente é tão grande que um perfil da própria câmera não dará conta do recado. Dê uma olhada na imagem mostrada aqui, na qual os prédios parecem inclinados na direção do centro (olhe como a torre do lado esquerdo está se inclinando para a direita). Este é um problema bastante comum para fotos tiradas com lentes grande-angulares em uma câmera de quadro cheio (esta foi tirada com uma lente 14–24mm, a 24mm).

Passo seis:
Abra a caixa de diálogo Enable Lens Profile Corrections no painel Lens Corrections (como mostrado aqui). Embora ela tenha imediatamente encontrado um perfil, você pode ver que não adiantou grande coisa. Na realidade, ela consertou uma coisa — removeu a vinheta da borda (escurecimento dos cantos). Então, apesar de não ter consertado o problema com os prédios, abrir aquela caixa de diálogo deixou a imagem um pouco melhor. Se você acha que ela não removeu suficientemente o escurecimento da borda (ou removeu demais), você pode ir até os controles delizantes de Correction Amount na parte inferior do painel e arrastar o controle deslizante Vignetting para a direita (para clarear as bordas ainda mais do que o perfil clareou), ou arrastá-lo para a esquerda, se achar que o perfil removeu demais. Os outros dois controles deslizantes trabalham da mesma maneira — eles permitem uma mexida sutil para as configurações que o perfil aplicou, de maneira que, se eles erram um pouquinho, você provavelmente pode ajustá-los o suficiente aqui para não precisar ir para a aba Manual.

Capítulo 3 | Camera Raw — além do básico

Adobe Photoshop CS5 | para fotógrafos digitais

Passo sete:
Se você precisa mais do que uma pequena mexida para o perfil, então tem de clicar na aba Manual e fazê-lo você mesmo. (*Nota:* as mudanças na aba Manual são adicionadas ao que você já fez na aba Profile.) Aqui, precisamos consertar a distorção geométrica vertical, então arraste o controle Vertical para a esquerda e fique de olho na torre à esquerda. Sua meta é deixá-la perfeitamente reta, por isso arraste o controle para a esquerda até conseguir isso (o arrastei para -50). Estreitar a perspectiva da imagem deixará um vão na parte de baixo e nos lados (como visto aqui), mas vamos lidar com isto daqui a pouco. Por ora, resolvemos o problema da "torre inclinada de Xangai".

Passo oito:
Clique no botão Open Image, para abrir a foto corrigida (completa com estes vãos) no Photoshop. Você tem duas escolhas. (1) A mais comum é cortar as áreas cinza vazias: pegue a ferramenta de Corte (**C**), arraste-a para a maior área possível da foto sem entrar nos vãos e pressione a tecla **Return (PC: Enter)** para confirmar suas mudanças. (2) Já que este é um CS5, poderíamos utilizar um recurso mais rápido e, tentar o Content-Aware Fill para preencher os vãos. Ele não resolverá 100% mas, se fizer pelo menos 80% do trabalho, podemos terminá-lo com um pouco de *cloning* sobre as falhas, então acho que vale a tentativa. Pegue a ferramenta Magic Wand (pressione **Shift-W** até ela aparecer) e clique uma vez na área cinza vazia para selecioná-la inteira (como mostrado aqui).

Continua

Camera Raw — além do básico | Capítulo 3 | 69

Passo nove:
Agora, pressione a tecla **Backspace (PC: Delete)** para abrir a caixa de diálogo Fill. Verifique se o **Content-Aware** está selecionado no menu pop-up Use, clique em OK, recoste-se e deixe que o recurso faça seu trabalho. (*Nota:* para saber mais sobre o comando Fill Content-Aware, o Capítulo 9, porque há alguns truques que lhe pouparão tempo e trabalho.) Quando terminar pressione **Command-D (PC: Ctrl-D)** para desmarcá-lo e confira os resultados (eu sei, é uma loucura!). Ele não foi perfeito (olhe para o canto mais à esquerda), mas fez a maior parte do trabalho, e para mim isso está bom.

Passo dez:
Uma coisa que você notará quando fizer uma correção de lente importante é que, se arrastar o controle Vertical para a esquerda, a imagem parecerá "achatada" (os prédios não estão tão altos) e, se arrastar para a direita, parecerão esticados (quanto mais você arrastar o controle em qualquer direção, mais achatada ou esticada a imagem parecerá). Neste caso, os prédios estão achatados, então estico a imagem de volta. **Pressione Command-A (PC: Ctrl-A)** para selecionar a imagem, então pressione **Command-T (PC: Ctrl-T)** para apresentar o Free Transform. Agarre o ponto central no topo e arraste-o um pouco para cima a fim de estender a imagem de volta — os prédios não vão parecer achatados (se pressionar **Command-0 [zero; PC: Ctrl-0]**, a janela será automaticamente redimensionada, e você pode alcançar todas as alças). Quando terminar, pressione **Return (PC: Enter)** para determinar de vez sua extensão.

Adobe Photoshop CS5 | para fotógrafos digitais

Antes  *Depois*

Camera Raw — além do básico | Capítulo 3

Adobe Photoshop CS5 | para fotógrafos digitais

Consertando aberrações cromáticas (aquela margem colorida na borda)

A aberração cromática é um nome bacana para aquela linha fina de margem colorida que às vezes aparece em torno de bordas de objetos nas fotos. Às vezes, a margem é vermelha, às vezes, verde, às vezes, azul, etc., mas sempre é ruim, então é melhor se livrar mesmo dela. Por sorte, o Camera Raw tem uma solução embutida que faz um belo trabalho.

Passo um:
Abra uma foto com sinais de aberrações cromáticas. Se aparecerem, elas estarão ao longo de uma borda na imagem que tem muito contraste (como ao longo dos contornos de formações rochosas). Pressione **Z** para selecionar Zoom e amplie a área onde você acha (ou vê) que a margem pode ser razoavelmente óbvia. Aqui, há uma margem vermelha passando ao longo das bordas das rochas. Para removê-la, clique no ícone Lens Corrections (o sexto a partir da esquerda) no topo da área Panel.

Passo dois:
Na aba Profile, acione a caixa de diálogo Enable Profile Corrections, e o Photoshop tentará remover a margem de cor com base na marca e modelo da sua lente (dados obtidos a partir do EXIF de sua imagem. Veja a página 66 para mais informações). Se a imagem ainda precisar de correção, tente o controle deslizante Chromatic Aberration, em Amount. Se a maneira automática não funcionar para você, tente se livrar da margem manualmente.

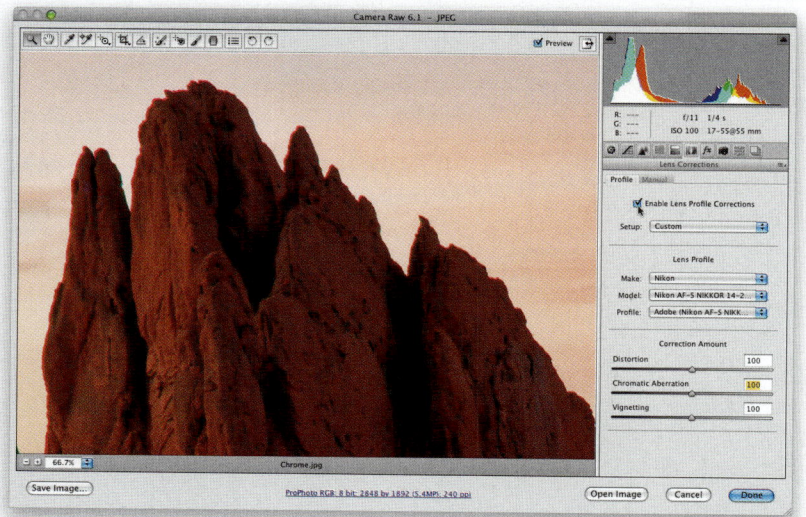

Passo três:

No topo do painel Lens Corrections, clique na aba Manual. Na seção Chromatic Aberration, há apenas dois controles deslizantes; arraste-os na direção da cor que quer consertar (eles são rotulados: o de cima conserta margens vermelhas ou ciano; o de baixo, margens azuis ou amarelas). Mas, antes de arrastar esses controles, clique no ícone Detail (o terceiro a partir da esquerda no topo da área Panel) e baixe o Sharpening Amount para 0% (se você incrementou ou está consertando uma imagem RAW), porque o incremento de nitidez pode também fazer com que apareçam margens de cores (e você quer ter certeza de que está consertando o problema certo).

Passo quatro:

Comece movendo o controle Chromatic Aberration de cima para a direita (na direção da cor ciano), o que reduz a margem vermelha. Aqui, há só um pouco de margem colorida, então escolha **All Edges** do menu pop-up Defringe para resolver a questão.

DICA: Editando TIFFs e JPEGs

Apesar de você poder editar TIFFs e JPEGs em Camera Raw, há um detalhe importante: uma vez que tenha editado uma delas em Camera Raw, se clicar no botão Done, sempre precisará abrir aquela foto a partir do Camera Raw para ver as edições feitas, pois essas edições vivem somente dentro do Camera Raw; se você desviar do Camera Raw e abrir um TIFF ou JPEG diretamente no Photoshop, as edições que fez de Camera Raw anteriormente não serão visíveis.

Vinheta de borda: como consertá-la e como acrescentá-la para obter efeito

Se você olhar uma foto e seus cantos parecem mais escuros, isso é uma vinheta de lente. Em geral, eu vejo a questão desta maneira: se são apenas os cantos, e eles estão somente um pouco escuros, este é um problema e eu o resolvo. Entretanto, às vezes quero focar a atenção do observador sobre uma área em particular, então eu crio uma vinheta, mas expando-a além dos cantos, parece um efeito de *spotlight* suave intencional. A seguir, veremos como eu conserto (ou crio) vinhetas.

Passo um:

Aqui, você pode ver as áreas escuras nos cantos. Isso é causado pela lente da câmera, então não se culpe (a não ser que tenha comprado uma lente barata, então fique à vontade para chorar). Para remover essa vinheta, clique no ícone Lens Corrections (o sexto a partir da esquerda) no topo da área Panel. Na aba Profile, abra a caixa de diálogo Enable Profile Corrections, e o Photoshop tentará remover a vinheta com base na marca e no modelo de sua lente (ele aprende isso dos dados EXIF de sua imagem. Veja mais informações na página 66). Se a imagem ainda precisar de correção, tente o controle Vignetting em Correction Amount.

Passo dois:

Se a forma automática não está funcionando, faça-o manualmente clicando na aba Manual. Na seção Lens Vignetting, clique no controle Amount e arraste-o para a direita até que a vinheta desapareça. Feito isso, o controle Midpoint aparecerá e determinará o quanto o reparo de vinheta vai se estender na foto. Arraste-o para a direita para expandir o clareamento na direção do centro da foto.

Passo três:
Agora, o oposto: adicionar vinheta para concentrar a atenção (aliás, no capítulo "Efeitos especiais para fotógrafos", também mostro como conseguir o mesmo efeito fora do Camera Raw). Desta vez, na seção Lens Vignetting, você arrastará o controle Amount para a esquerda, e, à medida que o fizer, verá a vinheta aparecer nos cantos da foto. Mas, tendo em vista que é só nos cantos, fica parecendo o tipo ruim de vinheta, não o bom, então você vai precisar seguir para o próximo passo.

Passo quatro:
Para que a vinheta se pareça mais com um *spotlight* suave caindo sobre o tema, arraste o controle Midpoint um pouco para a esquerda, o que aumenta o tamanho da vinheta e cria um efeito suave, agradável, muito popular na arte de tirar retratos, ou em qualquer lugar que você queira chamar a atenção para o tema. É isso — como se livrar dela e como adicioná-la. Duas dicas pelo preço de uma!

Continua

Camera Raw — além do básico | Capítulo 3

Passo cinco:
Até agora, adicionar uma vinheta tem sido fácil — é só arrastar um par de controles deslizantes, certo? Mas você vai encontrar problemas quando for cortar uma foto, pois cortará o efeito de vinheta também (afinal de contas, trata-se de um efeito de borda, e agora elas estão em um lugar diferente; além disso, o Camera Raw não redesenha automaticamente a vinheta no tamanho recentemente cortado). Por isso, comece aplicando uma vinheta de borda regular (como mostrado aqui).

Passo seis:
Agora, pegue a ferramenta Crop **(C)** da barra de ferramentas, corte a foto bem estreita e veja qual é o problema — o efeito de vinheta que acabamos de adicionar foi praticamente jogado fora (as bordas escuras foram cortadas).

Nota: Originariamente, a Adobe incluiu a capacidade de adicionar uma vinheta após a corte da imagem (chamada de Post Crop Vignetting) lá no Photoshop CS4, mas o problema era que, ao adicioná-la, ela não parecia tão boa quanto a vinheta não cortada original (apesar de oferecer mais controle, como visto no fundo do painel Effects mostrado no Passo sete). Era como adicionar um cinza escuro barrento nas bordas. Eca!

Adobe Photoshop CS5 | para fotógrafos digitais

Passo sete:
Vamos adicionar uma vinheta pós-corte clicando no ícone Effects (o quarto a partir da direita) e, sob Post Crop Vignetting, arrastar o controle Amount para a esquerda para escurecer as bordas, usando, então, o controle Midpoint para escolher até que ponto em sua imagem essa vinheta se estenderá (como visto aqui). Aqui está o que eles adicionaram em CS5 (faz toda a diferença): no topo da seção Post Crop Vignetting há um menu pop-up com três tipos diferentes de vinheta: Highlight Priority (na minha opinião, a melhor, pois é a mais parecida com a vinheta original do Passo cinco), que tenta manter os detalhes de alta luz conforme as bordas são escurecidas; Color Priority tenta manter a cor enquanto as bordas são escurecidas (é OK); e Paint Overlay, que é o velho método do CS4 que quase todo mundo odiava. Eu manteria distância dele.

Passo oito:
Abaixo do Midpoint temos o Roundness, que lhe proporciona controle sobre a rotundidade da vinheta (baixe o montante Feather para 0 e verá o que ele faz). Quanto mais para a direita você o arrastar, mais redondo se tornará o formato. E, quando o arrastar para a esquerda, se tornará mais retangular mas com cantos arredondados. O Feather determina quão suave ficará aquele oval que você criou com o Roundness. Eu gosto dele bem suave, pois parece mais como um *spotlight*, por isso arrasto este controle um pouco para a direita (aqui eu o arrastei até 73, mas não hesitaria em ir mais longe, dependendo de como ficar na foto).

Camera Raw — além do básico | Capítulo 3 | 77

Adobe Photoshop CS5 | para fotógrafos digitais

As vantagens do formato DNG da Adobe para fotos RAW

A Adobe criou o DNG (um formato de arquivo aberto para fotos RAW), porque, a esta altura, cada fabricante de câmeras tem seu próprio formato de arquivos RAW registrado. Se, um dia, um ou mais fabricantes abandonarem seu formato registrado para usar algo novo (como a Kodak fez com seu formato Photo CD), nós ainda seremos capazes de abrir nossas fotos RAW? Com o DNG, sim; ele não é registrado — a Adobe o fez em um formato de arquivo aberto, assegurando que seus negativos possam ser abertos no futuro, mas, além disso, o DNG traz mais algumas vantagens.

Passo um:

Há três vantagens para converter seus arquivos RAW para Adobe DNG: (1) arquivos DNG são geralmente em torno de 20% menores; (2) arquivos DNG não precisam de um arquivo de extenção XMP para armazenar edições, metadados e palavras-chave do Camera Raw — as informações estão embutidas no arquivo DNG, de maneira que você só tem de acompanhar um arquivo; e (3) DNG é um formato aberto, então você será capaz de abrir seus arquivos no futuro (como eu mencionei na introdução). Se você tem uma imagem RAW aberta em Camera Raw, você pode salvá-la como um DNG Adobe clicando no botão Save Image (como mostrado aqui) para abrir o diálogo Save Options (visto no próximo passo). *Nota*: não há realmente nenhuma vantagem em salvar arquivos TIFF ou JPEG como DNGs, então eu apenas converto fotos RAW.

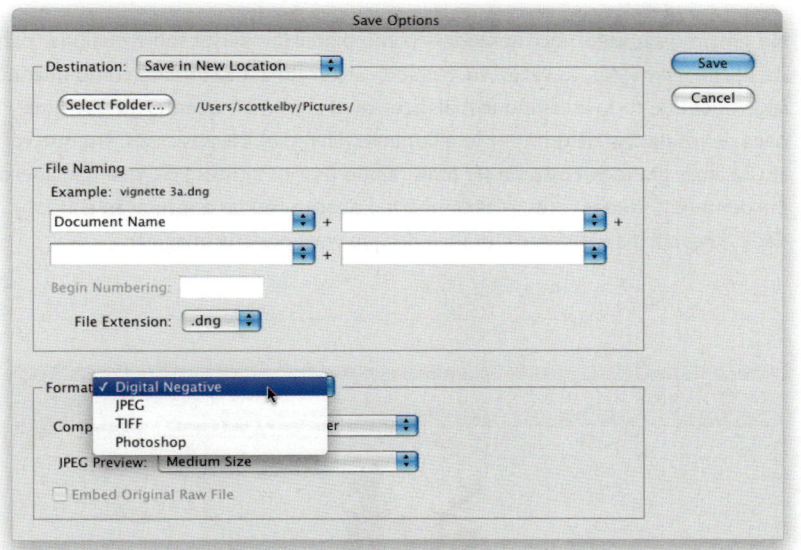

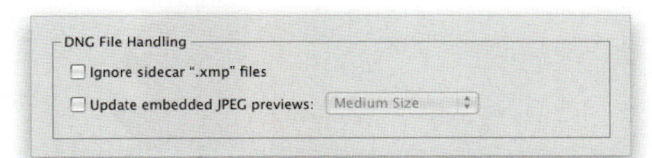

Passo dois:
Quando o diálogo Save Options aparecer, na parte inferior do diálogo, do menu pop-up Format, escolha **Digital Negative** (mostrado aqui), clique Save, e você terá um DNG.

DICA: Configurando suas preferências DNG
Uma vez que você tenha convertido para DNG, o Camera Raw lhe proporciona algumas preferências para trabalhar com esses arquivos. Pressione **Commnd-K (PC: Ctrl-K)** para abrir o diálogo Preferences do Photoshop, então clique em DNG File Handling na coluna do lado esquerdo, e clique no botão Preferences do Camera Raw (ou pressione **Commnd-K** quando você tiver o Camera Raw aberto). Quando o diálogo aparecer, vá para a seção de DNG File Handling (mostrado aqui). Você pode escolher Ignore Sidecar ".xmp" apenas se usar uma aplicação de processamento RAW diferente (outra que não seja o Camera Raw ou Lightroom) e quiser o Camera Raw ignore quaisquer arquivos XMP criados por aquela aplicação. Se você abrir a caixa de diálogo Update Embedded JPEG Previews (e escolher seu tamanho de pré-exibição preferido no menu pop-up), quaisquer mudanças que fizer ao DNG serão aplicadas à pré-exibição também.

Adobe Photoshop CS5 | para fotógrafos digitais

Ajustando ou mudando as gamas de cores

No próximo capítulo, você aprenderá como pintar um ajuste sobre qualquer parte da sua imagem. Mas, às vezes, você precisa afetar uma área inteira (como quando você quer que todo o céu fique mais azul, ou a areia mais quente, ou que uma peça de roupa seja de uma cor inteiramente diferente). Nesses casos, em que você ajusta áreas grandes, costuma ser mais rápido usar os ajustes HSL, que não apenas lhe permitem mudar cores, mas também o deixam mudar a saturação e a claridade da cor. É mais potente e prático do que você poderia imaginar.

Passo um:

Aqui, vemos a imagem original de uma escultura vermelha em um céu azul desbotado, e gostaria de mudar sua cor para um azul mais rico, acrescentando um belo contraste com a escultura vermelha. Você mexe em cores individuais, ou gamas de cores, no painel HSL/Grayscale; clique no ícone no topo da área Panel (é o quarto a partir da esquerda — circulada aqui em vermelho). Agora, clique na aba de Luminance para abrir os controles Luminance (que controlam o quão brilhantes as cores vão aparecer).

Passo dois:

O azul no céu está desbotado, então precisamos trazer profundidade para cor. Arraste o controle Blues para a esquerda na direção do azul mais escuro (as barras de cores atrás de cada controle lhe dão uma ideia do que vai acontecer quando você arrastar um deles para uma direção). Agora, arraste o Aquas um pouco para a esquerda (como mostrado aqui). Ao movê-lo, você adiciona um pouco mais de saturação para o azul no céu. Como eu sabia que isso aconteceria? Não fazia ideia. Só arrastei cada controle de um lado para o outro bem rápido para ver o que aconteceria. Eu sei, isto é muito simples, mas funciona.

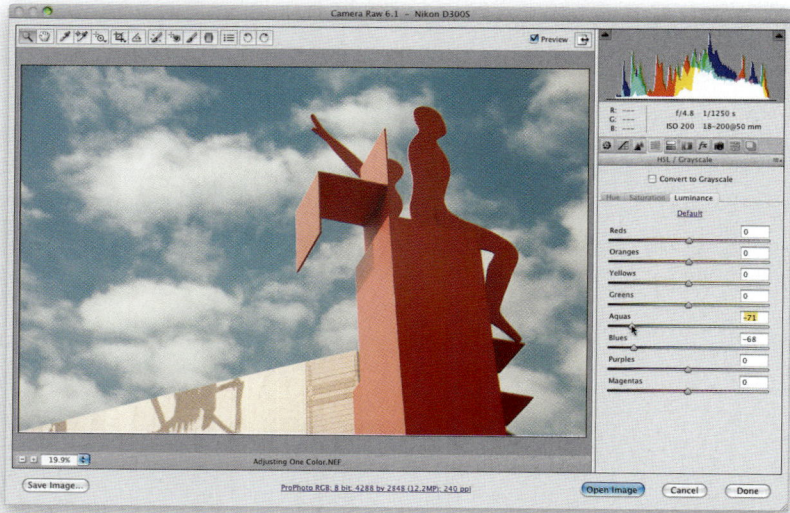

Adobe Photoshop CS5 | para fotógrafos digitais

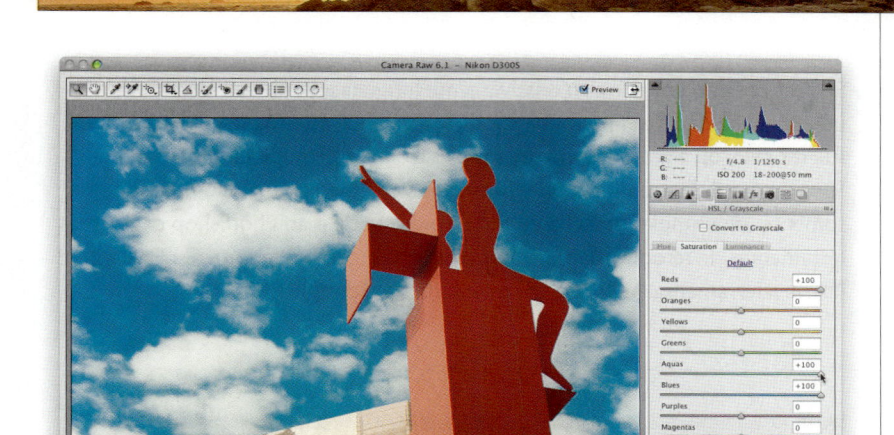

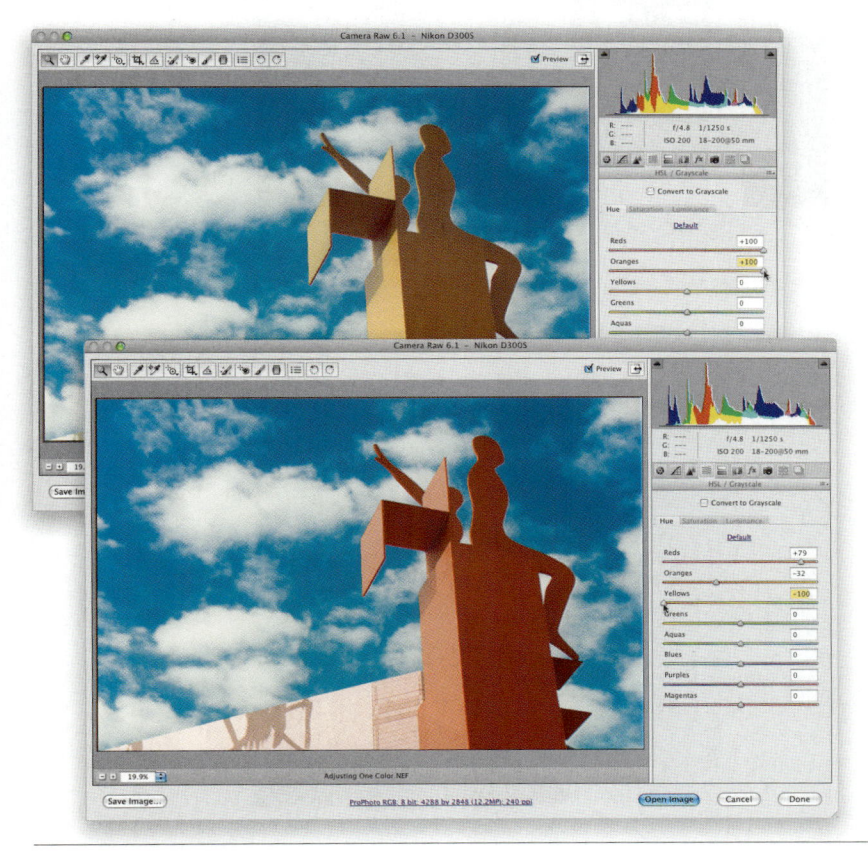

Passo três:
Agora os Blues estão brilhantes, mas eles não estão ricos e nítidos ainda, então clique na aba Saturation próxima do topo do painel e arraste o controle deslizante Blues bem para a direita, e o céu simplesmente ganhará cor. Eu também arrastei o controle deslizante Aquas para a direita (como mostrado aqui), porque ele teve um efeito tão bom sobre o céu anteriormente, e arrastei o controle deslizante Reds para a direita para trazer o vermelho na escultura. Agora que a foto está realmente vívida, você pode ver alguma vinheta de borda não intencional nos cantos. Então, vá para o painel Lens Corrections, clique na aba Manual e, sob a Lens Vignetting, arraste o controle deslizante Amount para a direita até que ela vá embora (para mim, foi em torno de +26, e eu não precisei tocar o controle deslizante Midpoint. Veja na página 74 como consertar a vinheta).

Passo quatro:
Para mudar as cores (não apenas ajustar a saturação ou *vibrance* de uma cor), clique na aba Hue próxima do topo do painel. Os controles são os mesmos, mas dê uma olhada na cor dos próprios controles deslizantes agora — você pode ver exatamente para qual lado arrastá-lo para conseguir cada cor. Neste caso, para tornar amarela a escultura vermelha, você arrastaria os controles Reds e Oranges para a direita. Fácil mesmo. Para deixar esta escultura laranja, arraste o controle Reds para +79, o Oranges para -32, e Yellows até -100. Como eu descobri isto? Você adivinhou — eu comecei arrastando os controles deslizantes de lá para cá (não conte para ninguém).

Camera Raw — além do básico | Capítulo 3 | 81

Adobe Photoshop CS5 | para fotógrafos digitais

Removendo manchas, pontos, marcas etc.

Se você precisa remover algo relativamente insignificante de sua foto, como uma mancha de algum pó no sensor de sua câmera, ou uma marca no rosto de sua modelo, ou algo relativamente simples assim, você pode usar a ferramenta Spot Removal dentro do próprio Camera Raw. Se for algo mais complicado que somente uma simples mancha ou duas, você terá de ir ao Photoshop e usar suas ferramentas de retoque mais precisas e potentes (como a ferramenta Healing Brush, a ferramenta Patch, e a ferramenta Clone Stamp).

Passo um:
Esta foto tem alguns problemas simples que podem ser consertados usando a ferramenta Spot Removal do Camera Raw. Você começa clicando na ferramenta Spot Removal (a sétima ferramenta a partir da direita na barra de ferramentas) ou pressionando **B** para conseguir isso, e um conjunto de opções aparecerá no painel Spot Removal à direita (visto aqui). Usar a ferramenta é bastante simples — apenas mova seu controle deslizante sobre o centro de uma mancha que precisa ser removida (neste caso, são aquelas manchas no céu onde o sensor da minha câmera ficou sujo), então clique, segure e arraste para fora, e um círculo vermelho e branco aparecerá, tornando-se maior à medida que você o arrasta para fora. Siga arrastando até que este círculo esteja um pouco maior do que a mancha que você está tentando remover (como mostrado aqui abaixo). Não esqueça, você pode usar a ferramenta Zoom (**Z**) para fazer um zoom e dar uma olhada melhor em suas manchas antes de arrastar seu círculo para fora.

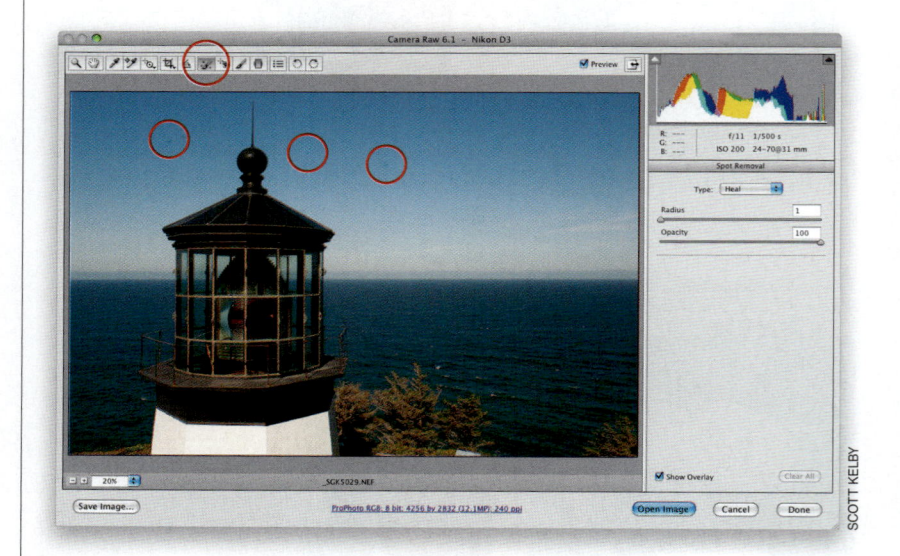

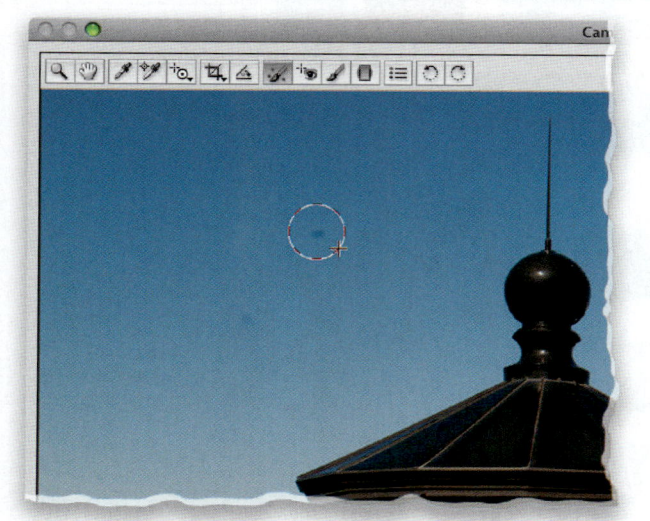

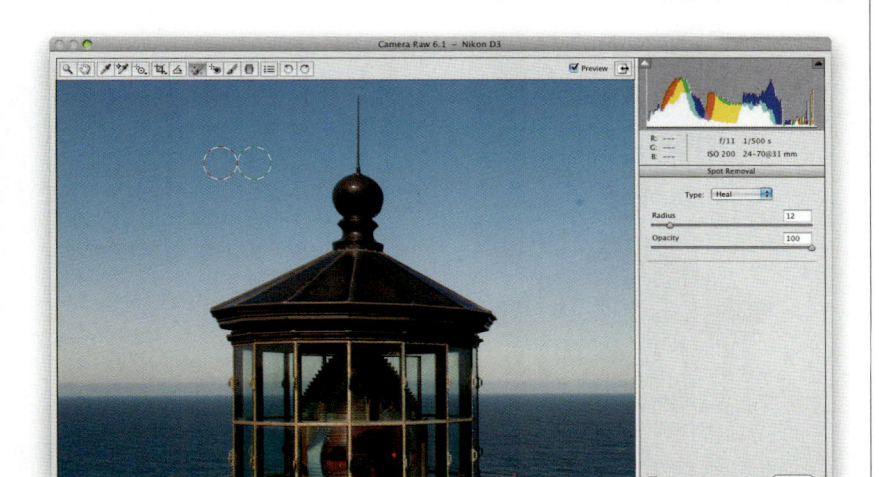

Adobe Photoshop CS5 | para fotógrafos digitais

Passo dois:
Quando você soltar o botão do mouse, um segundo círculo (verde e branco) aparecerá para mostrar a área onde o Camera Raw buscará uma amostra da textura de reparo (normalmente, bastante próxima), e sua mancha ou marca já não existirá mais (como visto aqui).

DICA: Quando consertar manchas em Camera Raw
O que determina se você pode consertar uma mancha aqui em Camera Raw? Basicamente, é quão próxima a mancha, ponto ou outro objeto que você precisa remover está da borda de qualquer coisa. Esta ferramenta não gosta de bordas (de uma porta, de uma parede, do rosto de uma pessoa etc.), então, enquanto a mancha (marca etc.) estiver sozinha, você estará bem.

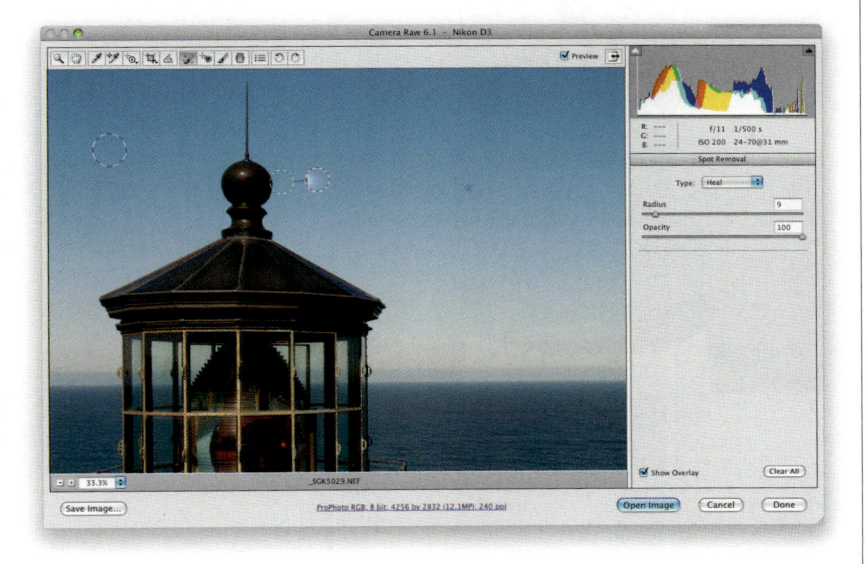

Passo três:
Para remover uma mancha diferente (como a que está à direita do farol aqui), você usa o mesmo método: mova o controle deslizante sobre aquela mancha, clique, segure e arraste para fora um círculo que seja ligeiramente maior do que a mancha, então solte o botão do mouse. Neste caso, o Camera Raw pegou uma amostra de uma área próxima — mas infelizmente ele também pegou um pouco do topo do farol e — o copiou para a área do céu onde nós estávamos retocando, fazendo que o retoque parecesse muito óbvio com aquele pedaço de farol ali.

Continua

Camera Raw — além do básico | Capítulo 3 | 83

Passo quatro:
Se isso acontecer, você deve fazer o seguinte: mova o controle deslizante dentro do círculo verde e branco e arraste esse círculo para uma área próxima diferente (aqui, eu o arrastei para cima, para uma área limpa próxima), e quando você soltar o botão do mouse, ele realizará uma nova amostra da textura daquela área. Outra coisa que você pode tentar, se a área estiver de alguma forma próxima de uma borda, é ir até o topo do painel Spot Removal e escolher **Clone** em vez de Heal do menu pop-up Type (eu, contudo, uso Heal em torno de 99% das vezes, porque geralmente ele funciona muito melhor).

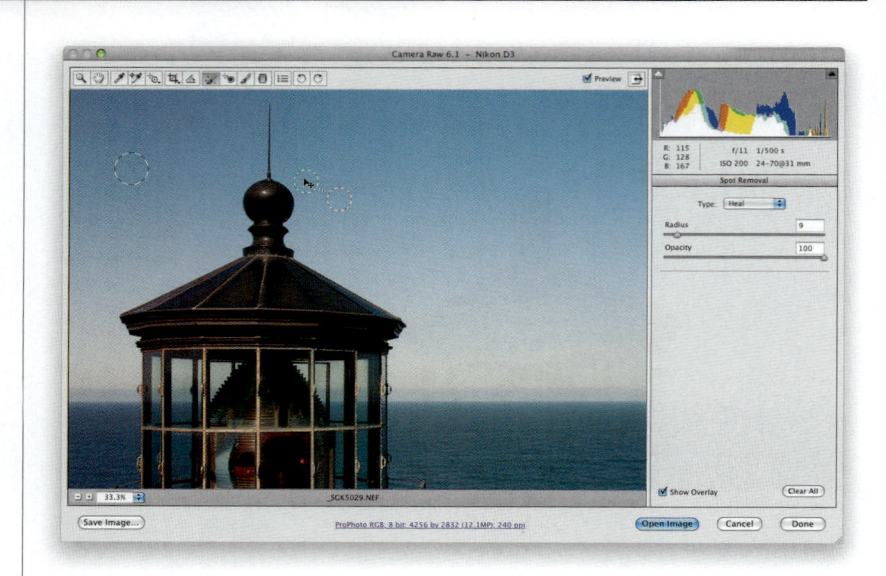

Passo cinco:
Quando você terminar de retocar, apenas troque de ferramentas, e seus retoques serão aplicados (e os círculos irão embora). Aqui, temos é o retoque final após a remoção de todas as manchas no céu de meu sensor sujo. Use esta ferramenta da próxima vez que você tiver uma mancha em sua lente ou em seu sensor (quando a mesma mancha está no mesmo lugar em todas as fotos da sua seção). Então, conserte a mancha em uma foto, abra múltiplas fotos e cole o reparo sobre as outras fotos RAW selecionadas usando Sincronizar (veja "Editando múltiplas fotos de uma só vez", anteriormente neste capítulo, e apenas abra a caixa de diálogo Spot Removal no diálogo Synchronize).

Adobe Photoshop CS5 | para fotógrafos digitais

Algumas câmeras parecem ter sua própria "assinatura de cor", ou seja, toda foto parece ser um pouco vermelha demais, ou verde demais etc. Você sabe que, ao abrir uma foto daquela câmera, terá de lidar com a ligeira sombra de cor que ela adiciona. Bem, se este for o caso, você pode compensar isso no Camera Raw, configurando aquele ajuste de cor como padrão para aquela câmera em particular. Dessa maneira, sempre que abrir uma foto daquela câmera, ela vai automaticamente fazer ajustes.

Calibrando para sua câmera em particular

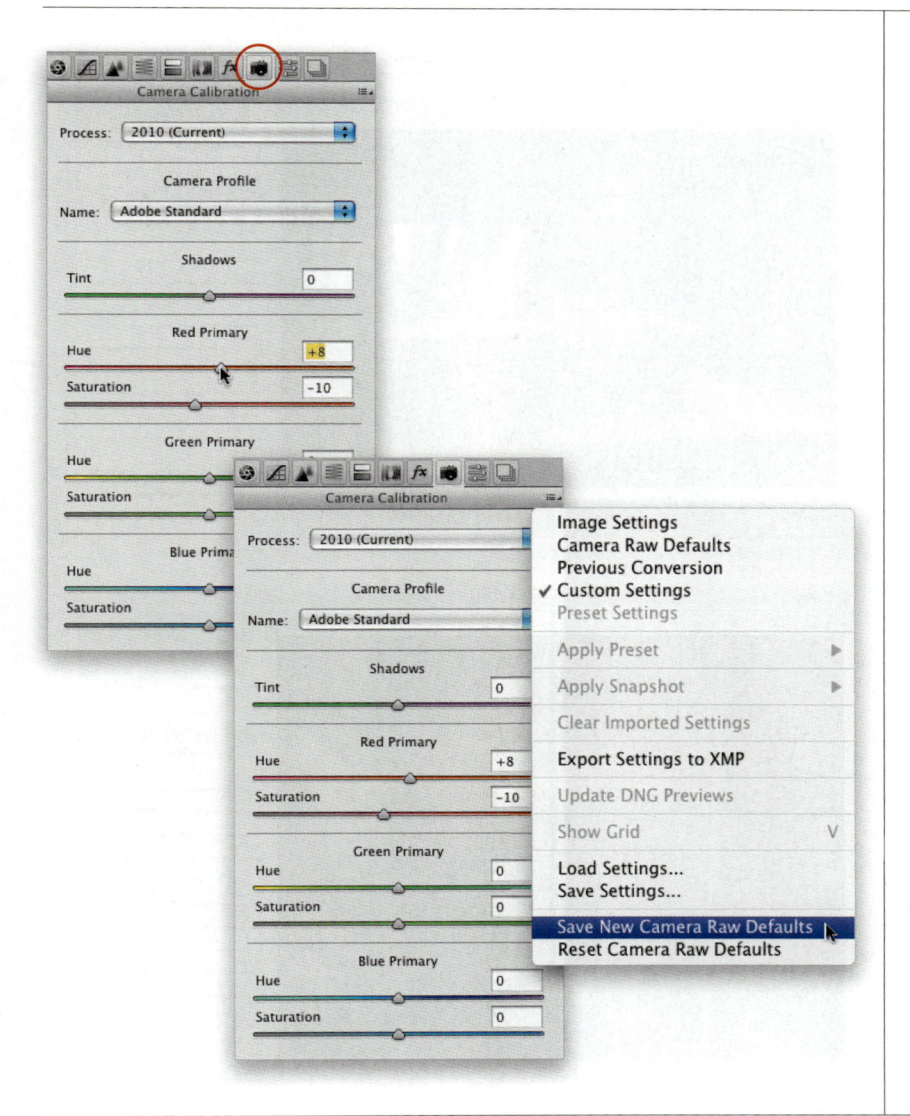

Passo um:
Para calibrar o Camera Raw e fazê-lo consertar uma sombra persistente de cor que sua câmera produziu, abra uma foto tirada em Camera Raw e clique no ícone Camera Calibration (ele parece com uma câmera e é o terceiro a partir da direita no topo da área Panel). Se as áreas de sombra em todas as fotos de sua câmera parecem um tanto vermelhas, no painel Camera Calibration, arraste o controle deslizante Red Primary Hue para a esquerda, baixando a quantidade de vermelho em toda a foto. Se o vermelho não for a tonalidade certa, arraste o Red Primary Hue até que a cor lhe pareça melhor (arrastando-o para a direita, os tons de vermelho tornam-se mais laranja).

Passo dois:
Para fazer o Camera Raw aplicar a mesma calibração cada vez que uma foto de uma mesma câmera for aberta em Camera Raw, vá para o menu *flyout* do Camera Raw (no topo, à direita do painel) e escolha **Save New Camera Raw Defaults** (como mostrado aqui). Agora, quando você abre uma foto daquela câmera (o Camera Raw lê os dados EXIF para saber de qual câmera veio cada foto), ele aplicará a calibração. *Nota*: você pode ajustar seus azuis e verdes da mesma maneira.

Camera Raw — além do básico | Capítulo 3 | 85

Adobe Photoshop CS5 | para fotógrafos digitais

Reduzindo o ruído em fotos ruidosas

Este é, sem dúvida alguma, um dos melhores em todo o CS5. Agora, se você está pensando: "Mas, Scott, o Photoshop e o Camera Raw já não tinham recursos de redução de ruído antes do CS5?". Sim, sim, eles tinham. E eles eram horríveis? Sim, sim, eles eram. Mas e a nova redução de ruído é tudo isso mesmo? Pode crer! O que a torna tão incrível é que ela remove o ruído sem reduzir a nitidez, o detalhe e saturação de cor. Além disso, ela aplica a redução de ruído à própria imagem RAW (diferentemente da maioria dos *plug-ins* de ruído).

Passo um:
Abra sua imagem ruidosa em Camera Raw (o recurso Noise Reduction funciona melhor em imagens RAW, mas também pode usá-los em JPEGs e TIFFs). A imagem mostrada aqui foi feita com um ISO alto por uma Nikon D300S, que trabalha não muito bem em situações de baixa luz, então você pode esperar bastante ruído de cores (manchas vermelhas, verdes e azuis) e ruído de luminância (manchas granulosas de cor cinza).

Passo dois:
Às vezes, é difícil ver o ruído até você aproximar bastante o zoom. Então, aplique um zoom de pelo menos 100% (aqui fiz 200%), e o verá, escondendo-se nas sombras. Clique no ícone Detail (é o terceiro a partir da esquerda no topo da área Panel) para acessar os controles Noise Reduction. Eu me livro do ruído de cor primeiro, porque isso torna mais fácil ver o de luminância. Uma regra prática para quando se remove o ruído de cor é: comece com o controle deslizante Color em 0 (como mostrado aqui) arraste-o lentamente para a direita até que o ruído de cor tenha sumindo. *Nota*: um pouco de ruído de cor é automaticamente aplicado a imagens RAW — o controle deslizante Color é configurado em 25. Mas, para JPEGs ou TIFFs, o Color é configurado para 0.

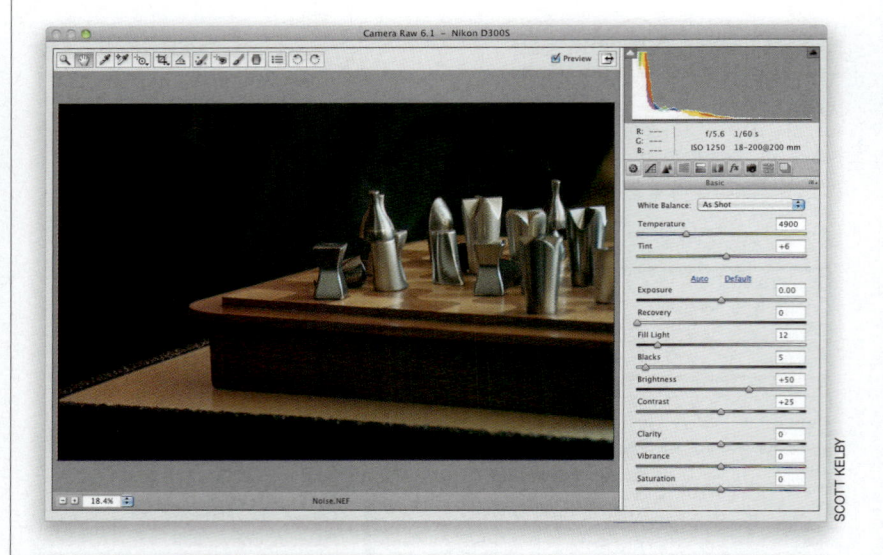

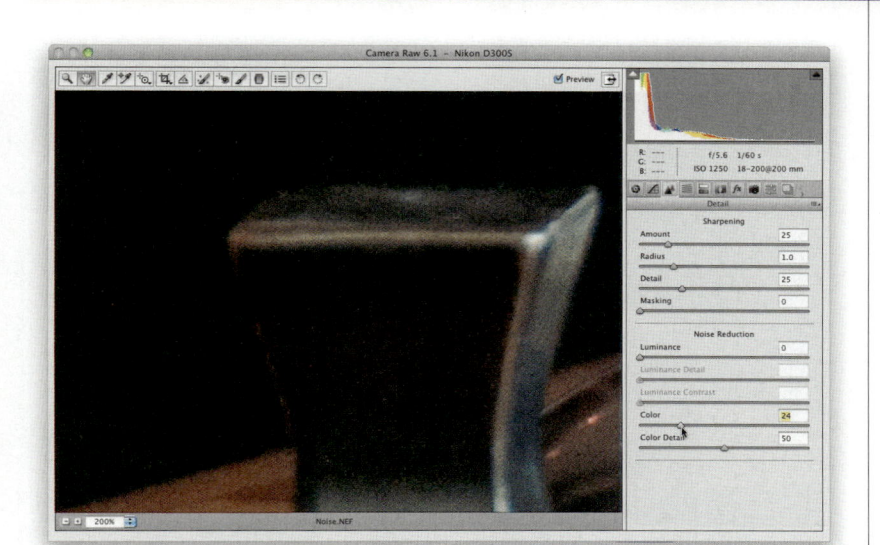

Adobe Photoshop CS5 | para fotógrafos digitais

Passo três:
Clique e arraste o Color para a direita, mas lembre-se de que você ainda verá algum ruído (de luminância, com o qual lidaremos em seguida), então aqui você só elimina as manchas vermelhas, verdes e azuis. O mais provável é que você não tenha de arrastar o controle muito longe — só até este ruído de cor se tornar todo cinza. Se tiver de empurrar o Color para a direita, poderá perder algum detalhe, e, nesse caso, pode arrastar o Color Detail um pouco para a direita, apesar de que eu quase nunca tenho de fazer isso por causa do ruído de cor.

Passo quatro:
Agora que o ruído de cor se foi, tudo que sobrou é o ruído de luminância, e você deve usar um processo similar: arraste o controle deslizante Luminance para a direita e siga arrastando-o até que o ruído visível desapareça (como visto aqui). Geralmente, você terá de arrastá-lo mais para a direita do que fez com o Color, mas é normal. Duas coisas tendem a acontecer quando você move o controle para a direita: perder nitidez e contraste. Para consertar isso, aumente o controle Luminance Details e as coisas ficarão mais suaves (eu procuro não arrastar esse controle para muito longe), e, se as coisas começarem a ficar monótonas, adicione o contraste que está faltando com o controle Luminance Contrast (não me importo de forçá-lo um pouco, exceto quando trabalho em um retrato, porque os tons de pele ficam esquisitos). Você provavelmente não precisará movê-los, mas é bom saber que estão ali, caso precise deles.

Continua

Passo cinco:

Em vez de aumentar muito o Luminance Detail, eu geralmente aumento a o Sharpening Amount no topo do painel Detail (como mostrado aqui), o que costuma ajudar a trazer de volta um pouco da nitidez e do detalhe originais. Aqui, você pode ver a imagem final, sem o zoom, e também pode notar que o ruído foi praticamente eliminado. Contudo, mesmo com as configurações-padrão (se você está consertando uma imagem RAW), normalmente você permanece com bastante da nitidez e do detalhe originais. Um zoom antes/depois da redução de ruído que nós aplicamos aqui é mostrado abaixo.

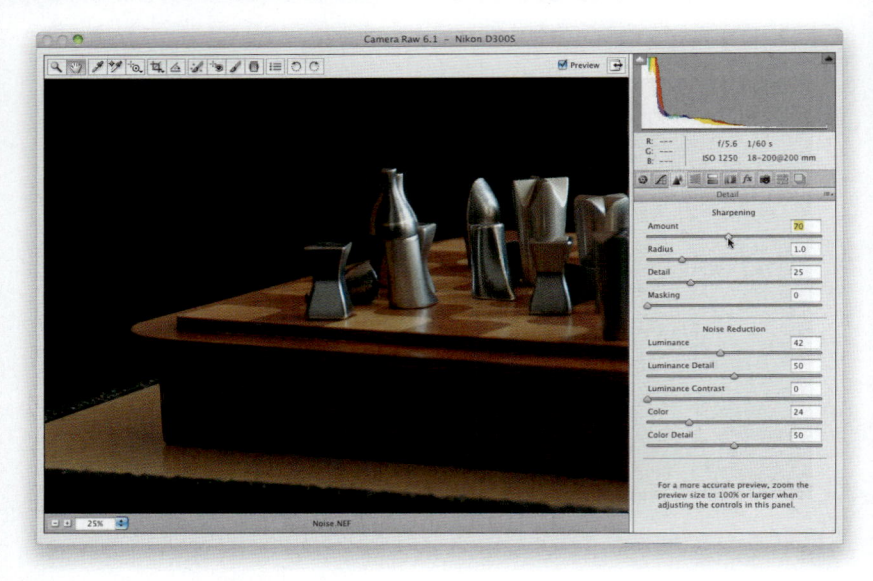

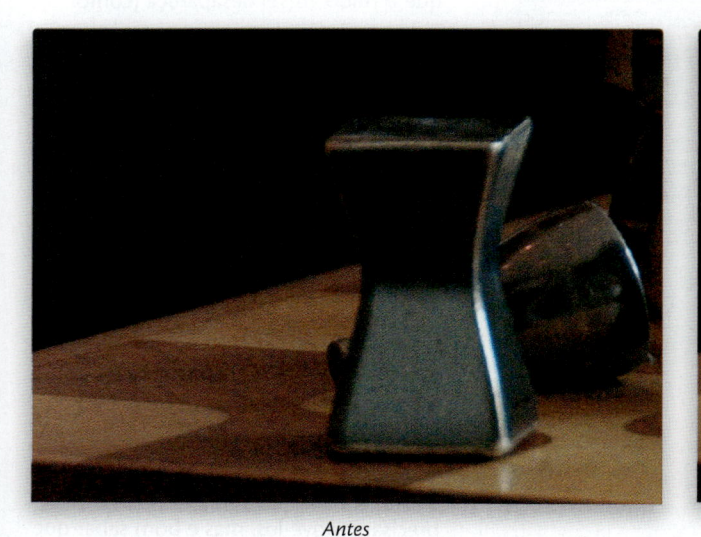

Antes

Depois

Adobe Photoshop CS5 | para fotógrafos digitais

Configurando a resolução, o tamanho de imagem, o espaço de cor e a profundidade de bits

Já que você está processando suas próprias imagens, faz todo sentido escolher quais resolução, tamanho e espaço de cor e quantos bits por canal sua imagem terá, certo? Estas são decisões de fluxo de trabalho, razão pela qual você as toma no diálogo Workflow Options. A seguir, apresento minhas recomendações sobre o que escolher, e por quê.

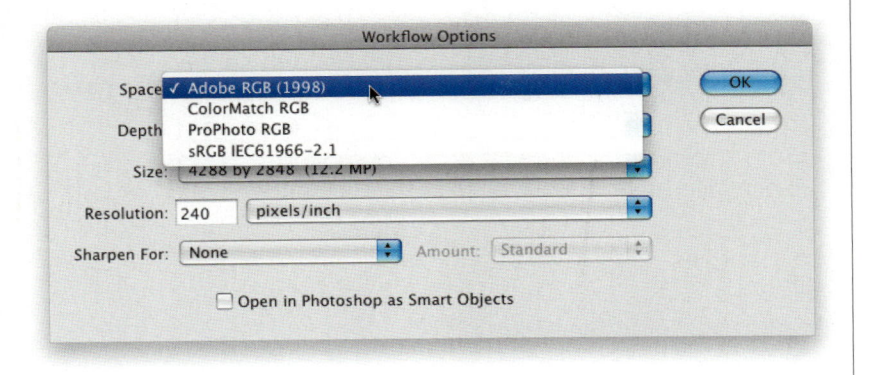

Passo um:
Depois de fazer todas as edições e ter a foto como deseja, é momento de escolher a resolução, o tamanho etc. Abaixo da área Preview do Camera Raw (onde está sua foto), você verá as configurações de fluxo de trabalho atuais — elas estão sublinhadas em azul como um link de um website. Clique naquele link para abrir a caixa de diálogo de Workflow Options.

Passo dois:
Começaremos no topo escolhendo o espaço de cor de sua foto. Por padrão, ela mostra o especificado em sua câmera digital, mas você pode ignorá-lo e escolher o espaço com que sua foto será processada. Recomendo escolher o mesmo que você escolheu como espaço de cor do Photoshop. Para fotógrafos trabalhando em RAW ou usando Lightroom, recomendo que se escolha ProPhoto RGB; se estiver fotografando em formato JPEG ou TIFF, recomendo que escolha o Adobe RGB (1998) para o espaço de cor do Photoshop e, então, você escolheria o mesmo espaço de cor aqui, do menu pop-up Space. Veja o capítulo sobre gerenciamento de cores e impressão (Capítulo 12) para mais informações sobre por que usar o ProPhoto RGB ou Adobe RGB (1998).

Continua

Camera Raw — além do básico | Capítulo 3

Passo três:
Ao decidir a profundidade de bits da foto, sigo uma regra simples: trabalho em 8 Bits/Channel (padrão do Photoshop), a não ser que a foto tenha problemas que, após o Camera Raw, sei que ainda terei de fazer alguns ajustes de Curves (curvas) em Photoshop para corrigi-la. A vantagem dos 16 bits são os ajustes de Curves (menos banda de passagem e posterização) devido à sua maior profundidade. Não uso 16 bits mais vezes porque: (1) muitas das ferramentas e dos recursos do Photoshop não estão disponíveis em 16 bits; (2) o arquivo fica duas vezes maior, o que deixa o Photoshop mais lento; (3) fotos de 16 bits ocupam o dobro de espaço no computador. Alguns fotógrafos insistem em trabalhar somente em 16 bits, e isso não me incomoda nem um bit.[1]

Passo quatro:
A próxima opção é Size. Por padrão, o tamanho exibido no menu pop-up é o original ditado pela câmera (neste caso, são 4288 por 2848 pixels — o gerado por uma câmera de 12,2 megapixel). Se você clicar e segurar no menu pop-up size, verá uma lista de tamanhos de imagens que o Camera Raw pode gerar do seu original RAW (o número em parênteses mostra o equivalente em megapixels representado). Os tamanhos com um + ao lado indicam que você está trabalhando a imagem com escala maior que a original. O sinal – significa que está reduzindo o tamanho, o que não é um problema. Em geral, é seguro aumentar o tamanho para a próxima escala, mas acima disso sua foto fica suave e/ou *pixelada*.

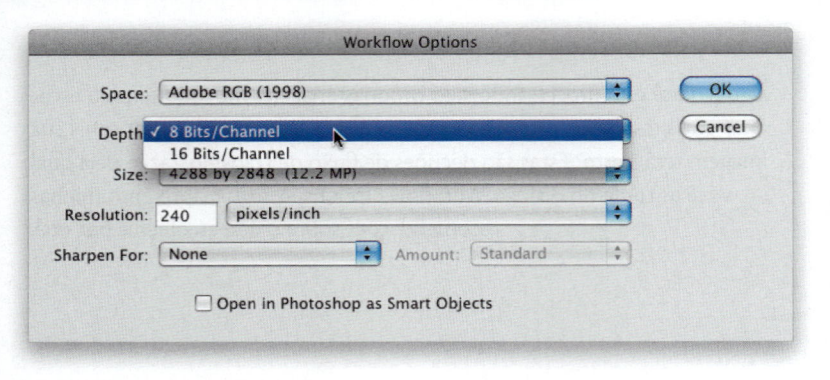

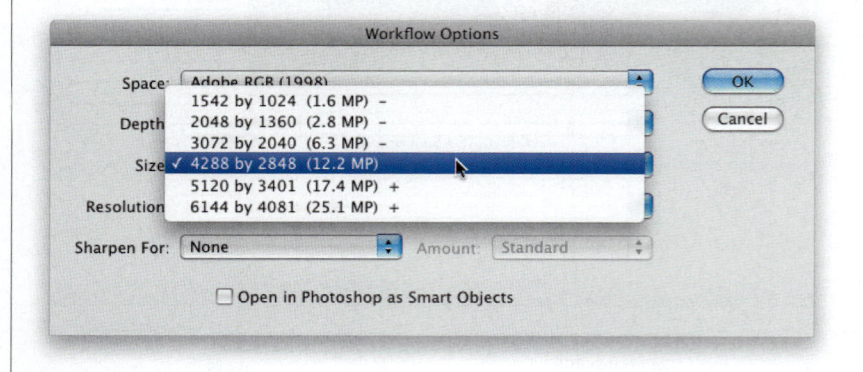

---

[1] Trocadilho intraduzível. "Bit" também quer dizer "pouco", em inglês. (N. T.)

Adobe Photoshop CS5 | para fotógrafos digitais

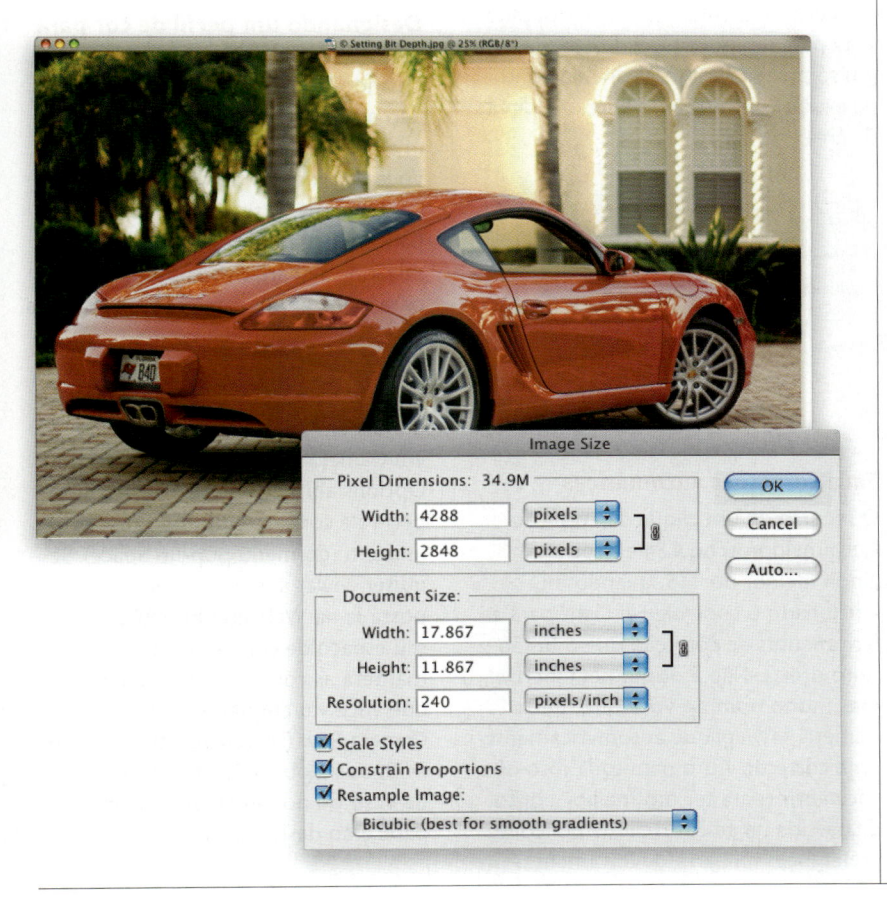

Passo cinco:
A última escolha de Workflow Options é como você quer a resolução de seu arquivo processado. O tópico da resolução é algo a que DVDs de treinamento inteiros se dedicam, então não vamos nos aprofundar sobre o assunto; apenas darei algumas orientações. Se sua foto terminar em uma impressora, use 300 ppi. Ao imprimir em uma impressora a jato de tinta em um tamanho maior do que 8x10", eu uso 240 ppi. Para impressões menores do que 8x10" (vistas a uma distância muito próxima), tente 300 ppi. Se suas fotos só serão vistas na Web, você pode usar 72 ppi. (Aliás, a resolução apropriada é debatida diariamente em fóruns de discussão de Photoshop mundo afora, e todos têm suas próprias razões para que seu número esteja certo. Então, se você estiver entediado uma noite...)

Passo seis:
Quando você clica em OK e em Open Image no diálogo do Camera Raw, sua foto é processada com aquelas configurações e aberta no Photoshop (aqui está a foto processada no Photoshop com o diálogo Image Size aberto, veja as configurações). Essas configurações de fluxo de trabalho agora se tornam seus padrões, e você não precisa mexer mais neles, a não ser que: (a) queira escolher um tamanho diferente; (b) precise trabalhar em 16 bits; ou (c) precise mudar a resolução. Particularmente, eu trabalho no tamanho original tirado pela minha câmera, em modo de 8 bits, e a uma resolução de 240 ppi, de modo que raramente não preciso mudar essas opções de fluxo de trabalho.

Camera Raw — além do básico | Capítulo 3 | 91

Dicas matadoras de Photoshop

Não use o filtro de reduzir ruído no Photoshop
Você pode reduzir ruído em Photoshop CS5 usando os controles de Noise Reduction em Camera Raw, que são excelentes, e o filtro Reduce Noise em Photoshop (menu Filter, em Noise), que não é tão bom. Meu conselho: use somente a Noise Reduction no painel Detail do Camera Raw e evite usar o outro completamente.

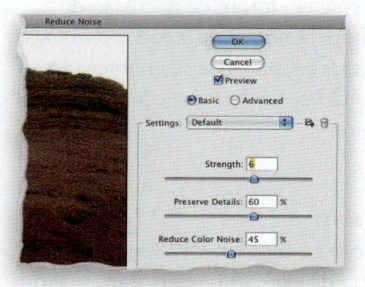

Evitando problemas de ruído
O ruído geralmente ocorre nas áreas sombreadas, então lembre disso sempre. Se abrir demais as sombras (usando o Fill Light, Blacks, ou o Exposure), o ruído que estava na imagem será aumentado. Se não pode evitar isso, não deixe de usar o Noise Reduction do Camera Raw para reduzir seu problema.

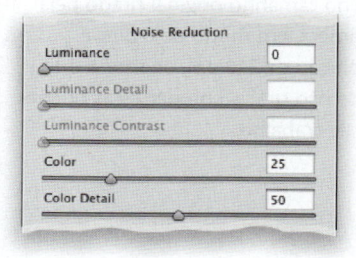

Se você está reduzindo o ruído, atualize a versão de processo
Se você editou uma imagem RAW em Camera Raw antes de se atualizar para o CS5, alguma redução de ruído foi aplicada à sua imagem automaticamente. O algoritmo Noise Reduction é totalmente diferente em CS5 (muito melhor), e para usá-lo você precisa ir ao painel Camera Calibration e, do menu pop-up Process no topo, escolher **2010 (Current)**, e a qualidade da redução de ruído que tinha aplicado salta para um novo nível de qualidade (ou só precisa clicar no ícone de ponto de exclamação no canto inferior à direita da área Preview).

Faça correções automáticas
O recurso de um clique de correção Auto melhorou no CS4 e ficou ainda melhor no CS5, quando foi adicionado o controle Fill Light para as ferramentas de correção que o botão Auto utiliza. Não é ótimo nem incrível, mas muito bom. Se você quer que o Camera Raw aplique automaticamente uma correção Auto para toda foto que você abrir (para ter um melhor ponto de partida na edição), clique no ícone Preferences na barra de ferramentas do Camera Raw (é o terceiro a partir da direita) e, na seção de Default Image Settings, abra a caixa de diálogo Aply Auto Tone. Agora, todas as imagens terão uma correção automática tão logo sejam abertas.

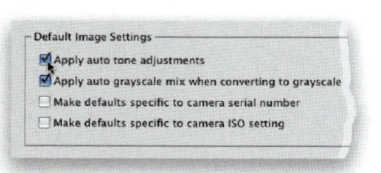

Designando um perfil de cor para sua imagem RAW
Quando fotografa em RAW, a câmera não embute um perfil de câmera na imagem (como faz em JPEG e TIFF). Você designa um perfil de câmera no Camera Raw, e, se estiver usando-o para toda a edição, e só estiver salvando seu arquivo como um JPEG para enviá-lo por e-mail ou postá-lo na Web, vai querer designar um perfil de cor que mantenha as cores como você as viu em Photoshop. Então você clica no link em azul abaixo da área Preview em Camera Raw. O diálogo Workflow Options abrirá e você escolherá qual perfil de cor será embutido na sua imagem (do menu pop-up Space). Se quiser enviar a imagem por e-mail, ou postá-la na Web, escolha **sRGB** como seu espaço de cor — assim, você manterá as cores o mais próximo do que você viu enquanto estava em Camera Raw (se deixou em ProPhoto RGB, ou Adobe RGB [1998], as cores na Web ou no e-mail provavelmente parecerão desbotadas).

Dicas matadoras de Photoshop

Faça um histograma para a parte mais importante de sua foto

Se você está editando um retrato em Camera Raw, a parte mais importante é a pessoa, mas o histograma em Camera Raw mostra-lhe uma leitura da imagem inteira (então, se você fotografou a pessoa com um fundo branco, ele não vai ajudar muito em determinar se o tom de pele está correto).
Então, pegue a ferramenta Crop (C) no histograma (no topo à direita da janela), e ele lhe mostrará uma leitura somente do que está dentro do "recorte" — o rosto da pessoa. Muito prático!

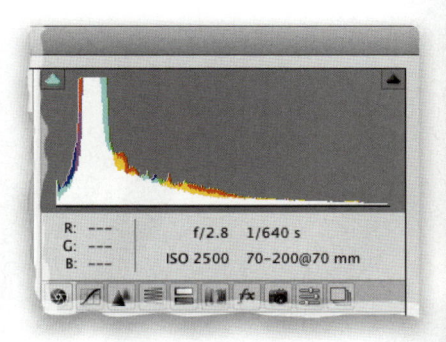

A lata de lixo escondida

Se você está se perguntando a razão de nunca ter visto um ícone Trash no Camera Raw (onde você pode clicar para apagar arquivos), a resposta é que ele só aparece quando você tem múltiplas janelas abertas ali (ele aparece no fim da barra de ferramentas). Clique nele, e ele marcará sua(s) imagem(ns) selecionada(s) para ser(em) apagada(s). Clique no botão Done, e ele apagará aquela imagem (ele a levará para o Trash em um Mac, ou Recycle Bin em um PC).

Clique com o botão direito do mouse para escolher seu zoom

Se você clicar com o botão direito do mouse diretamente na sua imagem na área Preview do Camera Raw, um menu pop-up com diferentes porcentagens de zoom aparecerá.

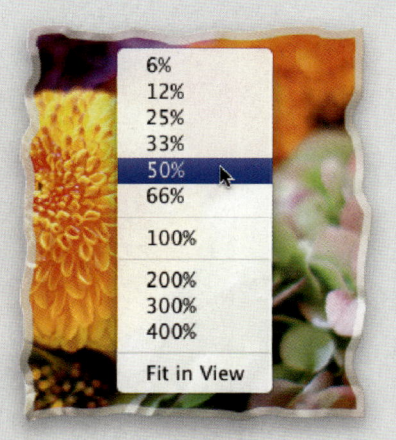

Encontrando rapidamente suas melhores imagens

Eu mencionei no Capítulo 2 que, se você tem múltiplas imagens abertas em Camera Raw, pode designar classificações de estrelas e rótulos para fotos como se estivesse no Mini Bridge (usando os mesmos atalhos). Mas uma dica pouco conhecida é que, se você pressionar e segurar a tecla Option (PC: Alt), o botão Select All no topo da tira de filme à esquerda muda para o botão Select Rated. Clique nele, e quaisquer imagens com classificação de estrela ou rótulo serão selecionadas, e você chegará rápido à sua imagem.

Girando suas imagens

Por fim, um atalho que faz todo sentido: para girar sua imagem à esquerda, pressione **L**; para girar à direita, pressione **R**. O legal é que uma vez que aprender um, você nunca esquecerá o outro.

Fotógrafo Scott Kelby | Velocidade de obturador: 1/160 sec | Distância focal: 165mm | Diafragma: *f*/11

Capítulo 4 Ferramenta de ajuste do Camera Raw

Ajuste de atitude
ferramenta de ajuste do Camera Raw

Quando fui procurar por músicas com a palavra "ajuste", rapidamente encontrei a canção do Aerosmith, "Attitude Adjustment",[1] que facilitaria a escolha para mim como fã do Aerosmith, mas não há como saber se o título a que estou me referindo é realmente a canção do Aerosmith, ou se escolhi secretamente outra canção dos artistas de hip-hop Trick Trick e Jazze Pha com o mesmíssimo título. Em iTunes, essa canção foi marcada com o rótulo Explícito, então achei que era melhor ouvir um trecho gratuito de 30 segundos primeiro, pois eu queria ter certeza de que não tinha escolhido uma canção que fosse explícita demais. Mas, enquanto ouvia, algo realmente inesperado aconteceu comigo, algo que não superei até hoje. A triste verdade é que eu não conseguia entender uma palavra do que eles diziam. Eu cheguei a tocar de novo duas vezes e estava esperando que os palavrões pulassem para cima de mim, mas eu mal conseguia compreender o que eles diziam. A canção simplesmente soava como um monte de barulho. Isso só pode significar uma coisa — eu estou velho. Eu lembro de tocar canções para meus pais quando era mais jovem, e lembro de minha mãe dizendo: "Eu não consigo entender uma palavra do que eles estão dizendo", e ela tinha aquele olhar irritado que apenas pessoas velhas que não conseguem entender uma palavra do que estão ouvindo podem ter. Mas desta vez era eu. Eu — este garotão bacana (pare de rir) — vivendo minha primeira experiência de "velho". Fiquei triste. Apenas fiquei ali sentado por um momento em um silêncio estupefato, e então disse: "♦&*$ ✶#!& ✿@# ★*%$#%". No mesmo instante, minha esposa enfiou a cabeça no quarto e disse: "Você está escrevendo letras de rap de novo?" Naquele momento eu me senti jovem novamente. Saltei da cadeira, impostei a voz e gritei: "♦*%$#% ✶%^$!". Minha esposa então disse: "Eu não consigo entender uma palavra do que você está dizendo". Cale-se!

---

[1] Título do capítulo na versão original: "Attitude Adjustment". (N. T.)

Adobe Photoshop CS5 | para fotógrafos digitais

Dodging, burning e ajustando áreas individuais de sua foto

Um dos meus recursos favoritos no Camera Raw é a capacidade de fazer ajustes não destrutivos para áreas individuais de suas fotos (a Adobe chama isso de "correções localizadas"). A maneira com que eles adicionaram esse recurso é inteligente demais, e, embora ele seja diferente do que usar um pincel em Photoshop, eu aposto que há alguns de seus aspectos dos quais você vai gostar mais. Vamos começar com *dodging* e *burning*, mas acrescentaremos mais opções à medida que avançarmos.

Passo um:

Primeiro, faça todas as suas edições regulares para a sua foto (Exposure, Recovery, Blacks etc.). Em seguida, clique na ferramenta Adjustment Brush na barra de ferramentas no topo da janela do Camera Raw (como mostrado aqui) ou apenas pressione a letra **K** em seu teclado. Quando fizer isso, um painel de Adjustment Brush aparecerá do lado esquerdo da janela com todos os controles para usar o Adjustment Brush (visto aqui). Neste exemplo, queremos equilibrar a luz total escurecendo (*burning*) partes da estação (que estão recebendo sol direto), e então clareando (*dodging*) todo o lado esquerdo da estação que está na sombra. Com o Pincel de Ajuste, você pode escolher que tipo de ajuste quer primeiro, e então começar a pintar. Ele funciona da seguinte maneira: você estima mais ou menos quanto de ajuste acha que vai querer. Então, se, após ter pintado sobre a área, achar que ela precisa de mais (ou menos) ajuste, você pode simplesmente arrastar o controle deslizante (como se estivesse editando).

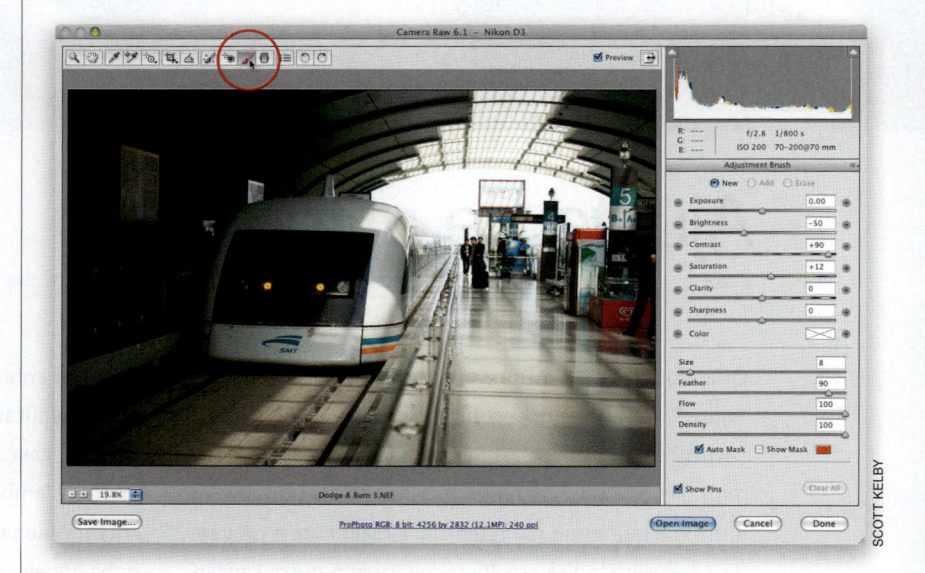

Passo dois:
Vamos começar clareando o lado esquerdo da estação. Clique no botão + à direita do controle deslizante Brightness, que configura todos os outros para 0 e aumenta o Brightness para +25 (clicando no botão de - à esquerda dele, zera tudo, mas configura o Brightness para -25). Vá em frente: clique três vezes no botão + para aumentá-lo para +100, e comece pintando sobre o lado esquerdo da estação (como mostrado aqui). À medida que pinta, ele clareia as áreas de meio-tom pintadas. Repito, você não tem de saber exatamente quão mais clara deve ficar a exposição, pois poderá mudá-la depois movendo o Brightness (mais sobre isso em um momento).

Passo três:
Agora queremos clarear a frente do trem, mas também controlar o brilho separadamente do lado esquerdo da estação. Para isso, clique no botão New (circulado aqui em vermelho), o Brightness para 82, e comece a pintar sobre a parte esquerda da frente do trem (mostrada aqui). Dê uma olhada no telhado que você pintou no passo anterior. Está vendo aquele alfinete branco no teto? Representa seu primeiro ajuste — pintura do teto. Já o alfinete verde representa o que você está editando agora — o trem. Então, se mover o Brightness agora, ele afetará somente o brilho da área. Se quiser ajustar o telhado, clique no alfinete branco, e ele ficará verde, avisando-o que esta é a área ajustada agora, e, quando você mover o Brightness, ele só afetará o telhado.

Continua

Passo quatro:

Agora, vamos escurecer a plataforma à direita. Clique no botão New novamente, então clique duas vezes no botão - à esquerda do Brightness, para que todos os controles deslizantes sejam zerados e o Brightness fique -50. Então, comece pintando o lado direito da estação e, à medida que faz isso, ele começa a escurecer (*burining*) essas áreas. Eu só pintei o chão, os trilhos do lado direito, a parte frontal à direita e o lado do trem em si.

DICA: Pincéis incrementam a cor

Por padrão, o pincel é projetado para incrementar a cor à medida que pinta, então, se pintar sobre uma área mas não estiver escura o suficiente, passe mais uma vez o pincel sobre ela. Esse montante a mais é controlado pelos controles deslizantes Flow e Density, na parte inferior do painel. O Density simula a maneira com que os recursos de pulverizadores de tinta do Photoshop trabalham com as ferramentas Brush, mas o efeito é tão sutil aqui que dificilmente mudo sua configuração padrão de 100.

Passo cinco:

O montante -50 para o lado direito da estação de trem parece um pouco escuro demais, então arraste o Brightness para a direita até -40. Isto é o que eu quero dizer sobre ajustar o valor após o fato. Você pode fazê-lo com qualquer seção que tenha pintado — basta clicar no alfinete que representa aquela área, e ela ficará verde para avisá-lo de que está ativa, então os controles são configurados de acordo com o modo que você os configurou para aquela área, e, assim, você pode alterá-los.

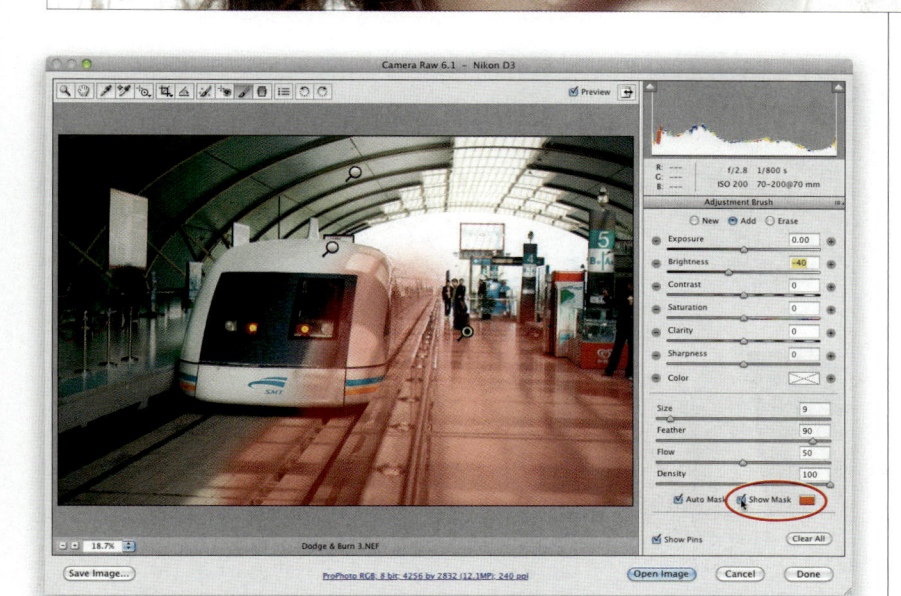

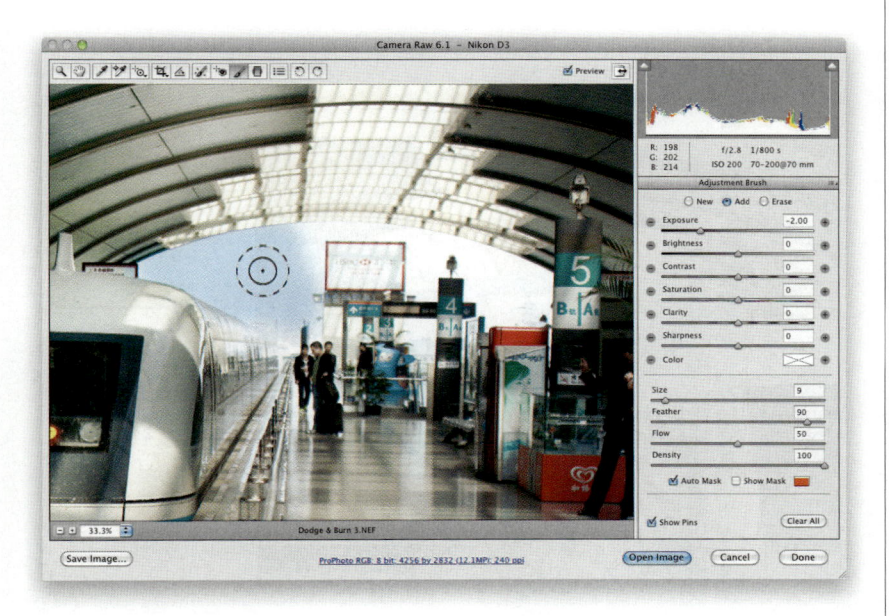

Passo seis:

Mas como você vai saber se realmente pintou sobre toda a área que você queria ajustar? Como vai saber se deixou passar um ponto? Bem, se abrir a caixa de diálogo Show Mask na parte inferior do painel, ela jogará um sombreado vermelho sobre a área que você pintou (como visto aqui), de maneira que você poderá ver se perdeu alguma coisa (você pode mudar a cor da cobertura de máscara clicando no quadro de cor à direita da caixa de diálogo). Se não quiser acionar esse recurso o tempo todo, basta passar o cursor sobre qualquer alfinete, e ele lhe mostra temporariamente a respectiva área com máscara. Agora que você sabe onde pintou, poderá voltar e pintar sobre quaisquer áreas que tenha deixado passar.

Passo sete:

Agora, vamos liberar um pouco mais do poder do Adjustment Brush. O céu atrás do trem parece um tanto branco, então, clique no botão New, e depois quatro vezes no botão - à esquerda de Exposure para escurecer bastante as partes muito claras. Certifique-se também de que a caixa de diálogo de Auto Mask esteja marcada (na parte inferior do painel). Agora, você não precisa se preocupar demais com o risco de pintar acidentalmente sobre o trem, pois o Autor mask percebe onde estão as bordas do que você está pintando (baseado na cor), e o ajuda a não derramar tinta fora da área que está tentando afetar. O segredo é ter certeza de que a pequena mira no centro do pincel não toque nenhuma área que você não queira pintar. Então, pinte sobre o céu com Exposure configurada para -2, e, desde que você não deixe aquela mira tocar nada a não ser o céu, pintará somente sobre ele.

Continua

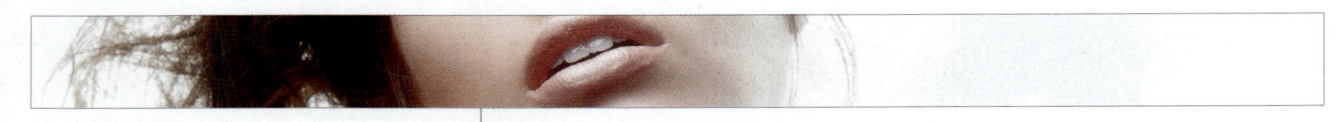

Passo oito:

Pinte sobre o resto do céu (mas reduza o tamanho do pincel um pouco para chegar àquelas áreas mais estreitas). Lembre-se, não há problema se as bordas do pincel se estenderem sobre o telhado e o trem etc. — só não deixe a mira central tocar qualquer uma dessas áreas. Além de clarear e escurecer áreas (*dodging* e *burning*), o Adjustment Brush possibilita você adicionar outros ajustes, como o de Clarity ou Sharpness, sobre as áreas que quiser. Por exemplo, arraste o Brightness para -13 para escurecer o céu, então arraste o Saturation para a direita (+27) para adicionar mais azul (como visto aqui. Para ajustes múltiplos, arraste os controles, e não clique nos botões + ou -). Estes são adicionados ao seu ajuste de Exposure original.

Passo nove:

Para mudar a cor do céu (sua área atualmente ativa), clique no quadro Color (logo abaixo do Sharpness), e um Color Picker aparecerá (visto aqui). Clique na cor que deseja (eu cliquei na cor azul de céu), e ele a adicionará para sua área selecionada, que, neste caso, adiciona mais azul ao céu. Você pode ajustar a intensidade da cor com o Saturation na parte inferior do Color Picker.

DICA: Escolhendo o que editar

Se você tem múltiplos alfinetes, e arrasta um controle, o Camera Raw ajusta qualquer alfinete ativo (o alfinete cheio com verde e preto). Então, para escolher qual ajuste quer editar, clique primeiro no alfinete para selecioná-lo e, depois, faça as mudanças.

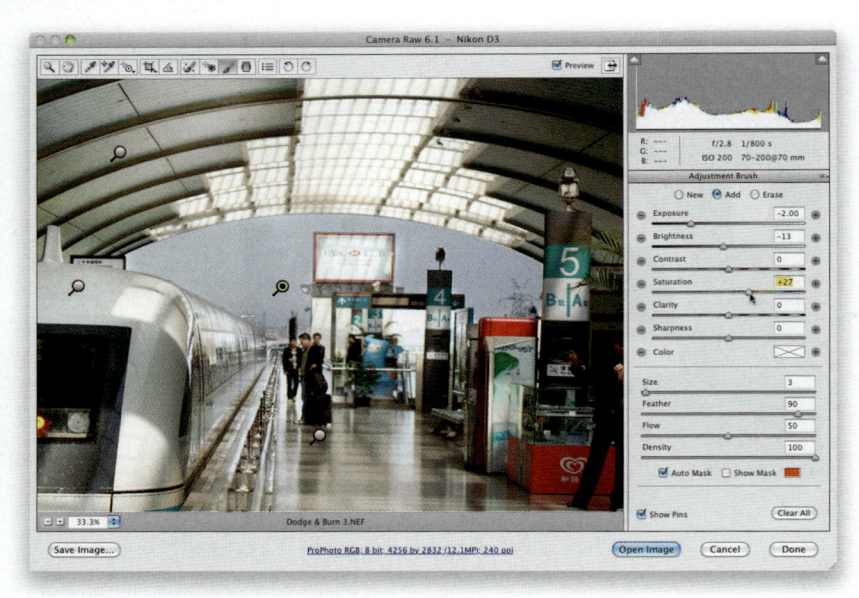

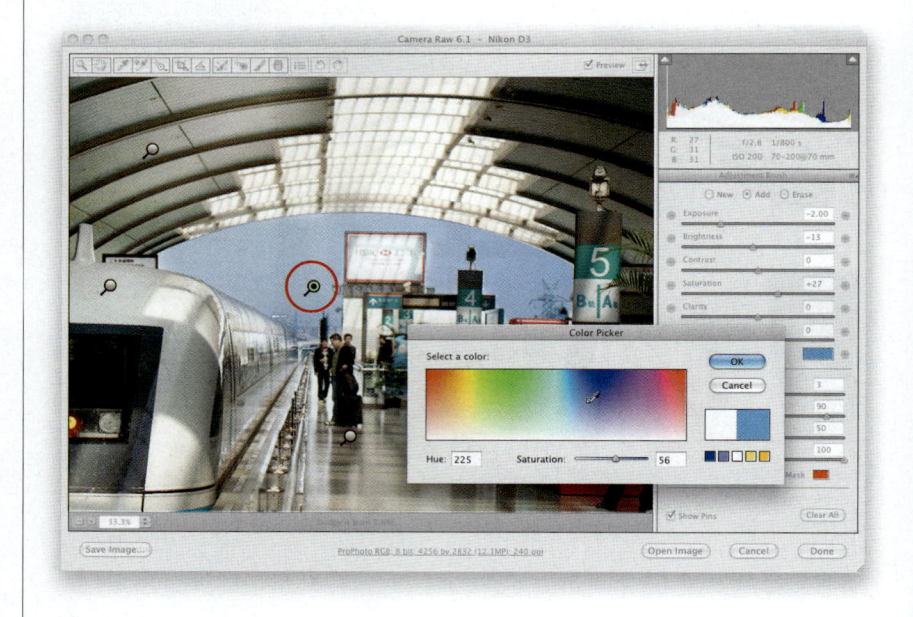

Adobe Photoshop CS5 | para fotógrafos digitais

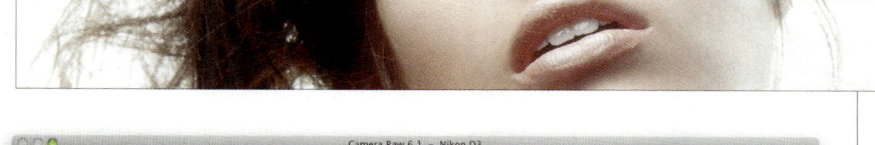

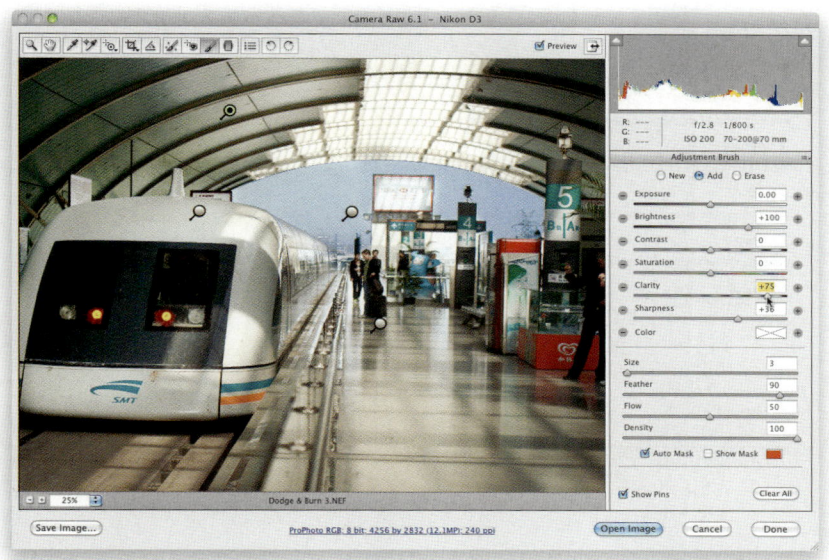

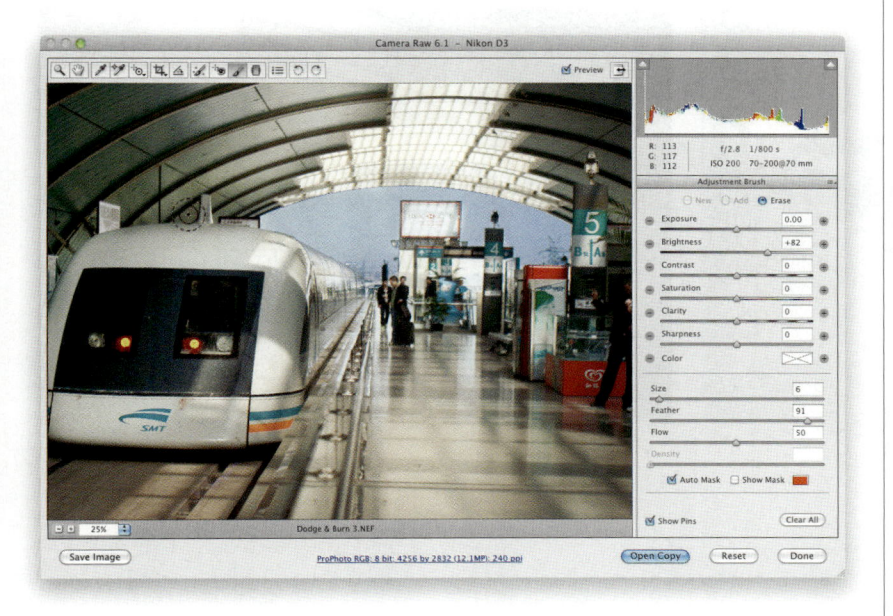

Passo dez:
Agora que nós temos alguns alfinetes no lugar, vamos trocar para um alfinete diferente e mexer naquela área. Clique no alfinete no telhado do lado esquerdo da estação. Agora, aumente o montante de Clarity para +75 e, então, aumente o de Sharpness para +36.

DICA: Apagando ajustes
Se você quer apagar qualquer ajuste que tenha feito, clique no alfinete do ajuste para selecioná-lo (o centro do pino fica preto), então pressione a tecla Delete (PC: Backspace) em seu teclado.

Passo onze:
Se você comete um erro (como um respingo) e acidentalmente pinta sobre uma área que não quer, você pode apagar clicando no botão Erase, no topo do painel, e pintar sobre a área, ou simplesmente pressionando e segurando a tecla **Option (PC: Alt)**, que temporariamente troca o pincel para o modo Erase. Por exemplo, eu movi meu cursor sobre o alfinete no trem para conferir como estava minha pintura, e, quando a máscara vermelha apareceu, pude ver que havia pintado acidentalmente um pouco sobre o topo do trem, então cliquei naquele alfinete, em seguida segurei a tecla Option e pintei sobre aquela área (como mostrado aqui) até apagar a área respingada.

Continua

Ferramenta de ajuste do Camera Raw | Capítulo 4 | 101

Passo doze:
Aqui, temos mais algumas questões a respeito do Adjustment Brush que você vai querer saber: o controle deslizante Feather controla a suavidade que terão as bordas do pincel — quanto mais alto o número, mais suave o pincel (eu pinto com um pincel suave em torno de 90% das vezes). Para um pincel com bordas duras, configure o controle deslizante Feather para 0. O controle deslizante Flow controla o montante de tinta que sai do pincel (eu deixo o fluxo configurado em 50 na maioria das vezes).

Abaixo temos um antes/depois que mostra como podem ser úteis os recursos de dodging e burning com o Adjustment Brush.

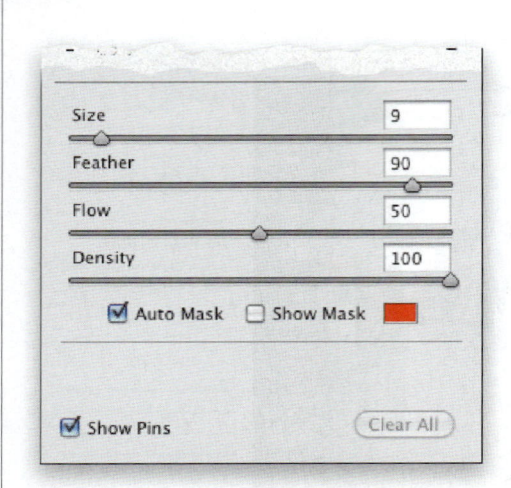

Antes   *Depois*

Adobe Photoshop CS5 | para fotógrafos digitais

Retocando retratos em Camera Raw

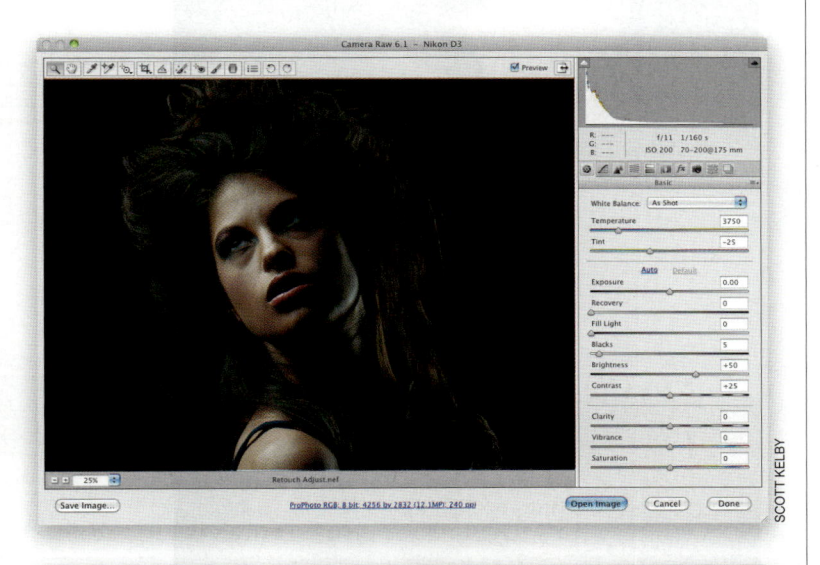

Uma das principais funções do Photoshop sempre foi retocar retratos, mas agora, usando a ferramenta Spot Removal, junto com o Adjustment, podemos fazer uma série de trabalhos de retoque simples aqui mesmo no Camera Raw, onde eles são completamente não destrutivos e surpreendentemente flexíveis.

Passo um:
No retrato mostrado aqui, precisamos realizar alguns consertos básicos primeiro (o balanço de branco, por exemplo, está bastante equivocado); então, faremos três retoques: (1) clarear e dar mais brilho aos olhos da modelo, (2) remover quaisquer manchas e suavizar sua pele e (3) deixar seus olhos e cílios mais nítidos. Estas são questões que resolveríamos no Photoshop, mas agora podemos fazer todas as três aqui no Camera Raw. Vamos começar consertando o balanço de branco primeiro, então faremos o retoque. A primeira imagem mostra o balanço de branco As Shot, que está azul demais. Do menu pop-up White Balance, escolha Flash (tendo em vista que a foto foi tirada com um flash de estúdio), o que elimina o azul, mas, para esta foto em particular, acho que a deixa quente demais (amarela), então arraste o controle deslizante Temperature para a esquerda um pouco (como mostrado na imagem de baixo) até que os tons de pele pareçam melhores (não tão amarelados). Em seguida, vamos fazer alguns retoques, e vamos começar clareando os brancos dos olhos dela.

Continua

Passo dois:
Primeiro, selecione a ferramenta Zoom (**Z**) na barra de ferramentas e clique na imagem para aumentar o zoom e permitir ver os olhos claramente. Agora pegue o Adjustment Brush (**K**), e, no painel à direita, clique três vezes no botão + à direita do Brightness para aumentar o montante de brilho para +75. Escolha um tamanho de pincel pequeno, usando o controle deslizante Size, e pinte os brancos dos olhos dela (como mostrado aqui) e também suas íris, para clareá-las. Se eles parecerem claros demais, podemos baixar o Brightness depois.

Passo três:
Em seguida, vamos remover algumas imperfeições faciais. Faça um zoom próximo da área em que encontrar imperfeições e pegue a ferramenta Spot Removal (**B**; seu ícone parece com um pincel com centelhas em torno dele, e está circulado em vermelho aqui). Isso abre o painel de opções Spot Removal, e você só precisa ter certeza de que o menu pop-up Type está configurado para **Heal** (em vez de Clone). Agora, clique diretamente na imperfeição que deseja remover, e pronto. Quando o fizer, um pequeno círculo vermelho vai aparecer e aumentará seu tamanho à medida que você o arrastar. Faça este círculo vermelho um pouco maior do que a imperfeição e, então, solte o botão do mouse. Outro círculo verde aparecerá mostrando onde ele está buscando pele para reparar sua imperfeição. Se, por alguma razão, não for um bom pedaço de pele (e seu retoque não ficar bom), clique no segundo círculo, arraste-o para outra área próxima, e ele vai buscar uma amostra naquela área de pele. Continue e remova todas as imperfeições.

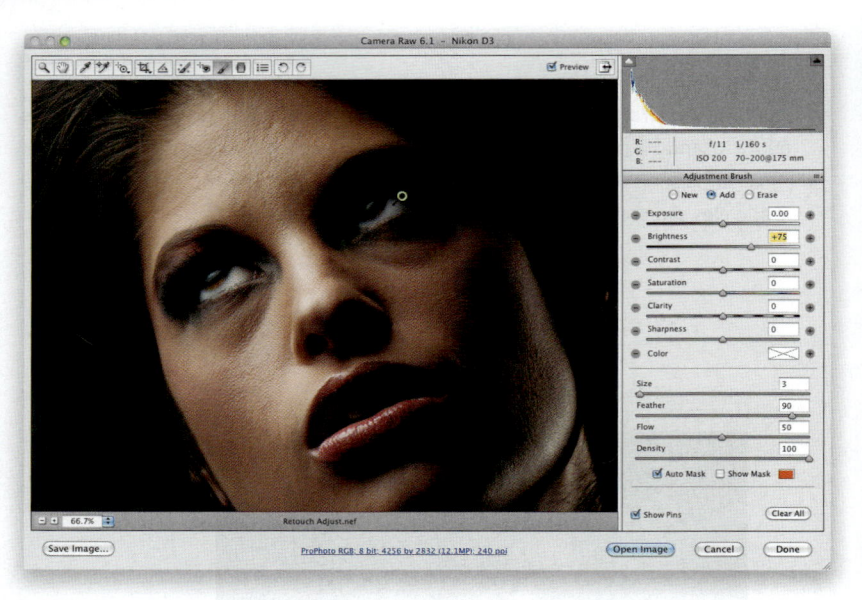

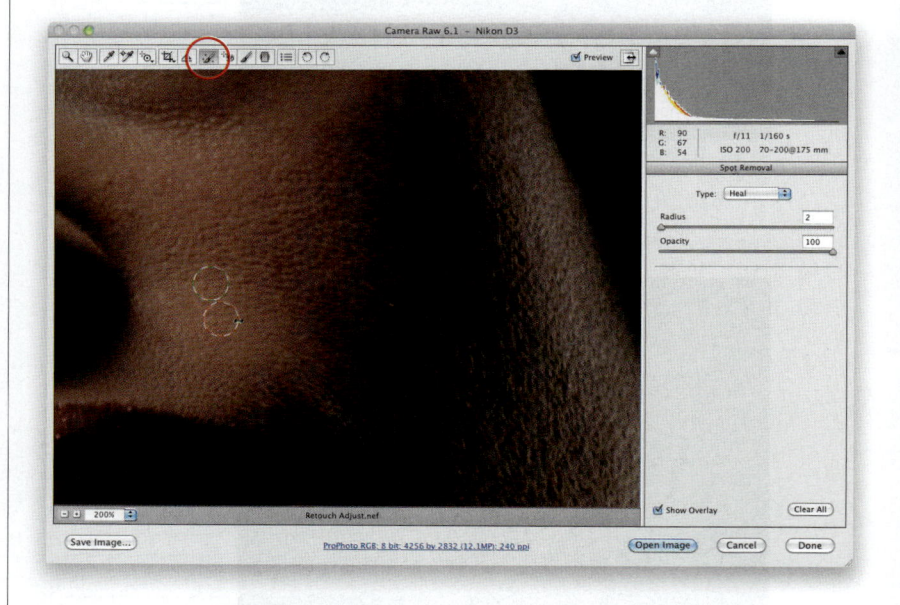

Passo quatro:
Volte para o Adjustment Brush e clique quatro vezes no botão - (sinal de menos) ao lado do Clarity para configurar o montante de Clarity em -100 (isto é chamado de "Clarity negativo" por pessoas que adoram dar nomes para tudo). Aumente o tamanho de seu pincel (usando o Size ou a **tecla de Colchete Direito** em seu teclado) e, então, pinte a pele da modelo para suavizá-la, mas tenha cuidado com as áreas que devam permanecer nítidas e tenham muitos detalhes, como as sobrancelhas, os cílios, os lábios, as narinas, o cabelo etc. (como mostrado aqui). Por fim, clique no botão New, configure o Sharpness para +100 e Clarity para +25 e pinte sobre as íris dos olhos e os cílios para deixá-los mais nítidos e vívidos, o que completa o retoque (um antes/depois é mostrado abaixo).

Antes

Depois

Consertei o balanço de branco para ambas as imagens, mas na foto Depois, o branco e as íris dos olhos dela estão mais claros, suas imperfeições foram removidas, sua pele foi suavizada, e a nitidez de suas íris e seus cílios foi incrementada.

Ferramenta de ajuste do Camera Raw | Capítulo 4 | 105

Consertando céus (e outras coisas) com o filtro graduado

O Graduated Filter (que atua mais como uma ferramenta) deixa que você recrie o visual de um filtro de gradiente de densidade neutra (trata-se de filtros de plástico ou vidro que são escuros no topo e então ficam gradualmente transparentes abaixo). Eles são populares com fotógrafos de paisagens porque proporcionam uma foto com um primeiro plano perfeitamente exposto, ou um céu perfeitamente exposto, mas não ambos. Entretanto, como a Adobe implementou esse recurso, você pode usá-lo para muito mais do que apenas efeitos de gradiente de densidade neutras (apesar de que este provavelmente ainda será seu uso principal).

Passo um:
Comece selecionando Graduated Filter (**G**) na barra de ferramentas (ela é mostrada circulada em vermelho aqui). Quando você clica nela, seu painel de opções aparece (mostrado aqui) com um conjunto de similares aos que você pode aplicar com o Adjustment Brush. Vamos repetir o visual de um filtro de gradiente de densidade neutra tradicional e escurecer o céu. Comece arrastando o controle Exposure para a esquerda, ou clique duas vezes no botão - para chegar a -1.00 (como visto aqui).

Passo dois:
Pressione e segure a tecla Shift (para manter seu gradiente reto), clique no ponto central do topo de sua imagem e o arraste até alcançar o topo do bosque de árvores (como mostrado aqui). Em geral, você deve parar de arrastar o gradiente antes que ele alcance a linha de horizonte, ou ele começará a escurecer seu primeiro plano apropriadamente exposto. Você pode ver o efeito de escurecimento que ele tem sobre o céu, e a foto já parece mais equilibrada. *Nota*: basta soltar a tecla Shift para arrastar o gradiente em qualquer direção.

Adobe Photoshop CS5 | para fotógrafos digitais

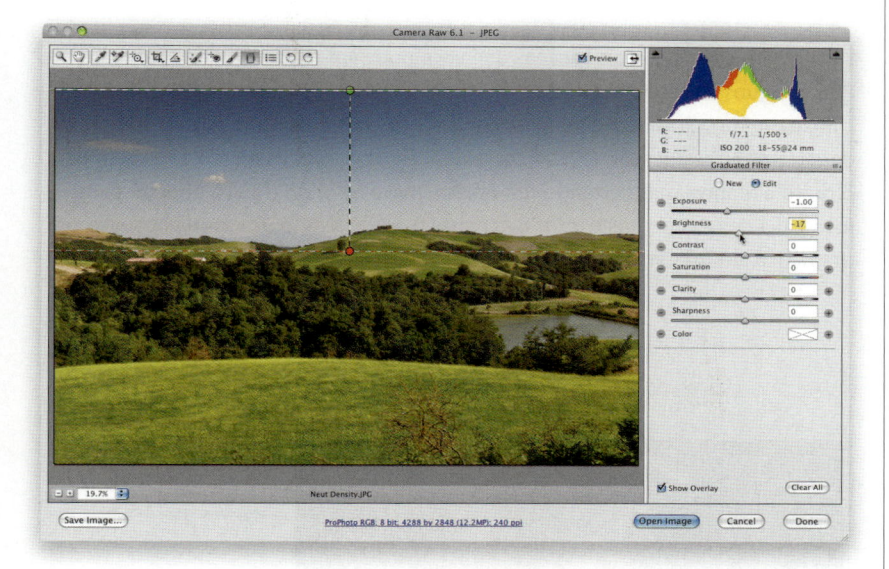

Passo três:
O alfinete verde mostra o topo de seu gradiente; o vermelho mostra a parte de baixo. Aqui, o céu poderia ficar um pouco mais escuro, então arraste o Brightness (meios-tons) um pouco para a esquerda para escurecer os meios-tons no céu (não clique nos botões + ou -, ou isso reconfigurará o controle Exposure para 0). O bacana nesta ferramenta é que, como o Adjustment Brush, depois de arrastar o Graduated Filter, é possível adicionar efeitos para a mesma área. Para um céu mais azul, clique no quadro Color, e quando o Color Picker aparecer, clique na cor azul para completar seu efeito.

DICA: Dicas de gradiente
Você pode reposicionar seu gradiente — clique e arraste para baixo sobre a linha conectando os alfinetes verde e vermelho para movê-lo todo para baixo. Clique e arraste qualquer um dos alfinetes para girá-lo assim que estiver no lugar. Você também pode ter mais de um gradiente (clique no botão New no topo do painel) e, para apagar um gradiente, clique nele e pressione a tecla Delete (PC: Backspace).

Antes

Depois

Ferramenta de ajuste do Camera Raw | Capítulo 4 | 107

Adobe Photoshop CS5 | para fotógrafos digitais

Efeitos especiais usando Camera Raw

Há alguns efeitos especiais bacanas que você pode aplicar do próprio Camera Raw, e alguns deles são mais fáceis de conseguir aqui do que no Photoshop com camadas e máscaras. A seguir, temos dois efeitos especiais populares na fotografia de retratos e casamentos: (1) chamar a atenção para algo, passando a imagem para o preto e branco, mas deixando um objeto-chave colorido (muito popular para fotografia de casamentos e fotos de crianças), e (2) criando um spotlight suave, dramático, ao "pintar com luz".

Passo um:

Para o primeiro efeito (em que fazemos uma parte da imagem se sobressair ao deixá-la colorida, e o resto em preto e branco), devemos configurar o Adjustment Brush para que pinte em preto e branco. Comece acionando o Adjustment Brush (**K**); em seguida, no painel de opções do Adjustment Brush, clique quatro vezes no botão - (sinal de menos) à esquerda de Saturation para configurar o pincel para -100 de saturação. Por que apenas não arrastamos o controle deslizante totalmente até a esquerda? Porque, ao clicar nele primeiro, todos os outros controles deslizantes são zerados, assim não ajustamos acidentalmente outro recurso ao mesmo tempo.

Passo dois:

Em breve, vamos pintar sobre a maior parte da imagem, o que será feito muito mais rápido se a caixa de diálogo Auto Mask perto da parte de baixo do painel estiver fechada (para não ficar tentando detectar bordas à medida que pinta). Deixe seu pincel em um tamanho grande (arraste o Size para a direita ou pressione a **tecla de Colchete Direito**), e pinte maior parte da imagem, mas certifique-se de não se aproximar demais da área em torno do buquê, como mostrado aqui, onde deixei cerca de ½ de área intocada.

108 | Capítulo 4 | Ferramenta de ajuste do Camera Raw

Adobe Photoshop CS5 | para fotógrafos digitais

Passo três:

Agora, faça duas coisas: (1) torne o tamanho de seu pincel menor, e (2) abra a caixa de diálogo Auto Mask. O recurso de Auto Mask é de fato o que faz tudo isso funcionar, porque se certifica de que você não tornará acidentalmente preto e branco o objeto na imagem que deve permanecer colorido, desde que siga uma regra simples: não deixe aquela pequena mira de sinal positivo no centro do pincel tocar a parte dever permanecer colorida (em seu caso, é o buquê de flores). Tudo que aquela mira toca fica preto e branco (porque nós baixamos o Saturation para -100), então seu trabalho é pintar próximo das flores, mas não deixe a mira de fato tocar as flores. Não importa se as bordas do pincel (os anéis circulares) se estendem sobre as flores (na realidade, eles terão de fazer isso para chegar bem próximos), mas só não deixe aquela pequena mira as tocar. Isso funciona incrivelmente bem (você só tem de tentar e verá por si mesmo).

Passo quatro:

Aqui, pintamos até bem próximo do buquê e, no entanto, as flores e folhas verdes ainda estão coloridas, porque fomos cuidadosos para não deixar a mira se perder sobre as flores. Ok, agora vamos usar uma técnica similar de uma maneira distinta para criar um efeito diferente usando a mesma imagem. Comece pressionando a tecla Delete (PC: Backspace) para se livrar deste alfinete de ajuste e comece do início, com a imagem colorida original.

Continua

Passo cinco:
Aqui, temos a imagem totalmente colorida novamente. Pegue o Adjustment Brush e clique no botão - ao lado de Exposure para zerar tudo. Depois, arraste o Exposure para cerca de -1,35 e o Brightness para aproximadamente -45, como mostrado aqui.

Passo seis:
Feche a caixa de diálogo Auto Mask, e, usando um pincel grande, pinte a imagem inteira (como mostrado aqui) para escurecê-la bastante.

Adobe Photoshop CS5 | para fotógrafos digitais

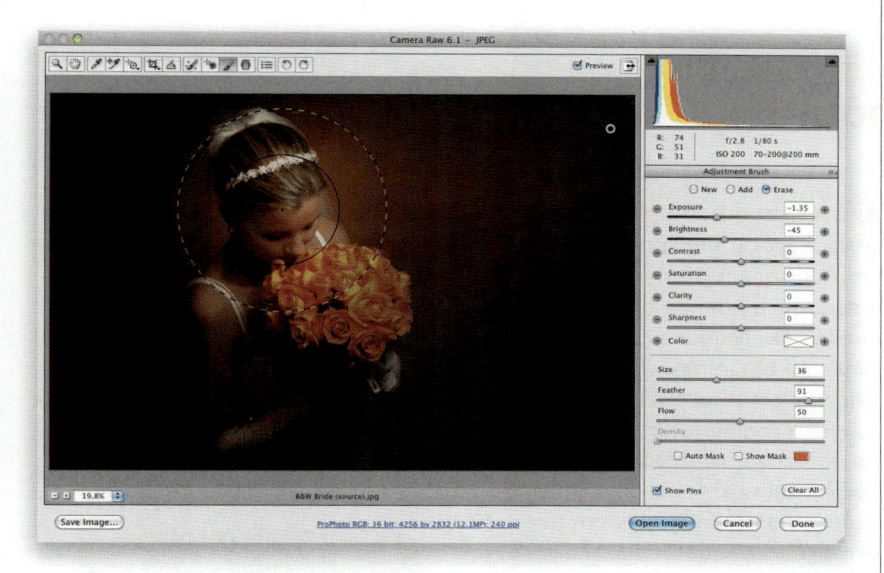

Passo sete:
Agora, clique no botão Erase no topo do painel de opções Adjustment Brush (ou pressione e segure a **tecla Option [PC: Alt]** para temporariamente trocar a ferramenta Erase), configure seu pincel para um tamanho de pincel muito grande (como o mostrado aqui), configure o montante de Feather (suavidade) para em torno de 90, e, então, clique uma vez na área que você quer clarear com um spotlight suave (como fiz aqui — cliquei na testa da noiva). O que você está fazendo é, essencialmente, revelar a imagem original apenas neste ponto específico, ao apagar o escurecimento que adicionou no passo anterior.

Passo oito:
Clique mais algumas vezes na imagem, talvez movendo-a para baixo ½" aproximadamente, para revelar somente as áreas onde você quer que a luz apareça, e terminará com a imagem que você vê aqui como o efeito final.

Ferramenta de ajuste do Camera Raw | Capítulo 4 | 111

Adobe Photoshop CS5 para fotógrafos digitais

Dicas matadoras de Photoshop

Pintando um Gaussian blur
Ok, tecnicamente não é um Gaussian blur, mas no Camera Raw CS5, você pode pintar com um efeito de desfoque baixando o Sharpness (no painel Adjustment Brush) abaixo de 0 (eu iria até -100 para conseguir um visual tipo Gaussian blur). Isto é prático quando adicionar um desfoque a um plano de fundo para o visual de profundidade de campo mais rasa, ou por qualquer outro motivo.

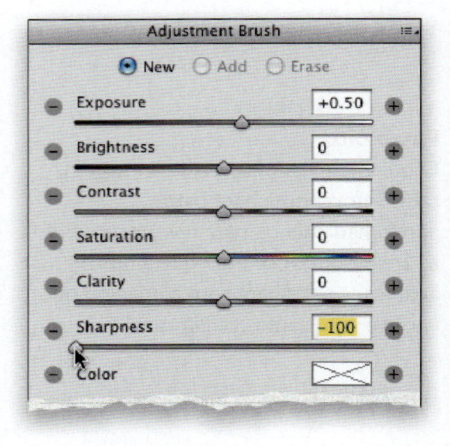

Por que há dois cursores
Quando você usa o Adjustment Brush, pode ver que há dois cursores de pincel exibidos ao mesmo tempo, um dentro do outro. O menor mostra o tamanho do pincel que você escolheu; o maior (círculo pontilhado) mostra o tamanho de feather (suavidade) que você aplicou ao pincel.

Ajustes em dose dupla
Se você aplicar um ajuste com um Adjustment Brush e arrastar o controle deslizante bem para a direita, mas não for suficiente, apenas clique no botão New (no topo do painel) e pinte sobre essa área com a mesma configuração de novo. Ele vai dobrar a quantidade do ajuste (o que é ótimo para aqueles efeitos de alto contraste em roupas, em que se exagera cada dobrinha, alta luz e sombra).

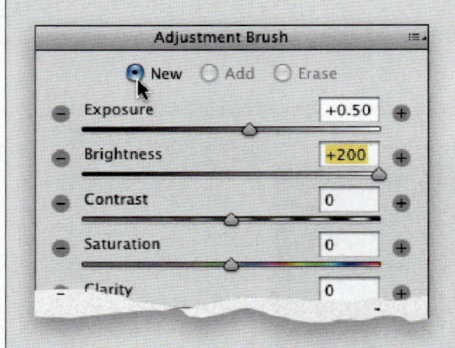

Como configurar a cor para nenhuma
Uma vez escolhida a cor com o Color Picker do Adjustment Brush, reconfigurar a cor para None (sem cor) não é algo simples de se fazer. O truque é clicar no quadro Color (no meio do painel de opções do Adjustment Color) para reabrir o Color Picker, e, então, arrastar o Saturation para 0. Agora, você verá o X sobre o quadro Color, o que significa que ele está configurado para None.

Escondendo os alfinetes de edição
Para esconder os alfinetes de edição que aparecem quando usa o Adjustment Brush, pressione a **tecla V** do teclado (ela liga/desliga a visibilidade do alfinete).

Pintando linhas retas
Se quer pintar uma linha reta usando o Adjustment Brush, pode usar o mesmo truque usado com a ferramenta Brush do Photoshop: clique uma vez onde quer que a linha comece, pressione e segure a tecla Shift, então clique uma vez onde deseja que a linha reta termine, e o Adjustment Brush traçará uma linha reta entre os dois. É muito prático quando se trabalha em bordas duras, como a borda de um prédio que encontra o céu.

Salve um ponto para dar "um salto de volta"
Se está familiarizado com o painel History do Photoshop, e como fazer um instantâneo em qualquer estágio de sua edição de maneira a voltar para aquele visual com um clique, bem... você pode fazer isso

Dicas matadoras de Photoshop

no Camera Raw, também! Você pode salvar um instantâneo enquanto está em qualquer painel pressionando **Command-Shift-S (PC: Ctrl-Shift-S)**. Então, pode voltar ao visual anterior, clicando nele no painel Snapshots.

Começando bem do início
Se adicionou muitos ajustes usando o Adjustment Brush e se concluiu que quer recomeçar, não precisa clicar em cada um dos alfinetes de edição e pressionar a tecla Delete (PC: Backspace). Em vez disso, clique no botão Clear All no canto inferior à direita do painel de opções do Adjustment Brush.

Mudando o tamanho do pincel com seu mouse
Se clicar e segurar com o botão direito do mouse o Adjustment Brush no Camera Raw, verá uma pequena seta de duas cabeças no meio do pincel, informando que pode arrastá-lo de um lado para o outro para mudar o tamanho do Adjustment Brush (arraste para a esquerda para deixá-lo menor e para a direita para torná-lo maior).

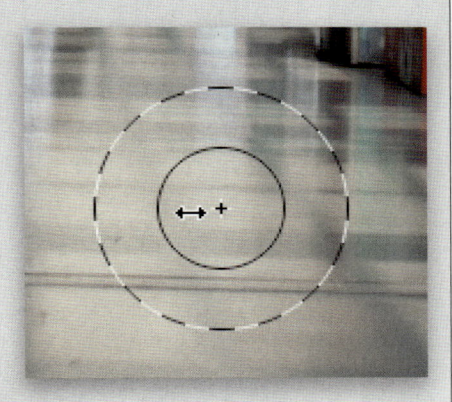

Vendo a tinta enquanto você pinta
Em geral, quando você pinta com o Adjustment Brush, pode ver o ajuste (então, se você está escurecendo uma área, à medida que pinta, ela se torna mais escura), mas, se estiver fazendo um ajuste sutil, pode ser um pouco difícil notar o que está pintando (e se está respingando sobre uma área que não deveria). Se este for o caso, abra a caixa de diálogo Show Mask (perto da parte inferior do painel Adjustment Brush). Ele colore pinta em branco (a cor de máscara-padrão, que você pode mudar clicando no quadro de cor à direita da caixa de diálogo), então você pode ver exatamente a área que é afetada. Quando terminar, pressione a **tecla Y** para fechar a caixa de diálogo Show Mask. Vale a pena tentar.

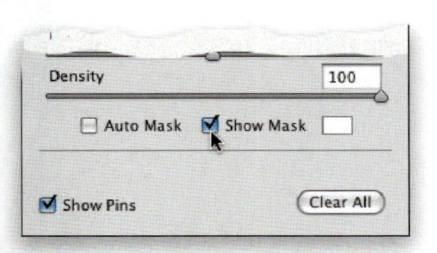

Adicione seus próprios quadros de cores
Quando clica no quadro Color no painel de Adjustment Brush, vê que há cinco quadros de cores no canto inferior à direita do Color Picker. Eles estão ali para você salvar suas cores mais usadas e ficarão a um clique de distância. Para adicionar uma cor aos quadros, escolha uma do gradiente de cores, então pressione e segure a tecla Option (PC: Alt) e, quando mover seu cursor sobre qualquer um dos cinco quadros de cores, o cursor mudará para um balde de tinta. Em seguida, clique em qualquer um dos quadros para adicionar a cor selecionada atualmente.

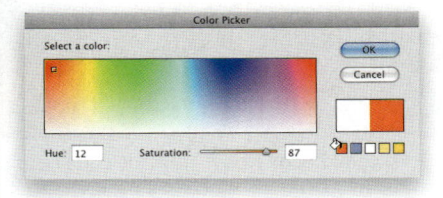

Fotógrafo Scott Kelby | Velocidade de obturador: 1/100 sec | Distância focal: 75mm | Diafragma: ƒ/4.4

O grito do corte
como redimensionar e cortar fotos

Eu adoro o título deste capítulo — é o nome de um álbum[1] da banda Soulfarm (diga-me que Soulfarm não daria um ótimo nome para um filme de horror!). De qualquer maneira, eu também descobri uma banda chamada Cash Crop, que daria um grande título também, mas, quando olhei para o seu álbum, todas as canções eram marcadas com o aviso de Explícito. Eu ouvi um trecho gratuito de 30 segundos da primeira canção (que apareceu na trilha sonora original do filme *Sorority Row*), e imediatamente sabia que tipo de música eles faziam. Música picante, picante mesmo. De qualquer maneira, enquanto eu ouvia e me encolhia de tempos em tempos enquanto os palavrões espocavam à minha volta, eu me dei conta de que alguém na loja da iTunes deve ter a função em turno integral de ouvir cada canção e escolher seu trecho gratuito de 30 segundos. Imagino que, a esta altura, esta pessoa tem de ser 100% indiferente a toda sorte de palavrões e xingamentos (e quem sabe tenha condições de ser a babá de Joe Pesci). Mas estou me perdendo aqui. O título "O grito do corte" (que daria um grande título para um filme sobre uma plantação de milho amaldiçoada) é quase ideal para este capítulo, exceto pelo fato de que aqui também há a questão do redimensionamento. Então, pensei, mas que chato, e procurei por "redimensionar" e encontrei uma canção chamada "Undo Resize" do artista de música eletrônica e DJ, Yanatz Ft. The Designers, e trata-se literalmente de uma música ambiente de 8 minutos e 31 segundos de duração com duas mulheres de sotaque europeu sussurrando os nomes dos comandos de menu dos produtos Adobe. Coisas como, "Select All", "Fill", "Distort", "Snap to Grid" e por aí afora. Não estou inventando isto (ouça o trecho gratuito de 30 segundos disponibilizado). Custava apenas $0.99, o que é uma barganha para mais de oito minutos de comandos de menu musicados. Normalmente, tantos minutos de uma música como essa sairia mais por, tipo, sei lá, $1.29 por aí.

---

[1] "Scream of the Crop". (N. T.)

Adobe Photoshop CS5 | para fotógrafos digitais

Duas questões rápidas sobre lidar com o Photoshop CS5

Antes de começarmos, é importante que você saiba navegar em abas, especialmente se está vindo do CS3 para o CS5, e também porque a Adobe mexeu nos espaços de trabalho no CS5 (são vários layouts de painéis que você usa dependendo do que está fazendo — você pode usar um conjunto de painéis quando está retocando fotos, mas um conjunto diferente quando está pintando. Você configura as coisas de maneira que tenha visível somente o que precisa quando for necessário). Eles são realmente práticos, mas a Adobe mudou algo no CS5 que é realmente bom ou um tanto esquisito (decida você mesmo).

Documentos em abas:

Lá no CS4, a Adobe introduziu os documentos em abas para ajudá-lo a administrar todas as suas imagens abertas (de maneira que documentos abertos aparecem como abas no topo da janela atual, como visto aqui, semelhante a abas em um navegador da Web). Para ver qualquer imagem em aba, apenas clique nela (como mostrado aqui), ou você pode alternar entre as abas pressionando **Control-Tab**.

Fechando as abas:

Uma das perguntas mais frequentes é: "Como eu fecho essas abas de documentos?". Você pode fechá-las no menu do Photoshop (PC: Edit), em Preferences, e escolher **Interface**, então fechar a caixa de seleção para Open Documents as Tabs. Além disso, você provavelmente vai querer fechar a caixa de seleção Enable Floating Document Window Docking (logo abaixo dela) também, ou ela vai atracar sua única imagem aberta.

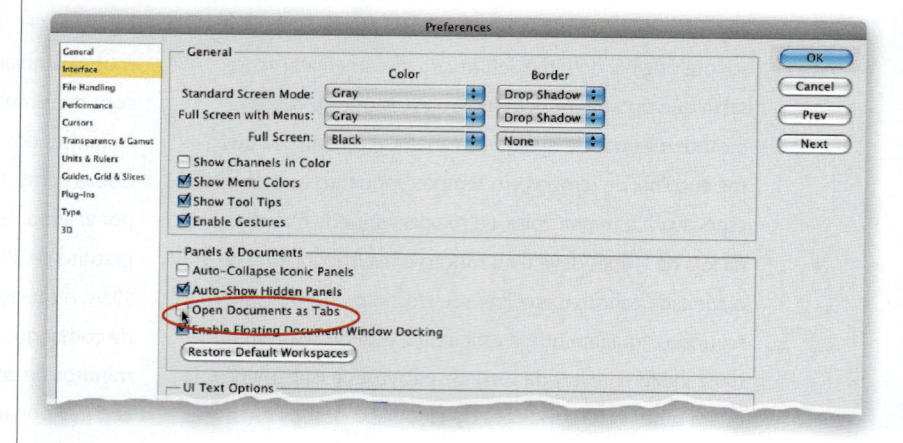

116 | Capítulo 5 | Como redimensionar e cortar fotos

Adobe Photoshop CS5 | para fotógrafos digitais

Configurando o seu espaço de trabalho:

O CS5 tem layouts de espaço de trabalho embutidos para diferentes tarefas (como pintura, fotografia, design etc.) e visíveis apenas os painéis que a Adobe achou necessário. Para encontrá-los, clique no botão de seta dupla à direita dos espaços de trabalho em Application Bar (circulada em vermelho). Eu uso um layout o tempo todo para trabalhar (mostrado aqui). Para criar seu espaço de trabalho personalizado, clique e arraste os painéis para onde desejar. Para aninhar um painel (para aparecerem um na frente do outro), arraste um painel sobre o outro. Quando vir um contorno azul, solte o botão do mouse, e ele vai se aninhar. Se precisar de mais painéis, eles estão no menu Window.

DICA: Girando a visão em um Wacom Tablet

Se você trabalha com seu *tablet* no laptop, clique no ícone Rotate View na barra Application. Então, clique e segure a imagem, e uma sobreposição em forma de bússola aparecerá no centro dela. Agora arraste-a para girar sua visão.

Acesso de um clique:

Agora, vá ao menu Window, em Workspace e escolha **New Workspace**, para salvar seu layout e tê-lo a um clique de distância (ele aparecerá como uma Application Bar, como visto aqui). No CS5, se você usa um espaço de trabalho e muda a localização de um painel, ele se lembra. Não há problema quanto a isso, mas, se clicar em seu espaço de trabalho, ele não volta ao normal. Em vez disso, vá ao menu Window, em Workspace e escolha **Reset [o nome do espaço de trabalho]**. É estranho, eu sei.

Como redimensionar e cortar fotos | Capítulo 5 | 117

Adobe Photoshop CS5 | para fotógrafos digitais

Cortando fotos

Há uma série de maneiras diferentes de se recortar uma foto em Photoshop. Vamos começar com as opções mais comuns e depois veremos como tornar a tarefa mais rápida e fácil. No fim deste projeto, adicionei uma maneira para ver o seu corte que ganhou fama quando foi adicionado ao Adobe Photoshop Lightroom, mas descobri uma maneira fácil de conseguir o mesmo truque de corte aqui no Photoshop CS5.

Passo um:
Pressione a letra **C** para pegar a ferramenta Crop e clique e arraste uma borda de corte sobre sua foto (como mostrado aqui). A área a ser cortada fora aparece obscurecida (sombreada). Você não precisa acertar sua borda de corte quando você a arrasta primeiro, porque pode editá-la clicando e arrastando os pontos que aparecem em cada canto e no centro de cada lado. Além disso, agora no CS5, quando você arrastar para fora a borda de corte e soltar o botão do mouse, uma grade de "Regra dos terços" aparece dentro da borda para ajudá-lo a tomar decisões de corte melhores. (*Nota*: a "regra dos terços" é onde você divide visualmente a imagem em terças-partes, posiciona seu horizonte de maneira que ele acompanhe a linha horizontal de cima ou a de baixo, então posiciona o ponto focal nas interseções centrais dessas linhas.)

DICA: Livrando-se do sombreado
A área a ser cortada aparece obscurecida ou sombreada, e, para ligar/desligar este sombreado, apenas pressione a **tecla Forward Slash (/)** no teclado.

118 | Capítulo 5 | Como redimensionar e cortar fotos

Adobe Photoshop CS5 | para fotógrafos digitais

Passo dois:
Embora você tenha a borda de corte no lugar, se precisar girar a foto, mova o cursor para qualquer lugar fora da borda. Quando fizer isso, o cursor vai mudar para uma seta de duas pontas. Clique, segure e arraste para cima (ou para baixo), e a borda de corte girará na direção que você escolher.

Passo três:
Assim que tiver a borda de corte na posição desejada, pressione a **tecla Return (PC: Enter)** para cortar sua imagem. Ela é mostrada aqui, com o excesso de fundo cortada. Você pode ver a imagem não cortada na página anterior.

Continua

Como redimensionar e cortar fotos | Capítulo 5

Adobe Photoshop CS5 | para fotógrafos digitais

Passo quatro:
Outra maneira popular de cortar é deixar de lado a ferramenta Crop e usar a ferramenta Rectangular Marquee (**M**) para colocar uma seleção em torno da área de sua foto a ser mantida. Você pode reposicionar a seleção clicando na área selecionada e arrastando-a. Quando sua seleção estiver posicionada onde você a quer, vá ao menu Image e escolha **Crop**. A área fora de sua seleção será cortada instantaneamente. Pressione **Command-D (PC: Ctrl-D)** para Desselecionar.

Passo cinco:
Ok, você está pronto para a experiência de corte final? Ela é inspirada no popular método de corte de tela cheia Lights Out do Lightroom — à medida que você corta, ele cerca sua foto com um preto sólido, então você vê uma pré-exibição ao vivo de como sua foto cortada final parecerá enquanto a corta. É bem interessante, e, quando você experimentar, não vai querer cortar de outro jeito. Por sorte, você pode fazer a mesma coisa aqui no Photoshop. Comece pegando a ferramenta Crop e arrastando-a sobre parte de sua foto (não importa onde ou qual tamanho). Em Options Bar, há um campo de Opacity, que lhe permite escolher quão clara a área que você está cortando vai aparecer na tela. Clique no triângulo voltado para baixo e aumente a Opacity para 100%, de maneira que ele fique de um preto sólido (como mostrado aqui).

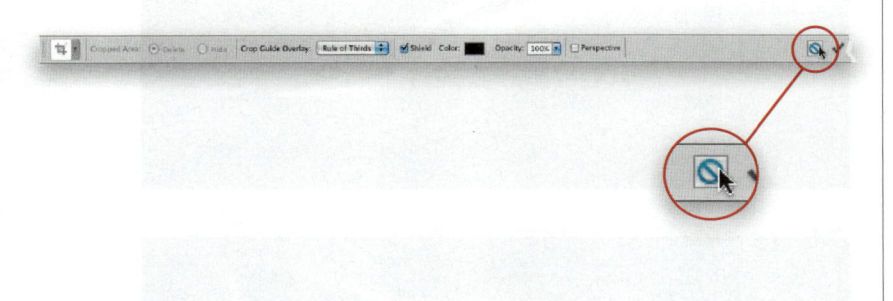

Passo seis:
Pressione a **tecla Esc** para remover sua borda de corte. Pressione **Tab** e, depois, a **tecla K** duas vezes para esconder todos os painéis e menus do Photoshop. Isso também centraliza sua foto na tela cercada pelo preto sólido (como visto aqui). É isto — você está no "modo de corte Lights Out" porque deixou qualquer área cortada fora em um preto sólido, o que casa com a área em tela cheia preta cercando sua foto. Então, pegue a ferramenta Crop novamente, arraste para fora uma borda de corte, em seguida arraste qualquer uma das alças de borda para dentro e verá o que eu quero dizer. Legal, né? Quando terminar o corte, pressione **Return (PC: Enter)**, depois a letra **F** uma vez mais para deixar o modo de tela cheia e pressione a **tecla Tab** para reabrir seus painéis, menus, e Toolbox.

DICA: Decidindo não cortar
Se você arrastar uma borda de corte e então decidir que não quer cortar a imagem, pressione a **tecla Esc** do teclado, clique no símbolo "Não!" em Options Bar, ou em uma ferramenta diferente no Toolbox, que uma caixa de diálogo abrirá, perguntando-lhe se quer cortar a imagem. Clique no botão Don't Crop para cancelar seu corte.

Adobe Photoshop CS5 | para fotógrafos digitais

Cortando para um tamanho específico

Se estiver produzindo fotos para clientes, talvez as queira em tamanhos-padrão, a fim de poder encontrar facilmente quadros que se encaixem nelas. Se esse for o caso, você achará esta técnica prática, porque lhe permite cortar qualquer imagem em um tamanho predeterminado (como 5x7", 8x10" etc.).

Passo um:
Digamos que a nossa imagem meça aproximadamente 17x11", e queremos cortá-la horizontalmente em 10x8". Primeiro, pressione a **tecla C** para conseguir a ferramenta Crop, e, lá em Options Bar à esquerda, você verá os campos Width e Height. Entre com o tamanho que você quer para a largura, seguido da unidade de medida desejada ("in" para polegadas, "px" para pixels, "cm" para centímetros, "mm" para milímetros etc.). Em seguida, pressione a **tecla Tab** para ir ao campo Height e digitar a altura desejada, novamente seguida pela unidade de medida.

Passo dois:
Clique dentro da foto com a ferramenta Crop e arraste para fora uma borda de corte. Você notará que, à medida que a arrasta, a borda é restrita a um formato horizontal, e, assim que soltar o botão do mouse, nenhum ponto dos lados estará visível — apenas pontos nos cantos. Qualquer que seja o tamanho que você faz de sua borda, a área dentro dela se tornará uma foto 10x8".

Adobe Photoshop CS5 | para fotógrafos digitais

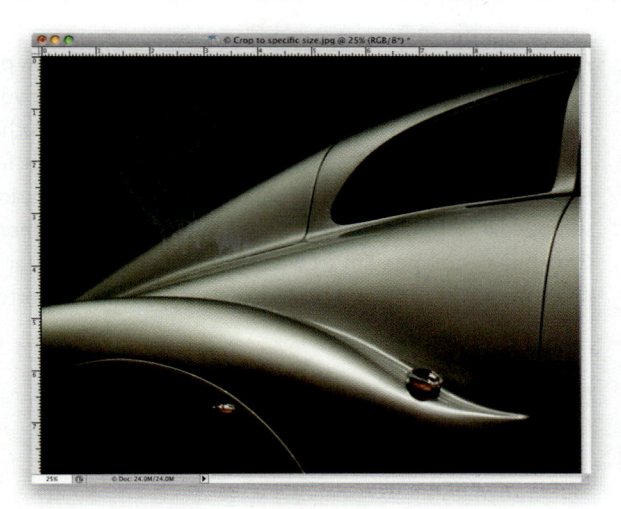

Passo três:
Após a borda de corte aparecer na tela, você pode reposicioná-la movendo o cursor dentro da borda (o cursor vai mudar para uma seta). Você pode arrastar a borda para seu lugar ou usar as **teclas de Seta** no teclado para um controle mais preciso. Quando ela lhe parecer certa, pressione **Return (PC: Enter)** para finalizar seu corte, e a área dentro da borda de corte será de 10x8". (Eu deixei as réguas visíveis pressionando **Command-R [PC: Ctrl-R]**, de maneira que você possa ver que a imagem mede exatamente 10x8".)

DICA: Excluindo a largura e a altura
Uma vez que você tenha inserido Width e Height em Options Bar, essas dimensões permanecerão no lugar até você as excluir. Para limpar os campos (de maneira que você possa usar a ferramenta Crop para o corte livre em qualquer tamanho), vá à Options Bar e clique no botão Clear (enquanto a ferramenta Crop estiver ativa, é claro).

DICA MAIS BACANA: Cortando para o tamanho de outra foto
Se você já tem uma foto com tamanho e resolução exatos, como você gostaria de aplicar a outras imagens, pode usar suas configurações como as dimensões de corte. Primeiro, abra a foto que gostaria de redimensionar, depois, abra sua foto de tamanho e resolução ideais. Pegue a ferramenta Crop, e então, em Options Bar, clique no botão Front Image. O Photoshop vai imediatamente inserir as dimensões daquela foto nos campos Width, Height e Resolution da ferramenta de corte, e ela vai compartilhar as mesmas especificações que sua foto ideal.

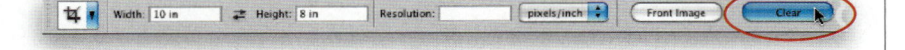

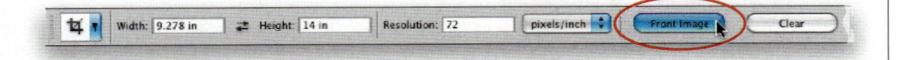

Criando suas próprias ferramentas de corte personalizadas

Apesar de ser uma técnica muito mais avançada, criar suas próprias ferramentas personalizadas não é complicado. Na realidade, assim que você as tiver configurado, elas vão lhe poupar tempo e dinheiro. Nós vamos criar os chamados "pré-ajustes de ferramentas". Esses pré-ajustes são uma série de ferramentas (neste caso, ferramentas Crop) com todas nossas configurações de opção já em seu lugar. Então, vamos criar um 5x7", um 6x4", ou qualquer que seja o tamanho de ferramenta Crop que desejarmos. Em seguida, quando quisermos cortar para 5x7", tudo que precisamos fazer é pegar o pré-ajuste de ferramenta de Corte 5x7", veja.

Passo um:
Pressione a letra **C** para ir à ferramenta Crop, e então vá ao menu Window e escolha **Tool Presets** para abrir o painel de Tool Presets. Você vai descobrir que cinco pré-ajustes de ferramentas Crop já estão ali. (Certifique-se de que a caixa de diálogo Current Tool Only esteja aberta na parte de baixo do painel, de modo que você veja somente os pré-ajustes de ferramenta Crop.)

Passo dois:
Vá a Options Bar e digite as dimensões para a primeira ferramenta a ser criada (aqui, vamos criar uma ferramenta Crop que corta a imagem do tamanho de uma carteira). No campo Width, digite 2. Então, pressione a **tecla Tab** para ir ao campo Height e, em seguida, digite 2,5. *Nota*: se as Rulers estiverem configuradas para Polegadas na seção Units nas Units & Rulers Preferences do Photoshop (**Command-K [PC: Ctrl-K]**), quando você pressionar a tecla Tab, automaticamente será inserida "in" após os seus números, indicando polegadas (*inches*).

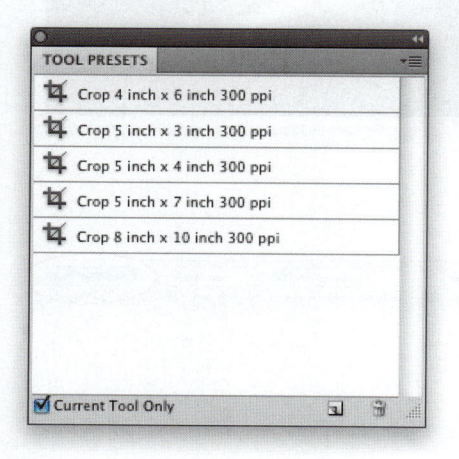

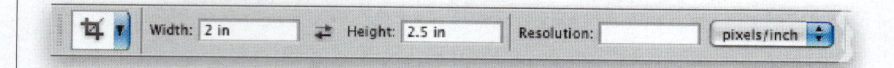

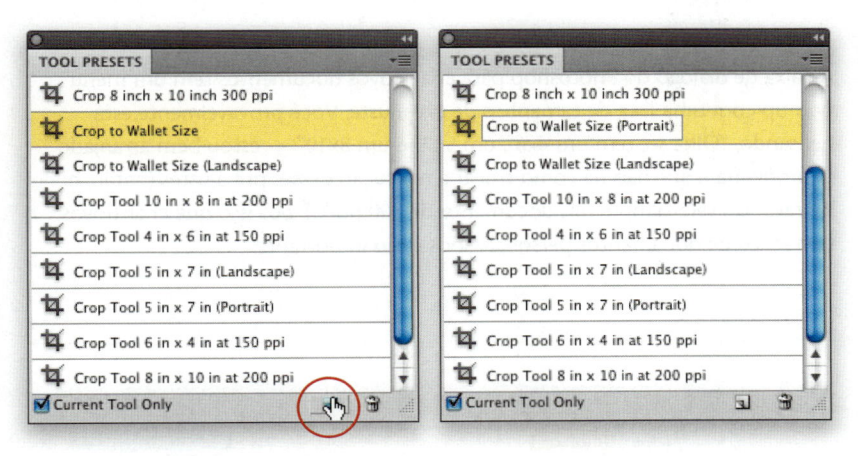

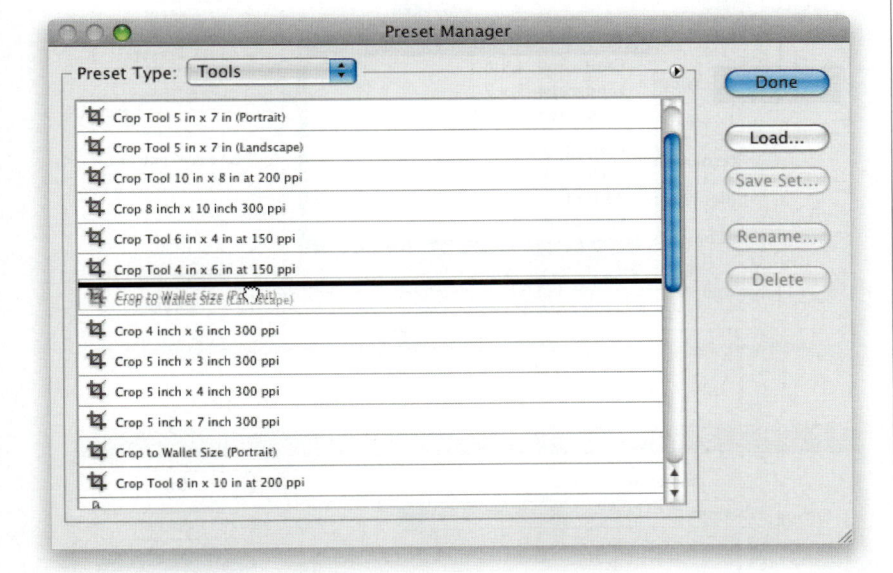

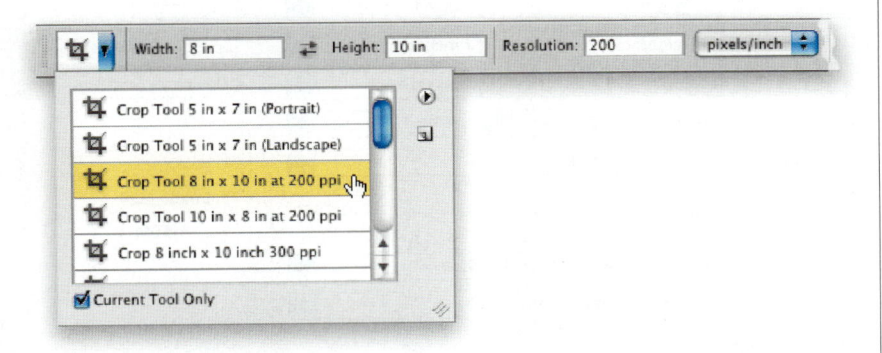

Passo três:
No painel Tool Presets, clique no ícone Create New Tool Preset na parte de baixo do painel (à esquerda do ícone Trash). Isso abre uma caixa de diálogo de New Toll Preset, no qual você pode nomear o seu novo pré-ajuste. Nomeie-o, clique OK, e a nova ferramenta será adicionada ao painel Tool Presets. Continue esse processo de inserir novas dimensões no ícone Create New Tool Preset para criar ferramentas Crop personalizadas nos tamanhos que você mais usa. Tenha certeza de que o nome seja descritivo (por exemplo, adicione "Portrait" ou "Landscape"). Se você precisa mudar o nome de um pré-ajuste, apenas clique duas vezes diretamente no nome no painel, e então digite um nome novo.

Passo quatro:
Se os seus pré-ajustes de ferramenta Crop personalizada não estiverem na ordem desejada, vá ao menu Edit e escolha **Preset Manager**. Na caixa de diálogo resultante, escolha **Tool** do menu pop-up Preset Type procure pelas ferramentas Crop criadas. Agora, clique e as arraste para qualquer lugar que você queira que apareçam na lista, e então clique Done.

Passo cinco:
Agora você pode fechar o painel Tool Presets porque há uma maneira mais fácil de acessar seus pré-ajustes: com a ferramenta Crop selecionada, clique no ícone Crop à esquerda em Options Bar. Um menu pop-up de ferramentas aparecerá. Clique em um pré-ajuste, arraste para fora uma borda de corte, e ela será fixa para as dimensões exatas que você escolheu para aquela ferramenta.

Como redimensionar e cortar fotos | Capítulo 5

Tamanhos personalizados para fotógrafos

A caixa de diálogo do Photoshop para criar novos documentos tem um menu pop-up com uma lista de tamanhos de pré-ajuste. Você provavelmente está pensando, "Olha só, tem um 4x6", um 5x7" e um 8x10" — estou bem arranjado". O problema é que não há como trocar a resolução desses pré-ajustes (então, o Retrato 4x6 será sempre um documento de 300 ppi). É por isso que criar novos tamanhos de documentos personalizados é tão importante.

Passo um:
Vá ao menu Arquivo e escolha **New**. Quando a caixa de diálogo Novo aparecer, clique no menu pop-up Preset para revelar a lista de tipos de pré-ajustes e escolha **Photo**. Então, clique no menu pop-up Size para ver os tamanhos de pré-ajustes, que incluem 2x3", 4x6", 5x7" e 8x10" tanto na orientação de retrato quanto de paisagem. O único problema é que sua resolução é configurada para 300 ppi por padrão. Então, se quiser um pré-ajuste de tamanho diferente com menos de 300 ppi, precisará criar e salvar o seu próprio.

Passo dois:
Por exemplo, digamos que você queira uma configuração 5x7" para paisagem (isso quer dizer 5" de altura por 7" de largura). Primeiro, escolha Photo do menu pop-up Preset, então escolha Landscape, 5x7 do menu pop-up Size. Escolha o Color Mode desejado (abaixo de Resolution) e Color Profile (em Advanced) e, então, digite uma Resolution (digitei 212 ppi, o que é suficiente para ter minha imagem impressa em uma impressora portátil). Assim que suas configurações estiverem no lugar, clique no botão Save Preset.

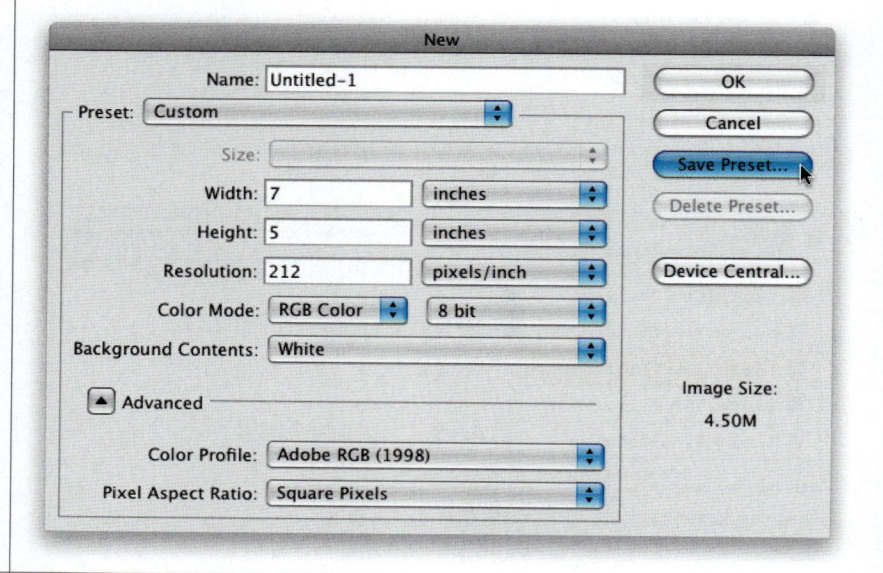

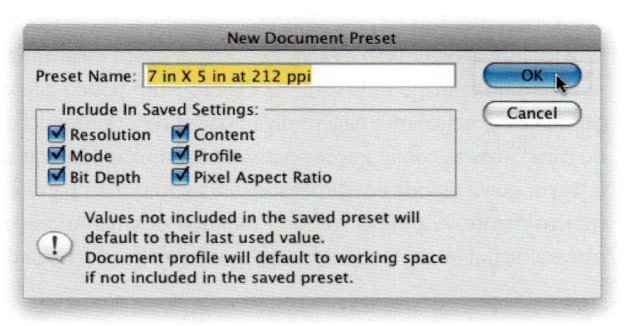

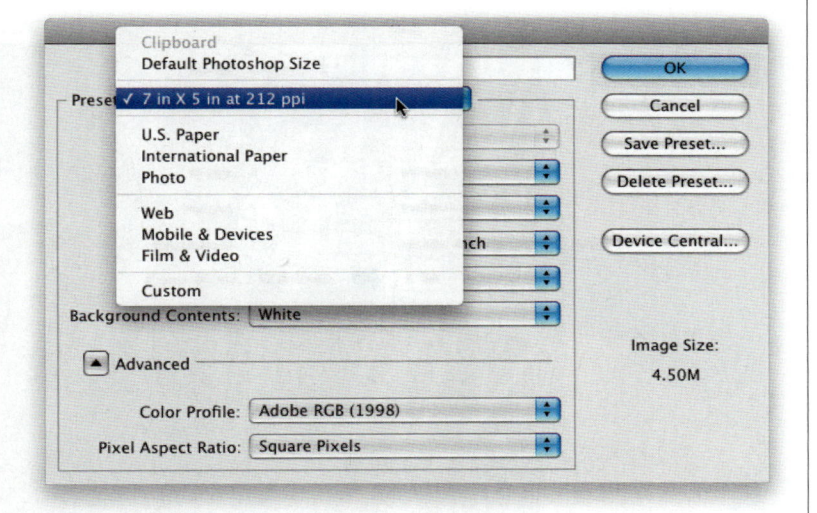

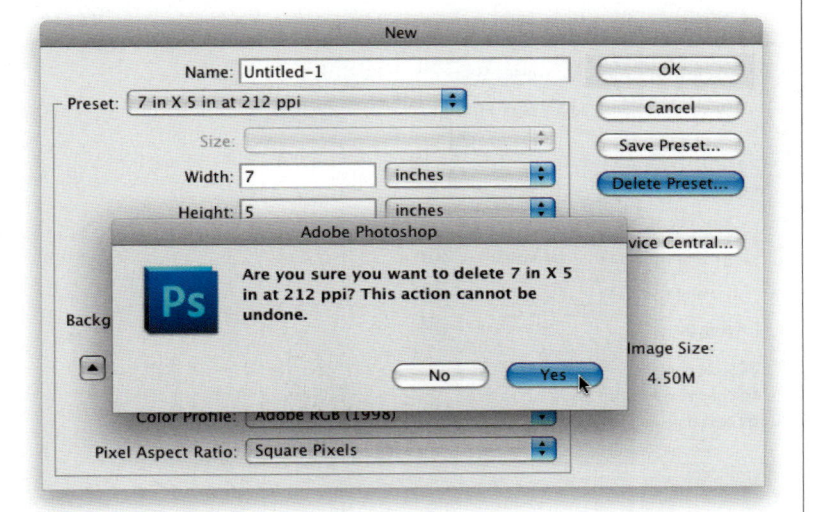

Passo três:
Assim a caixa de diálogo New Document Preset será aberta. No campo Preset Name, digite o valor da nova resolução depois do tamanho. Você pode abrir/fechar as caixas de seleção para os parâmetros que quer salvar, mas eu uso a configuração-padrão para incluir tudo (melhor agir com segurança do que lamentar depois, creio eu).

Passo quatro:
Clique em OK, e o seu novo pré-ajuste personalizado aparecerá no menu pop-up Preset da caixa de diálogo New. Você só tem de fazer isso uma vez. O Photoshop se lembrará de suas configurações personalizadas, e elas aparecerão neste menu pop-up Preset a partir de agora.

Passo cinco:
Se você decidir que quer apagar um pré--ajuste, é simples — abra o diálogo New, escolha o pré-ajuste que você quer apagar do menu pop-up Preset, então, clique no botão Delete Preset. Uma caixa de diálogo de aviso aparecerá pedindo que você confirme a opção. Clique em Yes, e pronto!

Adobe Photoshop CS5 | para fotógrafos digitais

Redimensionando fotos de câmeras digitais

Se você está acostumado a redimensionar imagens escaneadas, descobrirá que redimensionar imagens de câmeras digitais é um pouco diferente, fundamentalmente porque escâners criam imagens digitalizadas de alta resolução (normalmente, 300 ppi ou mais), mas as configurações-padrão para muitas câmeras digitais produzem uma imagem que é grande em dimensões físicas, mas mais baixa em pixels-por-polegada (normalmente, 72 ppi). O truque é diminuir o tamanho físico da imagem de sua câmera digital (e aumentar sua resolução) sem perder nada de sua qualidade, veja.

Passo um:
Abra a imagem da câmera digital que você quer redimensionar. Pressione **Command-R (PC: Ctrl-R)** para deixar visíveis as réguas do Photoshop. Você pode ver com as réguas que a foto tem em torno de 59" de largura por 39" de altura.

Passo dois:
Vá ao menu Image e escolha **Image Size** (ou pressione **Command-Option-I [PC: Ctrl-Alt-I]**) para abrir a caixa de diálogo Image Size. Na seção Document Size, a configuração de resolução é 72 ppi. Uma resolução de 72 ppi é considerada uma "baixa resolução" e é ideal para fotos que serão vistas somente na tela (como recursos gráficos da Web, slideshows, e por aí afora), mas é baixa demais para conseguir resultados de alta qualidade de uma impressora colorida a jato de tinta, impressora a *laser* colorida, ou para uso em uma impressora portátil.

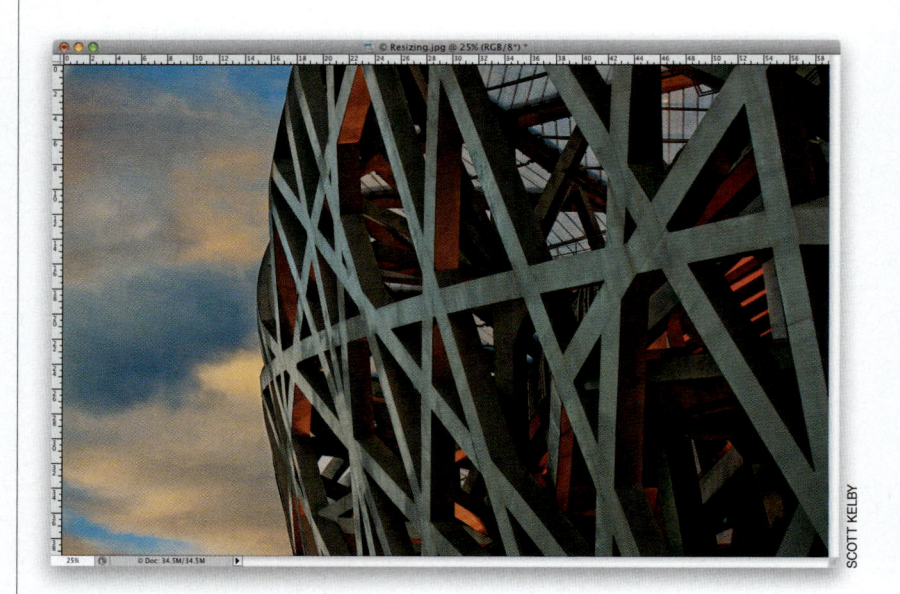

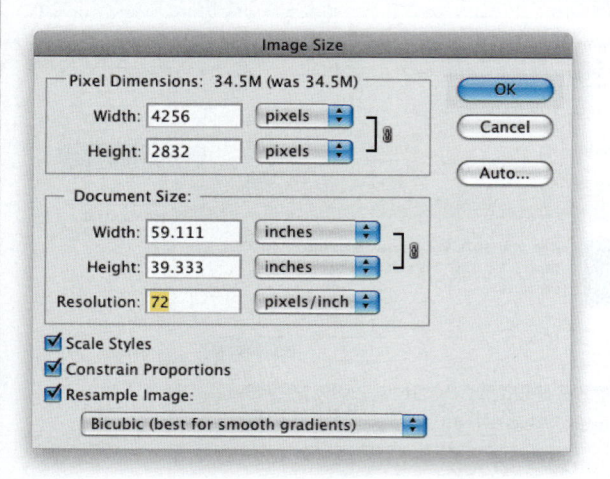

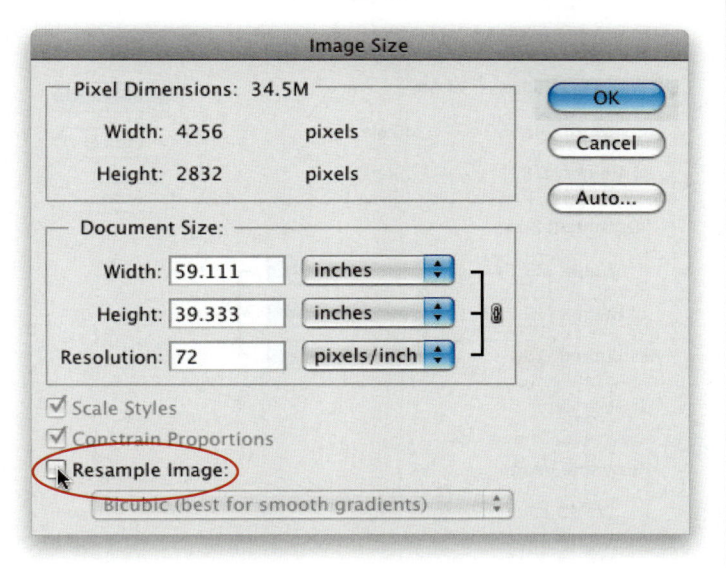

Adobe Photoshop CS5 | para fotógrafos digitais

Passo três:
Se planejarmos produzir esta foto para qualquer dispositivo de impressão, precisaremos aumentar a resolução para conseguir bons resultados. Eu gostaria que pudéssemos digitar a resolução que gostaríamos no campo Resolution (como 200 ou 240 ppi), mas esse Resample deixa nossas fotos de baixa resolução suaves (borradas) e pixeladas. É por isso que precisamos fechar a caixa Resample Image (aberta por padrão). Dessa maneira, quando inserimos uma configuração Resolution de que precisamos, o Photoshop automaticamente ajusta os parâmetros Width e Height da imagem para baixo na mesma proporção. À medida que seus parâmetros Width e Height diminuem (com a caixa Resample Image fechada), a Resolution aumenta. E o melhor de tudo, não há absolutamente qualquer perda de qualidade. Muito legal!

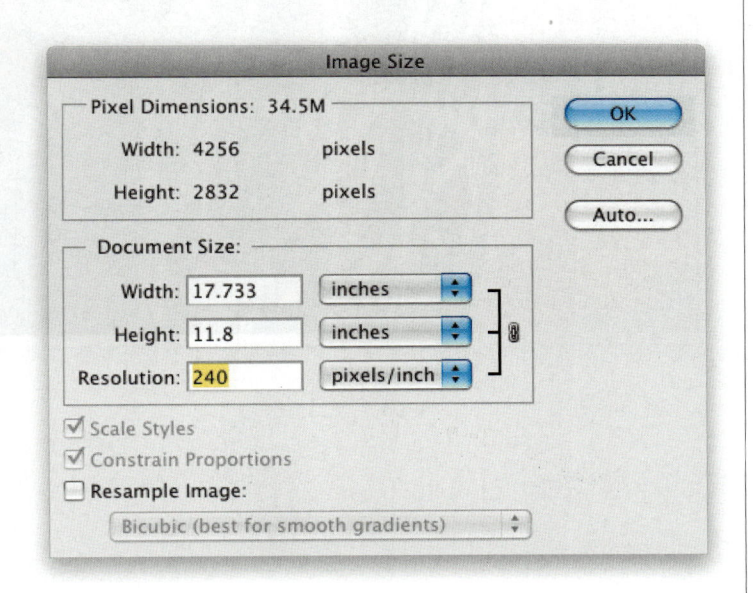

Passo quatro:
Fechei a caixa Resample Image e inseri 240 no campo Resolution para saída para uma impressora colorida a jato de tinta. (Você provavelmente acha que precisa de muito mais resolução. Mas não precisa. Na realidade, eu nunca imprimo com resolução mais alta do que 240 ppi.) Isso redimensionou minha imagem para quase 12x18", de maneira que ela está praticamente perfeita para imprimir em minha impressora Epson Stylus Photo R2880, que produz impressões de tamanho 13x19". Perfeito!

Continua

Como redimensionar e cortar fotos

Passo cinco:

Aqui está a caixa de diálogo Image Size da nossa foto, e desta vez eu baixei a configuração Resolution para 180 ppi. (Nem de longe precisamos de tanta resolução quanto você acharia, mas 180 ppi é próximo do nível mais baixo a que você deve chegar quando imprime em uma impressora colorida a jato de tinta.) Como você pode ver, o valor de Width de minha imagem não é mais 59"— ela é quase 24". E Height não é mais 39" — agora ela é quase 16". E o melhor de tudo é que nós conseguimos isso sem estragar um único pixel, pois fomos capazes de fechar a caixa Resample Image, o que normalmente, com coisas como scans, não conseguiríamos fazer.

Passo seis:

Quando você clicar OK, não verá a janela da imagem mudar de maneira alguma —, ela aparecerá do mesmo tamanho na tela — mas olhe para as réguas. Você pode ver que agora ela tem aproximadamente 15" de altura 23" de largura. Redimensionar usando essa técnica tem questões importantes: (1) deixa suas dimensões físicas em um tamanho bom para se trabalhar (a foto agora cabe facilmente em uma folha 16x24"); (2) aumenta a resolução o suficiente para que você possa produzir a imagem em uma impressora colorida a jato de tinta; e (3) você não suavizou, borrou ou *pixelou* a imagem de maneira alguma — a qualidade continua a mesma —, tudo porque você fechou a caixa Resample Image. *Nota*: não feche a caixa Resample Image para imagens que você escaneia em um escâner — elas começam como imagens de alta resolução. Feche a caixa Resample Image dessa maneira apenas para fotos de baixa resolução tiradas com uma câmera digital.

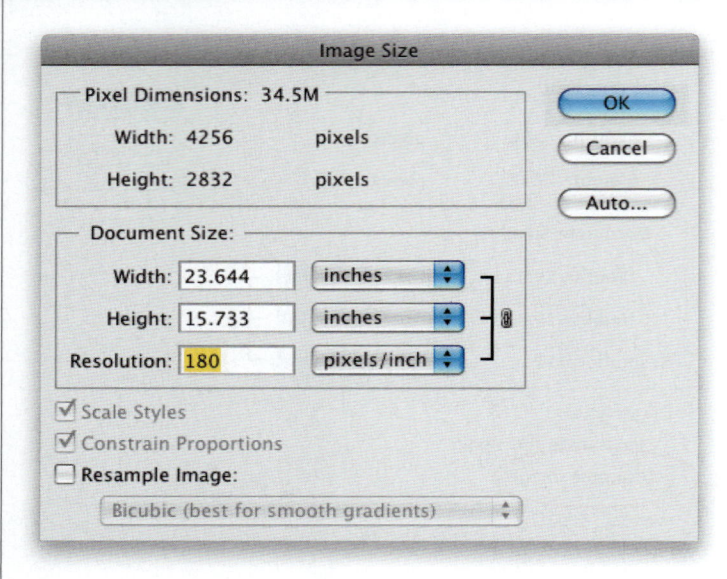

Adobe Photoshop CS5 | para fotógrafos digitais

Salvando e redimensionando automatizados

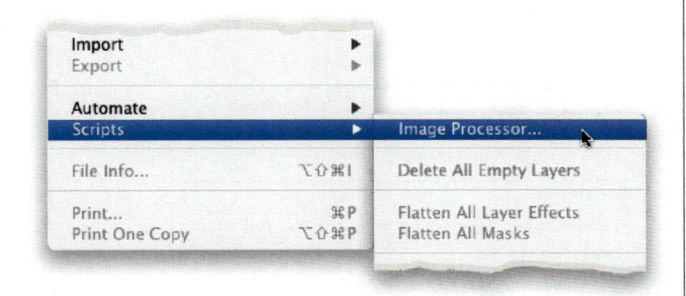

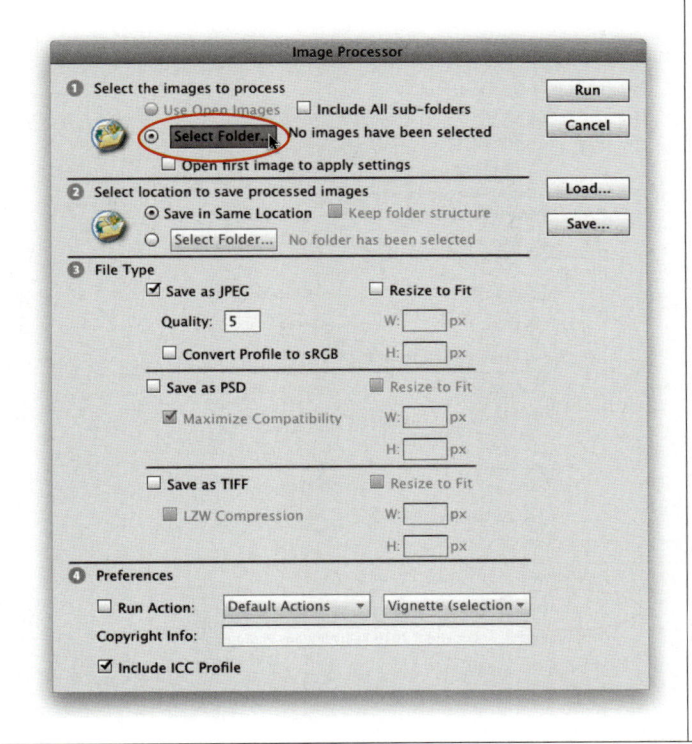

Se você tem um monte de imagens que quer redimensionadas, ou convertidas de TIFFs para JPEGs (ou de PSDs para JPEGs), vai adorar o Image Processor embutido. Ele está de certa maneira escondido em um lugar que você poderia não esperar (no menu Scripts), mas deixe isso de lado — trata-se de uma ferramenta prática, realmente fácil de usar e totalmente automatizada que pode lhe poupar muito tempo.

Passo um:
Vá ao menu File, em seguida, ao Scripts e escolha **Image Processor**. Aliás, se estiver trabalhando no Adobe Bridge (em vez de no Photoshop), clique Command (PC: Ctrl-click) em todas as fotos em que você quer aplicar o Image Processor; então, vá ao menu Toolbox, no Photoshop e escolha Image Processor. Dessa maneira, quando o Image Processor abrir, ele já terá as fotos afixadas para processamento. Legal!

Passo dois:
Quando a caixa de diálogo do Image Processor abrir, a primeira coisa que você tem de fazer é escolher a pasta de fotos em que você quer que ele "faça seu trabalho" clicando no botão Select Folder. Então, navegue para a pasta que você quer e clique Choose (PC: OK). Se já tiver algumas fotos abertas em Photoshop, clique no botão de opção Use Open Images (ou, se você escolher o Image Processor do Bridge, o botão Select Folder não estará lá — em vez disso, ele listará quantas fotos você escolheu no Bridge). Então, na segunda seção, decida se você quer salvar novas cópias na mesma pasta ou copiá-las para outra diferente. Nenhum pulo do gato (este é um termo técnico).

Continua

Passo três:

A terceira seção é onde começa a diversão. Você decide com quantas cópias de seu original terminará, e em qual formato. Se abrir as caixas de diálogo para Save as JPEG, Save as PSD e Save as TIFF, você criará três novas cópias de cada foto. Se abrir as caixas de diálogo Resize to Fit (e digitar um tamanho nos campos Width e Height), suas cópias serão redimensionadas, também. No exemplo mostrado aqui, eu escolhi um pequeno JPEG de cada arquivo, então um TIFF maior, de maneira que em minha pasta eu encontraria um pequeno JPEG e um TIFF maior para cada arquivo em minha pasta original.

Passo quatro:

Na quarta seção, se você criou uma ação que queria aplicada às suas cópias, você também pode fazer com que isso aconteça automaticamente. Apenas abra a caixa de diálogo Run Action dos menus pop-up e escolha qual ação você quer ativar. Se você quiser embutir automaticamente suas informações de direitos autorais nessas cópias, digite suas informações no campo Copyright Info. Por fim, há uma caixa de diálogo que lhe permite decidir se vai incluir um perfil ICC em cada imagem ou não (é claro, eu vou tentar convencê-lo a incluir o perfil, pois eu incluí como configurar o gerenciamento de cores no Photoshop no Capítulo 12). Clique no botão Run, recoste-se e deixe que ela "faça seu trabalho". Antes que perceba, terá muitas cópias.

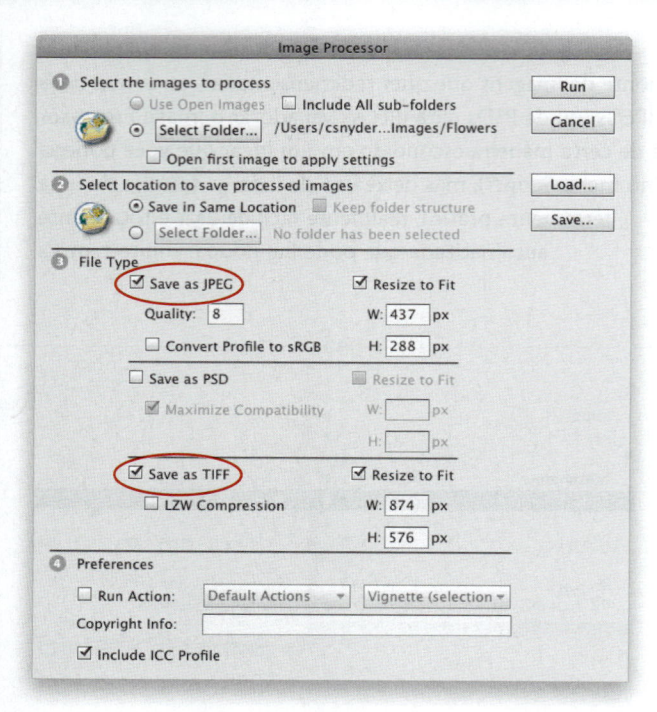

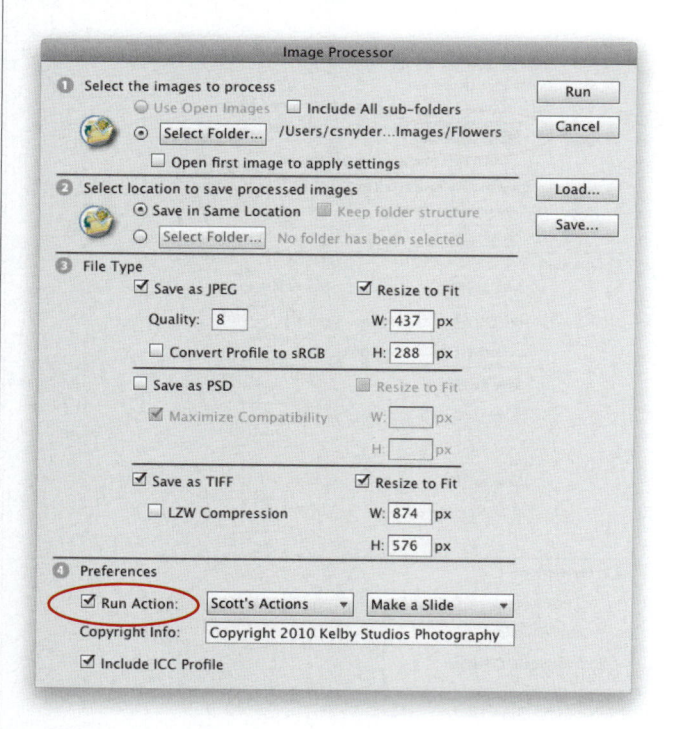

Redimensionando para impressões em tamanho pôster

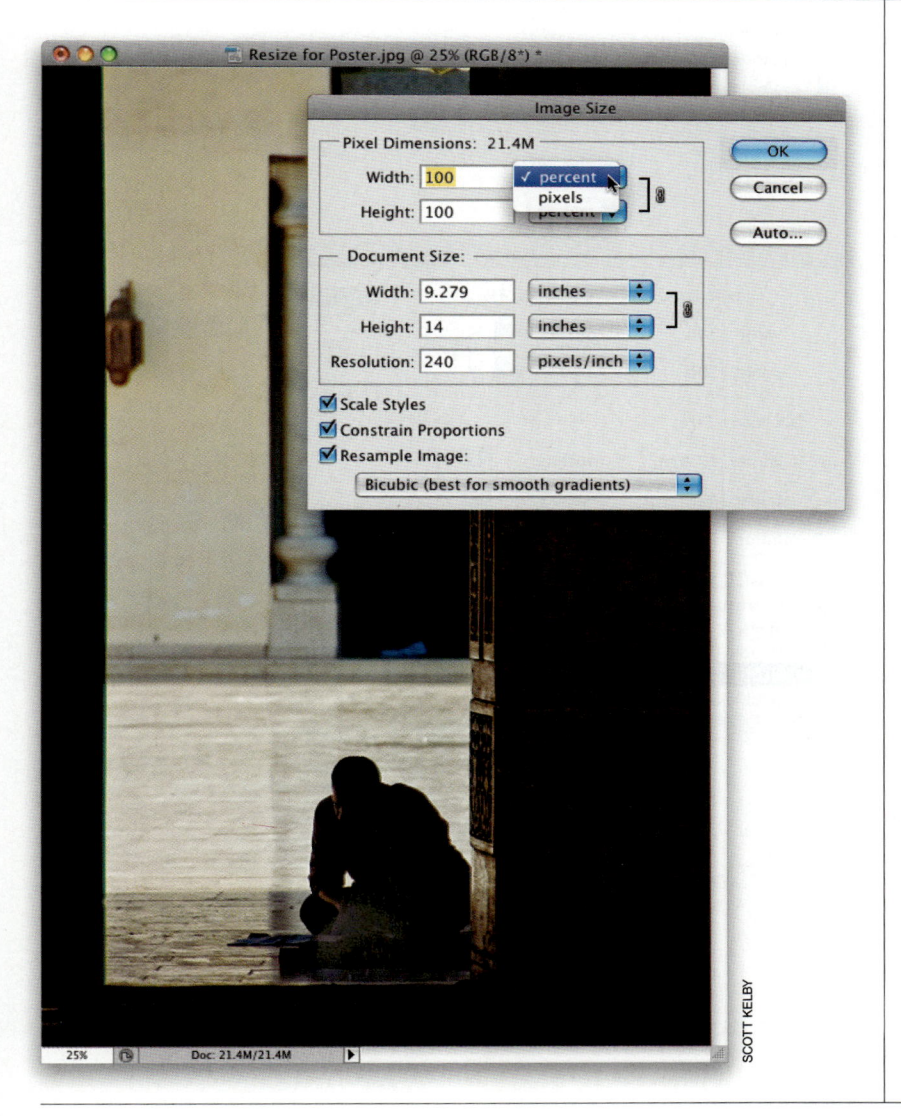

Você já viu quanta resolução precisa para criar uma impressão em um tamanho decente. Agora, como os fotógrafos fazem para conseguir aquelas impressões enormes, do tamanho de um pôster, sem ter supercâmeras de megapixels? É fácil — eles aumentam o tamanho das imagens no Photoshop, e a boa notícia é que, a não ser que você precise redimensionar sua imagem em mais de 300%, você pode fazer isso muito bem no Photoshop sem ter de comprar um plug-in de redimensionamento separado (mas, se você precisa de um aumento de tamanho maior do que 300%, é nesse momento que esses plug-ins, como Genuine Fractals do OnOne Software, realmente valem a pena.)

Passo um:
Abra a foto que você quer redimensionar, então vá ao menu Image e escolha **Image Size**. Quando a caixa de diálogo Image Size aparecer, na seção Pixel Dimensions no topo à direita do campo Width, você verá um menu pop-up onde Pixels é escolhido (se esta seção não estiver ativa, abra a caixa de diálogo de Resample Image na parte inferior). Clique naquele menu e escolha **Percent** (como mostrado aqui). Tanto os campos Width quanto Height mudarão para Porcentagem, porque elas estão vinculadas por padrão.

Continua

Passo dois:
Agora, digite 200% ou 300% (apesar de haver alguma discussão sobre isto, parece melhor mover para cima/baixo em incrementos de 100%) no campo Width (tendo em vista que eles estão vinculados, o campo Height automaticamente mudará para o mesmo número).

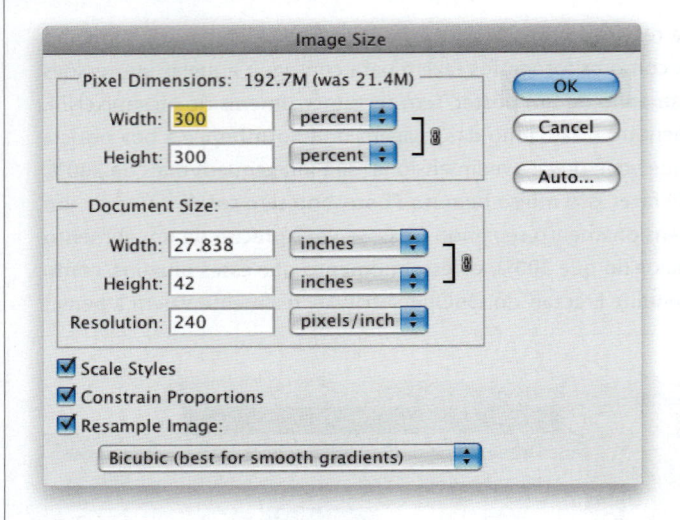

Passo três:
Na parte inferior da caixa de diálogo há um menu pop-up que decide qual algoritmo é usado para aumentar o tamanho de sua foto. O padrão é Bicubic (Best for smooth gradients), e eu uso este para a maioria dos redimensionamentos de fotos do dia a dia, mas, quando quero dar saltos em grandes incrementos, como 200% ou 300%, eu troco para **Bicubic Smoother** (que a Adobe diz ser "Best for enlargements"), como mostrado aqui.

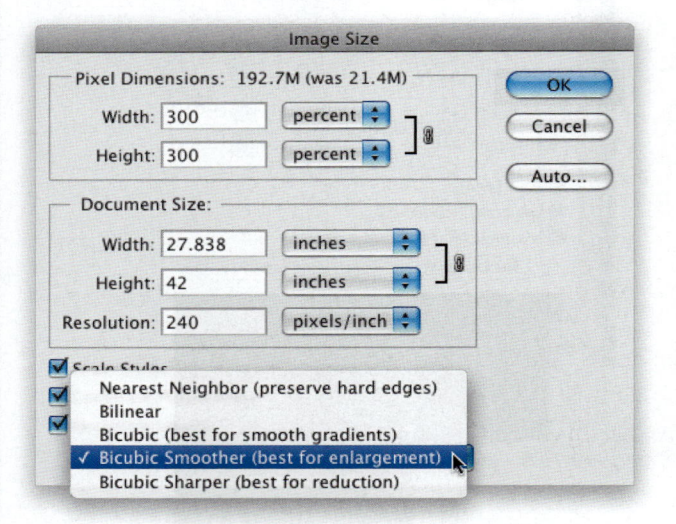

Adobe Photoshop CS5 | para fotógrafos digitais

Passo quatro:
Meu amigo (e especialista em impressão Epson) Vincent Versace não segue esta regra. De acordo com a pesquisa de Vincent, a chave para sua técnica de redimensionamento não é usar o método de amostragem que a Adobe recomenda (Bicubic Smoother), mas escolher o Bicubic Sharper, que ele acredita proporcionar resultados melhores. Então, qual dos dois é o certo para você? Tente ambos na mesma imagem (isso mesmo — faça uma impressão de teste), e veja se consegue alguma diferença. Aqui, temos a imagem final redimensionada para quase 28x42" (você pode ver o tamanho das réguas pressionando **Command-R [PC: Ctrl-R]**).

Endireitando fotos tortas

Sempre há um "jeitinho" para endireitar imagens no Photoshop, mas é sempre só isso — um jeitinho. Agora, no Photoshop CS5, finalmente, há um recurso específico que torna o processo realmente rápido e simples.

Passo um:
Abra a foto que precisa ser endireitada. Escolha Ruler Toll na Toolbox do Photoshop (parece uma pequena régua e está escondida atrás de Eyedropper Toll, então clique e segure por um momento em Eyedropper Tool até o Ruler Tool aparecer no menu *flyout*). Tente encontrar algo em sua foto que você acha que deveria estar reto ou relativamente reto (o horizonte, neste exemplo). Clique e arraste esse Ruler Tool ao longo dessa borda reta em sua foto, começando da esquerda e indo para a direita.

Passo dois:
Agora, apenas clique no botão Straighten em cima no Option Bar (em vermelho aqui), e está feito. Ela não apenas ela endireitou sua foto como cortou qualquer espaço branco deixado por essa ação também.

Há um conjunto diferente de regras que usamos para manter a maior qualidade possível quando tornamos uma imagem menor, e há maneiras diversas para se fazer exatamente isso (vamos falar sobre as duas principais aqui). Por sorte, manter a qualidade da imagem é muito mais fácil quando reduzimos o tamanho do que quando o aumentamos (na realidade, as fotos com frequência parecem dramaticamente melhores — e mais nítidas — quando reduzidas em tamanho, especialmente se você seguir estas diretrizes).

Tornando suas fotos menores (downsizing)

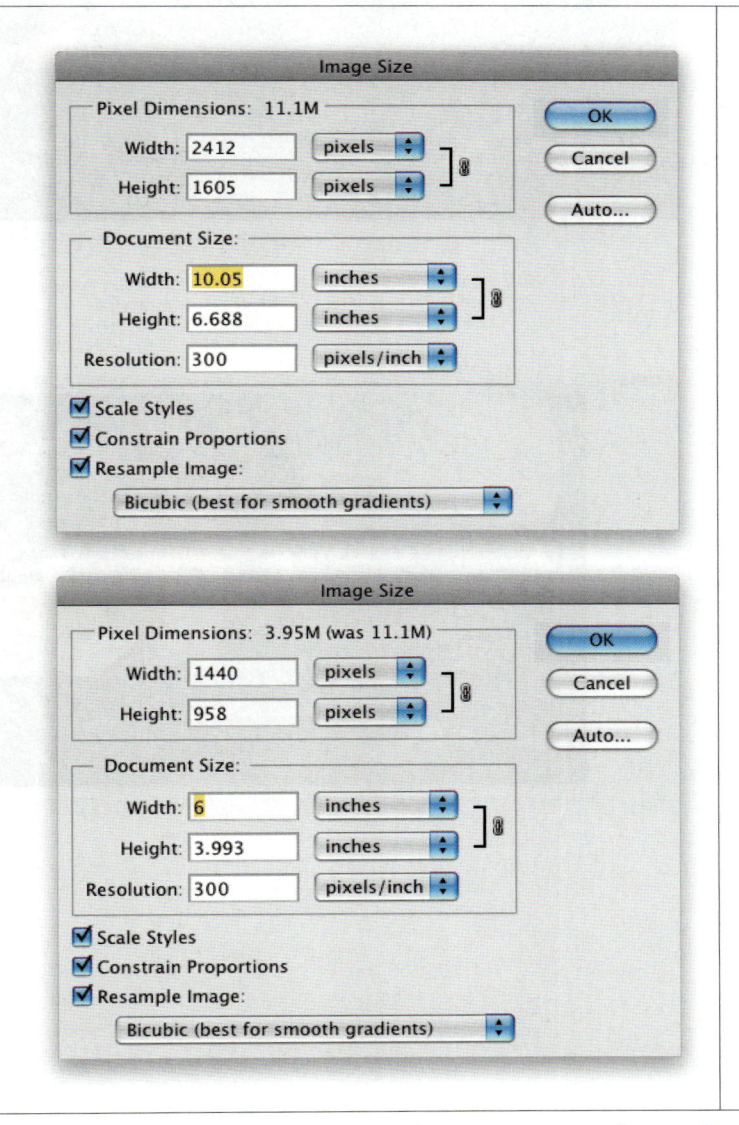

Reduzindo o tamanho de fotos nas quais a resolução já é 300 ppi:
Apesar de termos discutido anteriormente como mudar o tamanho de uma imagem se sua câmera digital gera imagens de 72 ppi com grandes dimensões físicas (resolução espacial de 24x42"), o que você faz se a sua câmera gera imagens de 300 ppi em dimensões físicas menores (como uma 10x6" a 300 ppi)? Basicamente, você abre Resample Image (na caixa de diálogo Image Size no menu Image), digita o tamanho desejado (neste exemplo, queremos um tamanho de imagem final de 6x4") e clica em OK (não mude a configuração Resolution, apenas clique em OK). A imagem terá sua escala reduzida até este tamanho, e a resolução permanecerá 300 ppi. IMPORTANTE: quando você reduz a escala de sua imagem usando este método, é provável que a imagem seja suavizada um pouquinho, então, após reduzir a escala, você deve aplicar o filtro Unsharp Mask para trazer de volta qualquer nitidez perdida no redimensionamento (veja no Capítulo 11 quais configurações usar).

Continua

Tornando uma foto menor sem encolher o documento todo:

Se você está trabalhando com mais de uma imagem no mesmo documento, fará o redimensionamento de maneira um pouco diferente. Para reduzir o tamanho de uma foto em um layer, primeiro clique no layer daquela foto no painel Layers, então pressione **Commad-T (PC: Ctrl-T)** para abrir Free Transform. Pressione e segure a tecla Shift (para manter a foto proporcional), pegue um ponto no canto e o arraste para dentro. Quando ficar bom, pressione **Return (PC: Enter)**. Se a imagem parece mais suave após o redimensionamento, aplique o filtro Unsharp Mask.

DICA: Alcançando as alças livres de transformação

Se estiver redimensionando uma foto sobre uma camada usando Free Transform e não conseguir alcançar as alças (porque as bordas de sua foto se estendem para fora da área de imagem), pressione **Command-0 (PC: Ctrl-0)**, e sua janela será redimensionada de maneira que você possa alcançar todas as alças — não importa quão distante elas estavam antes. Duas observações: (1) isto funciona somente se você tiver o Free Transform livre, e (2) é Command-0 — trata-se do número zero, não da letra O.

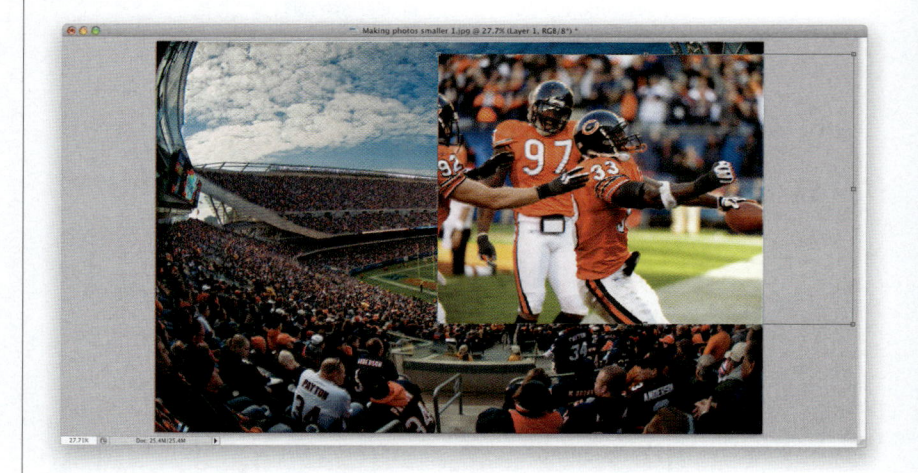

Adobe Photoshop CS5 | para fotógrafos digitais

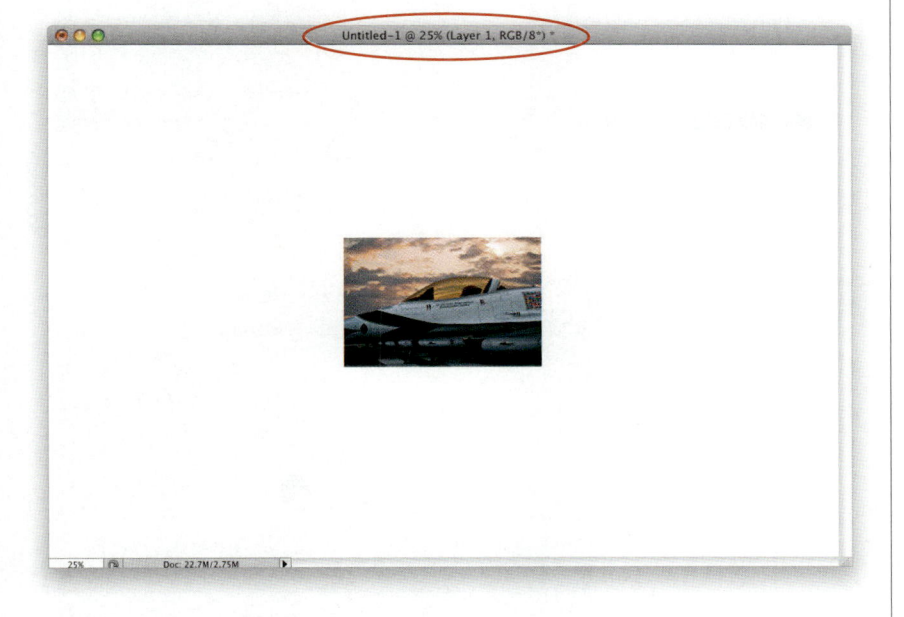

Redimensionando problemas quando arrastamos entre documentos:

Esta questão confunde muita gente, porque ao olhar de relance simplesmente não faz sentido. Você tem dois documentos com o mesmo tamanho, lado a lado na tela, mas quando arrasta uma foto de 72 ppi (um jato Thunderbirds da Força Aérea norte-americana) para um documento de 300 ppi (Untitled-1), a foto aparece pequena. Por quê? Por causa da resolução. Os documentos parecem ser do mesmo tamanho, mas não são. A dica está na barra de título da foto. Aqui, a imagem do jato é exibida em 100%, mas o documento Untitled-1 abaixo é exibido a 25%. Então, tenha certeza de que ambos os documentos estejam no mesmo tamanho de visão e resolução (confira na caixa de diálogo Image Size no menu Image).

DICA: Cortando e endireitando automaticamente

Se quiser poupar tempo ao escanear impressões, tente escaneá-las em grupo (encaixando o maior número possível de fotos em seu escâner e processando-as como uma única grande imagem), e, então, pode endireitar no Photoshop cada imagem e colocá-la em seu próprio documento. Vá ao menu File, em Automate, e escolha **Crop and Straighten Photos**. Nenhuma caixa de diálogo vai aparecer. Em vez disso, o Photoshop vai procurar por bordas retas em suas fotos, endireitá-las e copiar cada uma em sua própria janela (aliás, parece funcionar melhor quando as fotos escaneadas em grupo têm qualidades de tons similares. Quanto mais variadas forem as cores, maior será a dificuldade para endireitar as imagens). Essa automação também funciona em imagens únicas, tortas.

Como redimensionar e cortar fotos | Capítulo 5 | 139

Adobe Photoshop CS5 | para fotógrafos digitais

Redimensionando partes de sua imagem usando "Content-Aware Scalling"

Nós todos já enfrentamos situações em que a imagem é um pouco menor do que a área onde precisamos encaixá-la. Por exemplo, se você redimensionar uma imagem de câmera digital de maneira que ela se encaixe em uma área de imagem 8x10" tradicional, você terá um espaço extra acima ou abaixo da imagem (ou ambos). É aí que entra a Content-Aware Scaling — ela lhe permite redimensionar uma parte de sua imagem, enquanto mantém intactas as partes importantes (basicamente, ela analisa a imagem e amplia, ou reduz, partes dela que considera não tão importantes). Aprenda.

Passo um:

Crie um novo documento em 8x10" e 240 ppi. Abra uma imagem de câmera digital, selecione Mover (**V**), arraste e solte-a sobre o novo documento, então pressione **Command-T (PC: Ctrl-T)** para abrir o Free Transform. Pressione e segure a tecla Shift, pegue um ponto no canto e arraste-o para dentro a fim de reduzir a escala da imagem e fazê-la encaixar na área 8x10" (mostrado aqui), e pressione **Return (PC: Enter)**. Vá ao menu Edit e escolha **Content-Aware Scale** (ou pressione **Command-Option-Shift-C [PC: Ctrl-Alt-Shift-C]**).

Passo dois:

Arraste a alça de cima para cima e observe-a aumentar o céu, deixando o homem praticamente intacto, sem estender ou inchar sua imagem. Se continuar, o homem começará a ser arrastado também, portanto, você não pode fazer isso para sempre, mas vê uma pré-exibição na tela em tempo real, então saberá até onde pode ir. Depois, pressione **Return** para finalizar. (*Nota*: o botão que parece uma pessoa em Options Bar informa ao Content-Aware Scale que há pessoas na foto, assim ele evita qualquer coisa que possua um tom de pele. Nem sempre funciona, mas vale a pena tentar.)

Adobe Photoshop CS5 | para fotógrafos digitais

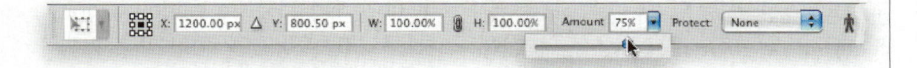

Passo três:
Há dois controles a mais que você precisa conhecer a respeito: primeiro, se você tentar o Content-Aware Scale, mas ela esticar a pessoa mais do que você queria, pegue a ferramenta Lasso (**L**) e arraste uma seleção em torno de seu modelo (como mostrado aqui, no topo). Vá ao menu Select e escolha **Save Selection**. Quando a caixa de diálogo Save Selection aparecer, clique OK. Então, abra a Content-Aware Scale novamente, mas, desta vez, vá para Options Bar e escolha sua seleção do menu pop-up Protect (mostrado aqui) para dizer ao Photoshop onde está a pessoa. Agora você pode arrastar a imagem para a direita para preencher o espaço vazio com o mínimo de distorção.

Passo quatro:
Há também um controle de quantidade em Options Bar que determina quanta proteção à distorção é proporcionada. Em seu padrão de 100%, ela protege tanto quanto possível. Em 50%, é uma combinação de redimensionamento protegido e Free Transform regular, o que, para algumas fotos, funciona melhor. O melhor é que o controle Amount funciona em tempo real, assim, enquanto suas alças estiverem no lugar, você pode baixar o Amount e ver em tempo real na tela como isso afeta seu redimensionamento.

Como redimensionar e cortar fotos | Capítulo 5 | 141

Dicas matadoras de Photoshop

Vendo seu corte final no Camera Raw
Quando você corta uma foto em Camera Raw, pode ver a imagem final sem ter de abri-la no Photoshop. Assim que a borda de corte estiver no lugar, troque de ferramentas e verá a versão cortada (em versões anteriores, a área cortada ainda era visível, só ficava obscurecida).

Soltura instantânea do layer de segundo plano
Esta é uma daquelas dicas que nos fazem sorrir. Para fazer o layer de Background se tornar regular sem a necessidade de um pop-up caixa de diálogo, clique e arraste o pequeno ícone de tranca à direita da palavra "Background" direto para o Lixo (obrigado a Julieanne Kost, da Adobe, por compartilhar esta dica).

Traga seus atalhos de canais de volta
Lá no CS3, e em versões anteriores do Photoshop, você olhava os canais de cores individuais para uma foto pressionando **Command-1**, **Command-2**, **Command-3**, e por aí afora (em um PC, seriam **Ctrl-1**, **Ctrl-2** etc.). No CS4, os atalhos mudaram, o que decepcionou muitos usuários de longa data, mas, graças ao CS5, você tem a opção de trazer os atalhos de canais de volta à era pré-CS4. Vá ao menu Edit, escolha **Keyboard Shortcuts** e, perto do topo da caixa de diálogo, abra a caixa de seleção Use Legacy Channel Shortcuts.

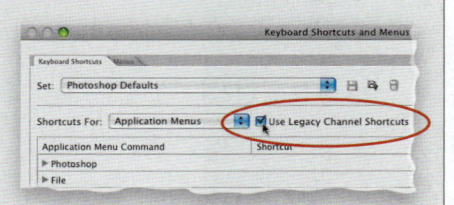

Configure os padrões em estilos de camadas
Por fim, configure seus próprios padrões personalizados para estilos de camadas com *Drop Shadow* ou *Glow*. Para isso, crie um novo layer no painel Layers clicando no ícone Create a New Layer; então, escolha o estilo de layer desejado no menu pop-up do ícone Add a Layer Style (por exemplo, *Outer Glow*). Na caixa de diálogo Layer Style, digite suas próprias configurações (como mudar o brilho de amarelo berrante para branco ou preto, ou qualquer outra cor) e clique no botão Make Default na parte inferior da caixa de diálogo. Para retornar às configurações (berrantes) padrão, clique no botão Reset to Default.

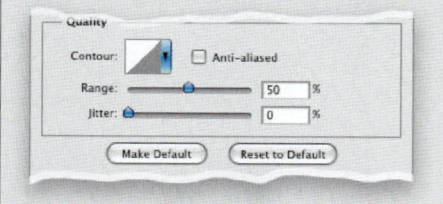

Máscara de layer da transparência de layer
Aqui, um belo recurso para poupar tempo: você pode tornar as áreas transparentes de qualquer layer em uma máscara com um passo: vá ao menu Layer, em Layer Mask e escolha **From Transparency**.

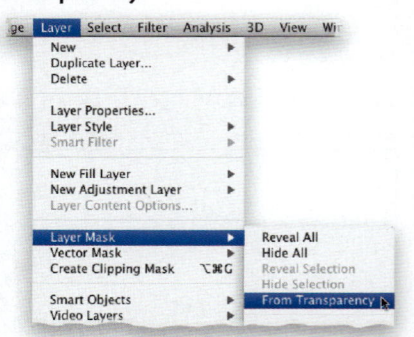

Salvar 16 Bit para JPEG
Se trabalhar com fotos de 16 bits (como muitos fotógrafos RAW, porque esta é a profundidade de bits padrão para fotos RAW), quando abria a caixa de diálogo Save não havia opção para salvar como JPEG, porque JPEGs têm de estar no modo de 8-bits; tinha de fechá-la, converter para 8 bits, e salvar de novo. No CS5, isso mudou: agora ele faz uma cópia do arquivo, a qual é convertida para 8 bits e depois é salva. Sua imagem de 16 bits continua aberta na tela sem ser salva, então não esqueça. Se quiser salvar a versão em 16 bits, precisa salvá-la como um PSD ou TIFF antes. Para mim, logo que JPEG de 8 bits é salvo e não preciso mais da versão de 16 bits, fecho a imagem e clico no botão Don't Save.

Adobe Photoshop CS5 | para fotógrafos digitais

Dicas matadoras de Photoshop

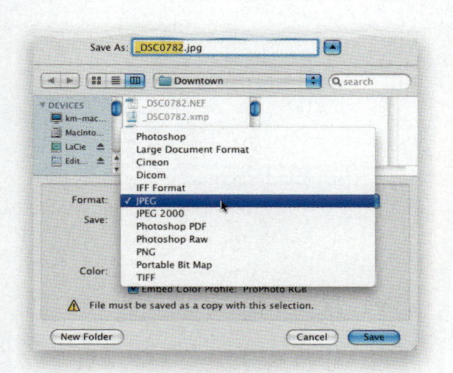

Novo recurso de ferramenta de zoom
Eis um modo prático e tranquilo de usar a ferramenta Zoom: clique e segure um ponto dentro da foto e arraste para a direita para aumentar o zoom. Arraste de volta para a esquerda para diminuir.

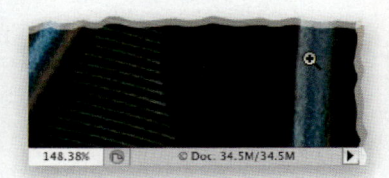

Um clique para fechar todas as suas abas
Se você está usando o recurso Tabs (todos os documentos abrem como abas), então, definitivamente, você vai gostar desta dica: para fechar todas as abas abertas de uma vez, clique com o botão direito do mouse em qualquer aba e escolha **Close All**.

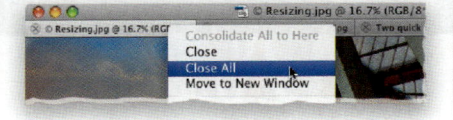

Grade de correções de lente
Se você está usando o painel Lens Corrections do Camera Raw para endireitar prédios ou nivelar linhas de horizonte arredondadas, pressione a letra **V** no teclado e uma grade de alinhamento aparecerá sobre a imagem para ajudá-lo a alinhá-los. Para escondê--la, pressione V outra vez.

Designe um atalho de teclado para o apanhador de cores
No CS5, a Adobe deixa você designar um atalho de teclado para abrir o Foreground (ou Background) Color Picker. Isso é mais prático do que parece. Vá ao menu Edit, em Keyboard Shortcuts, e do menu pop-up Shortcuts For escolha **Tools**. Então, desça até a parte inferior e verá um Foreground Color Picker e Background Color Picker. Escolha um e digite o atalho que deseja. Mas vou adiantar uma coisa: os melhores atalhos já foram tomados (na verdade, quase todas as combinações de atalhos já foram tomadas), mas meu amigo Dave Cross sugeriu uma boa ideia. Ele não usa muito a ferramenta Pen, então usou a letra P (para Picker). Quando digita "P," surge um aviso de que a letra já está sendo usada para outro recurso, e se clicar no botão Accept and Go to Conflict na parte inferior à esquerda, o P será designado para o Color Picker escolhido, e então mandará você para a ferramenta Pen para escolher um novo atalho. Se não precisar designar um atalho para a ferramenta Pen (você não a usa muito), então a deixe em branco e clique em OK.

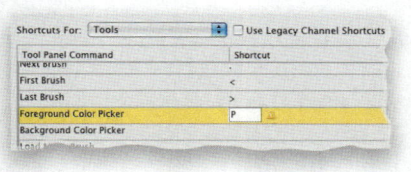

Maneira visual para mudar o tamanho e a suavidade de seu pincel
Isto é incrivelmente prático, porque você pode ver e controlar o tamanho e o montante de suavidade exatos para a ponta atual do pincel. Segure Option--Ctrl (PC: Alt-Ctrl) e clique e arraste (PC: Clique com o botão direito do mouse e arraste) para cima/para baixo para controlar a suavidade/dureza do pincel, e esquerda/direita para controlar o tamanho.

Como redimensionar e cortar fotos | Capítulo 5 | 143

Fotógrafo Scott Kelby Velocidade de obturador: 1/125 sec | Distância focal: 14mm | Diafragma: *f*/2.8

Capítulo 6 Segredos de correção em cores

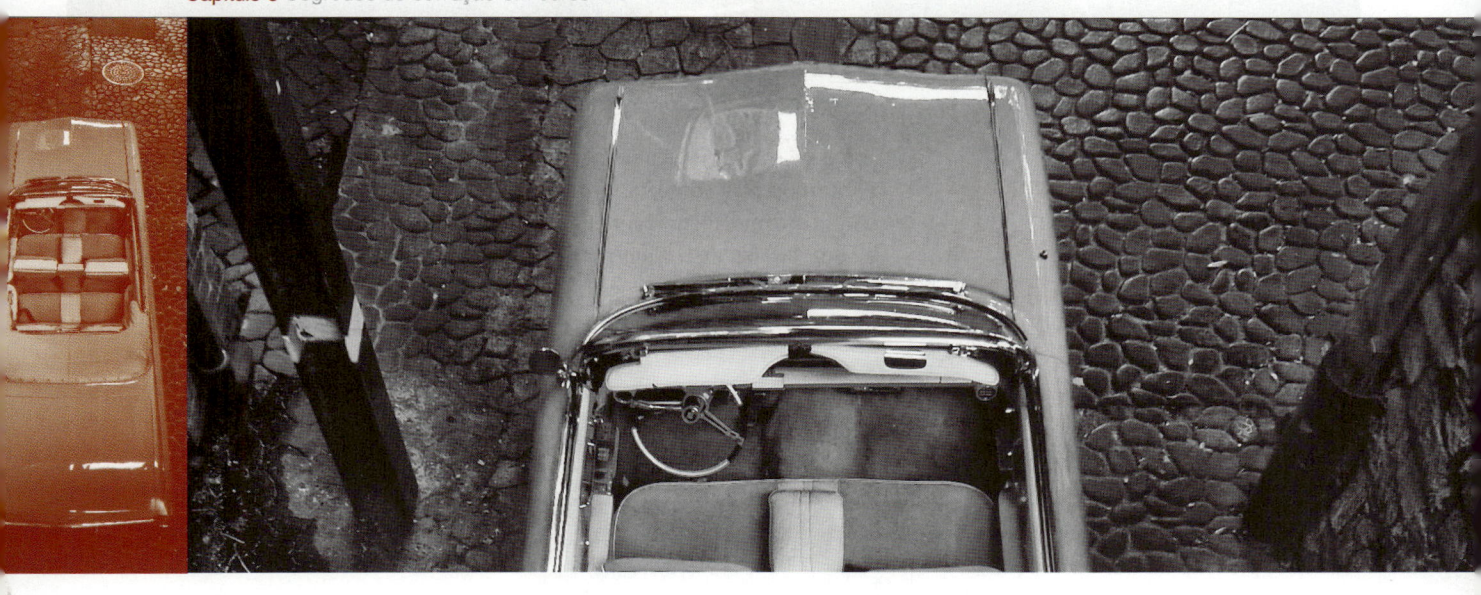

Jonas vê em cores
segredos de correção de cores

Assim que vi o título deste álbum,[1] sabia que tinha de usá-lo, porque minha filha de quatro anos é uma grande fã de Jonas Brothers (o que de certa maneira deveria deixar os Jonas Brothers tristes, não apenas porque duvido de que eles queiram ter fãs que ainda andem de triciclo, mas porque quando ela tiver sete anos, eles já serão coisa do passado, e se eu fizer alguma referência a eles, ela vai me olhar como seu eu tivesse quatrocentos anos, o que, de fato, é a idade que ela acha que eu tenho). De qualquer maneira, eu sabia que tinha conseguido um título, mas, quando cliquei na capa do álbum, esperando com toda a certeza ver Kevin, Joe e Nick Jonas (rostos familiares em nossa casa), deparei-me com uma banda totalmente diferente. De fato, o nome da banda também era Jonas Sees in Color. Veja, eu "presumi" porque a palavra Jonas estava ali, que aquele seria o título de um álbum do Jonas Brothers, mas é isso que acontece quando você presume (como é aquele velho ditado, "Cautela nunca é demais?)[2]. Em todo caso, perguntei-me se de alguma forma, com aquele nome, a banda não estava tentando fazer a mesma coisa que algumas empresas fazem com os nomes de seus vprodutos, assim, uma pessoa que não estiver prestando atenção poderia, por exemplo, pegar um café Buckstar na prateleira do supermercado, achando que estava comprando Starbucks devido à semelhança do nome e da aparência do pacote. Se foi este o caso, então uma pessoa querendo comprar uma música do Jonas Brothers poderia na realidade comprar uma da banda Jonas Sees in Color, mas é bem possível que essa pessoa goste mais das canções da Jonas Sees in Color (ei, não baseie sua carreira apostando no gosto de uma criança de quatro anos). Isto me deu uma ideia, e resumindo uma longa história, é exatamente por isso que eu mudei meu nome artístico para J. Kelby Rowling, e meu próximo livro será intitulado *Harry Porter e o Odor de Pen Tool*.

---

[1] "Jonas Sees in Color". (N.T.)

[2] Ditado intraduzível no original: "When you assume, that makes a sum of a and e". (N.T.)

Adobe Photoshop CS5 | para fotógrafos digitais

O que fazer antes de corrigir as cores de qualquer imagem

Antes de corrigir uma única foto, precisamos fazer duas mudanças rápidas no Photoshop para conseguirmos resultados melhores e mais precisos. A primeira é mudar como a ferramenta Eyedropper (Conta-gotas) mede a cor e a segunda é obter um plano de fundo cinza neutro atrás de suas fotos, de maneira que ele não afete como você corrige as cores de suas fotos. Apesar de serem apenas duas mudanças simples, não subestime seu impacto — isto é importante.

Passo um:
Vá à caixa de ferramentas e clique na ferramenta Eyedropper (ou pressione a letra **I**). Se procurar na Barra de Opções, verá que a configuração-padrão de Sample size para esta ferramenta é Point Sample. O problema com essa configuração é que ela dará uma leitura de apenas um pixel individual em vez de uma média da área que você está clicando (o que é muito mais preciso para fins de correção de cores). Para consertar isso, mude o menu pop-up Sample size para **3 by 3 Average** (como mostrado aqui). Aliás, se estiver trabalhando em imagens de superalta-resolução, a Adobe incluiu áreas de amostragem maiores, como 5x5, 11x11, 31x31 e até 101x101.

Passo dois:
Embora não seja um problema ter um plano de fundo colorido quando se trabalha com o Photoshop, você raramente encontrará um profissional corrigindo cores com um plano de fundo colorido, pois isso muda sua percepção das cores (e o influenciará na correção). O ideal é usar um plano de fundo cinza neutro. Para isso, pressione a letra **F** uma vez para centralizar a foto na tela com um plano de fundo cinza neutro atrás. Para retornar ao modo regular, pressione a letra **F mais** duas vezes. Pronto.

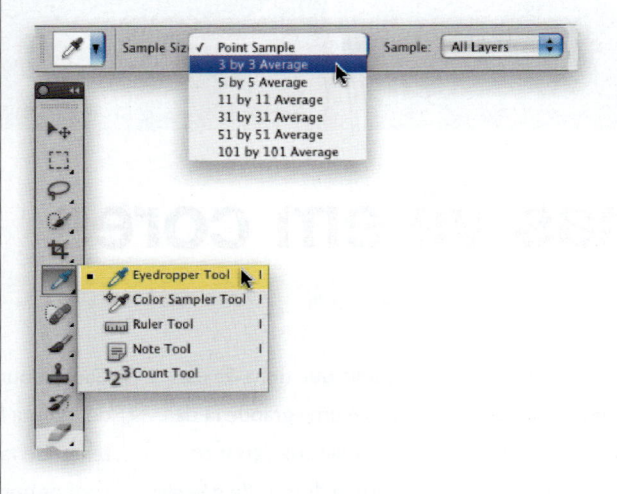

146 | Capítulo 6 | Segredos de correção de cores

Adobe Photoshop CS5 | para fotógrafos digitais

Correção de cores usando curvas

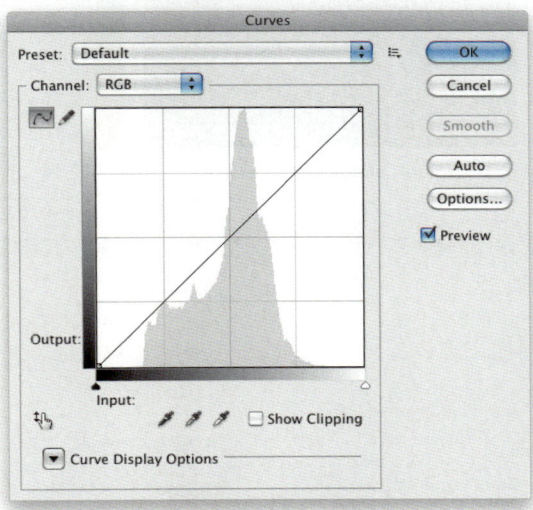

Embora neste capítulo eu apresente como fazer a correção tradicional de cores em Photoshop, em meu fluxo de trabalho faço todas as correções de cores (para imagens JPEG, TIFF e RAW) em Camera Raw, porque é bem mais fácil. Então, como esta é a maneira tradicional por meio da qual fizemos a correção de cores durante anos, é bom saber fazê-la. Eu mesmo não a uso mais.

Passo um:
Abra a foto que você deseja corrigir. A foto mostrada aqui não parece tão ruim, mas à medida que passamos pelo processo de correção, você verá que ela realmente precisava ser corrigida. O que eu vejo logo de cara é que a foto parece um tanto monótona, ela está com o contraste baixo, e há uma tonalidade azul projetada nela, o que é típico de um dia nublado, ou quando seu tema acaba sendo encoberto pela sombra, e sua câmera está configurada para o White Balance automático.

Passo dois:
Vá ao menu Image, em Adjustments, e escolha **Curves** (ou pressione **Command-M [PC: Ctrl-M]**). Curves é sem dúvida, a escolha dos profissionais para corrigir cores, porque lhe dá um maior nível de controle do que outras ferramentas, como Levels, com qual você fica praticamente limitado a apenas três controles deslizantes de ajustes. O diálogo de Curves pode parecer intimidador em um primeiro momento, mas a técnica que você vai aprender aqui não exige conhecimento prévio do comando, e é tão fácil que você vai começar imediatamente a corrigir fotos usando Curves.

Continua

Passo três:

Primeiro, precisamos estabelecer algumas preferências na caixa de diálogo Curves para atingirmos os resultados esperados ao corrigir as cores. Estabelecemos uma referência para as áreas sombreadas. Para isso, na caixa de diálogo Curves, clique duas vezes na Ferramenta Eyedropper preta (abaixo do centro da grade de curva; o Eyedropper de sombra é o primeiro a partir da esquerda [o que está meio preenchido com preto], como mostrado aqui).

Passo quatro:

Quando clicar duas vezes no Eyedropper de sombra , ele abrirá o Color Picker solicitará que seja selecionada a referência da cor de sombra. É onde você vai inserir novos números RGB,[1] que o ajudarão a remover as tonalidades de cor que sua câmera tenha projetado nas áreas sombreadas da foto. Vamos inserir valores nos campos R, G e B (Vermelho, Verde e Azul) dessa caixa de diálogo (o campo Azul está destacado aqui).

Para R, entre com 7
Para G, entre com 7
Para B, entre com 7

Agora, clique em OK para salvar esses números como referência de suas configurações de sombra. Como estão bem balanceados (eles estão todos com o mesmo número), isso ajuda a assegurar que suas áreas de sombra não terão excesso de uma só cor (exatamente o que causa a predominância de uma única cor), e ao usar o 7 conseguimos sombras escuras e detalhes de sombra em nossas impressoras de jato de tinta.

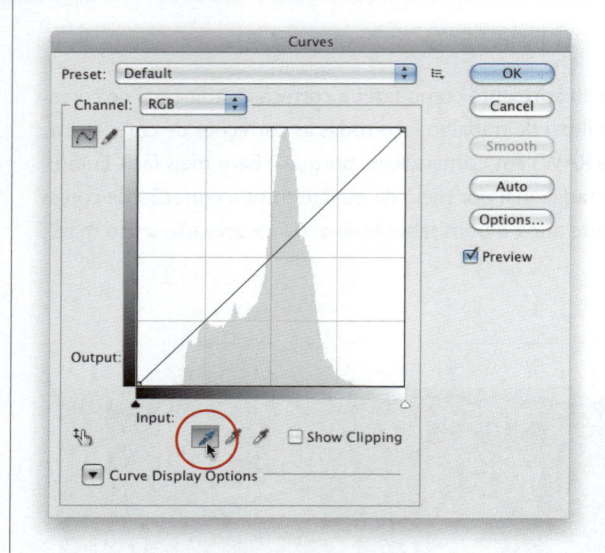

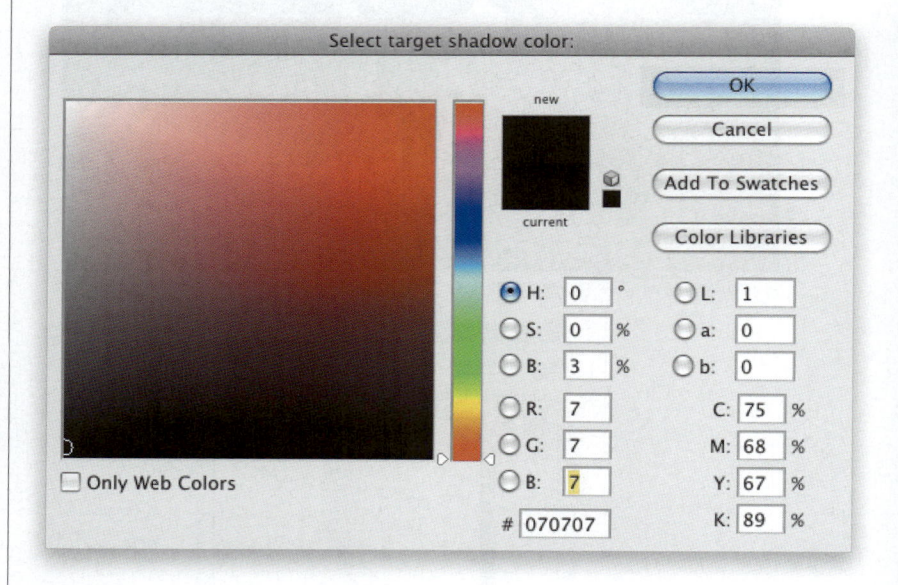

---

[1] *R* para "red" – vermelho; *G* para "green" – verde; *B* para "blue" – azul. (N.T.)

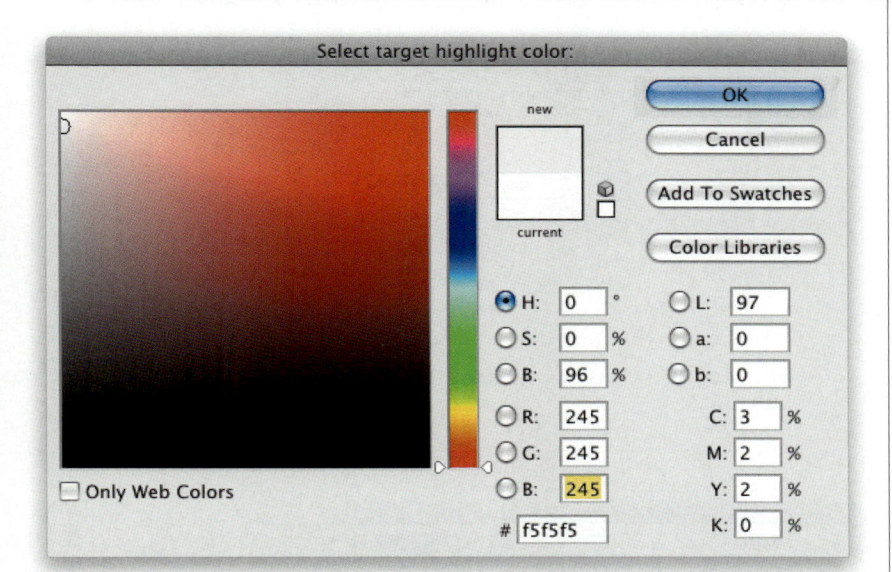

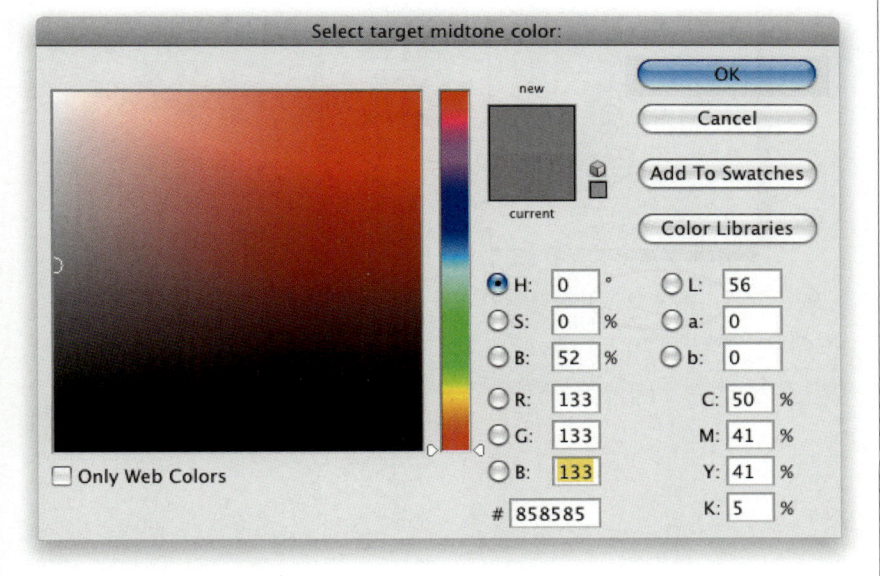

Passo cinco:
Agora, vamos estabelecer uma preferência para tornar neutras nossas áreas de altas luzes. Clique duas vezes no Eyedropper branco (o terceiro na parte de baixo da caixa de diálogo de Curves). O Color Picker aparecerá pedindo que você selecione a referência da alta luz. Clique no campo R e, então, insira estes valores (*Nota*: para mover de um campo para outro, apenas pressione a **tecla Tab**):

Para R, entre com 245
Para G, entre com 245
Para B, entre com 245

Clique OK para configurar esses valores como referência de altas luzes.

Passo seis:
Agora, estabeleça sua preferência de meio-tom. Você já sabe o que fazer: clique duas vezes no Eyedropper de meio-tom (dos três Eyedroppers, é o do meio), de maneira que você possa selecionar a referência do meio-tom. Entre com estes valores nos campos RGB:

Para R, entre com 133
Para G, entre com 133
Para B, entre com 133

Então, clique em OK para configurar esses valores como sua meta de meio-tom. Está feito — você fez todo o trabalho duro. O resto daqui em diante é bem fácil.

Continua

Passo sete:
Se ainda estiver com o diálogo de Curves aberto, clique em OK para fechá-lo por ora, então você receberá um aviso perguntando se quer salvar New Target Colors (novas referências de cor) como Padrões. Clique em Yes (como mostrado aqui), e, de agora em diante, você não terá de entrar com esses valores cada vez que for corrigir uma foto, porque eles já terão sido inseridos para você — eles são agora as configurações-padrão. Então, da próxima vez que corrigir uma foto, você pode pular estes sete passos e ir direto para a correção.

Passo oito:
Agora que inseriu suas preferências na caixa de diálogo de Curves, você vai usar estas mesmas ferramentas de Eyedroppers (mostradas aqui) para fazer a maior parte de seu trabalho de correção de cores. Em suma, eis o que você vai fazer com estes três Eyedroppers:

(1) Encontre algo em sua foto que você sabe que deveria ser da cor preta. Se você não conseguir encontrar algo preto, encontre a área mais escura em sua foto e converta-a para sua referência de sombra, clicando nessa área uma vez com o Eyedropper de sombra.

(2) Encontre algo em sua foto que você sabe que deveria ser da cor branca. Se você não conseguir encontrar algo branco, encontre a área mais brilhante em sua foto e converta-a para sua referência de alta luz, clicando nessa área uma vez com o Eyedropper de alta luz.

(3) Encontre uma área cinza neutra em sua foto e converta-a para sua referência de meio-tom, clicando nessa área uma vez com o Eyedropper de meio-tom.

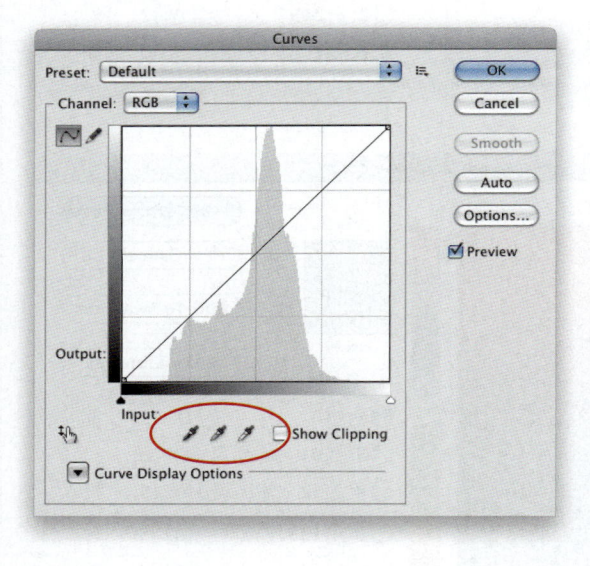

Adobe Photoshop CS5 | para fotógrafos digitais

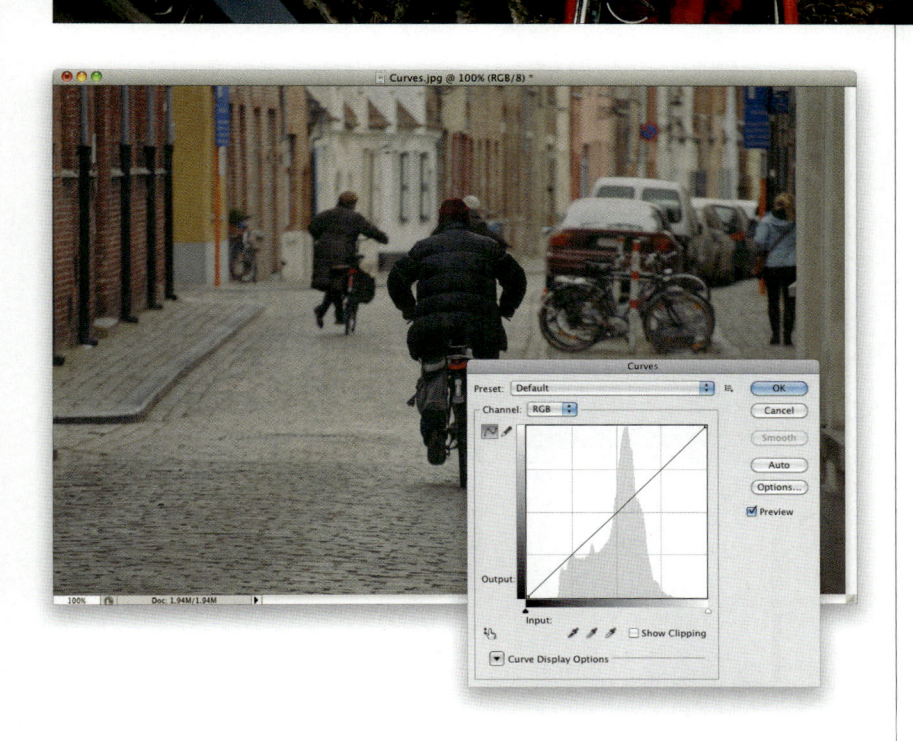

Passo nove:
Vamos estabelecer as sombras. Pressione **Commad-M (PC: Ctrl-M)** para trazer a caixa de diálogo Curves. Olhando para a foto, encontre algo que deveria ser da cor preta. Na maioria das fotos, isso não será problema: você verá uma área escura de sombras (como as partes da jaqueta do ciclista nesta foto, ou um pneu de carro preto, ou uma camisa preta etc.). Mas, se não conseguir, o Photoshop pode lhe mostrar onde está a parte mais escura.

DICA: Usando Curves do painel de ajustes
Se você está familiarizado com Adjustment Layers, pode aplicar suas Curves como um layer de ajuste, como o painel Adjustment. Clique no ícone que parece com a grade Curves, e, em vez de receber uma caixa de diálogo suspensa, pode ajustar sua curva direto do painel. Mais sobre Adjustment Layers posteriormente.

Passo dez:
Há dois controles na grade Curves que o ajudam a encontrar as partes mais escuras e mais brilhantes da imagem. Abra a caixa de diálogo Show Clipping, e sua imagem ficará com um tom branco sólido; clique e segure o controle esquerdo (sombra). À medida que arrastá-lo para a direita, as primeiras áreas que aparecerão serão as mais escuras da foto. O Photoshop lhe diz onde clicar, então, lembre-se de onde estão essas áreas (neste caso, eu escolheria a parte de baixo da jaqueta do ciclista, porque ela aparece como preto sólido, o que significa que todos os três canais de cores são de preto sólido).

Continua

Segredos de correção de cores | Capítulo 6 | 151

Passo onze:
Agora que você sabe onde está sua área de sombra, arraste o controle deslizante de sombra para a esquerda e feche a caixa de diálogo Show Clipping. Clique no Eyedropper de sombra, vá para sua foto (enquanto a caixa de diálogo de Curves ainda está aberta), e clique uma vez na área de sombra. Neste caso, clique na área de sombra na parte de baixo da jaqueta do ciclista (mostrada circulada em vermelho aqui), e suas áreas de sombras serão convertidas para uma cor de sombra neutra; além disso, a cor predominante será removida delas (compare esta foto com a do Passo nove e você verá a diferença que este único clique faz, tanto em termos de cor quanto de contraste).

DICA: Desligando o Channel Overlays
Quando você clicar naquela área sombreada, três linhas novas aparecerão em sua curva, mostrando como os canais Vermelho, Verde e Azul foram afetados por sua manobra. Apesar de alguns usuários adorarem ver estas linhas, outros (como eu) as consideram uma distração. Se você quiser que essas linhas de canais sejam desativadas, clique no triângulo próximo de Curve Display Options (Curves Display) na parte de baixo à esquerda do diálogo de Curves, e, então, desmarque a caixa de seleção para Channel Overlays (como mostrado aqui).

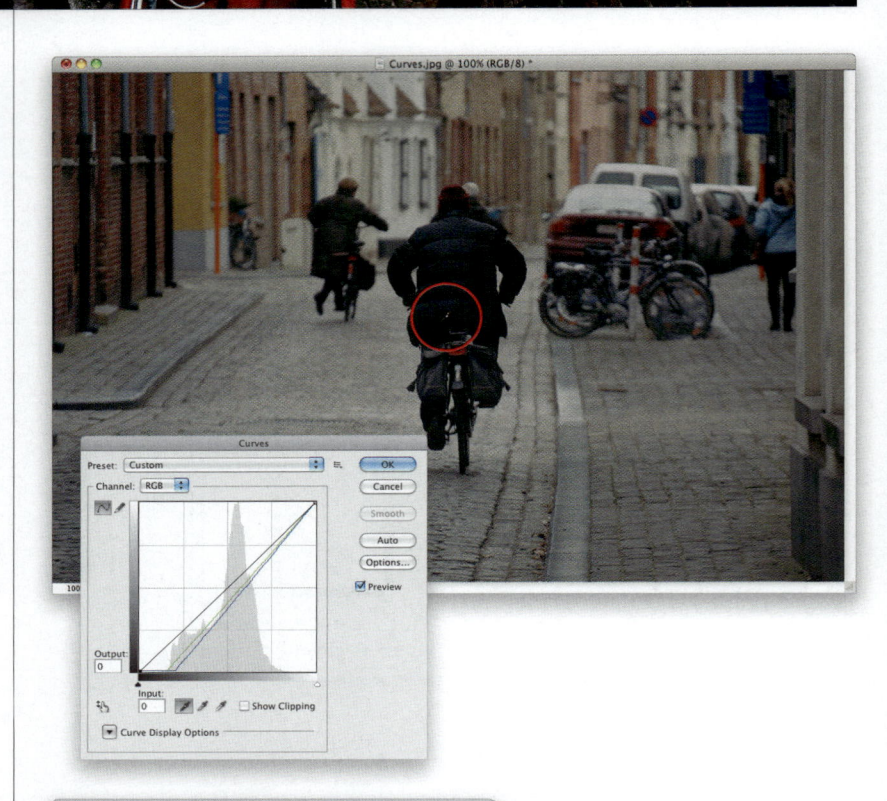

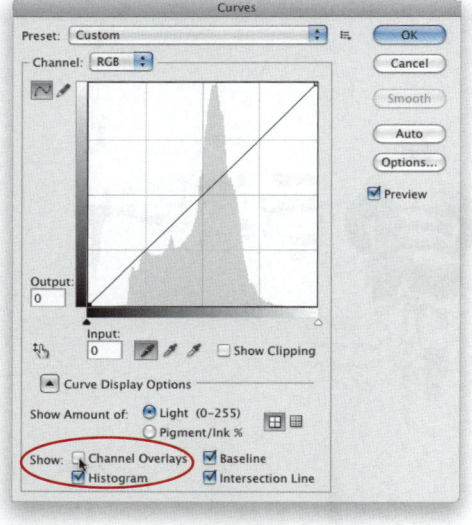

Adobe Photoshop CS5 | para fotógrafos digitais

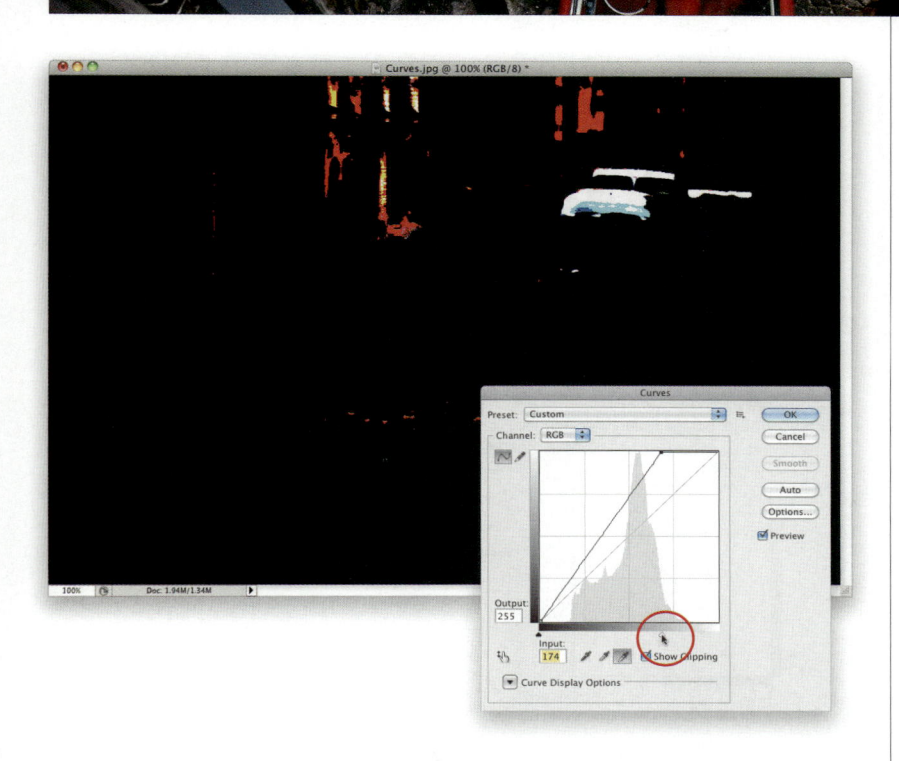

Passo doze:
Vamos configurar o ponto de alta luz. Encontre algo com a cor branca. Em geral, isso é fácil, mas, se não conseguir encontrar, pode usar o mesmo truque que aprendeu há pouco e fazer o Photoshop lhe mostrar onde está a parte mais clara da foto. Marque a caixa de seleção Show Clipping, mas agora arraste o controle da direita para a esquerda. A tela ficará preta (como mostrado aqui), e, à medida que arrastar o controle para a esquerda, as primeiras áreas brancas que aparecerem serão as mais claras da imagem.

DICA: Pulando a caixa de seleção Show Clipping
Pressionando e segurando a **tecla Option (PC: Alt)** e arrastando os controles Input (de entrada), você terá o mesmo resultado que marcar temporariamente a caixa de seleção Show Clipping.

Passo treze:
Agora que sabe onde está a área de alta luz, arraste o controle de alta luz bem para a direita e desmarque a caixa de seleção Show Clipping. Clique no Eyedropper de alta luz, vá para a foto e clique uma vez na área de alta luz. Procuro uma área branca com detalhe (e não uma área de alta luz especular, que não tem detalhe algum, como o sol, ou um reflexo do sol brilhante sobre um para-choque cromado de um carro etc.). Cliquei na calçada à direita do ciclista, e isso deixou as áreas de alta luz neutras e removeu qualquer tonalidade de cor das altas luzes (fizemos só dois cliques de correção e olhe como a foto já está melhor).

Continua

Passo catorze:
Quanto ao seu terceiro clique — encontrar algo que se presume que seja um cinza neutro —, este é um pouco mais complicado, pois nem toda foto tem uma área cinza neutra, e a caixa de diálogo de Curves não tem um truque "encontrar o cinza" como tem para as sombras e as altas luzes. Mas não tema; há uma maneira (que será apresentada ainda neste capítulo) para encontrar esta área neutra todas as vezes. No exemplo em que estamos trabalhando no momento, encontrar uma área que se presume que seja um cinza neutro não é um problema — você clica em outra parte da calçada (como eu fiz aqui). Ela neutraliza a tonalidade de cor nos meios-tons, e, como você pode ver, removeu aquela tonalidade de cor azul que ainda estava ali após neutralizar as altas luzes e as sombras. Agora, temos um tom com uma aparência muito mais natural.

Passo quinze:
Antes de você clicar em OK, você vai usar as Curvas para aumentar o contraste como um todo na foto (na realidade, trata-se da melhor maneira de aumentar o contraste em Photoshop). É fácil: (1) primeiro, clique uma vez bem no centro da grade para acrescentar um ponto; (2) clique acima e à direita do centro, bem junto à linha, onde as linhas da grade realizam uma interseção com a linha diagonal; e (3) adicione mais um ponto na linha, onde as linhas realizam uma interseção no quadro de baixo (eles são mostrados circulados aqui).

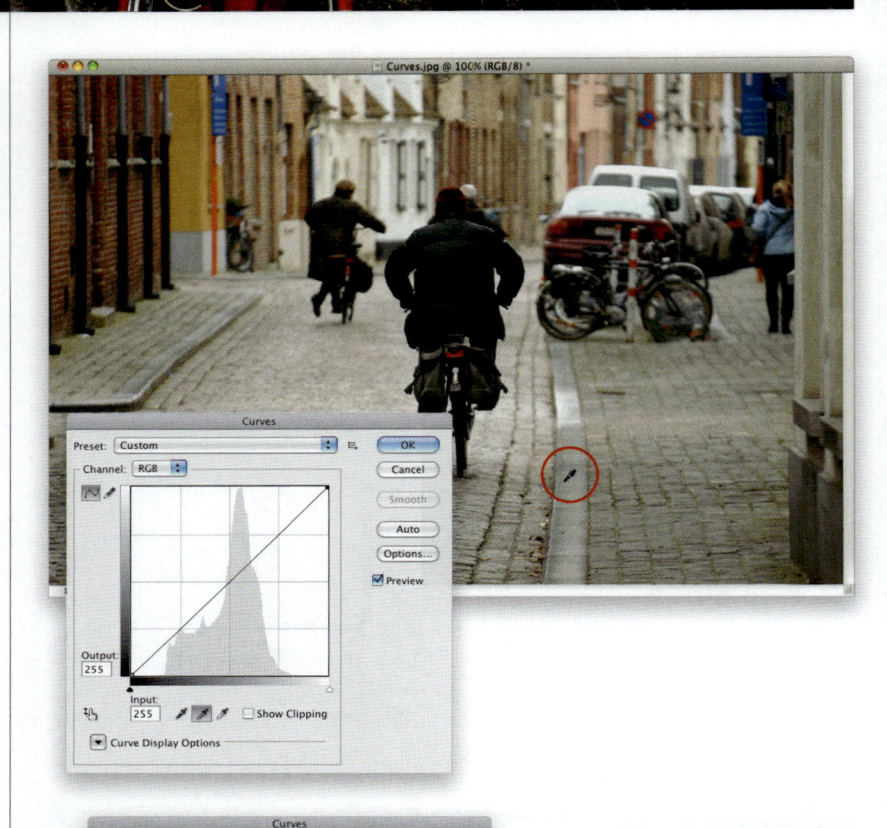

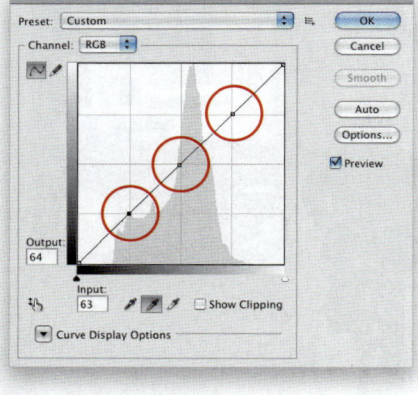

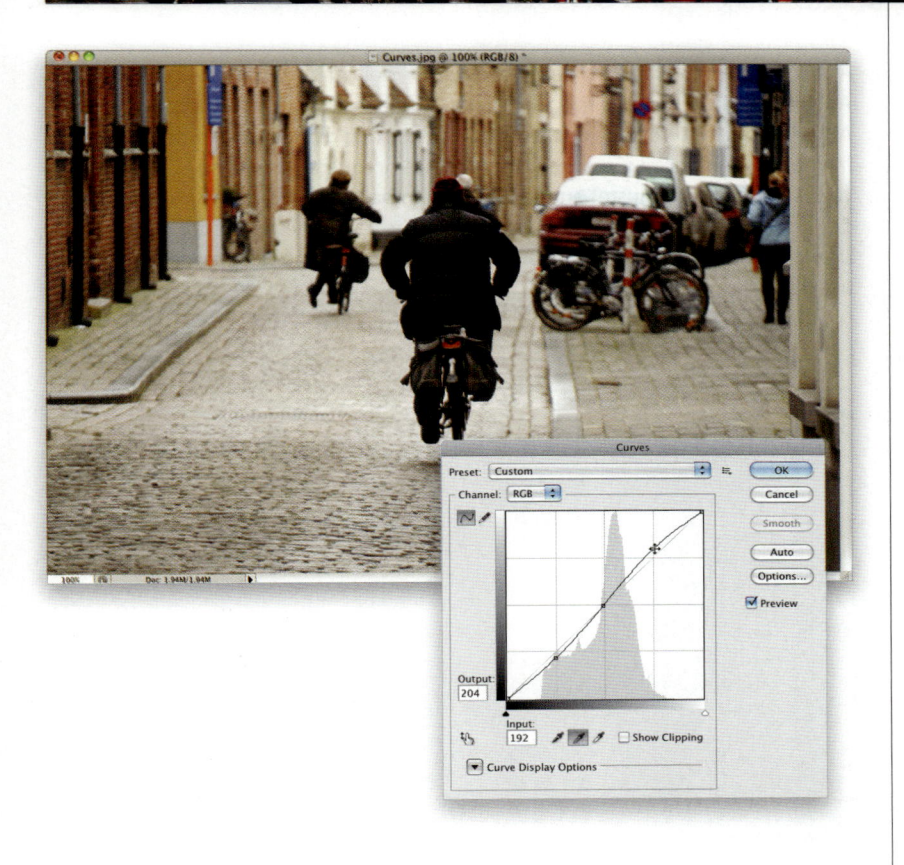

Passo dezesseis:
Agora, enquanto o ponto da parte de baixo à esquerda é selecionado, pressione a **tecla da Seta Para Baixo** em seu teclado oito ou nove vezes para mover aquele ponto da curva para baixo, o que aumenta o contraste nas áreas sombreadas. Então, clique no ponto de cima à direita, mas agora pressione a **tecla da Seta para Cima** em seu teclado 10 ou 12 vezes para aumentar o contraste nas altas luzes. Movendo o ponto do alto para cima e o ponto de baixo para baixo desta maneira, você aprofunda a curva e adiciona mais contraste. Agora, pode clicar em OK, e está feito.

Antes

Depois

As vantagens do Adjustment Layers

Antes de entrarmos na cor, precisamos gastar dois minutos com o painel Adjustments. De todas as melhorias feitas no Photoshop CS4, o painel Adjustments foi o meu favorito, porque a dinâmica de nosso fluxo de trabalho melhorou de maneira tão dramática que mesmo quem nunca usou Adjustment Layers (camadas de ajuste) antes, consegue trabalhar com elas. Assim, a partir de agora, usaremos Adjustment Layers todas as vezes que pudermos, pois elas trazem muitas vantagens. Vamos conhecê-las rapidamente e aprender como usá-las a nosso valor:

Vantagem um: desfazendo a qualquer momento

Por padrão, o Photoshop mantém um registro das últimas 20 ações feitas no painel Histórico (History) (mostrado aqui), então se for preciso desfazer um passo, ou dois, ou três etc., pode pressionar **Command-Option-Z (PC: Ctrl-Alt-Z)** até 20 vezes. Mas quando fecha o documento, todas essas opções acabam. Entretanto, quando você edita com um layer de ajuste — como um ajuste de Levels ou Curves — pode salvar sua imagem como arquivo em layer (salvando-o em formato de Photoshop), e seus Adjustment Layers também serão salvos. Você pode reabrir esse documento dias, semanas ou anos mais tarde, clicar no layer de ajuste Adjustment Layers e desfazer ou mudar aqueles Curves, Levels ou outro ajuste de tom. Você poderá desfazer sempre.

Vantagem dois: máscaras embutidas

Cada layer de ajuste vem com Layer Mask (máscara de layer) embutido, então você pode decidir quais partes da foto recebem o ajuste apenas pintando. Para manter uma área da foto sem o ajuste, basta pegar a ferramenta Pincel **(B)** e pintá-la de preto. Há mais sobre Layers Mask por vir, mas elas oferecem uma tremenda flexibilidade, e, como na realidade não afetam os pixels da imagem, são sempre reversíveis.

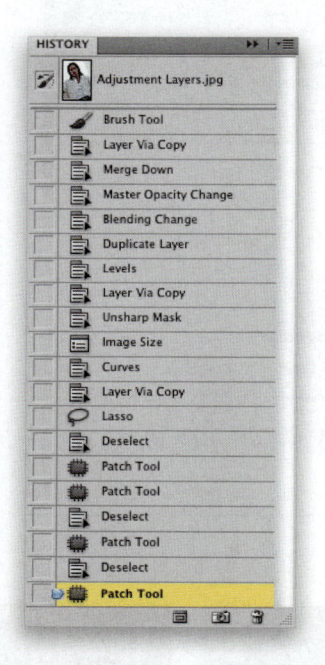

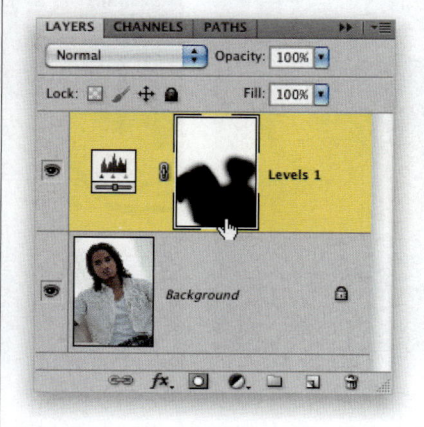

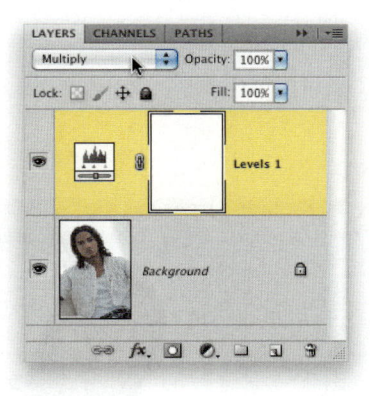

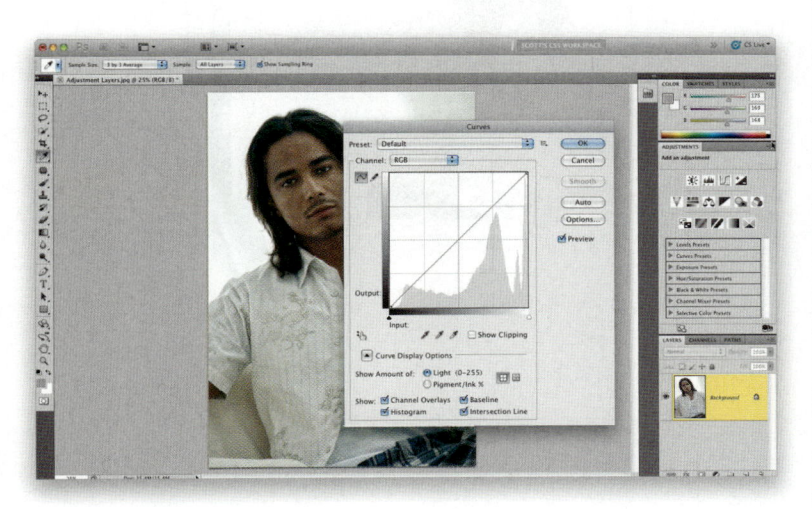

Vantagem três: pré-ajustes de um clique

A Adobe adicionou uma série de Presets (Pré-ajustes) embutidos que você pode aplicar com um clique direto do painel Adjustments. Além disso, ao criar uma configuração de que você gosta, pode salvá-la como um Preset (escolhendo **Save Levels Preset** do menu *flyout* do painel) e, então, aplicá-la a qualquer momento na lista de Presets do painel Adjustments com um clique.

Vantagem quatro: combine modos

Quando aplicar um layer de ajuste, passa a usar o Blend Mode (modos de mesclagem de camadas). Então, se você quer uma versão mais escura do ajuste, basta mudar o Blend Mode do seu layer de ajuste para Multiply. Quer uma versão mais Brilhante? Mude para Screen. Quer fazer um ajuste de Curvas que não afete tanto o tom de pele? Mude-o para Luminosity. Legal!

Vantagem cinco: tudo fica vivo

Nas versões anteriores do Photoshop, quando um layer de ajuste era criado como um layer de ajuste Curves, ele abria a caixa de diálogo Curves (como visto aqui). Enquanto permanecia na tela, o resto do Photoshop ficava congelado — você não podia fazer mudanças ou qualquer outra coisa até que tivesse fechado a caixa de diálogo Curves aplicando o ajuste ou clicando Cancelar. Mas, graças ao painel Adjustments, tudo permanece vivo — basta ir até lá e fazer as mudanças. Não há um botão OK ou Aplicar, por isso você pode mudar qualquer coisa a qualquer momento. Isso fará mais sentido no próximo passo.

Continua

Passo um:

A melhor maneira para compreender toda esta coisa "viva" é experimentá-la. Então, abra qualquer foto (realmente não importa qual), em seguida, vá ao painel Adjustments e clique no ícone Curves (é o terceiro na série de cima). Em vez de trazer a caixa de diálogo Curves para a frente de sua imagem (e congelar todo o resto), o painel Adjustments agora exibe Curves, de maneira que você pode fazer seus ajustes, mas todo o resto continua vivo — você pode ajustar Curves, ir direto e mudar o Blend Mode de um layer, ou dar umas pinceladas, então pegar outra parte de Curves e ajustá-la. Não há um botão OK, e tudo permanece vivo. Isto é mais importante do que parece a princípio (pergunte a qualquer um que tenha usado o CS3).

Passo dois:

Se você está pensando que a curva parece um pouco sumida naquele painel estreito, a Adobe deveria estar pensando a mesma coisa, porque há um pequeno ícone no canto de baixo à esquerda do painel (mostrado circulado aqui em vermelho), e, se você o clica, ele expandirá o tamanho do painel inteiro de maneira que tudo se torne mais fácil de se trabalhar (como visto aqui).

Adobe Photoshop CS5 | para fotógrafos digitais

Passo três:

Vamos apagar o layer de ajuste Curves, arrastando-a para o ícone Lixeira na parte inferior do painel. Adicione um ajuste de Hue/Saturation, clicando no ícone respectivo (segundo na coluna do meio). Arraste o Saturation bem para a esquerda para remover a maior parte da cor obtenha, para o visual que você vê aqui. Os layers (camadas) funcionam assim: elas afetam todas as camadas abaixo delas. Então, se tiver cinco camadas abaixo dela, elas terão sua cor dessaturada dessa maneira. Mas, se quiser que esse layer afete somente o layer diretamente abaixo (e não as outros), clique no ícone de recorte (é o terceiro a partir da esquerda na parte inferior do painel, mostrado circulado em vermelho aqui). Isso prende o layer ao layer logo abaixo dele.

Passo quatro:

Há um par de outras opções: para editar qualquer layer criado, clique nela uma vez no painel layers, e seus controles aparecerão no painel Adjustments. Para retornar à lista de camadas de ajustes e seus Presets, clique no ícone Return to Adjustment List na parte inferior do painel (mostrado circulado em vermelho aqui). Para esconder layer criado, clique no ícone Eye (Olho) (ou na parte inferior do painel Adjustments ou à esquerda do layer no painel Adjustments). Para reconfigurar qualquer painel para suas configurações-padrão, clique no ícone de flecha arredondado imediatamente à esquerda do ícone Lixeira. Para ver um antes/depois da última mudança, clique no ícone à esquerda de Reconfigurar. O mais difícil sobre o painel de Adjustments é saber que ícone representa qual ajuste, por isso mova o cursor sobre um ícone para descobrir.

Segredos de correção de cores | Capítulo 6 | 159

Adobe Photoshop CS5 | para fotógrafos digitais

Ajustando o contraste com a ferramenta de ajuste Target

Além de usar as Curves para a correção de cores, esta é também uma ferramenta poderosa para criar contraste, pois lhe proporciona um raio de ação de controle que você não consegue de outra maneira. É claro, no passado você realmente tinha de conhecer Curves por dentro e por fora para mexer em áreas individuais de sua imagem, mas, graças à Ferramenta de Ajuste Focado (Targeted Adjustment Tool, ou TAT para simplificar), você pode agora clicar e arrastar direto na imagem, e a ferramenta mexe automaticamente na parte certa da curva. É bem mais bacana do que soa a princípio.

Passo um:
Aqui, temos uma foto bastante monótona que poderia se beneficiar do ajuste de Curves para lhe trazer mais contraste, e, como mencionei antes, vamos usar a TAT (mostrada circulada em vermelho aqui). Para isso, realmente, não temos de mexer com a curva de forma alguma, só precisamos dizer ao Photoshop duas coisas simples: (1) qual área da foto nós queremos ajustar, e (2) se nós queremos que esta área seja mais escura ou brilhante. É isso aí — e fazemos tudo isso usando somente nosso mouse. Então, comece pressionando **Command-M (PC: Ctrl-M)** para abrir a caixa de diálogo de Curves e clicando na TAT.

DICA: Usando o layer de ajuste de Curves
Não se preocupe — se você usar o layer de ajuste de Curves (em vez de usar apenas a caixa de diálogo de Curves padrão vista aqui), ela tem a TAT, também! (Pegou, TAT, *too? Tattoo?*[1] Ah, vamos lá, essa não foi tão ruim assim.)

---

[1] No original: "... *it has the TAT, too! (Get it, TAT too? Tattoo? Aw, come on, that one wasn't that bad)*". (N.T.)

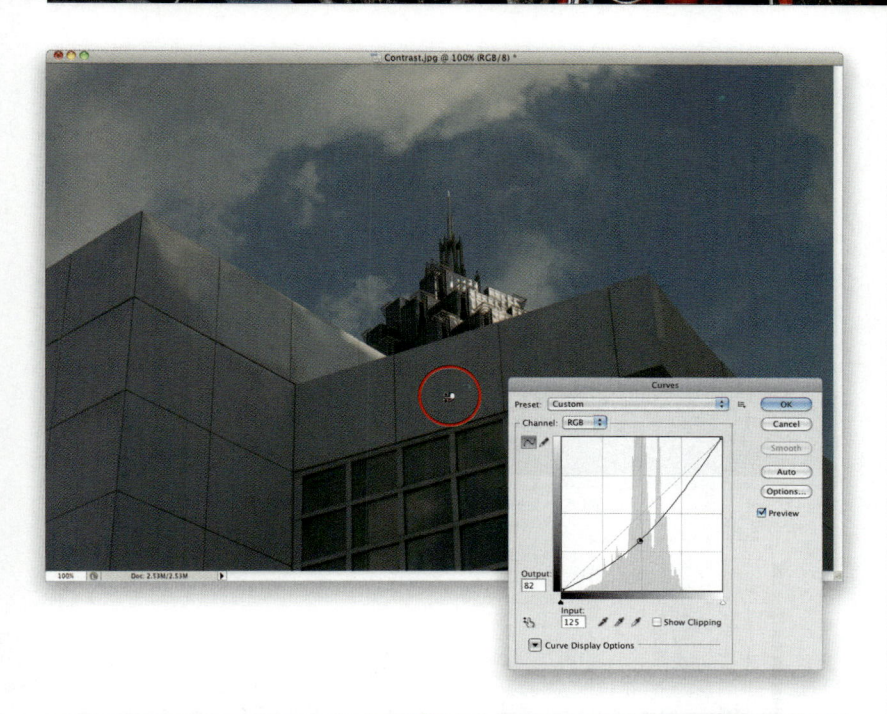

Passo dois:

Agora, mova seu cursor para fora da caixa de diálogo de Curves até a parte de sua imagem que você quer ajustar. Neste caso, queremos tornar os prédios e o céu mais escuros. Comece clicando e segurando sobre o prédio no primeiro plano, e observe que seu cursor se transforma em uma mão com uma seta de duas cabeças, apontando para cima e para baixo. Isso lhe diz que arrastar o cursor para cima/para baixo realizará o ajuste. Em nosso caso, queremos esta área mais escura, então arrastamos o cursor para baixo. À medida que você fizer isto, ele saberá exatamente qual parte da curva deve ser ajustada para escurecer esta área.

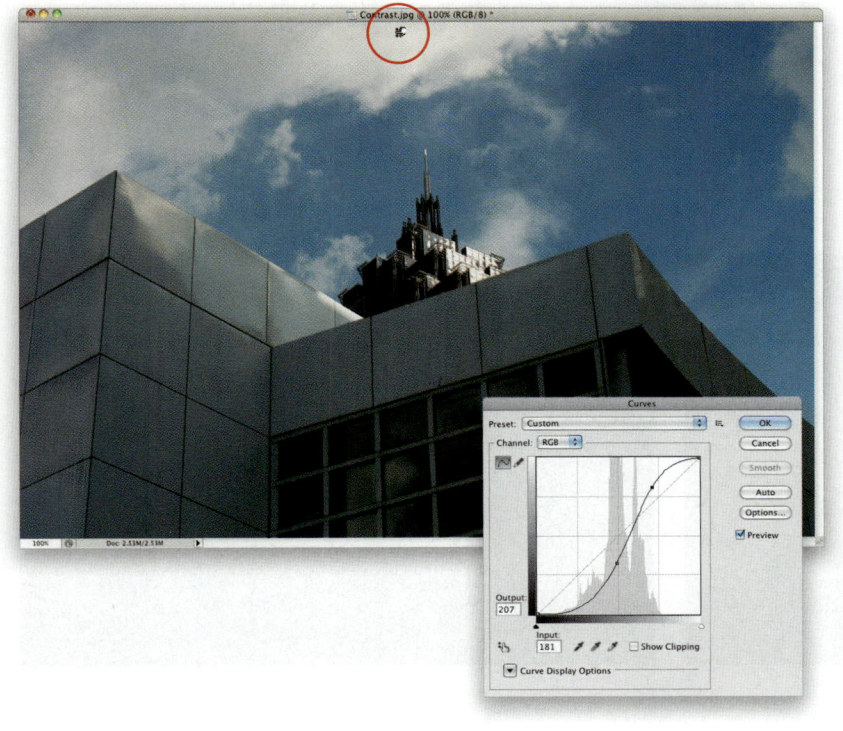

Passo três:

Agora que escurecemos os prédios e o céu, vamos fazer as nuvens brancas se tornarem mais reluzentes. Mova seu cursor sobre elas, mas desta vez você está aumentando o brilho, então clique e arraste para cima (em vez de para baixo). À medida que você faz isso, ele sabe exatamente qual parte da curva deve ser ajustada para afetar aquela área (se você olhar para a curva, verá que um ponto novo foi adicionado no topo à direita da curva — adicionado quando você clicou e arrastou nas nuvens).

Continua

Passo quatro:
Por fim, agora que escurecemos o prédio, vamos escurecer as janelas um pouco, movendo o cursor sobre uma janela e clicando e arrastando para baixo para escurecer aquela área (também observe onde ele adicionou um novo ponto na curva e como ele ajustou esse novo ponto para baixo). Isto é bem fácil de fazer e muito eficiente!

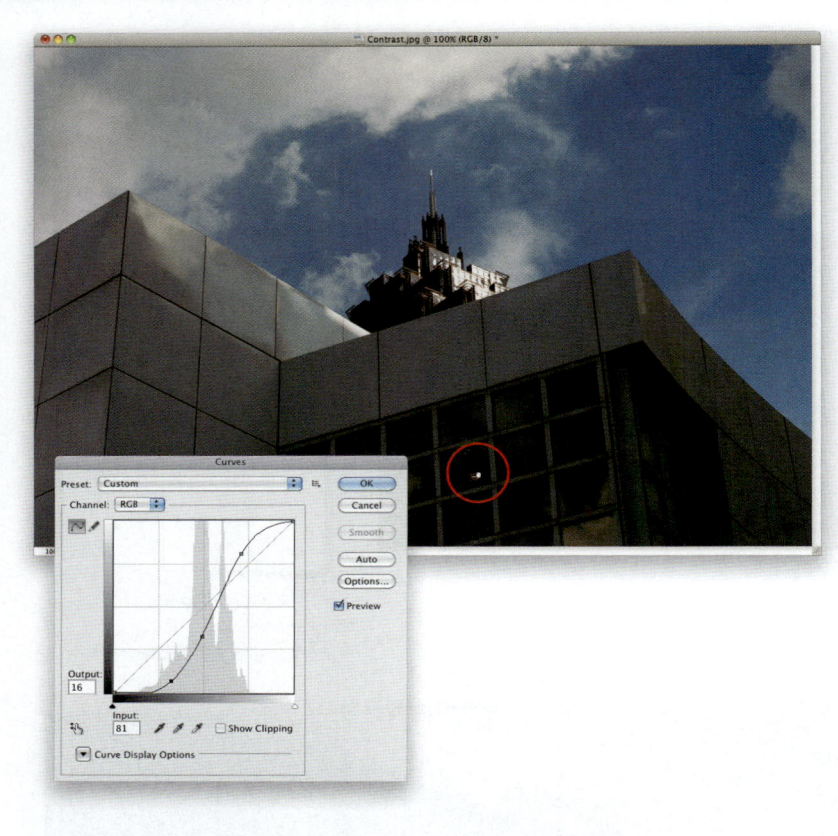

Antes

Depois

Adobe Photoshop CS5 | para fotógrafos digitais

O truque que os profissionais usam para tornar a correção de cores algo simples

Se estiver fotografando em estúdio ou em locação, não importa se são retratos ou produtos, há uma técnica que muitos profissionais usam para tornar o processo de correção de cores tão fácil que você seria capaz de treinar ratos de laboratório para corrigir fotos para você. O segredo é este: no final deste livro, incluí minha versão de um cartão cinza destacável, de maneira que você pode facilmente usá-lo. Ao pôr este cartão em sua primeira foto da seção (e fotografando-o novamente somente se a sua iluminação mudar), ele tornará sua correção de cor quase automática.

Passo um:
Quando você estiver pronto para começar a fotografar e a iluminação estiver acertada do jeito que você quer, destaque o cartão de amostra do final deste livro e coloque-o dentro de sua foto (se você está fotografando um retrato, faça que a pessoa segure o cartão para você) e, então, tire a foto. Depois que tiver a foto com o cartão de amostra, você pode removê-lo e continuar com o resto da seção.

Passo dois:
Quando abrir a primeira foto tirada na seção de estúdio, você verá o cartão de amostra nela. Ao ter um cartão que é branco puro, cinza neutro e preto puro em sua foto, você não precisa tentar determinar qual área de sua foto deve ser preta (para estabelecer as sombras), qual deve ser cinza (para estabelecer os meios-tons), ou qual deve ser branca (para estabelecer as altas luzes). Elas estão bem ali no cartão.

Continua

Segredos de correção de cores | Capítulo 6 | 163

Adobe Photoshop CS5 | para fotógrafos digitais

Passo três:
Vá ao painel Adjustments e clique no ícone de Curves (terceiro a partir da esquerda na fileira superior). Clique com o Eyedropper preto no painel preto do cartão para estabelecer as sombras; então, clique com o Eyedropper cinza no painel cinza mais escuro para estabelecer os meios-tons; por fim, clique com o Eyedropper branco no painel branco para estabelecer as altas luzes (como mostrado aqui), e a foto será praticamente corrigida por si mesma. Nada de palpites, nada de Layer de ajuste de Threshold, nada de usar o Info panel para determinar as áreas mais escuras da imagem — agora você sabe exatamente qual parte da imagem deve ser preta e qual deve ser branca.

Passo quatro:
Depois de ter configurado Curves para a primeira imagem, você pode corrigir suas outras fotos usando exatamente a mesma curva: apenas abra a próxima foto e posicione-a de maneira que você possa ver parte de ambas as fotos. Agora, clique de volta na primeira foto (a que você corrigiu), clique no layer de ajuste Curves, arraste e largue esse layer de ajuste sobre a segunda foto. Faça isso até que todas as fotos tenham sido corrigidas. (*Nota*: você não será capaz de arrastar e largar o layer de ajuste se estiver trabalhando no Aplication Frame, então, certifique-se de estar vendo suas fotos nas janelas de flutuação.)

Antes

Depois

Adobe Photoshop CS5 | para fotógrafos digitais

O truque incrível do Dave para encontrar o cinza neutro

Encontrar um meio-tom neutro ao corrigir as cores sempre foi um pouco complicado. Bem, isto até Dave Cross, que trabalha comigo como Diretor de Desenvolvimento de Educação e Currículo para a Associação Nacional de Profissionais de Photoshop (National Association of Photoshop Professionals – NAPP), entrar em meu escritório um dia para mostrar seu incrível truque para encontrar os meios-tons em praticamente apenas uma imagem. Quando ele me mostrou, eu praticamente caí para trás. Depois de recuperado do choque, implorei ao Dave que me deixasse compartilhar esse truque muito esperto em meu livro, e, sendo o canadense amigo que ele é, concordou.

Passo um:
Abra qualquer foto colorida e clique no ícone Create a New Layer, na parte inferior do painel Layer panel, para criar um novo layer vazio. Então, vá ao menu Edit e escolha **Fill**. Quando a caixa de diálogo Fill aparecer, na seção Contents, do menu pop-up Use, escolha **50% Gray** (como mostrado aqui).

Continua

Segredos de correção de cores | Capítulo 6 | 165

Passo dois:
Quando você clicar em OK, ele preencherá seu layer (camada) com 50% de cinza (você pode ver a imagem cinza reduzida para Layer 1 no painel Layer mostrado aqui). Agora, vá ao painel Layer e mude o modo de mesaclagem Blend mode desse layer para **Difference**. Embora isso não ajude muito o visual de sua foto (como você pode ver aqui), não se preocupe — é apenas temporário.

Passo três:
Escolha **Threshold** do menu pop-up Create New Adjustment Layer na parte inferior do painel Layers. Então, no painel Adjustments, arraste o controle deslizante sob o histograma bem para a esquerda (sua foto ficará completamente branca). Agora, arraste lentamente o controle deslizante de volta para a direita, e as primeiras áreas que aparecem em preto serão os meios-tons neutros. Na parte de baixo à esquerda desta foto há uma área em preto de tamanho razoável, então este será o nosso ponto de correção de meio-tom. Para ajudá-lo a se lembrar exatamente de onde ele está, pegue a ferramenta Color Sampler (aninhada sob a ferramenta Eyedropper) e clique naquele ponto para adicionar um ponto de Color Sampler como um lembrete. Então, clique no ícone Lixeira na parte inferior do painel Adjustments para descartar o layer de ajuste.

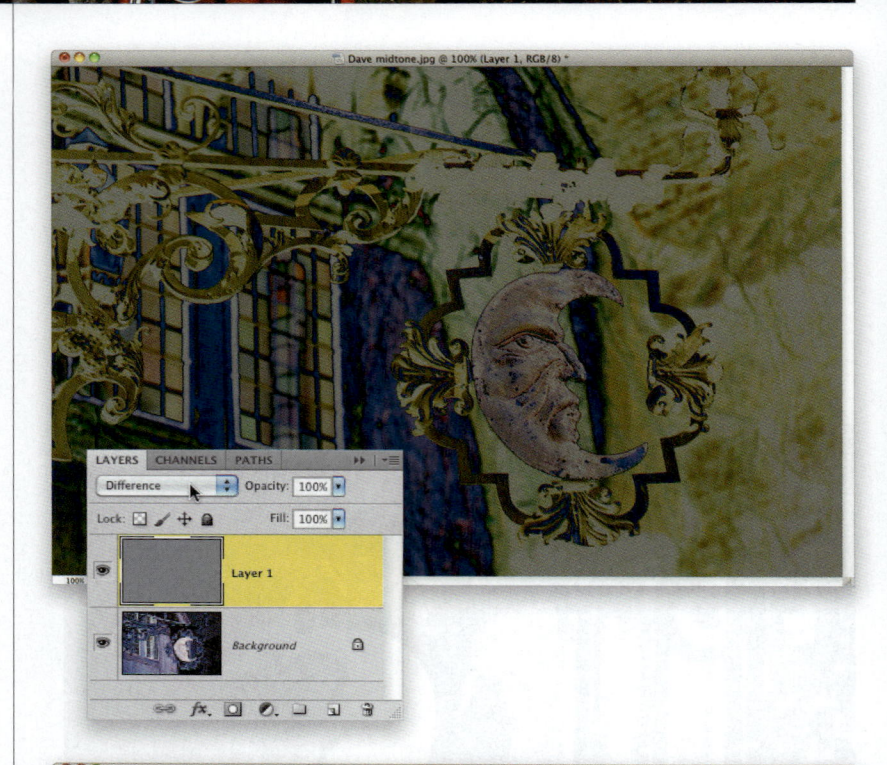

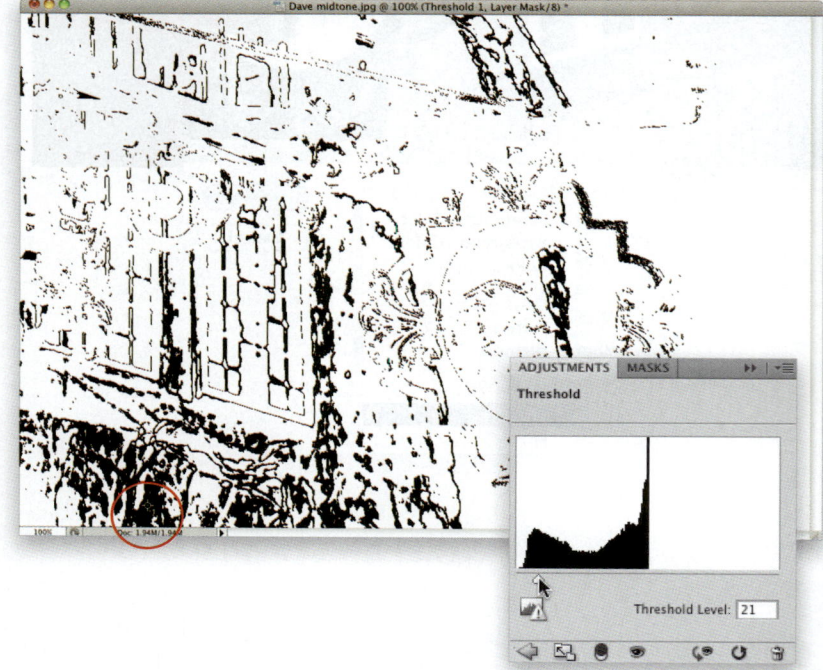

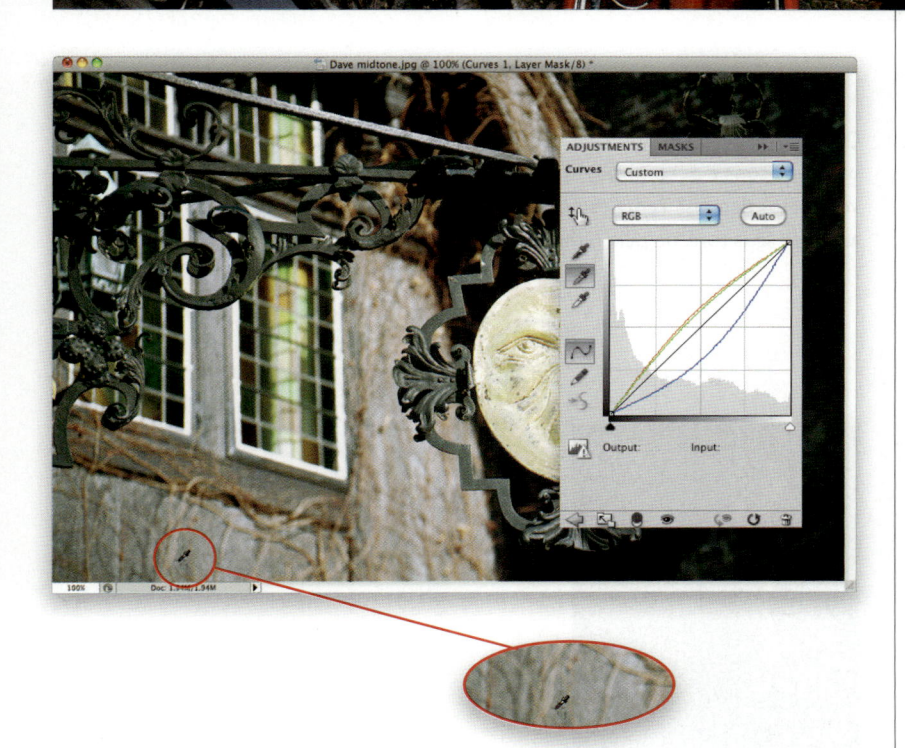

Passo quatro:
Agora que seu ponto de meio-tom está marcado, volte para o painel Layers, e arraste o layer de cinza 50% para a Lixeira e a apague (ela já fez seu trabalho, por isso livre-se dela). Você verá sua foto colorida novamente. Agora, clique no ícone Curves no Adjustments (o segundo a partir da direita na fileira de cima) para abri-lo. Pegue o Eyedropper de meios- -tons (é o do meio) e clique no ponto de Color Sampler (mostrado circulado em vermelho aqui).

Passo cinco:
Você encontrou os meios-tons neutros e corrigiu a tonalidade de cor dentro deles. Mas, será que esse truque vai funcionar todas as vezes? Quase sempre funciona, mas existem imagens que não têm um meio-tom neutro, então não poderá corrigir os meios-tons ou terá de voltar para o que costumávamos fazer: adivinhar.

Antes

Depois

Adobe Photoshop CS5 | para fotógrafos digitais

Ajustando tons de pele RGB usando a TAT

O que fazer se você usou Curves para estabelecer corretamente as altas luzes, os meios-tons e as sombras, mas os tons de pele em sua foto ainda parecem vermelhos demais? Tente este truque rápido que funciona muito bem para arrumar seus tons de pele removendo o vermelho em excesso.

Passo um:
Abra uma foto que você corrigiu usando a técnica de Curvas mostrada anteriormente neste capítulo. Se toda a imagem parece vermelha demais, pule este passo e vá para o Passo três. Entretanto, se são apenas as áreas de tom de pele que parecem vermelhas demais, pressione **L** para pegar a ferramenta de Lasso e fazer uma seleção em torno das áreas de tom de pele em sua foto. Pressione e segure a tecla Shift para adicionar outras áreas de tom de pele, como braços, mãos, pernas etc., ou pressione e segure a tecla Option (PC: Alt) para subtraí-la de sua seleção. Esta não precisa ser uma seleção realmente precisa, como a mostrada no Passo dois.

Passo dois:
Vá ao menu Select, em Modify, e escolha **Feather**. Digite com um raio de Feather de 3 pixels (como mostrado aqui), e então clique em OK. Ao adicionar este feather, você suavizará as bordas de sua seleção, o que evitará uma borda dura, visível, aparecendo onde você fez o ajuste.

DICA: Escondendo a borda de seleção
Depois de selecionar as áreas de tom de pele, você pode achar mais fácil esconder a borda de seleção (isto facilita ver o que está corrigindo) pressionando **Command-H (PC: Ctrl-H)**.

Adobe Photoshop CS5 | para fotógrafos digitais

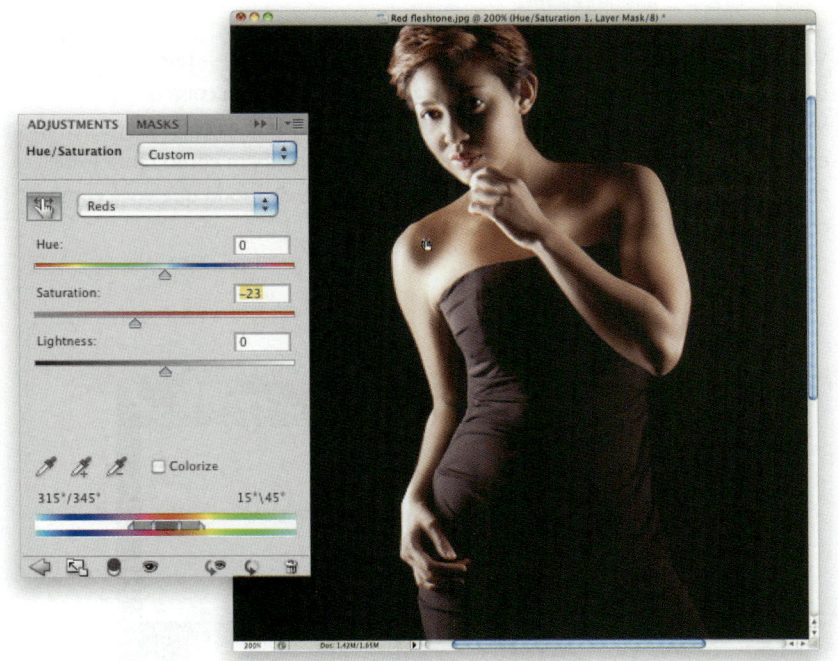

Passo três:
No painel Adjustments, clique no ícone de Hue/Saturation, e, quando aparecerem suas opções, clique na TAT (a Targeted Adjustment Tool — mais sobre seu funcionamento na página 160). Para reduzir um pouco do vermelho no tom de pele da modelo, mova o controle deslizante sobre uma área de seu ombro que parece vermelha demais, clique e segure a ferramenta e arraste o controle deslizante para a esquerda. A ferramenta sabe qual controle Hue/Saturation mover (ela pula para os Vermelhos e reduz o montante de Saturação), então continue arrastando-o até que o tom de sua pele pareça mais natural (um antes/depois é mostrado aqui). Quando a imagem parecer boa para você, pressione **Command-D (PC: Ctrl-D)** para Desmarcar, completando a técnica.

Antes

Depois

Segredos de correção de cores | Capítulo 6

Adobe Photoshop CS5 | para fotógrafos digitais

Criando vibrance fora do Camera Raw

Vibrance — um dos meus recursos favoritos em Camera Raw — também está disponível fora do Camera Raw. Ele praticamente faz a mesma coisa que o Vibrance dentro do Camera Raw — incrementa ao máximo as cores menos vívidas em sua foto e afeta o mínimo possível as cores já vívidas, bem como tenta evitar afetar os tons de pele. E trata-se de um layer de ajuste, de modo que você conta com a máscara embutida também. Legal!

Passo um:
Clique no ícone Vibrance no painel Adjustments (o primeiro na fileira do centro), e os controles Vibrance aparecem (como visto aqui). A Adobe também coloca o controle Saturation aqui, mas eu o evito ao máximo (exceto para usá-lo às vezes para remover cor). O importante aqui é o Vibrance — não o Saturation. Entretanto, você pode usá-lo com o Vibrance (por exemplo, baixando Saturation, que tira uniformemente a cor da foto inteira, e incrementando Vibrance, para que as cores mais sem graça comecem a aparecer mais).

Passo dois:
Usar Vibrance é uma barbada — arraste o controle para a direita (como mostrado aqui), e, quanto mais o arrastar, mais vibrantes suas cores ficarão.

DICA: A esponja tem Vibrance
A não ser que você leve suas imagens para uma impressora, provavelmente não usou a ferramenta Sponge (O), que satura ou dessatura a cor em uma área pintada com ela. Ela é também bastante usada para dessaturar cores que estão fora de *gamut* (vibrantes demais para uma impressora CMYK). Bem, Vibrance é uma opção (na Option Bar) para aquela ferramenta que vai se concentrar mais sobre cores menos saturadas e não tanto nas já saturadas.

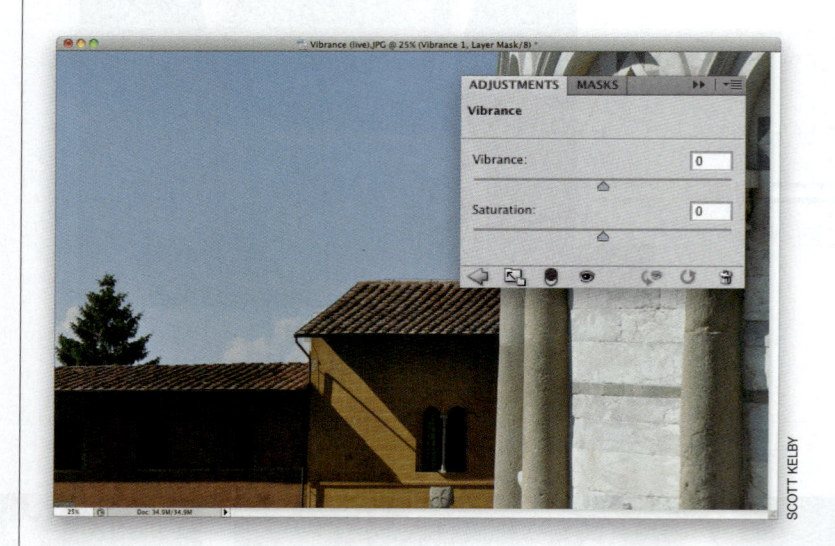

Adobe Photoshop CS5 | para fotógrafos digitais

Mantendo uma ótima cor ao enviar fotos por e-mail ou colocar na Web

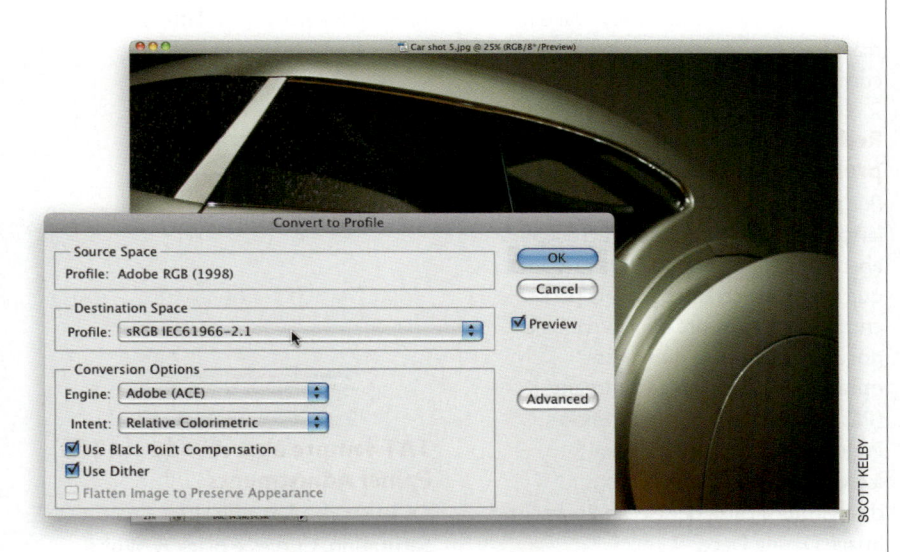

Aplicativos e-mail (e quase todos os navegadores da Web) não sustentam o gerenciamento de cores. Então, se você está trabalhando em Adobe RGB (1998) ou ProPhoto RGB como seu espaço de cor do Photoshop, quando você enviar suas fotos por e-mail ou as colocar na Web, provavelmente parecerão uma %$*# (com as cores sem saturação e sem graça). Ah, se apenas houvesse um truque para que qualquer pessoa para a qual você enviasse um e-mail (ou qualquer pessoa que visse suas fotos na Web) percebesse suas fotos da mesma maneira que você as vê no Photoshop! É claro que existe — eu só gostaria de conhecê-lo. (Brincadeirinha!). Vamos lá.

Passo um:
Para converter esta foto para o espaço de cor apropriado para enviá-la por e-mail ou colocá-la na Web, vá ao menu Edit e escolha **Convert to Profile**. Isto abre o diálogo Convert to Profile (mostrado aqui). O Source Space no topo mostra-lhe o espaço de cor atual em que sua foto se encontra (se você está trabalhando em Adobe RGB [1998], como neste exemplo, é isto que você verá). Para seu Destination Space (para o que você está convertendo), escolha sRGB IEC61966-2.1 do menu pop-up Profile (como mostrado aqui) e clique em OK. É isto — ela está pronta para ser enviada.

Passo dois:
Uma maneira rápida de certificar-se de que sua foto foi convertida para sRGB é olhar para a barra de título da janela. Se você está com o espaço de cor do Photoshop configurado para Adobe RGB (1998), que é bem típico de fotógrafos, e converteu há pouco tempo esta foto para um espaço de cor diferente (sRGB), então terá um "desencontro de perfil". Portanto, você deve ver um asterisco logo após (RGB/8) na barra de título (como mostrado circulado aqui em vermelho), que é a maneira de o Photoshop lhe dizer que sua foto está em um espaço, e o Photoshop em outro. Neste caso, isto é bom.

Segredos de correção de cores | Capítulo 6

Adobe Photoshop CS5 — para fotógrafos digitais

Dicas matadoras de Photoshop

Arrastando múltiplas imagens do Mini Bridge
Se você tem mais de uma imagem em Mini Bridge que queira colocar em um documento aberto, primeiro selecione todas, arraste-as e largue-as como um grupo no documento aberto, e elas virão em sues próprios layers em separado (isto é prático se estiver montando uma colagem). Mas, há algo que precisa saber: ao arrastá-las, a primeira imagem selecionada aparecerá em seu documento aberto como um Smart Object — pronto para você o redimensionar (se quiser) —, mas a próxima não aparecerá até que você pressione **Return (PC: Enter)** para determinar o tamanho de seu Smart Object. Para imagens RAW, a primeira imagem selecionada primeiro abrirá em Camera Raw, e então, quando clicar em OK, ela aparecerá como um Smart Object também. Portanto, a sequência é: (1) arraste e largue, (2) Clique em OK em Camera Raw se for uma imagem RAW, (3) pressione Return (PC: Enter) para a próxima foto aparecer.

Arrastando imagens de seu desktop
No CS5, você não precisa ter uma imagem visível em Mini Bridge para colocá-la em um documento aberto no Photoshop. Arraste e largue uma imagem no desktop diretamente em um documento do Photoshop aberto. Elas aparecem com um "redimensionar borda" em torno delas, mas não são Smart Objects. Escolha seu tamanho, e pressione **Return (PC: Enter)**. Daí em diante, é como qualquer outro layer comum.

Redimensionar imagem durante preferências de colocação
Por padrão, quando você arrasta e larga uma imagem em um documento aberto no Photoshop CS5, ele presume que você quer redimensioná-la para se encaixar inteiramente dentro daquele documento, mas, se quiser essa opção aberta, pressione **Command-K (PC: Ctrl-K)** para abrir Photoshop's Preferences. Clique em General à esquerda, e, na seção Options, desmarque a caixa de seleção Resize Image During Place.

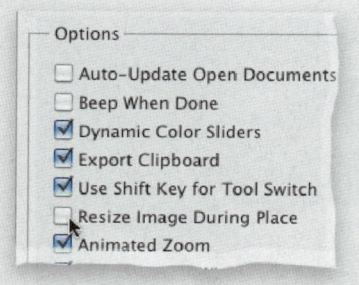

Atalho para destacar o primeiro campo em Adjustment Layer
A Adobe adicionou um recurso legal e prático para quando estiver trabalhando com layers de ajuste: no painel Adjustments, você pode destacar automaticamente o primeiro campo de ajuste pressionando **Shift-Return (PC: Shift-Enter)** em seu teclado. Então, pode pular de campo em campo usando a **tecla Tab**. Quando tiver terminado nos campos, apenas pressione **Return (PC: Enter)**.

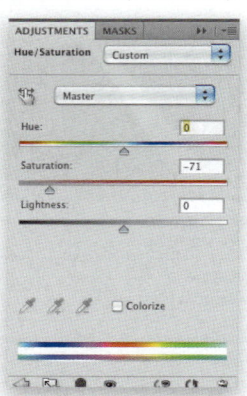

TAT sempre aparecendo em seu Painel Adjustments
Os layers de ajuste de Hue/Saturation, Curves e Black & White proporcionam-lhe a opção de usar a Targeted Adjustment Tool (ou, abreviando, TAT), e, no CS5, você pode ter a TAT automaticamente cada vez que escolher um desses ajustes. Da próxima vez que tiver um destes ajustes abertos no painel Adjustments, do menu *flyout* do painel, escolha **Auto-Select Targeted Adjustment Toll**. Agora, a TAT estará sempre ativa quando você escolher um layer de ajuste de Hue/Saturation, Curves ou Black & White.

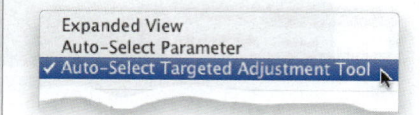

172 | Capítulo 6 | Segredos de correção de cores

Adobe Photoshop CS5 | para fotógrafos digitais

Dicas matadoras de Photoshop

Os efeitos de iluminação no modo de 32 bits

Se você está trabalhando no Photoshop no modo de 64 bits, provavelmente observou que o filtro Lighting Effects não funciona ou sequer aparece no menu Filter (sob Render). Se você precisar usá-lo, terá de sair do Photoshop e reinicializá--lo no modo de 32 bits, então ele estará disponível. Em um Mac, assim que sair do Photoshop, vá para a pasta Aplications, clique no ícone da Adobe Photoshop CS5 e pressione **Command-I** para abrir a janela Get Info. Abra a caixa de diálogo Open in 32 bits Mode, reinicialize o Photoshop e você encontrará Lighting Effects sob o menu Filter. Este recurso atualmente não está disponível em um PC.

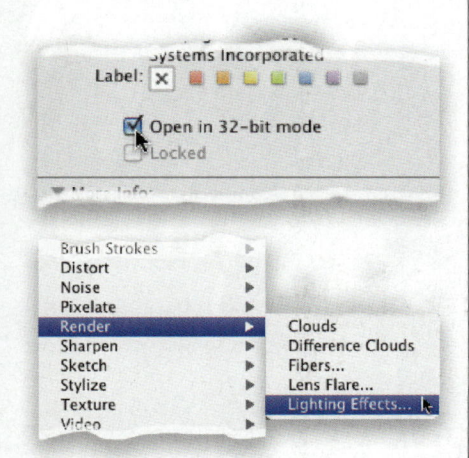

Mude a opacity de múltiplos layers

Este é um recurso que nós todos queríamos há um bom tempo: a capacidade de mudar a opacity de múltiplos layers ao mesmo tempo. Tudo que você tem de fazer é selecionar os layers que quer afetar, então baixar a Opacidade no topo do painel Layers, e a opacity de todos os layers selecionados é baixada para a mesma quantidade também. Ahhhhhh, a importância dos detalhes, não?

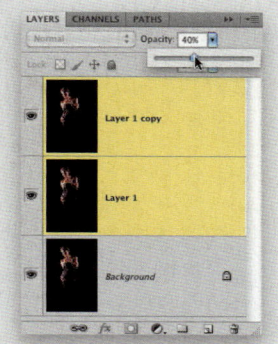

Pule para qualquer layer

Você não tem de manter o painel Layers aberto para mudar de layers — é mais rápido simplesmente pressionar e segurar a **tecla Command (PC: Ctrl)** e então clicar bem dentro da própria imagem com a ferramenta Move **(V)**. Isto torna essa área de sua imagem ativa em layer. Se você se apaixonar por esta maneira de selecionar camadas, poderá ativá-las o tempo inteiro (sem precisar segurar a tecla Command). Para isso, primeiro, pegue a ferramenta Move, então, lá em cima, na Options Bar, selecione a caixa Auto--Select. Uma coisa a ser lembrada: se a opacity de um layer se tornar baixa (como 20%), você não será capaz de selecioná-la usando Auto-Select (bem, achei que você gostaria de saber disto).

Faça seus próprios painéis personalizados

A Adobe tem uma função separada chamada "Configurator", que lhe permite criar seus próprios painéis personalizados arrastando e largando (por exemplo, você poderia criar um painel de Retoque com as ferramentas e os itens de menu, mais quaisquer scripts ou ações que usa ao retocar). Você baixa o Configurator diretamente do website da Adobe em <http://labs.adobe.com/technologies/configurator/> (é grátis).

Mude o tamanho das imagens reduzidas

Se você quiser ver suas imagens reduzidas maiores no painel Layers, clique com o botão direito do mouse em um espaço aberto abaixo da pilha de camadas (clique na área cinza logo abaixo do layer Background) e, do menu pop-up que aparecer, escolha **Large Thumbnails**. Agora, conseguirá obter imagens reduzidas maiores.

Segredos de correção de cores | Capítulo 6

Fotógrafo Scott Kelby   Velocidade de obturador: 1/1600 sec | Distância focal: 24mm | Diafragma: f/8

Capítulo 7 Como criar imagens P&B incríveis

Preto & Branco
como criar imagens P&B incríveis

Eu sei o que você está pensando: "Ele largou mão daquela coisa toda de nomes de filmes/títulos de canções/programas de TV". Mas, o "Preto & Branco" do título é de uma canção dos anos de 1970, Three Dog Night. (Você lembra da canção: *"The ink is black. The page is white. Together we learn to read and write"*? Não acredito que com uma letra como esta, os caras ainda não estejam lançando hits.) De qualquer maneira, lá na introdução do CS4 para este capítulo, escrevi que tinha brincado com a ideia de usar a canção "Black Widow" do Mötley Crüe, mas escolhi não usá-la pela seguinte razão (no entanto, secreta até agora): eu não sabia como adicionar aqueles dois pontinhos sobre a letra "u" em Crüe, então fiquei com a canção do Elvis Costello, "Black and White World" (uma escolha fácil, já que não tem pontinhos malucos sobre letra). Tenho de admitir que estava um pouco constrangido que por não saber o nome daqueles pontinhos, então fiz uma pesquisa no Google com esta frase: "dois pontinhos acima da letra U". A pesquisa retornou seis resultados, incluindo um grupo de Facebook chamado (não estou inventando):

"É um crime escrever *über* sem o Trema". Naquele momento eu me dei conta de duas coisas: (1) aquilo se chama um trema, e (2) as pessoas ficam malucas quando falta um trema. Esta talvez seja a razão por que, na versão impressa do meu livro CS4, não apenas a minha editora Kim adicionou o trema acima do "u" para mim, como ela também adicionou um trema sobre o "o" em Mötley. Você está pensando: "Uau, ela é boa mesmo!", e realmente é, mas eu conheço o segredinho sujo dela. Ela só sabia que havia um problema a ser corrigido ali porque ela é uma fã de carteirinha das "bandas de cabeludos dos anos 1980". Se, em vez disso, fosse uma fã de Sheena Easton ou Garth Brooks você sabe e eu sei que ela teria mudado o nome da banda para "Motley Crew," da mesma maneira que ela se referiu à canção "Walk This Way" como sendo da banda Arrow Smith. (Tô brincando, Kim. Foi só uma piada. Mesmo!)

Convertendo para P&B usando Camera Raw

Apesar de o Photoshop ter seu próprio Layer de ajuste de conversão Preto & Branco, eu nunca a uso. Nunca. Mas a única razão para isto é que ela realmente não presta (eu não conheço nenhum profissional que a use). Eu acho que você pode criar uma conversão preto e branco muito melhor usando Camera Raw, e ela é muito mais rápida e parece infinitamente melhor. Bem, desde que você não seja convencido a usar o painel HSL/Grayscale em Camera Raw, que nada mais é que o layer de ajuste Black & White escondida no Camera Raw tentando atrair alguma pobre alma ingênua.

Passo um:
Vamos começar abrindo uma imagem colorida em Camera Raw (como visto aqui). A conversão do colorido para o preto e branco é simples — apenas clique no ícone HSL/Grayscale (é o quarto a partir da esquerda) e, então, marque a caixa de seleção Convert to Grayscale no topo do painel (como visto aqui). É tudo o que você tem a fazer aqui (confie em mim).

Passo dois:
Assim que você clicar naquela caixa de seleção Convert to Grayscale, ela vai lhe proporcionar uma conversão incrivelmente monótona (como a que vê aqui), e você pode ser tentado a arrastar aqueles controles deslizantes de cores de um lado para outro até se dar conta de que a foto já foi convertida para o preto e branco e que você está praticamente arrastando os controles no escuro. Assim, o melhor conselho que eu posso lhe dar é sair deste painel o mais rápido possível. É a única esperança que temos de fazer que a monótona imagem em escala cinza floresça e se transforme em uma imagem P&B de uma linda borboleta.

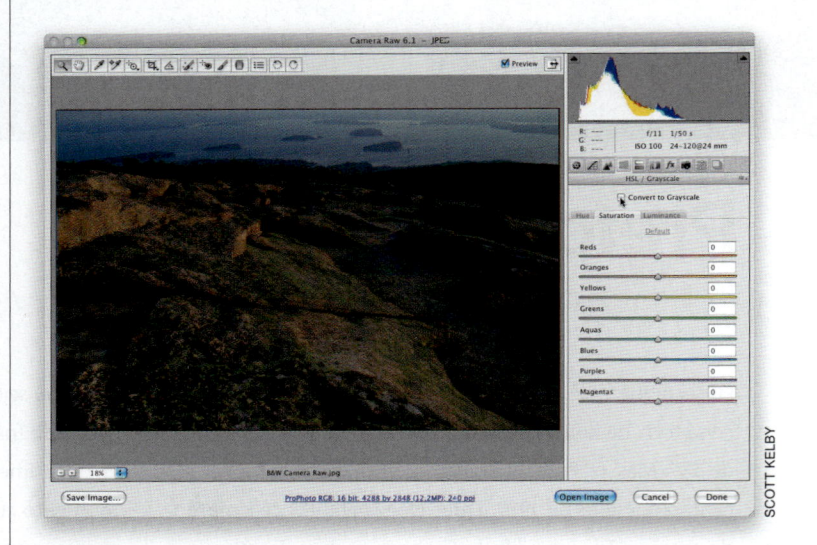

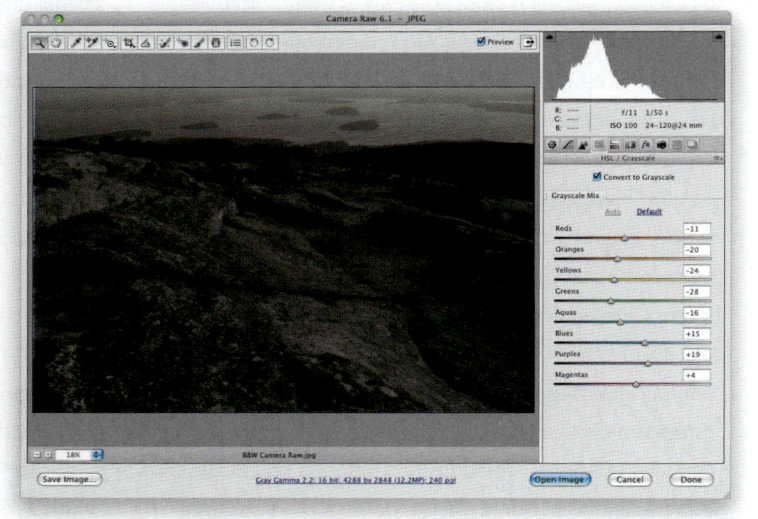

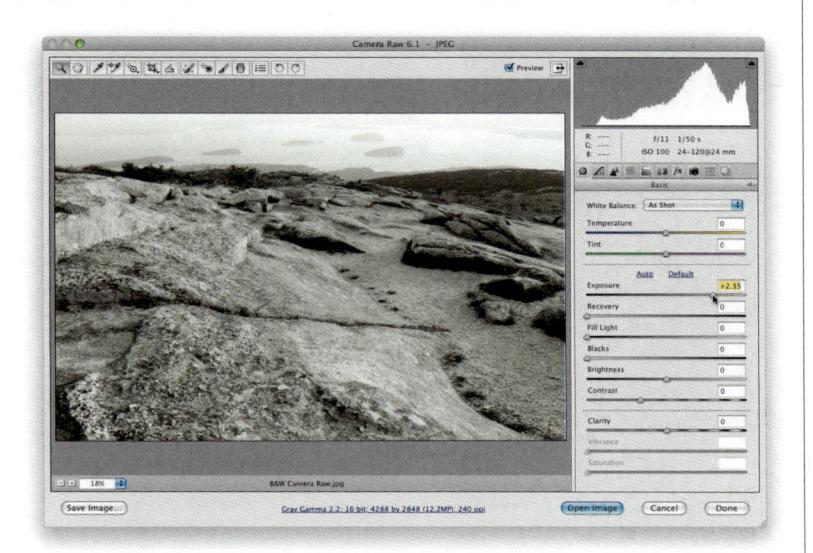

Passo três:
Quando você conversa com fotógrafos sobre grandes imagens P&B, sempre os ouvirá falar a respeito de imagens P&B com alto contraste, então já sabe o que precisa fazer — precisa criar uma imagem P&B com alto contraste. Isto basicamente significa tornar os brancos mais brancos e os pretos mais pretos. Comece indo para o painel Basic e arrastando o controle deslizante Exposure o máximo possível para a direita sem cortar as altas luzes (eu arrastei para +2,35 aqui; veja a página 32 para mais sobre cortar altas luzes). Se você as cortar só um pouco, arraste o controle deslizante Recovery até que o triângulo de cortar branco (em cima, no histograma) se torne preto de novo. Se você tiver de arrastá-lo muito longe, em vez disso é melhor apenas baixar o montante de Exposure, ou sua conversão pode parecer um pouco monótona nas altas luzes.

Passo quatro:
Agora, arraste o controle deslizante Blacks para a direita até que ele realmente comece a parecer "contrastado" (como mostrado aqui, onde eu o arrastei para 6). Se parte da imagem ficar escura demais, arraste o controle deslizante Fill Light um pouco para a direita para abrir essas áreas. Até o momento, eu aumentei o Exposure e os Blacks.

Continua

Passo cinco:
As duas últimas coisas que faço são aumentar o contraste e a claridade. Primeiro, aumento o contraste (você pode ir para o painel Tone Curve e escolher **Strong Contrast** do menu pop-up no topo da aba Point, ou, neste caso, arrastar o Contrast para a direita até que a imagem pareça "contrastada"). Então, aumento o montante de Clarity (que adiciona contraste de meio-tom), e o empurro para 75 para imagens preto e branco (se for um retrato é melhor configurar para 25; se for um bebê, 0). Um antes/depois é mostrado aqui (a conversão Auto do painel HSL/Grayscale é mostrada à esquerda, com as alterações de Camera Raw que você acabou de aprender à direita). Uma diferença e tanto, né?

Antes (a conversão de escala cinza Auto)

Depois (mexendo um pouco)

Adobe Photoshop CS5 | para fotógrafos digitais

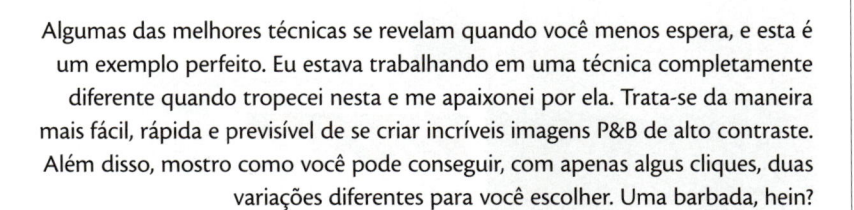

A técnica P&B de alto contraste favorita do Scott

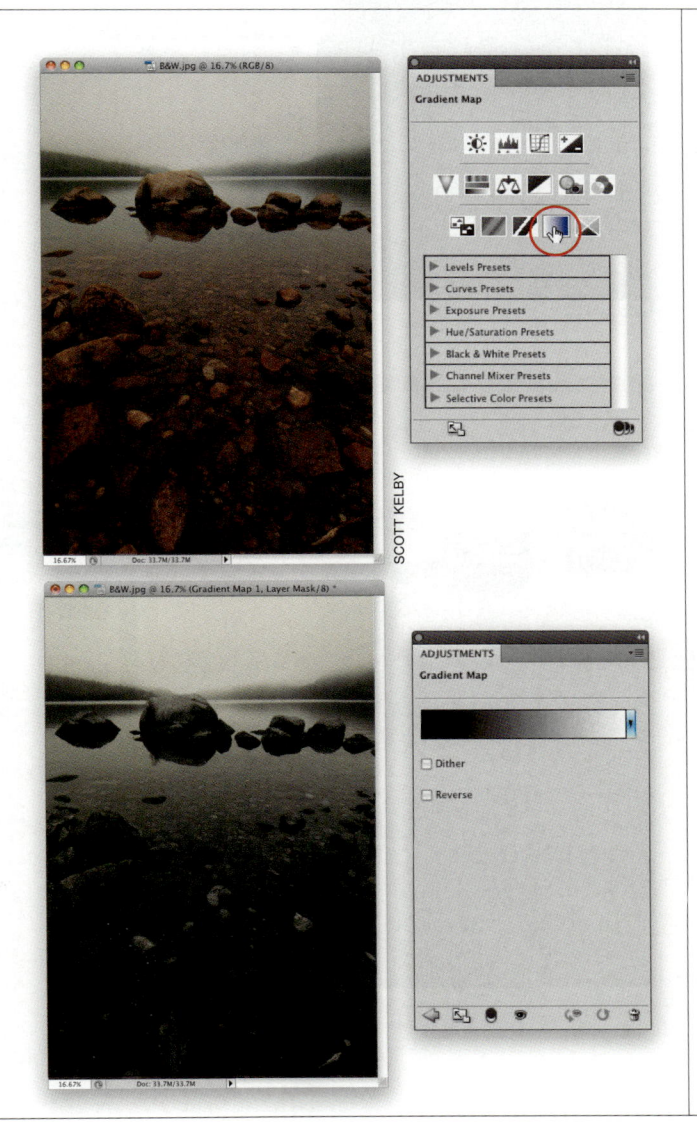

Algumas das melhores técnicas se revelam quando você menos espera, e esta é um exemplo perfeito. Eu estava trabalhando em uma técnica completamente diferente quando tropecei nesta e me apaixonei por ela. Trata-se da maneira mais fácil, rápida e previsível de se criar incríveis imagens P&B de alto contraste. Além disso, mostro como você pode conseguir, com apenas algus cliques, duas variações diferentes para você escolher. Uma barbada, hein?

Passo um:
Abra a foto colorida que você quer converter em uma imagem P&B de alto contraste. Comece pressionando a letra **D** para configurar sua cor de Primeiro Plano para preto, e então, no painel de Adjustments, clique no ícone Gradient Map (ele parece com um gradiente horizontal e é mostrado circulado em vermelho aqui).

Passo dois:
Depois de clicar naquele botão, você está feito! As opções de Gradient Map aparecem, mas você não precisa fazer nada. Não chega a ser uma conversão P&B ruim, não é mesmo? Acredite ou não, apenas o simples ato de aplicar este mapa de gradiente preto e branco quase sempre lhe proporcionará uma conversão muito melhor do que escolher Grayscale do submenu Mode do menu Image, e, para mim, em geral, fica até melhor que as configurações-padrão e Auto no layer de ajuste Black & White. Agora, se eu fosse implicar um pouco com esta conversão, gostaria de ver as bordas um pouco mais escuras. Fácil.

Continua

Passo três:

Se você encontrar uma foto (como esta) na qual queira mexer um pouco na conversão (como escurecer as bordas), vá para o painel Adjustments, e clique diretamente no Gradient para abrir a caixa de diálogo Gradient Editor. Assim que aparecer, clique uma vez diretamente abaixo do centro do gradiente para adicionar uma parada de cor ao seu gradiente (como mostrado aqui). Ela aparece na cor preta e escurecerá bastante a sua foto, mas você consertará isso no próximo passo.

Passo quatro:

Clique duas vezes naquela parada de cor que você criou, e o Color Picker (Apanhador de cor) do Photoshop aparecerá (visto aqui). Você só precisa clicar e arrastar o controle deslizante até a extrema esquerda do Color Picker, junto da borda (como mostrado aqui), e escolher uma cor cinza. Enquanto move o controle para cima e para baixo naquele lado (esquerdo), solte o botão do mouse e olhe para sua foto: você verá os meios-tons mudando à medida que arrasta o controle deslizante. Ao encontrar um ponto que pareça bom (no nosso caso, em que o centro pareça mais claro), clique OK para fechar o Color Picker (mas não feche o Gradient Editor — apenas o Color Picker neste momento —, porque há outra alteração que você pode fazer. É claro que o que nós fizemos até agora é provavelmente tudo o que você vai precisar fazer, mas, tendo em vista que há algo mais que você pode fazer, eu pelo menos gostaria de lhe mostrar; apenas saiba que este próximo passo normalmente não é necessário).

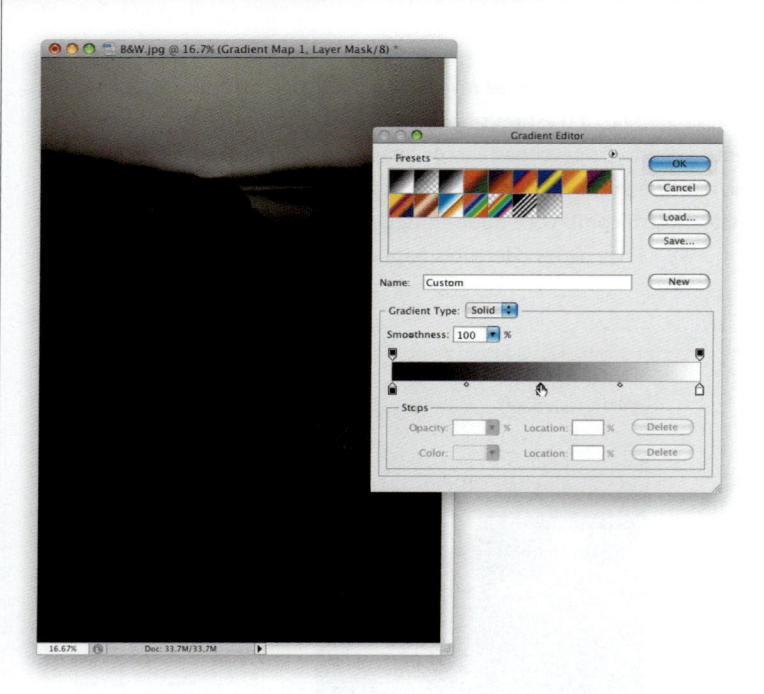

Adobe Photoshop CS5 | para fotógrafos digitais

Passo cinco:

Assim que você voltar ao Gradient Editor, e sua cor de parada for cinza, arraste em torno da imagem a parada cinza ao centro, para ajustar-lhe o tom (como mostrado aqui). O estranho é que você arrasta o controle deslizante na direção oposta à que seu gradiente mostra. Por exemplo, para escurecer a foto, você arrasta para a direita, na direção da extremidade branca do gradiente, e para clarear a foto, você o arrasta para a esquerda, na direção da extremidade escura. Estranho mesmo, eu sei. Outra coisa: diferente do que ocorre com quase todos os outros controles deslizantes em todo o Photoshop, à medida que você arrasta aquela parada de cor, você não tem uma pré-exibição ao vivo do que está acontecendo — você tem de soltar o botão do mouse e então ele lhe mostra os resultados de sua ação. Clique em OK, e você terminou.

Passo seis:

A seguir, temos uma das duas variações da qual falei a respeito na introdução para esta técnica: apenas vá para o painel Layers e baixe a Opacity de seu layer de ajuste do Gradient Map para 70% (como mostrado aqui). Isso tira um pouquinho da cor e proporciona um efeito de "caiado", bastante sutil e bonito (compare esta foto levemente colorida com a foto completamente colorida no Passo Um, e entenderá o que quero dizer. Bem legal, não é?). OK, agora aumente de novo para 100% para a segunda variação, que também é uma segunda versão de sua conversão P&B.

Continua

Como criar imagens P&B incríveis | Capítulo 7 | 181

Passo sete:
Para esta versão, vá para o painel Layers e clique no layer de Background, que ainda está em cores. Se você remover a cor deste layer de Background, terá uma conversão de certa maneira diferente, não é? Isso mesmo! Então, depois de clicar no layer de Background, pressione **Command-Shift-U (PC: Ctrl-Shift-U)**, que é o atalho para o comando Desaturate (encontrado no menu Image, em Adjustments). Isto remove a cor e lhe proporciona um visual diferente (apesar de a mudança ser relativamente sutil com esta foto, com algumas outras é bastante dramático — só depende da foto). Mas, de qualquer maneira, você não preferiria escolher entre duas conversões P&B e então escolher a sua favorita? Se você não gosta deste outro visual, apenas pressione **Command-Z (PC: Ctrl-Z)** para desfazê-lo.

Conversão de escala de cinza

Conversão P&B de alto contraste do Scott

Adobe Photoshop CS5 | para fotógrafos digitais

Split tone

Split toning é um efeito especial de câmara escura em que você aplica uma tonalidade às altas luzes da foto e uma tonalidade às áreas sombreadas. Você pode até controlar a saturação de cada tonalidade e o balanço entre as duas para alguns efeitos interessantes. Apesar de os efeitos de split toning poderem ser aplicados tanto a fotos coloridas quanto a fotos P&B, você os vê com mais frequência aplicados a uma imagem P&B, então aqui nós vamos começar convertendo a foto para preto e branco e depois aplicar o efeito de split toning.

Passo um:
Comece convertendo sua imagem totalmente colorida para o preto e branco com o HSL/Grayscale (o quarto ícone a partir da esquerda) no topo da área Panel, e de abra abrindo a caixa de diálogo Convert to Grayscale no topo do painel (veja na página 228 um de meus métodos favoritos de conversão para preto e branco).

Passo dois:
Agora, clique no ícone Split Toning (o quinto a partir da esquerda) no topo da área Panel (está circulado em vermelho aqui). Neste ponto, arrastar os controles Highlights Hue ou Shadows Hue não faz diferença, pois, por padrão, os controles Saturation estão configurados para 0. Então, arraste os controles Saturation de Highlights e Shadows para 20; assim, pelo menos, você pode ver o que faz enquanto arrasta os controles Hue.

DICA: Vendo suas cores
Para seus matizes na sua saturação total de 100%, pressione e segure a tecla Option (PC: Alt), então clique e arraste um controle Hue. Isso o ajudará quando for escolher suas cores, se não quiser aceitar meu conselho e aumentar a saturação (como mencionei no fim do Passo dois).

Continua

Passo três:

Agora, clique e arraste o Highlights Hue até encontrar um matiz de alta luz de que você goste. Acertado isso, faça a mesma coisa com o controle deslizante Shadows Hue. Tendo em vista que você aumentou o montante de Saturation para 20 lá no Passo dois, você verá imediatamente sua tonalidade aparecer na imagem. No exemplo mostrado aqui, temos uma tonalidade amarela em altas luzes e uma tonalidade azul nas sombras. Eu sei o que você está pensando: "Scott, não sei se gosto deste split toning".
Eu sei — não é para todo mundo, e, definitivamente, é algo de que você passa a gostar (e eu não tenho bem certeza se já passei a gostar dele), mas algumas pessoas adoram. Há um nome para estas pessoas. Doidas! (Brincadeira.)

Passo quatro:

Há mais um controle — o de Balance, que lhe permite controlar se seu split toning favorece a cor de alta luz ou de sombra. Apenas o arraste para a esquerda, então de volta para a direita, e você verá instantaneamente o que faz este controle deslizante (aqui, eu arrastei o do Balance para a esquerda e você pode ver que o split toning agora tem mais azul nas áreas de sombra). Se você encontrar uma combinação de split toning de que goste (ei, isto pode acontecer), eu definitivamente sugeriria a você para pular para a página 240 para descobrir como torná-la um Preset de um clique, assim você não precisa passar por tudo isso toda vez que quiser obter um efeito rápido de split toning.

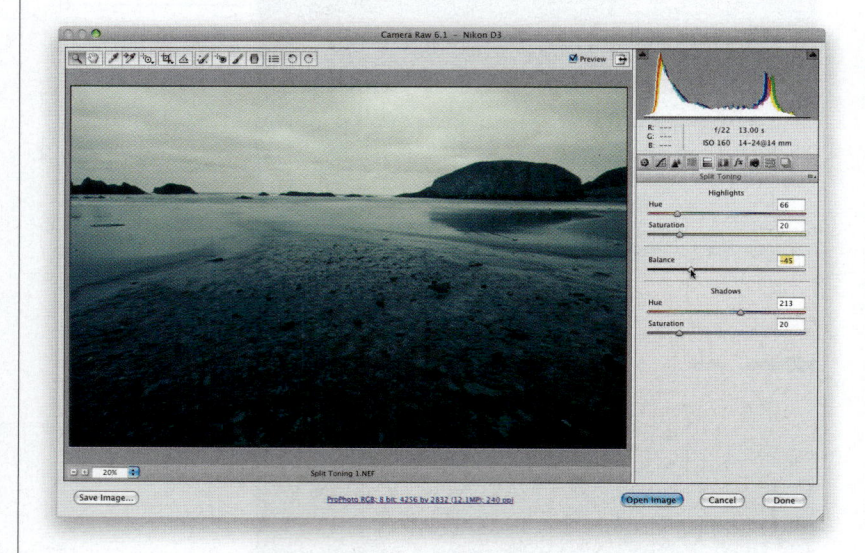

Adobe Photoshop CS5 | para fotógrafos digitais

Duotones para turbinar sua criatividade

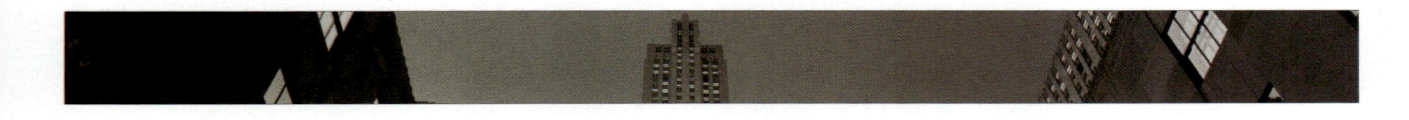

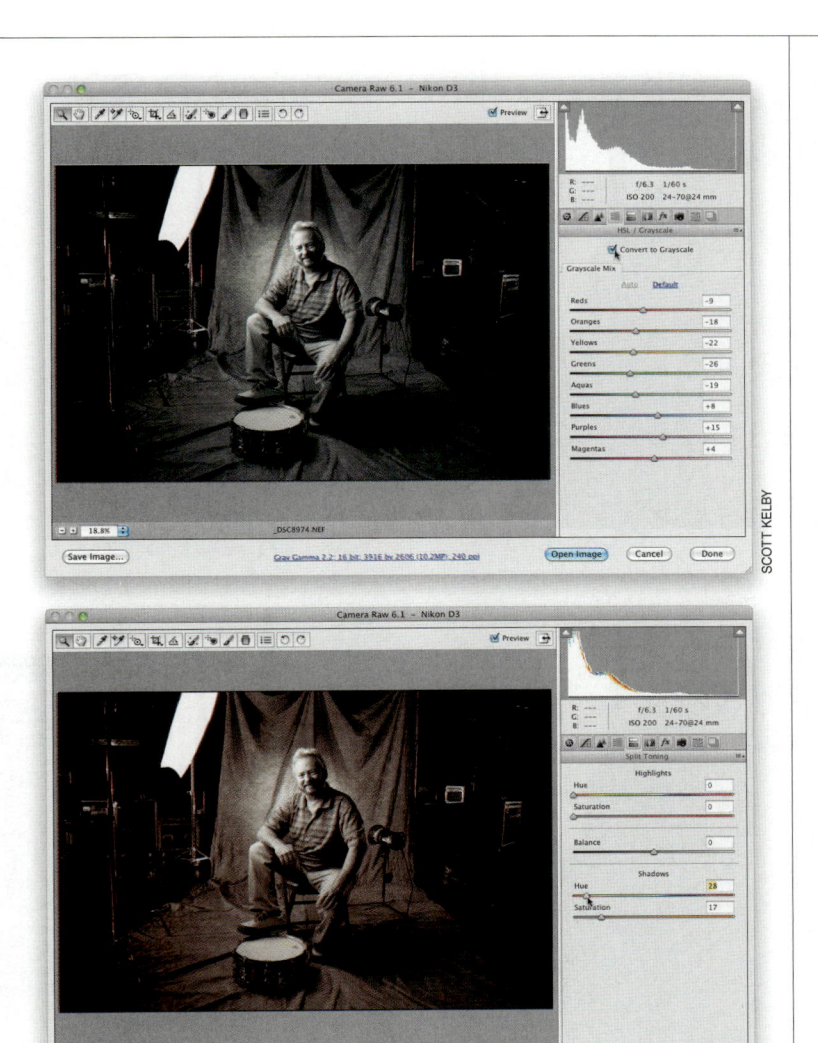

Não deixe o fato de esta técnica se encaixar direitinho em apenas uma página fazê-lo pensar que ela não é sensacional, pois é a melhor técnica de duotone e a mais rápida que eu já usei (e é a única que eu uso em meu próprio fluxo de trabalho). Eu costumava fazer uma versão mais complicada, mas então meu amigo Terry White me mostrou uma técnica que ele aprendeu de um de seus amigos, e bem... agora a estou passando adiante para você. É muito fácil, mas não se deixe enganar: ela funciona que é uma beleza.

Passo um:
Comece convertendo sua imagem colorida para o preto e branco clicando no HSL/Grayscale (o quarto a partir da esquerda) no topo da área do Panel, e abra a caixa de seleção Convert to Grayscale no topo do painel (ver na página 231 um de meus métodos favoritos de conversão para o preto e branco).

Passo dois:
Agora, clique no ícone Split Toning no topo da área do Panel (é o quinto a partir da esquerda), e, então, na seção de Shadows, aumente o montante de Saturation para 25 como um ponto de partida. Em seguida, arraste o controle Shadows Hue até obter um belo matiz no tom sépia (costumo usar algo em torno de 28). Se você achá-lo intenso demais, baixe o Saturation, e ponto. É isso mesmo — ignore os controles Highlights, e vai adorar os resultados obtidos (ignore a atração poderosa dos cursores de Highlights. Sei que você sente que eles tornarão as coisas melhores, mas já possui as chaves mágicas para ótimos duotones. Não os desperdice!) E isso é tudo (eu disse que era fácil, mas não se engane. Tente imprimir um desses duotones e verá o que estou dizendo). Hum... Duotone...!

Quadritones para melhorar imagens P&B

Se você já se perguntou um dia como os profissionais conseguem aquelas fotos preto e branco intensas, ricas, talvez você se surpreenda ao saber que as fotos que você via não eram fotos preto e branco comuns, mas quadritones ou tritones — fotos Preto & Brancos formadas por três ou quatro cinzas diferentes e/ou cores marrons para fazer o que parece ser uma foto P&B, com uma profundidade muito maior. Por anos a fio, o Photoshop tinha uma série de Presets muito espertos enterrados em algum lugar em seu computador, mas por sorte, no CS5, eles estão a apenas um clique de distância.

Passo um:
Abra a foto na qual você quer aplicar o efeito de quadritone (o termo quadritone significa que a foto final usará quatro tintas diferentes misturadas para conseguir o efeito. Tritones usam três tintas e, preciso dizer realmente quantas tintas os duotones usam?). Efeitos de quadritone parecem ficar melhores com (mas não são limitados a) dois tipos de fotos: (1) paisagens e (2) pessoas.

Passo dois:
Para criar um quadritone, converta a foto para o modo Grayscale primeiro. A esta altura, contudo, sabe que foto monótona P&B isto vai gerar, então tente isto (de algumas páginas atrás): pressione a letra **D** para configurar suas cores de Foreground (primeiro plano) e Background (plano de fundo) em seus padrões de preto e branco, e clique no ícone Gradient Map no painel Adjustments. Quando as opções Gradient Map aparecerem, não precisa fazer mudanças. Agora, antes de fazer um quadritone, é preciso converter a imagem para o modo em Escala cinza: vá ao menu Image, em Mode, e escolha **Grayscale**. Ele lhe perguntará se você quer nivelar suas camadas, então clique no botão Flatten. (Ele também perguntará se você quer descartar a informação de cores. Clique em Discard.)

Adobe Photoshop CS5 | para fotógrafos digitais

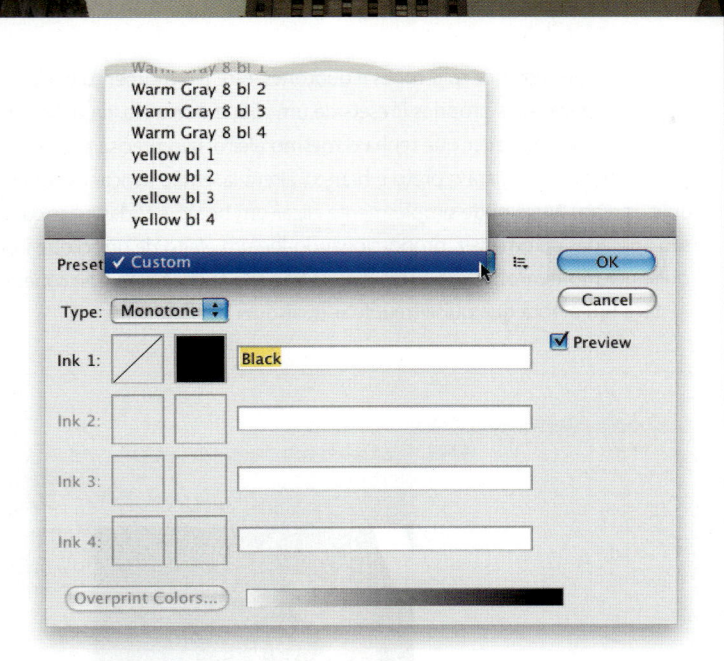

Passo três:
Quando a foto está em Escala cinza, o item do menu Duotone (que não podia ser selecionado até agora) está pronto para ser usado (se você está no modo de 8 bits). Vá ao menu Image, em Mode, e escolha **Duotone**. Quando o diálogo Duotone Options aparecer (mostrado aqui), a configuração-padrão é para monotone de uma cor (uma piada cruel dos engenheiros da Adobe), mas isso não tem muita importância, pois usaremos os Presets embutidos do menu pop-up no topo. Aqui, você vai encontrar literal-mente 137 Presets (eu contei). Você pode pensar que eles estão organizados em duotones, tritones e quadritones, certo? Nada disso — isso faz muito sentido (na realidade, não tenho certeza se eles estão em alguma ordem).

Passo quatro:
Pensei em lhe passar alguns de meus favoritos para começar. Uso com frequência o chamado "Bl 541 513 5773" (o Bl indica o tom *black*, e os três conjuntos de números são os PMS das três outras cores Pantone usadas para o quadritone). Que tal um belo duotone? Ele usa o preto e adiciona um marrom avermelhado à mistura. É chamado de "478 brown (100%) bl 4", e, dependendo da foto, funciona bem (você ficaria surpreso ao ver quão diferentes estes mesmos quadtones, tritones e duotones parecerão quando aplicados a fotos diferentes). Há um tritone bacana que usa preto e dois cinzas, chamado "Bl WmGray 7 WmGray 2". Concluiremos com outro duotone legal — chamado "Warm Gray 11 bl 2", e lhe proporciona o efeito duotone mostrado aqui. Bem, aí está — quatro de meus favoritos (e não esqueça, quando tiver terminado, converta para o modo RGB para a impressão a jato de tinta colorida).

Como criar imagens P&B incríveis | Capítulo 7 | 187

Criando os seus próprios Presets de um clique

Agora que nós criamos split tones e duotones, este é o momento perfeito para começar a fazer seus próprios Presets de um clique. Portanto, da próxima vez que abrir uma foto que você quer que tenha o mesmo efeito, não precisa passar por todos estes passos (convertê-la para o preto e branco, alterá-la, então aplicar as configurações de Split Toning). Você pode simplesmente clicar um botão e todas estas configurações são aplicadas de uma vez, proporcionando-lhe um efeito de um clique instantâneo a qualquer momento. É claro, estes Presets não são apenas para split tones e duotones — faça um à hora que quiser reutilizar quaisquer configurações.

Passo um:
Como acabamos de criar o efeito duotone, vamos seguir e usá-lo para criar um Preset de um clique. Lembre-se: quando produzir um visual de que goste, salve-o como um Preset. Para criar um Preset, clique no ícone Presets (segundo da direita no topo da área do Panel) e, então, clique no New Preset (circulado aqui em vermelho) para abrir a caixa de diálogo New Preset (visto aqui). Agora, basta marcar as caixas de seleção para os ajustes que você quer copiados para seu Preset (como mostrado aqui), dar ao seu Preset um nome e, então, clicar no botão OK.

Passo dois:
Quando salvar o Preset, ele aparecerá na lista de Presets (como há apenas dois Presets aqui, não tenho certeza se podemos chamá-lo de lista, mas você pegou a ideia, não?). Aplicá-lo é um processo de um clique — abra uma foto diferente, vá para o painel Presets, e clique no Presets (como mostrado aqui), e todas aquelas configurações serão aplicadas. Não esqueça, entretanto, que, como a exposição é diferente para todas as fotos, se você salvar um Preset no qual foi obrigado a mexer muito na exposição, a exposição será aplicada sempre que você aplicar o Preset. É por isso que você talvez queira salvar apenas as configurações split-tone/duotone, e não todas as questões envolvendo exposição.

Adobe Photoshop CS5 | para fotógrafos digitais

Se você está realmente falando sério sobre P&B, então pense nisto

Eu deixei este para a última página, porque queria compartilhar todas minhas técnicas favoritas para produzir imagens P&B usando somente ferramentas do Photoshop, e, apesar de ainda usar estas técnicas de tempos em tempos, seria muito falso de minha parte se eu não lhe contasse o que faço a maioria das vezes, que é: eu uso o plug-in preto e branco Silver Efex Pro do Nik Software. Quase todos os profissionais que eu conheço também o usam, e ele é absolutamente brilhante (e muito fácil de usar). Você pode baixar a cópia gratuita para 15 dias de uso do website <www.niksoftware.com> e conferir por si mesmo. A seguir, veja como eu o utilizo.

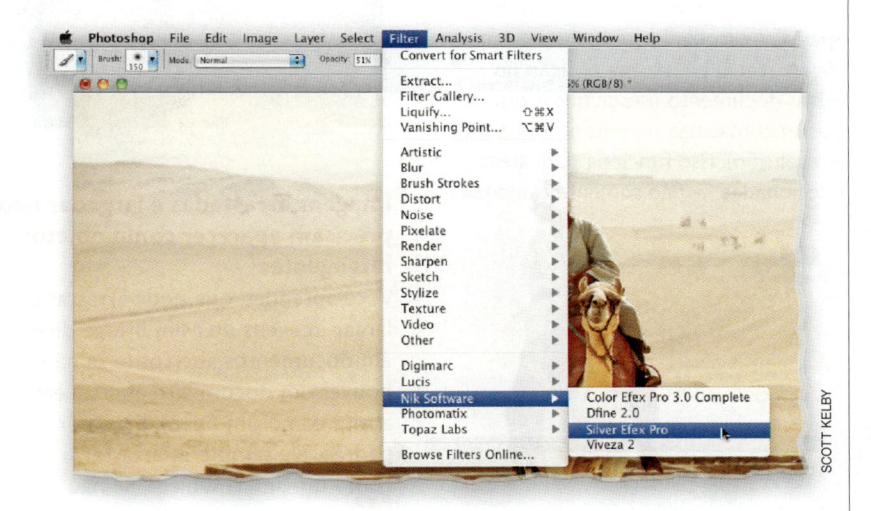

Passo um:
Uma vez instalado o Silver Efex Pro, abra a imagem que você quer converter para P&B, vá ao menu Filter do Photoshop, em Nik Software e escolha **Silver Efex Pro**. Quando a janela abrir, ela lhe dará a conversão-padrão (que não é tão ruim assim) e uma série de controles do lado direito (mas, para ser franco, nunca toco nesses controles).

Passo dois:
A mágica deste plug-in são seus Presets P&B (e duotone), listados ao longo do lado esquerdo da janela, completos com uma pequena pré-exibição de como vai parecer o efeito, mas aqui é o ponto onde sempre começo: em seu Preset High Structure. Oito em cada dez vezes, este é o que escolho, porque tem seu próprio visual de alto contraste, de nitidez incrementada, que é maravilhoso para tantas imagens. Contudo, se estou convertendo um retrato, terminarei usando um Preset diferente, porque High Structure pode ser intenso demais quando seu tema é uma pessoa. Eu clico no Preset no topo da lista e, então, clico em cada Preset abaixo até descobrir um que pareça bom para mim, por fim, clico OK no canto de baixo à direita, e pronto. É tudo que faço. É rápido, fácil e fica ótimo. Exatamente como eu quero.

Dicas matadoras de Photoshop

Por que o diálogo Fill aparece algumas vezes, mas não em outras?
Se você tem uma imagem achatada (de modo que fique só o layer Background) e faz uma seleção e pressiona a **tecla Delete (PC: Backspace)**, o diálogo Fill aparece (Content-Aware está selecionado no menu pop-up Use, por padrão). Mas, às vezes, clicar Delete não trará o diálogo Fill. Em vez disso, se você tem um documento com múltiplas camadas, ele apagará o que estiver na seleção em seu layer atual, tornando-o transparente. (Isto pode gerar um, "Que horror!" ou "Legal!", dependendo de como você olha a situação.) Além disso, se você tem apenas um layer (que não é o Background), apagará qualquer coisa dentro de sua seleção e a tornará transparente. Então, para abrir o diálogo Fill nestas situações, use **Shift-Delete (PC: Shift-Backspace)**.

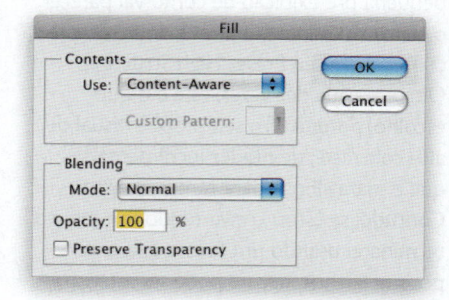

Mova um objeto entre documentos e faça que ele apareça exatamente no mesmo lugar
Se você tem algo em um layer em um documento e quer que o objeto apareça no mesmo lugar em outro documento aberto, faça isso: segure a tecla Command (PC: Ctrl), vá ao painel e clique na imagem reduzida para selecionar o objeto. Então, pressione **Command-C (PC: Ctrl-C)** para copiar o objeto. Troque para o outro documento, vá ao menu Edit, em Paste Special, e escolha **Paste in Place**. Agora, ele aparecerá na mesma posição no outro documento (desde que o outro documento esteja no mesmo tamanho e resolução). Isso funciona para áreas selecionadas — não somente camadas.

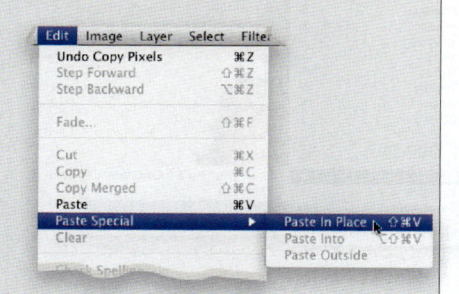

Removendo olhos vermelhos
Se você tem uma foto com alguém com o problema do olho vermelho. Use a ferramenta de Zoom (Z) para fazer um zoom fechado sobre o olho, então pegue a ferramenta Red Eye da Caixa de ferramentas (está em Spot Healing Brush, ou pressione **Shift-J** até que você a tenha). Clique uma vez na área vermelha do olho, e, em um segundo ou dois, o vermelho terá sumido. Se sua primeira tentativa não selecionar todo o vermelho, aumente Pupil Size na barra Options. Se o retoque não parecer escuro o suficiente (a pupila parece cinza, em vez de escura), apenas aumente o Darken Amount na barra Options.

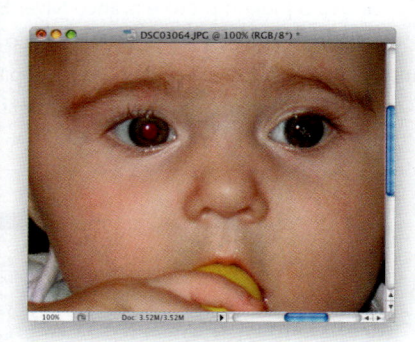

Imagens arrastadas e largadas não precisam aparecer como objetos inteligentes
Você aprendeu que pode arrastar e largar imagens do Mini Bridge direto em documentos abertos (e se não houver um documento aberto, ele abrirá como um novo), mas, por padrão, ele sempre as arrastará como um Smart Object. Se não quiser isso, pressione Command-K (PC: Ctrl-K) para abrir Preferences do Photoshop, clique em General à esquerda, e desmarque a caixa de seleção Place or Drag Raster Images as Smart Objects.

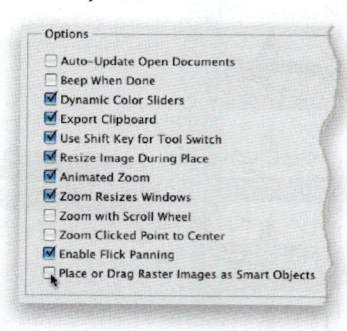

Adobe Photoshop CS5 | para fotógrafos digitais

Dicas matadoras de Photoshop

Conseguindo bordas nítidas com seu Stroke Layer Effect
Se você aplicou uma pincelada grande com o Stroke layer effect (no menu Layer) ou Stroke layer style (clicando no ícone Add Layer Style na parte inferior do painel Layers e escolhendo **Stroke** do menu pop-up), provavelmente já percebeu que as bordas começam a ficar arredondadas; e, quanto maior for a pincelada, mais arredondadas elas ficam. Então, qual o truque para bordas bem nítidas? Troque a posição de Stroke para Inside. Está feito!

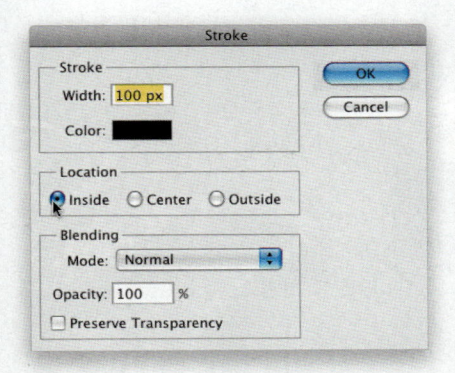

Conserto rápido de White Balance
Se você tem uma imagem com balanço de branco desajustado, e não a fotografou em RAW, tente isto: vá ao menu Image, em Adjustments, e escolha **Match Color**. Quando a caixa de diálogo de Match Color aparecer, basta marcar a caixa de seleção Neutralize na seção Image Options. Funciona para a maioria dos problemas de balanço de branco então salve uma Action para lhe fazer tudo isso).

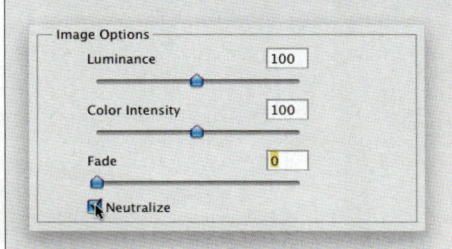

Mude os incrementos da régua
Se você quiser mudar a unidade de medida em sua régua (de pixels para polegadas ou de centímetros para milímetros), clique com o botão direito do mouse em qualquer lugar dentro de Rulers e escolha a sua nova unidade do menu pop-up.

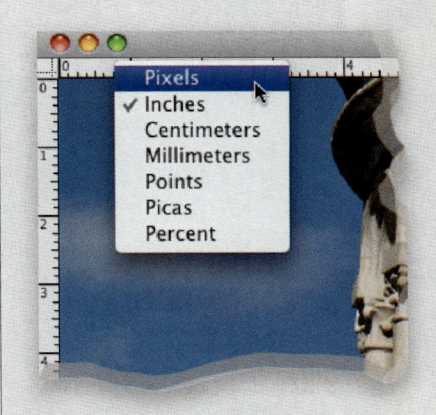

Usando "Cursores Turbinados"
Toda vez que vir um campo numérico no Photoshop (como o Opacity no painel Layers), poderá mudar a configuração sem digitar um número ou arrastar o cursor. Em vez disso, clique na palavra "Opacity" e arraste-a para a esquerda (para baixar a opacidade) ou para a direita (para aumentá-la). Isto é muito rápido. Não há outro meio de se fazer mudanças rápidas (pressione e segure a tecla Shift enquanto estiver usando o comando para fazê-lo seguir mais rápido ainda).

Fazendo um Zoom tranquilo
Clique e segure a ferramenta Zoom (o ícone de lupa) no local escolhido para obter um zoom suave. O ponto negativo é que esse zoom é lento. Por isso o novo zoom CS5 (clique com a ferramenta e arraste para a direita) funciona muito melhor.

Como criar imagens P&B incríveis | Capítulo 7 | 191

Fotógrafo Scott Kelby   Velocidade de obturador: 1/400 sec, 1/1600 sec, 1/800 sec, 1/125 sec, 1/80 sec | Diafragma: *f*/3.5

Capítulo 8 Criando imagens HDR

Nós somos HDR
criando imagens HDR

Diga-me se este não é o nome perfeito para um capítulo sobre HDR. A banda é chamada hdr, seu álbum é chamado *We Are Hdr*, e há uma canção no álbum chamada "We Are HDR"[1]. Isso foi o destino, meus amigos. Eu tenho de admitir que não faço ideia se o HDR a que eles se referiam realmente designava o tipo de imagem HDR (*High Dynamic Range*[2]) de que tratamos neste capítulo, mas gosto de pensar que sim (apesar de que a banda provavelmente está falando algo mais para "Heavy Donut Raid" ou "Her Darn Rottweiler" ou talvez "Hi, Don Rickles"). De qualquer maneira, se há um tópico que realmente irrita os fotógrafos é HDR (*Highly Decaffeinated Roast*[3]), por isso, honestamente, não quero meter a todos nós neste beco sem saída. Agora, à medida que você aprende mais sobre este recurso, verá que há dois tipos de HDR (*Hardee's Delicious Ribs*[4]): o HDR bom, com o qual você expande o alcance dinâmico da foto, conseguindo um alcance maior de tom e luz do que as câmeras digitais de hoje em dia podem criar, o que proporciona uma imagem mais próxima àquilo que o olho humano pode capturar, e o malvado HDR (*House Developers' Revolt*[5]), que faz suas imagens se parecerem com uma fotografia de cena de um filme do Harry Potter. Agora, eu sei que, enquanto você lê isto, está pensando: "Oh, eu gostaria daquele primeiro tipo", e, neste ponto, eu acredito totalmente que é isso que você acha que quer. Mas eis a questão: no novo recurso do Photoshop CS5, *Merge to HDR Pro*, há um controle deslizante que lhe permite ir do real ao surreal simplesmente ao deslizá-lo de um lado para o outro. E sei que, em algum momento, quando ninguém estiver olhando, você vai arrastá-lo para o lado da fantasia, e então — bam! — você ficará viciado, e logo mapeará tudo com tons, desde suas fotos de casamento até suas fotos de bebê, e seus amigos e família o chamarão para uma conversa e tentarão ajudá-lo a largar essa "droga pesada", mas a atração do HDR surreal (*Hallucinogenic Deli Relish*[6]) é mesmo forte demais. Não diga que não o avisei.

---

[1] "Nós somos HDR". (N. T.)
[2] Grande alcance dinâmico (N. T.)
[3] "Café altamente descafeinado". (N. T.)
[4] "Deliciosas costelas do Hardee". (N. T.)

[5] "Revolta dos empreiteiros". (N. T.)
[6] "Molho alucinógeno de delicatessen" (N. T.)

Adobe Photoshop CS5 | para fotógrafos digitais

Configurando a câmera para fotografar HDR

Para a técnica HDR (*High Dynamic Range*) funcionar, você tem de "fotografar para HDR" (em outras palavras, você tem de configurar sua câmera para tirar fotos com *bracketing* que possam ser usadas pelo Photoshop para criar uma imagem HDR). Aqui, eu vou lhe mostrar como configurar tanto as câmeras Nikon quanto as Canon (as marcas DSLR mais populares) para fotografar com três e cinco pontos de *bracketing*. Dessa forma, você só precisa segurar o botão disparador e sua câmera fará o resto.

Passo um:
Quando você usa a técnica HDR, faz múltiplas fotos da mesma cena (em diferentes exposições), e, como essas imagens precisam estar alinhadas umas com as outras, você precisa fotografar com um tripé. Dito isto, o Photoshop tem um recurso Auto-Align que faz um trabalho incrivelmente bom, então, se você não tem um tripé, tente segurar a câmera com a mão — verifique se a área é bem iluminada, para que a velocidade do obturador seja rápida o suficiente para não borrar suas imagens.

Passo dois:
Precisaremos variar a exposição à medida que tiramos cada foto HDR, mas não podemos variar o diafragma ou a profundidade de campo vai mudar de uma fotografia para outra. Vamos variar a velocidade do obturador (a câmera fará isso). Troque sua câmera para o modo Aperture Priority (o modo A em câmeras Nikon, como uma D300S, D700, D3S e D3X, e o modo Av em câmeras Canon como a 50D, 7D, 5D Mark II, 1D Mark IV etc.). Nesse modo, escolhemos uma abertura (com f/8 ou f/11 para fotos na rua), e então a câmera variará a velocidade do obturador.

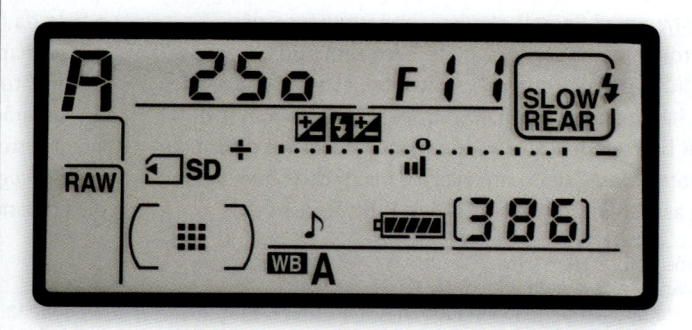

SCOTT KELBY AND BRAD MOORE

194 | Capítulo 8 | Criando imagens HDR

Adobe Photoshop CS5 | para fotógrafos digitais

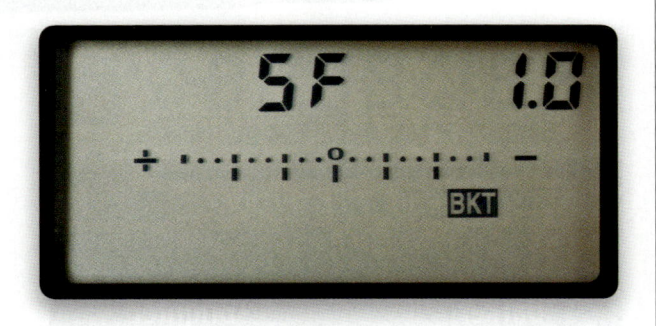

Passo três:
Vá em frente e componha sua foto. Foque na cena que quer fotografar. Ao focá-la, troque sua lente para foco Manual. Assim, enquanto a câmera tira múltiplas fotos, não mudará acidentalmente de foco. Agora, para não ter dúvidas, você não usará o foco manual — deve usar o foco Auto como sempre, mas quando estiver focado em sua cena, desligue o auto foco e não toque mais na lente.

Passo quatro:
Agora, configuramos a câmera para fotografar com *bracketing*, o que diz à câmera para fotografar na exposição normal, e tirar fotos extras superexpostas e subexpostas. O número mínimo de exposições que você pode usar para HDR é três, mas em geral tiro cinco fotos com *bracketing* para minhas imagens HDR (apesar de algumas pessoas tirarem até nove fotos). Então, com cinco, tenho minha exposição normal, e duas fotos mais escuras (uma com um ponto subexposta e outro com dois pontos subexposta), seguidas por duas fotos mais claras (uma com um ponto superexposta e outra com dois pontos superexposta). Eis como configurar sua câmera para fotografar com *bracketing* (vamos começar com uma Nikon D300S, por exemplo): para acionar o *bracketing* em uma Nikon D300S, pressione o botão Fn (função) na frente da câmera, abaixo da lente. Então, use o principal dial de comando para escolher quantas exposições fotografar com *bracketing* (o painel de controle no topo da câmera mostra as configurações de *bracketing*. Escolha 5F, de maneira que você tenha cinco fotos com *bracketing*). Use o dial de subcomando (na frente do botão disparador) para configurar a quantidade de *bracketing* para um ponto (como visto aqui).

Continua

Criando imagens HDR | Capítulo 8 | 195

Adobe Photoshop CS5 | para fotógrafos digitais

Passo cinco:
Agora, ajuste sua câmera Nikon para o modo de fotografia Continuous High e pressione e segure o botão disparador até tirar todas as cinco fotos com *bracketing*. Pronto, agora vamos para a configuração de câmeras Canon.

DICA: Use um ISO baixo
Já que as fotos HDR aumentarão qualquer ruído na imagem, tente tirá-las com o ISO mais baixo que puder (100 ISO na maioria das Canon, ou 200 ISO nas Nikon DSLRs).

Passo seis:
Para acionar o recurso *bracketing* para uma Canon (como a 50D), vá ao menu Camera Tab no LCD, baixe até Expo Comp/AEB (Auto Exposure Bracketing) e pressione Set. Agora, use o Dial Principal para escolher dois pontos mais claro e pressione Set novamente (agora o *bracketing* também fotografará dois pontos mais escuros). Configure sua câmera para o modo High-Speed Continuous Shooting e pressione e segure o disparador; ela fotografará todas as cinco fotos com *bracketing* (quando acabar, solte o botão disparador). E pronto.

Nota: como uso uma Nikon, que faz *bracketing* com incrementos de um ponto, fotografo cinco imagens com *bracketing* para obter uma com dois pontos subexposta e uma com dois pontos superexposta. Entretanto, a Canon DSLRs faz *bracketing* em incrementos de dois pontos, por isso precisará fotografar três imagens com *bracketing*. Elas contêm profundidade suficiente para fazer a imagem HDR (a mais escura é mais importante que a clara), e, ao usar três fotos, o processamento é rápido.

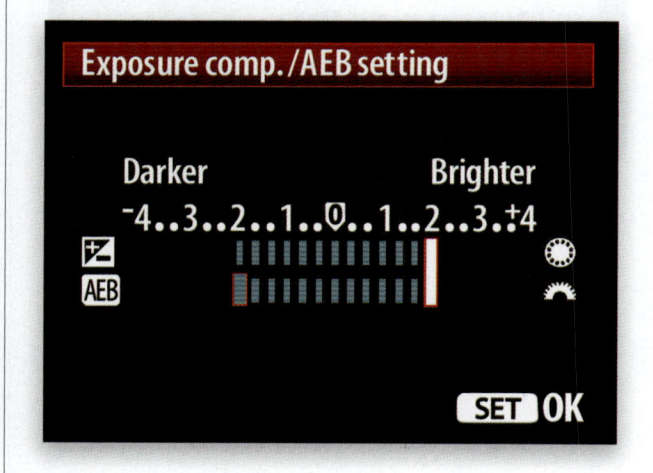

Criando imagens HDR em Photoshop CS5

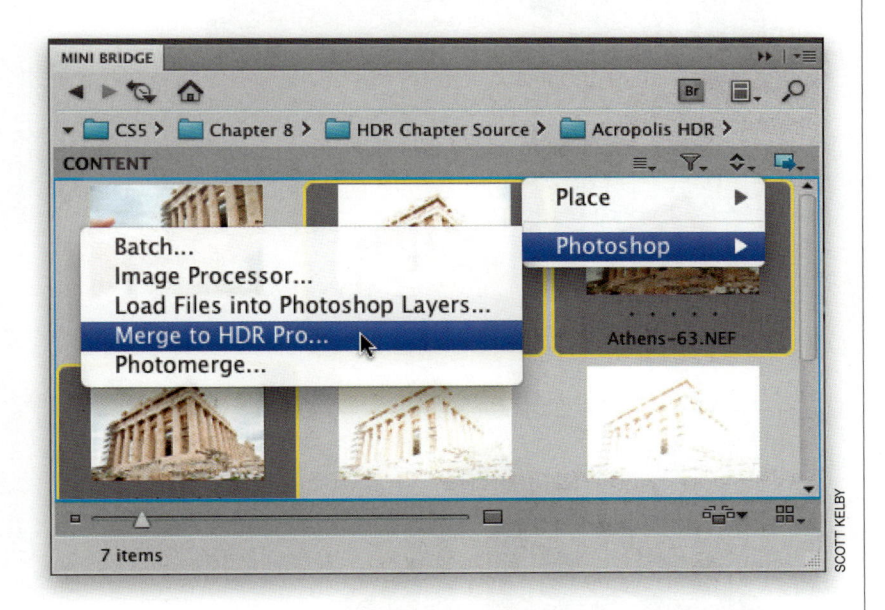

O HDR Pro do Photoshop CS5 é uma das maiores estrelas de todo o *upgrade* do CS5, e recebe meu prêmio de Recurso Mais Aperfeiçoado no CS5 (porque o recurso de HDR no CS4 e versões anteriores eram simplesmente... bem... não tenho certeza se eram HDR). O HDR Pro permite-nos fazer todo o processamento de HDR e mapeamento de tons dentro do próprio Photoshop, sem que tenhamos de comprar plug-ins de terceiros, e seus controles embutidos de baixo ruído e de fantasmas são os melhores disponíveis no mercado, o que torna esta uma ferramenta realmente útil e poderosa, não importa se você quer imagens HDR fotorrealistas, ou hiper-realistas, surreais.

Passo um:
Se você fotografa para HDR (como falei a respeito no tutorial anterior), pode levar estas imagens direto do Mini Bridge para o Merge do Photoshop para o recurso HDR Pro. No exemplo apresentado aqui, selecionei três fotos que tirei com *bracketing* com minha câmera (uma com exposição normal, uma com dois pontos subexposta, e uma com dois pontos superexposta). Assim que as selecionar, vá ao menu do ícone Tools do Mini Bridge, em Photoshop, e escolha **Merge to HDR Pro** (mostrado aqui).

Continua

Adobe Photoshop CS5 | para fotógrafos digitais

Passo dois:
Você verá a caixa de diálogo Merge to HDR Pro (visto aqui) com as configurações-padrão aplicadas, mas são tão sutis que talvez não note que algo tenha sido feito nas imagens. Ele exibe as imagens que combinou para criar a única exposição HDR abaixo da pré-exibição principal (sempre dou uma olhada rápida nas fotos para ver se usei as três corretas — aqui você pode ver que a foto de baixo à esquerda tem um Valor de Exposição [Exposure Value — EV] de +2,00 (dois pontos mais clara); a imagem do centro é a exposição normal; e a direita tem um EV de –2,00 [dois pontos mais escura)]. No topo à direita da caixa de diálogo, há um menu pop-up **Local Adaptation** — esta é a única opção que você quer usar (as outras são remanescentes do "HDR ruim" do CS4 e versões anteriores).

Passo três:
Você pode ficar tentado a escolher um dos Presets embutidos do menu pop-up Preset no topo à direita — mas não faça isso. Os Presets são... bem... não sei uma maneira sutil de dizer como eles são ruins, então vá em frente, tire 30 segundos e use alguns deles, e você saberá por si. De qualquer maneira, ignore-os e saiba que, em vez disso, grande parte de seu trabalho de edição será gasta encontrando um bom balanço entre os dois controles Edge Glow. O Radius controla o tamanho do brilho de borda, e o Strength controla o contraste daquele brilho. Mova esses dois controles em pequenos incrementos e você não terá problemas. Vou lhe passar algumas de minhas configurações favoritas, mas, por ora, usaremos as que mais utilizo — nós as chamamos "Scott 5". Configure Radius em 176 e Strength em 0,47 (como mostrado aqui).

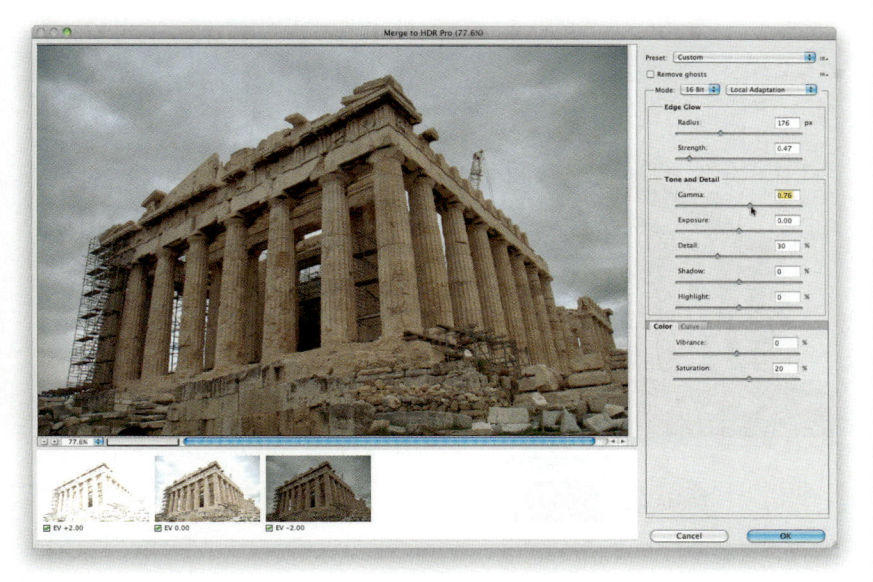

Passo quatro:
A próxima seção é Tone and Detail, e vamos começar com o controle deslizante Gamma. Se a exposição como um todo parecer OK, você provavelmente não precisará mexer muito com o controle deslizante Gamma (especialmente se estiver tentando criar uma imagem HDR fotorrealista, em vez do visual de fantasia hipercontrastado). O controle deslizante Gamma controla os meios-tons, e, se você o arrastar em qualquer uma das direções, verá como ele afeta a imagem. Para esta imagem, que está indo mais na direção do hiper-real, configure o Gamma para a direita a 0,76 (como mostrado aqui).

Passo cinco:
O controle deslizante Exposure controla a exposição como um todo de maneira muito semelhante ao controle deslizante Exposure no Camera Raw (arrastando-o para a esquerda, escurece a imagem como um todo; arrastando-o para a direita, torna-a mais clara). Neste caso, vá em frente e arraste o controle deslizante Exposure para 0,30 para clarear as coisas só um pouco.

Continua

Passo seis:
O próximo controle deslizante abaixo é o controle Detail, que de certa maneira atua como o controle deslizante Clarity em Camera Raw (ele adiciona algo similar ao contraste de meio-tom), e aumentá-lo bastante ajuda a criar o visual de fantasia hiper-real. Neste caso, configure o montante de Detail em 300% (como mostrado aqui). Ele está começando a ter aquele "visual HDR" (apesar de não ser muito fotorrealista, mas lidaremos com essa questão em seguida).

Passo sete:
Os dois próximos controles deslizantes — Shadow e Highlight — normalmente não têm um efeito dramático, mas são práticos quando você precisa deles. Arrastar o controle deslizante Shadow para a direita deixa o detalhe de sombra mais claro — de maneira semelhante ao controle deslizante Fill Light do Camera Raw (mas sem tanto poder). O controle deslizante Highlight atua como o controle deslizante Recovery do Camera Raw, e, arrastando-o para a esquerda, traz de volta as áreas mais claras de alta luz. Porém, mais uma vez, ele não tem nem de perto o mesmo efeito do controle deslizante Recovery do Camera Raw. Vá em frente e configure o montante de Shadow em 100 e o montante de Highlight em 100.

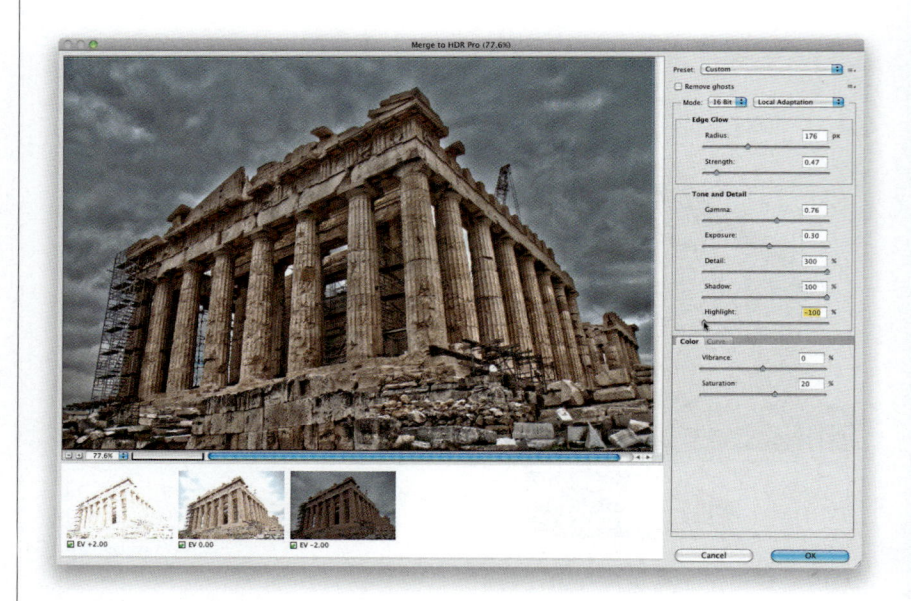

Adobe Photoshop CS5 | para fotógrafos digitais

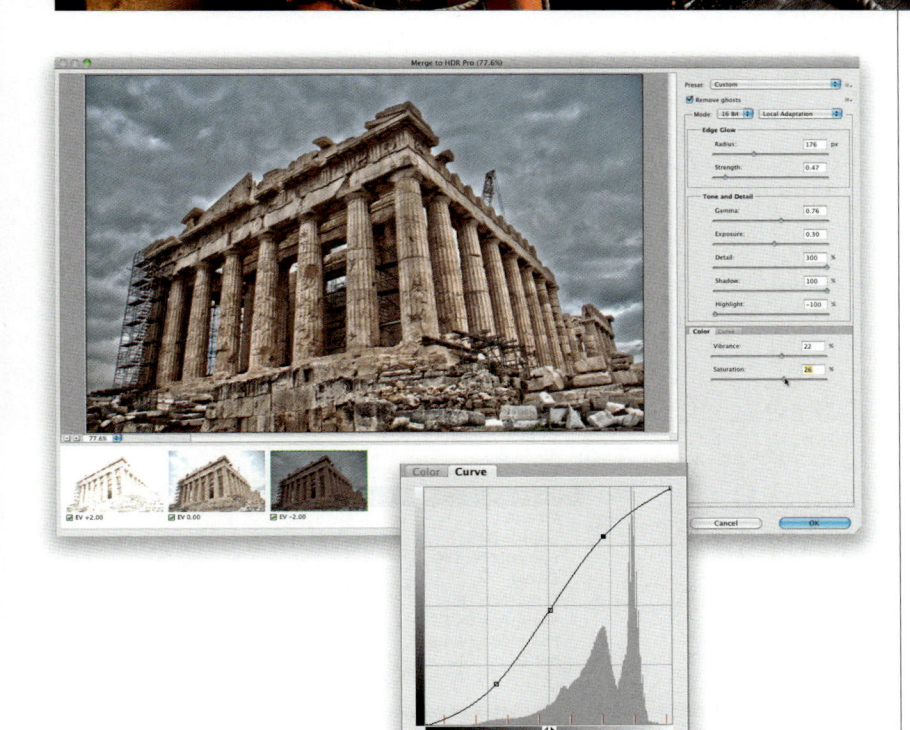

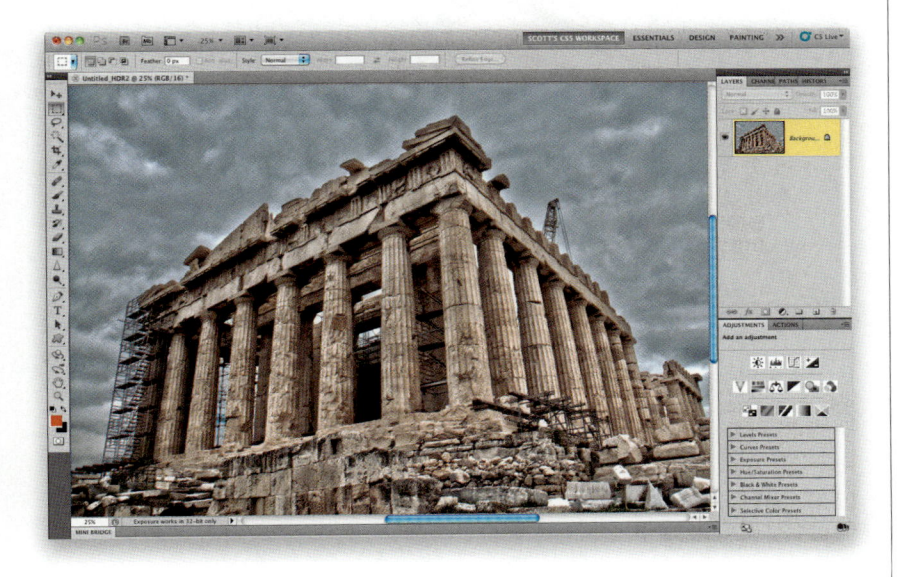

Passo oito:

A seção de baixo tem duas abas: Color e Curve. A aba Color tem controles Vibrance e Saturation. Se você quer as cores mais vibrantes, tente arrastar o controle Vibrance para a direita; se quer levar sua imagem para o "mundo de Harry Potter", adicione o controle Saturation. Vamos configurar Vibrance em 22 e Saturation em 26 (a razão para fazermos algo tão extremo é que a imagem não tem muita cor). Se precisa adicionar mais contraste, clique na aba Curve e crie uma curva S. Adicione pontos à curva clicando ao longo da linha diagonal, então mova esses pontos arrastando-os para cima/para baixo. Vamos adicionar a curva S que você vê aqui. Além disso, eu acionei a caixa de seleção Remove Ghosts (no topo à direita), caso as nuvens tenham se deslocado um pouco entre as fotos (mais sobre isto adiante no capítulo).

DICA: Consiga aquele visual "de antigamente"

Se você aumentar o controle Vibrance e então diminuir o Saturation, isto lhe proporcionará aquele "visual de antigamente". Tente, e aposto que você vai dizer: "Opa, este é o visual de antigamente".

Passo nove:

Clique no OK na parte inferior à direita para fazer o Photoshop processar a imagem. Quando estiver feito, você verá a imagem HDR aparecer no Photoshop (como visto aqui). Há algo de que muitas pessoas não se dão conta a respeito do processo de pós-produção de imagens HDR: há sempre uma segunda rodada de processamento no Camera Raw (isto não é novidade, nós fazíamos isto lá no CS4 com plug-ins terceirizados!).

Continua

Criando imagens HDR | Capítulo 8 | 201

Passo dez:
Antes de começarmos o processo de pós-produção, você tem de salvar o arquivo como um TIFF ou JPEG (se quiser manter a imagem em modo de 16 bits, salve-a como TIFF, de outra maneira, JPEG está legal) e então a feche. Vá ao menu File do Photoshop e escolha **Open (PC: Open As)**. Quando a caixa de diálogo Open aparecer, clique na imagem JPEG ou TIFF que você acabou de salvar e, do menu pop-up Format (PC: Open As) na parte inferior do diálogo, escolha **Camera Raw** (como mostrado aqui) para ter a imagem aberta em Camera Raw para processamento, e, então, clique Open.

Passo onze:
Quando a imagem abre em Camera Raw, costumo aumentar bastante o montante de Clarity (que traz um monte de pequenos detalhes), e, neste caso, vamos aumentá-lo para +42 (como mostrado aqui). Eu também aumentei Exposure para +0,35, Recovery para 89, Fill Light para 23, e Blacks para 34.

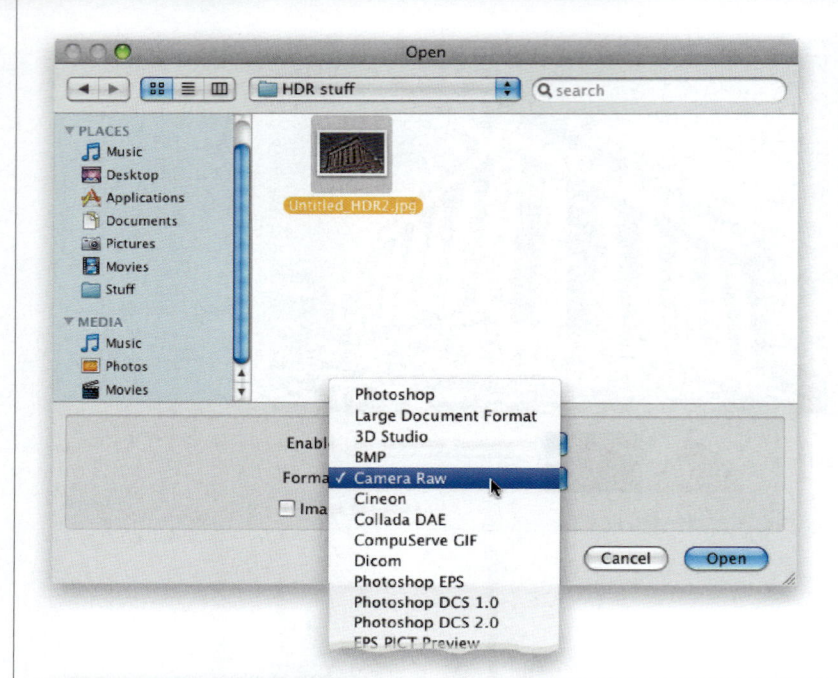

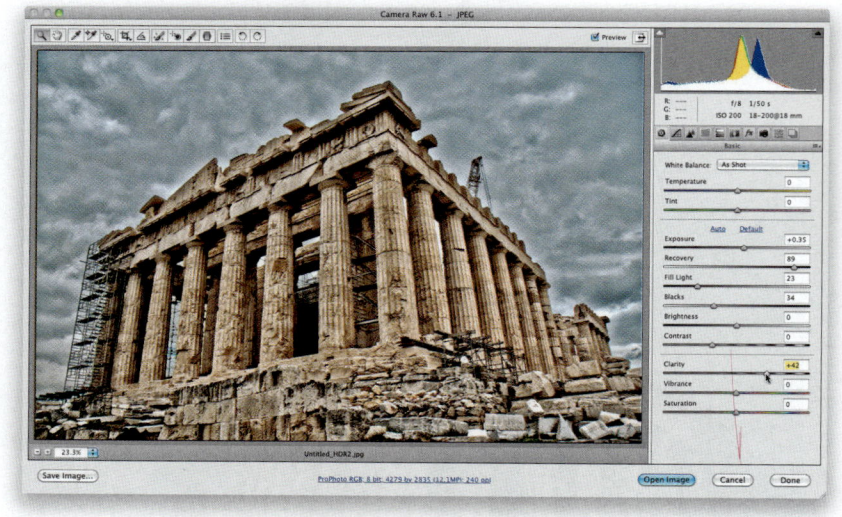

Adobe Photoshop CS5 | para fotógrafos digitais

Passo doze:
Em seguida, vamos adicionar uma vinheta de borda escura (este é um visual muito popular em imagens HDR hiper-reais), então clique no ícone Lens Corrections (o quinto ícone a partir da direita) no topo do painel, então clique na aba Manual. Na parte de baixo do painel, na seção Lens Vignetting, arraste o controle deslizante Amount bem para a esquerda para escurecer as bordas e, então, arraste o controle deslizante Midpoint para a esquerda para estender o escurecimento para dentro da imagem a partir dos cantos, assim ele fica mais uniforme e maior em toda a volta.

Antes

Depois

Passo treze:
É isso (bem, é isso se você buscava o visual hiper-real). Essas configurações funcionaram para esta imagem em particular, mas você poderia abrir uma imagem diferente, e elas não funcionariam de maneira alguma — razão pela qual, nas próximas páginas, vou lhe passar algumas configurações que eu mesmo uso para diferentes imagens HDR quando quero lhes dar um visual hiper-real. Recomendo que tente essas configurações, salvando-as como Presets (veja o próximo passo), e então, quando você abrir uma imagem HDR, pelo menos terá alguns pontos de partida que são melhores do que os Presets que vêm com Merge to HDR Pro.

Continua

Criando imagens HDR | Capítulo 8 | 203

Passo catorze:
As configurações mostradas até aqui são as que uso a maior parte do tempo com Merge to HDR Pro, porque parecem funcionar na maioria das imagens. Em nosso escritório, são chamadas de "Scott 5" (este é o nome do Preset que salvei com essas configurações). Aqui, eu as coloquei juntas, assim você pode achá-las com facilidade (mas não esqueça de adicionar a curva S). Além disso, assim que as inserir, salve-as como um Preset (mas não precisa chamá-las Scott 5). Sempre tento estas primeiro: em Edge Glow, configure Radius em 176 e Strength para 0,47. Em Tone e Detail, configure Gamma em 0,76 e Exposure em 0,30. Empurre o controle Detail até 300%. Nos dois próximos controles, uso as mesmas configurações para todo visual hiper-real: abro as sombras (com Shadow em 100%) e fecho as altas-luzes (com Highlight em -100%). Na última seção, aumente Vibrance para 22% e Saturation para 26%, então clique na aba Curve e faça uma curva S (veja o Passo oito) para adicionar contraste. Assim, se você gostar do visual vá ao menu *flyout* à direita do menu pop-up Preset e escolha **Save Preset** (como mostrado aqui). Nomeie o Preset e ele será adicionado à parte inferior do menu pop-up Preset.

Passo quinze:
Esta configuração não parece muito diferente da anterior, mas aprendi que diferenças sutis entre montantes de Radius e Strength fazem uma grande diferença. Configure Radius em 166 e Strength em 0,39. Deixe todas as configurações Tone e Detail como estavam no Passo catorze, mas na parte inferior aumente Vibrance até 80% e configure o Saturation para 0%. Salve esta configuração como um Preset também!

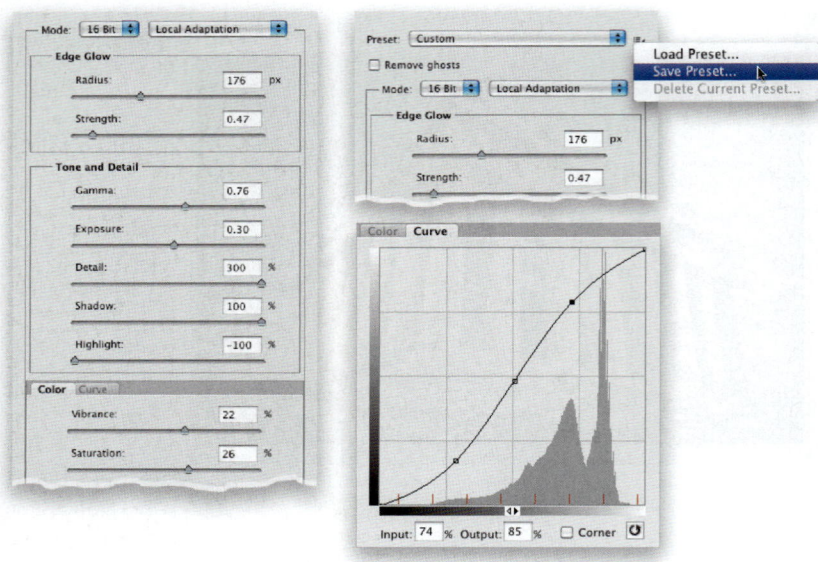

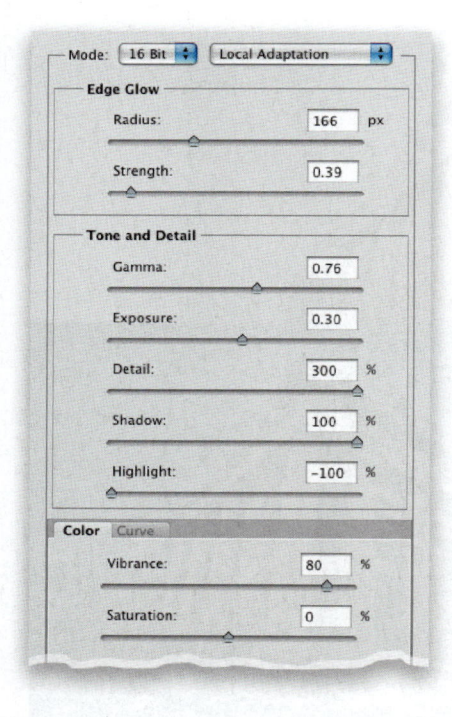

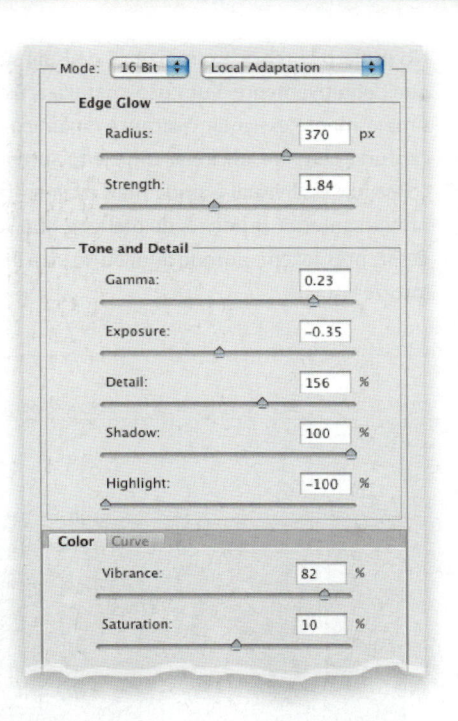

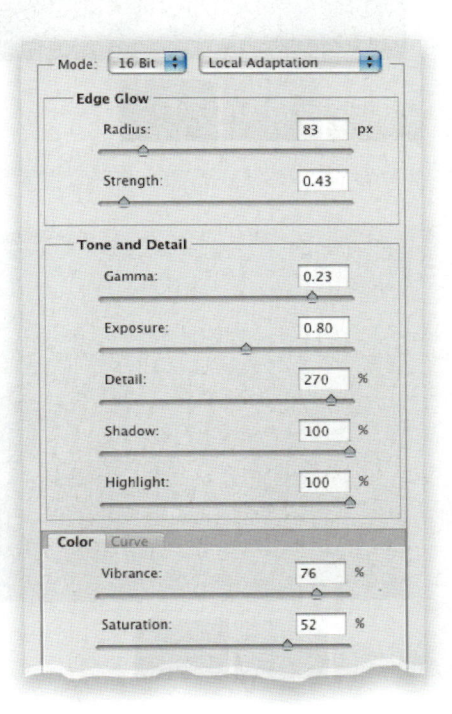

Passo dezesseis:

Esta configuração é um pouco mais forte, um pouco exagerada, mas vale a pena tentar porque, em algumas imagens, é o que deve ser feito mesmo. Configure o controle deslizante Radius em 370 e Strength em 1,84. Configure o controle deslizante Gamma em 0,23 e o Exposure em -0,35. Reduza Detail para apenas 156%. Configure as quantidades Shadow e Highlight da mesma maneira de sempre (Shadow em 100%, Highlight em -100%). Na parte inferior, configure Vibrance em 82% e Saturation em apenas 10%. É claro, eu sempre configuro a curva para uma curva em S para adicionar mais contraste. Agora, salve essa configuração como um Preset e vá para o próximo passo.

Passo dezessete:

Nosso último Preset hiper-real mexe só um pouquinho com as coisas, mas, com certa frequência, é tudo que você precisa fazer (e não esqueça, você fará um pouco de pós-processamento depois e, com esta imagem, provavelmente adicionará muito contraste e claridade no Camera Raw após o processamento HDR). Configure o controle deslizante Radius em 83 e Strength em 0,43. Estabeleça as configurações Tone e Detail como a seguir: Gamma em 0,23, Exposure em 0,80, Detail em 270%, e Shadow e Highlight ambos em 100%. Esta configuração realmente traz as cores para fora, então configure o controle deslizante Vibrance em 76% e Saturation em 52%. Mas lembre-se: você pode aplicar este Preset e ele parecer terrível, dependendo da imagem em que tentar aplicá-lo (por isso você precisa de todos estes cinco Presets. Pelo menos um será gol certeiro).

Adobe Photoshop CS5 | para fotógrafos digitais

Criando imagens HDR fotorrealistas

No projeto anterior, examinamos o visual surrealista, hiper-real tão popular, que definitivamente é um uso criativo, artístico do HDR, mas, se você quer simplesmente expandir o alcance dinâmico do que sua câmera digital pode capturar, sem lhe adicionar um efeito surrealista, ficará feliz em saber que conseguir esse visual é ainda mais fácil (embora eu recomende passar pelo projeto anterior primeiro, de maneira que você saiba o que todos os controles deslizantes fazem, porque aqui eu só vou lhe dar uma receita para imagens HDR fotorrealistas).

Passo um:
Comece selecionando suas imagens HDR com *bracketing* em Mini Bridge e, então, escolha **Merge to HDR Pro**, no Photoshop, do menu do ícone Tools do Mini Bridge. Após alguns momentos, você verá a caixa de diálogo Merge to HDR Pro aparecer (visto aqui) com as configurações-padrão aplicadas.

Passo dois:
Do menu pop-up Preset no topo à direita da caixa de diálogo, escolha **Photorealistic** (como mostrado aqui). Este é provavelmente o único Preset embutido de que eu gosto (mas você só o usará como um ponto de partida).

Adobe Photoshop CS5 | para fotógrafos digitais

Passo três:
Agora, na seção Tone e Detail, aumente o montante de Detail para 65% (como mostrado aqui). Então, na aba Color, aumente o controle deslizante Vibrance para 65% e Saturation para 25%. Um antes/depois é mostrado adiante.

Antes: A imagem de exposição normal original.

Depois: A imagem HDR usando as configurações de Preset Fotorrealista e então fazendo umas alterações a mais.

Criando imagens HDR | Capítulo 8 | 207

Incremento de nitidez de High Pass para imagens HDR

Apesar de cobrir o incremento de nitidez de High Pass no capítulo sobre incremento de nitidez, achei importante incluí-lo aqui, porque o incremento de nitidez High Pass de certa forma se tornou sinônimo de edição HDR (especialmente com os efeitos HDR de fantasia hiper-real). O incremento de nitidez de High Pass às vezes é chamado de "incremento de nitidez extremo", e esta é uma descrição realmente boa do que ele é. Aqui, eu vou lhe mostrar como aplicá-lo, como controlá-lo depois, e um método opcional que eu mesmo uso bastante.

Passo um:
Assim que você tiver terminado de criar sua imagem HDR usando Merge to HDR Pro, e ela estiver aberta no Photoshop, comece pressionando **Command-J (PC: Ctrl-J)** para duplicar o layer Background. Agora, vá ao menu Filter, em Other, e escolha **High Pass** (como mostrado aqui).

Passo dois:
Quando o diálogo de filtro High Pass aparecer, arraste o controle deslizante Radius bem para a esquerda, de maneira que tudo fique cinza sólido. Agora, arraste o controle para a direita até que você consiga visualizar a cor saindo do cinza sólido (como mostrado aqui) — quanto mais você arrastar o controle, mais intenso será o efeito (aqui, como um exemplo, eu arrastei 9 pixels, e você pode ver um brilho aparecendo em torno das bordas do barco). Quando terminar, clique em OK.

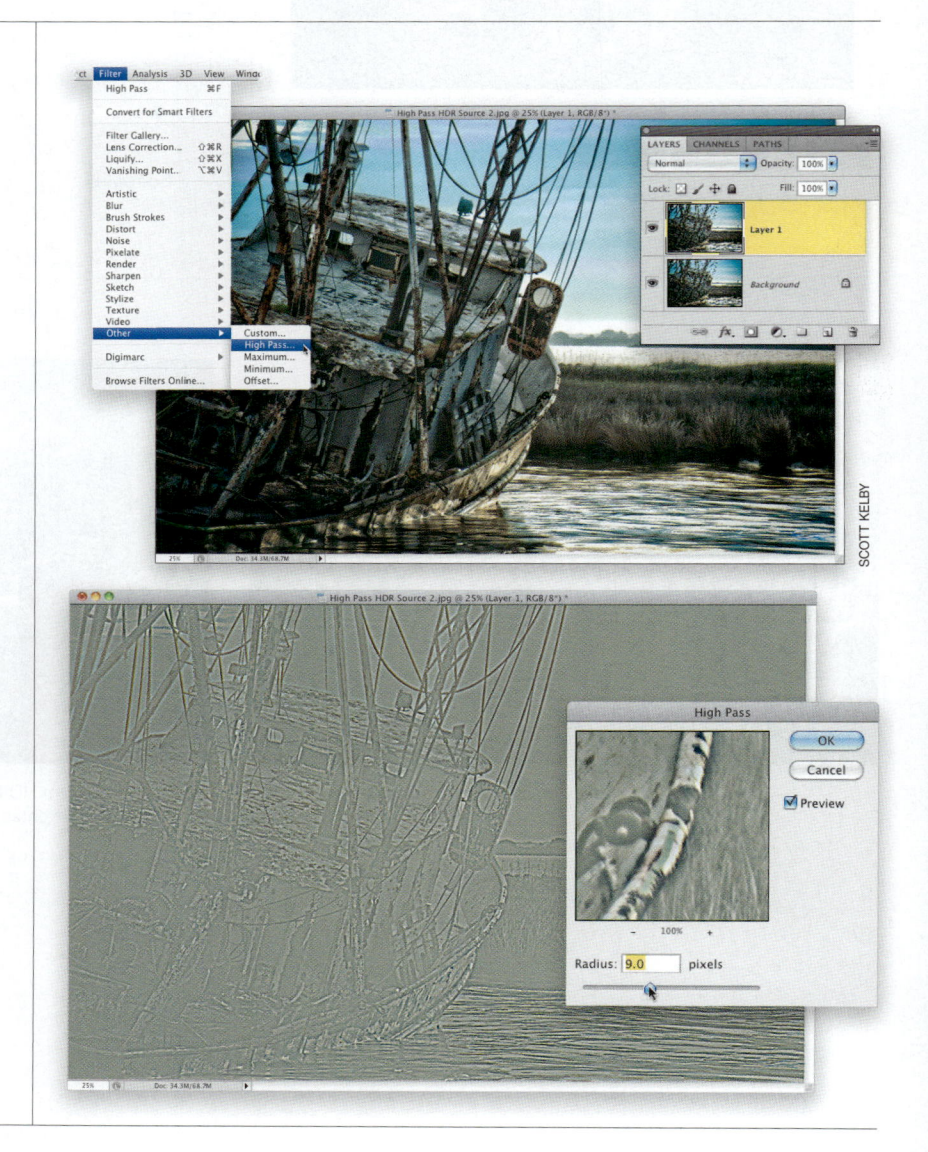

Adobe Photoshop CS5 | para fotógrafos digitais

Passo três:
Para incrementar a nitidez, vá ao topo do painel Layers e mude o modo de mesclagem do layer duplicado de Normal para **Hard Light** (como mostrado aqui), e verá o incremento de nitidez em seu máximo. Se parecer demais, você pode: (1) Baixar a opacidade desse layer. Pense nisso como o controle para a quantidade de incremento de nitidez, para baixar o montante de Opacity para 75% (para 75% do incremento de nitidez) ou 50%, se ainda for demais. (2) Outra possibilidade é deixar o controle Opacity em 100%, mas mudar o modo de mesclagem do layer para Soft Light. Você ainda terá aquele incremento de nitidez intenso, mas não tanto. Este é o incremento de nitidez de High Pass, mas há outra opção, e no próximo passo veremos como limitar onde o incremento de nitidez será aplicado.

Passo quatro:
Para limitar onde o incremento de nitidez será aplicado, pressione e segure a tecla Option (PC: Alt) e clique no ícone Add Layer Mask na parte inferior do painel Layers (mostrado circulado aqui) para esconder seu layer cuja nitidez foi incrementada. Pegue a ferramenta Brush **(B)** e certifique-se de que sua cor de Foreground está configurada para branco. Então, do Brush Picker na barra Options, escolha um pincel de tamanho médio, com borda suave, e pinte somente sobre as partes que você quer supernítidas (pintei sobre o barco, mas evitei a água, o céu e os juncos, então somente o barco recebeu esse incremento de nitidez). Se você empurrou o filtro de High Pass tão alto que viu um brilho em torno das bordas, mantenha distância delas ou verá esse brilho. Se o vir, pressione **X** para trocar sua cor de Foreground para preto e pinte ele fora.

Criando imagens HDR | Capítulo 8 | 209

Adobe Photoshop CS5 | para fotógrafos digitais

Efeito de tom HDR para imagem única

Se você não fotografou para HDR (ou seja se não tem pelo menos três imagens com *bracketing* da mesma cena), ainda pode fazer um efeito de tom para uma única imagem. Embora este recurso não dê exatamente o mesmo resultado, ele cria um efeito bem legal, e, o melhor de tudo, usa os mesmos controles que a caixa de diálogo Merge to HDR Pro para o processamento HDR para múltiplas imagens. Então, você já deve saber o que fazer (eu, contudo, achei os controles muito mais sensíveis com apenas uma imagem do que eles são quando aplicados a um HDR real, de múltiplas imagens).

Passo um:
Abra a imagem à qual você quer adicionar um visual "falso-HDR", vá ao menu Image, em Adjustments e escolha **HDR Toning** (como mostrado aqui). Antes de prosseguirmos, gostaria de reiterar o que disse na introdução acima: embora os controles na caixa de diálogo HDR Toning pareçam os mesmos que em Merge to HDR Pro, são muito mais sensíveis; portanto, você não pode usar as mesmas configurações e conseguir o mesmo efeito — deve ter mais calma em tudo.

Passo dois:
Quando a caixa de diálogo HDR Toning aparecer, as configurações-padrão darão à imagem um efeito mapeado de tons (aqui, a imagem é mais contrastada, brilhante nas áreas de sombra, parecendo ter alguma claridade aplicada, e as cores são vívidas). Isso é o que quero dizer com "ser muito mais sensíveis", porque, quando você abre uma foto HDR de múltiplas imagens com *bracketing*, com as configurações-padrão, mal nota diferença de tom. Vamos aumentar os controles e tirar esse visual falso-HDR da imagem. *Nota*: se a seção Toning Curve e Histogram na parte inferior do diálogo não aparecer, clique na seta apontando para a direita à esquerda do cabeçalho da seção para expandi-la.

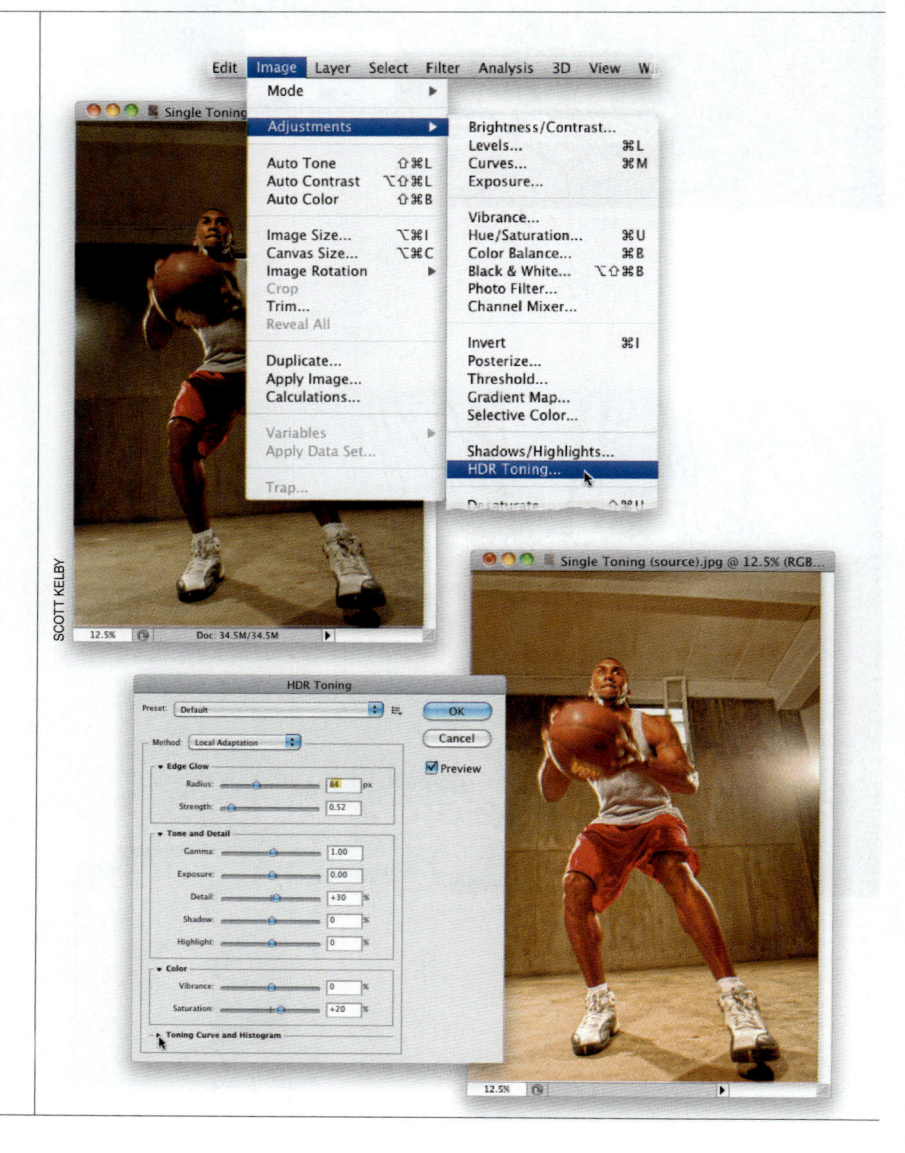

210 | Capítulo 8 | Criando imagens HDR

Adobe Photoshop CS5 | para fotógrafos digitais

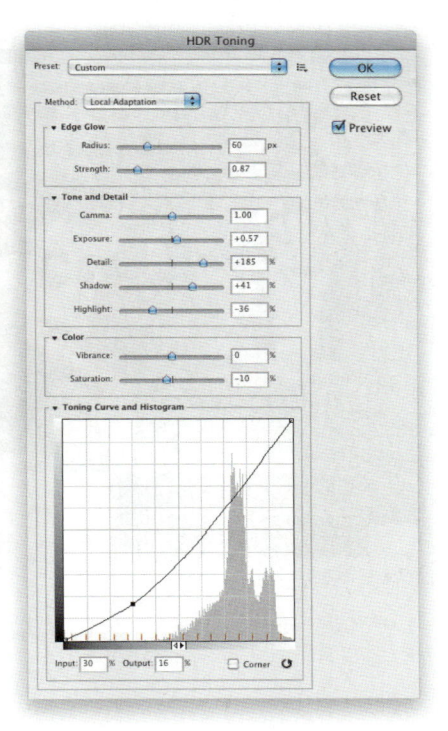

Passo três:

Vamos pegar o que aprendemos quando usamos o Merge to HDR Pro e aplicar aqui, mas sem mover tanto nossos controles em qualquer direção. Comece configurando o Edge Glow Radius para 60 e Strength para 0,87. Na seção Tone and Detail, configure o Gamma para 1,00 e o Exposure para +0,57 para clarear a imagem um pouco. Configure o Detail para +185% para adicionar vivacidade tipo claridade (dê uma olhada na parede atrás dele), então configure seu controle Shadow para +41% e o Highlight para -36% (aqui Shadow e Highlight fazem uma grande diferença). Na seção Color, deixe Vibrance em 0%, mas baixe o controle Saturation para -10% para conseguir o visual de retrato dessaturado tão popular hoje em dia. A imagem parece um pouco clara nas áreas de sombra, então vá ali embaixo na seção Toning Curve and Histogram, clique uma vez na terça-parte inferior da linha diagonal, e arraste para baixo (como visto aqui) para escurecer um pouco as áreas de sombra.

Passo quatro:

Clique OK para aplicar as suas configurações (Essas configurações funcionam para esta imagem — dependendo da imagem, você terá de mexer nos controles). Estou mostrando um antes/depois aqui (adicionando uma vinheta de borda como toque final — ver página 237), mas não terminamos ainda, pois lhe mostrarei outra maneira de aplicar este efeito que você pode achar mais útil na edição de fotos no dia a dia. Aqui está como ficou o antes/depois com as configurações aplicadas no Passo três. Aliás, agora seria um bom momento para salvar estas configurações como um Preset, não acha? (Clique no menu *flyout* à direita do menu pop-up Preset.)

Antes   Depois

Continua

Adobe Photoshop CS5 | para fotógrafos digitais

Passo cinco:
No último projeto, aplicamos o visual HDR Toning a toda a imagem, mas na maioria das vezes que eu o uso, só o aplico a parte da imagem. Aqui, quero aplicá-lo ao primeiro plano, então precisaremos de um layer para fazê-lo. Infelizmente, você não pode aplicar o HDR Toning em uma imagem com múltiplas camadas. Na realidade, se você tem uma imagem com múltiplas camadas e abre o HDR Toning, ele dirá que primeiro vai achatar a imagem. É claro, você pode clicar na caixa de diálogo e cancelar o HDR Toning, mantendo intactas suas camadas. Mas, para esta técnica, precisamos de múltiplas camadas, então comece no menu Image e escolha **Duplicate** (como mostrado aqui). Quando a caixa de diálogo Duplicate Image aparecer, clique OK (não há necessidade de renomeá-la).

Passo seis:
Vá ao menu Image, em Adjustments, e escolha **HDR Toning** para a imagem duplicada. Aplicaremos uma configuração que incrementará o contraste e o detalhe nos uniformes dos jogadores, nos capacetes e na bola (tudo que está no primeiro plano). Configure o controle Edge Glow Radius para 118 e Strength para 0,80. Na seção Tone e Detail, configure seu Gamma para 0,82 e Exposure para -0,57 para escurecer um pouco a imagem. Configure o Detail para 112% para adicionar vivacidade, então configure Shadow para -22% e seu Highlight para +36%. Na seção Color, deixe Vibrance configurado para 23%, mas baixe Saturation para 20%. Então, como cheguei a estas configurações? Sabendo que o controle Detail é o "principal" para tudo isso, configure-o onde você achar melhor e então tente os outros para trabalhá-lo.

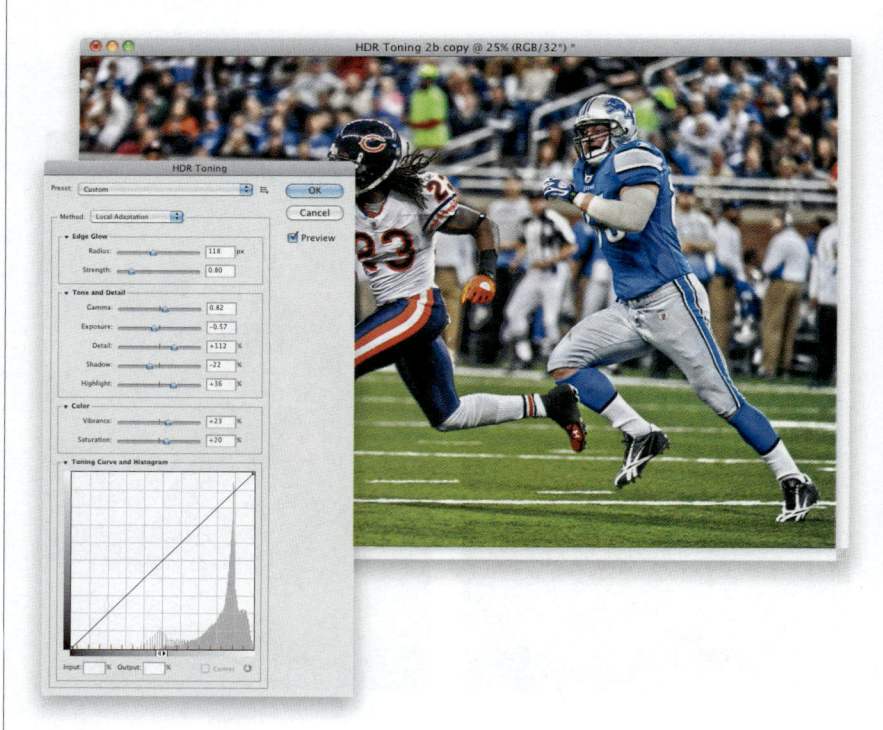

212 | Capítulo 8 | Criando imagens HDR

Adobe Photoshop CS5 | para fotógrafos digitais

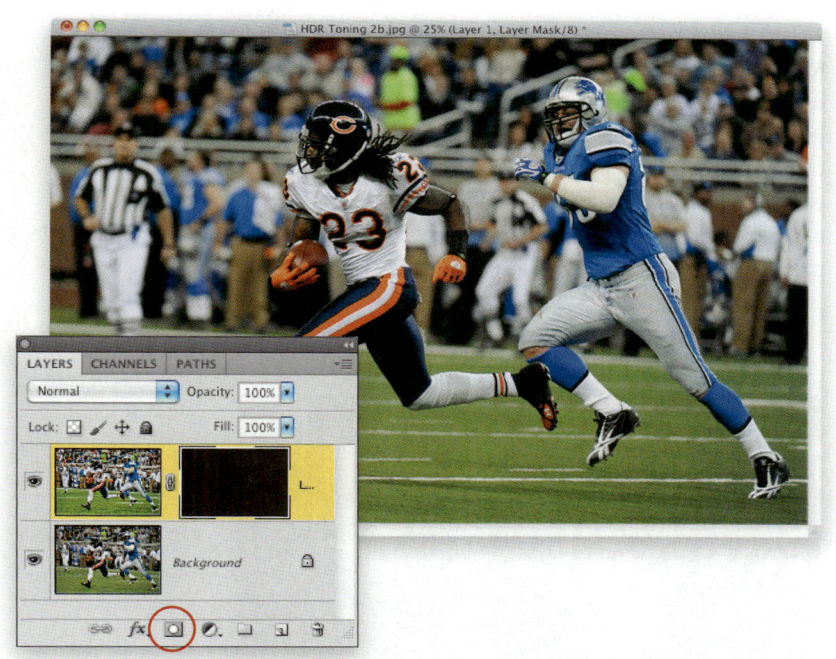

Passo sete:
Clique em OK para aplicar o HDR Toning. Então, pegue a ferramenta Move (**V**), pressione e segure a tecla Shift, arraste e largue a imagem duplicada em cima da original. (*Nota*: se você está usando a Application Frame e não tem o costume de arrastar e largar camadas com ela aberta, vá ao menu Window e feche-a). Segurar a tecla Shift pressionada à medida que arrasta as imagens alinha a imagem HDR Toning com a original, e, se olhar no painel Layers, verá que ambas estão no mesmo documento em camadas separadas. Pressione e segure a tecla Option (PC: Alt) e clique no ícone Add Layer Mask na parte inferior do painel (mostrado circulado aqui). Isso coloca uma máscara preta sobre seu layer HDR Toning, escondendo-a da visão e nos permitindo revelar parte deste layer onde nós a queremos.

Passo oito:
Em seguida, pegue a ferramenta Brush (**B**) e, com sua cor de Foreground configurada para branco, escolha um pincel de tamanho médio, com bordas suaves do Brush Picker na barra Options, e pinte somente sobre as áreas em que você quer ter este HDR Toning. Percebi que este visual não parece muito bom em áreas com pequena profundidade de campo, então evito-as completamente. Neste caso, pintei os dois jogadores no primeiro plano, suas camisas, seus capacetes, as calças e a bola. Aplicando o HDR Toning dessa maneira, o plano de fundo ainda parece realista, mas os jogadores no primeiro plano ganham aquele detalhe a mais. Por fim, você observou que as cores parecem mais saturadas, mas, se quiser manter a cor original, no topo do painel Layers, troque o modo de mesclagem do layer para Luminosity (como mostrado aqui), o que completa o efeito.

Criando imagens HDR | Capítulo 8 | 213

Adobe Photoshop CS5 | para fotógrafos digitais

Lidando com fantasmas no Merge to HDR Pro

Se algo estiver se movendo ligeiramente na cena que você está fotografando (como a água em um lago, ou galhos de uma árvore no vento, ou pessoas caminhando etc.), você terá um problema de fantasmas, no qual este objeto estará borrado (na melhor das hipóteses), ou você realmente verá um fantasma transparente daquela parte da imagem (daí o nome). Esta foto da Times Square em Nova York, apesar de eu ter usado um tripé, foi tirada à noite, exigindo exposições mais longas, e tanto as pessoas quanto os carros estavam se movendo na cena; isso criou problemas de fantasmas por toda parte!

Passo um:
Selecione as imagens HDR com *bracketing* no Mini Bridge, e escolha **Merge to HDR Pro** do menu pop-up do ícone Tools do Mini Bridge. Quando as imagens abrem no diálogo Merge to HDR Pro, use as configurações Scott 5 que passei no Passo catorze no projeto "Criando Imagens HDR em Photoshop CS5", mas como a imagem foi tirada à noite, aumente o montante de Exposure para 0,80, para clareá-la, e também configure Shadow para -100. Faça um zoom para pelo menos uma visão 100% e verá que há fantasmas na imagem (o carro à esquerda está borrado, e dá para se ver através de partes da cabeça dos dois homens à direita).

Passo dois:
Selecione a caixa Remove Ghosts no topo à direita do diálogo (mostrada circulada em vermelho). O recurso Merge to HDR Pro lida com o problema de fantasmas procurando por coisas comuns a todas as exposições para se ater a elas, e ele é bom nisso. Às vezes ele palpita errado (na maioria das vezes, se você está criando HDR a partir de imagens JPEG em vez de RAW), e, se isso acontecer, escolha em quais fotos com *bracketing* você acha que o recurso deve se ater, clicando na imagem reduzida na tira de filme na parte inferior da caixa de diálogo.

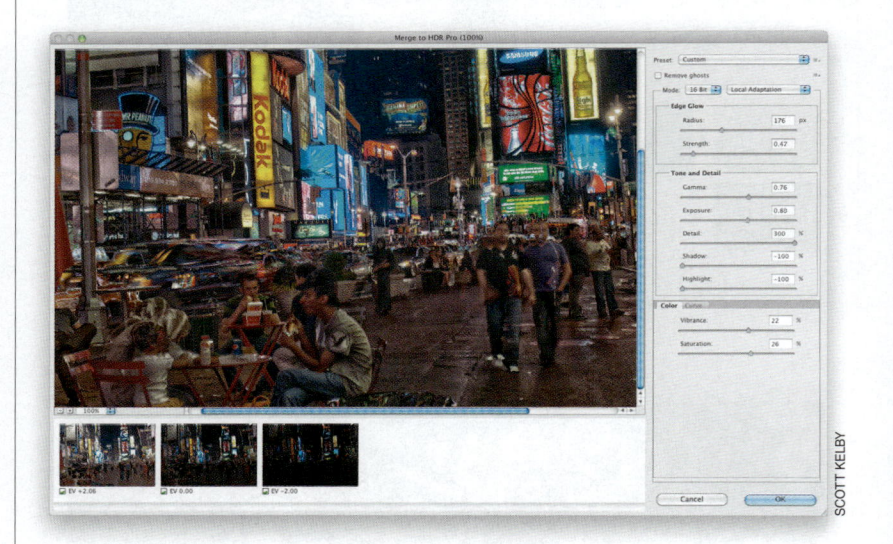

Adobe Photoshop CS5 | para fotógrafos digitais

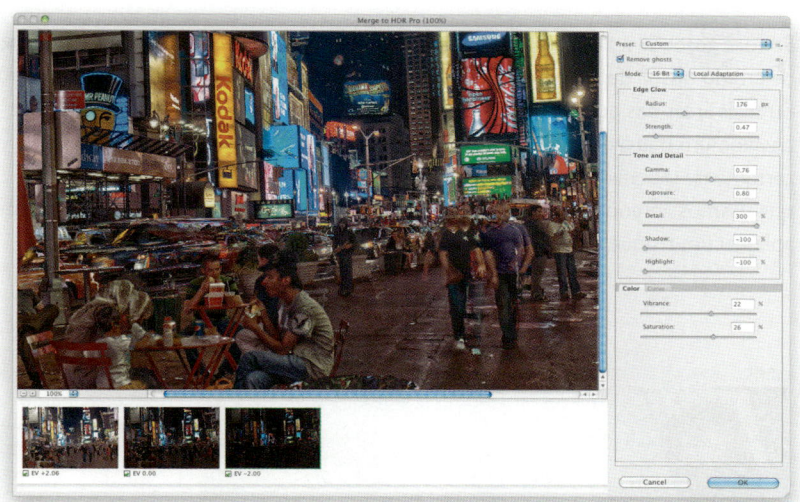

Passo três:
A imagem reduzida com a alta luz verde em torno dela é a imagem a que o recurso Merge to HDR Pro escolheu para eliminar os fantasmas (você só verá esta alta luz verde quando a caixa de seleção Remove Ghosts estiver selecionada), e, se voltar ao Passo dois, verá que foi escolhida a imagem reduzida à esquerda. Se quiser tentar outra imagem, para checar se é melhor do que a escolhida pelo Photoshop, clique nela embaixo na tira de filme. Aqui, escolhi a terceira imagem, e, ela parece pior. (*Nota*: se você fotografou uma exposição de múltiplas fotos de algo como ondas correndo para a beira da praia, pode escolher uma usando a mesma técnica — portanto, ela não é usada somente para fantasmas.) Então, eu clicaria na primeira imagem reduzida, que fez um ótimo trabalho.

Passo quatro:
Você finalizará esta imagem HDR de estilo surreal da mesma maneira que aprendeu em "Criando Imagens HDR em Photoshop CS5" — salvando-a como um TIFF ou JPEG, e reabrindo-a em Camera Raw para os toques finais. Aqui, adicionei uma vinheta de borda padrão no painel Lens Corrections (o que é uma HDR sem uma enorme vinheta, hein?) e usei as configurações vistas aqui no painel Basic: configure Exposure em +0,65, Recovery em 24, Fill Light em 25, Blacks em 15, e aumente o Contrast para +15. Por fim, aumentei bastante o Clarity (neste caso, para +39). Nesta imagem, há muitos fantasmas (além das pessoas e dos carros, temos os sinais em movimento), mas às vezes o problema é um galho de árvore balançando, ou ondinhas em um lago, ou um milhão de coisas que se movem e estragam as imagens HDR (brincadeira).

Criando imagens HDR | Capítulo 8 | 215

Adobe Photoshop CS5 | para fotógrafos digitais

Consertando problemas de bordas em suas fotos HDR

Se você gosta de aplicar efeitos HDR pesados a suas imagens HDR (não que haja algo de errado nisso), dependendo da imagem, você provavelmente terá pelo menos uma ou mais áreas nas quais a borda de algo parece "esquisita" (como se alguém tivesse passado um marcador de texto ao longo dela). É uma daquelas coisas que "você certamente saberá do que eu estou falando quando vir". Aconteceu na foto HDR que usamos anteriormente no projeto de incremento de nitidez de High Pass, então apliquei um truque que eu uso para esconder esse problema feio de borda.

Passo um:
Processe a imagem HDR de múltiplas fotos como normal, usando o recurso Merge to HDR Pro (usei as configurações Scott 5 — ver página 204 —, e selecionei a caixa Remove Ghosts no topo à direita, por causa da água em movimento no segundo plano). Fiz um zoom na margem à direita do velho barco pesqueiro enferrujado, para visualizar o problema de borda. Parece que passaram um marcador de texto ao longo da margem. Para mim, isso estraga a foto, mas podemos consertá-lo dentro do próprio Merge to HDR Pro, então processe a foto e clique em OK.

Passo dois:
Agora, vá para o Mini Bridge e encontre a primeira foto das três (ou cinco, sete etc.) que usou para fazer a imagem HDR (a foto com a exposição normal, antes da ação do *bracketing* na câmera). Clique nela com o botão direito do mouse e escolha **Open in Camera Raw** para abri-la em Camera Raw (ou clique duas vezes nela, se for uma imagem RAW). Agora, você dará à sua imagem um visual "falso-HDR". Isso requer: (1) aumentar o Fill Light, (2) aumentar o Blacks, (3) aumentar bastante o Clarity, e (4) baixar Vibrance para ter um visual sem saturação. Eis as configurações usadas: Fill Light em 68; Blacks em 44; Clarity em +100; Vibrance em -47.

Adobe Photoshop CS5 | para fotógrafos digitais

Passo três:
Vá em frente e clique em OK para abrir aquela única imagem em Photoshop. Pegue a ferramenta Move (**V**), pressione e segure a tecla Shift, e arraste e largue a imagem HDR falsa no topo de sua imagem HDR real (segurando a tecla Shift, você assegura que as duas se alinhem direito). (*Nota*: se você mexeu em sua imagem HDR original, e o Photoshop teve de fazer algum alinhamento de layer antes de aplicar o efeito HDR, segurar a tecla Shift pode não ser suficiente para alinhar as duas imagens perfeitamente. Se esse for o caso, então no painel Layers, selecione ambas as camadas, vá ao menu Edit, escolha **Auto-Align Layers** e clique em OK para que o Photoshop as alinhe.) Em seguida, pressione e segure a tecla Option (PC: Alt) e clique no ícone Add Layer Mask na parte inferior do painel Layers, para esconder esse layer HDR falso atrás de uma máscara preta.

Passo quatro:
Configure sua cor de Foreground (primeiro plano) para branco, pegue a ferramenta Brush (**B**), escolha um pincel pequeno e de borda suave do Brush Picker na barra Options (configure-o de maneira a torná-lo ligeiramente maior do que a área de borda que parece ter sido marcada com um marcador de texto), então pinte bem em cima da borda com problemas. À medida que você faz isso, ele revela a borda da imagem HDR falsa, que não tem problema algum de borda. Como você adicionou toda aquele Clarity e Fill light (entre outras coisas) à imagem HDR, as duas se combinam, e seu problema de borda não existe mais (como visto aqui).

Criando imagens HDR | Capítulo 8 | 217

Adobe Photoshop CS5 | para fotógrafos digitais

Técnica de acabamento HDR para aquele visual de brilho "Photomatix"

Antes de o Photoshop CS5 ter introduzido o recurso Merge to HDR Pro, nós todos usávamos um plug-in terceirizando chamado Photomatix Pro, e eu sempre conseguia dizer quando uma imagem havia sido processada em Photomatix Pro, porque ela tinha aquele visual com um quê de "nítido, mas com brilho borrado", que era sua marca registrada. Eu sei que muita gente se acostumou com esse visual, então andei recriando algo parecido no Photoshop para minhas próprias fotos HDR, e o incluo ele aqui para vocês que estão indo do Photomatix Pro para o Merge to HDR Pro e que podem sentir saudades desse visual.

Passo um:

Selecione as três imagens com *bracketing* no Mini Bridge (você pode baixar as mesmas imagens da página de *download* do livro), e então escolha **Merge to HDR Pro** do menu pop-up do ícone Tools do Mini Bridge, e, quando ela abrir no Merge to HDR Pro, por padrão vai parecer como você vê aqui. Ela parece muito "blá", mas eu sabia que este seria o caso — tirei a foto sabendo que teria trabalho em seu processamento HDR (achei que o beco, com bicicletas velhas, paredes irregulares e roupas penduradas poderia ser um projeto HDR Pro divertido).

Passo dois:

OK, vamos pirar um pouco. Para este visual surreal, usei estas configurações: configure Radius em 118 e baixe Strength para 0,47. Configure Gamma em 0,39, Exposure em 0,30, empurre Detail até 300%, e o montante de Shadow e Highlight em 0%. Então, na parte inferior, aumente Vibrance para 100% e Saturation para 53%. Você também pode acrescentar uma curva S para adicionar contraste clicando na aba de Curva (veja a página 201). Selecione a caixa de seleção Remove Ghosts no topo à direita e clique em OK. (Aliás, se você se perguntou como um mapeamento HDR realmente exagerado se parece, eu diria que este é um bom exemplo.)

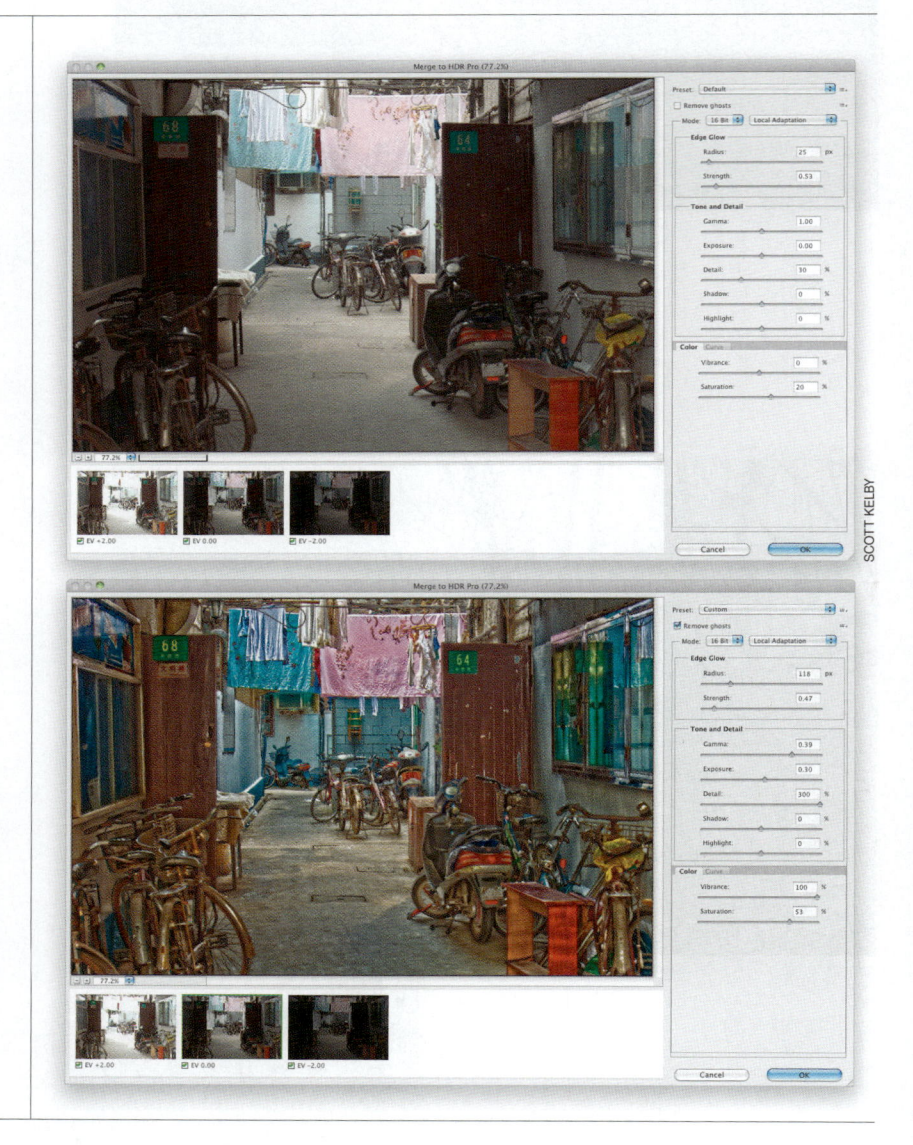

218 | Capítulo 8 | Criando imagens HDR

Adobe Photoshop CS5 | para fotógrafos digitais

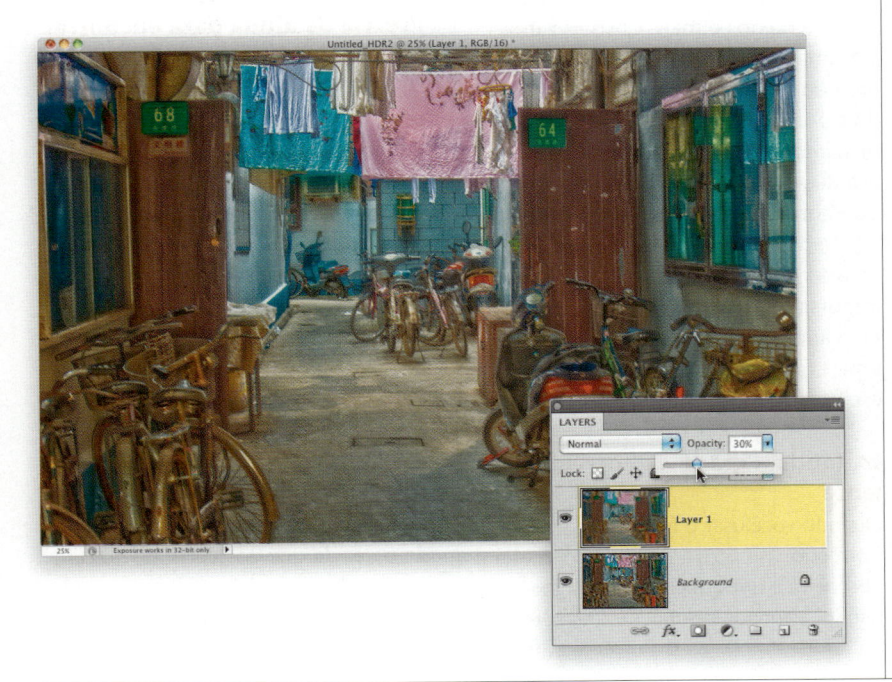

Passo três:

Quando a imagem abrir no Photoshop, pressione **Command-J (PC: Ctrl-J)** para duplicar o layer Background. Então, vá ao menu Filter, em Blur, e escolha **Gaussian Blur**. Quando a caixa de diálogo aparecer, entre com 25 pixels com Radius (como mostrado aqui), e clique em OK. Isto vai deixar a luz do dia de sua imagem borrada, mas não tem problema — este é o primeiro passo para conseguir nosso visual "nítido, mas com um brilho borrado".

Passo quatro:

Vá ao painel Layers e baixe o controle deslizante Opacity deste layer para em torno de 30% (isso varia de uma imagem para outra, mas em geral eu uso entre 20% e 30%). Isto é o que proporciona aquele visual nítido-mas-borrado. Você começa com uma imagem HDR realmente nítida, mas então adiciona um borrado de baixa opacidade, e tudo fica com este brilho um tanto enevoado, mas, como a opacidade é muito baixa, a imagem ainda parece nítida. Neste ponto, eu iria para o menu *flyout* do painel Layers e escolheria **Flatten Image** para achatar suas camadas, salvar a imagem como um TIFF ou JPEG e, então, reabri-la em Camera Raw para seus toques de acabamento finais (como fiz anteriormente no fim do projeto sobre Fantasmas, e como fiz aqui, eu também adicionaria uma vinheta de borda escura).

Criando imagens HDR | Capítulo 8 | 219

Adobe Photoshop CS5 | para fotógrafos digitais

Dicas matadoras de Photoshop

Quer fazer um zoom realmente fechado? Há uma grade de pixel para ajudá-lo

Você não verá este recurso bacana a não ser que faça um zoom de 600% ou mais — é uma pequena grade de pixels que aparece e torna mais fácil diferenciar os pixels quando você fez um zoom realmente fechado. Ele é acionado por padrão (faça um zoom bem fechado e veja), mas, se quiser desligá-lo, basta ir ao menu View, em Show, e escolher **Pixel Grid**.

Crie um novo documento igual ao último que você fez

Há um atalho superprático, mas pouco conhecido, que cria um documento novo em folha usando exatamente as mesmas especificações (tamanho, resolução, modo de cor etc.) do último que você fez. Em vez de escolher **Command-N (PC: Ctrl-N)** para abrir a caixa de diálogo New, pressione **Command-Option-N (PC: Ctrl-Alt-N)**, e quando a caixa de diálogo New abrir, todas as especificações do seu último documento serão inseridas.

Esconda rapidamente todos os seus painéis

Se você quiser se concentrar em sua foto, e temporariamente esconder Toolbox, Options Bar, Application Bar, e todos os painéis, basta pressionar a tecla **Tab**. Pressione-a novamente para trazer tudo de volta.

Poupando tempo no HDR Pro

Quanto mais imagens você usar para criar suas imagens HDR, mais tempo levará para o HDR Pro compilar sua imagem final, então este é um caso em que menos é mais. Costumo usar três imagens (uma exposição normal, uma dois pontos mais escura e uma dois pontos mais clara), mas uma dica interessante que aprendi de um dos administradores de produto do Photoshop é que, para melhores resultados, você precisa de mais fotos escuras do que claras. Se você não se importar com a espera a mais, estará em vantagem tendo uma imagem com uma exposição clara e quatro mais escuras.

Editando a grade de correção de lente

Quando você usar o filtro Lens Correction no CS5, a primeira coisa que observará é que aquela "grade chata" não foi acionada por padrão (aliás, ela só será chata porque era acionada por padrão). Agora, ela está desligada por padrão, você pode editar o tamanho e a cor da grade. Quando selecionar a caixa de seleção Show Grid na parte inferior da caixa de diálogo, um campo Size e uma amostra de cores aparecem à direita da caixa de seleção. Apesar de haver uma grade no painel Lens Corrections do Camera Raw (pressione **V** para ligá-la/desligá-la), você não pode mudar o tamanho ou a cor daquela grade.

Precisa de ajuda para encontrar as cores certas?

Lá no CS4, a Adobe tinha este recurso bacana chamado "Kuler", que foi projetado para ajudá-lo a encontrar, misturar, casar e tentar diferentes esquemas de cores. Ele era tão popular que gerou comunidade on-line, com usuários compartilhando e classificando diferentes conjuntos de cores baseados em temas. Agora no CS5, Kuler está embutido no Photoshop em seu próprio painel. Vá ao menu Window, em Extensions, escolha **Kuler** e navegue por algumas das combinações de cores no próprio Photoshop. Se você vir um conjunto de cores de que goste, clique duas vezes nele para vê-las como amostras maiores em um painel.

Adobe Photoshop CS5 | para fotógrafos digitais

Dicas matadoras de Photoshop

Para tornar qualquer uma dessas amostras sua cor de Foreground, clique duas vezes nela.

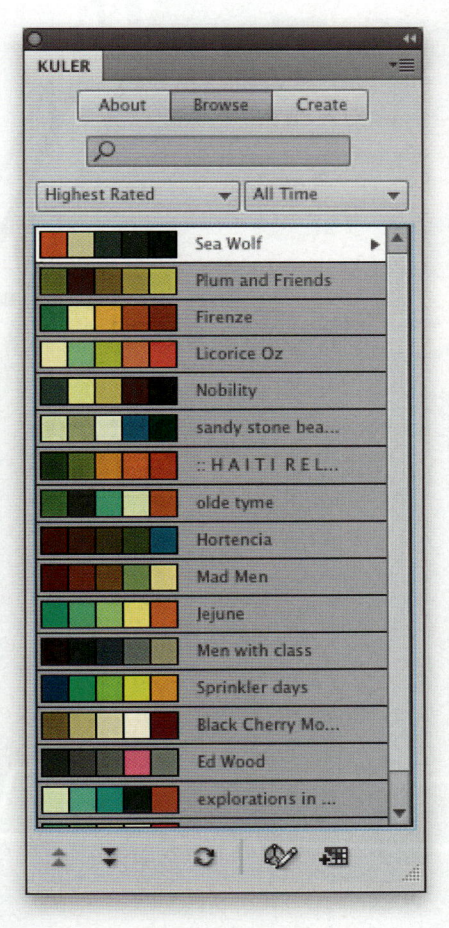

Livrando-se de suas camadas vazias rapidamente

No CS5, a Adobe incluiu um script no próprio sistema que analisa seu painel Layers e remove quaisquer camadas vazias (camadas sem nada nelas) automaticamente (quando estiver trabalhando em um projeto com múltiplas camadas, terminará com mais destas camadas do que acharia ser possível). Para fazer o Photoshop arrumar isso para você, vá ao menu File, em Scripts, e escolha **Delete All Empty Layers**.

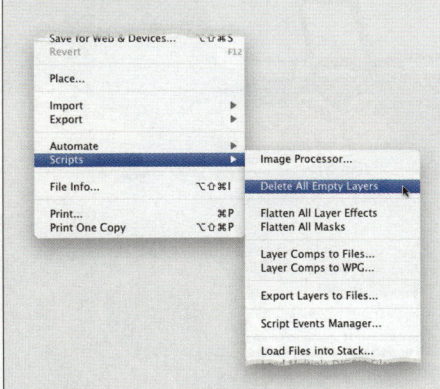

Removendo o ruído de fotos tiradas com o telefone celular

Como o Photoshop é uma ferramenta para profissionais, nem pensaríamos em usar o recurso Noise Reduction embutido no Camera Raw para remover ruído das fotos tiradas com a câmera de celular. Fotos de telefones celulares contêm ruído de cor, o que o Camera Raw limpa bem. Tente uma vez, e aposto que usará mais do que imagina (para abrir uma foto de telefone celular em Camera Raw, encontre-a em seu computador em Mini Bridge, e clique com o botão direito do mouse nela e escolha **Open in Camera Raw**).

Usando o Color Picker pop-up HUD

Se você já pensou um dia "Tem de haver uma maneira mais fácil de se pegar cores do que clicar na amostra de cor de Foreground todas as vezes", vai adorar isto: trata-se de um Color Picker pop-up (a Adobe o chama de HUD [*Heads-Up Display*[1]], porque você mantém seus olhos na imagem, em vez de olhar para cima e para baixo para as amostras de cores de Foreground/Background). Primeiro, escolha uma ferramenta Brush, então pressione **Command-Option-Ctrl (PC: Alt-Shift)** e clique (**PC: Right-clique**) na imagem. Este comando traz um Color Picker simplificado em que você escolhe sua cor (eu acho mais fácil se você escolher o matiz primeiro, da barra à direita, e depois escolher a tonalidade e saturação da cor da caixa à esquerda).

---

[1] "Exibição de cabeça erguida." (N. T.)

Fotógrafo Scott Kelby | Velocidade de obturador: 1/80 sec | Distância focal: 18mm | Diafragma: *f*/3.5

Capítulo 9 Consertando problemas comuns

Probleminhas
consertando problemas comuns

O título para este capítulo vem do filme de 2009, *Little Problems* (escrito e dirigido por Matt Pearson); eu poderia, sem problema algum, ter ficado com o curta-metragem de 2008, *Little Problems* (escrito e dirigido por Michael Lewen), porém havia uma questão fundamental que tornou a escolha fácil: o primeiro filme era sobre zumbis. Não há como fazer um filme ruim sobre zumbis. É sucesso garantido. Jogue um casal de adolescentes desamparados (ou, neste caso, um "casal improvável") em algum lugar desolado com alguns mortos-vivos famintos por carne humana, e você tem ouro nas mãos, ouro! Agora, alguém já se perguntou por que todo zumbi, nas ricas e interessantes histórias de zumbis, tem uma fome insaciável por carne humana — e só por carne humana? Por que não pode existir zumbis com uma fome insaciável por brócolis? Então, na cidade desolada, bombardeada e vazia, em toda esquina haveria zumbis vendendo brócolis do tamanho de arbustos de azaleias. De qualquer maneira, é pura coincidência que todo zumbi escolha comer você em vez de algo que realmente poderia mantê-los vivos, com uma oferta ampla e de fácil reposição, como brócolis, rolinhos primavera ou carne de porco com legumes. Nada disso, tem de ser carne humana, apesar de você e eu sabermos (repita comigo) que ela tem gosto de frango (bem, pelo menos foi o que me disseram).

Outra coisa que me atraiu para o primeiro *Little Problems* foi o sobrenome do diretor, vendo que todos os meus livros são publicados por subsidiárias da Pearson Education, uma empresa que por algum motivo escolheu contratar Ted Waitt como meu editor, apesar de terem sido avisados pelo CPBCD (Consórcio de Produtores de Brócolis da Cidade Desolada) que Ted talvez não seja o vegetariano dedicado que disse ser em seu currículo. Bem, eu provavelmente não deveria fazer comentários negativos sobre Ted... Não quero morder a mão que me alimenta.

Adobe Photoshop CS5 — para fotógrafos digitais

Três maneiras para consertar a cor de fotos em ambientes internos

Você pode fotografar na rua o dia inteiro e conseguir fotos ótimas, mas assim que entrar em algum ambiente, tudo muda. O culpado é o balanço de branco Auto (é a configuração-padrão em câmeras digitais, e a maioria das pessoas nunca muda esse padrão). Com o balanço de branco Auto, ao fotografar em um ambiente interno (como a foto mostrada adiante) você consegue o que vê aqui — uma foto que parece amarela demais (se tivesse fotografado um escritório, onde o padrão é a iluminação fluorescente, ela ficaria azul demais). A seguir, apresento três maneiras diferentes para lidar com o problema:

Passo um:
Aqui temos uma foto tirada no *lobby* de um hotel e, é claro, com o tipo de iluminação que encontraria em um *lobby* (ou uma casa), chamada "iluminação de tungstênio" (por fotógrafos e profissionais que trabalham com iluminação), razão pela qual a cor na foto parece tão amarela (bastante típica em fotos tiradas em ambiente interno quando o balanço de branco está configurado em Auto). O primeiro método é adicionar um ajuste de Photo Filter azul para compensar o amarelo e fazer a cor parecer mais natural. A seguir, clique no ícone Photo Filter no painel Adjustments (circulado aqui).

Passo dois:
Importante: quando escolhe o Photo Filter, o filtro-padrão é amarelo, o que torna a foto ainda pior no começo, mas isso é fácil de consertar. No menu pop-up Filter, escolha **Cooling Filter (82)** e arraste o controle Density para a direita até a imagem ficar mais natural. Aqui, movi o controle até 50% (o montante depende da foto, então você decide). A correção parece OK, mas, se tiver a imagem RAW original, pode conseguir uma correção muito melhor do que quando se usa o Camera Raw.

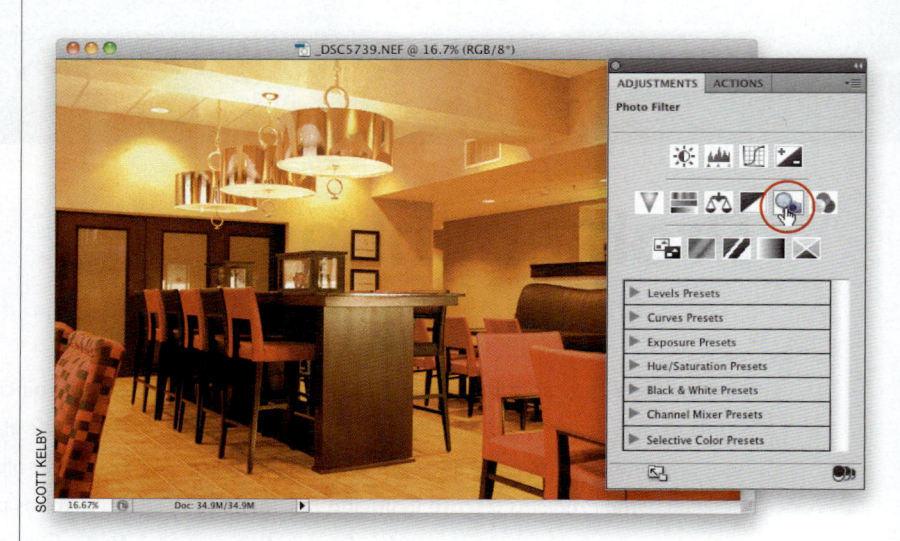

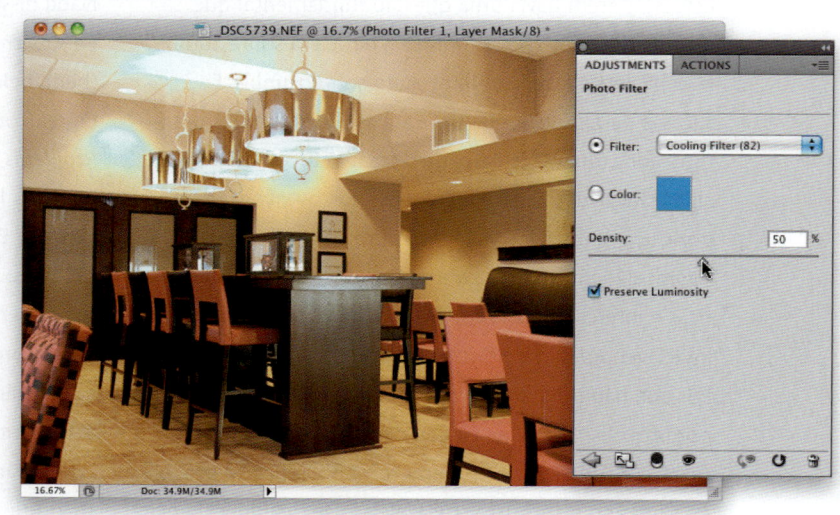

224 | Capítulo 9 | Consertando problemas comuns

Adobe Photoshop CS5 | para fotógrafos digitais

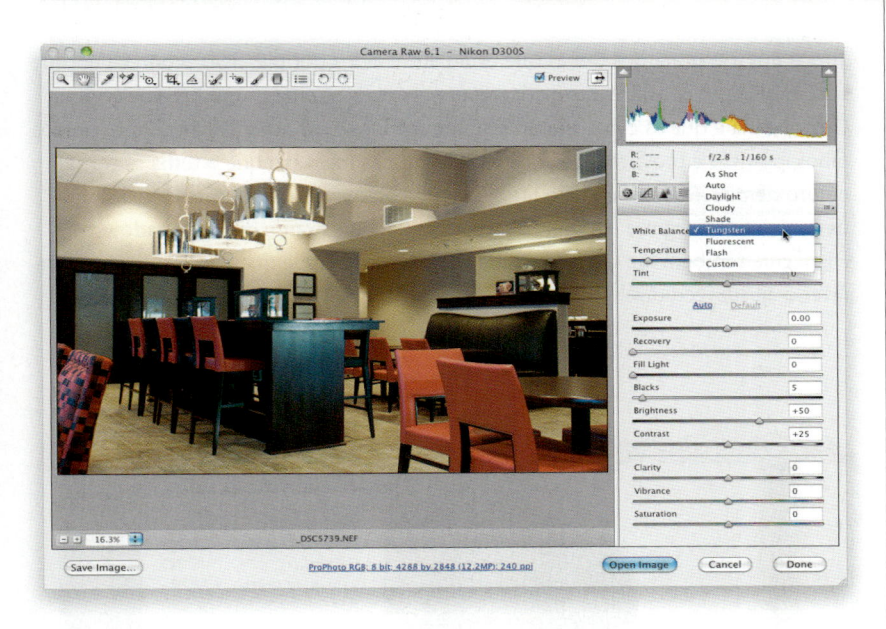

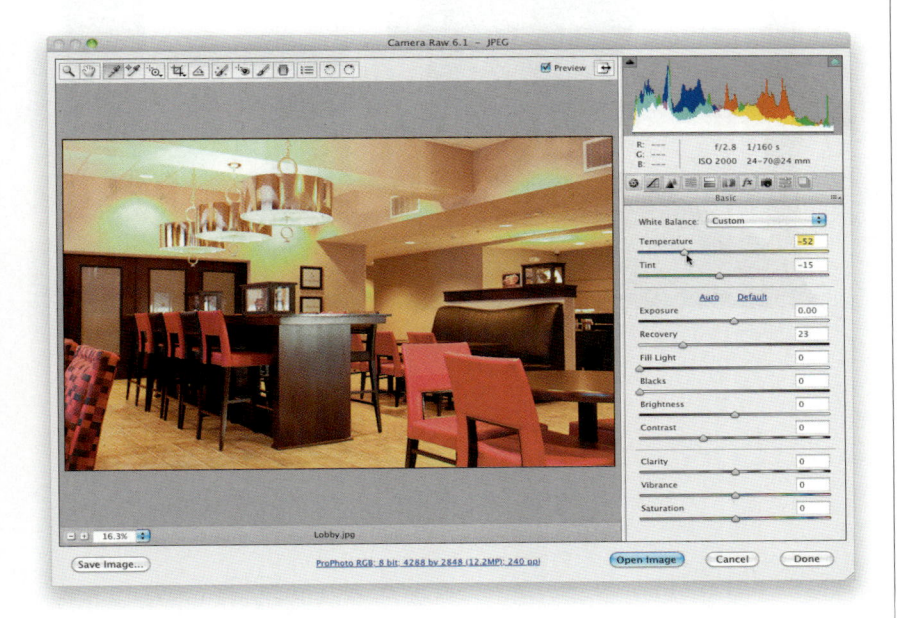

Passo três:
Se você tirou a foto original em RAW, ótimo, pois conseguirá resultados muito melhores se abrir a imagem em Camera Raw e escolher um dos Presets embutidos no menu pop-up White Balance, como Tungsten (mostrado aqui), que conserta o problema sem desgastar a cor vermelha das cadeiras (se olhar de novo a imagem no Passo dois, notará que as cadeiras perderam um pouco da saturação nos vermelhos. Foi uma troca justa — perder um pouco do vermelho para consertar as outras cores — mas este método, com uma foto RAW, é muito melhor como um todo). Resumindo: você conseguirá resultados melhores se consertar o balanço de branco de imagens RAW em Camera Raw em vez de imagens JPEG ou TIFF.

Passo quatro:
Se a foto original foi tirada em JPEG ou TIFF, você ainda pode usar o Camera Raw para ajustar o balanço de branco, mas os resultados não serão tão bons como quando tirada em RAW. Clique na foto em Mini Bridge, depois clique com o botão direito do mouse nela e escolha **Open in Camera Raw**. Quando abrir, você verá que está faltando algo — não há um Preset Tungsten para JPEGs ou TIFFs, somente As Shot e Auto (Auto parece bom como ponto de partida, mas tive de mover um pouco o controle Temperature para a esquerda para remover o excesso de amarelo, e mesmo assim não parece tão bom como o simples Preset Tungsten usado na imagem RAW no Passo três). Sua outra opção é pegar a ferramenta White Balance e clicar na área cinza-clara na foto (também tentei isso e ficou pior do que o Preset Auto).

Continua

Consertando problemas comuns | Capítulo 9 | 225

Quando o tema está nas sombras

Todos nós fotografamos temas que estão iluminados por trás. Isso acontece porque nossos olhos se ajustam automaticamente e vemos o tema muito bem pelo visor. O problema é que as câmeras não são nem de longe tão sofisticadas quanto nossos olhos, por isso é provável que você tenha algumas fotos em que o tema se torna escuro demais. Embora eu acredite que você consiga resultados melhores usando os controles Fill Light e Recovery do Camera Raw, a caixa de diálogo Shadows/Highlights também faz um bom trabalho, e há um truque que você pode usar para fazer o ajuste reeditável.

Passo um:
Abra a foto cujo tema está nas sombras (pode ser uma pessoa, um prédio ou qualquer coisa iluminada por trás). Neste exemplo, a luz está vindo das janelas atrás do tema, fazendo-o parecer quase uma silhueta. Para corrigir a foto, seria necessário iluminar o tema e escurecer a luz das janelas e a parede à direita, baixando as altas luzes. Para isso, primeiro clique no menu Filter e escolha **Convert for Smart Filters**, o que lhe permite aplicar o ajuste como se fosse um layer de ajuste (ou seja, você reedita a foto mais tarde se precisar, ou mesmo apaga o ajuste). Embora o ajuste aplicado não possa ser encontrado no menu Filter, a Adobe deixa que ele aja como se fosse um filtro qualquer, então por que não tirar vantagem disso? Clique no menu Image, depois em Adjustments e escolha **Shadows/Highlights**.

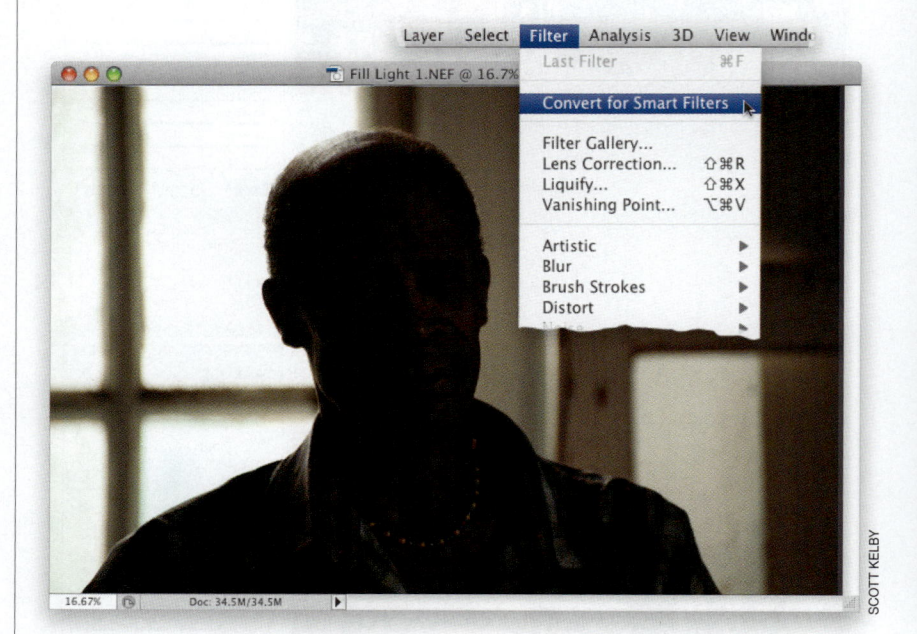

Adobe Photoshop CS5 | para fotógrafos digitais

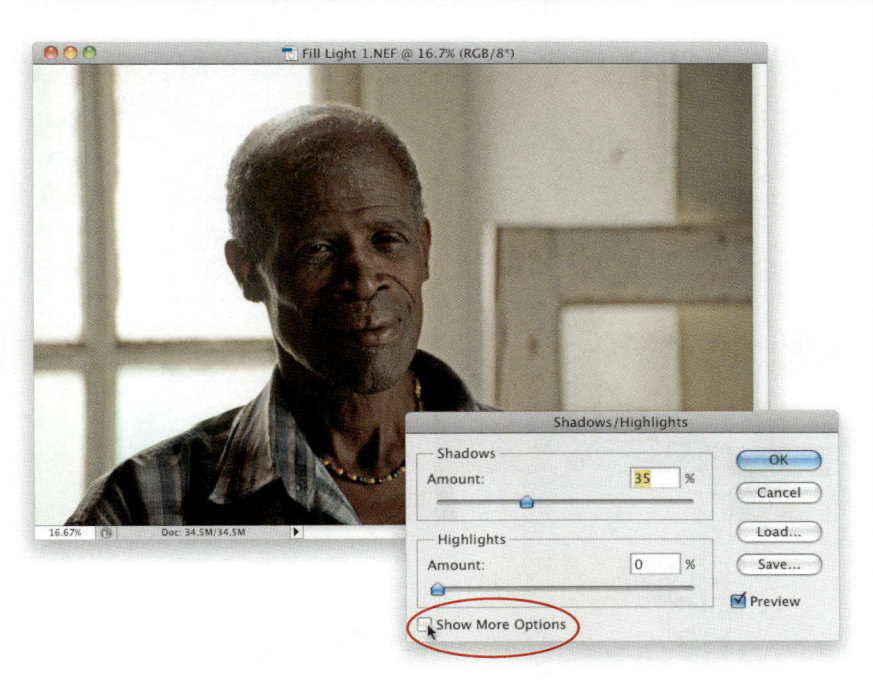

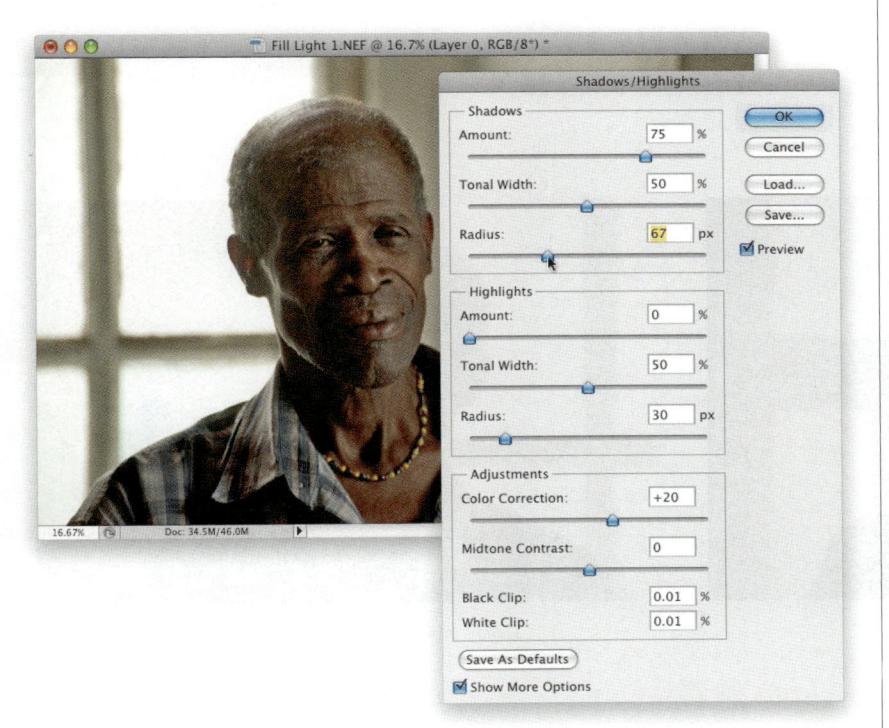

Passo dois:
Se você escolhe Shadows/Highlights, tem um problema nas áreas sombreadas, razão pela qual, por padrão, ela está configurada para abrir (clarear) as áreas sombreadas na foto em 35% (como visto aqui). Nas versões anteriores do Photoshop, a configuração padrão era 50%, mas a maioria dos usuários achou que se tratava de uma configuração alta demais, então, no CS5, a Adobe a configurou para baixo, para algo mais razoável. Entretanto, neste caso, nosso tema está tão enterrado nas sombras que teremos de abri-las um pouco mais, mas, se usarmos a configuração de 50% ou mais, as fotos parecerão "leitosas". Para eliminar isso, selecione a caixa Show More Options, como mostrado aqui.

Passo três:
Isso abre uma versão ampliada da caixa de diálogo (como mostrado aqui). Tenho uma pequena fórmula que uso e que me proporciona as áreas sombreadas abertas de que preciso, sem parecer falso. Primeiro, deixo o Amount perto de 35% (o montante final depende de cada foto, e aqui tive de aumentá-lo para 75). Em seguida, arrasto o controle Shadows Radius para a direita, entre 65 e 80 (como mostrado aqui), o que suaviza os efeitos ainda mais. (O montante do Radius determina quantos pixels cada ajuste afeta, então, para afetar a gama mais ampla de pixels, você deve aumentar esse montante.)

DICA: Salve um padrão novo
Se você desenvolver algumas configurações de que goste, clique no botão Save As Defaults no canto inferior à esquerda da caixa de diálogo, e ele aparecerá com suas configurações.

Continua

Passo quatro:
Agora que as sombras estão abertas (e parecem mais reais), você pode trabalhar as altas luzes. Na maioria dos casos, você terá de consertar uma ou outra, as sombras ou as altas luzes. É preciso alguém especial para tirar uma foto que esteja tão errada em todos os níveis que precise de ambas as áreas ajustadas (como fiz aqui). Então, para reduzir as altas luzes (escurecê-las) na janela e na parede à direita, vá para a seção Highlights e mova o controle Amount para a direita (como mostrado aqui). Se mais tarde você precisar fazer alterações, porque no Passo um você aplicou como Smart Filter, pode ir ao painel Layers, clicar duas vezes nas palavras "Shadows/Highlights" (como mostrado aqui), e a caixa de diálogo Shadows/Highlights reaparecerá, com as configurações que você usou previamente. Faça as mudanças que quiser e clique em OK.

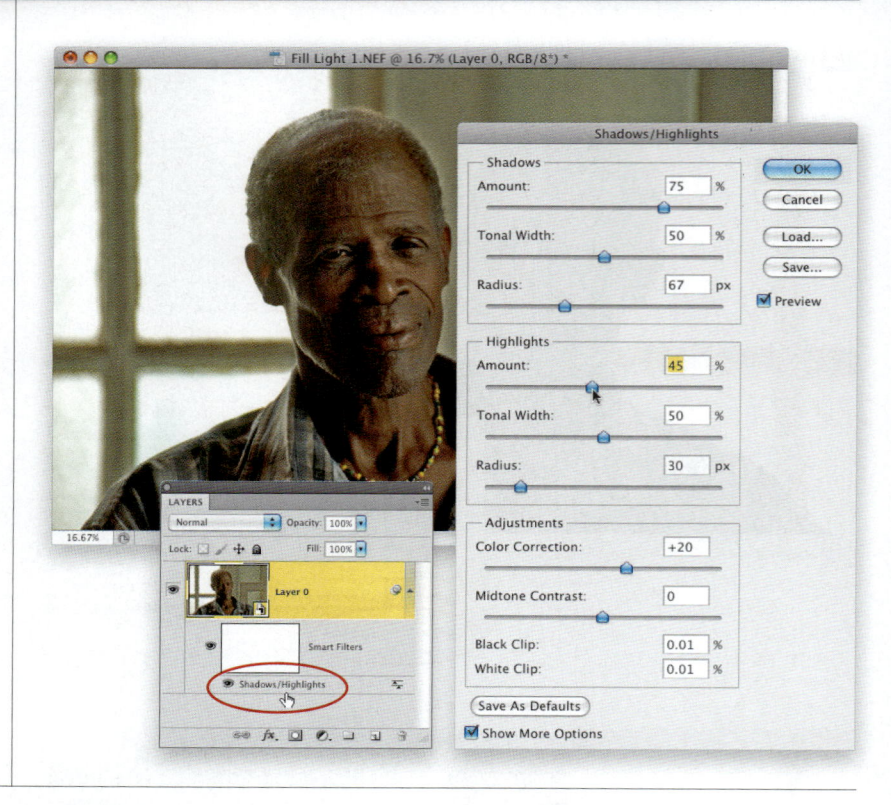

Antes

Depois (abrindo as sombras e reduzindo as altas luzes)

Adobe Photoshop CS5 | para fotógrafos digitais

Consertando fotos com um céu cinzento sem graça

Nada destrói tanto uma foto externa quanto um céu cinzento sem-graça (exceto por outra coisa que veremos ainda neste capítulo: você vai aprender a remover turistas), mas felizmente você pode salvar a foto escurecendo os meios-tons e adicionando uma tonalidade ou gradiente azul ao céu. Vamos ver como fazer os dois.

Passo um:
Aqui temos uma foto tirada na Praça Tiananmen em Pequim, e o céu é aquele cinza monótono que todos odiamos para fotos externas de viagens. Antes de avançarmos, a primeira coisa que tento é pressionar **Command-L (PC: Ctrl-L),** para abrir o diálogo Levels, e escurecer os meios-tons movendo o controle deslizante Input Levels do centro (circulado aqui em vermelho) para a direita. Se há algum detalhe no céu que não conseguimos ver, isso costuma resolver o problema, mas infelizmente para esta imagem o controle deslizante só deixou o cinza mais cinza, por isso tive de clicar em Cancel em vez de em OK. É claro que, para ajustar o céu, você terá de selecioná-lo primeiro. Você pode usar qualquer ferramenta de seleção com a qual esteja habituado, mas para algo simples assim costumo usar a ferramenta Magic Wand (pressione **Shift-W** até que ela apareça, agrupada à ferramenta Quick Selection).

Continua

Passo dois:
Clique na ferramenta Magic Wand no céu cinzento para selecioná-lo. Configurei a Tolerance (acima da barra de Options) para 10, assim ela não selecionará acidentalmente as construções na parte de baixo da imagem também (quando experimentei a configuração de Tolerance usual de 20, não funcionou). Com 10, um clique não selecionará todo o céu, então pressione e segure a tecla Shift e clique nas áreas não selecionadas (isso pode dar trabalho). Agora, embora este não seja exatamente o objetivo do projeto, você poderia colar uma imagem totalmente diferente de nuvens na área selecionada, abrindo uma foto de nuvens, pressionando **Command-A (PC: Ctrl-A)** para Selecionar Tudo e, em seguida, **Command-C (PC: Ctrl-C)** para Copiar a imagem na memória. Depois, você voltaria para a primeira imagem e, no menu Edit, Paste Special, escolheria **Paste Into** para colar as nuvens na área selecionada.

Passo três:
Em vez disso, vamos abrir uma foto que tenha a cor de céu que queremos (você pode baixar a mesma foto no endereço da Web listado no início do livro). Assim que abrir a imagem, escolha a ferramenta Eyedropper **(I)** e clique na área azul mais escura na imagem (como mostrado aqui) para torná-la a cor de Foreground (Primeiro plano). Depois, pressione a letra **X** para fazer a troca entre as cores de Primeiro plano e Background (Plano de fundo), depois clique com o Eyedropper no azul mais brilhante da foto (parte mais baixa do céu). Agora, o Foreground é um azul mais claro, e o Background, um azul mais escuro.

Adobe Photoshop CS5 | para fotógrafos digitais

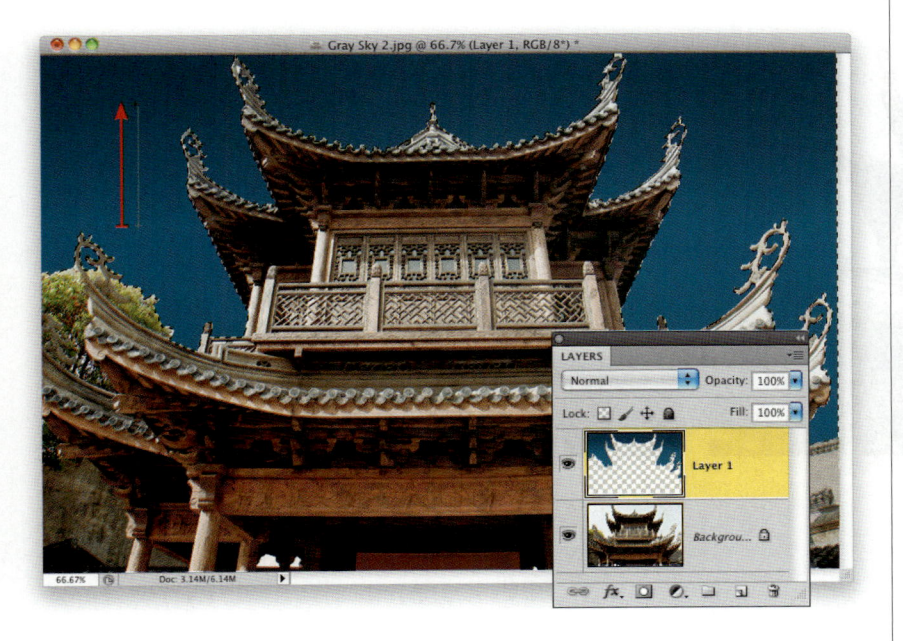

Passo quatro:
Se você usou a ferramenta Magic Wand antes, já aprendeu que ela deixa pequenas falhas brancas onde não selecionou bem cada pixelzinho. É por isso que, quando uso essa ferramenta para selecionar algo como um céu, expando a seleção até um pixel fora do limite externo, para incluir aquele pixelzinho de borda que pode passar. Para fazer isso, vá ao menu Select, Modify e escolha **Expand**. Quando a caixa de diálogo Expand Selection aparecer (mostrado aqui), digite 1 e clique em OK para aumentar a seleção em 1 pixel.

DICA: O anel seletor de cores
Aquele anel que aparece quando você usa a ferramenta Eyedropper é novo no CS5, e está ali para ajudá-lo a ver qual cor está selecionando. O anel de fora é cinza neutro, e o ajuda a enxergar a cor certa sem ser influenciado por outras cores em torno dela. A metade de baixo do anel de dentro mostra a cor antiga, e a metade de cima mostra como a cor de Foreground ficaria se você optasse por mudá-la.

Passo cinco:
Vá ao painel Layers e adicione um layer novo, clicando no ícone Create a New Layer na parte de baixo do painel; depois, troque para a ferramenta Gradient (**G**) e clique e arraste seu gradiente para cima, partindo do terço inferior da foto até o terço superior (a cor azul-clara deverá estar na parte inferior do gradiente). Isso preenche a foto com um gradiente formado pelas cores de Foreground e Background (como vistas aqui). Para algumas imagens, você pode deixar o gradiente como está, mas acho que fica um pouco falso demais, razão pela qual há o Passo seis.

Continua

Consertando problemas comuns | Capítulo 9 | 231

Adobe Photoshop CS5 | para fotógrafos digitais

Passo seis:
Primeiro, pressione **Command-D (PC: Ctrl-D)** para tirar a seleção, depois vá ao painel Layers e baixe a Opacity para o layer de gradiente até que o céu pareça mais realista e case com o resto da imagem (aqui, escolhi algo em torno de 78%, mas você terá de fazer a escolha de acordo com cada imagem).

Antes

Depois

232 | Capítulo 9 | Consertando problemas comuns

Adobe Photoshop CS5 | para fotógrafos digitais

Nas versões anteriores do Photoshop, quando queríamos utilizar os recursos *dodge* e *burn* (clarear e escurecer), tínhamos de passar por uma série de obstáculos (criando camadas especiais e usando modos de mesclagem), porque elas eram... bem... vamos dizer apenas que elas não eram as melhores. Por sorte, a Adobe consertou o problema e agora é seguro usá-las para clarear e escurecer diferentes partes da imagem.

Usando as ferramentas Dodge e Burn

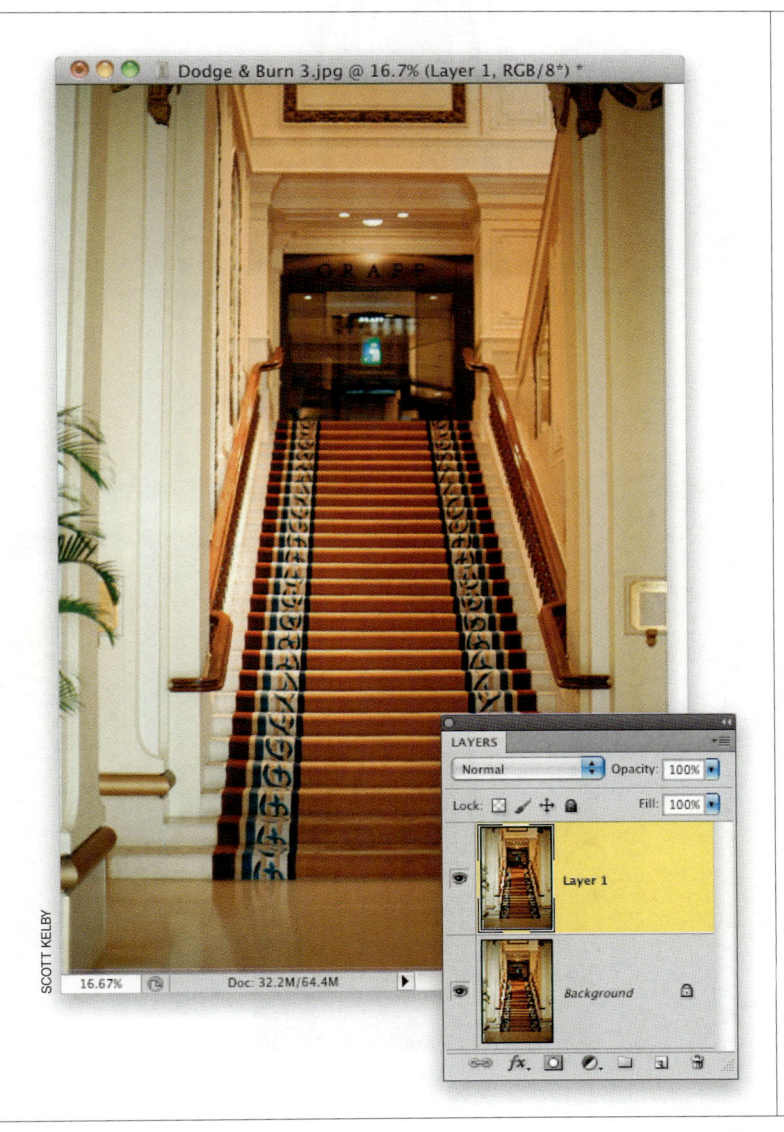

Passo um:
Na foto mostrada aqui, queríamos salientar a loja no topo da escada (e a própria escada), mas a luz não caía onde queríamos. Então, primeiro, vamos clarear (*dodge*) a escada e a loja (para que se tornem mais vívidas na foto e chamem a atenção). Depois, vamos escurecer (*burn*) as áreas que gostaríamos que estivessem mais escuras (como as paredes e a área acima da loja no topo dos degraus). Basicamente, vamos rearranjar o modo como a luz cai sobre a foto. Mas não vamos clarear e escurecer diretamente a foto. Em vez disso, pressione **Command-J (PC: Ctrl-J)** para duplicar o layer e, se não gostarmos do resultado, podemos diminuir o efeito (reduzindo a opacidade do layer) ou desfazer tudo, jogando o layer fora.

Continua

Consertando problemas comuns | Capítulo 9 | 233

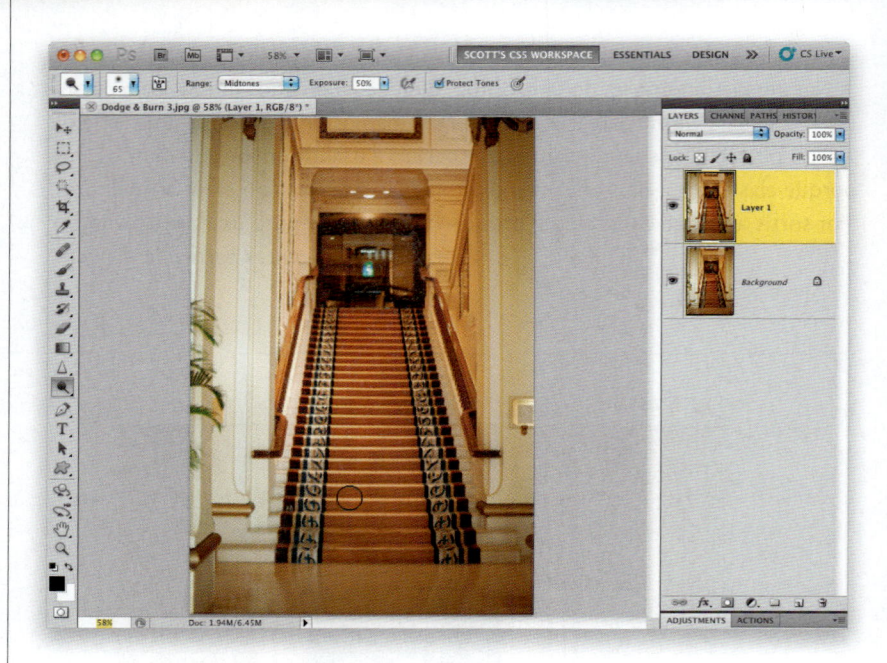

Passo dois:
Pegue a ferramenta Dodge (**O**) da Caixa de ferramentas (como mostrado aqui) e pinte a área que queremos clarear (pintaremos primeiro o centro da escada — você pode ver o cursor do pincel perto da parte de baixo da escada no exemplo mostrado aqui). Continue segurando o botão do mouse para baixo enquanto pinta, pois as ferramentas Dodge e Burn têm efeito cumulativo — cada vez que solta o botão e volta a pintar, o montante de Dodge (ou Burn) aumenta.

DICA: Seu cursor de pincel melhorou
Lá no CS4, a Adobe alterou como o cursor da ponta do pincel funcionava, então, se você o mover sobre algo mais escuro do que a ponta do pincel, ela apresentará um brilho bem fraco à sua volta, para você enxergar o tamanho e a localização do pincel quando trabalhar em áreas escuras.

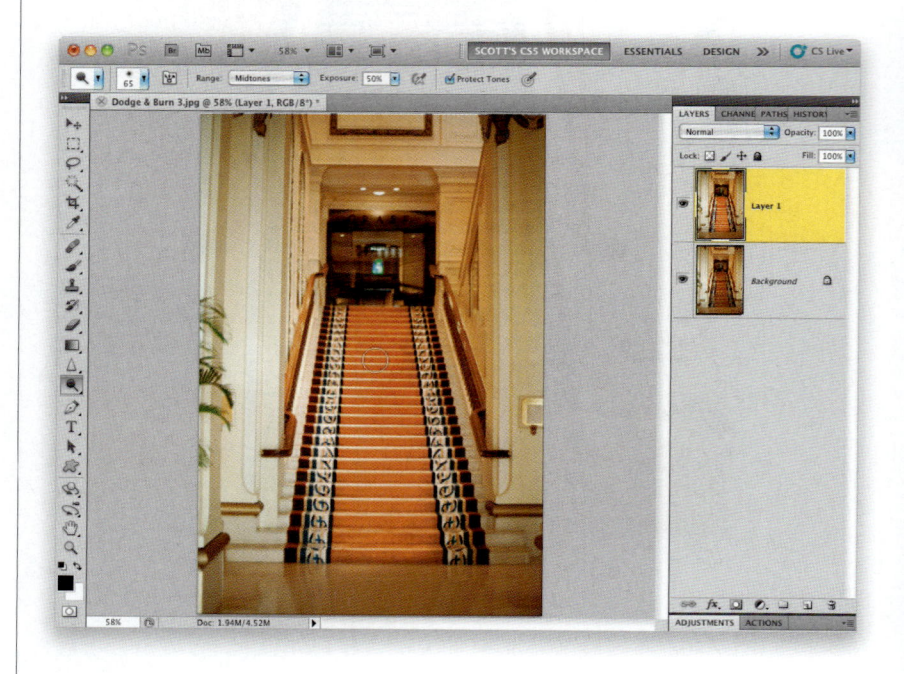

Passo três:
Solte o botão do mouse e pinte novamente a mesma área: você verá como ela ganha mais um nível de brilho. Lembre-se: enquanto estiver segurando o botão do mouse, pintará um nível de brilho. Solte o botão do mouse e pinte sobre essa área: agora você está pintando sobre o brilho original com mais brilho, e por aí afora (é parecido com polir uma travessa de prata — quanto mais vezes você a polir, mais brilhante ela ficará). Veja como a escada está mais brilhante aqui, comparada com a imagem original no Passo um.

Adobe Photoshop CS5 | para fotógrafos digitais

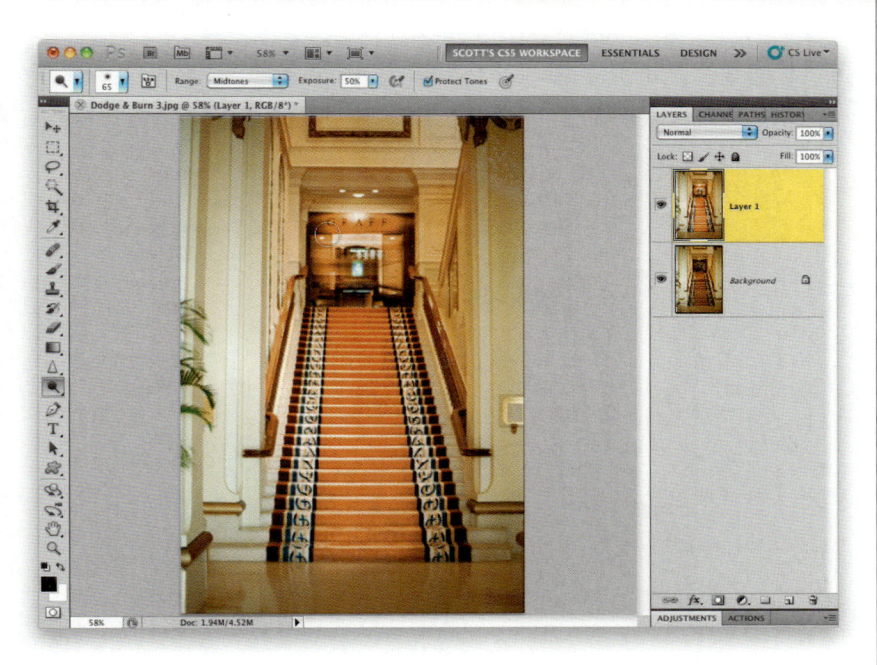

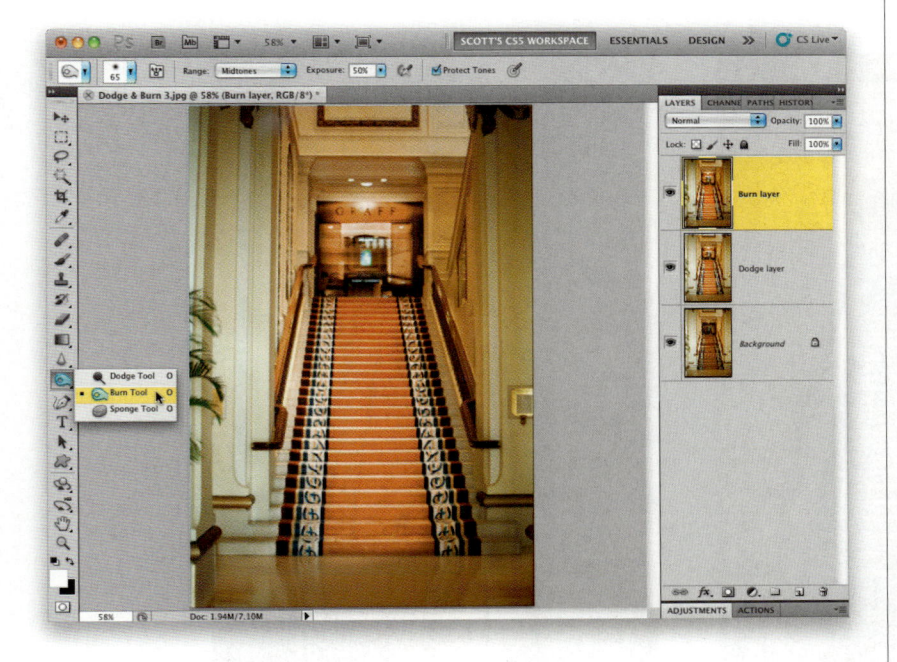

Passo quatro:
Agora, vamos trabalhar a frente da loja no topo da escada. Pinte a escada para clareá-la, solte o botão do mouse, pinte-a de novo e repita o processo até que ela chame a atenção (como mostrado aqui). Agora, antes de escurecer o segundo plano, dê uma olhada na barra de opções desta ferramenta e verá que escurecemos apenas os meios-tons (e é aí que faço meu *dodging* e *burning*). Porém, se você quisesse que a ferramenta afetasse somente as áreas de altas luzes e sombras, poderia optar pelo menu pop--up Range. Além disso, o montante de 50% de Exposure está OK para uma imagem como esta, mas, se estivesse trabalhando em um retrato, utilizaria algo mais sutil e baixaria o montante para algo em torno de 10% a 15%.

Passo cinco:
Agora vamos escurecer a foto: primeiro, pressione **Command-J (PC: Ctrl-J)** para duplicar o layer de cima; nesse momento, você tem a imagem original intocada como layer Background, o layer Dodge clareada no meio (dei um novo nome: "layer Dodge", para torná-lo mais fácil de ver), e uma cópia do layer clareada no topo, que vamos escurecer (eu o chamei de "layer Burn"). Ao manter tudo em layers separados, se você não gostar do efeito, pode reduzi--lo, baixando a opacidade, ou apagá-lo sem perder o *dodging* que fez no layer abaixo dele. Agora pegue a ferramenta Burn (como mostrada aqui) e pinte as paredes nos dois lados da escada. Conforme essas áreas são escurecidas, o foco é levado mais ainda para a escada. (Não sei se notou, mas você está pintando com luz. Legal!)

Continua

Consertando problemas comuns | Capítulo 9 | 235

Passo seis:

Agora, pinte a parede acima da loja e, depois, as paredes do lado da escada uma vez mais, porque elas ainda estão muito brilhantes e chamam a atenção. Mais uma coisa: na Barra de Opções, você verá uma caixa de diálogo Protect Tones. Ela ajuda a manter intacta a cor que você está clareando/escurecendo, de maneira que as coisas só ficam mais brilhantes ou escuras, e não queimadas de sol e saturadas de cor. Deixo essa caixa ativa o tempo todo, mesmo quando não estou trabalhando com retratos (que é quando ela é mais útil). A seguir, temos um antes/depois da imagem, e, embora eu seja sutil com meu *dodging* e *burning*, aqui levei as coisas um pouco mais longe do que normalmente faria, para mostrar um exemplo claro do poder de *dodging* e *burning*.

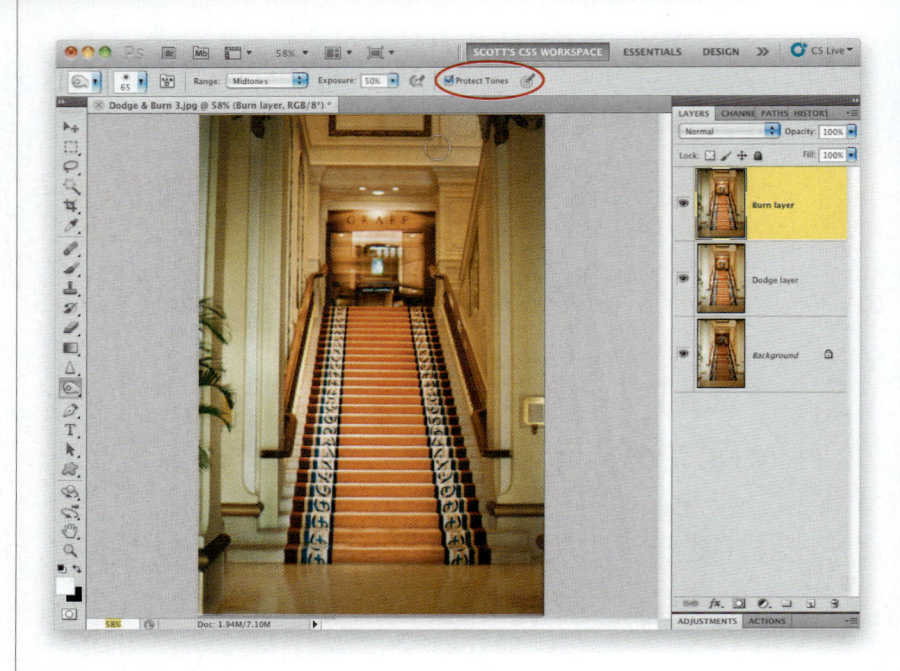

Antes

Depois

Adobe Photoshop CS5 | para fotógrafos digitais

Consertando problemas de profundidade de campo

Fotografar com o diafragma aberto (como f/4, f/2,8, ou f/2 etc.) é muito popular em retratos na rua, porque cria uma profundidade de campo pequena, colocando o segundo plano fora de foco, e ajuda o tema a se destacar do segundo plano cheio de informações. O problema é que nem sempre você pode fotografar com diafragmas muito abertos, especialmente sob a luz brilhante do sol. Por sorte, para nós, há uma solução que podemos aplicar no Photoshop para criar aquele visual de foto com o "diafragma aberto".

Passo um:

Aqui, temos uma foto que tirei ao meio-dia, usando um flash fora da câmera com um guarda-chuva refletor (bem alto, direcionado para meu tema e colocado à esquerda da posição da câmera) para adicionar dimensão e profundidade à luz. O problema é que a cena era clara demais para fotografar a f/2,8 sem colocar um monte de filtros de densidade neutra nas lentes (que eu não tinha comigo na época), então o diafragma terminou sendo f/13, o que significa que tudo está nitidamente focado (ótimo para fotografias de paisagens, ou retratos em estúdio, mas péssimo em uma locação com um segundo plano cheio de informações e desinteressante).

Continua

Passo dois:
Selecione a ferramenta Quick Selection (mostrada circulada aqui) e pinte sobre a noiva. Ao fazer isso, ela realiza todo o trabalho duro e seleciona a noiva (falaremos mais sobre a ferramenta Quick Selection ainda neste capítulo). A única área problemática é a falha ao lado do braço dela à direita — essa área também foi selecionada, mas não deveria, então pressione e segure a tecla Option (PC: Alt), e use a **tecla Colchete esquerdo** para reduzir bastante o tamanho do pincel; volte e pinte aquela área (como visto aqui) para desativar essa seleção.

Passo três:
Em si, a ferramenta Quick Selection nem sempre faz seleções bacanas, suaves, então, assim que sua seleção estiver no lugar, clique no botão Refine Edge na barra Options. No menu pop-up View, escolha **Black & White** (você terá uma visão de máscara preta e branca, como visto aqui), então selecione a caixa de seleção Smart Radius (não esqueça de ler a seção "Fazendo seleções realmente difíceis" neste capítulo para saber por que estamos fazendo isso aqui). Agora, tendo em vista que esta não é uma seleção tão difícil (nada de cabelos finos voando ao vento etc.), mova o controle Radius um pouco para a direita (como visto aqui, até 3,6 pixels) para suavizar a seleção e torná-la menos recortada. Embaixo, na seção Output, certifique-se de que Output esteja ajustado para **Selection**, então clique em OK.

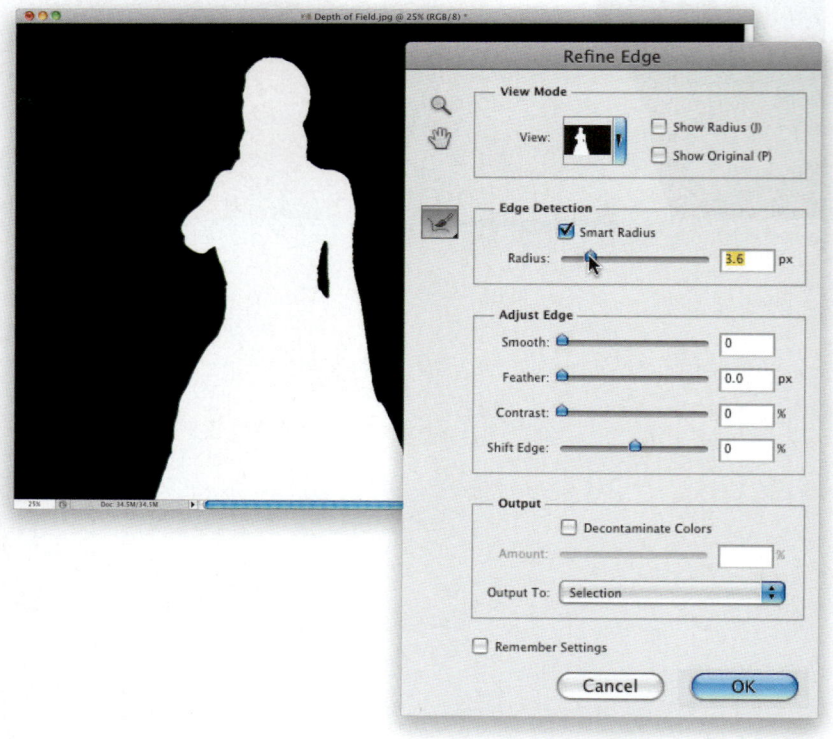

Adobe Photoshop CS5 | para fotógrafos digitais

Passo quatro:
Isso torna a imagem mais refinada e suave. Pressione **Command-Shift-I (PC: Ctrl-Shift-I)** para inverter a seleção, de modo que o segundo plano seja selecionado. Chegou a hora de adicionar o efeito de borrado. O filtro Gaussian Blur parece falso demais e tende a manchar um pouco, então vá ao menu Filter, em Blur e escolha **Lens Blur**, que faz um borrado "tipo lente". Quando a caixa de diálogo Lens Blur aparecer, mova o Radius para 50, clique em OK (este filtro não é tão rápido, pode demorar um minuto) e pressione **Command-D (PC: Ctrl-D)** para desselecionar. *Nota*: nós a estamos colocando em seu próprio layer em separado, e então borrando o layer background, pois a imagem original ainda estaria no layer background. Ela apareceria borrada ali e você teria de retirar clonando suas bordas manchadas.

Passo cinco:
Se esta fosse uma foto de *close-up* da cabeça e dos ombros, você não teria problemas em deixar todo o segundo plano borrado, mas, como é de ¾ plano médio, fica um pouco esquisito ver o chão meio metro atrás dela fora de foco, por isso, vamos alterá-lo um pouco para conseguir um efeito mais realista. Pegue a ferramenta History Brush (**Y**), que para mim é um "pincel para desfazer", e escolha um tamanho de ponta grande e borda suave do Brush Picker na barra Options (como o que vê aqui — usei a **tecla de Colchete direito** no teclado para saltar para um pincel de 900 pixels); então, dê uma única pincelada no canto esquerdo para o canto direito. Isso remove o borrado da área logo atrás da noiva, e, como usou um pincel muito grande, a área desaparece atrás dela no restante da imagem.

Continua

Consertando problemas comuns | Capítulo 9 | 239

Adobe Photoshop CS5 | para fotógrafos digitais

Passo seis:
Quando estiver usando aquele pincel, não pinte tudo até a parte de baixo da foto — deixe essa parte um pouco borrada para imitar o que uma profundidade de campo pequena real criaria, que é um pouco de foco bem na frente da imagem. Por fim, eu terminaria a foto adicionando uma vinheta de borda escura. No menu Filter, escolha **Lens Correction**. Quando o diálogo aparecer, clique na aba Custom, então, na seção Vignette (mostrada na parte inferior aqui), mova o Amount para -88 para escurecer as bordas, e o Midpoint para +29 para estender o escurecimento na direção do centro, depois clique em OK. Se a noiva parecer um pouco escura, basta pressionar **Command-L (PC: Ctrl-L)** para trazer para cima o Levels e clicar no botão Auto.

Antes

Depois

Adobe Photoshop CS5 | para fotógrafos digitais

Consertando reflexos em óculos

Recebo mais pedidos sobre como resolver este problema do que todo o resto combinado. A razão é que é muito difícil consertar reflexos em óculos. Se você tiver sorte, vai passar uma hora ou mais clonando desesperadamente. Em muitos casos, você não encontra uma saída. Entretanto, se for inteligente, vai investir 30 segundos a mais enquanto fotografar para fazer uma foto sem os óculos (ou uma foto "sem óculos" para cada nova pose). Faça isso, e o Photoshop vai tornar o conserto bem simples. Se soar como um fardo, então você nunca passou uma hora tentando se livrar desesperadamente de um reflexo.

Passo um:
Antes de entrarmos nesta questão, não deixe de ler a breve introdução ali em cima ou você vai se perguntar o que está acontecendo no Passo dois. Bem, aqui temos uma foto de um colega de trabalho usando óculos.

Passo dois:
Eu podia ver logo de saída que haveria reflexo nos óculos dele, então pedi a ele que não movesse a cabeça depois de tirar a primeira foto, mas apenas retirasse os óculos; então tiramos mais uma foto. Agora, com ambas as imagens, pegue a ferramenta Move (**V**), pressione e segure a tecla Shift e clique e arraste a foto "sem óculos" sobre a foto "com óculos".

Continua

Adobe Photoshop CS5 | para fotógrafos digitais

Passo três:
Segurar a tecla Shift vai ajudá-lo a conseguir um alinhamento das duas camadas mais próximo, mas ainda ficará um pouco mal alinhado porque a foto foi tirada com a câmera nas mãos. De qualquer maneira, para funcionar, as duas fotos têm de estar perfeitamente alinhadas uma com a outra, e, no CS5, o Photoshop fará esse trabalho. Comece no painel Layers, clique no layer background e pressione e segure a tecla Command (PC: Ctrl), clicando no Layer 1 para selecionar os dois (você pode ver que eles estão em destaque aqui). Então, vá ao menu Edit e escolha **Auto-Align Layers** (se esta função não estiver selecionada é porque não há dois layers selecionados). Quando o diálogo aparecer, deixe-o configurado para Auto e clique em OK.

Passo quatro:
Uma pequena barra de progresso vai aparecer informando que está alinhando as camadas selecionadas com base em seu conteúdo, e, em alguns segundos, elas estarão precisamente alinhadas (como mostrado aqui). Claro que é difícil para você dizer que elas estão precisamente alinhadas a não ser que as tenha baixado e checado pessoalmente. O quê? Você não sabia que pode baixar as mesmas fotos e seguir em frente? Então você pulou a introdução no início do livro). Assim que suas imagens estiverem alinhadas, use a ferramenta Crop **(C)** para cortar as áreas transparentes. OK, você precisará esconder o Layer 1, então clique no pequeno ícone Eye à esquerda do layer e depois, mais uma vez, no background (como mostrado aqui). Agora você está vendo a foto original, com o reflexo nos óculos.

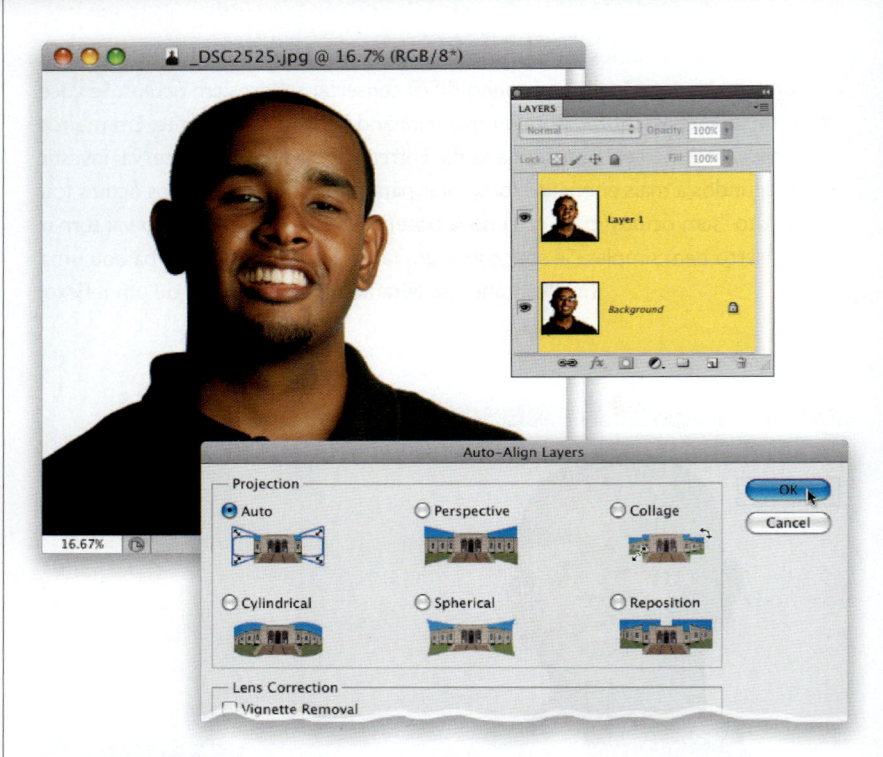

Adobe Photoshop CS5 | para fotógrafos digitais

Passo cinco:
Para selecionar a área de dentro das lentes você pode usar qualquer ferramenta de seleção que preferir (como a ferramenta Magnetic Lasso). Eu recomendo a ferramenta Pen (**P**). Se você a escolher, vá até a barra Options e clique no segundo ícone a partir da esquerda (para que ele só trace um caminho). Então, clique uma vez na parte mais baixa de uma das lentes, mova o cursor para a esquerda e clique, segure e arraste ligeiramente para a esquerda (como mostrado aqui). Isto traça um curso curvo entre os dois pontos (quanto mais longe você arrastar após clicar, mais a curva se aprofundará).

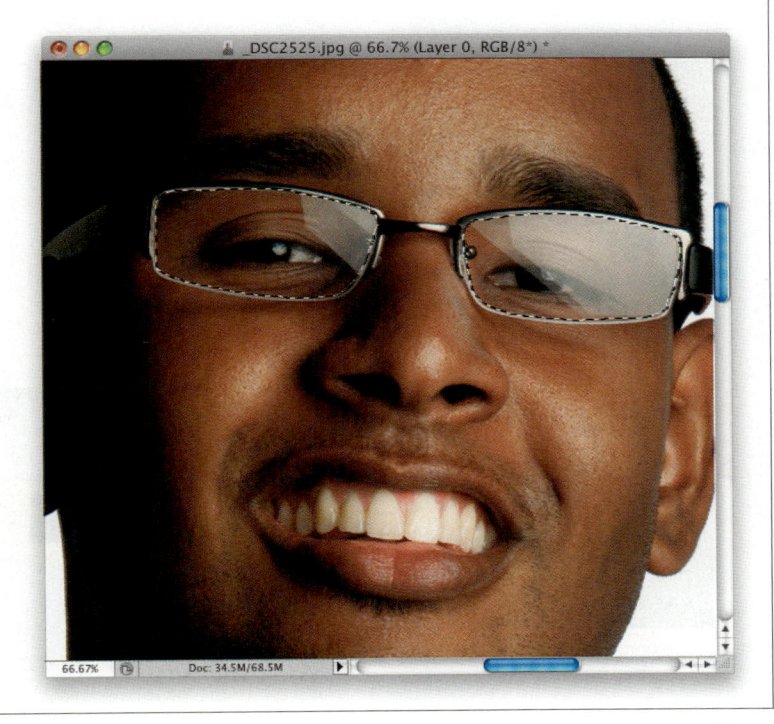

Passo seis:
Basicamente, é assim que a coisa funciona — mova a ferramenta ao longo da lente, clicando, segurando e arrastando. Mova novamente — clique, segure e arraste, e continue até aparecer um curso tracejado em torno da lente. Quando você voltar para o ponto inicial, um pequeno círculo aparecerá no canto inferior à direita do ícone da ferramenta Pen avisando-o que o "círculo está completo". Clique naquele ponto para fechar seu curso. Então, repita o processo na outra lente. Assim que tiver traçado cursos em torno das lentes, pressione **Command-Return (PC: Ctrl-Enter)** para transformar os cursos em uma seleção (como mostrado aqui). Lembre-se: você não precisa usar a ferramenta Pen — esscolha a(s) ferramenta(s) que julgar melhor.

Continua

Passo sete:
Após fazer a seleção, torne o layer de cima visível novamente (vista aqui) clicando na primeira coluna no painel Layers onde o ícone Eye costumava estar. Então, clique no layer de cima para selecioná-la.

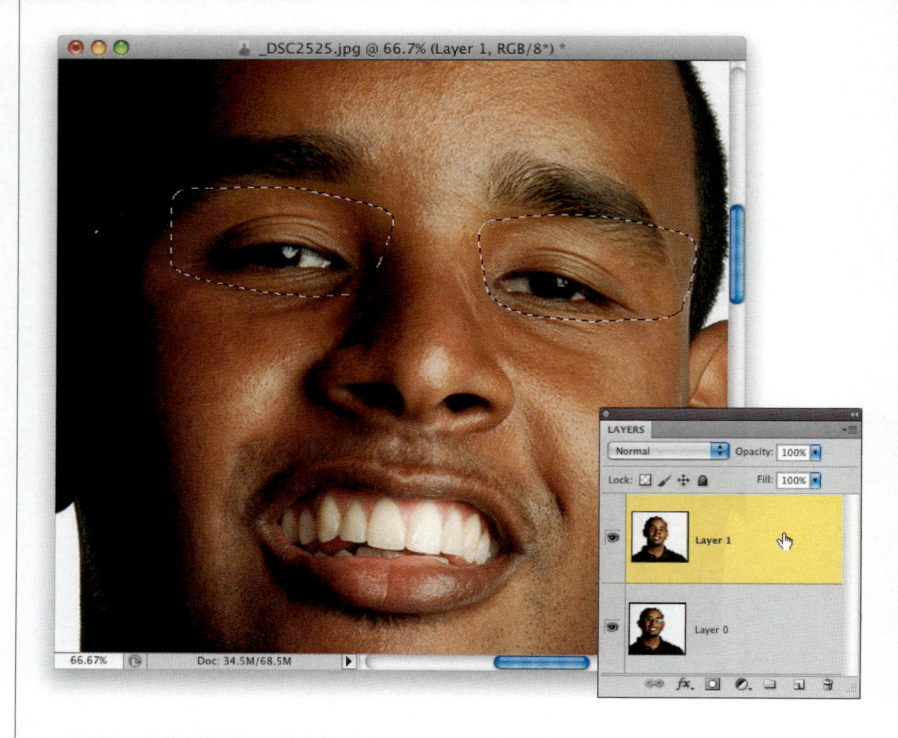

Passo oito:
Para finalizar, clique no ícone Add Layer Mask na parte inferior do painel Layers (como mostrado aqui), e os olhos do layer de cima substituirão os do layer com óculos original, resolvendo os problemas de reflexo.

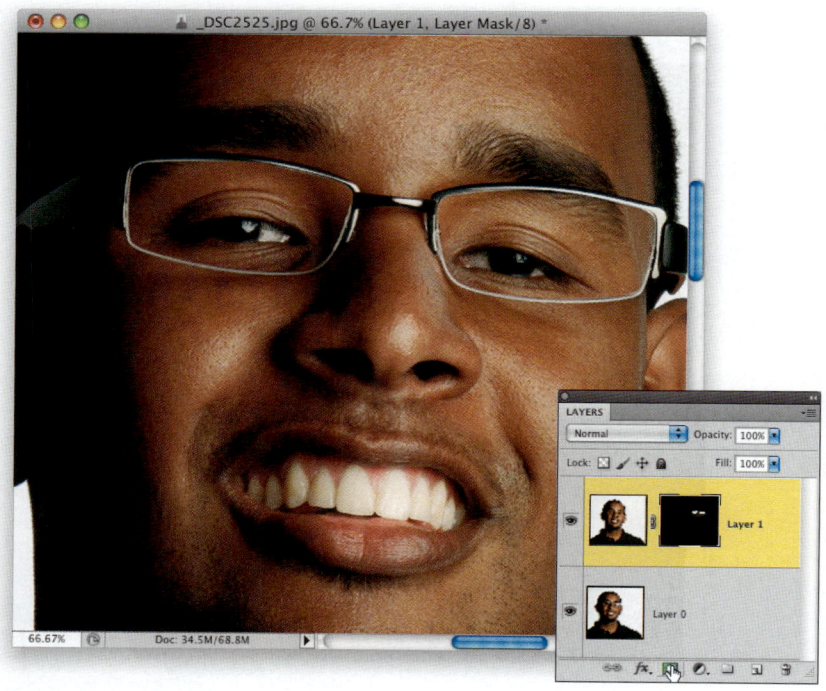

Adobe Photoshop CS5 | para fotógrafos digitais

Antes (observe o reflexo — mais visível no olho direito)

Depois (o reflexo não existe mais)

Consertando problemas comuns | Capítulo 9 | 245

Adobe Photoshop CS5 | para fotógrafos digitais

Consertando fotos em grupo mais facilmente

Fotos em grupo sempre são um desafio porque, sem dúvida alguma, alguém no grupo sairá mal na foto (pelo menos esta tem sido a experiência com a minha família. Vocês sabem que eu estou brincando, não é?). OK, o real problema é que em fotos em grupos sempre tem uma pessoa ou mais que piscou o olho na hora errada, ou esqueceu de sorrir, ou não estava olhando para a câmera etc. É claro, você poderia tirar sua expressão de outro quadro e combiná-la com esta, mas dá um trabalhão. Bem, pelo menos dava, até o recurso Auto Blend surgir. Este recurso é demais!

Passo um:
Aqui, temos uma foto de uma bela família. O problema aqui é o pai não parece muito feliz e o bebê virou a cabeça.

Passo dois:
Com fotos em grupo, você só consegue tirar o maior número possível de fotos que o grupo aguentar, e por sorte já no próximo quadro havia uma foto ótima do pai sorrindo e o bebê olhando para a câmera, mas agora a mãe fechou os olhos. Então, é tirar o pai e o bebê desta foto e combiná-los com a foto anterior, em que a mãe está com os olhos abertos.

Passo três:
Arraste as duas fotos para o mesmo documento: pegue a ferramenta Move **(V)**, pressione e segure a tecla Shift e clique e arraste uma foto sobre a outra (ela vai aparecer como seu próprio layer no outro documento, como você pode ver no painel Layers mostrado aqui). Agora, converta o layer Background em um layer comum, vá ao painel Layers e clique duas vezes no layer Background. Isso abre o diálogo New Layer (mostrado aqui), que, por padrão, dá um nome novo, Layer 0, para o layer Background. Clique em OK; agora ele ficou como um velho layer de Photoshop de sempre.

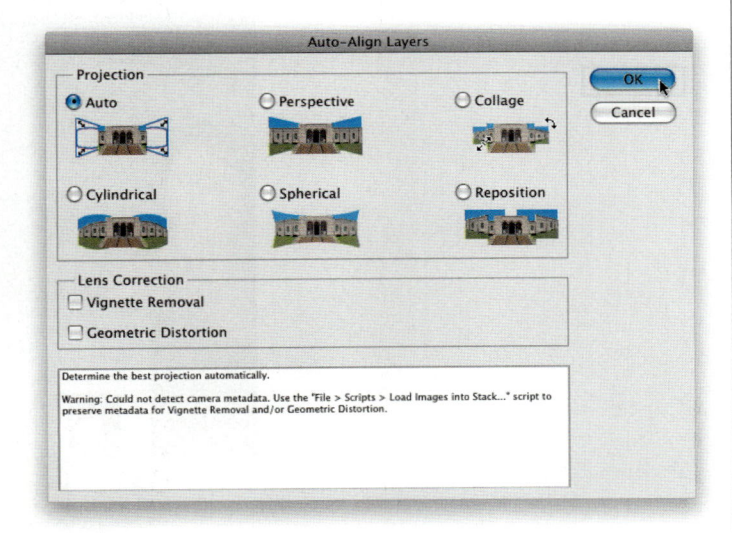

Passo quatro:
Normalmente, as fotos se alinham bem se forem tiradas com um tripé, mas se você as tirou com a câmera nas mãos, ou os temas se moveram um pouco, terá primeiro de selecionar ambas as camadas e escolher **Auto-Align Layers** do menu Edit, para que o Photoshop alinhe as duas camadas para você. Nesse caso, Auto-Align Layers parece ter esprimido um pouco o topo da foto, então pressionei **Command-T (PC: Ctrl-T)** para acionar Free Transform e movi o ponto central inferior para baixo para casar com o layer inferior.

Continua

Passo cinco:
Os próximos dois passos não poderiam ser mais fáceis: primeiro, no painel Layers, esconda o Layer 0 do campo de visão clicando no pequeno ícone Eye à esquerda do layer. Depois, clique no Layer 1. Agora, pegue a ferramenta Rectangular Marquee (M) e trace uma seleção retangular sobre as partes desse layer que não parecem tão bem (em outras palavras, você vai apagar tudo que não queira manter — então, coloque uma seleção em torno da mãe à direita) e pressione a tecla Delete (PC: Backspace). Isso deixa você só com a parte do layer que deseja manter. Agora, tire a seleção pressionando **Command-D (PC: Ctrl-D)**.

Passo seis:
Esconda o layer de cima do campo de visão e torne Layer 0 visível novamente clicando uma vez na primeira coluna onde o pequeno ícone Eye costumava estar. Clique em Layer 0 e repita a operação — apague o que não precisa (no caso, você está colocando uma seleção Rectangular Marquee em torno do pai e do bebê); depois, pressione a tecla Delete (PC: Backspace) para obter a imagem que vê aqui. Agora você pode tirar a seleção. A questão fundamental a ser lembrada é: tenha certeza de que os dois layers se sobreponham, pois o Photoshop precisa de alguma área de sobreposição para fazer a combinação (em outras palavras, não apague demais, pois podem ocorrer falhas e eles têm de se sobrepor. Eu tentaria uma sobreposição de 20% se pudesse, apesar de não ter tanto assim aqui, pois o bebê mudou de posição, movendo sua cabeça para mais perto do pai).

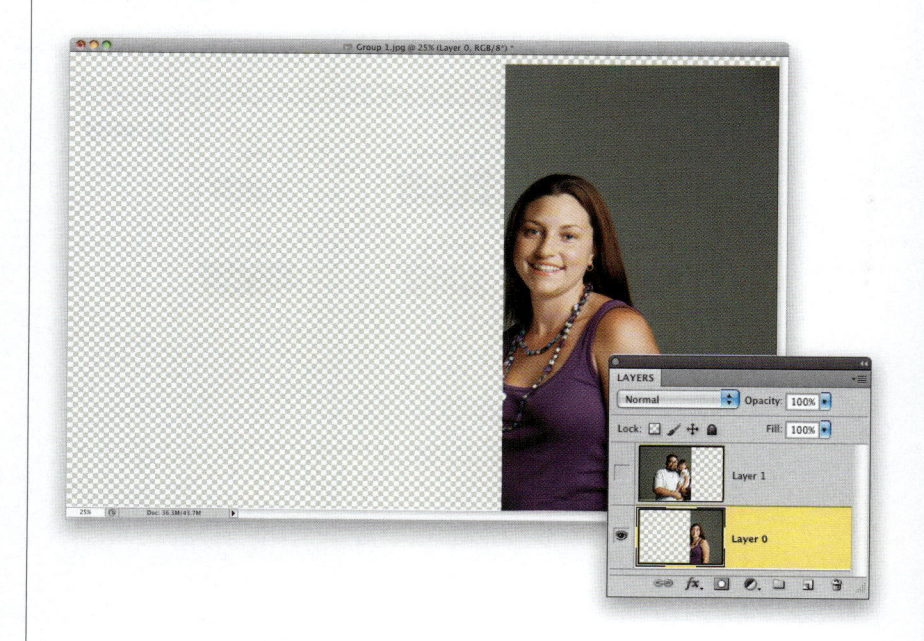

Adobe Photoshop CS5 | para fotógrafos digitais

Passo sete:
Vá para o painel Layers e torne ambas as camadas visíveis (como visto aqui). Agora você tem as poses certas juntas, mas ganhou uma costura muito visível passando pelo rosto da mãe e sua camisa. A imagem parece "costurada" demais. É claro, você poderia adicionar máscaras de layer e tentar combinar as bordas com a ferramenta, mas é isso que torna essa técnica tão bacana: o CS5 vai arrumar tudo isso de maneira brilhante — em apenas alguns segundos.

Passo oito:
Eis o último passo: selecione os dois layers no painel Layers (clique em um layer, pressione e segure a tecla Command [PC: Ctrl] e clique no outro para selecioná-lo também). Assim que forem selecionados, vá ao menu Edit, escolha Auto-Blend Layers e clique em OK no diálogo resultante. É isto — em apenas alguns segundos você tem uma combinação suave e sem costuras das duas fotos, e o Photoshop fez todo o trabalho duro. Agora, você pode pegar a ferramenta Crop (**C**) e cortar fora as áreas transparentes deixadas pelo alinhamento. Você pode ver o antes/depois na página seguinte: ela deixa as máscaras de layer que o Auto-Blend Layers cria no lugar, para o caso de você querer alterá-las, mas até hoje não me deparei com uma situação em que tenha feito isso. Escolha Flatten Image no menu *flyout* do painel Layers, e pronto.

Continua

Consertando problemas comuns | Capítulo 9 | 249

Adobe Photoshop CS5 | para fotógrafos digitais

Antes (o pai e o bebê à esquerda estão em poses ruins — ele não está sorrindo e a criança está com a cabeça virada).

Depois (a primeira foto foi combinada sem deixar costuras com a segunda foto, substituindo o pai e a criança à esquerda com suas melhores poses de outra foto).

Adobe Photoshop CS5 | para fotógrafos digitais

Consertando olheiras escuras

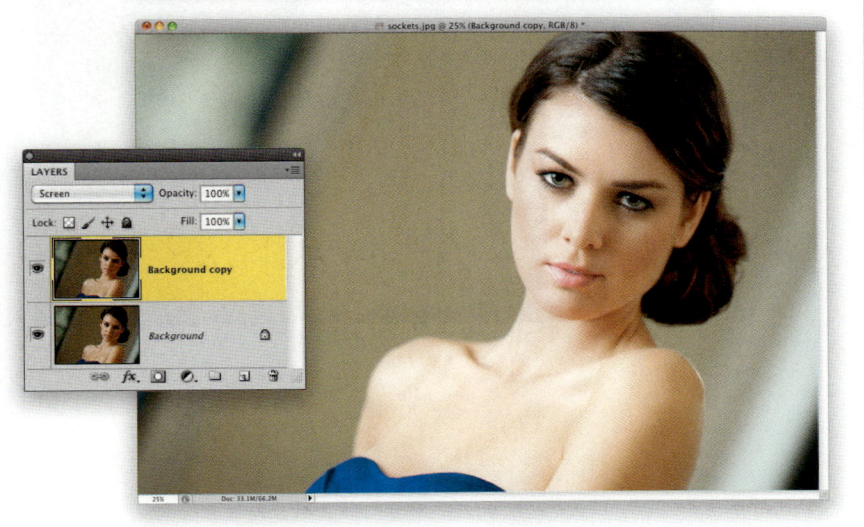

Este é um problema muito comum, e fotógrafos usam de tudo, desde refletores até luzes estroboscópicas colocadas à frente e abaixo da pessoa para clarear olheiras escuras e profundas. Felizmente, há uma maneira bastante rápida e fácil de se resolver o problema no Photoshop.

Passo um:
Aqui temos uma imagem em que vamos trabalhar, e, se olhar para os olhos dela e para a área da órbita dos olhos, pode ver que estão um pouco escuros. Clarear os brancos dos olhos ajudaria, mas a região próxima ainda estaria um pouco sombreada, então vamos aproveitar para matar dois coelhos com uma cajadada só e consertar ambos os problemas ao mesmo tempo.

Passo dois:
No painel Layers, duplique o layer Background (o modo mais rápido é pressionar **Command-J [PC: Ctrl-J]**). Agora, mude o modo de mesclagem (Blend Mode) do layer duplicado de Normal para **Screen** (como visto aqui). Isto torna a imagem inteira muito mais clara.

Continua

Consertando problemas comuns | Capítulo 9 | 251

Passo três:
Para esconder o layer mais claro, pressione e segure a tecla Option (PC: Alt) e clique no ícone Add Layer Mask na parte de baixo do painel Layers (mostrado circulado em vermelho). Isso esconde o layer Screen mais claro atrás da máscara de layer preta (como visto aqui). Agora, troque para a ferramenta Brush (**B**), escolha um pincel menor, de borda suave, e dê algumas pinceladas sobre as olheiras escuras e os olhos (como mostrado aqui). Eu sei que nesse ponto parece que ela esteve no sol tempo demais usando óculos escuros, mas vamos resolver isso no próximo passo.

Passo quatro:
O que dá o toque final é baixar a Opacity desse layer até que as partes que foram pintadas e clareadas no passo anterior se fundam ao rosto dela. Demora apenas alguns segundos para combinar as duas, e o resultado é eficiente.
Ao baixar o controle Opacity para 35% (que funciona para esta foto em particular — cada foto e tom de pele serão diferentes, assim como sua quantidade a opacidade), a foto se funde sem problema algum. Compare a imagem no Passo quatro com a do Passo um e veja o que quero dizer. Se você está tirando um monte de fotos, como retratos de formandos do Ensino Médio, ou damas de honra em um casamento, este método é muito, muito mais rápido do que consertar os olhos de todos individualmente.

Adobe Photoshop CS5 | para fotógrafos digitais

A maneira mais rápida de redimensionar pincéis (além disso, você pode mudar a dureza)

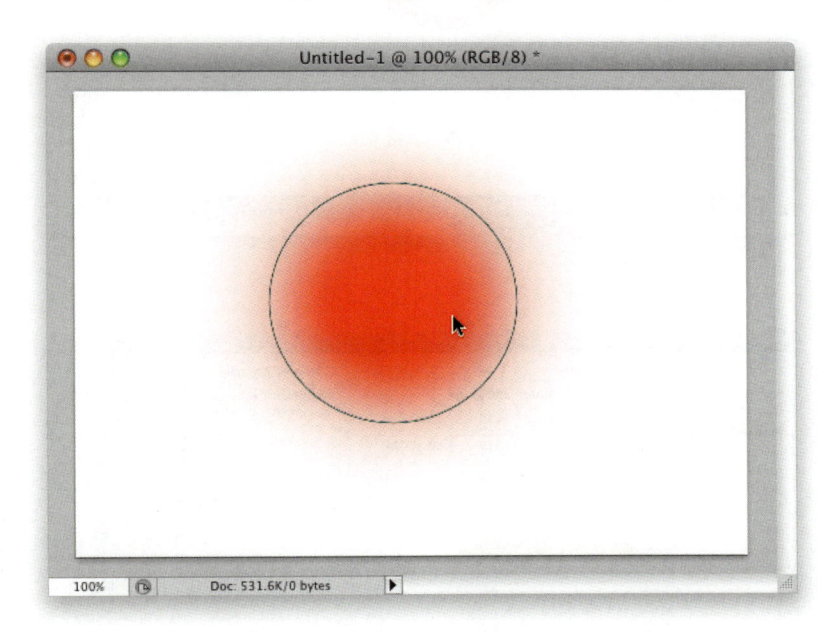

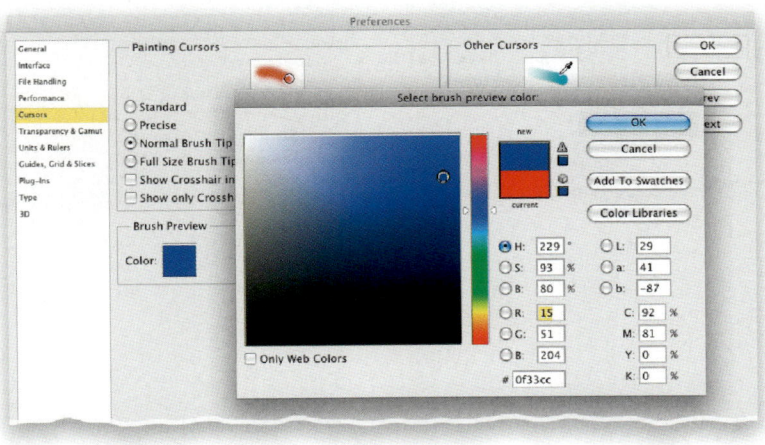

No CS4, a Adobe adicionou um daqueles recursos aparentemente insignificantes que são realmente importantes — a capacidade de redimensionar o pincel visualmente na tela. Sempre usei as teclas Colchetes Esquerdo e Direito para mudar o tamanho dos pincéis, e isso funciona bem, mas você nunca consegue o tamanho que deseja e nunca chega lá rápido o suficiente. Mas, agora, além de conseguir o tamanho exato que deseja de forma bem rápida — e da primeira vez —, você pode usar uma ligeira variação da técnica para mudar a dureza do pincel. Ahhh, são sempre as pequenas coisas, não?

Passo um:
Tendo uma ferramenta Pincel selecionada, pressione e segure **Option-Control (PC: Ctrl-Alt)** e **clique e arraste (PC: Clique com a direita e arraste)** para a direita ou a esquerda na tela. Uma pré-exibição de pincel vermelho aparecerá dentro do cursor (como visto aqui); arraste-o para a direita para aumentar o tamanho da pré-exibição do pincel ou para a esquerda para diminuí-lo. Quando terminar, solte as teclas, e pronto. Esta não é apenas a maneira mais rápida de redimensionar, ela lhe mostra mais do que apenas o cursor arredondado do tamanho de um pincel — inclui as bordas emplumadas do pincel, mostrando o tamanho real daquilo com o que você pintará (está vendo como a borda emplumada se estende além do cursor redondo do tamanho de um pincel comum)?

DICA: Mude a cor de pré-exibição
Se quiser mudar a cor da pré-exibição do pincel, selecione Preferences do Photoshop (**Command-K [PC: Ctrl-K]**), clique em Cursors à esquerda e, na seção Brush Preview, clique na amostra de Cor vermelha, a qual abre um Color Picker onde você pode escolher uma cor nova.

Continua

Passo dois:
Para mudar a configuração Hardness, você fará quase a mesma coisa — pressione e segure **Option-Control (PC: Ctrl-Alt)**, mas, agora, **clique e arraste (PC: Clique com o botão direito do mouse e arraste)** para baixo para endurecer as bordas, e para cima para deixá-las mais suaves (aqui, arrastei tanto para baixo que o pincel agora tem a borda completamente dura).

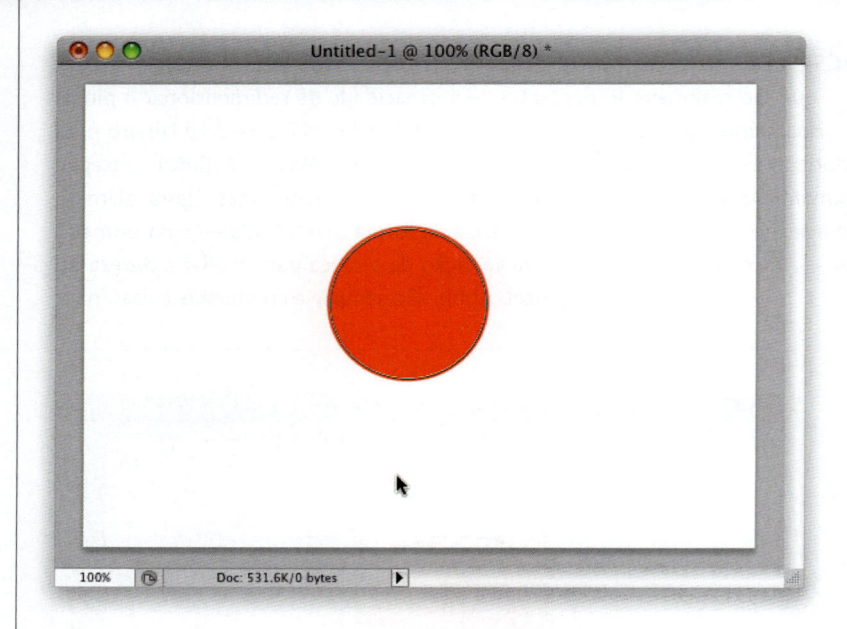

DICA: Selecione Open GL Drawing
Se não está vendo a pré-exibição do pincel vermelho, você terá de checar as preferências. Então, vá para as preferências do Photoshop (**Command-K [PC: Ctrl-K]**) e clique em Performance do lado esquerdo. Na seção GPU Settings, próxima à parte de baixo à direita, selecione a caixa Enable OpenGL Drawing e depois reinicialize o Photoshop.

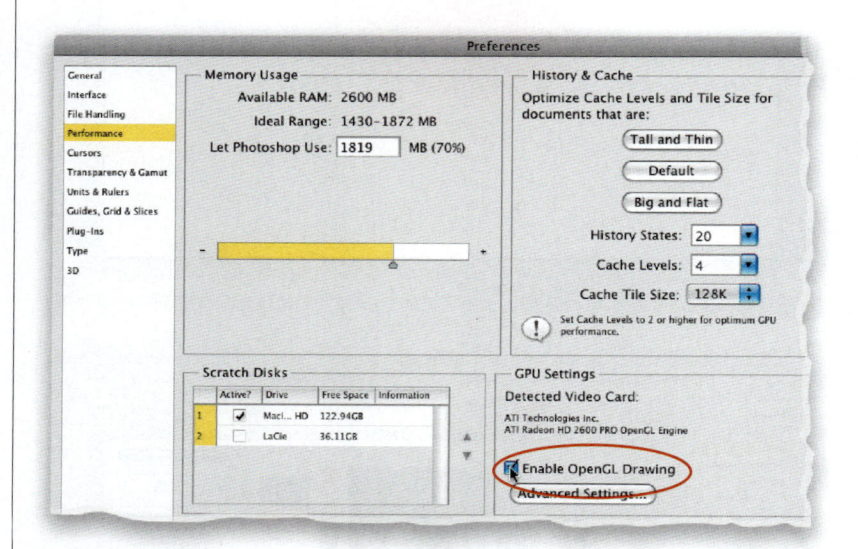

Adobe Photoshop CS5 | para fotógrafos digitais

A maioria dos trabalhos de seleção que você terá de fazer um dia no Photoshop é bastante fácil, e em geral você conseguirá fazê-los usando as ferramentas Magic Wand, Lasso ou Pen, mas a tarefa que sempre foi uma dor de cabeça é selecionar cabelo. Desenvolvemos toda sorte de truques, incluindo as complexas técnicas de Channels de que eu tratei em meu livro *Photoshop Channels Book*, mas todas essas técnicas foram jogadas fora quando a Adobe turbinou a ferramenta Quick Selection, no Photoshop CS5, com o novo recurso Refine Edge. Esta é, sem dúvida alguma, uma das ferramentas mais úteis e poderosas em todo o CS5.

Fazendo seleções realmente difíceis, como cabelo

Passo um:
Abra a imagem em que você quer fazer uma seleção e pegue a ferramenta Quick Selection da Caixa de ferramentas (como mostrado aqui). Se acha que essa é a mesma ferramenta do Photoshop CS4... bem, você acertou. Mas são os recursos novos em Refine Edge que a tornam realmente poderosa. Se você nunca usou a ferramenta Quick Selection do CS4, veja como ela funciona: você a seleciona e pinta livremente as áreas que você deseja selecionar, e ela se expande para selecionar essas áreas (mais ou menos, uma versão muito mais esperta da ferramenta Magic Wand, mas usando uma tecnologia diferente).

Passo dois:
Pegue a ferramenta e pinte sobre a modelo. Não se esqueça do cabelo voando do lado esquerdo. Se selecionar demais, pressione e segure a tecla Option e pinte sobre a área acidentalmente selecionada para removê-la. Lembre-se: a seleção não vai parecer perfeita ainda, mas é para isso que existe o controle Refine Edge, então vá em frente e clique no botão Refine Edge na barra Options (como mostrado aqui).

Continua

Consertando problemas comuns | Capítulo 9 | 255

Passo três:
Na caixa de diálogo Refine Edge, há uma série de escolhas para o View Mode (incluindo as velhas Marching Ants padrão), mas, para ver como sua seleção parece, selecione **Black & White** para vê-la como uma máscara de layer padrão. Como você pode ver, a ferramenta Quick Selection, em si, não dá conta do recado (as bordas estão recortadas e ríspidas, e não há nenhum cabelo fino solto selecionado), por isso precisamos da ferramenta Refine Edge para nos ajudar. Entretanto, o truque para trabalhar nessa caixa de diálogo é usar a seção Edge Detection; eu evitaria a seção Adjust Edge no centro, pois você vai passar tempo demais tentando fazer os controles deslizantes funcionarem. Imagino que você queira saber quando evitar o uso de algumas ferramentas, e este é um desses casos.

Passo quatro:
Selecione a caixa de diálogo Smart Radius, que é tecnologia de borda que sabe a diferença entre uma borda suave e uma dura, e que, então, pode fazer uma máscara que inclui ambos. Essa caixa de seleção é tão importante que a deixo ativa o tempo todo (depois, ative a caixa Remember Settings na parte inferior do diálogo). Arraste o Radius para a direita e observe o cabelo do lado esquerdo. Não é preciso movê-lo bastante para ver detalhes do cabelo aparecerem magicamente (como visto aqui). Para seleções simples, deixe o montante de Radius bem baixo. Em uma seleção complicada, como cabelos finos voando ao vento, terá de aumentá-la mais, então lembre-se: seleções mais complicadas significam quantidades de Radius mais altas.

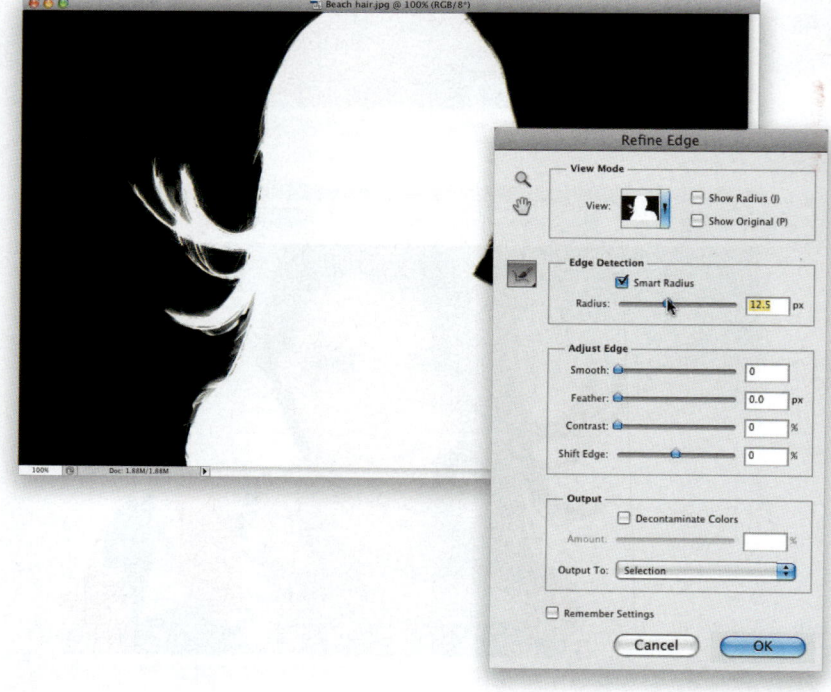

Adobe Photoshop CS5 | para fotógrafos digitais

Passo cinco:
Agora, vamos mudar nossa visão para ver se há áreas que deixamos passar. Para essa parte, uso a visão Overlay (mostrada aqui), porque as partes que não foram selecionadas aparecem em branco. Então, escolha **Overlay** do menu pop-up View (como mostrado aqui).

DICA: Qual visão é qual
Apesar de eu só usar a visão de máscara Black & White e a visão Overlay, vamos ver o que os outros recursos fazem: Marching Ants proporciona o que você já sabe — uma seleção Marching Ants padrão como sempre. On Black coloca a área selecionada sobre um plano de fundo preto sólido, enquanto On White usa um plano de fundo branco sólido (interessante se estiver fazendo seleções de fotografia de produtos, pois poderá ver como a imagem final parecerá). On Layers mostra a seleção sobre um layer transparente, e Reveal Layer mostra a imagem original sem qualquer seleção colocada (a visão de antes). Como está dito ali mesmo no menu View, você pode pressionar **F** para passar pelos modos de visualização.

Passo seis:
O que você precisa fazer em seguida é dizer ao Photoshop exatamente onde são as áreas problema, para que ele as defina melhor. Você pode usar a ferramenta Redefine Radius (**E**), mostrada circulada aqui em vermelho, para excutar esse passo. Pegue o pincel e pinte as áreas onde você vê o branco aparecendo, e ele as redefine. É isso que proporciona aquele detalhe fino dos cabelos.

Continua

Consertando problemas comuns | Capítulo 9 | 257

Passo sete:
Se olhar bem de perto, verá que o brinco em argola do lado direito não foi selecionado, por isso, use a **tecla Colchete esquerdo** para reduzir o tamanho do pincel até o ponto em que fique ligeiramente maior do que a argola e pinte sobre ela. Vai parecer que ele está pintando em branco, mas, quando terminar, ele terá redefinido a área e dito para o Photoshop que essa é a área que precisa ser trabalhada, e o Photoshop fará novamente seu trabalho.

Passo oito:
Agora, vá para a seção Output, em que encontrará a caixa de seleção Decontaminate Colors. Essa caixa remove o transbordamento de cor sobre a modelo do velho plano de fundo original. Além disso, dessatura um pouco os pixels de borda, então, quando você coloca a imagem sobre um fundo diferente, a cor da borda não torna evidentes essas alterações. Além disso, logo abaixo, você escolhe qual será o resultado: o tema selecionado será enviado para um novo documento em branco ou um novo documento no atual, ou, ainda, um layer novo com uma máscara de layer já anexada? Sempre escolho fazer um layer novo (com uma máscara de layer) no mesmo documento. Assim, se eu fizer uma bobagem, poderei selecionar a ferramenta Brush e pintar as áreas sobre a máscara de layer para fazê-las voltar ao que eram quando abri a imagem pela primeira vez.

Adobe Photoshop CS5 | para fotógrafos digitais

Passo nove:
Abra a nova imagem de plano de fundo escolhida para ser usada na imagem composta. (Você sabia que a colocaríamos sobre um plano de fundo diferente, não? Quero dizer, por que outra razão estaríamos nos preocupando em selecionar o cabelo dela?) Pegue a ferramenta Move (**V**), pressione e segure a tecla Shift para manter a foto de segundo plano centrada, depois clique e arraste a imagem de plano de fundo para seu documento de trabalho. (*Nota*: fica mais fácil se a Application Frame estiver fechada e for possível visualizar pelo menos parte de ambas as imagens na tela.)

Passo dez:
No painel Layers, clique no layer da imagem de plano de fundo (Layer 1 aqui) e a arraste por trás do layer da modelo (como visto aqui). É bem provável que as cores das duas imagens não combinem exatamente, pois elas vieram de dois cenários com iluminações diferentes. A cor geral dela parece muito mais quente do que a configuração de plano de fundo em que a colocamos, mas tenho um truque que o ajudará a fazer as cores funcionarem entre os dois.

Continua

Consertando problemas comuns | Capítulo 9 | 259

Passo onze:
Primeiro, precisamos carregar a máscara de layer sobre a camada de cima como uma seleção, depois, temos de pressionar e segurar a tecla Command (PC: Ctrl) e clicar diretamente na imagem reduzida da máscara de layer (como mostrado aqui), para carregar a máscara de layer como uma seleção.

Passo doze:
Verifique que o Layer 1 (imagem de plano de fundo arrastada para dentro) ainda está ativa, então pressione **Command-J (PC: Ctrl-J)** para colocar a área selecionada sobre seu próprio layer em separado. Agora, arraste-o para o topo da pilha de layers (como mostrado aqui). Tendo em vista que esta é uma seleção do plano de fundo, no formato exato do tema, você consegue o que vê aqui — ela parece com sua imagem de plano de fundo, mas com um fino contorno em volta do tema. Bem, isso está prestes a mudar.

Adobe Photoshop CS5 | para fotógrafos digitais

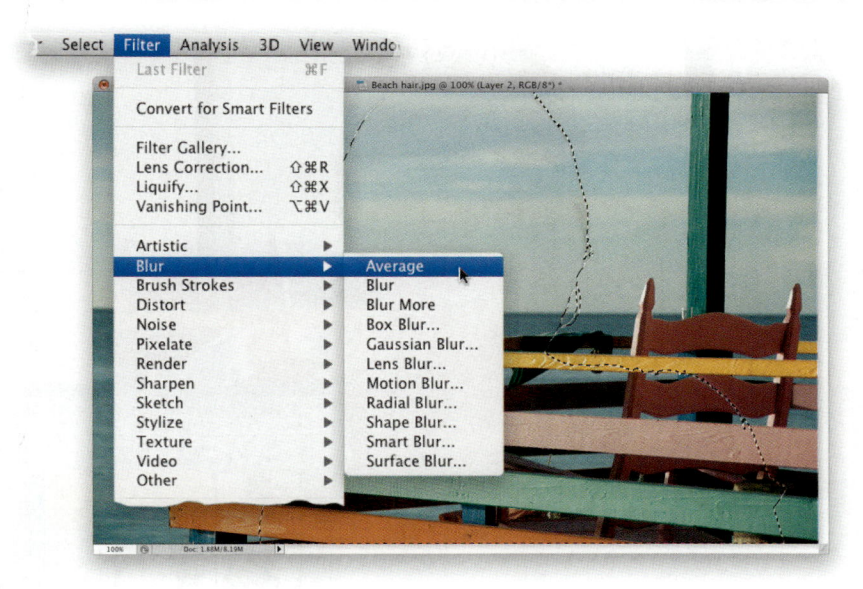

Passo treze:
Precisamos de uma seleção em torno desse layer de novo, por isso pressione e segure a tecla Command (PC: Ctrl) e clique na imagem reduzida do layer de cima para carregá-lo como uma seleção. Assim que a seleção estiver no lugar, precisaremos conseguir uma combinação de todas as cores de fundo. Para isso, vá ao menu Filter, Blur e escolha **Average**.

Passo catorze:
Este recurso não abre uma caixa de diálogo, apenas realiza sua função e cria um borrão que faz uma média de todas as cores na área selecionada (como mostrado aqui). Pressione **Command-D (PC: Ctrl-D)** para tirar a seleção. A imagem ainda não parece boa, mas isso vai mudar em um minuto.

Continua

Consertando problemas comuns | Capítulo 9 | 261

Passo quinze:
Para fazer essa combinação, são necessárias duas etapas: (1) mudar o modo de mesclagem do layer de Normal para **Color** (para aparecer só uma cor, em vez de uma imagem sólida); e, então, (2) baixar Opacity para 15%, para a cor borrada Average do plano de fundo aparecer como uma tonalidade sobre seu tema, e isso unirá a cor dos dois layers (como visto aqui, em que a cor como um todo é mais abafada, como as cores do plano de fundo).

Passo dezesseis:
O último passo é totalmente opcional e baseado no projeto de profundidade de campo que já fizemos neste capítulo, mas você pode acrescentar um efeito borrado à imagem de plano de fundo para fazer parecer que a foto foi tirada usando-se um diafragma bem aberto e conseguir uma profundidade de campo bem pequena. Para isso, clique no layer que tem a imagem de plano de fundo (Layer 1 aqui), então vá ao menu Filter, Blur e escolha **Lens Blur** (isso lhe proporciona um borrão de profundidade de campo mais realista do que um *Gaussian blur* padrão). Na seção Iris, configure o montante de Radius para 44 (montante de *blur*), então clique em OK para conseguir o efeito final que você vê aqui.

Adobe Photoshop CS5 | para fotógrafos digitais

Consertando fotos com flash na locação

Quando usamos um flash fora da câmera na locação, a maioria dos profissionais coloca um gel laranja sobre o flash para aquecer a cor da luz e fazê-lo não chamar a atenção por ser uma luz artificial. Esse gel plástico é chamado CTO (*Color Temperature Orange*) e você consegue encontrá-lo na maioria das lojas que vendem materiais fotográficos. O problema é que nem todo mundo tem esse produto, e, se tem, nem sempre se lembra de colocá-los no flash, mas, felizmente, podemos aquecer a temperatura de cor da luz depois no Photoshop.

Passo um:
Primeiro, vamos dar uma olhada no problema: aqui, temos uma foto tirada no pôr do sol com um flash fora da câmera (o flash está bem no alto à direita da posição da câmera, direcionado para baixo, para o modelo, e sendo acionado por um guarda-chuva). Nesse momento, não lembrei de adicionar um gel CTO para aquecer a luz, o que tornou o tom branco do flash brilhante (que parece fora de contexto em uma fotografia de pôr do sol na praia. A luz deveria ser quente, como a luz de um sol se pondo, não um flash branco).

Passo dois:
Para aquecer a luz do flash, vá ao painel Adjustments e clique no ícone Photo Filter (o segundo a partir da direita na fileira do meio). Os controles do Photo Filter aparecerão e, no menu pop-up Filter, escolha **Orange** (como visto aqui) e aumente Density para 55%. Mas como eu sabia que 55% era o certo? Abri uma foto de alguns minutos depois na seção, quando já havia adicionado um gel CTO ao flash, e casei a cor e a quantidade. Contudo, a quantidade não importa tanto, pois seremos capazes de baixá-la mais tarde se estiverem com muita. A imagem inteira recebe o Photo Filter, e ele muda a cor do céu, e bem... tudo, mas nós só queremos mudar a cor da luz.

Continua

Consertando problemas comuns | Capítulo 9 | 263

Passo três:
O que precisamos fazer é esconder a cor laranja geral e aplicá-la onde a queremos (onde a luz incide no modelo). Para fazer isso, pressione **Command-I (PC: Ctrl-I)** para inverter a máscara de layer anexada ao seu layer de ajuste do Photo Filter, então o filtro laranja ficará escondido atrás de uma máscara de layer preta. Agora, pegue a ferramenta Brush **(B)**, pressione **D** para trocar a cor de primeiro plano para branco e pinte a pele, o cabelo, as roupas do modelo e qualquer lugar em que a luz do flash esteja caindo (como mostrado aqui). Assim, o laranja só afeta onde pousa a luz do flash.

Passo quatro:
Você se lembra do Passo dois, quando eu disse que não estava preocupado com o montante porque poderia mudá-lo mais tarde? É agora. Como usamos um layer de ajuste, podemos ir para o painel Layers e baixar o controle Opacity para diminuir a quantidade de laranja (eu a baixei para 64% aqui). Se, em vez de diminuir a quantidade, você precisar aumentar, clique duas vezes no próprio layer de ajuste (no painel Layers), e ela reabrirá os controles do Photo Filter no painel Adjustments, de maneira que você possa aumentar o montante de Density. Aqui, temos a imagem final, com o efeito de gel laranja adicionado no Photoshop.

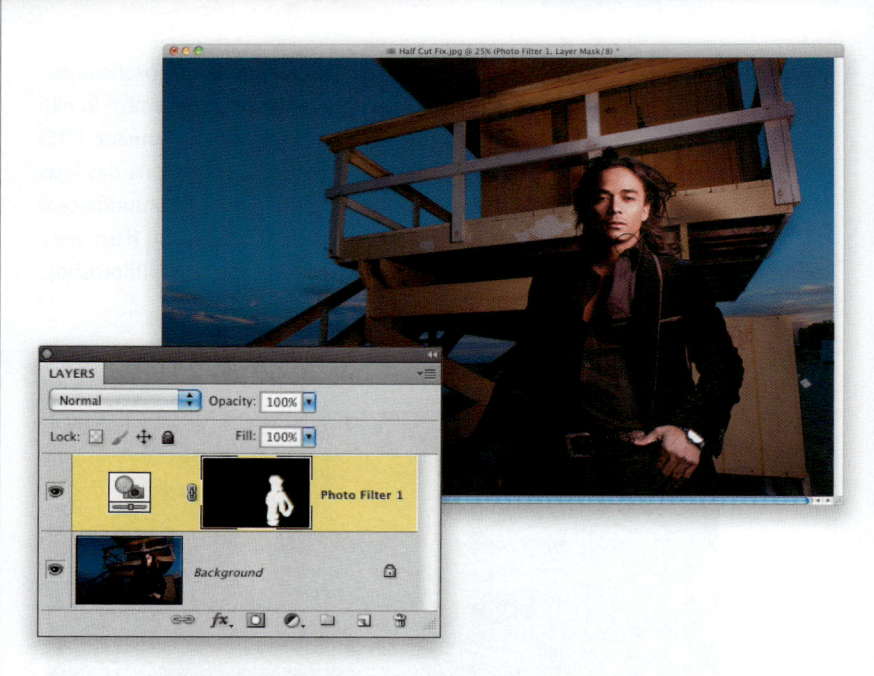

Adobe Photoshop CS5 | para fotógrafos digitais

Removendo turistas mais facilmente

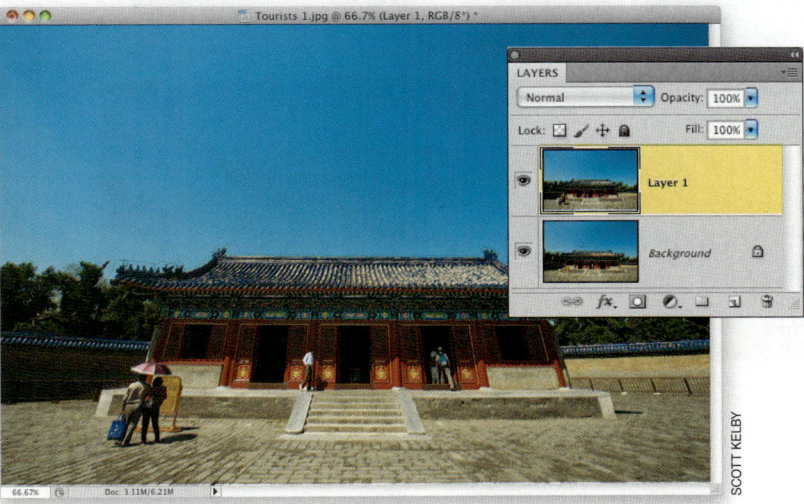

A nêmesis do fotógrafo de viagem é o turista, porque nada fica pior do que uma torre, um palácio, uma catedral ou uma estátua icônica e belíssima com um monte de turistas andando em volta. Apesar de não haver nada que possamos fazer para impedir os turistas de entrarem caminhando em nossas fotos enquanto as tiramos, tem algo que podemos fazer depois no Photoshop (desde que façamos uma pequena preparação à frente que torna o retoque muito simples).

Passo um:
Aqui temos uma foto próxima do Templo do Céu em Pequim (eu sei, a perspectiva da lente está desajustada, mas lidaremos com essa questão no próximo projeto). Tentei tirar uma foto sem os turistas, mas, apesar de ter sido bem paciente, não conseguia tirar uma foto sem um turista em algum lugar na foto. O truque é tirar mais algumas fotos e esperar que, quando tudo estiver terminado, você possa combiná-las, com uma máscara de layer ou duas, para esconder esses turistas (é mais fácil do que parece).

Passo dois:
Tirei outra foto do mesmo prédio, e, desde que os turistas nessa foto estejam em um lugar diferente dos da foto no Passo um, seremos capazes de retirá-los com uma máscara em segundos.
Mas, primeiro, precisaremos colocar as duas fotos no mesmo documento, então selecione a ferramenta Move (**V**), pressione e segure a tecla Shift, então arraste a segunda imagem sobre a primeira. Essa segunda imagem aparece como o seu próprio layer acima da primeira (como visto aqui), e as duas fotos estarão alinhadas uma com a outra (usando a tecla Shift, você centraliza a segunda imagem sobre a primeira).

Continua

Consertando problemas comuns | Capítulo 9 | 265

Passo três:
Se você está tirando as fotos com a câmera na mão (e provavelmente está, já que se trata de um local turístico), precisa que o Photoshop alinhe perfeitamente as duas fotos primeiro para as máscaras de layer funcionarem. (*Nota*: se você tirou as fotos em um tripé, pode pular este passo, bem como os Passos quatro e cinco, pois suas fotos já estarão em alinhamento perfeito). Vá ao painel Layers, pressione e segure a tecla Shift e clique no layer Background para selecioná-las. Então vá ao menu Edit e escolha **Auto-Align Layers** (como mostrado aqui).

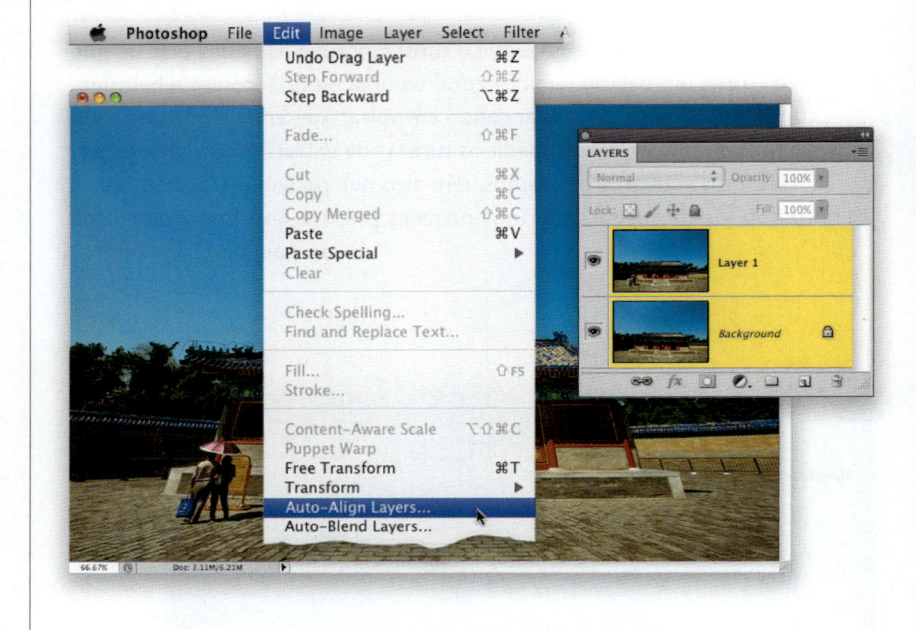

Passo quatro:
Isso abre a caixa de diálogo Auto-Align Layers (mostrado aqui). O botão Auto deve ser selecionado por padrão, mas, se isso não ocorrer, clique no botão de opção Auto, clique em OK, e o Photoshop alinhará perfeitamente as duas imagens (ele faz um trabalho incrível também). Para ver os resultados, vá ao painel Layers, clique no ícone Eye ao lado do layer de cima e o ligue/desligue — você verá que tudo está do mesmo jeito, exceto pelos turistas, e era disso que precisávamos.

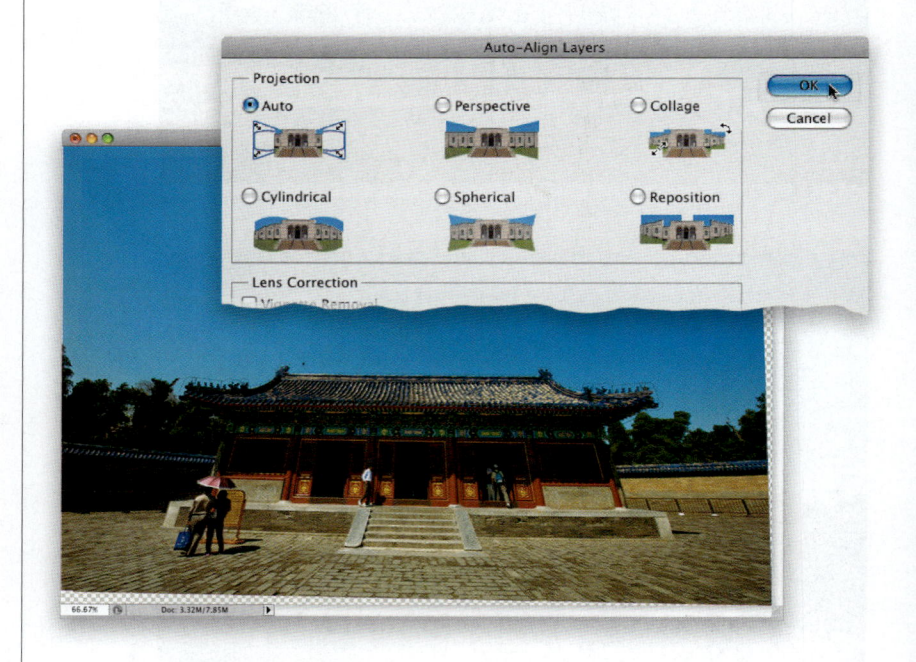

Passo cinco:
Observe que, na maioria dos casos, haverá uma falha no topo e/ou lados da imagem, o que é normal, pois o recurso Auto-Align Layers tem de mexer um pouco nas imagens para fazê-las se alinharem (isso acontece porque elas não foram tiradas com um tripé), então, neste ponto, você precisará cortar essas áreas. Pegue a ferramenta Crop **(C)** e arraste-a para fora de maneira que as falhas nos lados, topo e parte inferior sejam cortadas. Pressione a **tecla Return (PC: Enter)** para completar o corte.

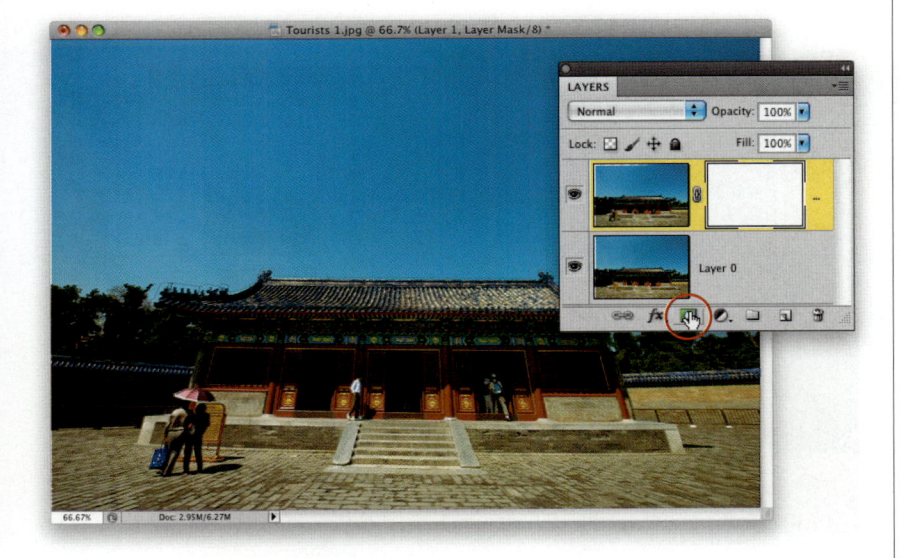

Passo seis:
Clique no layer de cima e depois no ícone Add Layer Mask na parte inferior do painel Layers (mostrado circulado em vermelho).

Continua

Adobe Photoshop CS5 | para fotógrafos digitais

Passo sete:
Em seguida, pegue a ferramenta Brush (**B**), veja se a cor de foreground (primeiro plano) está configurada em preto, escolha uma ponta de pincel de borda suave (do Brush Picker, na barra Options), e configure-a para que seja só um pouco menor do que os turistas que você quer remover (use as **teclas Colchete esquerdo** e **Direito** no teclado para mudar o tamanho do pincel). Agora, pinte sobre os turistas (e sua sombra) do lado esquerdo da foto (os que estão na frente do sinal); note que eles são cobertos conforme você os pinta revelando a placa do layer abaixo. Isso funciona porque as duas fotos foram perfeitamente alinhadas.

Passo oito:
Em qualquer lugar que houver turistas, pinte-os para que desapareçam (como mostrado aqui). Se você cometer um erro, troque a cor de primeiro plano do pincel para branco e conserte. Assim que descobrir como é fácil, verá cada vez menos turistas em fotos de viagens, no futuro. Mantenha em mente que, quanto mais fotos tirar, melhor a chance de encontrar duas fotos (ou mais) que possa empilhar em layers (como fizemos aqui) e, então, remover os turistas com máscaras de layers.

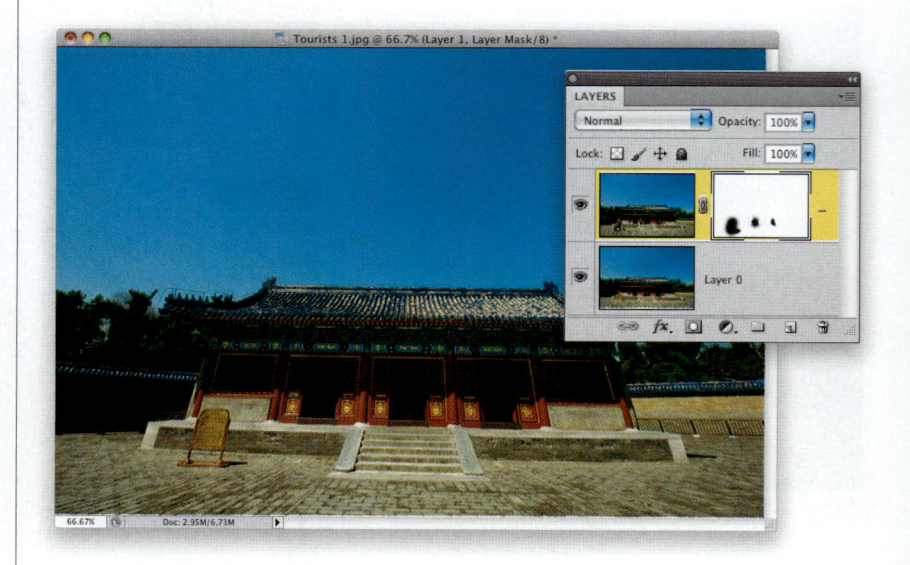

Adobe Photoshop CS5 | para fotógrafos digitais

O Photoshop CS5 definitivamente tem recursos que se sobrepõem ao Camera Raw 6 que vem com o CS5 (e é parte do Photoshop), uma vez que você pode fazer várias coisas no Photoshop que faz em Camera Raw. Se você fotografar no modo RAW em sua câmera, conseguirá melhores resultados como correções de lentes no próprio Camera Raw (ver Capítulo 3), porque é mais rápido e causa menos danos aos pixels. Entretanto, se, por qualquer razão, você não quiser usar o painel Lens Corrections do Camera Raw (ele funciona para JPEGs e TIFFs também), use o filtro Lens Corrections amplamente melhorado no CS5.

Consertando problemas causados pela lente da câmera

Passo um:
Aqui, temos uma imagem com problema: as colunas estão curvadas e inclinadas para fora. A Adobe supôs que você usaria bastante esse filtro (pois ficou muito melhor do que nas versões anteriores), então colocou o recurso Lens Correction no topo do menu Filter. Então, vá ao menu Filter e escolha **Lens Correction**.

Passo dois:
Quando a caixa de diálogo abrir, você verá duas abas à direita: Auto Correction e Custom (literalmente, "faça você mesmo"). Tento o Auto Correction primeiro, pois ele faz todo o trabalho. Para selecioná-lo, selecione a caixa Geometric Distortion (se vejo vinhetas nas bordas [escurecimento das bordas], seleciono essa caixa também, e o recurso as consertará ao mesmo tempo). Ele verifica qual a marca e o modelo da câmera, bem como a lente usada quando tirou a foto, depois compara essas informações com o conjunto embutido de perfis de correção para consertar o problema (ele fez um bom trabalho aqui). Se um perfil não for apresentado (ou se os dados da câmera não constam do arquivo), você pode ajudá-lo escolhendo a marca, o modelo da câmera e a lente nos menus pop-up à direita.

Continua

Adobe Photoshop CS5 | para fotógrafos digitais

Passo três:
Se, após escolher a marca e o modelo da câmera, nenhum perfil aparecer na caixa de lista Lens Profiles, clique no botão Search Online, que analisará os servidores da Adobe e tentará encontrar perfis adicionais para a marca e o modelo de sua câmera que foram adicionados por usuários (desde que você esteja conectado à Internet, é claro). Se encontrar, eles serão listados ali e tudo que você tem de fazer é clicar em um para aplicá-lo. Nesse caso, ele encontrou dois perfis adicionais para minha lente, mas com uma câmera diferente. Tentei os dois, mas nenhum era melhor do que o perfil original que já estava lá, então fiquei com ele. A tentativa valeu a pena, não?

Passo quatro:
Apesar de o recurso ter feito um trabalho bastante satisfatório ao consertar a distorção de barril causada pela lente (as colunas curvadas para fora), elas ainda estão um pouquinho curvadas para fora, por isso, troque para as configurações Custom (manuais). Elas são adicionadas às correções aplicadas na aba Auto Corrections, então você não perde o que já foi feito. No topo, você verá um controle deslizante para corrigir distorção geométrica, e em cada uma das extremidades do Remove Distortion há um ícone que mostra como a imagem será afetada se você arrastar o controle naquela direção. Tendo em vista que a foto estava curvada para fora, arraste-o na direção do ícone curvado para dentro; eu o arrastei para a direita só um pouco, até que as colunas pararam de se curvar (nesse caso, só preciso aumentá-lo em +2).

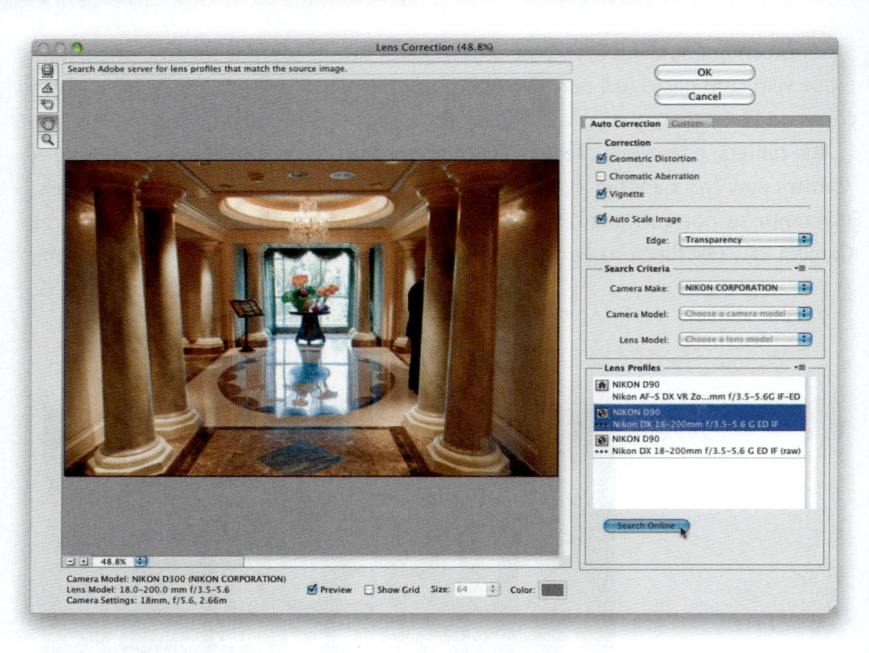

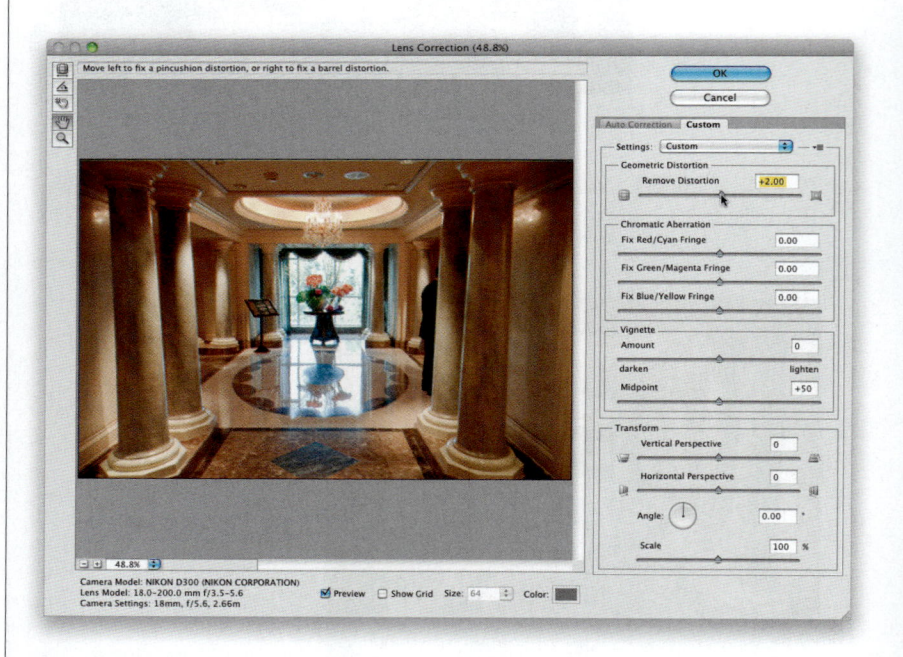

270 | Capítulo 9 | Consertando problemas comuns

Adobe Photoshop CS5 | para fotógrafos digitais

Passo cinco:
Nesse ponto, as colunas não estão mais curvadas, mas continuam inclinadas demais para fora, então temos de arrumá-las manualmente. Vá até os controles Transform próximos da parte inferior da aba Custom. O Vertical Perspective conserta problemas onde as coisas estão inclinadas para fora ou para dentro, e há um ícone bem pequeno em cada um dos lados do controle para mostrar-lhe o que acontece se os arrastar em cada uma das direções. Nesse caso, precisamos movê-lo para a direita, em torno de +12 (foi até aí que tive de arrastá-lo para fazer com que as colunas ficassem retas novamente). Compare-as com a imagem do Passo Quatro e verá que efeito isso teve sobre as colunas.

Passo seis:
Quando você faz correções geométricas como esta, em alguns casos verá que no processo o recurso parece apertar um pouco a foto. O que ele está fazendo é corrigir o fato de que, ao eliminar a curvatura da foto, as bordas de fora foram curvadas um pouco. Então, o recurso aumenta um pouco a escala da imagem e corta essas bordas problemáticas. Se quiser ver o que está acontecendo realmente, arraste o Scale (na parte inferior da janela) para a esquerda (para menos de 100%) e verá as bordas (eu o arrastei para a esquerda para 91%, e você pode ver as falhas no topo que a área de imagem costumava preencher).

Continua

Consertando problemas comuns | Capítulo 9 | 271

Passo sete:
Se você possui uma imagem em que reduzir sua escala um pouquinho seja inaceitável, tente isso: use o controle Scale para reduzir a escala até ver a imagem completa (e as falhas que ela cria), depois clique em OK para aplicar as edições do filtro Lens Correction. Agora, use a ferramenta Magic Wand (pressione **Shift-W** até selecioná-la) para obter as áreas de falhas (como mostrado aqui).

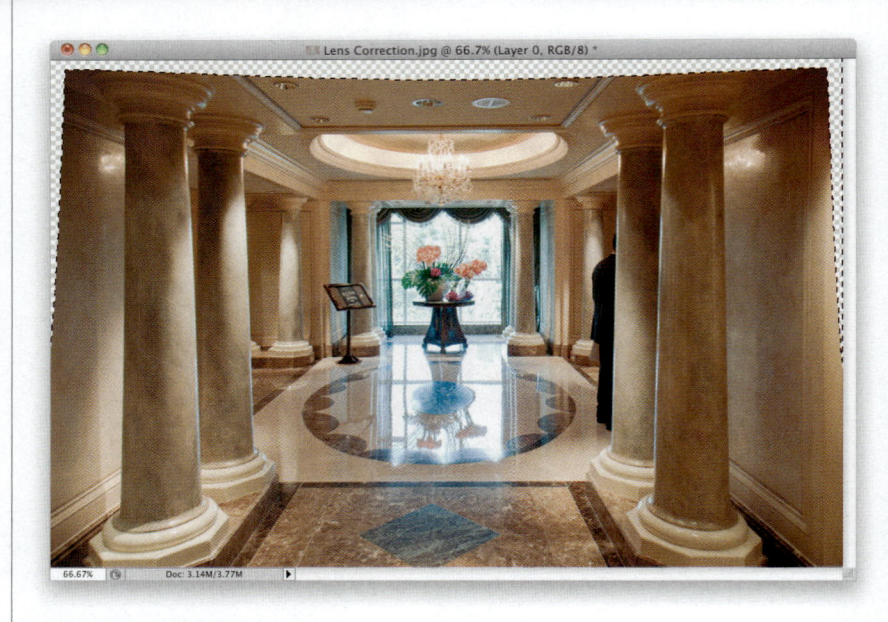

Passo oito:
Vá ao menu Edit e escolha Fill. Quando a caixa de diálogo Fill aparecer, no menu pop-up Use, escolha **Content-Aware** (se ele já não estiver selecionado para você), então clique em OK e observe-o preencher as falhas para você (como visto aqui). Não é perfeito, mas ele fez boa parte do trabalho para nós (para mais sobre o recurso Content-Aware Fill, como ele funciona, e o que fazer quando ele não funciona, pule para o próximo projeto). Agora, após um pouco de retoque com o recurso Clone Stamp sobre a área que acabamos de preencher, teríamos terminado, mas quero mostrar duas outras coisinhas que eles mexeram na atualização do filtro Lens Correction no CS5.

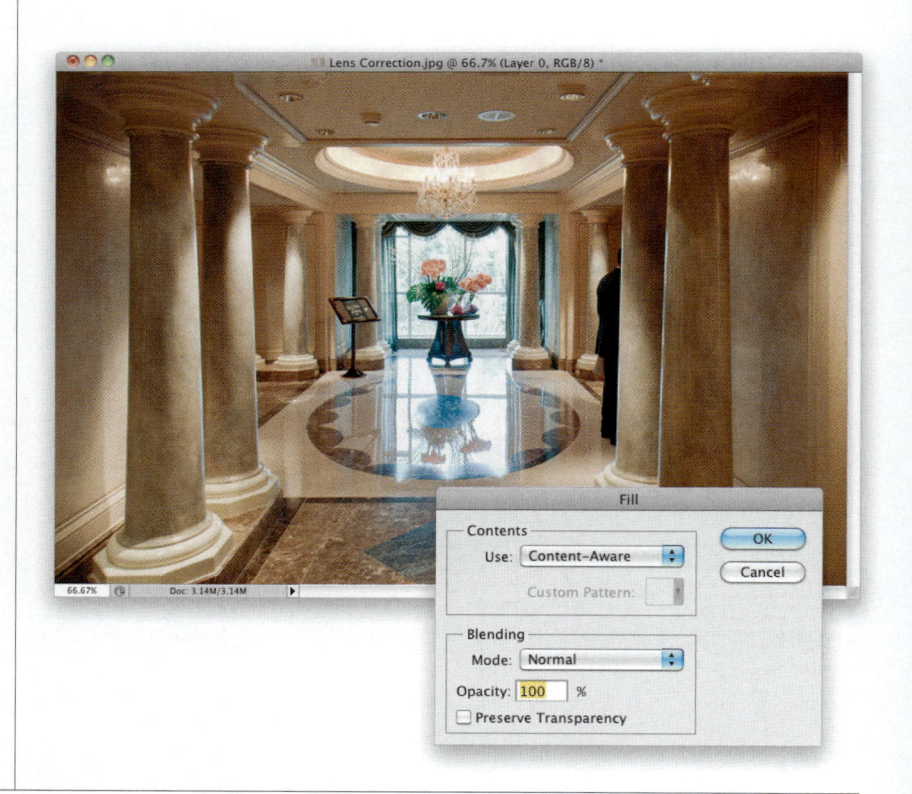

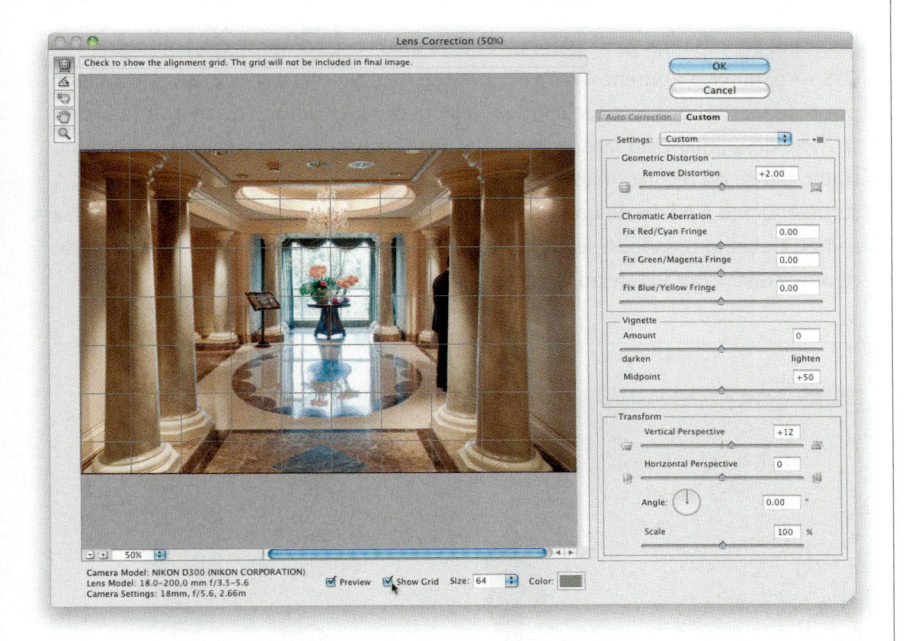

Passo nove:
Nas versões anteriores do filtro Lens Correction, uma grade visível ficava aberta quando se selecionava o filtro. Agora ela fica fechada por padrão, mas, se ela fazer falta, selecione Show Grid na parte inferior da caixa de diálogo. Há dois outros conjuntos de controles na aba Custom: você pode remover/adicionar vinheta na seção Vignette, ela funciona como no Camera Raw, e isso é explicado no Capítulo 3. Há também dois controles para consertar aberrações cromáticas (onde você vê uma margem vermelha, ciano, azul ou amarela em torno das bordas das coisas na foto). Usando-os como uma cinta — arraste-os na direção de Red para remover o vermelho, ou na de Cyan para remover o ciano (o mesmo para Blue e Yellow). Aqui, temos um antes/depois, mas não usei todo o recurso Content Aware Fill.

Antes

Depois

Adobe Photoshop CS5 | para fotógrafos digitais

Removendo distrações usando o recurso Content-Aware Fill

Essa deve ser uma das principais razões pela qual você comprou a atualização CS5 — para ter o Content Aware Fill, porque ele é simplesmente incrível. Dito isso, por mais incrível que esse recurso seja, é incrivelmente simples de usar, então não se deixe desanimar pelo fato de que reservei apenas quatro páginas no livro para tratar, talvez, do recurso mais famoso em todo o CS5. O que o torna ainda mais surpreendente é o fato de que você tem de fazer muito pouco — o Photoshop faz todo o trabalho pesado. A seguir, apresento alguns exemplos de como usá-lo para remover distrações indesejadas na foto.

Passo um:
Neste caso, temos alguém entrando na cena no canto bem à esquerda da imagem, o que atrapalha o que está acontecendo no resto da cena. Para fazer o Content-Aware Fill remover o um terço de uma pessoa, selecione a ferramenta Lasso (**L**) e desenhe uma seleção bem livre em torno dela. Não deixe o traço muito próximo — veja a seleção feita aqui.

Passo dois:
Agora, pressione a tecla Delete (PC: Backspace) no teclado, e o diálogo Fill aparecerá, com **Content-Aware** selecionado no menu Use (como mostrado aqui). Clique em OK, recoste-se na cadeira e prepare-se para o espetáculo. (Eu sei, é maluco.) Vá em frente e anule a seleção pressionando **Command-D (PC: Ctrl-D)**. Olhe como ele substituiu a grama que faltava na perspectiva certa. Essa é a essência de se estar "*content aware*" (consciente de conteúdo) e totalmente consciente do que existe ao redor. Quanto mais uso esse recurso, mais fico impressionado, mas parte do motivo de usá-lo tão efetivamente é descobrir seus pontos fracos, e como superá-los quando possível.

274 | Capítulo 9 | Consertando problemas comuns

Passo três:

Embora ele tenha removido o um terço de pessoa no canto mais à esquerda, ele não será tão eficiente se você quiser remover o sujeito à direita. A princípio, deveria funcionar sem problemas, mas não é assim. Bem, pelo menos não em um primeiro momento, mas vamos fazê-lo funcionar. Comece colocando uma seleção livre em torno dele, depois pressione a tecla Delete (PC: Backspace), e, quando o diálogo Fill aparecer, não toque em nada, só clique em OK.

Passo quatro:

Neste caso, ele não funcionou tão bem quanto esperávamos. Agora, sua primeira tendência é desfazê-lo, e então trocar para a ferramenta Clone Stamp, mas não o faça ainda. Uma coisa que aprendi com o Content-Aware Fill é que ele às vezes escolhe diferentes lugares para buscar suas amostras, então, em vez de trocar para a ferramenta Clone Stamp, tente isso primeiro: pressione **Command-Z (PC: Ctrl-Z)** para desfazer o Content-Aware Fill, e depois tente de novo. Você ficará surpreso, pois ele busca amostras de uma área diferente e pode funcionar dessa vez. Não funcionou para mim, mas não se preocupe — eu tenho uma carta na manga. Vá em frente e retire a seleção.

Continua

Passo cinco:
Agora, vamos pensar nas coisas de maneira diferente. Não vamos pensar: "O Content-Aware Fill não funcionou". Vamos pensar: "Ei, eu posso usar o Content-Aware Fill para preencher aquela aparência de concreto do lado direito da foto". Faça uma seleção livre com a ferramenta Lasso em torno da bolha em concreto e traga o Content-Aware Fill novamente, tentando mais uma vez.

Passo seis:
Uau, está muito melhor. Não está perfeito, mas muito, muito melhor (mais sobre como melhorá-lo um pouquinho em um instante). Agora, você vai se apaixonar pelo Content-Aware Fill se aceitar que ele não funcionará perfeitamente todas as vezes, mas, se fizer 70% ou 80% do trabalho para mim (em remover algo que não quero), significa que só terei de fazer os outros 20%, o que vale o seu peso em ouro. Se ele fizer todo o trabalho para mim, e às vezes faz, então melhor ainda, certo? Certo. Também ajuda saber que, quanto mais aleatório for o plano de fundo atrás do objeto que você quer remover, em geral melhor será o trabalho que o Content-Aware Fill fará para você. (Aliás, você acha que poderíamos usar aquele mesmo truque de novo? O que usamos no Passo cinco?)

Adobe Photoshop CS5 | para fotógrafos digitais

Passo sete:
Coloque uma seleção Lasso em torno da área problemática (onde o sujeito à direita estava), tente o recurso Content-Aware Fill sobre a área e veja o que acontece. Bem, você não precisa realmente fazê-lo, pois estou lhe mostrando aqui. Está quase perfeito agora e só precisa de um ligeiro retoque (observe como as grades não estão bem alinhadas). Vamos ver o que acontece se tentarmos mover o sujeito de preto — você sabe o que fazer: ferramenta Lasso e, depois, pressione Delete.

Passo oito:
Por alguma razão, funcionou muito melhor na primeira tentativa do que com o sujeito à direita. Se você olhar para a cerca atrás de onde ele estava, verá que precisa fazer um ligeiro retoque com a ferramenta Clone Stamp para tornar essa remoção perfeita (aquela cerca precisa de um consertinho, certo?), mas, quando imagina o quanto o Content-Aware Fill fez por você, cabe perguntar como vivíamos sem ele.

DICA: Pintando com o Content-Aware Fill
O método que você aprendeu há pouco exige que você faça uma seleção e então a preencha com Content-Aware Fill. Se preferir pintar a selecionar, pode usar a Spot Healing Brush — mas certifique-se de que o botão de opção Content-Aware esteja selecionado na barra Options; depois, pinte a área que você não quer na imagem.

Consertando problemas comuns | Capítulo 9

Dicas matadoras de Photoshop

Como tornar Shadows/Highlights um layer de ajuste

Ela não será um layer de ajuste, mas agirá e terá o mesmo desempenho de uma. Eis o que fazer: vá ao menu Filter e escolha **Convert for Smart Filters** (que converte o layer em um Smart Object). Depois, no menu Image, em Adjustments, escolha **Shadows/Highlights**. Escolha as configurações que quiser e clique em OK. Se olhar no painel Layers, verá que anexada abaixo do layer há um layer mask (e um Adjustment Layer). Se clicar duas vezes nas palavras "Shadows/Highlights" abaixo da máscara, o diálogo será aberto com as últimas configurações aplicadas (e com um layer de ajuste). Se clicar no ícone de controles deslizantes de ajuste à direita do nome, será aberta uma caixa de diálogo na qual é possível mudar o modo de mesclagem e a opacidade (como uma camada de ajuste). Você pode clicar no ícone Eye para ligar/desligar o ajuste, e, por fim, pode apagá-lo a qualquer momento durante o projeto (bem como um layer de ajuste).

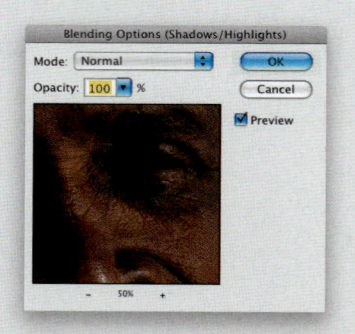

Não tem certeza de qual modo de mesclagem é o certo?

Então, pressione **Shift-+** para passar por todos os modos de mesclagem de layer um por um, para descobrir rapidamente qual lhe parece melhor.

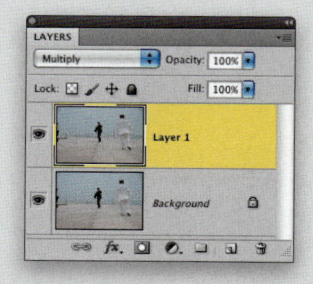

Mudando a posição de seu Lens Flare

Quando usa o filtro Lens Flare (no menu Filter, em Render), ele coloca o *flare* no centro da imagem, mas você pode escolher a posição para o centro do *flare* (que muda bastante a aparência do *flare*) clicando e arrastando o centro do *flare* dentro da janela Preview. Aliás, um bom modo de aplicar esse filtro é adicionar um novo layer (add new layer), enchê-lo com preto, então aplicar o filtro, mudar seu modo de mesclagem para **Screen**, e ele se mesclará com a imagem, para você arrastá-lo para onde quiser (se aparecer uma borda, adicione uma máscara de layer e pinte-a de preto com um pincel bem grande, com borda suave).

Como mudar a ordem dos pincéis no Picker Brush

Vá ao menu Edit e escolha **Preset Manager**. Quando o diálogo abrir, por padrão ele está configurado para exibir todos os pincéis, então basta clicar e arrastá-los na ordem que desejar. Quando estiver tudo pronto, clique em Done.

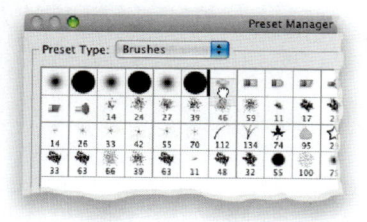

Mudando a cor das guias

Quer mudar a cor das guias que você arrasta para fora das réguas? Puxe uma para fora, depois clique duas vezes nela para abrir a caixa de diálogo Preferences para Guides, Grid & Slices, e pode escolher a cor.

Dicas matadoras de Photoshop

Também pode pressionar **Command-K** (PC: **Ctrl-K**) e clicar em Guides, Grid & Slices à esquerda.

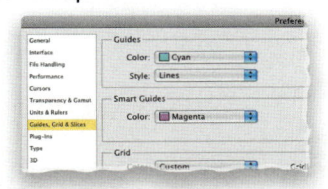

O que faz aquele Fill Field

No painel Layers, logo abaixo do campo Opacity, há um campo Fill, que intriga os usuários do Photoshop desde que surgiu a várias versões atrás. Ele entra em funcionamento quando há um estilo de layer aplicado a um layer, como *drop shadow* ou *bevel*. Se você tiver algo sobre um layer, lhe aplicar um *drop shadow* e reduzir o montante de Opacity, o objeto e sua sombra desaparecerão, certo? Mas se baixar só o montante de Fill, o objeto começará a desaparecer, mas o *drop shadow* ficará com 100% de opacidade.

O atalho escondido para achatar suas camadas

Não existe um atalho no teclado para o comando Flatten, mas uso um atalho-padrão para achatar a imagem. É o **Command-Shift-E (PC: Ctrl-Shift-E)**. Este é o atalho para Merge Visible

e só funciona se não existir layer escondido.

Personalizando o pop-up Color Picker HUD

No CS5, você pode ter um pop-up Color Picker HUD (*heads-up display*) na tela ao usar a ferramenta Brush pressionando **Command-Option-Ctrl** (PC: **Alt-Shift**) e clicando (PC: clicando com a direita). E sabia que também pode escolher o tipo e o tamanho de HUD? Pressione **Command-K (PC: Ctrl-K)** para abrir as preferências de Photoshop e clique em General à esquerda; próximo do topo das preferências General, há um menu pop-up Color Picker HUD para escolher estilo e tamanho.

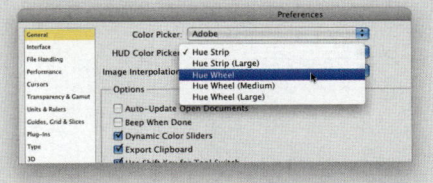

Mudando os modos de mesclagem de pincéis sem ir à barra de opções

Se quiser mudar o modo de mesclagem para seu pincel atual sem usar a barra Options, pressione **Shift-Ctrl (PC: Shift)** e clique (PC: clique com o botão direito do mouse) em qualquer lugar da imagem, e um menu pop-up de modos de mesclagem da ferramenta Brush aparecerá.

Criando Cast Shadows

Para criar uma *cast shadow* (em vez de *drop shadow*), aplique um estilo de

layer Drop Shadow ao seu objeto (escolha Drop Shadow do menu pop-up Add Layer Style na parte inferior do painel Layers, mude suas configurações e clique em OK); depois, vá ao menu Layer, Layer Styles, e escolha **Create Layer**. Isso coloca a *drop shadow* em seu próprio layer. Clique nesse layer e então, pressione **Command-T (PC: Ctrl-T)** para selecionar Free Transform. Pressione e segure a tecla Command (PC: Ctrl), pegue o ponto central de cima e arraste-o para baixo a um ângulo de 45° para criar uma *cast shadow* (como sua sombra se projetando sobre o chão).

Copiando máscaras de layer de um layer para outro

Se você criou uma máscara de layer e quer que ele apareça em um layer diferente, pressione e segure a tecla Option (PC: Alt) e arraste-o e largue-o sobre o layer que quiser. Ela faz uma cópia deixando a original intacta. Se preferir remover a máscara de um layer e aplicá-la a outro, não segure a tecla Option; em vez disso, clique e arraste a máscara para o layer onde a quiser.

Fotógrafo Scott Kelby | Velocidade de obturador: 1/6400 sec | Distância focal: 18mm | Diafragma: f/4.9

Capítulo 10 Efeitos especiais para fotógrafos

Efeitos colaterais
efeitos especiais para fotógrafos

O nome deste capítulo vem do curta-metragem de 2009 *Side Effects* (com menos de 20 minutos de duração, razão pela qual você pode comprá-lo por apenas $1,99 na loja iTunes. É isso ou a falta de zumbis no filme que o tornou tão barato). Seja qual for o motivo, *Side Effects* é descrito assim (diga isso com a melhor voz de locutor de cinema): "Um cara comum torna-se cobaia humana para testar uma droga experimental e conhece a garota dos seus sonhos...". Soa como uma dessas histórias que acontecem todos os dias. Pelo menos a parte da cobaia humana que testa droga experimental. De qualquer maneira, vi que no pôster do filme todos os caras tinham uma cor verde-azulada esquisita que os fazia parecer doentes, mas a foto da protagonista estava ótima, com tom de pele normal, e foi aí que descobri por que ele achava que encontrara a mulher de seus sonhos. Ela não tinha esse tom verde-azulado horripilante. Quero dizer, pense nisso. Se todas as garotas à sua volta tivessem um sério problema de balanço de branco e, de uma hora para outra, você encontrasse uma garota carregando consigo o seu próprio cartão cinza 18%, de maneira que ela parecesse estar corretamente balanceada em suas cores em qualquer situação de iluminação, você não se apaixonaria por ela? Exatamente. Aposto que, nos últimos dez minutos do filme, você descobre que o cara começa um negócio on-line para pessoas que usam sites de encontros, como eHarmony, Match.com ou TaradoLindo.com, em que se oferece para tirar cores verde-azuladas esquisitas da foto de perfil, por determinado preço. Tudo vai muito bem por um bom tempo, mas, lá pelo 18º minuto, a droga experimental começa a perder o efeito e ele se vê preso em um quarto úmido e mal iluminado, forçado a escrever introduções de capítulos absurdas até tarde da noite, quando sua esposa entra e diz: "Querido, venha para a cama", mas nesse instante ele nota que ela tem uma cor verde-azulada e...

Adobe Photoshop CS5 | para fotógrafos digitais

Usando o Lab Color para realçar as cores monótonas

OK, por que isso não está no capítulo de correção de cores? É porque não se trata de uma correção de cores. Não estamos tentando fazer as cores ficarem como antes; estamos incrementando as cores para que pareçam melhores, mais vibrantes e tenham mais contraste do que a cena quando a foto foi tirada. É definitivamente um efeito de cor, e o que você está prestes a aprender é uma versão bastante simplificada de uma técnica de Lab Color que aprendi com Dan Margulis, mestre de tudo que diz respeito a cor. A técnica completa é encontrada no excelente livro de Dan, *Photoshop LAB Color*.

Passo um:
Essa técnica funciona melhor em fotos monótonas e sem graça. Se você a aplicar em uma foto já colorida, as cores ficarão exageradas, então escolha uma foto apropriada cujas cores precisem mesmo de uma força[1] (eu vou me abster completamente de fazer uma referência ao programa *Saturday Night Live*, tipo "We're here to pump—you—up!" Ah, droga, não consegui, não é? Desculpe).

Passo dois:
Este é um passo de Lab color, então vá ao menu Image, em Mode e escolha **Lab Color** (como mostrado aqui). É um passo totalmente não destrutivo (ir do RGB para Lab Color e de volta), então não hesite em pular para lá sempre que precisar.

---

[1] No original: "... whose color needs some serious pumping up". Referência à famosa imitação deste programa de televisão do então fisiculturista Arnold Schwarzenegger. (N. T.)

Adobe Photoshop CS5 | para fotógrafos digitais

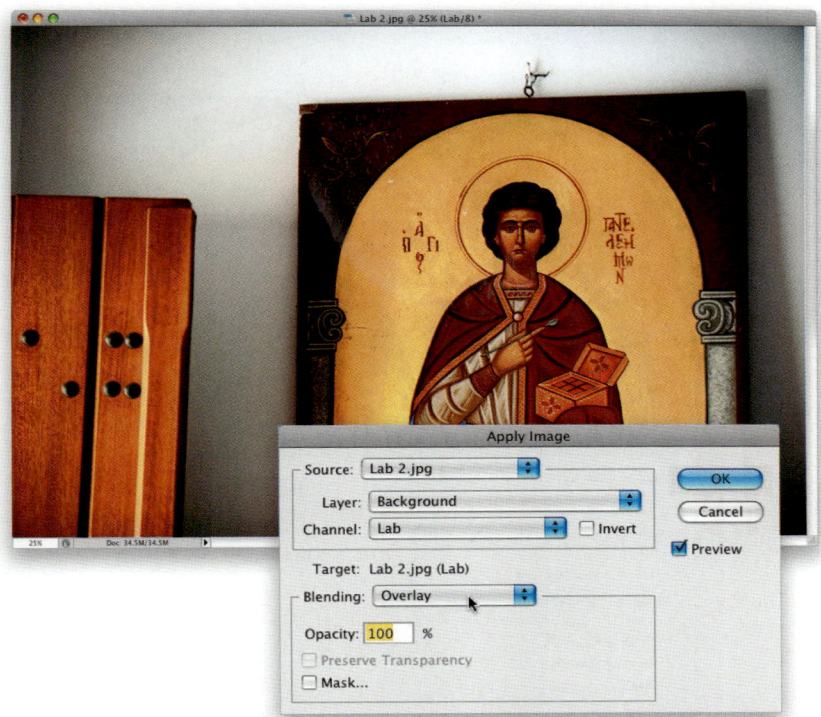

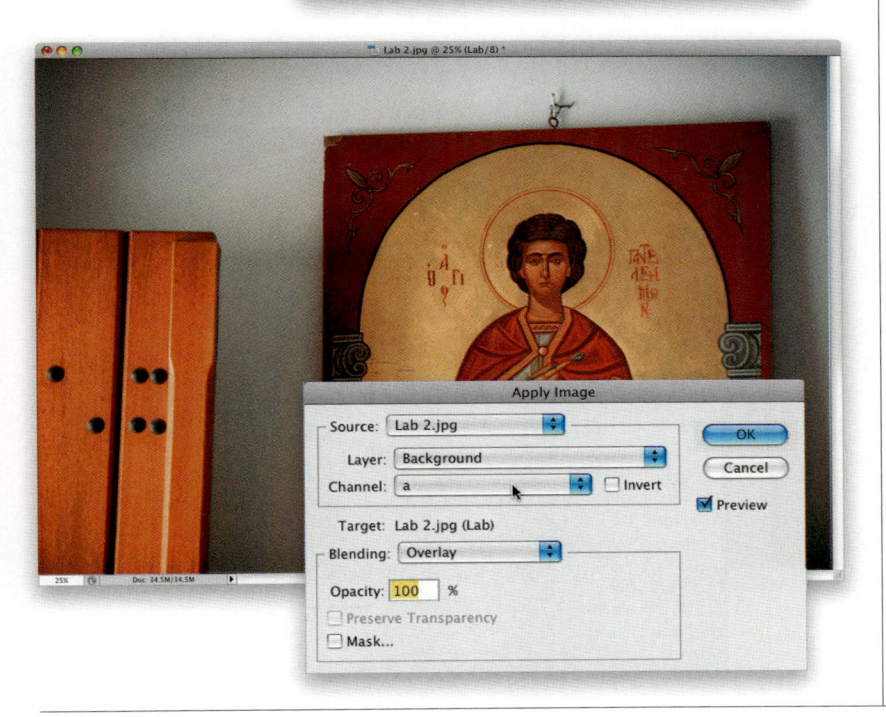

Passo três:
Não há necessidade de ir para o painel Channels, porque você trabalhará no diálogo Apply Image. Então, vá ao menu Image e escolha **Apply Image**. Antes de começarmos a trabalhar no Apply Image, um ponto a ser lembrado: você sabe que temos Blend Mode (modos de mesclagem) dos layers (como Multiply, Screen, Overlay etc.)? Bem, no painel Channels, não há um menu pop-up de modo de mesclagem de canais como há para layers no painel Layers, então, para mesclar os canais usando modos de mesclagem, use Apply Image para aplicar um canal a si mesmo. Quando o diálogo Apply Image aparecer, por padrão o modo de mesclagem é configurado para Multiply (que sempre parece escuro demais), a fim de chegar ao ponto de partida para o efeito, mude o menu pop-up Blending para **Overlay**, como mostrado aqui. Veja como ficou legal! Se for o caso, o modo Overlay pode fazer sua foto ficar muito vívida e com contraste demais, mas falaremos sobre isso logo.

Passo quatro:
Usar o recurso Apply Image é muito bom porque você fica com pelo menos três "visuais" diferentes e tem de escolher qual deles parece melhor (eles parecem diferentes dependendo da foto, então tente os três). Por padrão, você vê o canal Lab Color completo (visto no Passo Três). Depois, clique no menu pop-up Channel e escolha "**a**" (como visto aqui) para ver como o canal "a" parece combinado com uma cópia invisível de si mesmo, em modo Overlay. Ele parece melhor do que o original, mas não acho que tenha tão boa aparência quanto o canal Lab tinha no Passo três.

Continua

Efeitos especiais para fotógrafos | Capítulo 10

Adobe Photoshop CS5 | para fotógrafos digitais

Passo cinco:
Agora tente o canal "b" escolhendo "**b**" no menu pop-up Channel (como mostrado aqui). Esse canal adiciona mais amarelo e tons quentes à foto (como visto no exemplo). Na realidade, se você quiser que uma cena na rua pareça instantaneamente uma cena com tons outonais na costa nordeste norte-americana, converta para modo Lab Color, escolha Apply Image, troque para modo Overlay e escolha o canal "b" — *voilá* — cores outonais agora mesmo. Agora, de volta ao nosso projeto: no exemplo mostrado aqui, a foto está amarelada demais, mas se você gosta desse visual — está feito — clique em OK. Se não, continue comigo.

Passo seis:
Até o momento, você viu a mesclagem de fotos no modo Overlay (um modo bem potente), usando o canal Lab, o canal "a" e o canal "b". Pessoalmente, gosto muito mais do canal Lab — e, se você acha que ele é o melhor dos três, mas é "potente" demais, mude o menu pop-up Blending para **Soft Light** (como visto aqui). Esse é um modo mais "da paz" do que o Overlay (o que acha dessa explicação *New Age*?) e, se o Overlay for intenso demais para você, possivelmente vai adorar o Soft Light. Não me importo de admitir que uso mais o Soft Light do que o Overlay, provavelmente por queimar incenso e sentar na posição de lótus (aliás, não faço ideia de qual seja a posição de lótus, mas ela soa dolorosa).

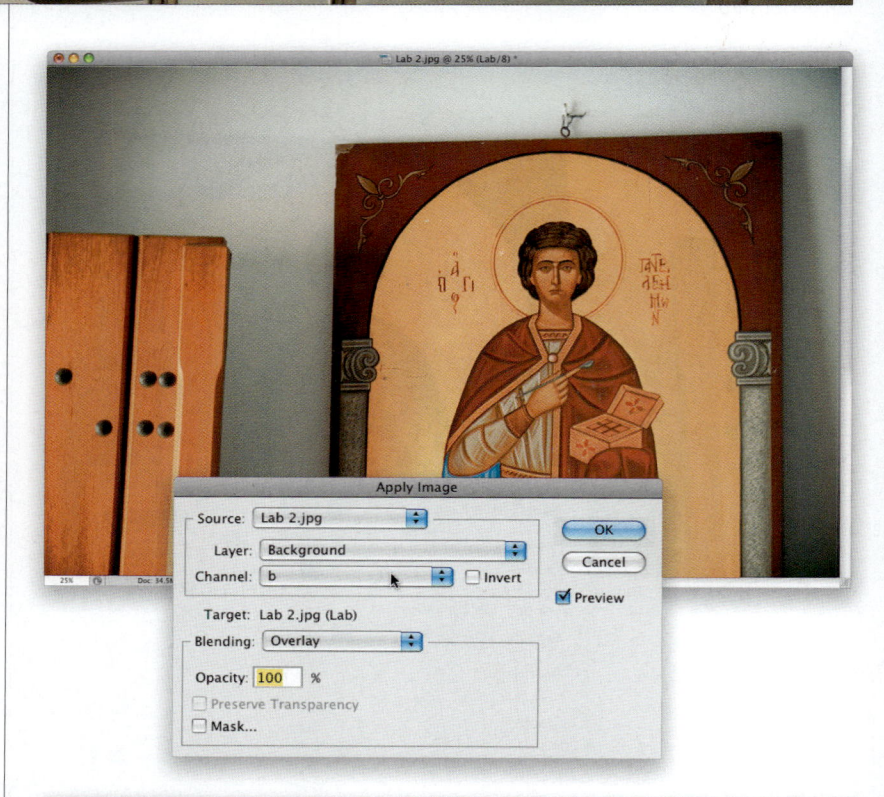

Adobe Photoshop CS5 | para fotógrafos digitais

Passo sete:
Existe outra maneira de resolver esse problema se você acha que o Overlay é intenso demais: use o botão de volume. Bem, eu o chamo assim, mas trata-se do montante de Opacity (que aparece logo abaixo do menu pop-up Blending). Quanto mais baixo a Opacity, menor o efeito. No exemplo mostrado aqui, voltei para o canal Lab, escolhi Overlay no menu pop-up Blending e baixei a Opacity para 80%. A foto Depois foi feita usando precisamente essas mesmas configurações.

DICA: Criando uma Action
O truque Apply Image é um ótimo recurso para registrar como uma action. Assim que o criar, vá ao painel Actions e clique na segunda coluna, ao lado das palavras "Apply Image" (uma caixa de diálogo aparecerá), e, quando selecionar a action, o diálogo Apply Image aparecerá na tela para você experimentar suas três escolhas. Uma vez finalizado, clique em OK, e a ação continuará, convertendo-o outra vez para RGB.

Antes

Depois (usando o canal Lab em modo Overlay a 80% — nada de Curves, nada de Levels, nada de nada!)

Efeitos especiais para fotógrafos | Capítulo 10 | 285

Adobe Photoshop CS5 | para fotógrafos digitais

Visual moderno de retrato dessaturado

Essa talvez seja a técnica de retrato de Photoshop mais quente do momento, e você a vê por toda parte, de capas de revistas a capas de CDs, de anúncios impressos a pôsteres de filmes de Hollywood, e de imagens editoriais a anúncios nas ruas. Agora parece que todo mundo quer esse efeito (e você está prestes a reproduzi-lo em aproximadamente 60 segundos, usando o método simplificado mostrado aqui!).

Passo um:
Abra a foto na qual você quer aplicar esse efeito moderno de retrato com alto contraste. Duplique o Layer (camada) Background pressionando **Command-J (PC: Ctrl-J)**. Depois, duplique esse layer usando o mesmo atalho (assim você tem três layers ao todo, que parecem um mesmo layer, como mostrado aqui).

Passo dois:
No painel Layers, clique no layer do meio (Layer 1) para torná-lo ativo, então pressione **Command-Shift-U (PC: Ctrl-Shift-U)** para Dessaturar e remover toda a cor. É claro, ainda há uma foto colorida no topo da pilha dos layers, então você não verá nada mudar na tela (você ainda verá a sua foto colorida), mas, se olhar no painel Layers, verá que a imagem reduzida para o layer do centro está em preto e branco (como visto aqui).

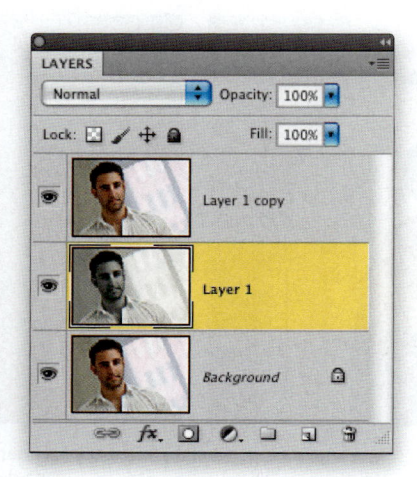

Passo três:
No painel Layers, clique no Layer de cima na pilha (cópia Layer 1), então troque o Blend Mode do layer de Normal para **Soft Light** (como mostrado aqui), o que coloca o efeito em jogo. Agora, Soft Light proporciona uma versão muito bacana e sutil, do efeito, mas, se quiser algo um pouco mais forte com ainda mais contraste, tente usar o modo Overlay em vez disso. Se a versão Overlay for intensa demais, tente baixar um pouco a Opacity do layer até que ela pareça legal para você.

Passo quatro:
Quase sempre, você verá que os olhos da pessoa realmente se sobressaem com esse efeito, pois o efeito traz a cor original do olho e sua intensidade de volta (esse é um passo opcional, mas, se o modelo tiver olhos verdes ou azuis, eles valem os 15 segundos de esforço extra). São apenas dois passos rápidos: clique no ícone Add Layer Mask na parte inferior do painel Layers; depois, pegue a ferramenta Brush (**B**), escolha um pincel pequeno, de borda suave, do Brush Picker na barra Options, pressione **X** para configurar sua cor de Foreground (primeiro plano) de volta e pinte sobre ambos os olhos (não os brancos dos olhos — só as íris e as pupilas). Vai parecer um pouco esquisito, porque como você abriu um buraco nos olhos nesse layer, verá agora os olhos somente no layer preto e branco abaixo dela, mas consertaremos isso no passo seguinte.

Continua

Passo cinco:
Para fazer o mesmo buraco no layer preto e branco (ou seja, haverá "buracos nos olhos" nos dois layers de cima, assim você verá os olhos originais do layer Background), pressione e segure a **tecla Option (PC: Alt)**, clique diretamente na própria imagem reduzida de layer mask no layer de cima e a arraste para o layer do meio. Isso coloca uma cópia exata do layer mask do layer layer de cima sobre seu layer do meio (como mostrado aqui). Agora você está vendo os olhos sem retoques, originais e coloridos, do layer Background. Truquezinho bacana, não?

Passo seis:
Agora achate a imagem escolhendo **Flatten Image** no menu *flyout* do painel Layers. O último passo é adicionar algum ruído, então vá ao menu Filter, Noise e escolha **Add Noise**. Quando o diálogo do filtro Add Noise aparecer (visto aqui), configure Distribution para Gaussian e selecione a caixa de seleção Monochromatic (de outra maneira, seu ruído vai aparecer como pintinhas vermelhas, verdes e azuis, o que é realmente ruim). Por fim, insira uma quantidade de ruído que, embora visível, não seja ruidoso demais. Estou trabalhando em uma resolução muito baixa, em que só usei 4%, mas em uma foto tirada com câmera de alta resolução, você deve usar algo entre 10% e 12% para ver alguma coisa. Você pode ver o antes/depois no topo da próxima página. Além disso, passei alguns outros exemplos de como esse efeito parece em outros retratos.

Adobe Photoshop CS5 | para fotógrafos digitais

Antes

Depois

Antes

Depois

Passo sete:
Temos outro exemplo usando a mesma técnica, e você pode ver como o efeito parece outro sobre uma imagem diferente. Adoro o tom de pele quase bronze que ele cria nessa imagem. Vire a página para mais exemplos.

DICA: Não adicione ruído demais
Cuide para não adicionar ruído demais, pois, ao adicionar um Unsharp Mask (o que você faria bem no fim, antes de salvar o arquivo), ele acentua qualquer ruído (intencional ou não) na foto.

OUTRA DICA: Somente Background
Vi esse efeito usado em um anúncio de uma motocicleta. Eles aplicaram o efeito ao Background e mascararam a moto de maneira que ela ficou com toda a sua cor. A imagem ficou muito bacana (quase sinistra, de um jeito sinistro legal).

Continua

Adobe Photoshop CS5 | para fotógrafos digitais

Passo oito:
Aqui, a mesma técnica aplicada à foto de uma mulher, entretanto não adicionei o layer mask aos olhos porque a cor dos dela era bem sutil. Em vez disso, baixei a Opacity da ferramenta Brush para 50% e pintei os lábios dela no layer de cima, depois copiei esse layer mask para o layer preto e branco (como feito com os olhos — mesma técnica com a máscara). Sem fazer isso, os lábios dela pareciam frios; dessa maneira, o rosa sutil de 50% ficou legal com o resto da foto.

Antes

Depois

DICA: Variar a Opacity
A seguir, temos algumas variações que você pode tentar com esse efeito: se parecer sutil demais ao aplicá-lo pela primeira vez, é claro que você poderia tentar o modo Overlay como mencionei anteriormente, mas, antes de tentar isso, duplique o layer Soft Light uma vez e observe como ele intensifica o efeito. É claro, você pode baixar a Opacity do layer se for demais. Outro truque é baixar a Opacity do layer Soft Light original para 70%, o que traz de volta alguma cor com o mesmo efeito de tonalidade. Faça uma tentativa e veja o que acontece. Uma última coisa: esse não seria um grande efeito para se aplicar como uma Action? É isso aí — é disso que eu tô falando!

Adobe Photoshop CS5 | para fotógrafos digitais

Visual de alto contraste

O visual de superalto contraste dessaturado é muito popular atualmente, e, embora existam vários plug-ins que possam proporcioná-lo, mostrarei como conseguir este efeito com o Camera Raw e incluirei a versão que aprendi do retocador alemão Calvin Hollywood, que compartilhou sua técnica durante uma temporada como meu blogger convidado especial em www.scottkelby.com. A versão dele é incrível porque: (1) você pode gravar uma Action para ela e aplicá-la com um clique, e (2) você não precisa comprar um plug-in terceirizado para conseguir esse visual. Agradeço a Calvin por compartilhar essa técnica comigo, e agora com você.

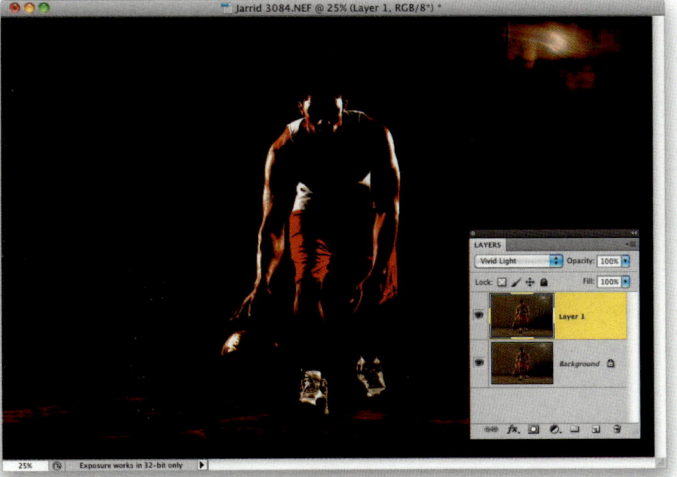

Passo um:
Abra a imagem sobre a qual quer aplicar um visual de alto contraste. Vamos começar criando, logo de saída, uma Action para gravar nossos passos, de maneira que ao terminar você poderá reaplicar o mesmo visual a outras fotos com apenas um clique. Vá ao painel Actions e clique no ícone Create New Action na parte inferior do painel. Quando a caixa de diálogo New Action aparecer, denomine-a como "Visual de Alto Contraste" e clique no botão Record. Agora ele está gravando todos os movimentos que você faz... todos os passos que você der, ele vai cuidar de você (desculpe, não consegui resistir).[2]

Passo dois:
Faça uma cópia de seu layer Background pressionando **Command-J (PC: Ctrl-J)**. Agora, mude o Blend Mode desse layer duplicado para **Vivid Light** (eu sei, não está legal no momento, mas vai melhorar logo).

---

[2] Brincadeira com a letra da canção famosa "I'll be watching you", do grupo The Police. No original: "*Now it's recording every move you make... every step you take, I'll be watching you*". (N. T.)

Continua

Passo três:

Agora pressione **Command-I (PC: Ctrl-I)** para inverter o layer (ele deve parecer bastante cinza no momento). Em seguida, vá no menu Filter, em Blur e escolha **Surface Blur**. Quando o diálogo aparecer, digite 40 para Radius e 40 para Threshold, e clique em OK (esse filtro em particular leva um tempo para fazer o trabalho, então seja paciente. Se você o estiver aplicando a uma versão de 16 bits de sua foto, este não seria um mau momento para pegar um café, ou quem sabe um sanduíche, também).

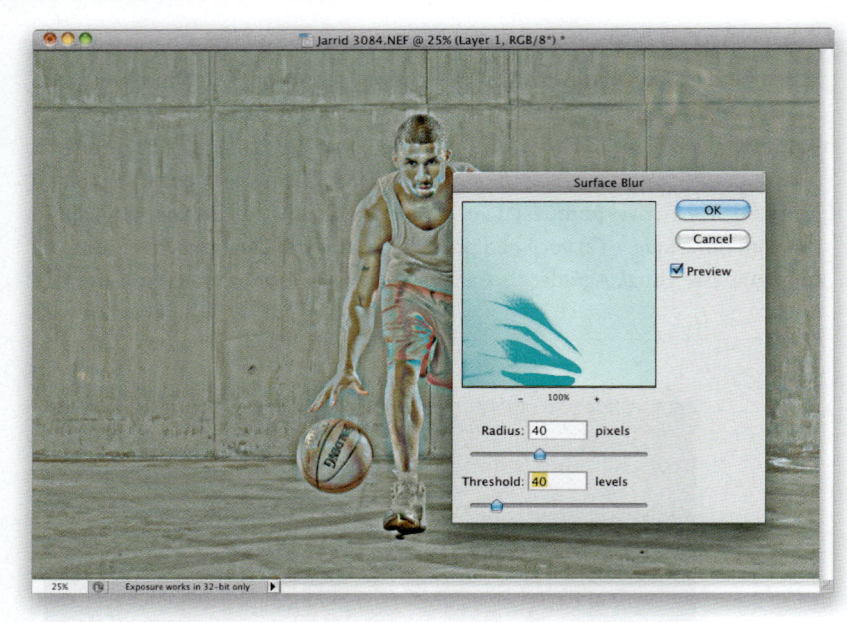

Passo quatro:

Precisamos mudar o Blend Mode do layer novamente, mas não podemos mudá-lo do Vivid Light ou vai estragar o efeito; em vez disso, vamos criar um novo layer, no topo da pilha, que aparecerá como uma versão achatada da imagem. Dessa maneira, podemos mudar seu Blend Mode para conseguir um visual diferente. Isso é chamado "criar um Merged Layer", e você consegue esse layer pressionando **Command-Option-Shift-E (PC: Ctrl-Alt-Shift-E)**.

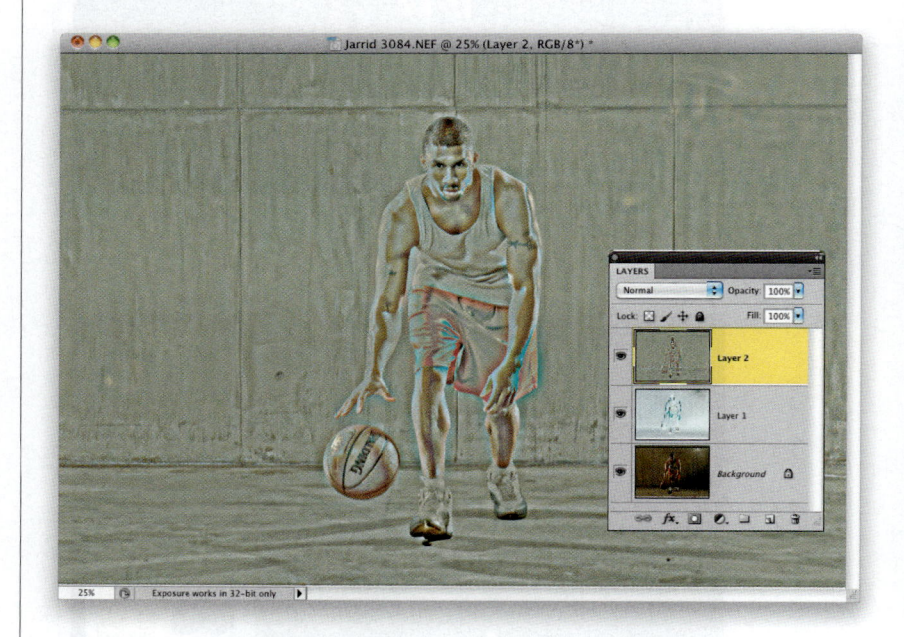

Adobe Photoshop CS5 | para fotógrafos digitais

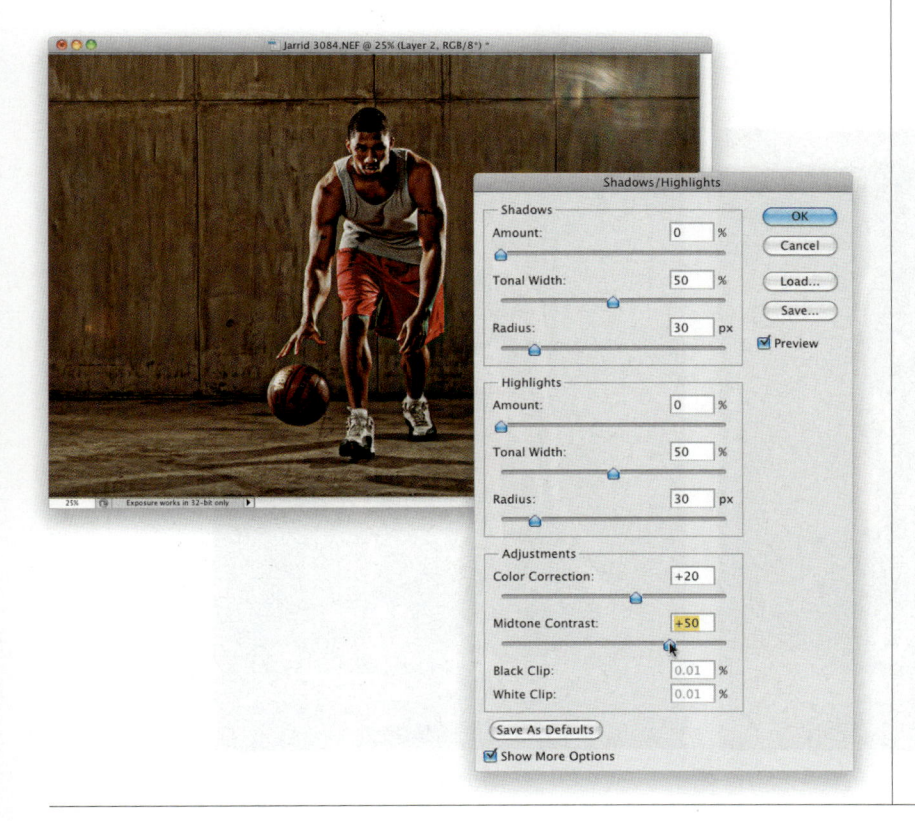

Passo cinco:
Agora que você tem esse novo layer fundido, precisa apagar o layer do meio (sobre o qual você passou o Surface Blur), então o arraste para o ícone Lixeira na parte inferior do painel Layers. Em seguida, mude o Blend Mode de seu layer fundido (Layer 2) para **Overlay**, e agora comece a ver o efeito tomando forma (apesar de ainda existir um pouco a fazer para terminá-la).

Passo seis:
Vá ao menu Image, em Adjustments e escolha **Shadows/Highlights**. Quando o diálogo aparecer, arraste Shadows Amount até 0. Depois, adicione o que equivale ao controle Clarity do Camera Raw aumentando o montante de Midtone Contrast sobre esse layer Overlay. (Se não encontrar a seção Adjustments, selecione a caixa Show More Options na parte inferior à esquerda.) Vá à parte inferior do diálogo, arraste o Midtone Contrast para a direita e observe como sua imagem começa a ter um visual bem contrastado (de um jeito bom). É claro, quanto mais para a direita você arrastar o controle deslizante, mais contrastada ficará a imagem, então não vá longe demais, pois você ainda vai incrementar a nitidez. Agora, clique em OK, vá ao menu *flyout* do painel Layers e escolha **Flatten Image**. Em seguida, adicione um toque final popular para esse tipo de visual — uma vinheta de borda.

Continua

Efeitos especiais para fotógrafos | Capítulo 10 | 293

Passo sete:
Vá ao menu Filter e escolha **Lens Correction**. Quando o diálogo abrir, clique na aba Custom e, na seção Vignette, arraste o Amount para -100 (ele determina quão escuras serão as bordas), então arraste o Midpoint para 12 (o que determina para quão longe na direção do centro da imagem o escurecimento das bordas se estenderá, e nós o queremos bem grande aqui), e clique em OK. O último passo, opcional, é adicionar um megaincremento de nitidez usando a técnica de incremento de nitidez High Pass (Capítulo 11), então Flatten The Image e está feito. Vá ao painel Actions e clique no botão quadrado Stop na parte inferior do painel para parar de gravar. Abra uma imagem diferente e teste a Action clicando em Action, e depois no botão Play na parte inferior do painel. Um antes/depois é mostrado a seguir.

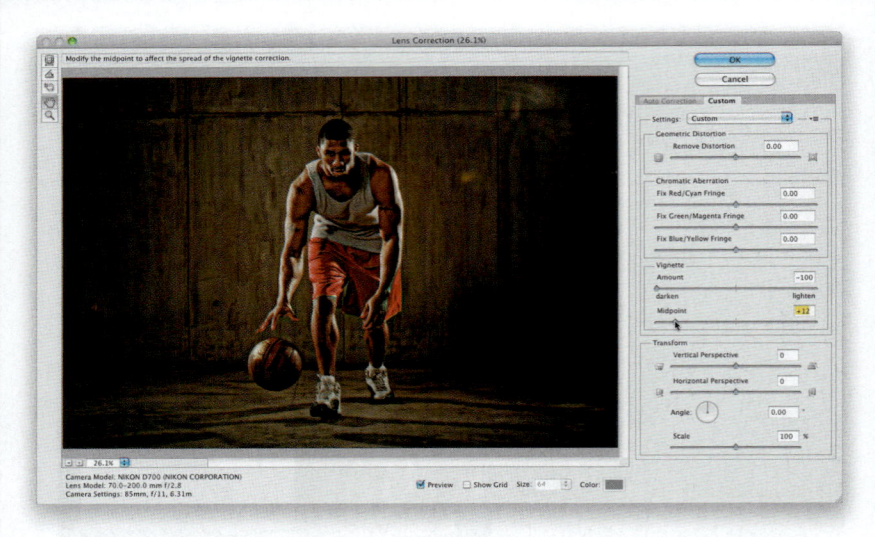

Antes   *Depois*

Adobe Photoshop CS5 | para fotógrafos digitais

Conseguindo aquele visual sujo de alto contraste direto do Camera Raw

Se você quer aquele visual sujo de extremo contraste, pode criá-lo direto do próprio Camera Raw — basta arrastar alguns controles deslizantes no painel Basic e adicionar uma vinheta. Se você vai deixar o Camera Raw e vai usar o Photoshop de qualquer maneira, deveria tentar jogar um pouco de incremento de nitidez High Pass nesta belezura. Fotos como essa, com um monte de textura e metal, simplesmente adoram um pouco de High Pass. Por isso, tente. Mas não vamos dar um passo maior que a perna — a seguir, apresento o visual sujo de alto contraste conseguido de maneira simples.

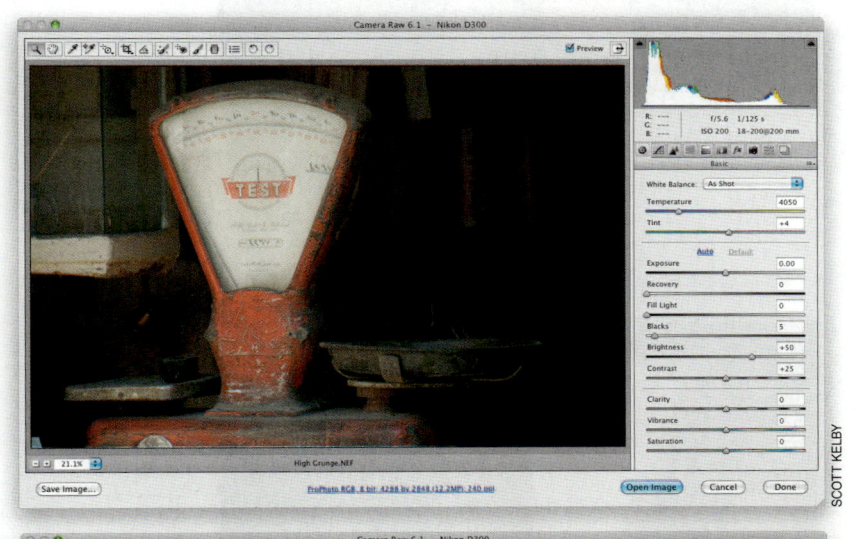

Passo um:
Abra uma foto em Camera Raw. Esse é um daqueles efeitos que precisam do tipo certo de imagem para que fique bem. Fotos com muitos detalhes e textura junto de qualquer coisa metálica e com bastante contraste parecem funcionar melhor (também funciona para fotos esportivas, carros e algumas paisagens. Isto é: eu não o aplicaria em uma foto de um coelhinho). Aqui, temos a imagem RAW original aberta em Camera Raw. (*Nota*: esse efeito fica melhor quando aplicado em imagens RAW em vez de imagens JPEG ou TIFF, mas funciona em todas as três).

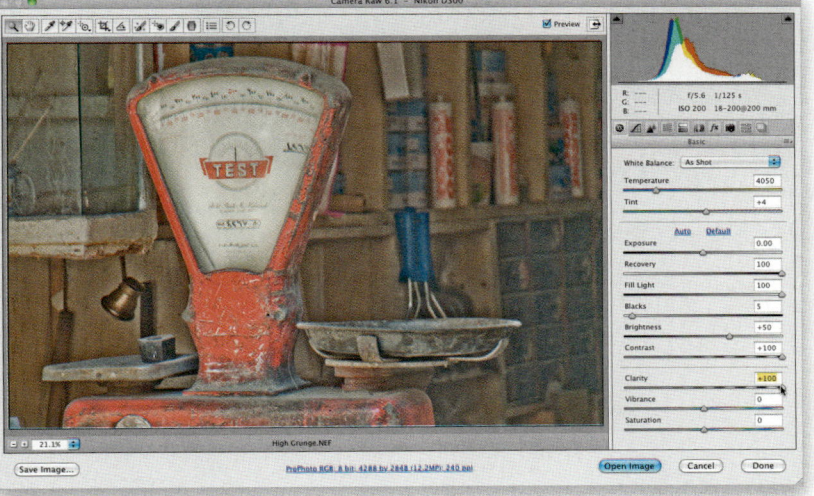

Passo dois:
Configure os quatro controles em 100: Recovery, Fill Light, Contrast e Clarity (como mostrado aqui). Assim, sua imagem vai parecer um pouco desbotada (como vê aqui). O brilho para a foto parece OK, porque estava escuro quando começamos, mas, se a imagem de saída já estava brilhante, vai parecer mais brilhante agora. Se for este o caso, pode continuar e baixar o montante de Exposure (arraste Exposure para a esquerda até que o brilho pareça normal. A imagem ainda parecerá desbotada, mas não deveria ficar brilhante demais mesmo).

Continua

Passo três:
Agora, você vai trazer de volta toda a saturação e o calor para a cor da imagem arrastando o controle Blacks bem para a direita. Siga arrastando até que a foto pareça balanceada (como aqui, em que o arrastei até +51). Se as cores parecem coloridas e vibrantes demais (e elas provavelmente parecerão), baixe o montante de Vibrance até que elas fiquem só um pouco dessaturadas (isto é parte do "visual"). Aqui, eu baixei Vibrance para -30. Ela parecia um pouco escura, então arrastei o Exposure para +0,35.

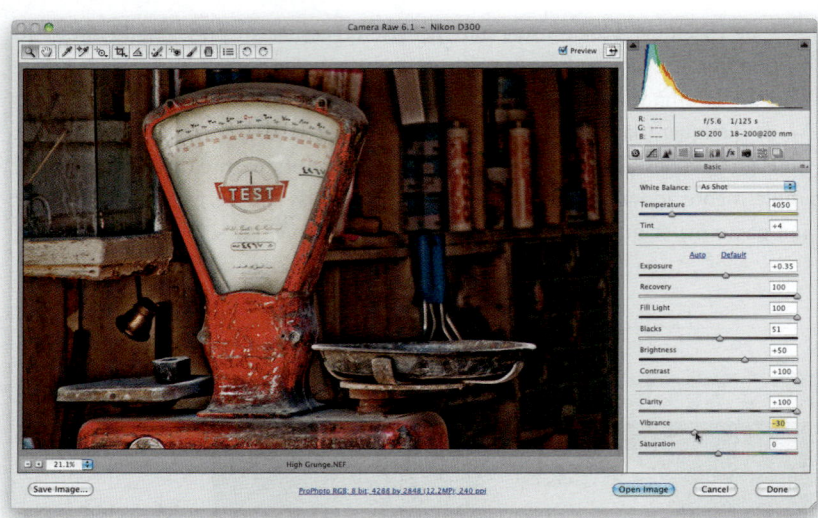

Passo quatro:
O toque final para esse efeito é adicionar uma vinheta de borda escura. Então, clique no ícone Lens Corrections (sexto a partir da esquerda no topo da área Panel) e depois na aba Manual, e, na seção Lens Vignetting, arraste o controle Amount para a esquerda para escurecer um pouco as bordas (aqui, arrastei até -48), e o Midpoint para a esquerda para mover o escurecimento mais longe na direção do centro (eu o arrastei para 43) para terminar a imagem (como vista aqui). Compare esta com a original e verá o apelo deste efeito, que quase parece um pouco com uma foto HDR. Bem, é isso — toda a receita dentro do próprio Camera Raw. (Agora preciso perguntar uma coisa: esta belezura não está clamando por um incremento de nitidez High Pass? Veja o próximo capítulo para mais informações.)

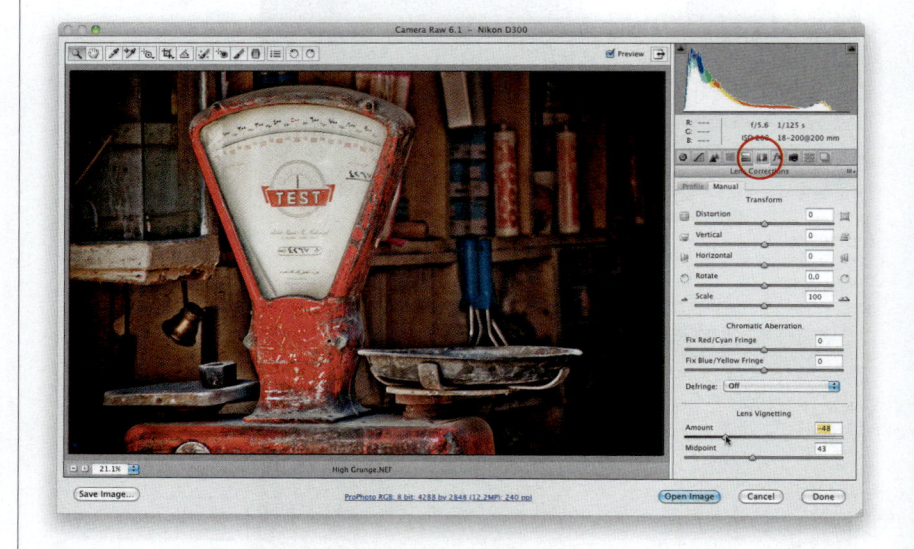

Adobe Photoshop CS5 | para fotógrafos digitais

Efeito de filtro Skylight

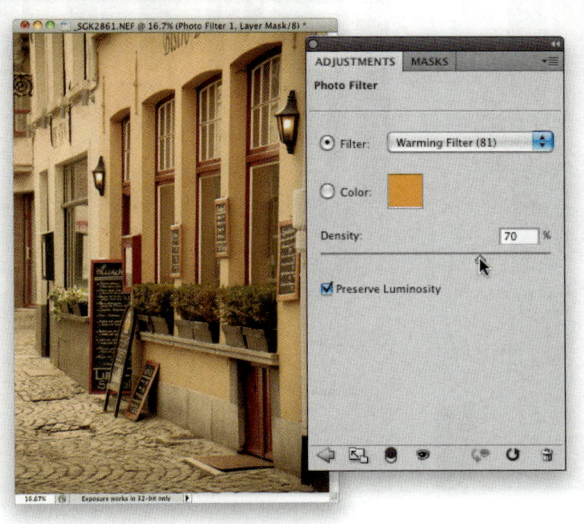

Filtros *skylight* tradicionais têm sido populares com fotógrafos por anos a fio, porque eles ajudam a tirar a neblina e a reduzir as sombras azuladas que se projetam, às vezes, sobre a imagem quando parte dela está distante (como uma cadeia de montanhas em uma foto de paisagem). O efeito como um todo é de aquecimento, e mesmo que os filtros tradicionais de encaixe projetem um tom magenta, aqui no Photoshop usamos um filtro de aquecimento para conseguir um efeito similar e aquecer uma imagem fria.

Passo um:
Abra a foto colorida sobre a qual deseja aplicar um efeito Skylight Filter em Photoshop CS5. Vá ao painel Adjustments e clique no ícone Photo Filter (é o ícone com uma câmera e um círculo à esquerda — o segundo a partir da direita na fila do meio).

Passo dois:
Escolha **Warming Filter** (81) no menu pop-up e, então, aumente o montante de Density para 70% (como mostrado aqui).

Continua

Efeitos especiais para fotógrafos | Capítulo 10 | 297

Passo três:
Agora vá ao painel Layers e mude o Blend Mode desse layer para **Soft Light** no topo à esquerda do painel para completar o efeito. *Nota*: executar essa ação adiciona contraste também, então, se ganhar contraste demais após essa mudança, reduza a configuração de Opacity para esse layer (no topo à direita do painel Layers) até que fique OK (comece em 50% e veja como fica. Na foto mostrada aqui, o contraste adicionado parece bom, então o deixei em 100%, mas, dependendo da foto, você talvez tenha de mexer na configuração de Opacity). A seguir, um antes/depois lado a lado.

Antes

Depois

Adobe Photoshop CS5 | para fotógrafos digitais

O visual esmaecido antigo

Este é mais um daqueles efeitos que ganharam popularidade por aí no último ano e são necessários apenas alguns passos para acertá-lo em cheio. Aliás, você poderia adicionar uma borda opcional com visual polaroide quando terminar. Primeiro, selecione a foto inteira e corte-a em seu próprio layer. Então, adicione cinco centímetros de área de tela branca em torno da foto. Adicione um Layer Style Drop Shadow, depois um Stroke. Configure a cor do pincel para branco, a localização para Inside, o Size para 120 e clique em OK — pronto.

Passo um:
Comece com uma foto sobre a qual deseja aplicar a técnica (vamos usar a foto de uma noiva aqui. Você pode encontrar essa foto no site que acompanha o livro. Na realidade, você pode baixar a maioria das principais imagens usadas neste livro, assim poderá acompanhar o assunto sem problemas. O endereço na rede está naquela introdução no início do livro — que você pulou).

Passo dois:
Primeiro, você vai acrescentar uma tonalidade bem quente, amarelada, à imagem (mantendo-a colorida): vá ao menu Image, em Adjustments e escolha **Color Balance**. Quando o diálogo aparecer, arraste o controle deslizante de cima na direção de Red, até ler +26. Arraste o controle deslizante central na direção de Magenta para -9, e arraste o de baixo na direção de Yellow, para -59 (como mostrado aqui). Certifique-se de que a caixa de seleção Preserve Luminosity esteja selecionada e que Midtones estejam selecionados para Tone Balance (é o botão de opção central). Clique em OK.

Continua

Efeitos especiais para fotógrafos | Capítulo 10

Passo três:

Agora, você vai precisar dessaturar um pouco as cores (lembre-se, aquelas fotos antigas, esmaecidas, não tinham as cores brilhantes e potentes que temos hoje em dia), então vá ao menu Image, em Adjustments e escolha **Hue/Saturation**. Quando o diálogo aparecer, arraste o controle deslizante Saturation para -70 (como mostrado aqui) para remover parte da cor da imagem, mas não toda. Agora clique em OK.

Passo quatro:

Pressione **Command-J (PC: Ctrl-J)** para duplicar o layer Background, então mude o Blend Mode desse layer para **Screen** (como mostrado aqui), o que deixa toda a foto muito brilhante e um pouco estourada (tudo faz parte do efeito). Agora, pressione **Command-E (PC: Ctrl-E)** para achatar os dois layers em um.

Passo cinco:
Pressione **Command-L (PC: Ctrl-L)** para abrir o diálogo Levels e arraste o controle Input Levels de sombras (o triângulo sob o lado bem à esquerda do gráfico de histograma) um pouco para a direita (como mostrado aqui) para escurecer as áreas de sombra, de maneira que exista uma grande diferença entre as áreas claras e escuras.

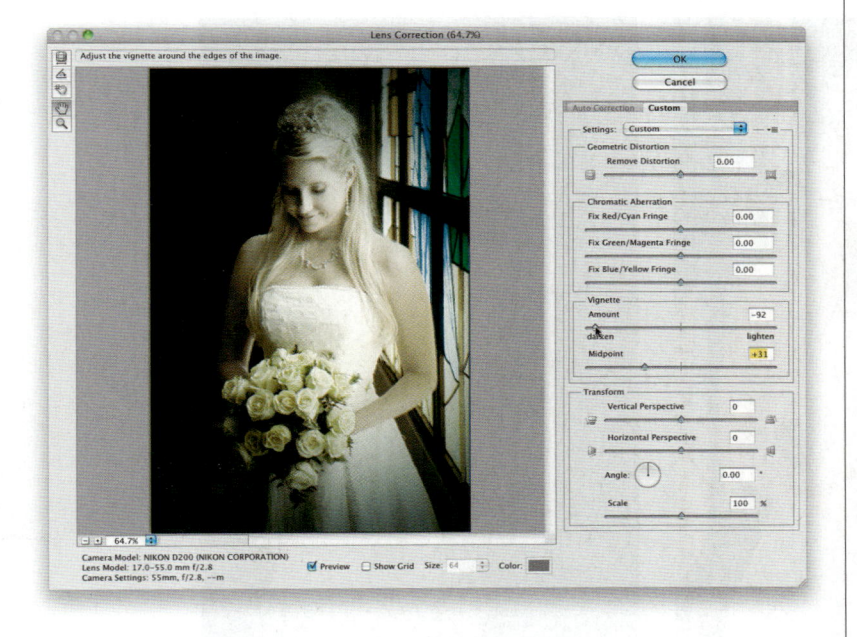

Passo seis:
Agora você vai escurecer as bordas da foto em todos os lados, para dar a ela aquele visual de bordas escurecidas. Vá ao menu Filter e escolha **Lens Correction**. Quando a caixa de diálogo aparecer, clique na aba Custom no topo à direita, depois vá para a seção Vignette e arraste o controle Amount quase completamente para a esquerda para escurecer um pouco as bordas (como fiz aqui — movi até -92). Agora, arraste o Midpoint (que determina para quão longe na direção do centro da sua imagem o escurecimento se estenderá) para +31 (como visto aqui); agora parece quase como se tivesse uma luz suave focada bem sobre a noiva. Clique em OK quando terminar.

Continua

Passo sete:
O passo final é adicionar um pouco de suavização em toda a imagem (você não quer que a foto seja nítida demais), então pressione **Command-J (PC: Ctrl-J)** para duplicar o layer (ele é chamado Layer 0 agora porque, quando você usa o filtro Lens Correction, ela converte o layer Background trancado em um layer comum). Depois, vá ao menu Filter, Blur e escolha **Gaussian Blur**. Quando a caixa de diálogo de filtro aparecer na tela, entre com 25 pixels para seu *blur*, então clique em OK. Por fim, volte para o painel Layers e baixe Opacity para 20% (como mostrado aqui) para terminar o efeito. Um antes/depois é mostrado adiante.

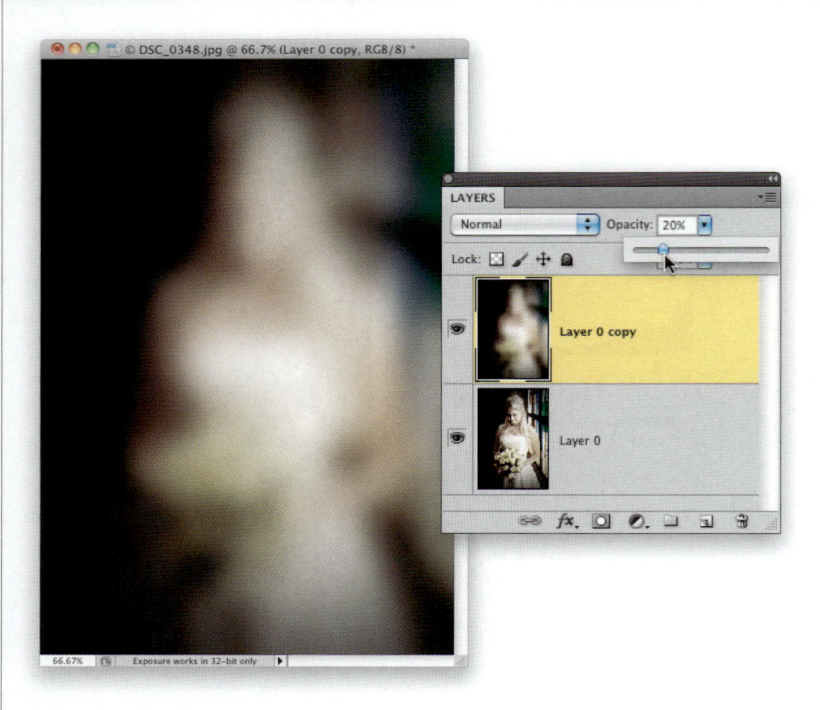

Antes   *Depois*

Adobe Photoshop CS5 | para fotógrafos digitais

Fotos panorâmicas fáceis de se conseguir

Eu costumava ter um segmento inteiro em meus seminários de Photoshop no qual mostrava as sete coisas que você precisava fazer com sua câmera para tirar uma foto panorâmica em que o Photoshop juntasse as imagens sem deixar marca alguma. Então, a Adobe melhorou o recurso Photomerge de maneira tão expressiva que você só precisava fazer uma coisa simples (mais sobre isso em um momento), e acrescentou alguns recursos extras que o fazem produzir os melhores resultados já conseguidos até o momento. Na realidade, é tão fácil que não há razão para não tirar fotos panorâmicas todas as vezes que a chance aparecer.

Passo um:

O primeiro passo não envolve o Photoshop, mas, se você o fizer, ele facilitará o trabalho com fotos panorâmicas. Quando estiver na rua fotografando, antes de tirar a primeira foto panorâmica, coloque seu dedo indicador na frente da lente e tire uma foto. Depois, tire suas fotos panorâmicas. Logo após tirar sua última foto, coloque dois dedos na frente da lente e tire outra. E por que vale a pena fazer isso? Quando você abrir todas as fotos no Mini Bridge, você poderia ter centenas de fotos (especialmente se são fotos de férias). À medida que repassá-las, tão logo vir um dedo indicador, saberá que são suas fotos panorâmicas (aliás, se você vive se culpando por tudo, ou se você é adolescente, não precisa usar o dedo indicador). Além disso, os dedos não só lhe dizem que você tirou fotos panorâmicas, eles dizem exatamente onde começam e onde terminam (como visto aqui). Parece uma bobagem, mas se você não o fizer, pode perder suas fotos e vai se perguntar: "O que eu estava pensando quando tirei essas fotos?", e passará direto por elas. Já aconteceu comigo, e com amigos meus, por isso usamos essa técnica agora e nunca mais perdemos uma seção de fotos panorâmicas.

Continua

Passo dois:
Comece selecionando os quadros individuais de sua foto panorâmica no Mini Bridge (aqui tirei 11 fotos individuais, com a câmera na mão, na Cidade Proibida na China, algo que nunca teria feito alguns anos atrás — prova de como é bom esse recurso Photomerge). Você seleciona tudo entre duas fotos de dedos, clica no ícone Tools, e no Photoshop, escolhe **Photomerge** (como mostrado aqui). *Nota*: se suas fotos já estão abertas no Photoshop, vá ao menu File, em Automate e escolha **Photomerge**. De qualquer maneira, ambos o levarão ao mesmo lugar.

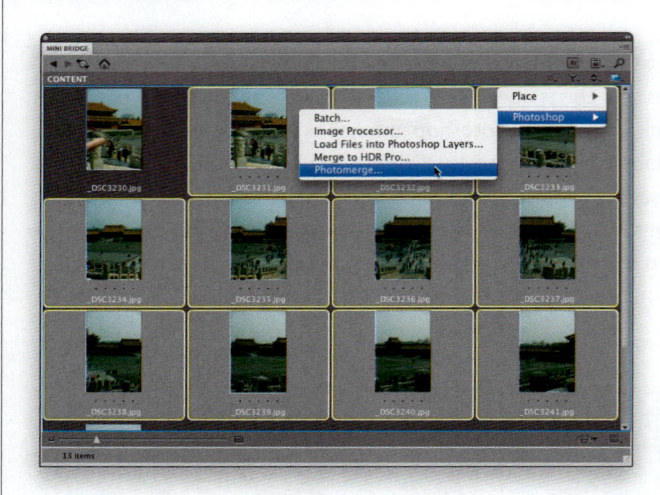

Passo três:
Quando escolher Photomerge, ele abrirá o diálogo que você vê aqui, com as imagens selecionadas listadas na coluna do centro. (*Nota*: se você abriu suas fotos panorâmicas de dentro do Photoshop, a coluna do centro estará vazia, então clique no botão Add Open Files.) Examinaremos a parte de layout no próximo passo e daremos um salto para baixo da coluna do centro. Deixe a caixa de seleção Blend Images Together selecionada. Agora, há duas outras opções úteis, dependendo de como você fotografa sua panorâmica: (1) se tiver vinheta de lente (as bordas das imagens aparecem escurecidas), selecione Vignette Removal (como fiz aqui), e mesmo que demore um pouco para devolver sua panorâmica, ele tentará remover a vinheta durante o processo (faz um trabalho satisfatório). Se estiver usando lentes olho de peixe da Nikon, Sigma ou Canon, selecione a caixa Geometric Distortion Correction na parte inferior para corrigir a distorção das lentes olho de peixe.

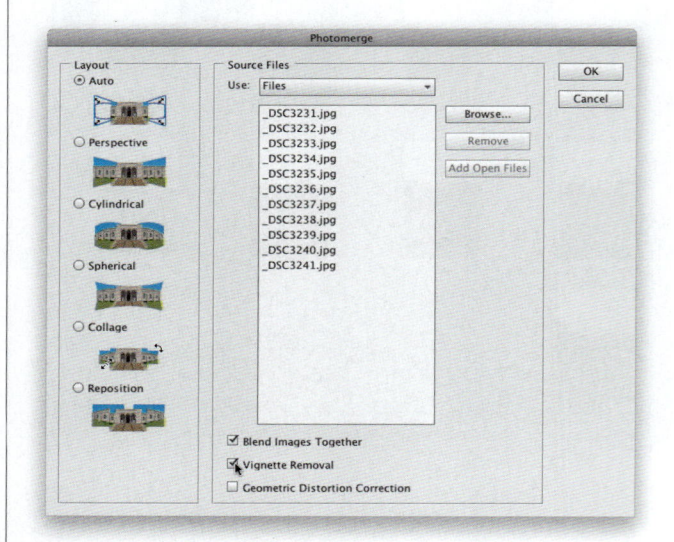

Adobe Photoshop CS5 | para fotógrafos digitais

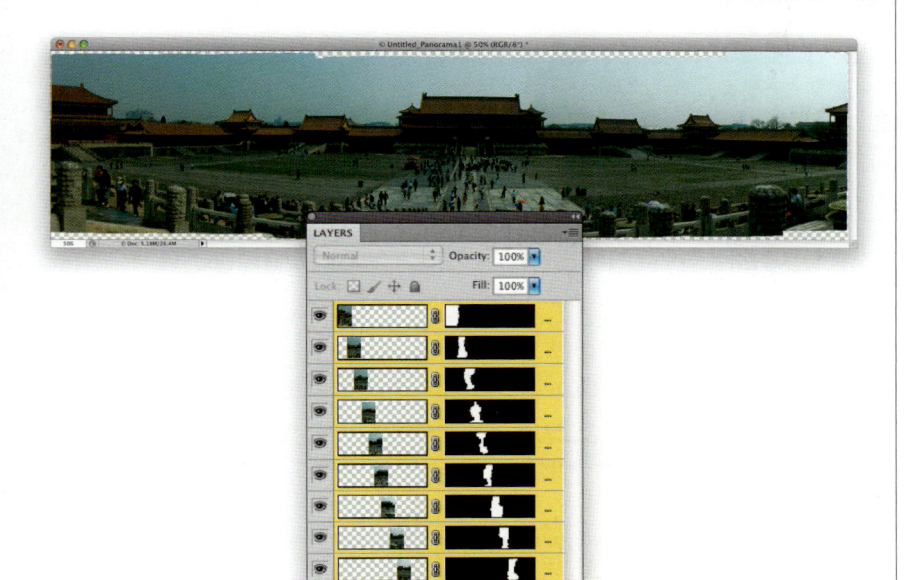

Passo quatro:
Na seção Layout à esquerda, a configuração-padrão é Auto (como vista no Passo três), e recomendo deixá-la configurada para Auto para conseguir a panorâmica ampla padrão que estamos procurando. As cinco escolhas de Layout abaixo de Auto (Perspective, Cylindrical, Spherical, Collage e Reposition) proporcionam… bem… panorâmicas esquisitas (esta é a melhor descrição que consigo dar), mas basta dizer que elas não lhe proporcionarão aquela panorâmica ampla que a maioria das pessoas quer. Então, vamos simplesmente ficar com Auto. Clique em OK e, dentro de alguns minutos (dependendo de quantas fotos você tirou para sua panorâmica), sua panorâmica será juntada sem deixar marca alguma (como visto aqui), e você verá barras de *status* que informam que ambos os recursos Auto-Align Layers e Auto-Blend Layers estão sendo aplicados para tornar este pequeno milagre uma realidade.

Passo cinco:
Para fazer essa panorâmica se encaixar perfeitamente, o Photomerge tem de mover e rearranjar as coisas, então é preciso cortar a foto para conseguir o resultado final desejado (ficamos com o trabalho fácil — cortar a foto leva uns dez segundos). Pegue a ferramenta Crop (**C**) e arraste para fora sua borda de corte (como você vê aqui, abrangendo o máximo possível da panorâmica sem deixar nenhuma falha).

Continua

DICA: Por que fazer panorâmicas com Photomerge em vez de Auto-Align Layers?

Se usar Auto-Align Layers, observará que os recursos de layout parecem os mesmos que no Photomerge. Então, por que e usá-lo para costurar as fotos? Porque ele faz mais do que apenas alinhar layers — empilha todas as imagens em um documento, alinha-as (como Auto-Align Layers) e, depois, combina-as em uma panorâmica sem marca alguma. Ele faz tudo de uma vez. Então, não deixe que o diálogo Photomerge o engane — ele está fazendo mais do que parece.

Passo seis:

Pressione **Return (PC: Enter)** e a panorâmica será cortada no tamanho certo (como mostrado abaixo), então você pode fazer outros ajustes. Para o Photoshop realizar esse milagre, há uma regra da qual precisa se lembrar quando estiver fotografando: sobreponha cada segmento de foto em torno de 20%. Esta é a regra que ainda ensino. Faça isto, e o Photomerge cuidará do resto.

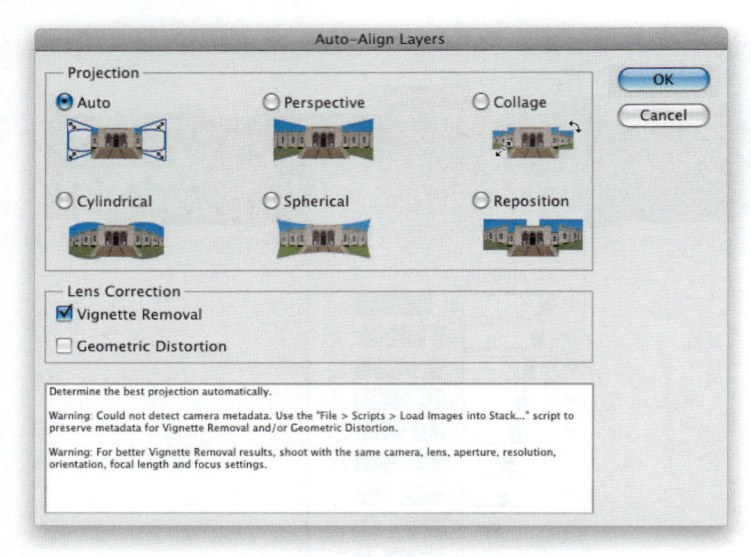

Adobe Photoshop CS5 | para fotógrafos digitais

Ser capaz de transformar facilmente uma foto em uma pintura realista esteve na lista de desejos dos fotógrafos por bastante tempo (esse visual é muito popular com fotógrafos de casamento e de retratos), e no Photoshop CS5, a Adobe atualizou de maneira importante as ferramentas de pintura e mecanismo de pintura, permitindo as foto-pinturas mais realistas feitas até hoje. A ideia não é pintar o tema a partir do zero, mas usar as cores e os tons da imagem original e misturá-los usando pincéis que fazem com que a foto pareça uma pintura (felizmente, isso é mais fácil de se fazer do que parece a princípio).

Transforme sua foto em uma pintura

Passo um:
Abra a imagem que você quer transformar em uma pintura. Agora, você vai querer pintar sobre um layer em separado acima do layer Background, então comece criando um novo layer (clique no ícone Create a New Layer na parte inferior do painel Layers). Em seguida, pegue a ferramenta nova Mixer Brush da caixa de ferramentas (clique e segure a ferramenta Brush, e as outras aparecerão em um menu *flyout* [como mostrado aqui], ou pressione **Shift-B** até que ela apareça).

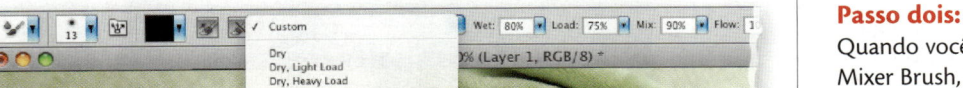

Passo dois:
Quando você escolhe uma ferramenta Mixer Brush, todo tipo de opções de Brush aparece na barra Options, junto de vários Presets Blending Brush Combination para como o pincel aplica a sua "tinta." Para este projeto, usaremos um visual de pintura a óleo, então, no menu pop-up Presets, escolha **Very Wet, Heavy Mix** (como mostrado aqui).

Continua

Efeitos especiais para fotógrafos | Capítulo 10 | 307

Passo três:
Há algumas outras mexidinhas que precisamos fazer na barra Options para configurar nosso pincel como precisamos para este visual. Começando à esquerda, há um botão para carregar o pincel após cada pincelada, selecionado por padrão. Vá em frente e anule essa seleção clicando no botão (está circulado aqui em vermelho). Agora, vá bem para a direita para a barra Options e selecione a caixa de seleção Sample All Layers. Isto é realmente importante, porque selecionar esse recurso permite que usemos automaticamente as cores da foto original no layer Background, que é de certa forma a chave para fazer tudo isso funcionar.

Passo quatro:
Uma última coisa antes de começarmos a pintar: temos de escolher a ponta de nosso pincel. Clique no ícone Brush no canto mais à esquerda da barra Options (é o segundo ícone a partir da esquerda), e o Brush Picker aparecerá. Você começará pintando as áreas do Background primeiro, então vamos escolher um pincel bom para isto — o pincel Flat Fan High Bristle Count (como mostrado aqui).

Adobe Photoshop CS5 | para fotógrafos digitais

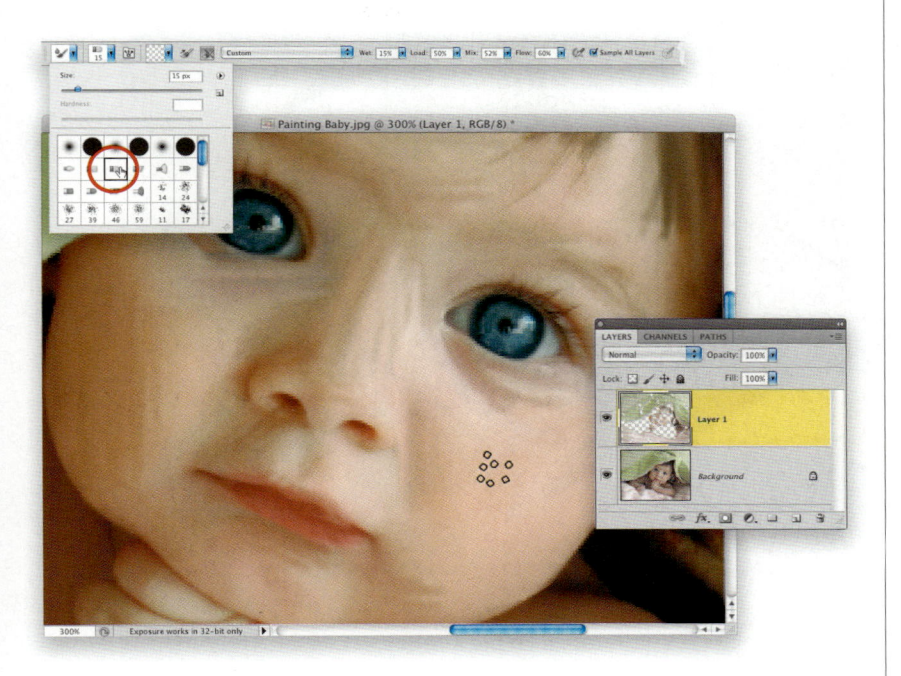

Passo cinco:
Agora, pinte a imagem, mas no sentido da forma (por exemplo, quando pintar o cabelo do bebê, faça isso na direção em que o cabelo está indo). Você precisará variar o tamanho do pincel com as **teclas de Colchetes Esquerdo** e **Direito** do teclado (a tecla do Colchete Esquerdo diminui o pincel; a do Direito, maior. Elas estão localizadas à direita da letra "P"). Comece pintando o cobertor sobre a cabeça do bebê, e tente ficar do lado de dentro das linhas, que agora sei tratar-se de um exercício limitador, porque no jardim de infância sempre nos diziam para ficar dentro das linhas, e agora as pessoas querem pintar fora das linhas para vivenciar um crescimento pessoal, mas elas não pintam com a ferramenta Mixer Brush no CS5. Então pinte do lado de dentro das linhas por ora, e deixe que seu terapeuta lide com as consequências na próxima consulta (brincadeira).

Passo seis:
Agora, pinte o cobertor sobre o qual o bebê está deitado. Para isso, escolha um pincel menor para as áreas de detalhes (como o rosto do bebê). Então, vá ao Brush Picker e escolha o pincel Round Curve Low Bristle Percent (como mostrado aqui), reduza seu tamanho e comece pintando os contornos do rosto (não vai ficar bom ainda, mas os próximos passos resolverão a questão. Além disso, se a imagem parecer "molhada demais", baixe o montante de Wet (na barra Options) para 15%, então baixe o de Mix para 52% e o de Flow para 60%; assim, a intensidade do efeito será muito mais baixa.

Continua

Efeitos especiais para fotógrafos | Capítulo 10 | 309

Passo sete:
Continue pintando, e variando o tamanho do pincel, até que a imagem esteja completamente pintada, então clique no layer Background e pressione **Command-J (PC: Ctrl-J)** para duplicá-lo. Arraste o layer duplicado para o topo da pilha de layers (como visto aqui), o que colocará a imagem original intocada sobre o topo da pilha. Agora, para combinar a imagem fotográfica original (com todos os detalhes originais) e a versão pintada que fez no layer abaixo dele, baixe a Opacity até chegar a uma mescla das duas de que goste (agradeço ao Russell Brown, da própria Adobe, pela ideia de trazer de volta a foto original para obtermos mais detalhes). Em nosso exemplo, baixei a Opacity para 40%, assim é possível ver bastante das pinceladas, mas retendo-se detalhe nas áreas principais.

Passo oito:
Um último passo: pressione **Command-Option-Shift-E (PC: Ctrl-Alt-Shift-E)**, para produzir um layer novo no topo da pilha que pareça com uma versão achatada de sua imagem. Agora, vá ao menu Filter, em Artistic, e escolha **Underpainting**. Quando a caixa de diálogo do filtro aparecer, não toque em nada — apenas clique em OK, o que colocará um efeito de *underpainting* completo, com a textura de uma tela, sobre toda a imagem. Felizmente, isso está no seu próprio layer, então para combinar esse layer de *underpainting* com textura com os layers abaixo dele, baixe a Opacity para 20% (como visto aqui) para completar esta versão simples do efeito pintado.

Adobe Photoshop CS5 | para fotógrafos digitais

Dicas matadoras de Photoshop

Como abrir múltiplos JPEGs ou TIFFs em Camera Raw do Mini Bridge
Abrir múltiplas fotos RAW do Mini Bridge é fácil — selecione quantas quiser e clique duas vezes em qualquer uma ou com o botão do mouse e escolha Open em Camera Raw. O problema é que isso não funciona para imagens JPEG ou TIFF, a não ser que você faça duas coisas primeiro: (1) vá ao menu Photoshop (PC: Edit), em Preferences, e escolha Camera Raw. Então, na parte inferior do painel, na seção JPEG e TIFF Handling, mude ambos os menus pop-up para Automatically Open All Supported JPEGs/TIFFs (felizmente, você só precisa fazer isso uma vez). Reinicie o Photoshop, selecione múltiplas imagens JPEG ou TIFF no Mini Bridge, clique com o botão direito do mouse em qualquer uma e escolha Open in Default Application; todas elas abrirão em Camera Raw.

Dica CS5 para usuários do Wacom Tablet
Se você usa um Wacom tablet para realizar retoques, há dois botões novos no CS5 que evitam que você precise saltar para o painel Brushes quando tiver de controlar a Opacity ou o tamanho. Eles aparecem na barra Options quando você tem uma ferramenta de pincel selecionada (eles se parecem com círculos com uma caneta em cima). Clicando neles, você suprime as configurações atuais no painel Brushes, de maneira que isso lhe poupa uma viagem aos controles Opacity ou Size para selecionar os dois primeiros.

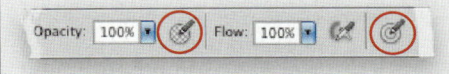

Se o Photoshop começar a agir estranhamente...
...ou se algo não funcionar como antes, é provável que suas preferências tenham se corrompido, o que acontece com quase todo mundo em algum momento. Substituí-las por preferências novas recém-saídas de fábrica resolverá quase 99% de seus problemas no Photoshop (e é a primeiríssima coisa que o suporte técnico da Adobe lhe dirá para fazer). Vale a pena fazê-lo. Para reconstruir suas preferências, saia do Photoshop, pressione e segure Command-Option-Shift (PC: Ctrl-Alt-Shift) e inicialize o Photoshop (continue segurando as teclas). Uma caixa de diálogo aparecerá perguntando se deseja apagar o Adobe Photoshop Settings File. Clique em OK, e é bem provável que seus problemas desapareçam.

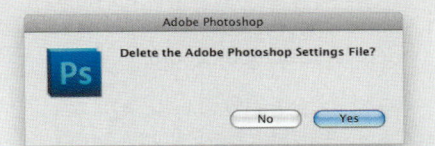

Criando um documento novo com as mesmas especificações que outro aberto
Se tiver uma imagem já aberta e quiser criar um documento novo em branco com o mesmo tamanho, resolução e espaço de cor, pressione Command-N (PC: Ctrl-N) para abrir a caixa de diálogo New, então, da janela pop-up Preset no topo, escolha o nome do documento já aberto. Ele assumirá todas as especificações daquele documento e preencherá todos os campos. Tudo o que você tem de fazer é clicar em OK.

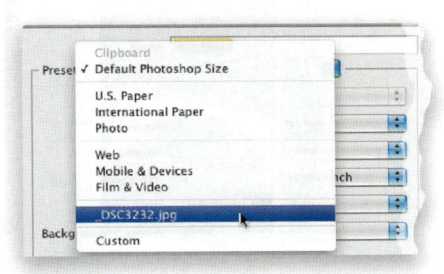

Continua

Dicas matadoras de Photoshop

Troca de ferramentas temporária super-rápida

Este recurso a Adobe introduziu de volta no CS4, mas poucas pessoas sabiam que ele existia. É o Spring Loaded Tools, que permitem o acesso temporário a qualquer outra ferramenta ao usar sua ferramenta atual. Ao terminar, o Photoshop automaticamente a trocará de volta. Funciona assim: digamos que você tenha a ferramenta Brush, mas precisa colocar uma seleção Lasso sem pintar fora dela, então pressione e segure a tecla L (para a ferramenta Lasso), e sua ferramenta Brush temporariamente vai virar a ferramenta Lasso. Faça sua seleção e solte a tecla L. Assim, estará de volta à ferramenta Brush. Este recurso lhe poupará tempo e problemas.

Designando mais RAM para o Photoshop

Você pode controlar quanto da memória RAM instalada em seu computador é reservada para o uso do Photoshop. Pressione Command-K (PC: Ctrl-K) para selecionar Preferences do Photoshop e, então, clique em Performance na lista do lado esquerdo do diálogo. Agora verá um gráfico em barra com um controle deslizante que representa quanto de sua memória RAM instalada será reservada para o Photoshop. Arraste-o para a direita para alocar mais memória RAM para o Photoshop (as mudanças não terão efeito até você reinicializar o Photoshop).

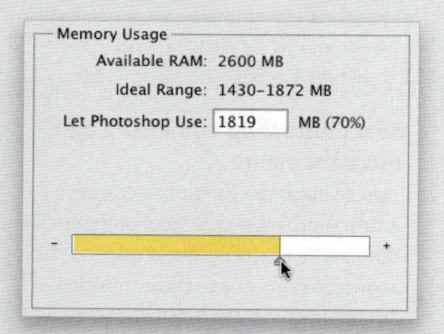

Não gosta da ferramenta de Zoom shift-arraste-para a direita fazendo zoom no CS5?

Eu a adoro, mas se ela o incomoda, desabilite-a: clique na ferramenta Zoom (o ícone da lupa) e, então, em cima na barra Options, anule a seleção na caixa de seleção Scrubby Zoom.

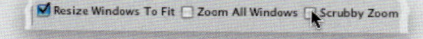

Mantendo sempre o recurso Free Transform selecionado

Se estiver fazendo uma série de redimensionamentos de objetos ou seleções, pressionará Command-T (PC: Ctrl-T) diversas vezes para abrir o recurso Free Transform, mas há um jeito mais rápido. Clique na ferramenta Move e, então, na barra Options, selecione a caixa Show Transform Controls. Isso deixa as alças de Free Transform visíveis o tempo todo, em torno de qualquer seleção ou objeto sobre um layer, de maneira que tudo que precisa fazer é selecionar um canto e arrastar (pressione e segure a tecla Shift para que as coisas continuem se redimensionando proporcionalmente).

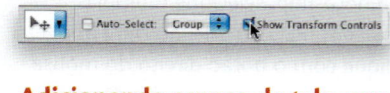

Adicionando espaço de tela com a ferramenta de corte

Se quiser adicionar algum espaço de tela branco em torno da imagem, pode fazê-lo visualmente (em vez de numericamente no Canvas Size):

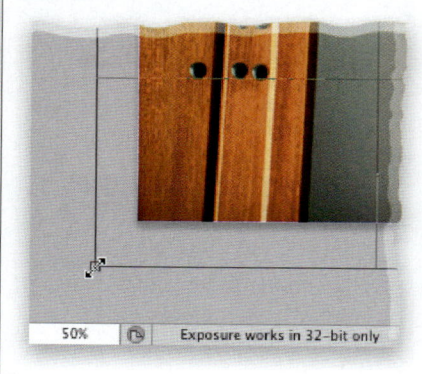

Adobe Photoshop CS5 | para fotógrafos digitais

Dicas matadoras de Photoshop

arraste a ferramenta Crop além das bordas da imagem. Arraste as alças da ferramenta Crop até a área cinza, representando, assim, o montante de espaço que você quer adicionar, então clique a tecla Return (PC: Enter), e essas áreas fora da imagem são adicionadas como espaço de tela branca.

Poupe tempo ao salvar
Quando você clica no botão Save Image na parte inferior à esquerda da janela do Camera Raw, ele abre a caixa de diálogo Save Options, mas, se você não precisar fazer nenhuma mudança nas configurações, pule completamente este diálogo pressionando e segurando a tecla Option (PC: Alt) antes de clicar no botão Save Image. Ei, todo clique poupado conta.

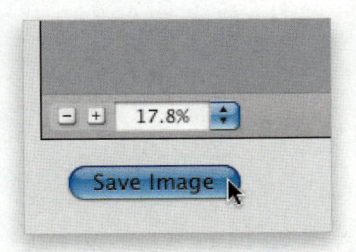

Girando um corte de largura para altura enquanto mantém a mesma razão de imagem
Este é mais um daqueles truques do Camera Raw pouco conhecidos: clique e segure a ferramenta Crop na barra de ferramentas e escolha Constrain Image do menu pop-up. Em seguida, escolha uma razão de imagem do menu pop-up da ferramenta Crop ou escolha Custom

e um tamanho personalizado; arraste a borda de corte para onde quiser. Agora, para girá-la e manter a mesma razão de corte ou tamanho personalizado, pegue um ponto no canto inferior e arraste-o reto para cima obtendo uma imagem vertical (siga arrastando até ela girar), ou para imagens horizontais, arraste reto horizontalmente para a direita ou esquerda até ela girar. Este recurso também funciona enquanto estiver arrastando a borda de corte sem soltar o botão do mouse (então, se arrastar para obter uma imagem horizontal e decidir que quer uma imagem vertical, você pode girá-la e seguir arrastando).

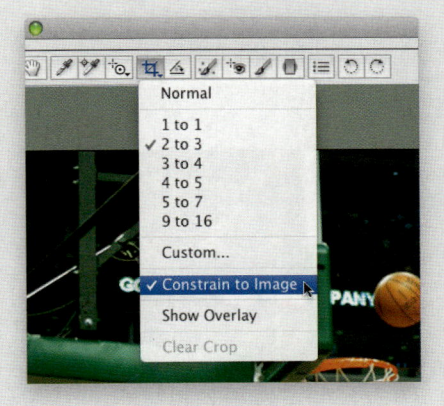

Atalhos para mudar a ordem dos layers
Eu uso muito esses atalhos, pois eles poupam uma viagem até o painel Layers dezenas de vezes por dia. Para mover seu layer atual para cima de um layer (na pilha de layers), pressione Command-] (tecla de Colchete Direito; PC: Ctrl-]). E, é claro, para mover para

baixo, você usaria o mesmo atalho com a tecla de Colchete Esquerdo ([). Para mover o layer atual até o topo, adicione a tecla Shift. Lógico, você não consegue mover nada abaixo do layer Background trancado.

Efeitos especiais para fotógrafos | Capítulo 10

Fotógrafo Scott Kelby | Velocidade de obturador: 1/1250 sec | Distância focal: 18mm | Diafragma: *f*/7

Capítulo 11 Técnicas para incrementar a nitidez

Afie seus dentes
técnicas para incrementar a nitidez

Eu tinha dois títulos de canções realmente bons para escolher para este capítulo: "Sharpen Your Teeth" da banda Ugly Casanova ou "Sharpen Your Sticks" da The Bags. Será inpressão minha ou se esgotaram completamente os nomes bacanas para bandas? Quando eu era garoto (uns poucos anos atrás, viu?), os nomes das bandas faziam sentido. Elas eram The Beatles, The Turtles, The Animals, The Monkees, The Flesh Eating Mutant Zombies, The Carnivorous Flesh Eating Vegetarians e The Bulimic Fresh Salad Bar Restockers, e nomes que realmente faziam sentido. Mas, The Bags? A não ser que este seja um grupo cujos membros sejam constituídos por mulheres idosas de Yonkers, acho que o nome está completamente equivocado. Veja bem, na minha juventude, quando uma banda era chamada The Turtles,[1] seus membros pareciam e agiam como tartarugas. É isso que o tornava um grande nome (você lembra do grande sucesso deles, "Espiando para fora do meu casco", ou quem esqueceria "Cruzando lentamente uma estrada movimentada" ou meu favorito, "Fui atropelado atravessando uma estrada movimentada"?). Mas, hoje, você não precisa ser feio para estar em uma banda chamada Ugly Casanova,[2] e acho que isso está simplesmente errado. É uma chamada clássica. Se eu estivesse em uma banda (e estou), eu a chamaria de uma maneira que refletisse a formação real do grupo e como nós somos. Um nome ideal para nossa banda seria Os Caras Incrivelmente Bonitos e Fortes com Barrigas Tanquinho (apesar de que nossos fãs provavelmente nos chamariam simplesmente de *OCIBFBT*, para abreviar). Eu consigo nos ver tocando em spas e grandes academias, e onde outras pessoas bonitas (como nós) se reúnem para confraternizar a beleza. Então, à medida que nossa popularidade aumentasse, teríamos de contratar um agente. Não levaria muito tempo para que ele nos reunisse para dizer que vivíamos uma mentira, e que OCIBFBT não é realmente o nome certo para nossa banda, e ele proporia algo como Gatões Musculosos Cheios do Dinheiro, ou mais provavelmente, The Bags.

---

[1] "Os Tartarugas." (N. T.)

[2] "O Casanova Feio." (N. T.)

Adobe Photoshop CS5 | para fotógrafos digitais

Fundamentos das técnicas para incrementar a nitidez

Após ter corrigido as cores da foto e antes de salvar o arquivo, você vai querer incrementar a nitidez dela. Incremento a nitidez de todas as fotos tiradas com câmeras digitais, para devolver a nitidez original perdida durante o processo de correção, ou para ajudar a consertar uma foto fora de foco. De qualquer maneira, até hoje não encontrei uma foto de câmera digital (ou escaneada) que não precisasse de incremento de nitidez. A seguir, temos uma técnica básica para incrementar a nitidez da foto inteira.

Passo um:
Abra a foto a ser trabalhada. Como o Photoshop exibe a foto de maneira diferente em diversas ampliações, escolher a ampliação certa (também chamada de quantidade de zoom) para incrementar a nitidez é fundamental. Como as câmeras digitais atuais produzem arquivos grandes, é aceito que a ampliação apropriada durante o incremento de nitidez seja de 50%. Se olhar em cima, na barra de título da janela da imagem, é exibida a porcentagem atual de zoom (mostrada circulada aqui em vermelho). Para conseguir uma ampliação de 50% é preciso pressionar **Command-+ (sinal de mais; PC: Ctrl-+)** ou **Command- – (sinal de menos; PC: Ctrl-–)** para aumentar ou reduzir o zoom da ampliação.

Passo dois:
Ao ver a foto em um tamanho de 50%, vá ao menu Filter, Sharpen e escolha **Unsharp Mask**. (Se estiver familiarizado com as técnicas de câmara escura tradicionais, provavelmente conhece a expressão "unsharp mask", de quando fazia cópia borrada da foto original, e a versão "*unsharp*" [sem nitidez] para ser usada como máscara a fim de criar uma foto nova com bordas mais nítidas.)

Adobe Photoshop CS5 | para fotógrafos digitais

Passo três:
Quando o diálogo Unsharp Mask aparecer, haverá três controles deslizantes. O Amount determina quanto incremento de nitidez será aplicado à foto; o Radius, quantos pixels da borda o incremento de nitidez afetará; e o Threshold, o quão diferente um pixel deve ser da área circundante antes de ser considerado um pixel de borda e ter a nitidez incrementada pelo filtro (aliás, o Threshold funciona de maneira oposta à que você pensaria — quanto mais baixo o número, mais intenso o incremento de nitidez). Então, quais números você vai escolher? Vou lhe passar alguns pontos de partida excelentes nas páginas a seguir, mas, por ora, usaremos apenas as seguintes configurações — Amount: 120%, Radius: 1, e Threshold: 3. Clique em OK e o incremento de nitidez será aplicado à foto inteira (veja a foto Depois abaixo).

Antes

Depois

Continua

Técnicas para incrementar a nitidez | Capítulo 11 | 317

Incremento de nitidez para temas suaves:

Eis as configurações Unsharp Mask — Amount: 150%, Radius: 1, Threshold: 10 — que funcionam bem para imagens cujo tema é de natureza mais suave (flores, filhotes, pessoas, arco-íris etc.). Trata-se de uma aplicação sutil de incremento de nitidez.

Incremento de nitidez para retratos:

Se estiver incrementando a nitidez de retratos com close-up, tente estas configurações — Amount: 75%, Radius: 2, Threshold: 3 — para outra forma de incremento de nitidez sutil, mas com potência suficiente para fazer os olhos brilharem um pouco e para destacar as altas luzes no cabelo da pessoa da foto.

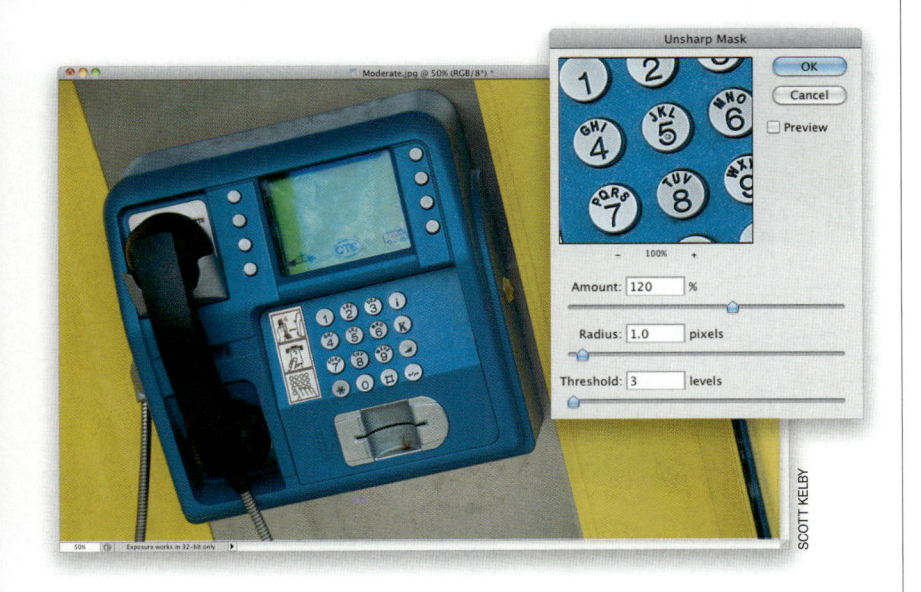

Incremento de nitidez moderado:
Este é o montante de incremento de nitidez que funciona em tudo, de fotos de produtos e de interiores a paisagens (e, também, em um telefone público). As minhas configurações favoritas quando você precisa de um incremento de nitidez vigoroso são as seguintes — Amount: 120%, Radius: 1, Threshold: 3 —; veja o que você acha (aposto que vai gostar). Note como elas acrescentaram vigor e detalhe aos botões.

Incremento de nitidez máximo:
Uso as seguintes configurações — Amount: 65%, Radius: 4, Threshold: 3 — em apenas duas situações: (1) a foto está visivelmente fora de foco e precisa de uma aplicação pesada de incremento de nitidez para deixá-la focada novamente; e (2) a foto contém muitas bordas bem definidas (por exemplo, rochas, prédios, moedas, carros, máquinas etc.). Nesta foto, a grande quantidade de incremento de nitidez realmente traz à tona os detalhes ao longo da linha do telhado e nos postigos e tijolos.

Continua

Incremento de nitidez para todos os fins:

Essas são as minhas configurações gerais de incremento de nitidez favoritas — Amount: 85%, Radius: 1, Threshold: 4 —, e as uso na maioria das vezes. Não é o tipo que "derruba" as pessoas — talvez seja por isso que eu gosto dele. É sutil o suficiente para ser aplicado duas vezes se a foto não parecer nítida o bastante com a primeira aplicação, mas em geral uma vez basta.

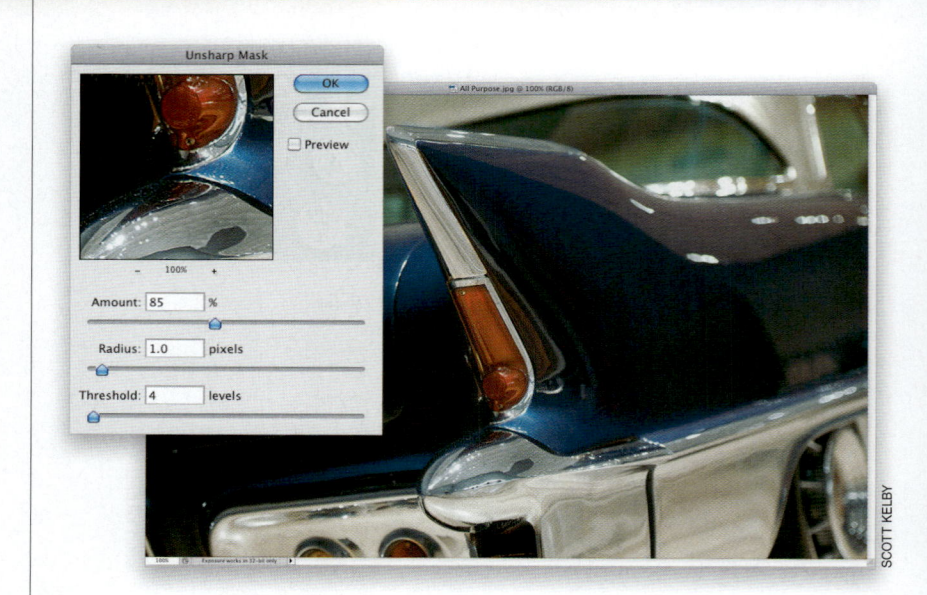

Incremento de nitidez para imagens na Web:

Uso as configurações — Amount: 200%, Radius: 0,3, Threshold: 0 — para fotos na Web que pareçam borradas. (Quando baixarmos a resolução de uma foto de 300 ppi para 72 ppi para a Web, geralmente ela fica um pouco borrada e suave.) Se o incremento de nitidez não deixar a foto nítida o suficiente, tente aumentar a quantidade para 400%. Eu também uso essa mesma configuração (Amount: 400%) em fotos fora de foco. Ela adiciona algum ruído, mas já a vi resgatar fotos que quase joguei fora.

Chegando às suas próprias configurações:

Se quiser experimentar e chegar à sua própria combinação personalizada de incremento de nitidez, vou-lhe passar alguns intervalos típicos para cada ajuste de maneira que você possa encontrar seu próprio ponto ótimo de incremento de nitidez.

Amount

Intervalos típicos vão de 50% a 150%, mas não é uma regra rígida — apenas um intervalo típico para ajustar o Amount, para o qual valores abaixo de 50% não terão efeito suficiente, e acima de 150% podem trazer-lhe problemas de incremento de nitidez (dependendo de como o Radius e o Threshold forem configurados). Você está relativamente seguro se permanecer abaixo de 150%. (No exemplo aqui, reconfigurei o Radius e o Threshold para 1 e 4, respectivamente.)

Radius

Na maioria das vezes, você usará apenas 1 pixel, mas pode chegar a até (prepare-se) 2. Você viu uma configuração que passei anteriormente para situações extremas, nas quais pode levar o Radius para até 4 pixels. Uma vez, ouvi falar de um homem em Cincinnati que usava 5, mas não sei se acreditei na história. (Incidentalmente, a Adobe permite que você aumente o montante de Radius para [veja bem] 250! Se quiser saber minha opinião, qualquer pessoa que use 250 como configuração de Radius deveria ser presa por um período de um ano e uma multa de US$ 2.500,00.)

Continua

Threshold

Um intervalo bastante seguro para a configuração de Threshold fica em algum ponto entre 3 e 20, mais ou menos (3 é a configuração mais intensa, e 20, uma configuração muito mais sutil. Eu sei, 3 não deveria ser a mais sutil e 20 a mais intensa? Melhor deixar assim). Se precisa aumentar a intensidade do incremento de nitidez, poderá baixar o Threshold para 0, mas fique de olho no que está fazendo (preste atenção se não há ruído na foto).

A imagem final

Para a imagem nítida final vista aqui, usei as configurações de Incremento de nitidez de retrato já passada, e, então, arrastei o controle Amount para a direita (aumentando a quantidade de incremento de nitidez), até que ficou bom para mim (terminei com quase 85%, assim não precisei arrastar o Amount muito longe). Se não se sentir à vontade para criar suas próprias configurações Unsharp Mask personalizadas, escolha um ponto de partida (um dos conjuntos de configurações que eu passei nas páginas anteriores), e mova o Amount e nada mais (desse modo, não toque nos controles Radius e Threshold). Tente por um tempo, e não levará muito para se perguntar: "Será que baixar o Threshold vai me ajudar de alguma forma?". E, a esta altura, você estará perfeitamente à vontade com isso.

Antes *Depois*

Adobe Photoshop CS5 | para fotógrafos digitais

Incrementando a luminosidade

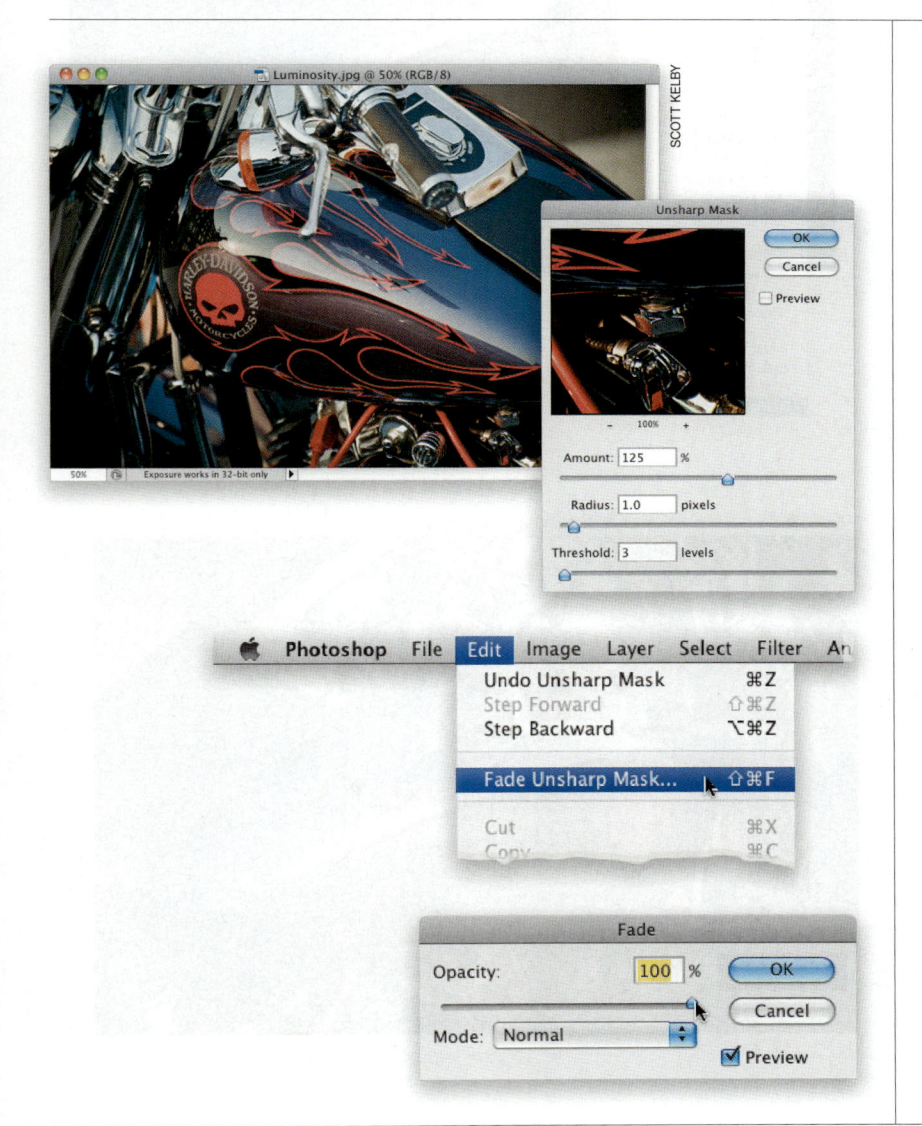

Esta técnica de incremento de nitidez é a que eu mais uso, e ela substituiu a técnica em laboratório — *Lab Sharpening* —, que eu costumava usar no passado, pois é mais rápida, mais fácil e consegue o mesmo resultado, que é ajudar a evitar auréolas e cores (manchas e ruído) que aparecem quando você adiciona um excesso de nitidez à foto. Como ela ajuda a evitar estes problemas, você pode aplicar mais incremento de nitidez do que normalmente conseguiria.

Passo um:
Abra a foto RGB cuja nitidez queira incrementar e aplique Unsharp Mask normalmente (nessa foto vamos aplicar Amount: 125, Radius: 1, Threshold: 3 — minha receita para um incremento de nitidez legal e vigoroso).

Passo dois:
Após aplicar o incremento de nitidez, vá ao menu Edit e escolha **Fade Unsharp Mask** (como mostrado a seguir).

DICA: O controle que desfaz
Penso no Fade Opacity (visto aqui) como "O controle que desfaz" porque, se o arrastar até 0, ele desfará o incremento de nitidez. Se o deixar em 100%, terá o incremento de nitidez máximo. Se o baixar para 50%, terá metade desse incremento aplicado. Então, se aplico um incremento de nitidez e acho que foi demais, em vez de mudar as configurações, uso o Fade Opacity para baixar essa quantidade. Também usarei Fade quando aplicar algum incremento de nitidez que não seja suficiente. Apenas reaplico o filtro Unsharp Mask, então baixo o Opacity para 50%. Assim, consigo 1½ incrementos de nitidez.

Continua

Passo três:
Agora, você pode ignorar o controle Opacity, porque a única coisa que vai fazer aqui é mudar o menu pop-up da caixa de diálogo Fade de Normal para **Luminosity** (como mostrado aqui). Então, o incremento de nitidez será aplicado às áreas de luminosidade (detalhes) da foto, e não às coloridas, evitando, assim, auréolas de cores e outras armadilhas que ocorrem ao se incrementar a cor de uma imagem.

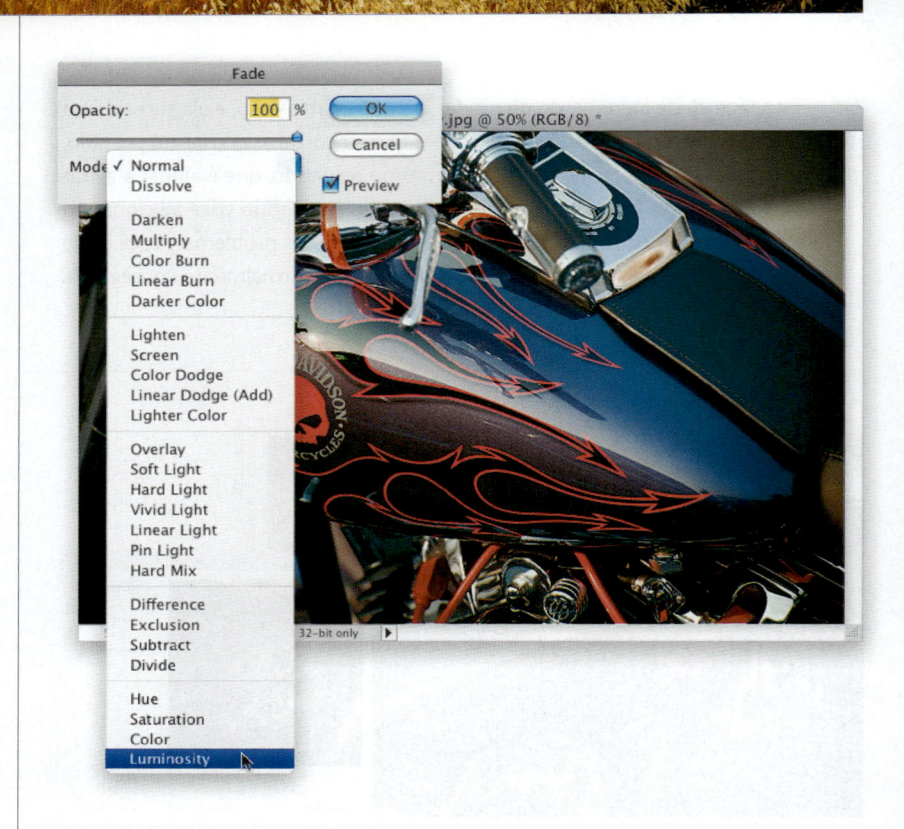

Passo quatro:
Clique no botão OK, e agora o incremento de nitidez será aplicado apenas na luminosidade da imagem (muito parecido com o modo de laboratório que costumávamos fazer, em que convertíamos a imagem para modo de cor de laboratório — *Lab color mode* —, incrementávamos a nitidez do canal Lightness e, então, convertíamos para a cor RGB). Mas, você deveria aplicar esse tipo de incremento de nitidez a toda foto de câmera digital que tirar? Eu aplicaria. Na realidade, eu aplico, e tendo em vista que uso muito essa função, automatizei o processo (como você verá no próximo passo).

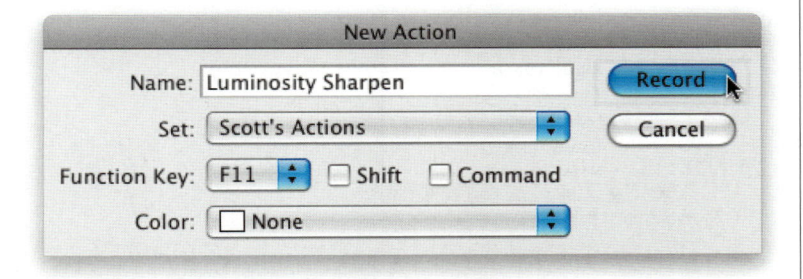

Passo cinco:
Abra uma foto RGB diferente e vamos refazer toda a função de incremento de nitidez Luminosity, mas, dessa vez, antes de começar o processo, vá ao menu Window e escolha **Actions** para abrir o painel (visto aqui). Ele é um "gravador de passos" que grava qualquer conjunto de passos repetitivos e lhe permite reproduzi-los instantaneamente pressionando um botão (você vai gostar realmente disto). No painel Actions, clique no ícone Create New Action na parte inferior do painel (ele parece exatamente com o ícone Create a New Layer do painel Layers e é mostrado circulado em vermelho aqui).

Passo seis:
Ao clicar nele, o diálogo New Action surge (mostrado aqui), e o campo Name é destacado. Então vá em frente e dê à nova ação um nome. (Eu chamei a minha de "Luminosity Sharpen". Eu sei, que original!) Então, no menu pop-up Function Key, escolha o número da tecla de Função (*F-key*) no teclado que deseja designar para a ação (essa é a tecla que você vai pressionar para que a ação faça seu trabalho). Eu designei a minha F11, mas você pode escolher qualquer tecla de função disponível que lhe caia bem (embora todo mundo saiba que a F11 é a tecla de função mais maneira — é só perguntar para qualquer um. Em um Mac, talvez você precise desligar o atalho de teclado OS para F11 primeiro). Você notará que o diálogo New Actions não tem botão OK. Em vez disso, há um botão Record, porque, ao deixar o diálogo, o Photoshop começa a gravar seus passos. Então, vá em frente e clique em Record.

Continua

Passo sete:
Com o Photoshop gravando cada movimento que você faz, utilize a técnica de incremento de nitidez Luminosity vista nas páginas anteriores (aplique sua configuração Unsharp Mask favorita, então vá ao menu Edit, escolha Fade Unsharp Mask e, quando a caixa de diálogo aparecer, mude o modo de mesclagem para Luminosity e clique em OK. Além disso, se você gosta de uma segunda ajuda de incremento de nitidez, pode passar o filtro novamente, mas não se esqueça do Fade to Luminosity quando terminar). Agora, no painel Actions, clique no ícone Stop na parte inferior do painel (é o ícone quadrado, primeiro a partir da esquerda, mostrado circulado aqui em vermelho).

Passo oito:
Isso encerra o processo de gravação. Se olhar no painel Actions, verá todos os seus passos gravados na ordem que escolheu. E, se expandir o triângulo voltado para a direita ao lado de cada passo (como mostrado aqui), verá mais detalhes, incluindo configurações individuais, para os passos gravados. Você pode ver aqui que usei as configurações Unsharp Mask de: Amount 120%, Radius 1 e Threshold 3.

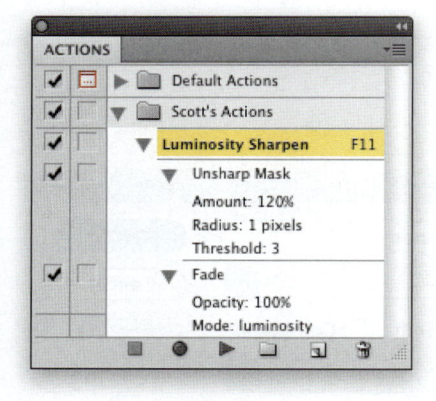

Adobe Photoshop CS5 | para fotógrafos digitais

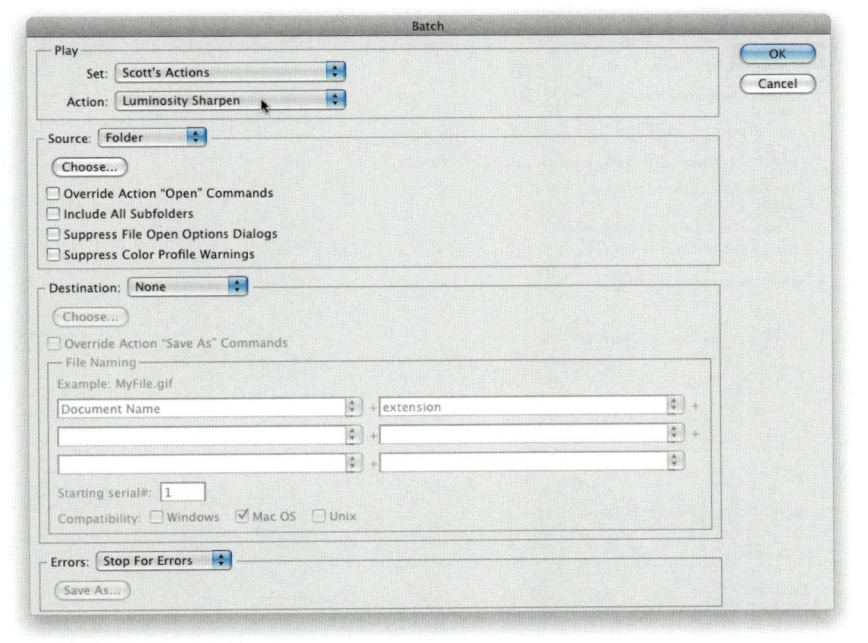

Passo nove:
Agora, abra outra foto RGB e vamos testar sua Action para ver se funciona (é importante testá-la agora antes de seguir para o próximo passo). Pressione a tecla F que você designou para a ação (você escolheu F11, certo? Eu sabia!). O Photoshop imediatamente aplica o incremento de nitidez para a Luminosity, e o faz muito mais rápido do que você faria manualmente um dia, porque ocorre nos bastidores sem caixas de diálogos para atrapalhar.

Passo dez:
Agora que testou sua Action, vamos colocá-la para trabalhar. É claro, você poderia abrir mais fotos e então pressionar F11 para que sua ação Luminosity incremente a nitidez de cada uma delas, mas há uma maneira melhor. Se tiver gravado uma Action, poderá aplicá-la para uma pasta inteira de fotos — e o Photoshop automatizará totalmente o processo para você (literalmente, vai abrir cada foto na pasta e aplicar seu incremento de nitidez Luminosity, e então vai salvar e fechar cada foto — tudo isso automaticamente. Legal, não é?). Isso se chama processamento em lote, e veremos a seguir como funciona: vá ao menu File, em Automate e escolha **Batch** para abrir a caixa de diálogo Batch (ou você pode escolher Batch no menu do ícone Tools, submenu do Photoshop, entre as opções do Mini Bridge — você tem de selecionar as fotos do lote em que quer incrementar a nitidez primeiro). No topo da caixa de diálogo, dentro da seção Play, escolha a ação de Luminosity Sharpen no menu pop-up Action (se ele não estiver selecionado ainda, como mostrado aqui).

Continua

Passo onze:
Na seção Source da caixa de diálogo Batch, você diz ao Photoshop em qual pasta de fotos quer aplicar Luminosity. Então, escolha **Folder** no menu pop-up Source (você também pode escolher Bridge para realizar a ação em lote sobre fotos selecionadas do Mini Bridge ou Big Bridge, ou pode importar fotos de outra fonte, ou, ainda, escolher para aplicar sobre imagens que já estão abertas no Photoshop). Então, clique no botão Choose. Uma caixa de diálogo Open padrão aparecerá (mostrado aqui); então você pode navegar para a pasta em que quer incrementar a nitidez. Ao encontrá-la, clique nela (como mostrado) e, depois, no botão Choose (PC: OK).

Passo doze:
Na seção Destination da caixa de diálogo Batch, você diz ao Photoshop onde quer colocar as fotos assim que a ação for concluída. Se escolher Save e Close no menu pop-up Destination (como mostrado aqui), o Photoshop salvará as imagens na mesma pasta em que você está. Se selecionar Folder no menu pop-up Destination, o Photoshop colocará suas fotos com sua nitidez incrementada pelo recurso Luminosity em uma pasta totalmente diferente. Para fazer isso, clique no botão Choose, na seção Destination, navegue para a pasta que deseja escolher (ou crie uma nova), e clique em Choose (PC: OK).

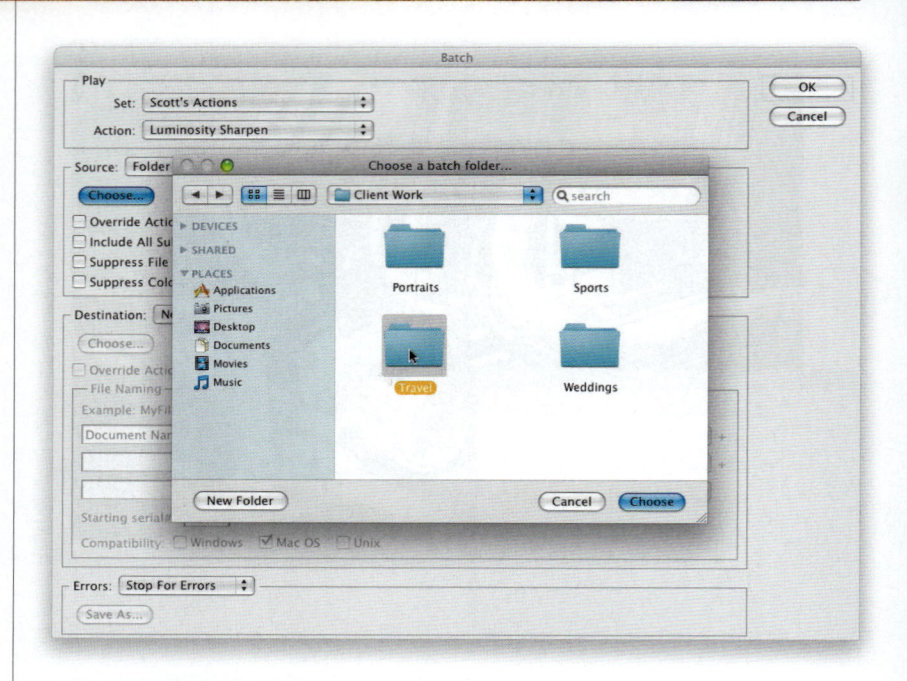

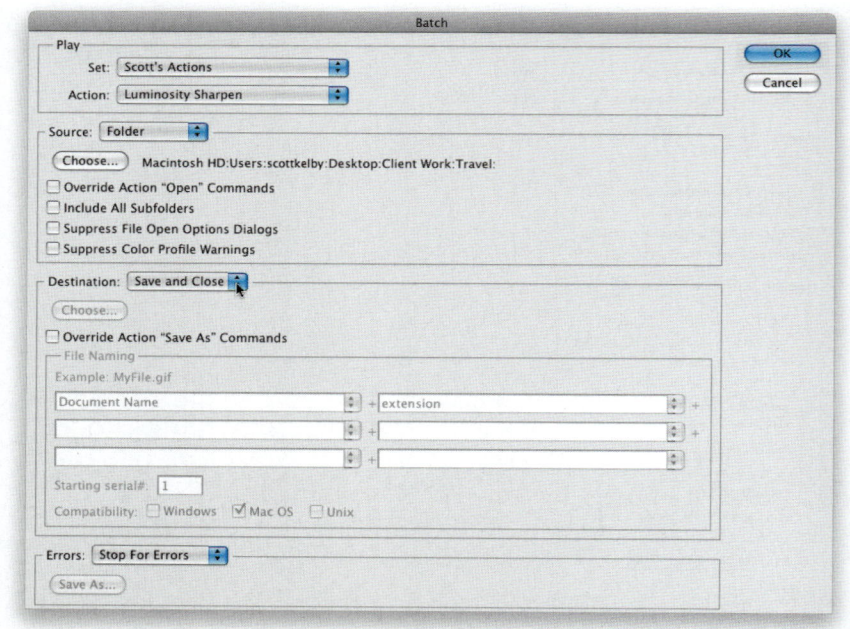

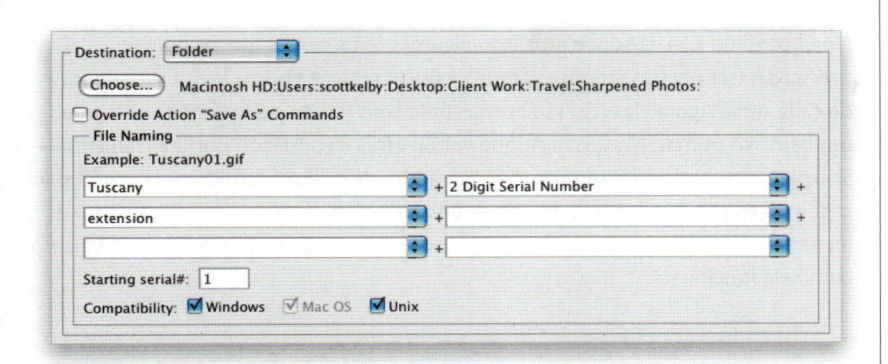

Passo treze:
Se escolher mudá-las para uma pasta nova, pode renomeá-las no processo. Eis um resumo de como funciona a nomeação de um arquivo: no primeiro campo da seção File Naming, digite o nome básico que quer para todos os seus arquivos. Nos outros campos, escolha (de um menu pop-up) o esquema de numeração automática a ser usado (adicionando um número de 1 dígito, de 2 dígitos etc., e, se escolher isso, há um campo próximo da parte inferior onde você escolhe qual o número inicial). Você também pode adicionar a extensão de arquivo apropriada (JPG, TIFF etc.) em caixa alta ou caixa baixa ao fim do novo nome. Na parte inferior do diálogo, há uma fila de caixas de seleção para escolher a compatibilidade com outros sistemas operacionais (Compatibility). Geralmente seleciono todas elas, porque nunca se sabe. Quando finalmente tiver terminado o diálogo Batch, clique em OK, e o Photoshop incrementará a nitidez com o recurso Luminosity, renomeará e salvará todas as suas fotos em uma nova pasta. Legal!

Adobe Photoshop CS5 | para fotógrafos digitais

Usando a ferramenta de incremento de nitidez atualizada do CS5

No Photoshop CS4, a Adobe atualizou algumas ferramentas que realmente precisavam ser revistas (como as Dodge e Burn) reescrevendo a lógica subjacente de cada uma. Agora elas não são apenas utilizáveis (talvez pela primeira vez), mas também são ótimas. No CS5, a Adobe voltou atrás e consertou outra ferramenta — a Sharpen —, tirando-a de seu papel de "geradora de ruído/destruidora de pixels" para o que o gerente de produtos da Adobe Bryan Hughes chamou "... a ferramenta de incremento de nitidez mais avançada em qualquer um de nossos produtos". Vejamos como ela funciona.

Passo um:
Escolha a ferramenta Sharpen da caixa de ferramentas (abaixo da ferramenta Blur tool, como visto aqui). Depois, vá até a barra Options e certifique-se de que a caixa de seleção Protect Detail (mostrada circulada aqui em vermelho) esteja selecionada (esta é a caixa de seleção que faz toda a diferença, pois aciona o novo algoritmo de incremento de nitidez avançado do CS5 para essa ferramenta).

Passo dois:
Normalmente, duplico o layer Background neste ponto (pressionando **Command-J [PC: Ctrl-J]**) e aplico o incremento de nitidez para o layer duplicado. Assim, se achar que o incremento de nitidez parece intenso demais, posso baixar a Opacity desse layer. Também dou zoom (pressionando **Command-+ [sinal de mais; PC: Ctrl-+]** em uma área com detalhe (como o cinto da modelo), para ver melhor os efeitos do incremento de nitidez (outro benefício de se aplicar o incremento de nitidez a um layer duplicado é que você pode ver rapidamente um antes/depois de todo o processo mostrando/escondendo o layer).

Adobe Photoshop CS5 | para fotógrafos digitais

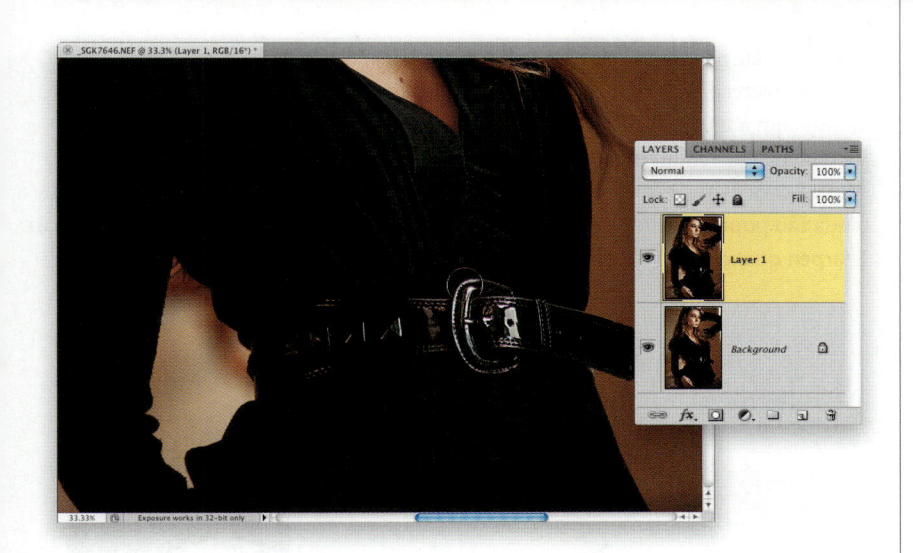

Passo três:
Escolha um pincel de tamanho médio, com borda suave, do Brush Picker na barra Options; selecione a ferramenta Sharpen e pinte as áreas que devem ser nítidas (isso é prático para retratos, pois evita áreas que devem permanecer suaves, como a pele, deixando supernítidas áreas que você quer que fiquem bem definidas, como o cinto da modelo). Como esta ferramenta faz as contas nos bastidores, talvez seja preciso esperar um pouco antes de o incremento de nitidez final ser revelado. Na versão CS4 deste livro, eu ensinei um modo mais complexo da ideia de "pintar com nitidez", porque não podíamos usar Sharpen à época — pois ela arruinaria a imagem. Em vez disso, tínhamos de superincrementar a nitidez de um layer duplicado, escondê-lo atrás de um layer mask preto e reaplicar o incremento de nitidez onde queríamos.

Passo quatro:
Temos um antes/depois da imagem após pintar as áreas em que você incrementaria sua nitidez, como as roupas, o cabelo e o cinto, enquanto evita todas as áreas de tom de pele. *Nota*: um dos truques dos profissionais para conseguir fotos com aparência incrivelmente nítida é aplicar o incremento de nitidez uma vez, e depois somente nas áreas que suportam um incremento de nitidez intenso (por exemplo, que contêm cromo, metal, aço, botões nas roupas, joias, ou mesmo os olhos da pessoa em alguns casos). Aplique o filtro Unsharp Mask habitual em toda a imagem, depois, pinte com Sharpen as áreas que aceitam bastante nitidez. A foto terá uma aparência mais nítida, mesmo que você só tenha superincrementado a nitidez em algumas áreas-chave.

Técnicas para incrementar a nitidez | Capítulo 11

Adobe Photoshop CS5 | para fotógrafos digitais

Quando optar pelo Smart Sharpen Filter

Apesar de ele não ter sido aceito como muitos de nós acreditávamos, o filtro Smart Sharpen oferece um dos incrementos de nitidez mais avançados no Photoshop CS5 (junto com a atualizada ferramenta Sharpen), pois dentro dele há um algoritmo de incremento de nitidez especial que é melhor do que o encontrado no filtro Unsharp Mask — você simplesmente tem de saber onde o acionar. Como o Unsharp Mask é ainda tão popular (velhos hábitos são difíceis de mudar), costumo trocar para o Smart Sharpen quando me vejo diante de uma foto que está visivelmente fora de foco.

Passo um:
Vá ao menu Filter, em Sharpen e escolha **Smart Sharpen**. Este filtro está no modo Basic por padrão, então há apenas dois controles: o Amount, que controla o montante de incremento de nitidez (eu sei, "dã!") e o Radius, que determina quantos pixels o incremento de nitidez vai afetar. A configuração Amount padrão de 100% parece alta demais para mim, então diminuo para algo entre 60% e 70%. O Radius é configurado em 1 por padrão, e raramente mudo esse valor, mas, aqui, aumentei para 2.

Passo dois:
Abaixo do Radius há o menu pop-up Remove (mostrado aqui), que lista os três tipos de borrões que você pode reduzir. Gaussian Blur (o padrão) aplica o mesmo incremento de nitidez que o filtro habitual Unsharp Mask. Motion Blur é inútil, a não ser que você consiga determinar o ângulo de borrado na imagem (até hoje não consegui fazer). O terceiro é o que eu recomendo: Lens Blur. Este usa um algoritmo de incremento de nitidez criado pelos engenheiros da Adobe que detecta melhor as bordas, criando menos auréolas de cores e, como um todo, ele proporciona um incremento de nitidez melhor para a maioria das imagens.

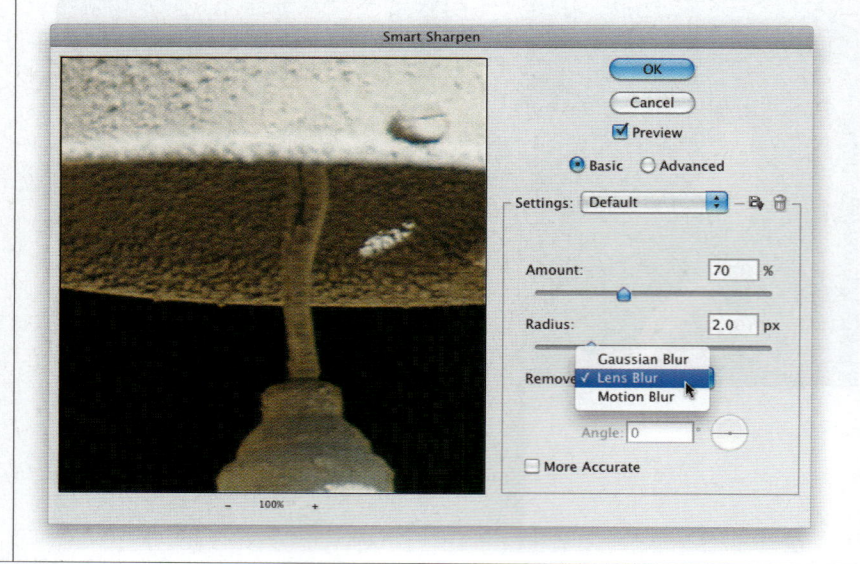

Adobe Photoshop CS5 | para fotógrafos digitais

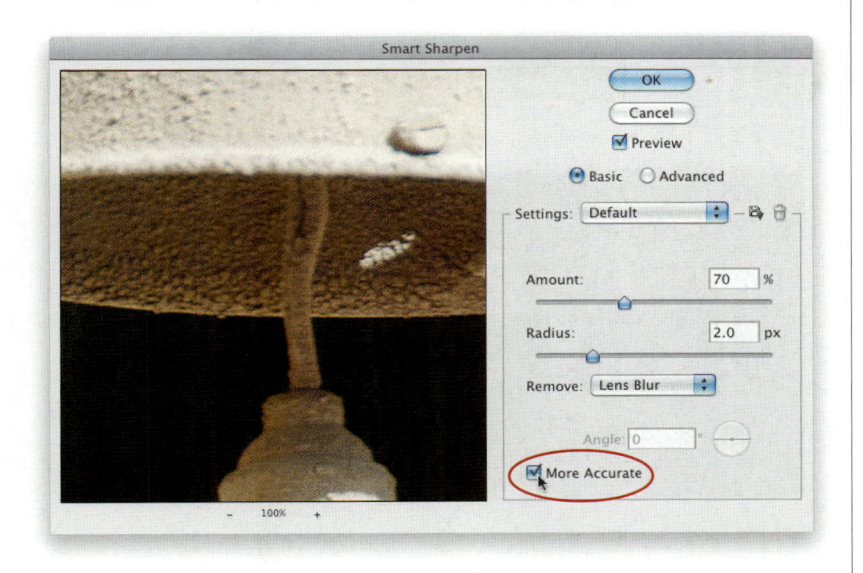

Passo três:
O único problema do Lens Blur é que com ele o filtro leva um pouco mais de tempo "para fazer o trabalho". (Por isso ele não é a escolha padrão, mesmo proporcionando um incremento de nitidez de melhor qualidade.) Depois de escolher Lens Blur, selecione o item More Accurate. Ele proporciona (de acordo com a Adobe) um incremento de nitidez mais preciso ao aplicar múltiplas iterações desse incremento. Deixo More Accurate selecionado quase o tempo todo. (Afinal, quem quer um "incremento de nitidez menos preciso"?). *Nota*: se estiver trabalhando em um arquivo grande, a opção More Accurate pode fazer o filtro processar mais lentamente, então decida se a espera vale a pena (eu acho que vale). A caixa de seleção More Accurate é um tópico que os usuários de Photoshop debatem sempre nos fóruns on-line. Para o incremento de nitidez do dia a dia pode ser um exagero, mas uso o Smart Sharpen quando a foto está visivelmente borrada, fora de foco ou precisa de incremento de nitidez para ser salva. Então, deixo essa configuração selecionada o tempo todo.

Passo quatro:
Se aplicar uma configuração como essa sempre, pode salvá-la e adicioná-la ao menu pop-up Settings no topo da caixa de diálogo clicando no ícone do disquete à direita do menu pop-up. (Por que um ícone de disquete? Não faço ideia!). Isso abre uma caixa de diálogo para você nomear suas configurações salvas e, depois, clicar em OK. Da próxima vez que estiver na caixa de diálogo do filtro Smart Sharpen e quiser acessar uma de suas configurações salvas, clique no menu pop-up Settings (como mostrado aqui).

Continua

Técnicas para incrementar a nitidez | Capítulo 11

Adobe Photoshop CS5 | para fotógrafos digitais

Passo cinco:
Se clicar no botão Advanced, serão reveladas duas abas adicionais com controles para reduzir o incremento de nitidez nas áreas de sombra ou alta luz. Ele será aplicado à seção anterior, no caso a seção Basic. É por isso que, nas abas Shadow e Highlight, o controle de cima é o "Fade Amount", em vez de apenas "Amount". À medida que arrasta o Fade Amount para a direita, o montante de incremento de nitidez aplicado é reduzido, o que ajuda a diminuir auréolas nas altas luzes. (*Nota*: sem aumentar o Fade Amount, você pode alterar o montante de Tonal Width e Radius, mas eles só funcionam quando aumenta o Fade Amount.) Ainda bem que raramente tive de usar esses controles Advanced, então 99% do meu trabalho em Smart Sharpen é feito com os controles Basic.

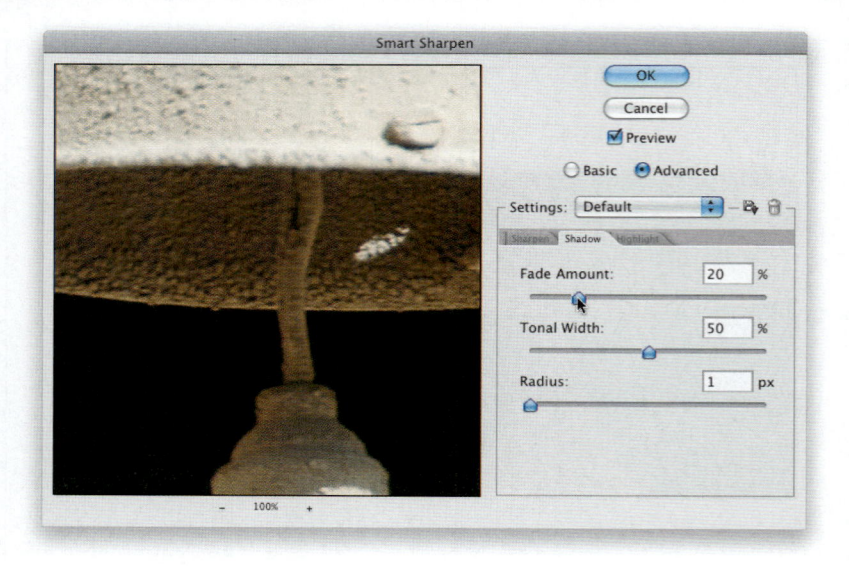

Antes   *Depois*

334 | Capítulo 11 | Técnicas para incrementar a nitidez

Incremento de nitidez High Pass

Não costumo incluir a mesma técnica duas vezes no mesmo livro, mas, se você leu o capítulo HDR, sabe que incluí o incremento de nitidez High Pass ali também, pois ele se tornou uma espécie de sinônimo de processamento HDR. É claro, o que me preocupa é que você tenha pulado o capítulo HDR inteiro e chegado aqui se perguntando por que a técnica de incremento de nitidez High Pass, tão popular (que cria um incremento de nitidez extremo), não estava incluída no livro. Bem, ela é tão boa que foi vista duas vezes.

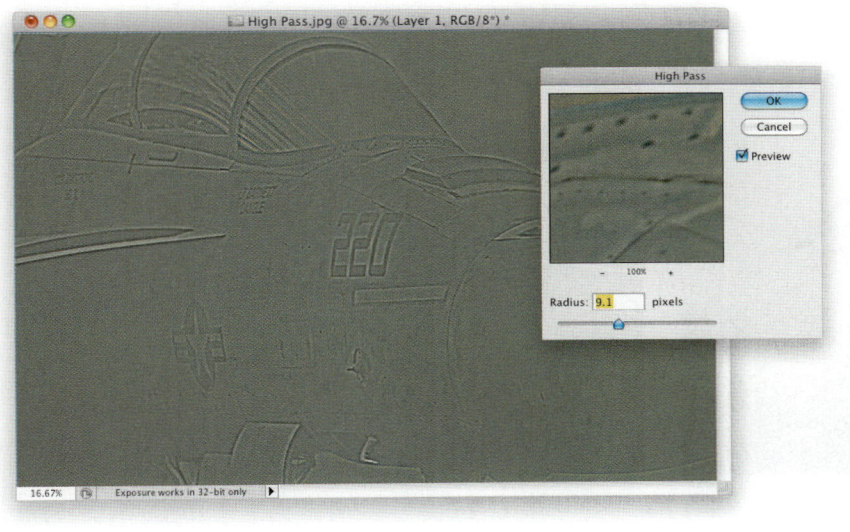

Passo um:
Abra uma foto que precise de um incremento de nitidez extremo, como a foto ao lado, tirada em um show aéreo. Duplique o layer Background pressionando **Command-J (PC: Ctrl-J)**, como mostrado aqui.

Passo dois:
Vá ao menu Filter, em Other, e escolha **High Pass**. Você usa esse filtro para acentuar as bordas na foto, e destacá-las pode realmente passar a impressão de um megaincremento de nitidez. Começo arrastando o controle deslizante Radius bem para a esquerda (tudo fica cinza na tela), então o arrasto para a direita. Para imagens que não sejam HDR, não é preciso arrastá-lo para tão longe — eu o arrasto até que as bordas dos objetos nas fotos apareçam claramente, então paro. Quanto mais longe eu o arrasto, mais intenso será o incremento de nitidez, mas, se o arrastar longe demais, começará a ver brilhos enormes, e o efeito começará a se desfazer, por isso, não se empolgue. Agora, clique em OK e aplique o incremento de nitidez.

Continua

Passo três:
No painel Layers, mude o Blend Mode de Normal para **Hard Light**, o que remove a cor cinza, mas deixa as bordas acentuadas, fazendo a foto parecer muito mais nítida. Se o incremento de nitidez parece intenso demais, você pode controlar o efeito baixando o controle Opacity do layer no painel Layers.

Passo quatro:
Se quiser mais incremento de nitidez, duplique o layer High Pass. Se for demais, baixe o Opacity do layer de cima. Um problema com o High Pass é que você pode obter um brilho em algumas bordas (como o da parte inferior do avião no Passo três). Para eliminá-lo é: (1) pressione **Command-E (PC: Ctrl-E)** para fundir os dois layers de High Pass, (2) clique no botão Add Layer Mask na parte inferior do painel, (3) pegue a ferramenta Brush **(B)**; e (4) com um pincel pequeno de borda suave e sua cor de Foreground (primeiro plano) configurada para preto, pinte ao longo da borda, revelando a original, sem incremento de nitidez e brilho. Um antes/depois é mostrado a seguir.

Para mais incremento de nitidez, duplique o layer

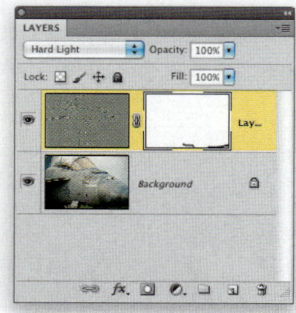

Funda os dois layers e adicione uma máscara de layer

Antes

Depois

Adobe Photoshop CS5 | para fotógrafos digitais

Incremento de nitidez de saída — Output Sharpening — em Camera Raw

Se fizer todas as suas edições dentro do Camera Raw e, então, salvá-las para um arquivo JPEG ou TIFF direto do Camera Raw também (pulando completamente a passagem para o Photoshop), você ainda pode querer incrementar a nitidez de sua imagem que será vista (na tela, impressa etc.). Isto é chamado de "incremento de nitidez de saída" — *"output sharpening"* (o incremento de nitidez que você faz no painel Detail do Camera Raw é chamado *"input sharpening"*, porque é projetado para substituir o incremento de nitidez que seria feito na câmera se tivesse fotografado em modo JPEG ou TIFF).

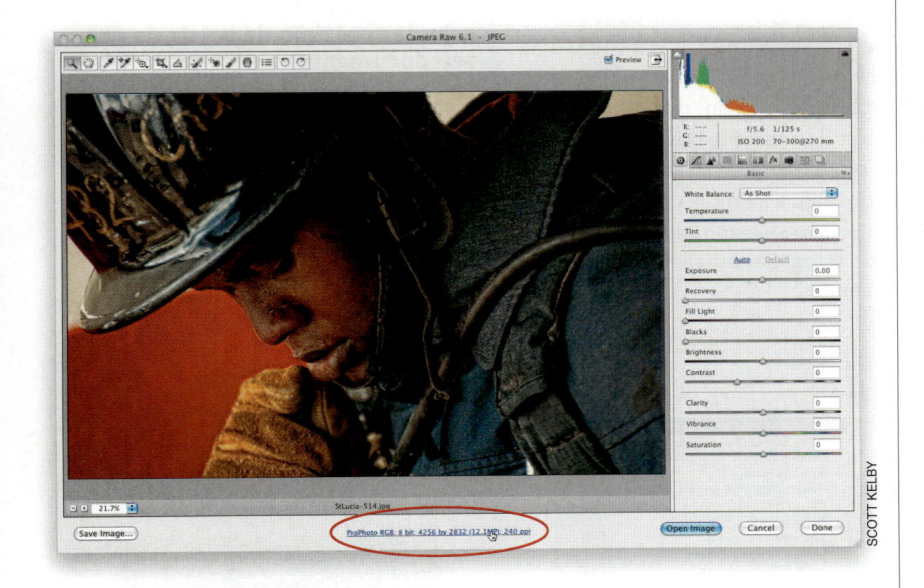

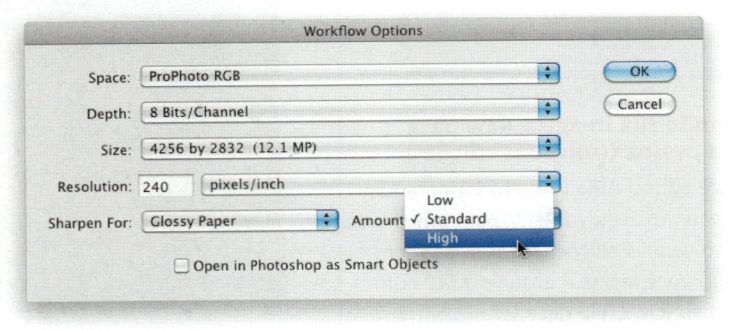

Passo um:
Antes de fazer o *output sharpening*, é importante observar que esse incremento de nitidez ocorre se você salvar a imagem dentro do Camera Raw com o botão Save Image no canto inferior esquerdo da janela. Se clicar no botão Open Image ou Done, o *output sharpening* não será aplicado. Você encontrará o *output sharpening* clicando na linha de texto (que parece com um link da Web) abaixo da área Preview (circulada aqui em vermelho).

Passo dois:
Escolha como quer incrementar a nitidez no menu pop-up Sharpen For: For Screen é para imagens que você vai colocar na Web, enviar por e-mail ou apresentar em slideshow. Se a imagem será impressa, escolha se será em papel brilhante ou fosco (*Glossy* ou *Matte Paper*). Por fim, escolha a quantidade de incremento desejada no menu pop-up Amount. O Camera Raw fará as contas com base na resolução da imagem, sua escolha de papel e de quantidade (nunca escolho Low), para calcular a quantidade exata de *output sharpening*. *Nota*: quando clicar em OK, o incremento de nitidez permanecerá ativo. Para desativá-lo, escolha **None** do menu pop-up Sharpen For.

Técnicas para incrementar a nitidez | Capítulo 11

Dicas matadoras de Photoshop

Dicas Aware Fill

Se você selecionou uma imagem e aplicou o recurso Content-Aware Fill, mas não gostou do resultado, tente isso: (1) pressione **Command-Z (PC: Ctrl-Z)** para Undo the Fill, então reaplique Content-Aware Fill. Trata-se de um recurso aleatório na escolha da área onde ele buscará amostras para preencher sua área, então, tentá--lo de novo pode resolver a questão (isso funciona). (2) Tente expandir um pouco sua seleção. Assim que selecionar o local que você quer remover, vá ao menu Select, em Modify e escolha **Expand**, e procure expandir sua seleção em 3 ou 4 pixels e tente o Content-Aware Fill novamente.

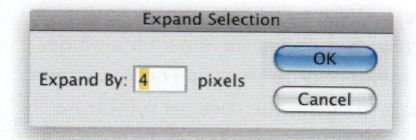

Se uma de suas ferramentas começar a agir estranho...

... é provável que algo tenha mudado nas opções para ela (lá na barra Options). Nesse caso, você pode reconfigurar a ferramenta para seus padrões de fábrica, clicando com o botão direito do mouse na setinha voltada para baixo próxima do ícone da ferramenta mais à esquerda da barra Options, e um menu pop-up aparecerá para que você escolha Reset Tool ou Reset all Tools.

Merge to HDR Pro pode gerar imagens Black & White matadoras

Sei que quando você diz "HDR" a maioria das pessoas pensa nas imagens surreais, supervibrantes que se veem por toda a Web, razão pela qual você pode não pensar em Merge to HDR Pro como uma escolha para criar imagens em preto e branco, mas ele faz um trabalho incrível (e apesar de a maioria dos Presets que vêm com o Merge to HDR Pro não serem tão bons assim, os monocromáticos — P & B —, não são tão ruins). Experimente quando fotografar uma imagem com *bracketing*.

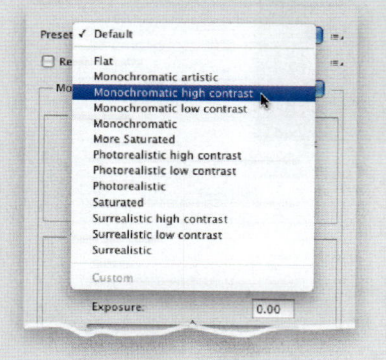

Passando sua imagem Raw para outra pessoa (com suas edições)

Se você editou uma foto em Camera Raw e passou um arquivo RAW para um cliente, ele não verá as edições feitas, a não ser que: (a) você inclua o arquivo XMP com o arquivo RAW (ele deve ser encontrado bem ao lado do arquivo RAW na pasta de imagens), ou (2) você salve o arquivo em formato DNG no menu pop-up Format na caixa de diálogo Save Options do Camera Raw (DNG é o formato de fonte aberta da Adobe para imagens RAW, e ele embute suas edições no arquivo DNG).

Quando você está fazendo seleções próximo da borda de seu documento

Quando você está fazendo uma seleção (com o Polygonal Lasso ou a ferramenta Lasso habitual) e alcança a borda da janela do documento, não tem de soltar e começar de novo — pressione e segure a Barra de espaços, e Lasso temporariamente troca para a Hand, então você pode se movimentar para completar sua seleção. Depois, solte a Barra de espaços e ela voltará para Lasso, e a sua seleção em processo ficará congelada no lugar, portanto, você pode continuar do ponto onde estava.

Você está usando toda a sua memória RAM?

Muita gente se pergunta por que tanta onda sobre a versão 64 bits

Adobe Photoshop CS5 | para fotógrafos digitais

Dicas matadoras de Photoshop

do Photoshop. Tudo tem a ver com a memória RAM. Usar o Photoshop no modo 32 bits significa que ele só pode acessar 4 GB de RAM, não importa quantos gigabytes estejam instalados no computador. Se usar o CS5 em 64 bits (o que é uma novidade no Mac em CS5), você pode designar centenas de gigabytes de RAM. Se você trabalha com arquivos grandes e precisa usar mais RAM para mantê-los em movimento, precisa ter certeza de que está trabalhando no modo de 64 bits (em um Mac, clique no ícone Photoshop, pressione **Command-I** e anule a seleção Open na caixa de seleção 32 bits Mode).

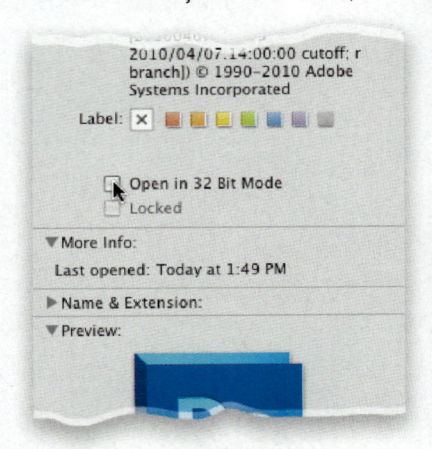

Dica de retoque para o filtro Liquify
Se estiver usando o filtro Liquify para retocar um retrato, assegure-se de que você não se movimentará acidentalmente sobre uma área que não quer afetar congelando-a, e há ferramentas de congelamento em Liquify, selecione a área que você quer ajustar primeiro e traga o filtro Liquify, então qualquer área fora dessa área selecionada será automaticamente congelada. (Você verá um retângulo com sua seleção na área Preview, e as áreas fora de sua seleção serão mascaradas em vermelho.)

Trazendo de volta o plug-in Picture Package
No CS4, a Adobe removeu alguns recursos do Photoshop, como o Picture Package (para colocar múltiplas fotos na mesma página, como duas 4x6 e 8 *wallet-size*) e o Contact Sheet II, e removeram o filtro Extract, além de outros. Se quiser, pode trazê-los de volta, a Adobe os disponibilizou em seu website. Acesse <www.adobe.com> e, no campo Search, digite "Optional Plug-ins for CS5", e você os encontrará em dois segundos.

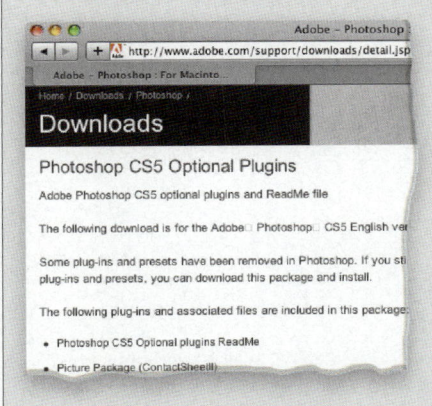

Mantendo as configurações de sua câmera para você mesmo
Se você coloca uma imagem na Web ou envia uma imagem para um cliente, talvez não queira que todas as configurações de sua câmera e seu número de série sejam incluídos para qualquer um vê-los (afinal, seu cliente precisa mesmo saber que você fotografou esta imagem a f/5,6, 800 ISO?). Para manter as configurações de câmera somente para você, pressione **Command-A (PC: Ctrl-A)** para selecionar toda a sua imagem e copie-a na memória. Agora, pressione **Command-N (PC: Ctrl-N)**, e o Photoshop criará um documento novo exatamente do tamanho, resolução e modo de cor que a imagem copiada na memória. Copie sua imagem neste novo documento. Pressione **Command-E (PC: Ctrl-E)** para achatar a imagem e você pode enviar esse arquivo para qualquer lugar sem ter os dados de sua câmera nele. Entretanto, eu iria ao menu File e escolheria **File Info**, clicaria na aba Description e inseriria minhas informações de direitos autorais na seção Copyright.

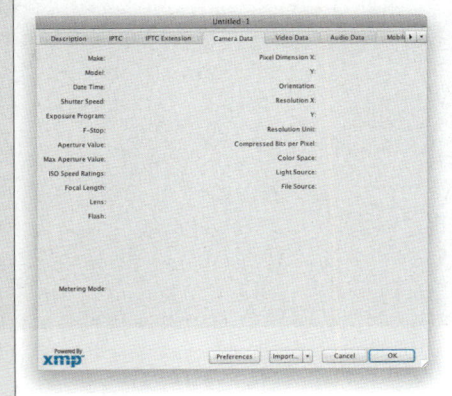

Técnicas para incrementar a nitidez

Fotógrafo Scott Kelby | Velocidade de obturador: 1/125 sec | Distância focal: 24mm | Diagragma: ƒ/6.3

Capítulo 12 Impressão passo a passo e gerenciamento de cores

Impressão de qualidade
impressão passo a passo e gerenciamento de cores

Não há nada parecido com uma impressão fotográfica. É o momento em que a imagem digitalmente capturada, editada em um computador, passa de um monte de uns (1s) e zeros (0s) — códigos do computador — para algo real. Se você nunca imprimiu (e tristemente, na era digital encontro pessoas todos os dias que nunca imprimiram uma foto — tudo fica no computador, no Facebook ou em outro lugar onde se pode "olhar, mas não tocar"), hoje tudo isso vai mudar, porque você vai aprender passo a passo como fazer suas próprias impressões. Agora, se ainda não tem sua própria impressora, o tema deste capítulo adquire outro aspecto. Caro. Na realidade, para fazer justiça, não é a impressora — a questão é o papel e a tinta; as impressoras não são tão caras. Mas uma vez que você tenha comprado a impressora — já era. Você comprará papel e tinta pelo resto de sua vida, e vai parecer que gasta cartuchos de tinta mais rápido que água. Esta é a razão por que desenvolvi um fluxo de trabalho que compensa — uso minha impressora a jato de tinta colorida para imprimir dólares norte-americanos falsificados. Mas não sou burro, pesquisei um pouco e descobri que cartuchos de tintas novos para minha impressora custam em torno de US$ 13,92 cada, então só falsifico notas de US$ 15 (assim elas cobrem os impostos). E como, novamente, não sou burro, não saio por aí usando essas notas em supermercados ou para almoçar, mas somente para comprar cartuchos de tinta e, até o momento, não tive problemas. Devo admitir, no entanto, que quase fui pego algumas vezes, principalmente porque coloquei o rosto de Dave Cross em todas as notas, o que pareceu uma boa ideia no começo, até que uma vendedora examinou a nota com cuidado e disse: "O Dave não é canadense?". (Aliás, o título deste capítulo vem de uma canção *Fine Print*, de Nadia Ali. De acordo com o site da cantora, ela nasceu no Mediterrâneo, por isso ela não aparece nas minhas notas de US$ 18,60, lançadas recentemente).

Adobe Photoshop CS5 | para fotógrafos digitais

Configurando o espaço de cores da câmera

Apesar de existirem livros inteiros sobre gerenciamento de cores, neste capítulo vamos focar uma questão: fazer a impressão casar com a imagem que você vê na tela. Se você seguir os passos apresentados neste capítulo, conseguirá impressões compatíveis com o que você vê na tela. Vamos começar configurando o espaço de cor da câmera, para você conseguir os melhores resultados da tela para a impressão. *Nota*: você pode pular esta parte se fotografa somente em RAW.

Passo um:
Se fotografar em modo JPEG ou TIFF (ou JPEG + RAW), vai querer configurar o espaço de cor de sua câmera para que ele case com o que você usará no Photoshop para seu espaço de cor (para conseguir uma cor compatível de sua câmera para o Photoshop e para a impressora, todos devem falar a mesma língua, certo?). Eu recomendo que você mude o espaço de cor de sua câmera do padrão sRGB para Adobe RGB (1998), que é um espaço de cor melhor para fotógrafos cuja imagem final virá de uma impressora a jato de tinta colorida.

Passo dois:
Em uma Nikon DSLR, você encontrará o controle Color Space no menu Shooting (como mostrado aqui à esquerda). Na maioria das Canon DSLRs, você encontrará o controle Color Space no menu Shooting também (como mostrado à direita). Mude o espaço para Adobe RGB. Se não estiver usando Nikon ou Canon, está na hora de pegar seu manual de proprietário (ou baixá-lo no formato PDF do site da fabricante) para descobrir como fazer a troca para o Adobe RGB (1998). Novamente, se estiver fotografando em RAW, pode pular completamente esta parte.

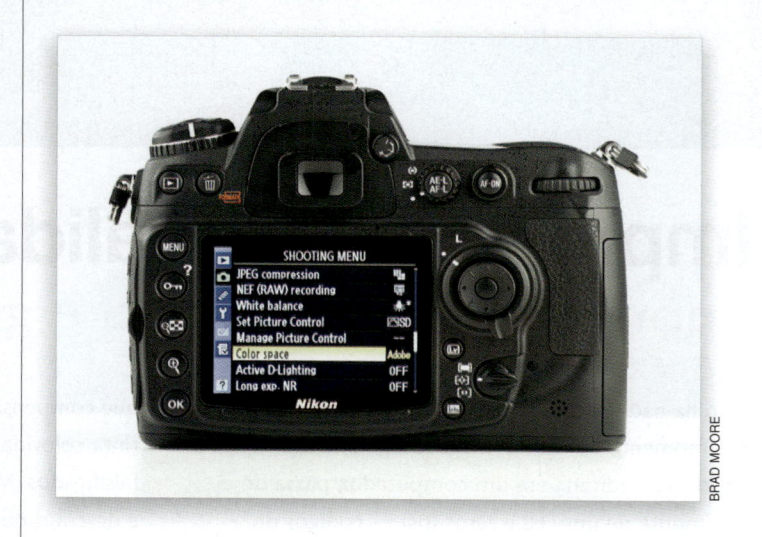

Resolução para impressão

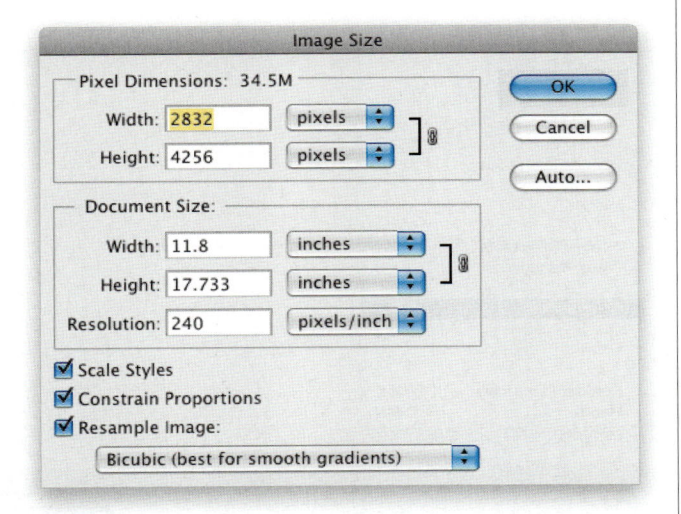

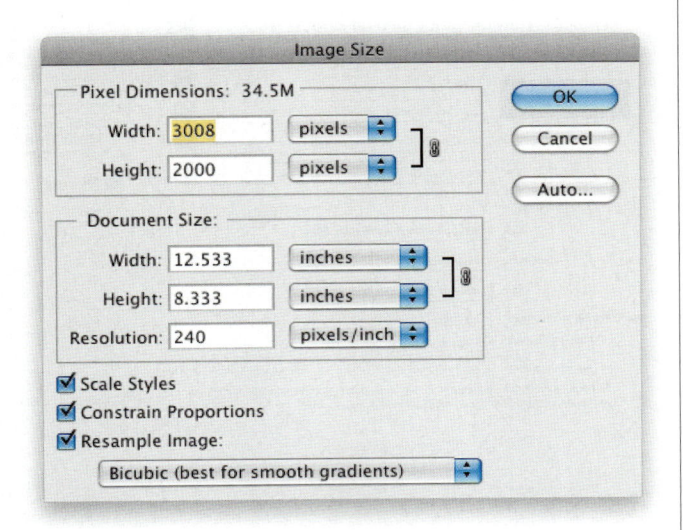

Este é um tópico que tende a deixar as pessoas malucas, e como não há um Conselho Oficial de Padrões de Resolução, esse tema é debatido interminavelmente em fóruns de discussão on-line. Dito isso, faço minhas as palavras do parceiro fotógrafo Dan Steinhardt, da Epson (o homem por trás da famosa Epson Print Academy), que lida com essa questão diariamente (Dan e eu demos um curso de treinamento on-line sobre impressão, e este foi o primeiro tópico que cobrimos, pois o assunto é uma pedra no sapato para muita gente). Vejamos:

Passo um:
Para ver é a resolução da foto atual, vá ao menu Image e escolha **Image Size** (ou pressione **Command-Option-I [PC: Ctrl-Alt-I]**). Para impressoras a jato de tinta colorida, gosto de 240 ppi (pixels por *inch* [polegada], mas imprimo a 200 ppi e até a 180 ppi (180 ppi é a resolução mais baixa que uso). Abaixo disso, dependendo da imagem, você começa a perder qualidade de impressão. A boa notícia é: você não precisa de tanta resolução quanto pensa. Temos uma imagem tirada com uma câmera de 12 megapixels e você pode ver que com 240 ppi consigo imprimir com formato quase 12x18".

Passo dois:
Aqui, temos a resolução de uma câmera de 6 megapixels. Com 240 ppi só consigo imprimir uma imagem 8x12,5". Para deixá-la maior, desmarco a seleção da caixa Resample Image, digito 200 em Resolution e terei um tamanho de 10x15" (sem perda de qualidade). Se eu diminuir para 180 ppi (o mais baixo que eu iria), consigo a impressão até um tamanho de 11x16,75" (quase o mesmo da câmera de 12 megapixels), sem perda de qualidade (porque desmarquei a seleção da caixa Resample Image, mas, antes de fazer isso, leia sobre redimensionamento no Capítulo 5).

Adobe Photoshop CS5 | para fotógrafos digitais

Configurando o espaço de cor do Photoshop

O espaço de cor padrão do Photoshop é sRGB (alguns profissionais se referem a ele como "*stupid* RGB"), o que cria problemas para fotos postadas na Web, mas sua impressora pode imprimir uma gama mais ampla de cores do que em sRGB (particularmente nos azuis e verdes). Então, se trabalhar em sRGB, você deixa de fora aquelas cores ricas, vívidas que poderia ver. É por isso que devemos mudar nosso espaço de cor para Adobe RGB (1998) se estivermos fotografando em JPEG ou TIFF, pois é melhor para imprimir essas imagens, ou para ProPhoto RGB, se fotografarmos em RAW ou trabalharmos com o Photohsop Lightroom.

Passo um:
Você só vai querer fazer essa mudança se a impressão for em impressora jato de tinta. Se for mandá-la para um laboratório, é melhor ficar em sRGB — tanto na câmera quanto no Photoshop —, pois a maioria dos laboratórios é configurada para manusear arquivos em sRGB. Então, pergunte ao laboratório qual espaço de cor eles preferem. OK, agora vamos ao Photoshop: vá ao menu Edit e escolha **Color Settings** (mostrado aqui).

Passo dois:
O diálogo Color Settings é aberto. Por padrão, ele usa um grupo de configurações chamado "North America General Purpose 2". Existe algo na expressão "*General Purpose*"[1] que pareça interessante para fotógrafos profissionais? Não me parece. No Working Spaces, o espaço RGB está configurado para sRGB IEC61966–2,1 (que é o nome técnico para o que chamamos de sRGB). Resumindo, você não quer usar esse grupo de configurações. Elas são para pessoas tapadas — não para você (a não ser, é claro, que você seja uma pessoa tapada, o que eu duvido, pois você comprou este livro e ninguém o vende para pessoas tapadas. Isto está no contrato de cada livraria).

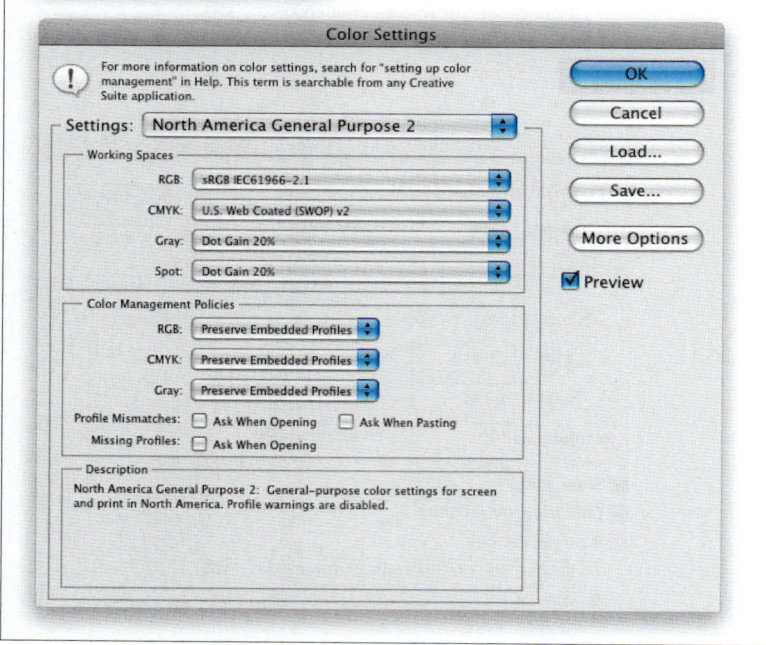

[1] De aplicação geral. (N. T.)

Adobe Photoshop CS5 | para fotógrafos digitais

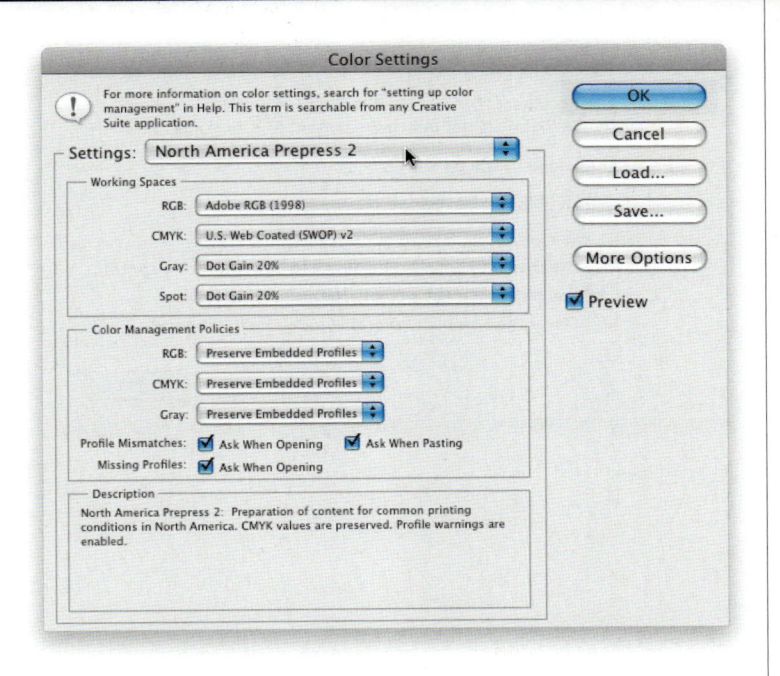

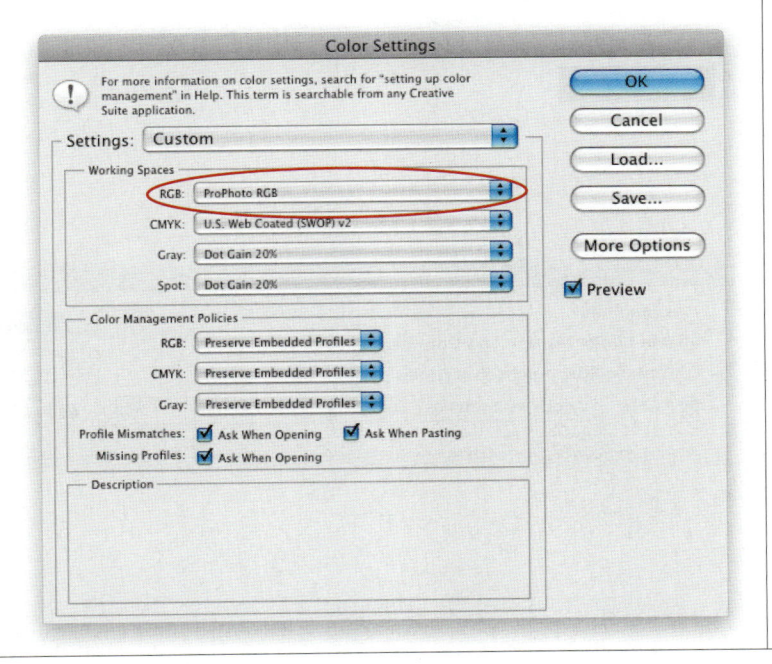

Passo três:
Para conseguir um grupo de Presets melhor para os fotógrafos, no menu pop-up Settings, escolha **North America Prepress 2**. Não pense que estamos usando configurações *prepress* aqui — ela funciona muito bem para a impressão a jato de tinta colorida porque usa o espaço de cor Adobe RGB (1998). Ela também apresenta os diálogos de advertência para ajudá-lo a manter seu plano de gerenciamento de cores em ação quando abrir fotos de fontes exteriores ou de outras câmeras (saiba mais na próxima página).

Passo quatro:
Se você está fotografando exclusivamente em RAW ou usando o Lightroom (aplicativo incrível para fotógrafos da Adobe), deve mudar seu espaço de cor no Photoshop para **ProPhoto RGB** para conseguir as melhores impressões das imagens RAW (além disso, se usar o Lightroom, de tempos em tempos precisará mover imagens do Lightroom para o Photoshop e como o espaço de cor natural do Lightroom é ProPhoto RGB, você deve manter tudo de maneira compatível. Apesar de usar o Lightroom para suas imagens JPEG ou TIFF, não há nenhuma vantagem em escolher ProPhoto RGB para elas). Para mudar o espaço de cor no do Photoshop para PhotoPro RGB na caixa de diálogo Color Settings (eu o escolho do menu RGB, como mostrado aqui). Quando abrir uma foto RAW em Photoshop (ou importar um arquivo do Lightroom), tudo fica no mesmo espaço de cor e se terminar trazendo uma imagem do Lightroom para o Photoshop, imprimindo-a nele (em vez de voltar para o Lightroom para impressão), conseguirá resultados melhores.

Continua

Passo cinco:

Sobre as advertências para manter o gerenciamento de cores no caminho certo: digamos que uma foto JPEG foi aberta, sua câmera foi configurada para fotografar em Adobe RGB (1998) e o Photoshop está configurado da mesma maneira. Os dois espaços de cor são compatíveis, então nenhuma advertência aparece. Mas, se você abrir uma foto JPEG tirada seis meses antes, ela ainda estará em sRGB, o que não é compatível com seu espaço de trabalho do Photoshop, e você verá o diálogo de advertência mostrado aqui. Ele oferece uma escolha de como lidar com isso. Recomendo converter as cores daquele documento para seu espaço de trabalho atual (como mostrado aqui).

Passo seis:

Você pode fazer o Photoshop converter automaticamente sempre que encontrar uma incompatibilidade. Reabra o diálogo de Color Settings, e, no Color Management Policies, no menu pop-up RGB, mude sua configuração-padrão para **Convert to Working RGB** (como mostrado aqui). Para Profile Mismatches, desmarque a seleção da caixa Ask When Opening. Agora, quando abrir fotos sRGB, elas serão atualizadas para serem compatíveis com o espaço de trabalho atual. Legal!

Passo sete:

OK, e se um amigo lhe enviar uma foto por e-mail e você a abrir em Photoshop, e a foto não encontrar nenhum perfil de cor? Bem, abra a foto no Photoshop e converta *"untagged"* para Adobe RGB (1998) escolhendo **Assign Profile** no menu Edit. Quando a caixa de diálogo Assign Profile aparecer, clique em Profile para certificar-se de que o Adobe RGB (1998) esteja selecionado no menu pop-up, clique em OK.

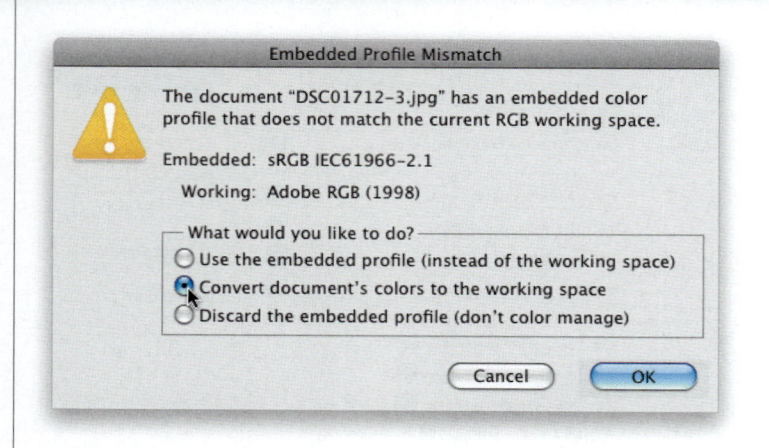

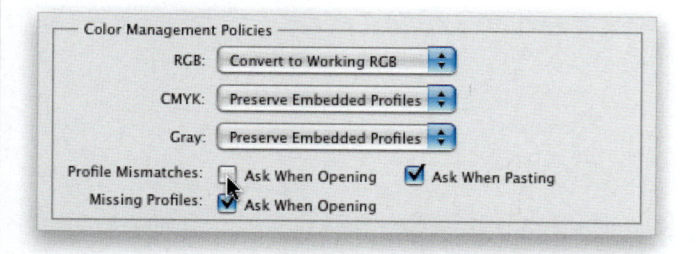

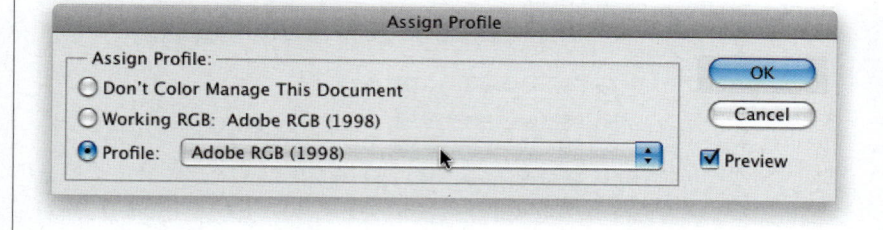

Adobe Photoshop CS5 | para fotógrafos digitais

Quando aplicamos um incremento de nitidez, queremos que a imagem pareça boa na tela, certo? Mas, quando você faz uma impressão, o incremento de nitidez que parece bom na tela com 72 ou 96 dpi se perde em uma impressão com 240 ppi. Como ele é reduzido quando imprimimos, temos de incrementá-lo para que nossa foto pareça nítida demais no monitor, mas perfeita quando impressa. Veja a seguir como aplico um incremento de nitidez para imagens a serem impressas.

Incrementando a nitidez para impressão

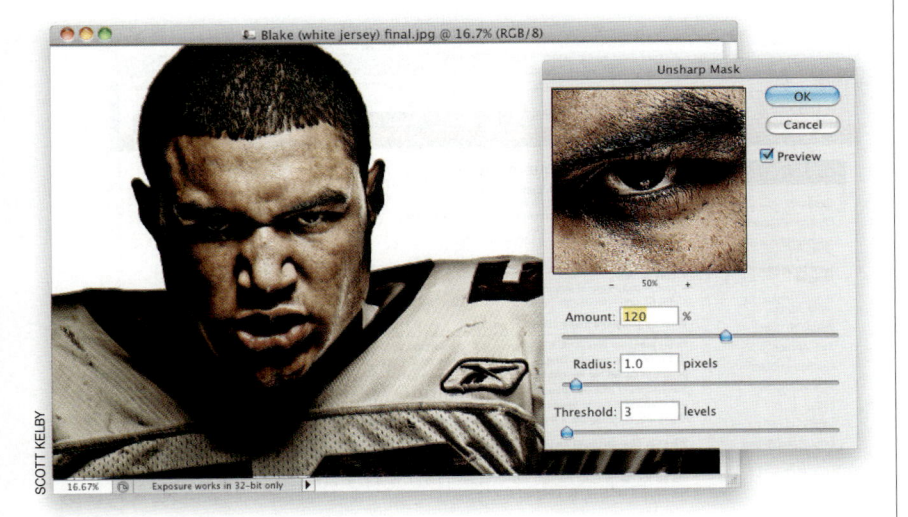

Passo um:
Comece com um truque que meu amigo Shelly Katz compartilhou comigo: duplique o layer Background (pressionando **Command-J [PC: Ctrl-J]**) e incremente a nitidez sobre o layer duplicado (assim, você não bagunça a imagem original com nitidez já incrementada no layer de Background). Chame o novo layer de "Com nitidez incrementada para impressão", vá ao menu Filter, em Sharpen, e escolha **Unsharp Mask**. Para a maioria das imagens com 240 ppi, aplico Amount 120, Radius 1, Threshold 3.

Passo dois:
Reaplique o filtro Unsharp Mask com a mesma configuração pressionando **Command-F (PC: Ctrl-F)**. Então, no topo do painel Layers, mude o Blend Mode do layer para **Luminosity** (para que o incremento de nitidez seja aplicado somente nos detalhes da foto, e não nas cores), depois use o controle Opacity para controlar quanto incremento de nitidez será aplicado. Comece em 50% e veja se a imagem parece nítida demais. Se sim, pare — é isso que você quer. Se achar que há excesso, baixe a opacidade para 35% e reavalie. Quando estiver no ponto (um pouco nítida demais), faça uma impressão de teste. Acho que você vai querer aumentar a Opacity um pouco mais, porque a imagem não estará tão nítida quanto havia pensado.

Impressão passo a passo e gerenciamento de cores | Capítulo 12

Adobe Photoshop CS5 | para fotógrafos digitais

Mandando suas imagens para serem impressas em um laboratório fotográfico

Além de imprimir imagens em minha própria impressora jato de tinta colorida, também envio uma parte do meu trabalho de impressão para um laboratório fotográfico (como Mpix.com) por uma série de razões —, se quero impressões metálicas ou quero a imagem montada, com uma moldura de papelão e/ou emoldurada com vidro, ou quero uma impressão que seja maior do que consigo imprimir em meu escritório. Veja a seguir como preparo essas imagens para serem impressas em um laboratório fotográfico.

Passo um:
Primeiro, contate o laboratório fotográfico e peça o perfil de cor que eles querem que seja usado. É provável que eles queiram que você converta sua imagem para o modo de cor sRGB. Sei que isso vai contra o que fazemos quando imprimimos nossas próprias imagens, mas conheço vários locais (Mpix.com está entre eles) que pedem a conversão de suas imagens para sRGB isso funciona para o fluxo de trabalho deles. Se não lhe pedirem isso, talvez peçam para você baixar um perfil de cor que eles criaram, e você o usará da mesma maneira que designará sRGB no próximo passo.

Passo dois:
Com sua imagem aberta em Photoshop, vá ao menu Edit, escolha **Convert to Profile** e verá o perfil de cor atual da imagem no topo do diálogo (aqui, é RAW, e, assim, ela está configurada para ProPhoto RGB). No Destination Space, do menu pop-up Profile, escolha **Working RGB – sRGB IEC61966-2,1**. Se tiver baixado um perfil do laboratório, você o escolherá em vez disso (mais sobre onde salvar arquivos baixados na página 355). Clique em OK e não se surpreenda se a imagem estiver muito parecida. Na realidade, fique feliz se ela estiver. Pelo menos, agora ela está configurada para obter os melhores resultados.

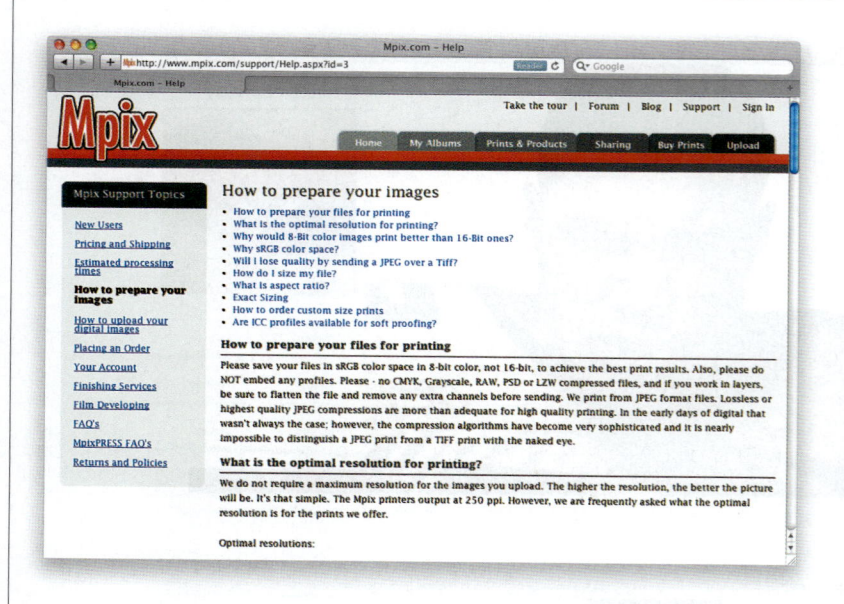

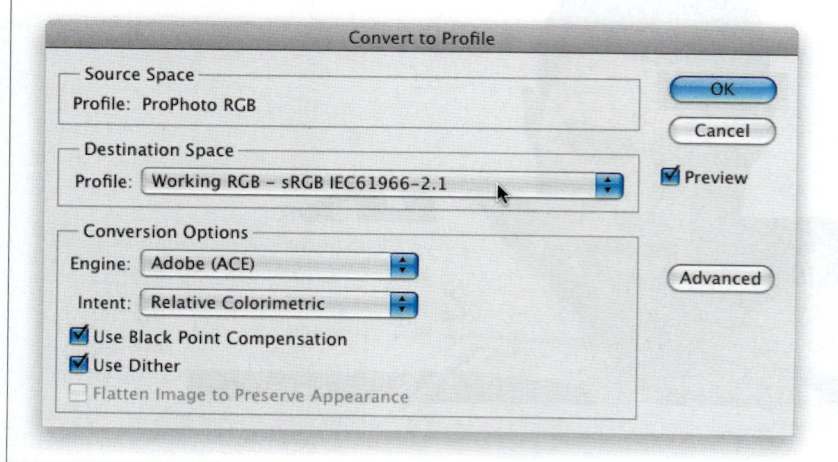

Você tem de calibrar seu monitor antes de continuar

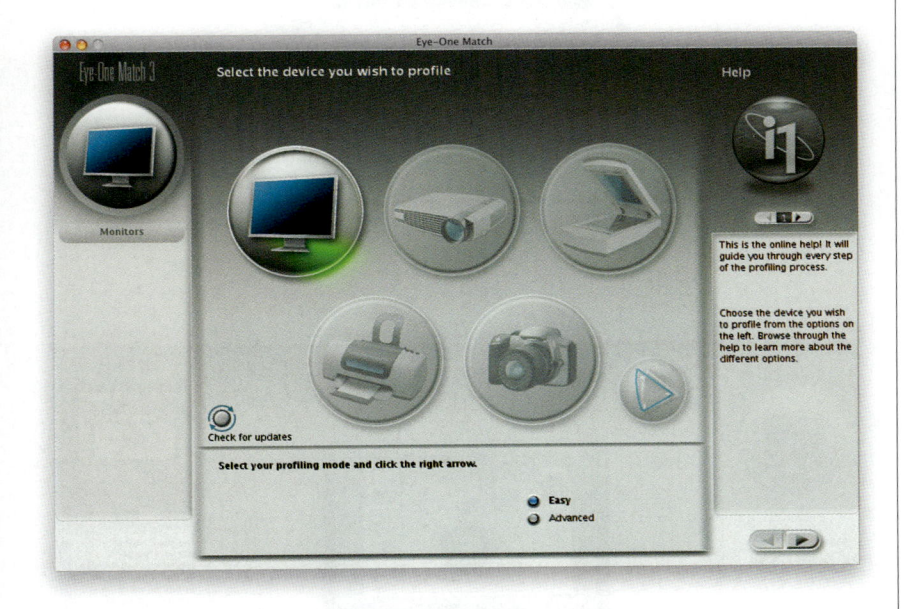

Se você realmente quer que a imagem que sua impressora imprimir seja compatível com o que você vê na tela, eu não gostaria de ser a pessoa a lhe dizer isso, mas... com certeza, sem dúvida alguma, você tem de calibrar seu monitor usando um calibrador de monitor. A boa notícia é que hoje em dia esse é um processo absolutamente simples e totalmente automatizado. A má notícia é que você tem de comprar um calibrador de monitor. Na calibragem de monitor, o equipamento vai medir seu monitor atual e construir um perfil preciso para exatamente o que você está usando — e, sim, isto faz uma grande diferença.

Passo um:
Eu uso o calibrador de monitor i1 Display 2 do X-Rite (o preço nas ruas é de em torno US$ 200), porque ele é simples, em conta, e a maioria dos profissionais que conheço confia nele também. Então, vou usá-lo como um exemplo aqui, mas não é necessário utilizar este equipamento (a Datacolor produz o Spider3 Elite, que é outra escolha frequente nessa faixa de preço). Você começa instalando o software Eye-One Match 3 que vem com o i1 Display 2. Agora, conecte o i1 Display 2 na entrada USB de seu computador, então inicialize o software para abrir a janela principal (vista aqui). Você faz duas coisas aqui: (1) escolhe qual o dispositivo em que será realizado o perfil (neste caso, um monitor), e (2) escolhe o modo de realização de perfil (você escolhe entre Easy ou Advanced. Francamente, uso o modo Easy na maioria das vezes — ele funciona muito bem e faz todo o trabalho para você).

Continua

Adobe Photoshop CS5 | para fotógrafos digitais

Passo dois:
Após escolher Easy, pressione o botão da Seta Direita embaixo à direita, e a janela que você vê aqui aparecerá. Então, você diz ao software que tipo de monitor tem: um LCD (um monitor de painel plano), um CRT (um monitor de vidro com um tubo), ou um laptop (que é o que eu estou usando, então eu cliquei em Laptop, como mostrado aqui), e pressiona o botão da Seta Direita de novo.

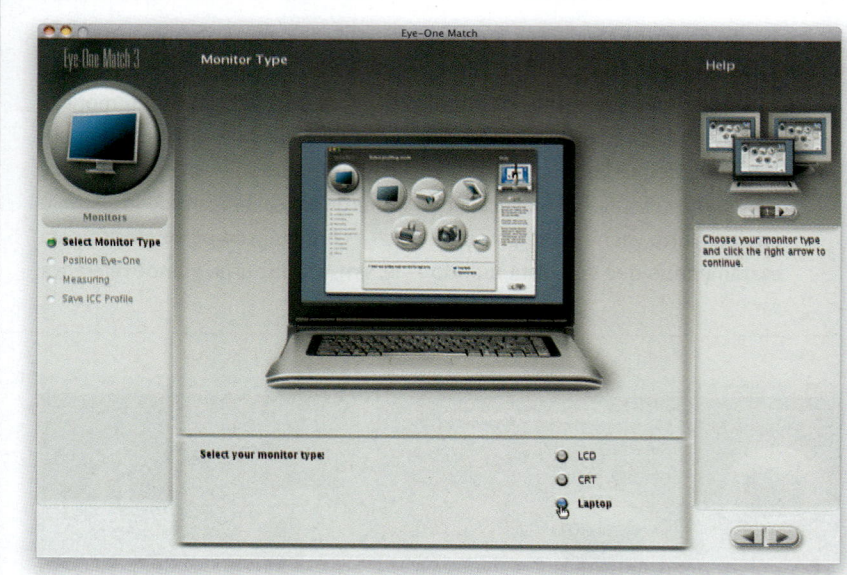

Passo três:
A próxima tela pede a você: "Place Your Eye-One Display on the Monitor", o que significa que você deve pendurar o sensor sobre seu monitor de maneira que ele pouse encostado contra seu monitor e o cabo fique pendurado para trás. O sensor vem com um contrapeso que você coloca no cabo, assim o sensor pode ser posicionado no centro de sua tela sem que escorregue para baixo. Há copos de sucção embutidos para serem usados em monitores CRT.

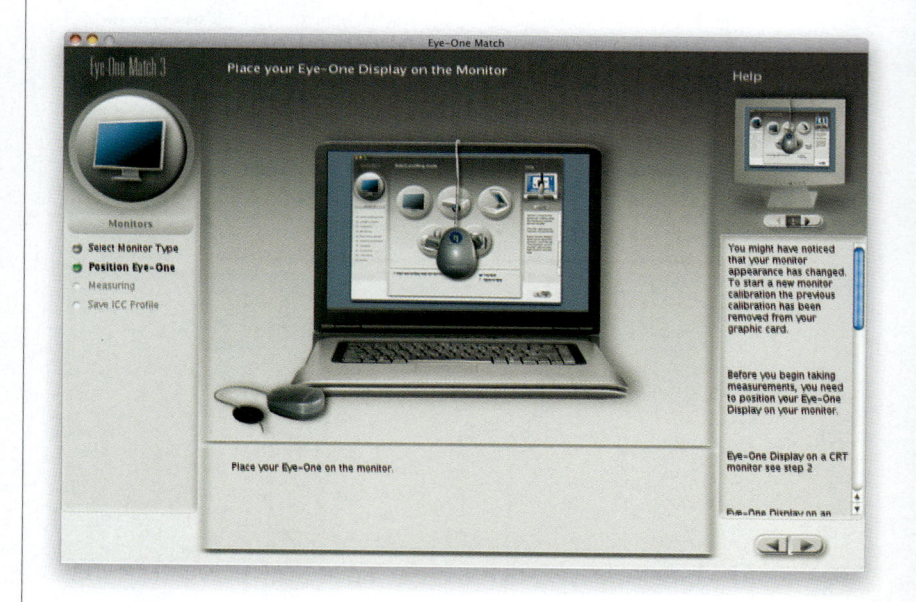

Adobe Photoshop CS5 | para fotógrafos digitais

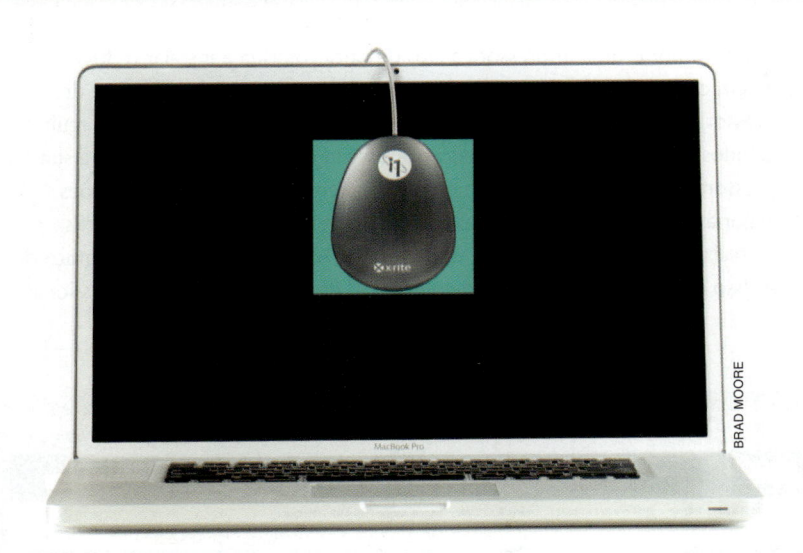

Passo quatro:
Assim que o sensor estiver em posição (isto leva em torno de 20 segundos), clique no botão da Seta Direita, recoste-se e relaxe. Você verá o software conduzir uma série de testes na tela, usando retângulos cinza e brancos e várias amostras de cores, como mostrado aqui. (*Nota*: tenha cuidado para não ver esses testes na tela enquanto ouve a canção "Are You Experienced" do Jimi Hendrix porque, antes que perceba, estará a caminho do Canadá em uma Kombi psicodélica apenas com uma guitarra acústica e um mapa desenhado à mão para um protesto em uma universidade. Ei, eu já vi isso acontecer.)

Passo cinco:
Esse teste leva uns seis ou sete minutos (pelo menos foi o que levou para meu laptop) e pronto. Ele lhe mostra um antes e depois (usando os botões na parte de baixo), e você provavelmente ficará chocado quando vir os resultados (a maioria das pessoas fica impressionada com como a sua tela era azul ou vermelha todos os dias e, no entanto, elas nunca haviam notado). Depois de comparar seu antes e depois, clique no botão Finish Calibration e pronto — seu monitor tem o perfil calibrado precisamente, e o dispositivo instala o perfil para você, então finalize sua intervenção. Ele deveria ser chamado de modo "*Too Easy*".[1]

---

[1] Fácil demais. (N. T.)

Impressão passo a passo e gerenciamento de cores | Capítulo 12

O outro segredo para conseguir impressões de qualidade profissional

Quando comprar uma impressora a jato de tinta colorida e instalar o driver que vem com ela, ela basicamente deixa que o Photoshop saiba que tipo de impressora está sendo usado, e isso é praticamente tudo. Mas, para conseguir resultados de qualidade profissional, você precisa de um perfil de cor para sua impressora baseado no tipo exato de papel que você usará nas impressões. A maioria dos fabricantes de papel para jato de tinta atualmente cria perfis personalizados para seus papéis, e normalmente você pode baixá-los de graça de sites. Isso realmente faz uma grande diferença? Pergunte a qualquer profissional.

Passo um:
Seu primeiro passo é entrar no site da empresa que produz o papel que você comprou e procurar os perfis de cores que podem ser baixados para sua impressora. Uso o termo "procurar" porque normalmente eles não estão em um lugar realmente óbvio. Tenho duas impressoras Epson — uma Stylus Photo R2880 e uma Stylus Pro 3880 — e geralmente imprimo em papel Epson. Quando instalei o driver de impressora 3880, fui surpreendido de maneira positiva, pois ele também instalava perfis de cor personalizados para todos os papéis Epson (isso é raro), mas a minha R2880 (como a maioria das impressoras) não o faz. Assim, a primeira parada seria no site da Epson, onde você clicaria em Printers & All-in-Ones no link Get Drivers & Support (como mostrado aqui). *Nota*: mesmo que você não seja um usuário da Epson, ainda assim continue comigo (você verá por quê).

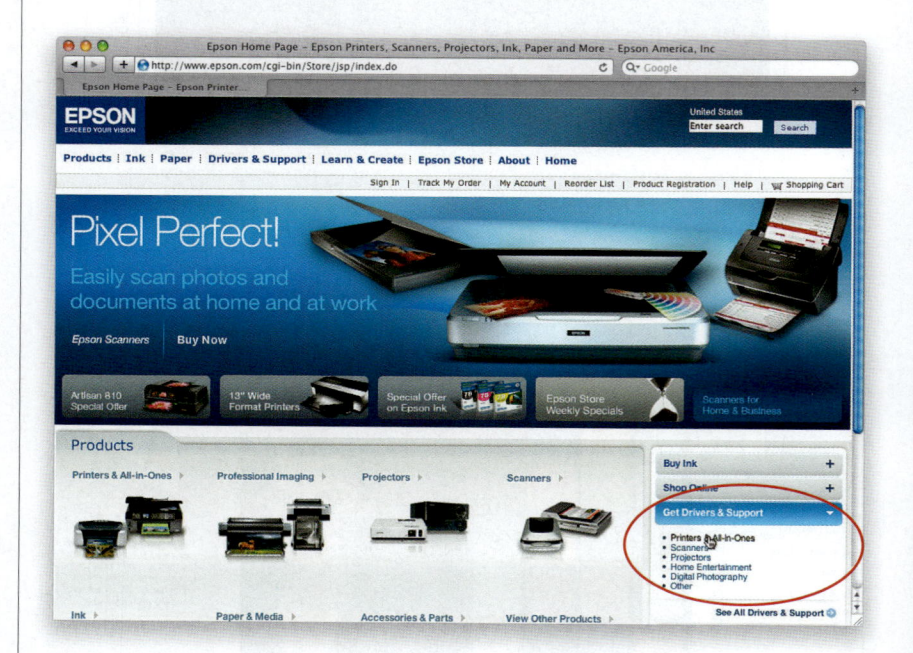

Adobe Photoshop CS5 | para fotógrafos digitais

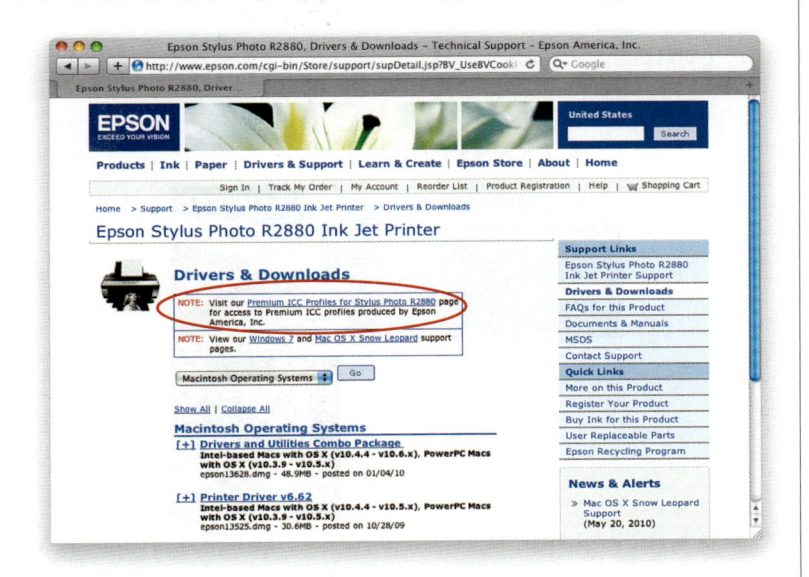

Passo dois:
Assim que chegar a Drivers & Support, descubra sua impressora particular na lista. Clique naquele link, e, na página seguinte, clique em Drivers & Downloads (escolha Windows ou Macintosh). Naquela página há um link para a página Premium ICC Profiles da impressora.

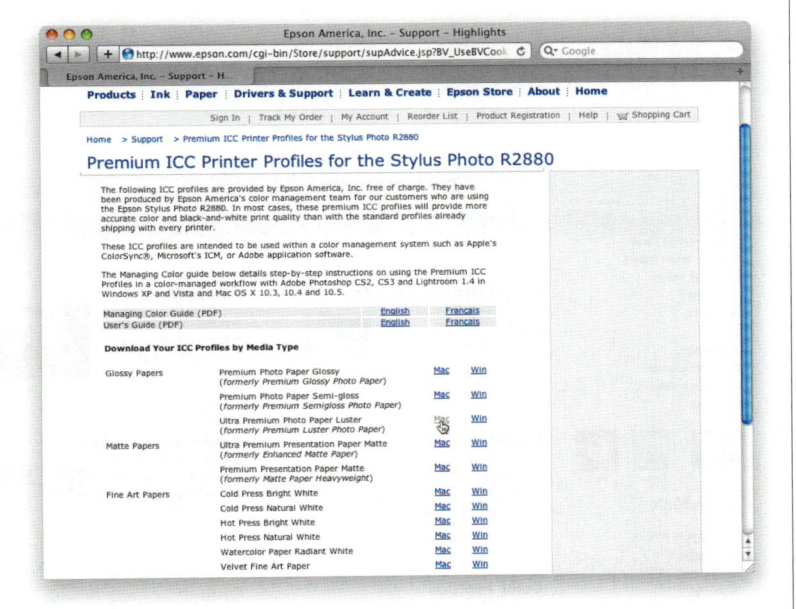

Passo três:
Quando você clica naquele link, a página aparece com uma lista de perfis Mac e Windows ICC para papéis e impressoras Epson. Eu imprimo em dois papéis principalmente: (1) Ultra Premium Photo Paper Luster e (2) o papel Velvet Fine Art, ambos da Epson. Então, eu baixaria os perfis ICC para eles sob Glossy Papers (como mostrado aqui) e os Fine Art Papers (na parte inferior da janela). Eles baixam para seu computador, você clica duas vezes no instalador para cada um, e eles são adicionados à sua lista de perfis no Photoshop (mostrarei como escolhê--los na caixa de diálogo Print adiante). É isso — você os baixa, clica duas vezes para instalar, e eles estarão esperando por você na caixa de diálogo de impressão do Photoshop. Fácil mesmo. Mas, e se você não estiver usando um papel Epson? Ou se você tem uma impressora diferente, como uma Canon ou uma HP?

Continua

Passo quatro:
Nós lidaremos com a questão dos papéis diferentes primeiro (porque elas caminham juntas). Eu já mencionei antes que normalmente imprimo em papéis Epson. Digo isso porque às vezes quero uma impressão final que se encaixe em uma moldura pré-fabricada padrão, sem ter de cortar ou aparar a foto. Nesses casos, uso o Ultra Satin Pro 16x20" da Red River Paper (que é muito parecido com o Ultra Premium Luster da Epson, mas já vem pré-cortado para 16x20"). Então, apesar de você imprimir em uma impressora Epson, acesse agora o site da Red River Paper (<www.redriverpaper.com>) para descobrir seus perfis de cor para minha outra impressora — a Epson 3880. (Lembre-se: os perfis vêm da empresa que produz o papel.) Na homepage da Red River Paper há um link para Premium Photographic Inkjet Papers, então clique nele.

Passo cinco:
Ao clicar naquele link, as coisas ficam mais fáceis, porque no lado esquerdo da próxima página (sob Helpful Info) há um link claro e direto para seus perfis de cor disponibilizados para serem baixados gratuitamente (como visto aqui). Colocar os perfis para serem encontrados de maneira tão fácil assim é extremamente raro (quase fácil demais — deve ser uma armadilha, certo?). Então, clique no link Color Profiles, que o levará direto aos perfis para impressoras Epson, como visto no Passo seis. (Que barbada, não?)

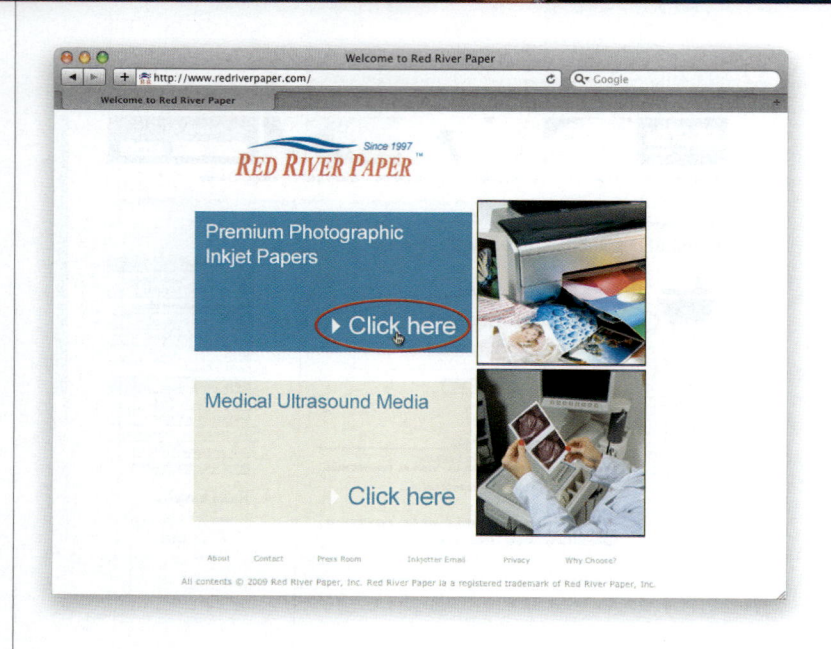

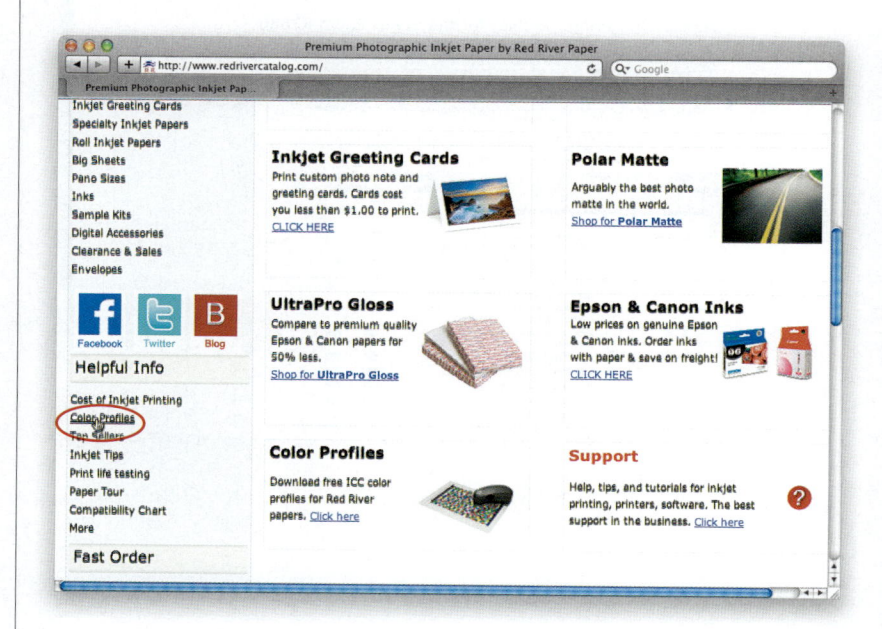

Adobe Photoshop CS5 | para fotógrafos digitais

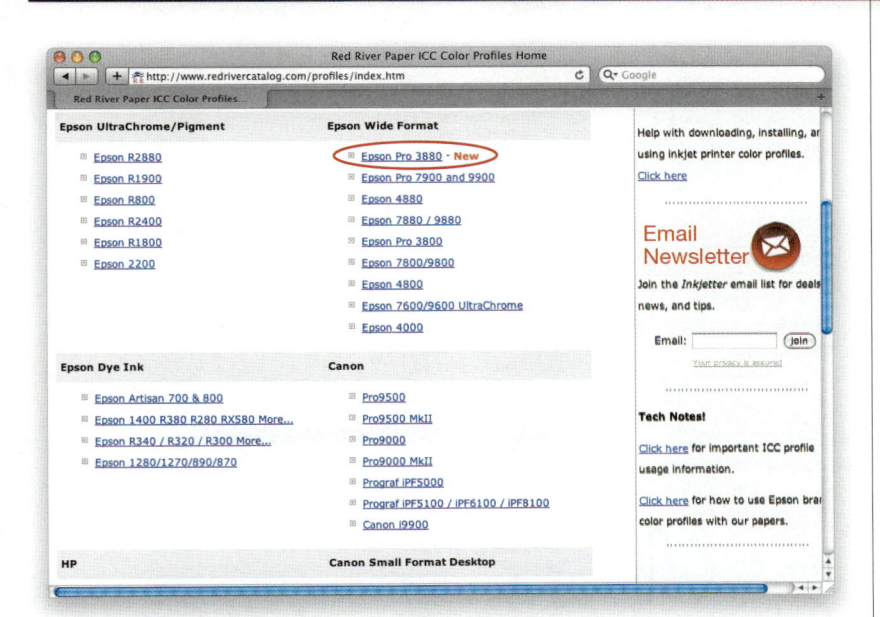

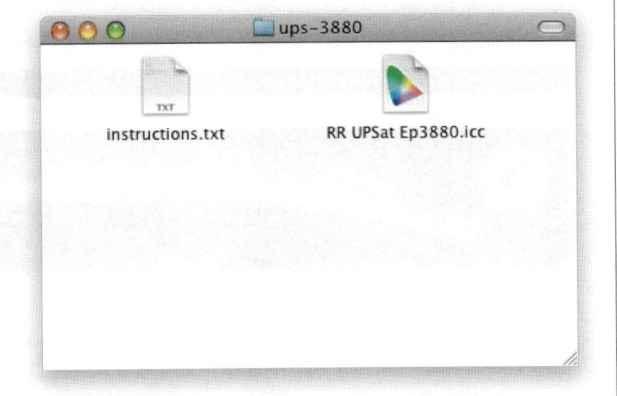

Passo seis:
Na seção chamada Epson Wide Format, há um link direto para a Epson Pro 3880 (como mostrado aqui), mas você observou também que há perfis ICC Color para as impressoras Canon? Está vendo, o processo é o mesmo para outras impressoras, mas fique atento: apesar de HP e Canon produzirem impressoras de fotos de qualidade profissional, a Epson tinha o mercado profissional para si por um bom tempo, então, embora os perfis Epson sejam criados pela maioria dos principais fabricantes de papel, você nem sempre encontrará perfis para impressoras HP e Canon. Como você pode ver na Red River, eles dão um amplo apoio para a Epson, e há alguns perfis Canon ali também — mas apenas um para a HP. Isso não quer dizer que a situação não vá mudar, mas, agora, essa é a realidade. Falando em mudança — o visual e a navegação dos sites mudam com bastante regularidade, então, se esses sites estiverem diferentes quando você os visitar, não entre em pânico. OK, você pode se apavorar, mas só um pouco.

Passo sete:
Apesar de os perfis do site da Epson virem com um instalador, no caso da Red River (e no caso de muitos outros fabricantes de papel), você só recebe o perfil (mostrado aqui) e as instruções, de maneira que você mesmo o instala (não se preocupe — é fácil). Em um PC, clique com o botão direito do mouse no perfil e escolha Install Profile. Bem fácil. Em um Mac, entre no disco rígido, abra a pasta Library, e abra a pasta Color-Sync, onde você verá uma pasta Profiles. Arraste o arquivo ali, e está feito (no Photoshop CS5, você nem terá de recomeçar o Photoshop — ele automaticamente o atualiza).

Continua

Passo oito:

Agora, você vai acessar seu perfil escolhendo **Print** do menu File do Photoshop. Na caixa de diálogo Print, mude o menu pop-up Color Handling para **Photoshop Manages Color**. Então, clique no menu pop-up Printer Profile, e seu(s) novo(s) perfil(is) de cor aparecerá(ão) (como mostrado aqui). Neste exemplo, estou imprimindo em uma Epson 3880 usando o papel Ultra Pro Satin da Red River, de modo que é isso que estou escolhendo aqui como meu perfil de impressora (é chamado de RR UPSat Ep3880.icc). Mais sobre usar esses perfis de cor mais adiante.

DICA: Criando seus próprios perfis

Você também pode contratar uma empresa de fora para criar um perfil personalizado para sua impressora. Você imprime uma folha de teste (que eles fornecem), envia para eles, e eles usarão um caro colorímetro para medir sua impressão de teste e criar um perfil personalizado. A sacada: ele só é bom para aquela impressora, naquele papel, com aquela tinta. Se alguma coisa mudar, seu perfil personalizado não valerá praticamente mais nada. É claro, você poderia fazer seu próprio perfil de impressora pessoal (usando algo como o i1 Solutions da X-Rite), de maneira que você pode reconfigurar o perfil cada vez que mudar de papel ou tintas. Isso é determinado por sua preocupação/tempo/dinheiro (se você me entende).

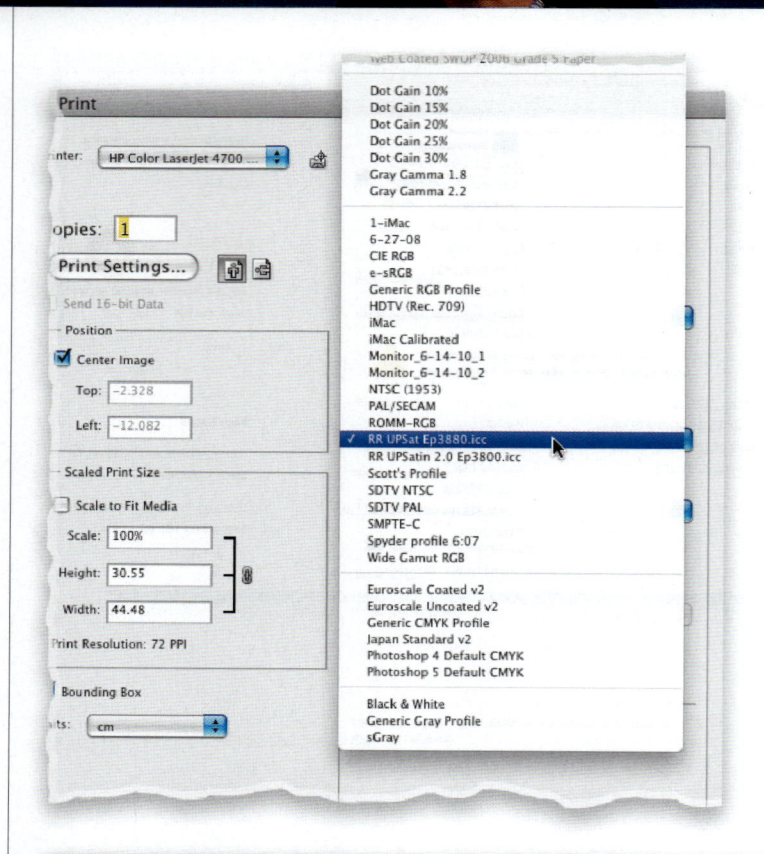

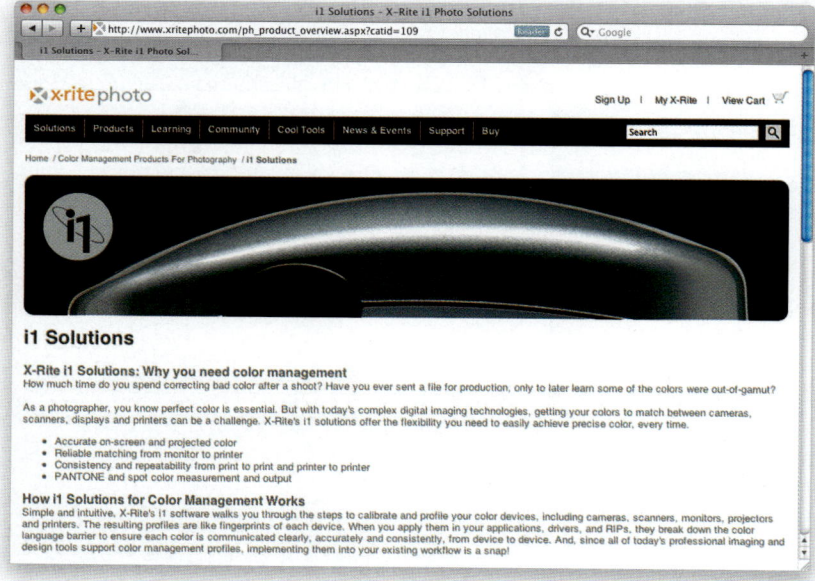

Adobe Photoshop CS5 | para fotógrafos digitais

OK, então, a essa altura, você configurou o Photoshop para o espaço de cor apropriado para o tipo e foto que vai imprimir (RAW, JPEG, TIFF etc., ver página 344), calibrou seu monitor (ver página 349), e chegou até a baixar um perfil de impressora para o modelo de impressora e estilo de papel exatos sobre os quais está imprimindo. Resumindo — você chegou lá. Felizmente, você só precisa fazer isso tudo uma vez — agora podemos nos recostar e imprimir. Bem, praticamente isso.

Fazendo a impressão (finalmente, tudo se encaixa)

Passo um:
Vá ao menu File do Photoshop e escolha **Print** (como mostrado aqui), ou simplesmente pressione **Command-P** (PC: **Ctrl-P**).

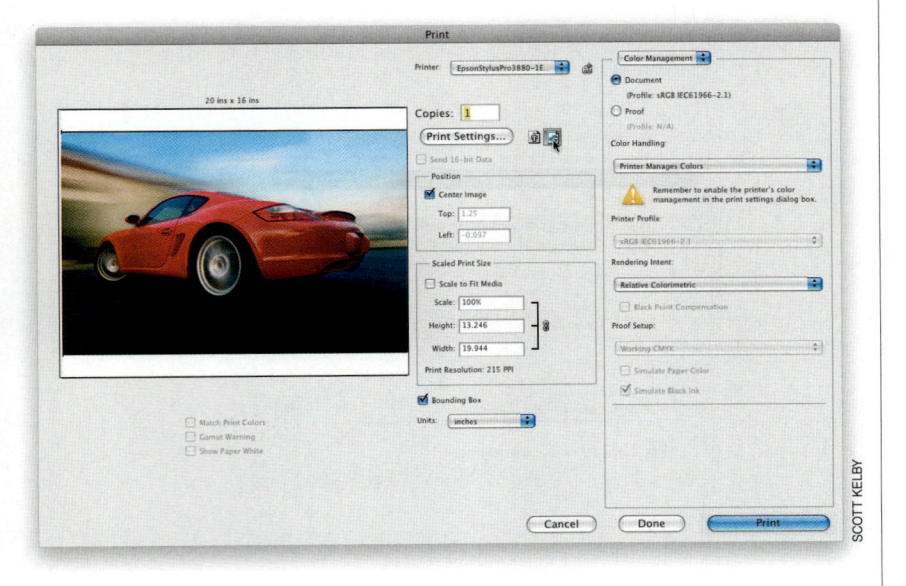

Passo dois:
Quando a caixa de diálogo Print aparecer, escolha a impressora primeiro. No topo da coluna do centro, escolha a impressora no menu pop-up Printer. Você pode escolher a orientação de página clicando nos Portrait e Landscape Orientation à direita do botão Print Settings (como mostrado aqui).

Continua

Impressão passo a passo e gerenciamento de cores | Capítulo 12

Passo três:

No diálogo Print, no topo da coluna mais à direita, verifique se o **Color Management** está selecionado no menu pop-up (como mostrado aqui).

DICA: Impressão de 16 Bits no Mac

Se estiver trabalhando no Mac, com imagens de 16 bits, e tiver uma impressora compatível de 16 bits, pode aproveitar o suporte do CS5 para impressão de 16 bits com a caixa Send 16 bit Data (logo abaixo do botão Print Settings). Esta impressão oferece uma gama dinâmica e expandida de opções para impressoras que a suportam, mas, agora, esse recurso está disponível apenas para o Mac OS X Leopard ou usuários superiores (esta é uma limitação do sistema operacional Windows, não do Photoshop).

Passo quatro:

Do menu pop-up Color Handling, escolha **Photoshop Manages Colors** (como mostrado aqui) para poder usar o perfil de cor que baixou para a combinação impressora/papel, e que lhe proporcionará a melhor compatibilidade possível. Eis a questão: por padrão, o Color Handling é configurado para que sua impressora gerencie as cores. Você só o escolherá se não tiver conseguido baixar o perfil impressora/papel. Optar para que sua impressora gerencie as cores é seu segundo plano. Mas as impressoras atuais chegaram ao ponto de que, se você tiver de usar esse recurso, elas fazem um bom trabalho (assim há poucos anos — se você não tivesse um perfil de cor, não tinha chance alguma de conseguir uma impressão de qualidade profissional).

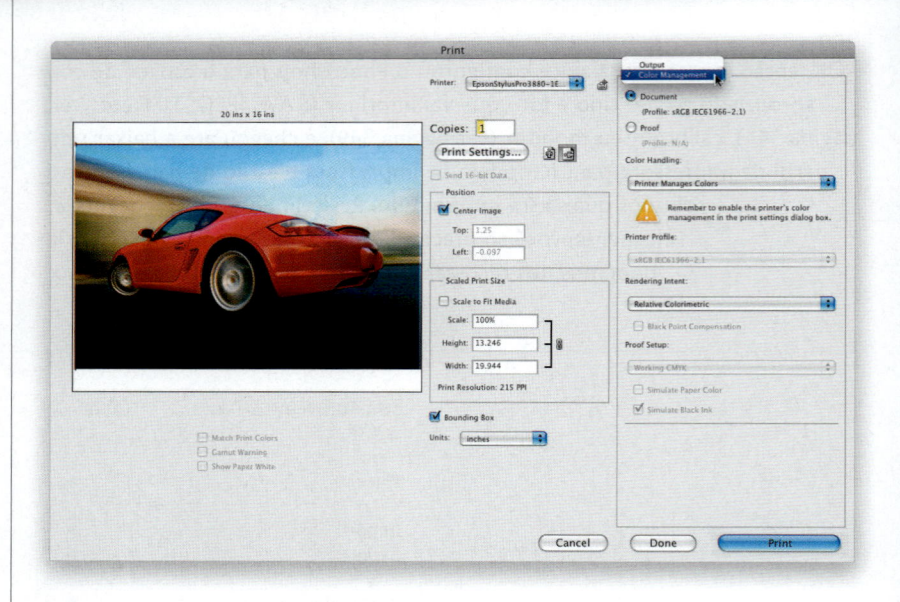

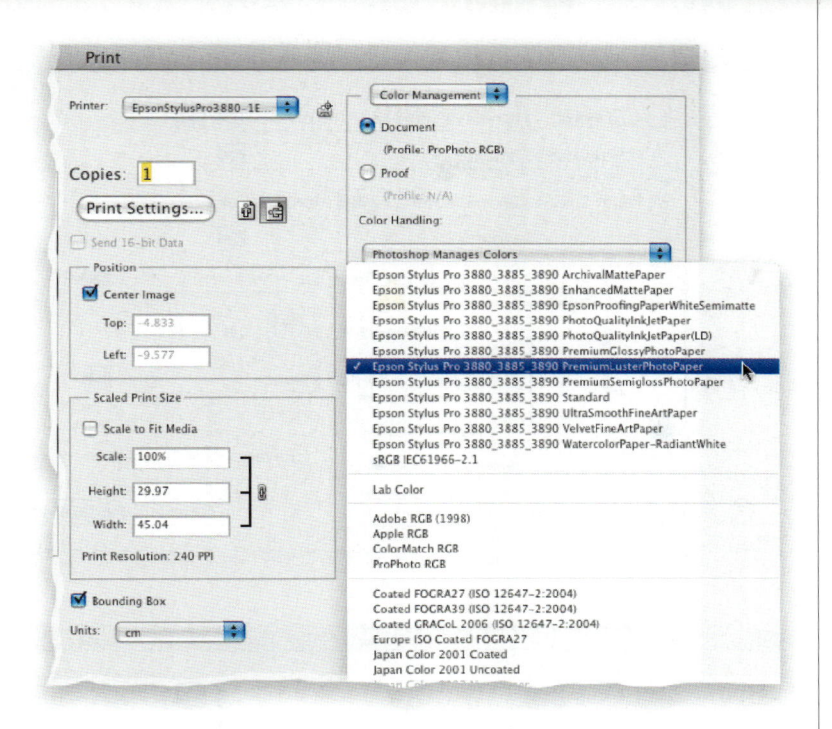

Passo cinco:
Após selecionar Photoshop Manages Colors, escolha seu perfil do menu pop-up Printer Profile. Vou escolher uma impressora Epson Stylus Pro 3880 usando o Ultra Premium Photo Paper Luster da Epson, e um perfil impressora/papel compatível com minha impressora e meu papel (como mencionei na técnica anterior, Epson 3880 vem com perfis de cor para papéis Epson já instalados). Isso otimiza a cor para proporcionar a melhor impressão de cor possível.

Passo seis:
Agora, você deve escolher o Rendering Intent. Há quatro opções, mas recomendo duas: ou Relative Colorimetric (configuração padrão) ou Perceptual. Eis a questão: tive impressoras em que consegui as melhores impressões com meu Rendering Intent configurado para Perceptual, mas, em Epson Stylus Pro 3880, consigo resultados melhores configurando para Relative Colorimetric. Então, qual delas proporciona melhores resultados para sua impressora? Recomendo imprimir uma foto com cada configuração e depois compará-las.

DICA: A caixa de seleção Gamut Warning não é para nós
A caixa de seleção Gamut Warning (abaixo da área de pré-exibição) não é projetada para ser usada com uma impressora a jato de tinta colorida (como temos aqui) ou qualquer outra impressora RGB. Ela o adverte se as cores estiverem fora do alcance de impressão para uma prensa tipográfica CMYK, então, a não ser que você esteja produzindo para uma prensa tipográfica, pode desmarcar esta seleção.

Continua

Adobe Photoshop CS5 | para fotógrafos digitais

Passo sete:
Por fim, certifique-se de que a caixa de seleção Black Point Compensation esteja selecionada para ajudar a manter mais detalhe e cor nas áreas sombreadas. Agora, volte para a coluna do centro e clique no botão Print Settings, e então o Photoshop abrirá a caixa de diálogo OS Print (PC: Printer Properties) do driver de impressão (eu uso impressoras Epson, então o diálogo Print que você vê aqui é de uma Epson em um Mac, mas, se tiver uma Canon ou HP, a caixa de diálogo do driver de impressão terá as mesmas funções básicas, apenas em um layout diferente). Sua impressora já estará escolhida no menu pop-up Printer. Em um Windows PC, você pulará o diálogo Print e simplesmente verá as opções de sua impressora. Do menu pop-up Paper Size (encontrado no Paper Settings em um PC) escolha o tamanho de seu papel (neste caso, uma folha 16x20"). Você também pode escolher se o quer sem bordas.

Passo oito:
Clique no menu pop-up Layout para abrir as opções de impressoras. Há duas mudanças críticas a fazer. Primeiro, escolha Printer Settings (como mostrado aqui), para configurar a impressora de modo a aumentar a qualidade da impressão.

ADVERTÊNCIA: Daqui por diante, o que aparecer no menu pop-up Layout depende de suas opções particulares de impressora. Talvez você consiga ou não acessar essas mesmas configurações, por isso veja cada opção para descobrir as configurações que deve ajustar. Se usar um Windows PC, clique na aba Advanced ou no botão Advanced para escolher configurações similares.

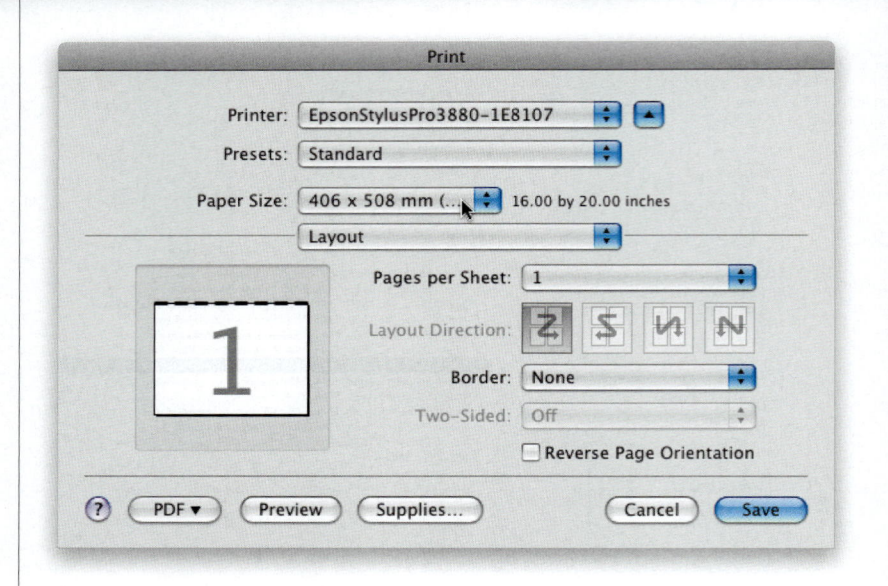

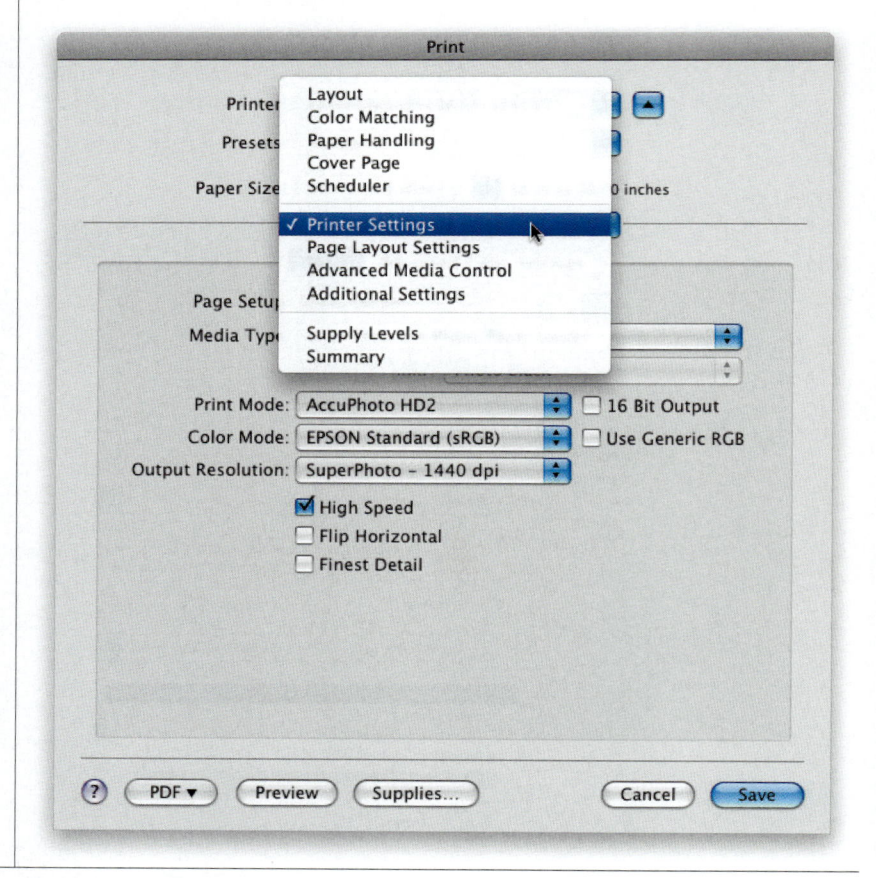

Adobe Photoshop CS5 | para fotógrafos digitais

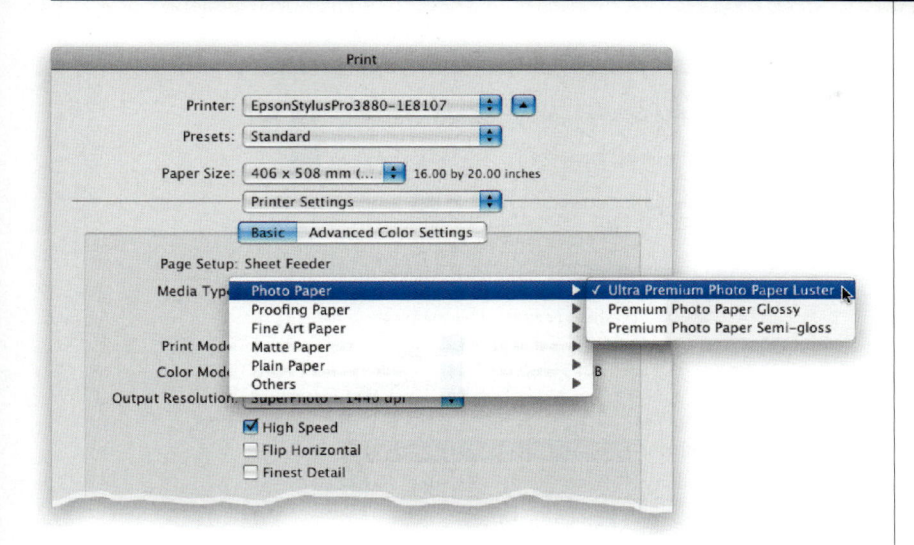

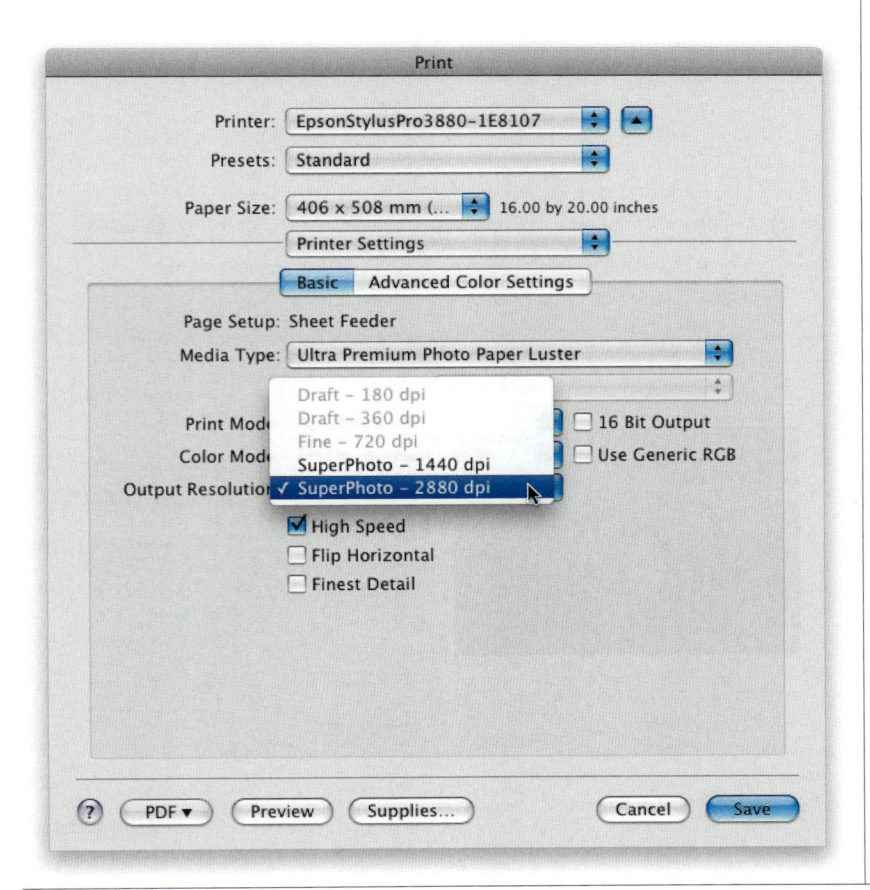

Passo nove:
Assim que escolher Printer Settings, e estas opções aparecerem, certifique-se de que o tipo de papel sobre o qual você vai imprimir seja escolhido no menu pop-up Media Type (como mostrado aqui). Trata-se de uma questão muito importante, pois enviará toda uma série de instruções para a impressora, incluindo a quantidade de tinta que ela deve aplicar, o tempo de secagem do papel, o intervalo de impressão apropriado, e por aí afora. Em nosso exemplo, estou imprimindo em Ultra Premium Photo Paper Luster — um de meus papéis favoritos da Epson para impressões coloridas e em preto e branco. (Agora, meu favorito mesmo é o Exhibition Fiber Paper. Ele é um pouco caro, então eu o reservo para impressões importantes, mas que beleza de papel! Também gosto do Velvet Fine Art Paper, que uso quando quero um visual e uma sensação mais de pintura à aquarela. Ele funciona realmente bem para o tipo certo de fotos, pois tem muita textura, então suas fotos ficam mais suaves, como fotos de flores, natureza, paisagens delicadas e qualquer foto em que um foco bem nítido não seja a meta. O Velvet Fine Art Paper também é um papel bastante apropriado quando a foto está ligeiramente fora de foco).

Passo dez:
Escolha sua Output Resolution no menu pop-up (em um PC, escolha Quality Options do menu pop-up Print Quality, então use o controle deslizante para configurar o nível de qualidade). Eu uso Super Photo - 2880 dpi porque quero a mais alta qualidade possível (um fato pouco conhecido: a 2880 dpi não usa mais tinta — ela só leva mais tempo. Agora você sabe).

Continua

Impressão passo a passo e gerenciamento de cores | Capítulo 12 | 361

Passo onze:

A próxima mudança, desmarcar a seleção do gerenciamento de cor da impressora, é crítica. Escolha **Off (No Color Management)** no menu pop-up Color Mode (em um PC, clique no botão de opção Custom e você poderá escolher Off [No Color Adjustment] no menu pop-up Mode). Você não deve fazer o ajuste de cor de sua impressora —em vez disso, está deixando que o Photoshop gerencie sua cor.

Passo doze:

Agora você está pronto para imprimir, então pressione o botão Save (PC: OK) para voltar ao diálogo Print do Photoshop e pressione o botão Print para conseguir impressões que sejam compatíveis com sua tela, já que gerenciou a cor de sua foto do início ao fim.

ADVERTÊNCIA: Se estiver usando uma impressora jato de tinta colorida, jamais converta sua foto para o formato CMYK (mesmo que talvez tenha vontade, já que sua impressora usa tintas ciano, magenta, amarela e preta). A conversão de tintas RGB para CMYK acontece dentro da própria impressora, e, se você a fizer primeiro no Photoshop, sua impressora tentará convertê-las novamente na impressora, e suas cores sairão bem desajustadas.

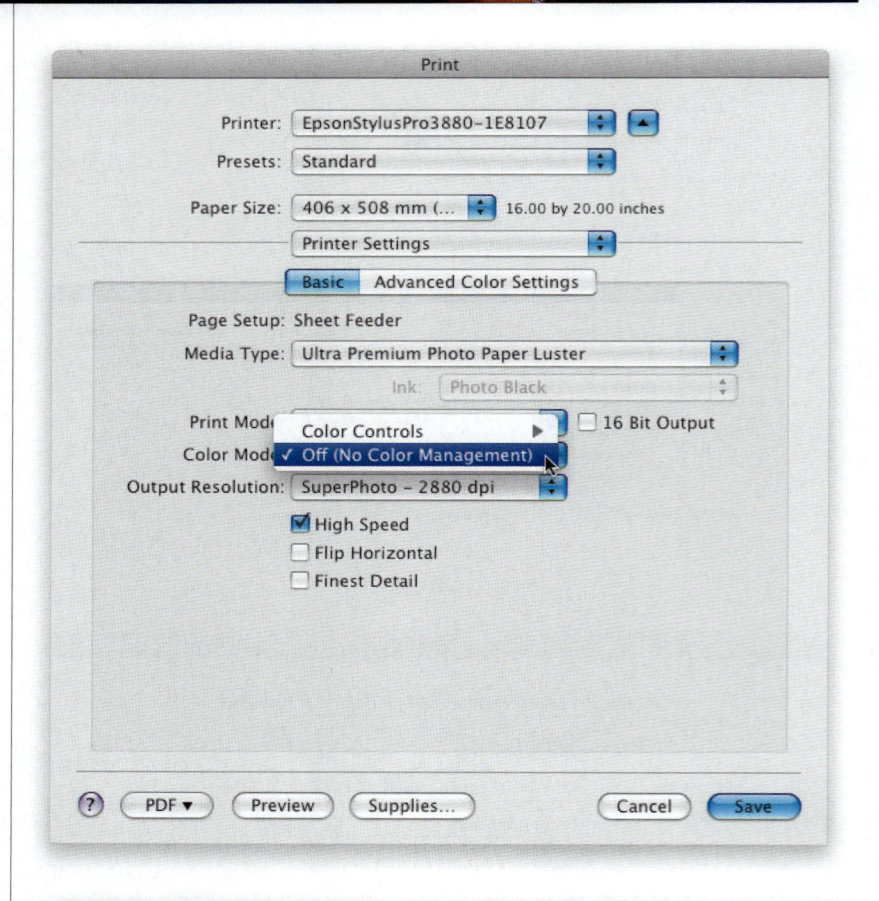

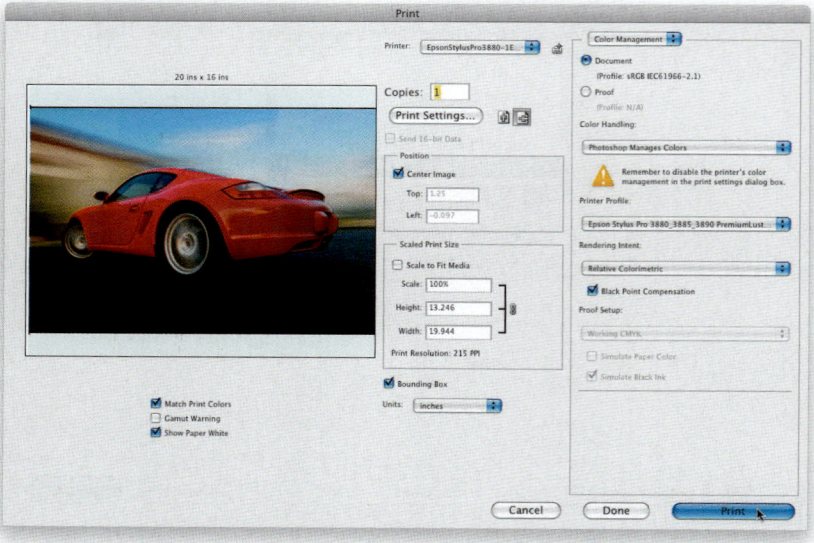

Adobe Photoshop CS5 | para fotógrafos digitais

Essa é a primeira edição a incluir como fazer soft proof, pois não uso essa técnica — nem a recomendo —, e não gosto de incluir técnicas que não uso realmente. Mas tantas pessoas me perguntaram a respeito disso que me senti compelido a incluí-la. Apenas saiba que o meu conselho é simples: nada bate uma prova real. Se você está falando sério a respeito de fazer ótimas impressões, faça uma impressão de teste — uma soft proof apenas lhe dará uma ideia de como sua impressão ficará. Uma impressão de teste mostra como ela realmente é. OK, tenho dito. Saiba mais sobre como ela é feita.

Realizando soft proof em Photoshop

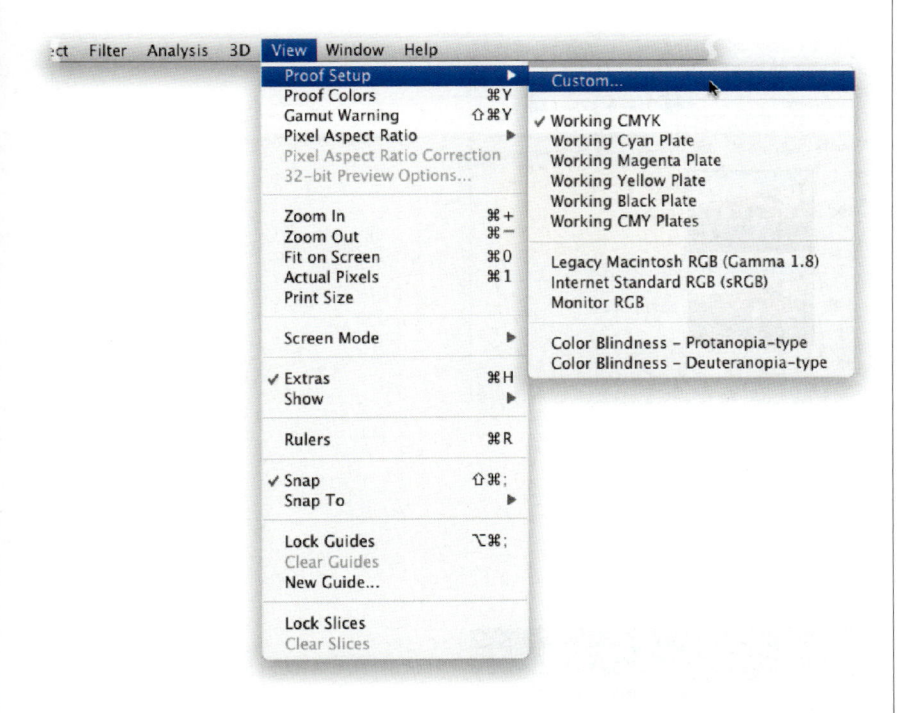

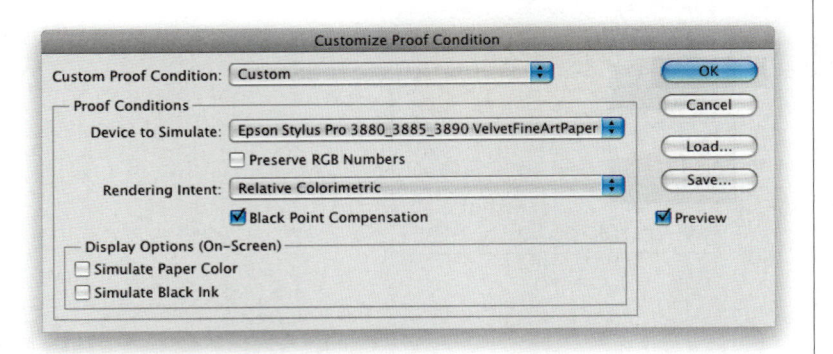

Passo um:
Comece baixando o perfil de cor gratuito do fabricante do papel que você usará para imprimir (na página 352 saiba onde conseguir esses perfis e como instalá-los). Abra a imagem em que será feita a soft proof, então, no menu View, em Proof Setup, escolha **Custom** (como visto aqui).

Passo dois:
Quando o diálogo Customize Proof Condition aparecer, no menu pop-up Device to Simulate, escolha o perfil de cor para a combinação de impressora/papel (aqui, escolhi uma impressora Epson Stylus Pro 3880 para um Velvet Fine Art Paper). Em seguida, escolha o Rendering Intent (veja a página 359 para saber mais) e certifique-se de ter deixado Black Point Compensation selecionado. Na seção Display Options (On-Screen), deixe desmarcadas as seleções Simulate Paper Color e Simulate Black Ink. Você pode selecionar/anular a seleção da caixa Preview para ver um antes/depois da simulação de como sua impressão pareceria com aquele perfil no papel (apesar de essa técnica não pode simular como seu incremento de nitidez pareceria em papéis diferentes, apenas a cor. Mais ou menos). Faça uma tentativa, compare-a com uma impressão de teste real e você será capaz de determinar se a técnica de soft proof funciona.

Impressão passo a passo e gerenciamento de cores | Capítulo 12

O que fazer se a impressão ainda não casar com a imagem de sua tela

OK, o que você faz se seguiu todos esses passos — calibrou seu monitor, tem os perfis de papel certos, os perfis de cor, os perfis de perfis e por aí afora, e escolheu cuidadosamente todas as caixas de seleção, todos os perfis de cores certos, e fez tudo certo — mas a impressão ainda não casa com o que você vê na tela? Sabe o que fazemos? Nós a consertamos no Photoshop. Isso mesmo — damos umas mexidas simples que fazem a imagem parecer certa rapidamente.

Sua impressão está escura demais

É um dos problemas mais comuns e ocorre porque os monitores atuais são muito claros (isso ou você está vendo suas imagens em uma sala escura demais). Mas, é fácil resolvê-lo; pressione **Command-J (PC: Ctrl-J)** para duplicar o layer de Background, então, no topo do Layers panel, mude Blend Mode para **Screen** para deixar tudo muito mais claro. Baixe a Opacity desse layer para 25% e (isso é fundamental) faça uma impressão de teste. Em seguida, veja se casou perfeitamente ou se ainda está escura demais. Se sim, configure Opacity para 35% e faça mais um teste. Talvez precise de alguns testes para acertar em cheio, mas, quando conseguir, seu problema estará resolvido (torne essa medida uma Action).

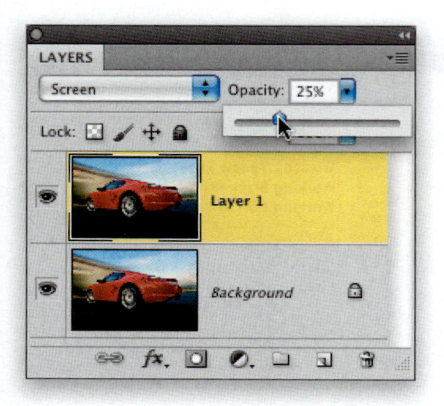

Sua impressão está clara demais

Isso é menos provável, mas existe uma solução bem fácil. Duplique o layer Background, então mude o Blend Mode para **Multiply** para escurecer tudo. Baixe a Opacity desse layer para 20% e faça um teste. De novo, talvez você tenha de fazer alguns testes para conseguir a quantidade certa. Torne isto uma Action (chame-a de "Preparação para Impressão", e, sempre que imprimir uma imagem, aplique primeiro a Action).

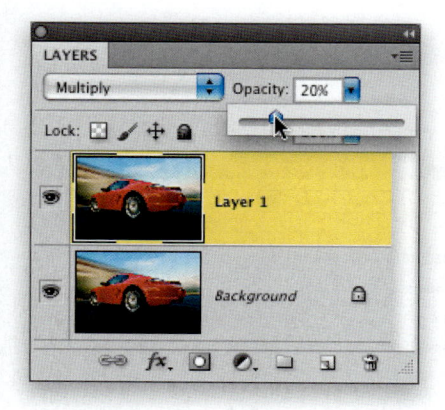

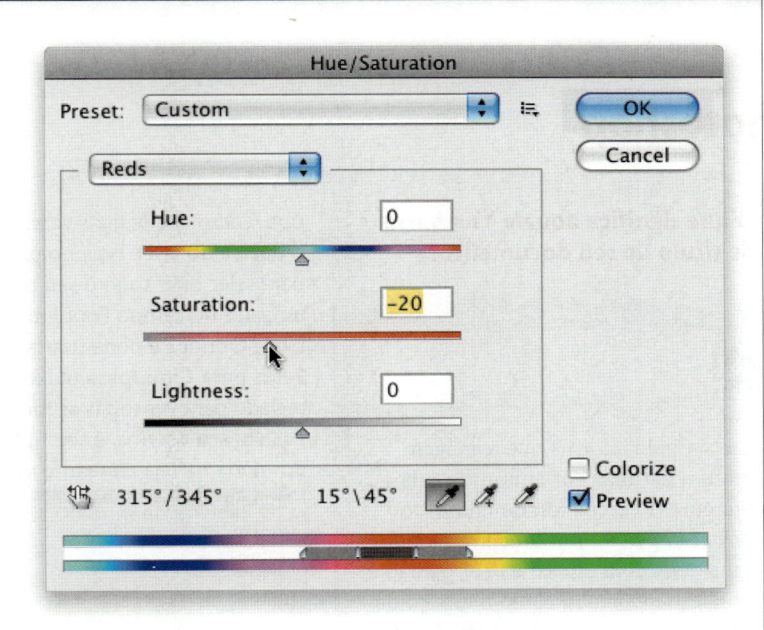

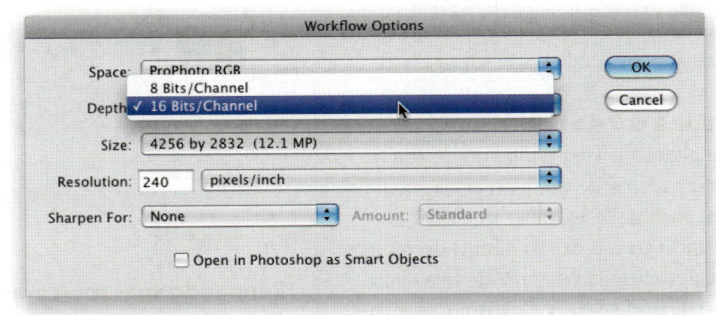

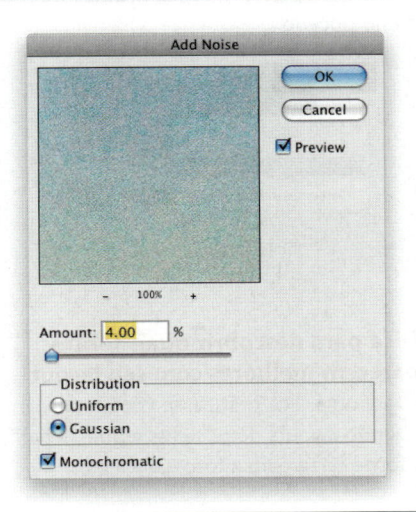

Sua impressão está vermelha demais (azul etc.)

Talvez você encontre esta situação se sua impressão tiver algum tipo de projeção de cor. Antes de estragar a imagem, pressione a letra **F** no teclado para pôr um plano de fundo cinza sólido atrás dela, então cheque se a imagem tem mesmo vermelho demais. Se tiver, pressione **Command-U (PC: Ctrl-U)** para abrir Hue/Saturation. Do segundo menu pop-up, escolha **Reds**, então baixe Saturation para -20% e faça uma impressão de teste. Saberá se 20% foi demais, pouco ou a quantidade certa. Ao fazer alguns testes e acertar em cheio, salve os passos como uma Action antes de voltar a imprimir.

Sua impressão tem bandas de passagem visíveis

Quanto mais mexer em uma imagem, maior a probabilidade de ter de enfrentar isso (as cores têm bandas de passagem visíveis, em vez de uma graduação suave de cor para cor, como quando a foto tem céus azuis). Há duas maneiras de se lidar com isso: se você fotografou em RAW, certifique-se de manter a imagem em modo de 16 bits (não deixe passar para 8 bits quando deixar o Camera Raw). Clique o link Workflow Options abaixo da área Preview em Camera Raw e escolha **16 Bits/Channel** do menu pop-up Depth. Fique em 16 bits durante todo o processo de impressão. Se sua imagem original foi um JPEG, não há como voltar para 16 bits (e converter para um modo de 16 bits não muda nada); em vez disso, vá ao menu Filter, em Noise, e escolha **Add Noise**. Configure o Amount para 4%, clique no botão de opção Gaussian e selecione a caixa Monochromatic. Você verá o ruído na tela, mas ele desaparecerá quando imprimir a imagem (e, em geral, a banda de passagem desaparecerá com ele).

Adobe Photoshop CS5 | para fotógrafos digitais

Dicas matadoras de Photoshop

Usando CS5 em um MacBook Pro?
Você provavelmente já experimentou uma situação estranha em que, de repente, sua tela gira ou a imagem subitamente aumenta (ou diminui). É porque o *track pad* em um MacBook Pro dá suporte a Gestures, que são ótimos para uma série de coisas, mas tendem a enlouquecer a pessoa quando usa Photoshop. Você pode desligar o Gestures pressionando **Command-K (PC: Ctrl-K)** para abrir as Preferences do Photoshop e clicando em Interface (na lista à esquerda), e, na parte inferior da seção General, desmarcar a seleção da caixa Enable Gestures.

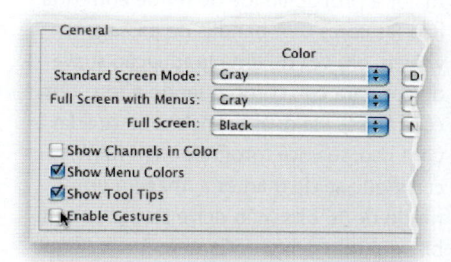

Cancelando uma edição de Adjustments layer
Se estiver trabalhando com um layer de ajuste e quiser cancelar sua edição, clique na seta circular na parte inferior à esquerda do painel Adjustments. Se não quiser o layer de ajuste, pode apagá-la rapidamente clicando no ícone Trash à direita da seta circular.

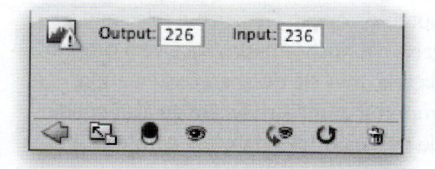

O que significa aquele * na barra de título de seu documento?

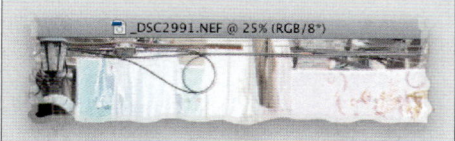

Esse símbolo informa que a imagem tem um perfil de cor embutido que é diferente do escolhido no Photoshop (por exemplo, se usar uma imagem do Lightroom, cujo espaço de cor padrão é ProPhoto RGB, mas, como o espaço de cor padrão do Photoshop é sRGB, e os dois não são compatíveis, um asterisco é colocado ali no alto para saber disso.

Mude a cor do Background da tela
Por padrão, a área em torno de seu documento é de um tom cinza médio, mas você pode escolher qualquer cor clicando com o botão direito do mouse em algum ponto na área de tela cinza e escolhendo **Select Custom Color** do menu pop-up.

Dica para descobrir quais fontes parecem melhores com seu layout
Esta é uma dica prática, se você está fazendo layouts de pôsteres e quer achar a fonte certa para a foto. Crie algum

tipo, então clique duas vezes na imagem reduzida do layer Type no painel Layers para selecionar todo o seu tipo. E clique uma vez no campo Font em cima na barra Options e pode usar as **teclas de Setas para Cima/para Baixo** em seu teclado para ver todas as fontes instaladas em seu sistema, e seu tipo destacado muda na tela enquanto você o faz.

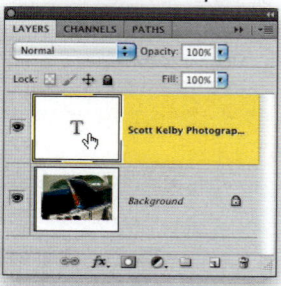

Refinando suas máscaras usando Color Range
Se você criou um layer mask e quer alterá-lo, pode adicionar o recurso de Color Range como parte de seu arsenal. Uso isso para selecionar rapidamente imagens que estejam em fundo branco. Tente isso: clique em Add Layer Mask na parte inferior do painel Layers (você terá de estar em um layer duplicado ou destrancado), então vá ao menu Select e escolha **Color Range**. Com a primeira ferramenta Eyedropper à esquerda (abaixo do botão Save), clique no plano de fundo uma vez (não na própria imagem, na pré-exibição de máscara no diálogo Color Range), e aumente a quantidade

Dicas matadoras de Photoshop

de Fuzziness até o plano de fundo ser selecionado. Isso faz a maior parte do trabalho de máscara para mim. Clique em OK e pinte as partes que faltam com Brush configurada para pintar em preto. Isso lhe dá uma máscara da seleção de plano de fundo. Para tornar sua máscara uma seleção de seu tema, certifique-se de que ela esteja selecionada e pressione Command-I para invertê-la.

Dica para quando você fez um zoom bem próximo

Se você aumentou bem o zoom em uma foto, nada mais frustrante do que tentar se movimentar para uma parte diferente da imagem com as barras de rolamento. Pressione e segure a **Barra de espaços** e ela temporariamente troca para a ferramenta Hand, assim você pode clicar e arrastar a imagem. Quando soltar a Barra de espaços, ela voltará para a ferramenta que estava usando.

Como ver somente uma de seus layers

Apenas **Option-Click (PC: Alt-click)** no ícone Eye ao lado do layer que quer ver, e todos os outros serão escondidos do campo de visão. Apesar de estarem escondidos, você pode passar por eles pressionando e segurando a tecla **Option (PC: Alt)** e usando as **teclas de Colchete Esquerdo** e **Direito** para mover a pilha de layers para cima/para baixo. Quer trazer todas de volta? Clique em Option no ícone Eye novamente.

Atalhos práticos para Blend mode

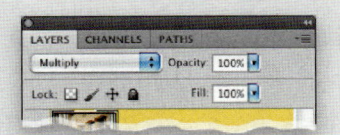

As pessoas acabam usando o mesmos Blend Modes dos layers — Multiply, Screen, Overlay, Hard Light e Soft Light. Se eles são seus favoritos, você pode poupar tempo pulando diretamente para o que quer com um atalho de teclado simples. Para pular diretamente para o modo Screen, você pressionaria **Option-Shift-S (PC: Alt-Shift-S)**; para o modo Multiply, **Option-Shift-M (PC: Alt-Shift-M)**; e por aí afora. Para passar pelos diferentes atalhos, tente letras diferentes em seu teclado.

Passando pelos seus documentos abertos

Para pular de um documento aberto para outro, pressione **Ctrl-Tab**. Isso é prático quando usa janelas com abas.

Colocando sua Drop Shadow bem onde você a quer

Se você estiver adicionando uma Drop Shadow atrás de sua foto com um estilo de layer **Drop Shadow** (escolha Drop Shadow do menu pop-up do ícone Add a Layer Style), não precisa mexer em Angle ou Distance. Em vez disso, movimente seu cursor fora do diálogo Layer Style — sobre a área de imagem — clique e arraste a própria sombra para onde você a quer.

Dica CS5 para usuários Wacom Tablet que usam seu Tablet no colo

No CS4, a Adobe introduziu a Fluid Canvas Rotation, que permite que usuários que usam seu tablet no colo girem a tela para casar com o ângulo atual do aparelho (clique na ferramenta Hand, escolha Rotate View, clique e arraste dentro da imagem para girar a tela). Antes, havia um problema: quando você girava a tela, os pincéis também giravam. Felizmente, no CS5, sua tela gira, mas agora seus pincéis não saem do lugar.

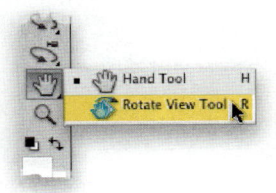

Fotógrafo Scott Kelby | Velocidade de obturador: 1/800 sec | Distância focal: 17mm | Diafragma: *f*/8

Fluxo de trabalho
o passo a passo de meu fluxo de trabalho

Estou prestes a deixá-lo entrar nos bastidores e no mundo do meu fluxo de trabalho pessoal. Não em meu fluxo de trabalho de Photoshop, nada disso, mas o fluxo de trabalho pelo qual encontro os nomes para os títulos de introduções de capítulos (seria prático escrever um capítulo sobre meu fluxo de trabalho de Photoshop CS5, no entanto. Talvez faça isso depois desta página). De qualquer maneira, este tem sido um processo guardado a sete chaves e altamente reservado, envolto em mistério e oculto em veludo, mas hoje, para você, vou revelá-lo pela primeira vez: primeiro, escolho qual palavra eu quero procurar (então, para um capítulo sobre Correção de cores, posso procurar tanto por cor quanto por correção), em seguida digito minha primeira escolha na iTunes Store da Apple, porque ela traz filmes, programas de TV e música. Para a palavra "cor", você recebe 1 bilhão de respostas (especialmente canções), mas, dependendo da palavra que você escolher, talvez não obtenha retorno algum, caso em que vou para o banco de dados da Internet Movie Database (<www.imdb.com>) e digito a palavra ali. Para este capítulo, pensei que, ao digitar a palavra "trabalho", receberia muitos resultados (como "Workin' for a Living", de Huey Lewis & The News, por exemplo), mas, por travessura, digitei "fluxo de trabalho", e não é que apareceu um resultado? O álbum de duas canções "Workflow", de Ricky Ambilotti. No mundo dos escritores de introduções psicóticas de capítulos, não dá para reclamar. Agora, você deve estar pensando "Uau, este é um processo bem fácil", e até certo ponto ele é, mas tem algo que não contei e que torna o processo muito mais difícil. Eu nunca aprendi a ler. Eu sei que isso soa esquisito vindo de alguém que escreve livros, mas é verdade. Quando eu estava na escola primária, cabulava as aulas, pois estava mais interessado em invadir o site do WOPR[1] usando meu modem discado de 300 baud e jogar xadrez com o Dr. Falken[2].

---
[1] Supercomputador militar ficcional do filme *Jogos de Guerra* (*War Games*, 1983). (N.T.)
[2] Personagem do filme. (N. T.)

Adobe Photoshop CS5 | para fotógrafos digitais

Meu fluxo de trabalho de fotografia digital em Photoshop CS5

Já me perguntaram muitas vezes "Qual é seu fluxo de trabalho de fotografia digital em Photoshop?". (O que eu deveria fazer primeiro? O que vem a seguir? Etc.) Então, pensei em acrescentar este capítulo aqui para dar um fechamento a tudo. Este capítulo não é sobre aprender técnicas novas (você já aprendeu todas as coisas de que precisará para seu fluxo de trabalho); é sobre ver o processo todo, do início até o fim, em ordem. Todos os fotógrafos têm um fluxo de trabalho diferente que funciona para eles, e eu espero que compartilhar o meu o ajudará a desenvolver um fluxo de trabalho que funcione para você e seu estilo de trabalho.

Passo um:
Hoje, a maior parte do meu fluxo de trabalho ocorre no Camera Raw, porque não importa se você usa imagens JPEG, TIFF ou RAW, esta é a maneira mais rápida e fácil de conseguir as imagens desejadas. Primeiro abro a pasta de imagens que importei do cartão de memória da minha câmera em Mini Bridge. Vou editar uma das fotos que tirei do andar superior de um ônibus de dois andares no centro de Hong Kong (você pode baixar essa imagem e seguir comigo — o endereço na Web está na introdução do livro). Clique com o botão direito do mouse na imagem em Mini Bridge e escolha Open in Camera Raw (como mostrado aqui).

Passo dois:
Aqui, temos a imagem RAW original aberta em Camera Raw. Primeiro temos de descobrir o que a foto tem de errado, e a pergunta é simples: "O que eu gostaria que estivesse diferente?". Aqui, o céu poderia estar mais escuro e com nuvens mais definidas; os prédios, menos sombreados e com mais detalhe, contraste e cor. É claro, tudo poderia estar mais nítido, mas, como eu incremento a nitidez de todas as fotos, isso nem se fala.

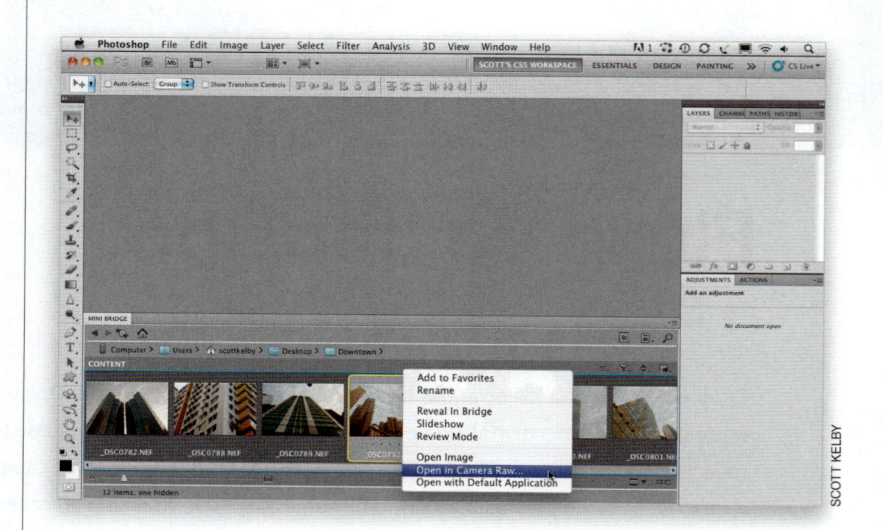

Passo três:

Normalmente começo ajustando o balanço de branco (ver página 28), mas, neste caso, estou satisfeito com a temperatura de cor como um todo (não me entendam mal, vou dar uma reforçada na cor logo em seguida, mas, quanto a estar quente demais ou fria demais, ou simplesmente totalmente errada, estou satisfeito nesse quesito. Isso é comum para fotos tiradas na rua quando o balanço de branco normalmente não é uma questão muito importante). Para conseguir mais contraste e cores mais potentes, vá para o painel Camera Calibration e tente os diferentes Presets no menu pop-up Camera Profile Name. O que pareceu melhor para mim foi o Camera Vivid, mas, é claro, porque meu objetivo aqui era realmente dar um choque na cor. O contraste adicionado não prejudica em nada também.

Passo quatro:

Agora, vamos focar o problema de exposição como um todo, que é o "céu muito claro e prédios muito escuros". Começaremos baixando os meios-tons, o que vai escurecer o céu. Então, volte ao painel Basic, escolha o controle deslizante Brightness e arraste-o para a esquerda até que ele leia -5. (Aliás, cheguei a este número arrastando-o para a esquerda até ficar bom para mim. Muito científico, eu sei.)

Continua

Passo cinco:

Para tirar aqueles prédios das sombras, vamos aumentar o Fill Light, arrastando-o para 70 (como mostrado aqui), o que abre bem as áreas sombreadas. (*Nota*: quando você aumentar o Fill Light assim, o visual pode ficar um pouco HDR na imagem, que eu até gosto, mas, dependendo do que você pensa desse visual, talvez não queira ir tão longe. E, se adicionar um monte de Clarity, que é meu próximo passo, ela fica com esse "visual"). Por ora, vamos adicionar o Fill Light e seguir em frente. (No Capítulo 2, mencionei que, se empurrar o Fill Light tão longe, você talvez tenha de aumentar o montante de Blacks para que a imagem não pareça lavada. Neste caso, estamos bem sem ele, mas tenha isso em mente sempre que usar muito Fill Light.)

Passo seis:

Agora que você escureceu os meios-tons e ajustou o Fill Light, olhe o histograma no canto superior direito e verá que não há muitas altas luzes na foto (o lado direito do gráfico está nivelado. Você não pode ver aqui, mas olhe para a imagem no Passo cinco, ou em sua própria tela, hum?), arraste o Exposure para a direita para clarear a imagem como um todo e expandir o alcance de tons, de maneira que tenha algumas áreas de altas luzes nela (eu o arrastei para +0,85). Tudo está mais claro agora, então aumente o Blacks (arrastei até 25), e baixe o Brightness um pouco mais (o céu está um pouco claro demais de novo) para -24. Isso ajudou as cores a ficarem mais potentes (graças ao aumento de Blacks, que aumenta a saturação da cor nas áreas sombreadas ao mesmo tempo).

Passo sete:

Agora, para fazer a imagem "aparecer" um pouco mais, vamos aumentar o Clarity (contraste de meio-tom) e o Vibrance. Aumente o montante de Clarity para +40 (se você quiser mais um visual HDR, aumente-o para +70) e aumente Vibrance um pouco para +15 (como mostrado aqui). Dê uma olhada na imagem aqui e observará que as bordas estão mais escuras. Ela está com uma vinheta de borda e também com um pouco de distorção geométrica, então vamos partir para o painel Lens Corrections (quinto ícone a partir da direita) para fazer o Camera Raw consertar ambas automaticamente.

Passo oito:

Quando chegar aqui, clique na aba Profile, selecione a caixa para Enable Lens Profile Corrections, e ela lerá os dados EXIF embutidos que foram adicionados à imagem no momento que ela foi tirada, então o recurso aplica uma correção baseada na marca e no modelo da lente que você usou (saiba mais na página 66). Não apenas o problema de vinheta de borda se foi, mas também a distorção dos prédios nos lados foi consertada! Felizmente, nem todas as imagens que tiro têm uma distorção de lente ou problema de vinheta, então não tenho de fazer este passo todas as vezes, mas, quando é preciso (como neste caso), é bom saber que ele é automatizado. Aliás, se ele não encontrou um perfil para consertar seu problema de lente, clique na aba manual e a ajuste você mesmo (veja a página 67 para saber mais sobre ajuste manual).

Continua

Adobe Photoshop CS5 | para fotógrafos digitais

Passo nove:

Agora, vou-lhe dar um passo opcional, e a razão para fazer isso é que não estou satisfeito com o céu. Ele está mais escuro, mas, como há tantos outros problemas de exposição, ainda não está do jeito que gostaria (apesar de eu estar satisfeito com os prédios, a cor e o contraste para todo o resto). Então, eu usaria o Adjustment Brush aqui para escurecer os meios-tons e adicionar muito contraste ao céu. A vantagem de fazer isso aqui no Camera Raw é que você pode usar o recurso Auto Mask (veja a página 99), para escurecer o céu sem alterar os prédios. Clique no Adjustment Brush na barra de ferramentas, então, no painel Adjustment Brush, clique no botão - (sinal de menos) à esquerda de Brightness e baixe o montante para -50, aumente Contrast para +90 e comece a pintar o céu (como mostrado aqui). É isso aí — é disso que estou falando!

Passo dez:

Siga pintando o céu até pintá-lo inteiramente. Tenha certeza de que aquela pequena mira não encoste na borda do prédio, ou ela começará a escurecer esta parte também (apesar de que provavelmente você terá de deixá-la passar sobre aquela grade um pouco quando fizer o prédio da frente). Depois de pintar todo o céu (com Auto Mask selecionado), talvez você queira até aumentar o Saturation um pouco (aqui, eu aumentei para +12), apenas para deixar o céu um pouco mais azul. Acho que isso é tudo que precisaremos fazer em Camera Raw, então vamos abrir a imagem no Photoshop e terminá-la. Clique no botão Open Image para abri-la em Photoshop.

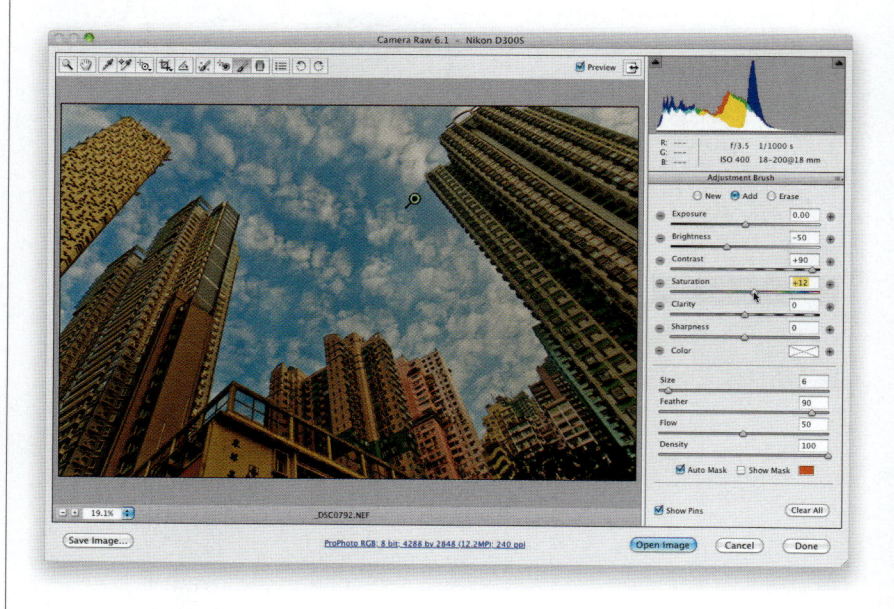

Passo onze:
Quando a imagem abrir, veja como ela está. Para mim, o céu e os prédios parecem balanceados (como parecem no Passo dez), mas a imagem toda parece monótona (como se precisasse de um ajuste Levels). Isso é simples: no menu Image, em Adjustments, escolha Levels. Clique no botão Auto, e — bum, ela recuperou sua potência (pode ser que esteja um pouco colorida demais, então decida se o próximo passo deve ser ir para Hue/Saturation [também em Adjustments] e baixar o Saturation para -20. Eu não argumentaria se você fizesse isso, já que ela parece um pouco colorida demais, mas cabe a você decidir).

Passo doze:
Você deve estar se perguntando por que deixei no livro duas ou três situações em que tive de voltar atrás e mexer no que havia acabado de fazer. Eu as deixei porque é assim que a coisa funciona em meu próprio fluxo de trabalho real — você faz uma mudança que conserta uma parte da imagem, mas cria, ou desfaz, uma alteração anterior, e não deixa de ser um jogo de equilíbrio em que você edita, recosta-se na cadeira, olha para a imagem, vê como ela ficou e muda de acordo com o que você quer. Não é algo que funciona sempre da primeira vez, então eu queria que você visse que é um processo que se desenvolve enquanto você avança. É hora de incrementar a nitidez (costumo deixar isto para o fim), então vá ao menu Filter, em Sharpen e escolha Unsharp Mask. Digite 120% para Amount, deixe o Radius em 1 e configure Threshold para 3 (mais sobre incremento de nitidez, na página 316).

Continua

Passo treze:

Após passar o filtro Unsharp Mask, tento limitar as auréolas ou manchas que possam aparecer indo ao menu Edit e escolhendo Fade. Mudo o Blend Mode para Luminosity (como visto aqui), que aplica o incremento de nitidez nas áreas de detalhe da imagem, e não nas coloridas, o que evita problemas de incremento de nitidez. Um antes/depois é mostrado a seguir (não reduzi o montante Hue/Saturation, já que esse passo é opcional e cabe a você decidir). Como usamos muito Fill Light e Clarity, ela tem um pouco o visual HDR, mas, se você quer aumentá-la, vá ao menu Image, em Adjustments e escolha Shadows/Highlights. Baixe Shadow Amount para 0 e aumente o Midtone Contrast (se você não o vir, selecione a caixa Show More Options) para +25. Quer um visual ainda mais HDR? Adicione um pouco de incremento de nitidez High Pass (ver página 208).

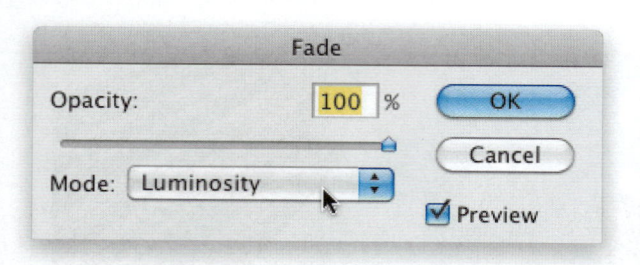

Antes

Depois

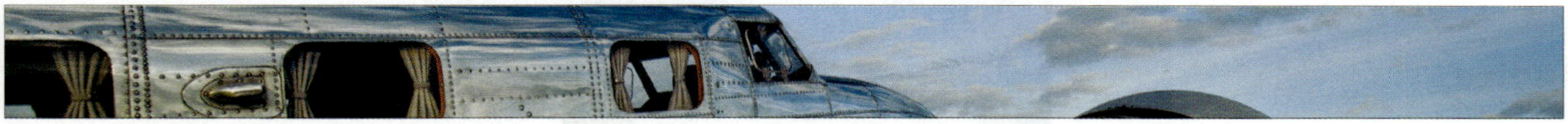

Índice

A

Aberração cromática, 51, 72
Achatar suas camadas, 279
Ações
   incrementando a nitidez, 347
   visão de alto contraste, 291–294
Acrescentando Fill Light, 40–41
Adjustment Layers, 156–159
   aplicando suas Curves, 151
   cancelando uma edição de, 366
   convertendo para P&B, 176
   Shadows/Highlights, 278
   vantagens, 156-157
Adobe Bridge
   baixe as imagens, 3
   capítulos bônus, 3
   sincronizando Mini Bridge, 17
   Ver também Mini Bridge
   versão do, 24
Adobe Photoshop. Ver Photoshop CS5
Ajustando o contraste usando curvas, 42–45
Ajustando tons de pele, 168–169
Altas luzes
   aviso de corte de, 32–33
   corrigindo cores, 146
Ampliação de 50%, 316
Apagando
   ajustes, 101
   camadas vazias, 221
   classificação de estrela, 13
   fotos, 12, 15, 51
   Ver também removendo
Área de alta luz, 44
Arquivo XMP, 338
Arquivos JPEG
   Camera Raw, 15, 22, 24, 73, 225, 311
   salvar 16 bits para, 142–143
Arquivos TIFF, 78
Arrastando e largando imagens, 18
Atalhos de canais, 142
Avisos de corte
   altas luzes, 32
   de sombras, 35

B

Balanço de branco Auto, 224
Banda de passagens visíveis, 365
Barra de espaço, 19
Bicubic Smoother, 134
Big Bridge. Veja Adobe Bridge
Blend Mode para Luminosity, 376
Blend Mode para Multiply, 364
Borda de corte, 47
Botão Auto, Câmera Raw, 36, 37, 92
Botão Default, 36, 37, 50
Botão Select All, 59, 60, 93
Bridge. Ver Adobe Bridge; Mini Bridge
Brilho de Borda, 198
Brown, Russell, 310
Burning e dodging. Ver dodging e burning

C

Caixa de diálogo
   Enable Lens Profile Corrections, 66, 68, 72, 74
   Enable OpenGL Drawing, 254
   Protect Tones, 236
   Show Clipping, 151
   Show Mask, 99, 113
   Smart Radius, 238, 256
Caixa de seleção
   Black Point Compensation, 360
   de Gamut, 359
   para Channel Overlays, 152
   Protect Details, 330
Calibrando
   seu monitor antes de continuar, 349–351
   sua câmera, 85
Calibrar seu monitor, 349–351
Camadas vazias, 221
Camera Raw, 22–51
   abrindo imagens em, 15, 22–23, 311
   ajustando ou mudando as gamas de cores, 80–81
   área de pré-exibição, 51
   balanço de branco, 28–31, 103, 224–225
   Botão *Default*, 36, 37, 50
   calibrando para sua câmera, 85
   classifique suas fotos, 50
   configurações de fluxo de trabalho, 89
   convertendo para P&B usando, 176–178
   correções localizadas, 96
   cortando e endireitando, 46–48
   deletando múltiplas imagens, 51
   designando um perfil de cor, 92
   dicas matadoras, 50, 51, 92, 93, 112, 113
   dodging e *burning*, 96–102
   editando múltiplas fotos, 58–60

efeitos especiais usando, 108–111
endireitar suas fotos, 49
filtro graduado, 106–107
fluxo de trabalho de fotografia digital, 370–374
formato DNG, 78–79
função automática, 37
histograma, 93
ícone Tone Curve, 42
imagens JPEG e TIFF, 22–23, 24
incrementando a nitidez em, 61–65
modo de tela cheia, 51
painel Presets, 43
painel Snapshots, 113
perfil de câmera, 26–27
pré-exibições, 50
processamento duplo, 54–57
recursos de correção de lentes, 66
reduzindo o Ruído, 86–88, 92
removendo manchas, 82–84
retocando retratos em, 103–105
Ver também Imagens RAW
versão certa de processo em, 25, 92
Versão do Bridge, 24
vinheta de borda, 74–77
visual sujo de alto contraste direto do, 295–296
Câmeras digitais
    balanço de branco, 224
    calibrando para sua, 85
    configurando a câmera para fotografar HDR, 194–196
    configurando o espaço de cor das, 342
    perfil de câmera, 26–27, 269–270
Câmeras. Ver câmeras digitais
Campo Fill, 279
Capítulos bônus
    sobre Adobe Bridge, 3
Carrossel, 8, 9
Cartão de amostra, 31, 163–164
Cinza neutro
    encontrar o, 165–167
    plano de fundo, 146
Clarity negativo, 105
Classificações por estrelas, 9, 11–12
    coleções, 13
    encontrando rapidamente suas melhores imagens, 93
    removendo rótulos, 13
Coleções, 13
Color Picker pop-up, 221, 279
Color Temperature Orange (CTO), 263
Comand Desfazer, 36, 37, 41, 156
Comand-I, 264, 292

Como mostrar seu trabalho, xix
Configurações de balanço de branco
    Camera Raw, 28–31
    escolha Match Color, 191
    três maneiras para consertar a cor de fotos em ambientes internos, 224–225
Configurações Strong Contrast, 42
Consertando a cor de fotos, 224–277
    ambientes internos, 224–225
    céu cinzento, 229–232
    consertando olheiras escuras, 251–252
    Dodge e Burn, 233–236
    em grupo, 246–250
    fazendo seleções, 255–262
    fotos com flash na locação, 263–264
    problemas causados pela lente, 269–273
    problemas de profundidade de campo, 237–240
    reflexos de óculos, 241–245
    removendo distrações, 274–277
    removendo turistas, 265–268
    temas está nas sombras, 226–228
Consertando céus, 106–107
Consertando fotos com um céu cinzento sem graça, 229–232
Consertando olheiras escuras, 251–252
Consertando reflexos em óculos, 241–245
Content-Aware Saclling, 140–141
Contraste
    Ajustando o, com a ferramenta de ajuste target, 160–162
    ajustando o, usando Curvas, 42–45
    conversões P&B, 182
    visual moderno de retrato dessaturado, 286–294
    visual sujo de alto contraste, 295–296
Controle
    Saturation, 170, 300
    Scale, 271–272
    sobre Rotundidade, 77
    threshold, 317, 322
Controle clarity, 38–39, 293
Controle deslizante
    de User Interface Brightness, 16
    Gamma, 199
    Recovery, 34
Controle de raio
    diálogo Shadows/Highlights, 227
    Diálogo *Unsharp Mask*, 317, 321
    Filter *Smart Sharpen*, 332
    montante de nitidez, 63
Controles deslizantes Temperature, 29–30
Conversões em escala cinza. *Ver* convertendo para P&B
Convertendo para P&B, 176–178

duotone, 185
técnica P&B de alto contraste, 179–182
usando camera raw para, 176–178
Cooling Filter, 224
Cor
ajustando ou mudando as gamas, 80–81
configurar a, para nenhuma, 112
convertendo para P&B, 176–178
mudando a, para guias, 278
pré-exibição de pincel, 253
usando a Lab Color, 282–285
Correção da lente
consertando problemas causados pela lente, 269–273
editando a grade de, 220
Correção de lente importante, 70
Correções de exposição
conversões preto e branco, 176
Correções localizadas, 96–102
Corrigir as cores, 146–171
Adjustment Layers, 156–159
ajustando o contraste, 160–162
ajustando tons de pele, 168–169
ambientes internos, 224–225
cartão de amostra, 163
configuração-padrão, 146
controles vibrance, 170
e-mail ou colocar na Web, 171
encontrar o cinza neutro, 154, 165–167
ferramenta de ajuste target, 160–162
usando curvas, 147–155
Cortando fotos, 118–121
Câmera Raw, 46
cortando de fotos, 118–125
criando suas próprias ferramentas de corte personalizadas, 124–125
e endireitando, 139
pré-ajustes de ferramentas, 124
regra de terças-partes, 51
tamanho-padrão, 122
Corte de regra de terças-partes, 51
Corte restringido, 51
Criando imagens HDR fotorrealistas, 206–207
Criando suas próprias ferramentas de corte personalizadas, 124–125
Cross, Dave, 143, 165, 341
Cursor de detalhe
Câmera Raw, 64
Cursor de Exposição
Câmera Raw, 32
Diálogo Merge HDR Pro, 206

Cursor de pincel, 112, 234
Cursor de quantidade
diálogo Shadows/Highlights, 228
Diálogo *Unsharp Mask*, 317
Filtro *Smart Sharpen*, 332
incrementando a nitidez, 61, 63
vinheta de borda, 74
Curva
linear, 42, 43
Medium Contrast, 42
Parametric, 44, 45
Point, 42
S, 201, 218
Curvas
ajustando o contraste usando, 42–45
camadas de ajuste, 156, 159
correção de cores usando, 147–155

D

Details, 5
Diálogo
Apply Image, 283
Assign Profile, 346
Batch, 327–329
Color Range, 366
Color Settings, 344
Convert to Profile, 171
Customize Proof Condition, 363
de busca, 15
de curves, 147, 149, 150, 152, 154, 160, 161
de Match Color, 191
de Shadows/Highlights, 227–228, 293
do filtro Add Noise, 288
Duplicate Image, 212
Expand Selection, 231
Fill
cinza neutro, 165
Content-Aware, 70, 272, 274–277
Gradient Editor, 180, 181
HDR Toning, 210–213
Image Processor, 131
Image Size, 91, 128, 133, 343
Levels, 229, 301
Merge to HDR Pro, 198, 204, 206
New Action, 325
New Document Preset, 127
New Layer, 247
New Preset, 43, 188
New, 126, 220, 311

Present Manager, 125, 278
Print, 357
Save Options, 79, 313
Synchronize, 59
Workflow Options, 56, 89–91
Diretório Navigation, 4, 13
DNG Profile Editor, 27
Documentos em abas, 116
Dodging e burning
  Camera Raw, 96
  Photoshop, 233
Dureza do pincel, 143, 254

E

Editando
  imagens JPEGs e TIFFs em Câmera Raw, 24
  múltiplas fotos de uma só vez, 58–60
Efeito
  de desfoque, 112
  de filtro skylight, 297–298
  de suavização, 39
  de tom HDR para imagem única, 210–213
  duotone, 187
Efeitos
  de gradiente, 106
  de Iluminação, 173
  de quadritone, 186
  de split toning, 183–184
  especiais, 281–313
    efeito de filtro skylight, 297–298
    fotos panorâmicas, 303–306
    realçar as cores monótonas, 282–285
    transforme sua foto em uma pintura, 307–310
    usando Camera Raw, 108–111
    visual esmaecido antigo, 299–302
    visual moderno de retrato dessaturado, 286–294
    visual sujo de alto contraste, 295–296
  tritones, 186
Elements para Photoshop CS5, 7
Encontrando fotos, 14–15
  Done Botão, 93
  Mini Bridge, 14
Endireitando fotos
  cortando e, 139
  ferramenta do Camera Raw, 49
Enviar fotos por e-mail, 171
Escala
  Content-Aware, 140–141
  Ver também Redimensionando

Escolhendo suas fotos, 10–13
Escondendo
  os alfinetes de edição, 112
  painéis, 220
  painel Preview, 19
Espaço de cor, 89, 171, 342, 344–346
  diferente (sRGB), 171
  Configurando o, 89, 344–346
  configurando o, da câmera, 342
Espaço de cores
Espaços de trabalho, 117
Esponja, 170
Estilos de camadas, 142
Exibição As List, 5

F

Favoritos, 19
Fazendo seleções realmente difíceis, com cabelo, 255–262
Feather, 77, 102
Ferramenta
  clone stamp, 277
  Color Sampler, 166
  conta-gotas
    correção de cores, 150
    encontrou meios-tons neutros, 167
    anel de dentro, 231
  de incremento de nitidez, 330–331
  de pincel mudando modos de mesclagem, 279
    processamento duplo, 54
    imagens HDR, 208
    sua foto em uma pintura, 307–310
    retocando retratos, 103
    técnicas para incrementar nitidez, 315-339
  de White Balance, 30–31
  de zoom
    aberração cromática e, 72
    clique e arraste, 143
    reduzindo o ruído, 86
    removendo olhos vermelhos, 190
    incremento de nitidez, 51, 62
    removendo manchas, 82
Gradient, 231
Hand, 338, 367
Lasso, 141, 274, 338
  Adjustment Layer, 156, 278
  combinar imagens, 57
  copiando máscaras de layer, 279
  máscara de layer da transparência, 142
Magic Wand, 69, 229–230, 231, 272
Move

imagem composta, 259
áreas cortadas, 48
fotos em grupo, 246
nova Mixer Blush, 307
Pen, 243
Quick Selection, 238, 255
Rectangular *Marquee*
ferramenta Crop, 120
seleções retangular, 248
Redefine Radius, 257
Straighten, 49
Ferramentas
temporária super-rápida, 338
troca de, 312
Ferramentas *Dodge* e *Burn*, 233–236
Filter
Blur, 239, 262
Underpainting, 310
Warming, 297
Filtro
de reduzir ruído, 92
Gaussian Blur, 219, 239, 302
graduado, 106–107
Liquify, 339
Unsharp Mask
fundamentos das técnicas para incrementar a nitidez, 316–322
incrementando a luminosidade, 323
Fluxo de trabalho de fotografia digital, 370–376
Formato CMYK, 362
Formato DNG
configurando preferências, 79
converter seus arquivos RAW para, 78–79
Fotografar com *bracketing*, 195–196
Foto-pinturas, 307
Fotos
com flash na localização, 263–264
em grupo, 246–250
escaneadas em grupo, 139
iluminadas por trás, 40–41
tiradas com o telefone celular, 221
Função Auto-Align Layers, 242
Fundos
cinza neutro, 146
remove o borrado, 239

G

Gerenciamento de cores, 342
calibrar seu monitor antes de continuar, 349–351
configurando o espaço de cor do Photoshop, 344–346
configurando o espaço de cores da câmera, 342
fazendo a impressão, 357–362
perfil de cores, 352–356
Girando
a visão, 117
sua imagem, 93
um corte, 313
Grade
painel Lens Corrections, 143
regra dos terços, 118
Grade de Correções de Lente
consertando de aberrações cromáticas, 72–73
corrigindo automaticamente problemas de lente, 66–69
grade de alinhamento, 143
vinheta de borda, 74–77
Guides, Preferences para, 278–279

H

Heal, 104
Histograma, 93, 372
Hollywood, Calvin, 291
Hughes, Bryan, 330

I

Ícone
Add Layer Mask, 244, 252, 267
Crop, 48
Eye, 242, 248, 266, 367
Hue/Saturation, 169, 300, 365
Panel View, 13
Trash, 93
Vibrance, 170, 201, 373
Imagem composta, 259
Imagens HDR (*High Dynamic Range*), 193–219
configurando câmera para, 194–196
criando, em Photoshop CS5, 197–202, 206–207
Imagens RAW
abrindo, 22
acrescentando Fill Light, 40–41
ajustando o contraste, 42–45
ajustando ou mudando as gamas de cores, 80–81
balanço de branco, 28–31
calibrando para sua câmera, 85
Clarity, 38–39

configurando a resolução, 89–91
correção de lentes, 66
cortando, 46–48
designando perfis de cor para, 92–93
editando múltiplas, 58–60
efeitos de gradiente, 106
endireitando, 49
exposição, 32–36
formato DNG, 78–79
formato DNGs, 78–79
histograma, 93
incrementando a nitidez, 61–65
perfil de câmera, 26–27
processamento duplo, 54–57
reduzindo o ruído, 86–88, 92
removendo manchas, 82–84
retocando, 103–105
Ver também Camera Raw
vinheta de borda, 74–77
Imagens reduzidas, 17
   pré-exibição de tela cheia de, 6
   vendo um Preview, 17
Impressão
   de 16 bits, 358
   fazendo a, 357–362
   incrementando a nitidez para, 347
   laboratório fotográfo, 348
   perfis de cores, 352–356
   resolução para, 343
Impressão está escura demais, 364
Impressões em tamanho pôster, 133–135
Incrementando a luminosidade, 323–329
   configurações Amount, 317–322, 375
   incrementando a nitidez para impressão, 347
Incrementando a nitidez para temas suave, 318
Incremento
   de nitidez da saída, 337
   de nitidez de High Pass para imagens HDR, 208–209, 335–336
   nitidez de captura, 61
Informações de direitos autorais, 339
Instantâneo, 113
Internos, ambientes, 224–225

K
Katz, Shelly, 347
Kelbytraining.com, ix
Kost, Julieanne, 142
Kuler, 220

L
Lab Color
   incremento de nitidez, 324
   realçar as cores monótonas, 282–285
Laboratórios fotográficos, 348
Layouts criativos de fotos, xix
Lidando com fantasmas, 214–215
   consertando problemas de bordas em suas, 216–217
   efeito de tom HDR para imagem única, 210–213
   fotorrealistas, 206–207
   Incremento de Nitidez de High Pass para, 208–209
   lidando com fantasmas, 214–215
   visual de brilho "Photomatix", 218–219
Lightroom, 7, 345
Lupa, 9

M
MacBook Pro, 366
Margulis, Dan, 282
Meios-tons
   corrigindo as cores, 146
   encontrar o cinza neutro, 165–167
Menu pop-up, 93
   Color Handling, 356, 358
   Color Mode, 362
   Local Adaptation, 198
   Merge to HDR Pro, 338
   quadritones para melhorar imagens P&B, 186–187
   Silver Efex Pro, 189
   Size, 90
Meu fluxo de trabalho de fotografia digital em Photoshop CS5, 370–376
Mini Bridge, 2–19
   acrescentando favoritos ao, 19
   arrastando e largando direto do, 18, 172
   atalho escondidos de apresentação de slides, 18–19
   deletando fotos em, 15
   dicas matadoras, 17–18
   encontrando fotos, 14
   escolhendo e ordenando suas fotos, 10–13
   modo de revisão, 8–9, 10, 18
   obtendo suas fotos usando, 2–3
   obter suas fotos, 3
   personalizando o visual do, 16
   pré-exibições, 5, 19
   preferências do, 18
   sincronizando, 17
   surgiu o Photoshop, 2

vendo suas fotos em, 4–6
vendo vídeos DSLR em, 18
Ver também Adobe Bridge
Modo Aperture Priority, 194
Modo de
   16 bits, 90, 142, 358, 365
   64 bits, 338–339
   8-bits, 142
   mesclagem color, 262
   mesclagem Difference, 166
   mesclagem Hard Light, 209, 336
   mesclagem Screen, 251, 278, 300, 364
   revisão, 8–9, 10
   tela cheia
      em Camera Raw, 51, 63
      modo Review do Mini Bridge, 8–9, 10
Modo em escala cinza, 186
Modo Overlay, 283, 284, 287
Motion Blur, 332

N

Nelson, Felix, xix

O

Objetos Inteligentes
   imagens arrastadas e largadas, 190
   processamento duplo, 54–55
Óculos, consertando reflexos em, 241–245
Opacidade
   conversões P&B, 182
   imagem HDR, 219
   layer de gradiente, 232
   método de corte, 120
   múltiplos layers, 173
   técnica de incremento de nitidez, 323
Opção Preserve Cropped Pixels, 48
Optar pelo Smart Filter, 332–333
Ordenando suas fotos, 10–13

P

Painéis
   esconda rapidamente todos os seus, 220
   personalizados, 173
Painel
   Actions, 291, 325, 327
   Adjustment, 156
      ajuste de Curves, 160

      ícone Gradient Map, 179
      lista de Presents, 157
   Camera Calibration, 85, 371
   Content, 15
   de Ajustment, ícone Gradient Map, 179
   Layers
      Campo Fill, 279
      Ícone de Eye, 242, 248, 266
   Presents, 188
Past in Place, 190
Past Into, 230
Perfil de câmera, 26–27
Perfil padrão será o Adobe Standard, 26
Perfis de cores, 352, 364
Perfis ICC, 353, 355
Perfis
   de câmeras, 26
   de cores, 352
Personalizando o visual do Mini Bridge, 16
Perspective Vertical, 271
Photomatix Pro, 218
Photoshop CS5
   configurando o espaço de cor do, 344–346
   duas questões rápidas sobre lidar com o, 116–117
   fluxo de trabalho de fotografia digital, 370–376
   preferência, 311
   versão certa de processo, 25, 92
Photoshop LAB Color, 282
Pincel de ajuste
   apagando ajustes, 101
   Cursores de pincel, 112
   dicas matadoras, 112–113
   dodging, burning, 96–102
   efeitos especiais, 108–111
   retocando retratos, 103
Pintando linhas retas, 112
Pintura
   transforme sua foto em uma, 307–310
Pixel Grid, 220
Plug-in, 339
   Genuine Fractals, 133
Pré-ajustes
   curva, 43
   de um clique, 157
   de White Balance, 29
   documento, 126
   ferramenta, 124–125
   imagem HDR, 203
   um clique, 188
Pré-exibição de tela cheia, 17

Pré-exibições, 50
Preferências
    Camera Raw, 37, 62
    Mini Bridge, 18
    saia do Photoshop, 311
Presets de um clique, 188
Printer Profile, 359
Printer Settings, 360
Problemas de lente
    Photoshop CS5, 269
Problemas de profundidade de campo, 237–240
Processamento duplo, 54–57
    incrementando nitidez, 327–329
    nome novo, 247
Processamento em lote
Profundidade de bit, 90
ProPhoto RGB, 89, 345

Q
Quality Options, 361

R
Realizando soft proof, 363
Recurso Auto-Align, 194
Recurso Photomerge, 304
Redimensionando
    cortando, 122–123
    fotos de câmeras digitais, 128–130
    imagens RAW, 90
    imagens reduzidas, 4, 173
    impressões para tamanho em pôster, 133–135
    partes de suas imagens, 140–141
    pincéis, 253–254
    salvando e, automatizados, 131–132
    tamanhos personalizados para fotógrafos, 126–130
    tornando suas fotos menores, 137–139
Reduzindo o ruído, 86–87
Reduzindo o tamanho de fotos, 137–139
Réguas, 123, 128, 130, 135, 278
Removendo distrações, 274–277
Removendo manchas, 50, 82–84, 104
Removendo olhos vermelhos, 190
Removendo turista, 265–268
Removendo
    distrações, 274–277
    manchas, 82–84
    olhos vermelhos, 190
    reflexos em óculos, 241–245

turistas, 265–268
    Ver também apagando
    vinhetas, 74, 304
Remover algumas imperfeições, 104
Resolução
    para impressão, 343
    tamanho personalizadas, 126–130
Retocando retratos, 103–105
Retrato dessaturado, 286
Retratos
    incremento de nitidez, 318
    retocando, 103–105
    visual de alto contraste, 291–294
Ruído
    adicionar algum, 288, 289, 365
    de luminância, 87
    reduzindo o, 86–88, 92, 221
Ruler Tools, 136

S
Salvando
    16 bits para JPEG, 142–143
    fotos RAW, formato DNGs, 78–79
    redimensionamento automatizado, 131–132
    Selection, 141
Searching, encontrando suas fotos por, 14
Seção especial "Dicas Matadoras de Photoshop", xix
Seleção (ões)
    fazendo, 255–262
    ferramentas de, 243, 338
    Save, 141
    suavizará bordas, 168
Selecionador de cores
    Color Picker pop-up HUD, 221, 279
    conversões P&B, 182
    designe um atalho de teclado, 143
    pincel de ajuste, 96
    processo de correção de cores, 163
Sete coisas que você deve saber antes de ler este livro, xvi-xix
Silver Efex Pro, 189
Sincronizando Mini Bridge com Big Bridge, 17
Smart Sharpen Filter, 332–334
Sombras
    aviso de corte de, 35
    correção de cores, 150
    efeito de split toning, 183–184
    luz de preenchimento, 40
    quando o tema está nas, 226–228
    reduzindo ruído, 92

visual bem contrastado, 293
Steinhardt, Dan, 343
Suavizar a pele, 39, 105
Surface Blur, 292

T

Targeted Adjustment Tool (TAT), 45
    ajustando o contraste com a ferramenta, 160–162
    ajustando tons de pele RGB usando a, 168–169
Teclas de colchetes ([ ])
    barras de rolamento, 367
    girando slides usando, 18
    redimensionar pincéis, 253
Técnica P&B de alto contraste, 179–182
Técnicas para incrementar a nitidez, 316–337
    Camera Raw, 61–65, 337
    configurações Amount, 317–322, 375
    Ferramenta de incremento de nitidez, 330–331
    fundamentos da, 316–322
    incrementando a nitidez para impressão, 347
    incremento a luminosidade, 323–329
    incremento de nitidez de High Pass, 208–209
    incremento de nitidez de saída, 337
    incremento de nitidez para retratos, 318
    Smart Sharpen Filter, 332–334
    temas suaves, 318
Tela
    girem a, 367
    mude a cor, 366
Tools Spring Loaded, 312

V

Vendo
    fotos em Mini Bridge, 4–9
    imagens em tela cheia, 10, 63
    vídeos Mini Bridge, 18
Versace, Vincent, 135
Versão certa de processo, 25, 92
Vídeo bônus "Como mostrar seu trabalho", xix
    vídeo especial só para você, xix
Vinheta
    de borda, 74–77, 296
    Highlight Priority, 77
    pós-corte, 77
Visão 100%, 51, 62
Visão de alto contraste
    direto do Camera Raw, 295–296
    técnica de retrato de Photoshop, 286–294
Visão Overlay, 257
Visual esmaecido antigo, 299–302
Visual sujo de alto contraste, 295–296
Vivid Light, 291

W

Wacom Tablet, 117, 311, 367
Web
    incremento de nitidez para imagem na, 320
    ótima cor ao enviar fotos por e-mail ou colocada na, 171
White, Terry, 185

SOMBRA

MEIO-TOM

REALCE

EQUILÍBRIO DE BRANCO DE CAMERA RAW